Hermann Allmers • Werke in Auswahl

Hermann Allmers von Hermann Lang, Öl auf Lwd., München 1889
(Allmers-Haus, Rechtenfleth)

Hermann Allmers

Werke in Auswahl

Nachdruck der von Kurd Schulz besorgten Ausgabe von 1965 auf Veranlassung der Hermann-Allmers-Gesellschaft, des Heimatbundes der Männer vom Morgenstern und des Rüstringer Heimatbundes

Bremerhaven 2000

Band 33 der neuen Reihe der
Sonderveröffentlichungen des Heimatbundes
der Männer vom Morgenstern

Herausgegeben von der
Hermann-Allmers-Gesellschaft e. V., Rechtenfleth an der Weser
dem Heimatbund der Männer vom Morgenstern e. V., Bremerhaven
und dem Rüstringer Heimatbund e. V., Nordenham.

Gefördert durch eine großzügige Zuwendung des
Landkreises Cuxhaven.

Redaktion: Axel Behne, Otterndorf
Umschlaggestaltung: Dipl.-Design Ilona Weinhold

Satz: Rolf Nickel, Bremerhaven
Farbreproduktionen: Hero Lang, Bremerhaven
Lithos: W&W Design+Print GmbH, Bremerhaven
Druck: Druckerei Müller GmbH, Bremerhaven

ISBN 3-931771-33-4

Zum Geleit

Fast hundert Jahre nach seinem Tod im Jahre 1902 ist Hermann Allmers den Menschen zu beiden Seiten der Weser und zwischen Weser und Elbe noch gegenwärtig. Die Namen zahlreicher Schulen und Straßen verweisen auf den ‚Alten aus Rechtenfleth' und tragen sein Andenken auch in das Bewusstsein künftiger Generationen. Diejenigen Menschen, die sich heute in den Heimat- und Geschichtsvereinen seiner niedersächsisch-friesischen Heimat engagieren, dürften noch recht klare Vorstellungen vom Wirken und Nachwirken Allmers' haben. Bei den Kindern und Jugendlichen, die die genannten Allmers-Schulen besuchen, werden die Vorstellungen vermutlich schon unschärfer.

Doch auch bei den Älteren hat sich Allmers' Bild auf das des ‚Marschendichters' verengt. Gewiss, das Marschenbuch ist Allmers' griffigstes Werk für die Menschen an Weser und Elbe. Nicht zuletzt deshalb wurde es 1979 in Leer und in Osnabrück gleich zweimal neu aufgelegt. Allerdings weisen Allmers' Werke und seine literarische und künstlerische Hinterlassenschaft weit über das heimatliche Zentrum seines Denkens und Trachtens hinaus. Mit Enthusiasmus und großer Vorstellungskraft begabt hat der junge Allmers es vermocht, sich zu einem Schriftsteller zu entwickeln, dessen Werke zu ihrer Zeit Verkaufsschlager waren. Wenn er auch auf dem Gebiete der Wort- und Tondichtung zeitlebens nur dilettierte, so glänzt seine hier erneut gedruckte Prosa, insbesondere die ‘Römischen Schlendertage', doch noch immer durch ihre Kraft und Eleganz.

Die Hermann-Allmers-Gesellschaft hat unter ihrem ehemaligen Vorsitzenden Jürgen H. Th. Prieß den Anstoß zum Nachdruck der vorliegenden Werkauswahl gegeben. Der gelernte Germanist und Bibliothekar Dr. Kurd Schulz hat sie im Auftrag der Allmers-Gesellschaft erstmals 1965 herausgegeben. Schulz' Kenntnisreichtum schlägt sich u. a. in dem zeitlosen biographisch-werkgeschichtlichen Nachwort nieder, das diesem Band erneut beigegeben wurde. Zum Zwecke des Nachdrucks wurde der Textbefund von 1965 einem erneuten Lektorat unterzogen; sein stichprobenweiser Abgleich mit den früheren Druckausgaben und den überlieferten Manuskripten ergab keine nennenswerten Abweichungen.

Allerdings war es 1965 schon problematisch, den damals hundert Jahre alten Allmersschen Text unkommentiert abzudrucken. Dieses Problem besteht nach wie vor. Der Leser des vorliegenden Bandes sei deshalb darauf hingewiesen, dass Allmers' Werke *heute nicht mehr Volkskunde oder historische Landeskunde, sondern Literatur* sind. Dieser Hinweis gilt insbesondere für den Text des ‘Marschenbuches', der den historischen Kenntnisstand der vergangenen Jahrhundertmitte und keineswegs den der Gegenward wiedergibt.

Die drei herausgebenden Vereine sind sämtlich dem Allmersschen Vermächtnis verpflichtet: Die beiden großen Heimatbünde beiderseits der Weser blicken auf Hermann Allmers als ihren Gründervater. Und die Gründung der Allmers-Gesellschaft im Jahre 1938 geschah, um das Andenken an Hermann Allmers vor den Nachstellungen und Verdächtigungen der Nationalsozialisten zu schützen und sein Anwesen in Rechtenfleth mit seinen Sammlungen zu bewahren. Die damals aufbrechenden Konflikte machten deutlich, dass der weltoffene und kritische Heimatbegriff des Patrioten und Freigeistes von der Unterweser mit den nationalsozialistischen Vorstellungen nicht zu vereinen war.

Mögen dieses Buch und sein Inhalt, der Allmerssche Kunstsinn und Witz, so volkstümlich werden, wie es der Autor der in ihm versammelten Werke war.

Im Namen der Hermann-Allmers-Gesellschaft, des Heimatbundes der Männer vom Morgenstern und des Rüstringer Heimatbundes geht ein herzlicher Dank an den Landkreis Cuxhaven, der den Druck dieses Bandes großzügig gefördert hat.

Dr. Axel Behne, Rechtenfleth — Johannes Göhler, Bremerhaven — Hans-Rudolf Mengers, Nordenham

im Juni 2000

Inhalt

Marschenbuch

I.
Land- und Volksbilder aus den Marschen der Weser und Elbe

II.
Schilderung der einzelnen Marschstriche

I. Land- und Volksbilder aus den Marschen der Weser und Elbe

Die Entstehung der Marschen. Die Geest. Platen und Sande

Die letzte große Landbildung des europäischen Kontinents hatte sich vollzogen. Die gewaltige Eisdecke, welche sich jüngst von den skandinavischen Hochlanden her über die norddeutsche Tiefebene ausgebreitet hatte, war wieder zurückgewichen und hatte ungeheure Schuttmassen hinterlassen, Sand und Lehm, untermengt und bestreut mit zahllosen kleineren und größeren Steinen und jenen mächtigen Blöcken, welche der Volksmund Hünensteine benannt hat. Vom Eise befreit lag sie nun da, die weite moränenbedeckte Ebene, sich darbietend warmem Sonnenscheine und befruchtendem Regen, daß Moos und Gras, Heidekraut und Waldwuchs aufgehen konnten, wo bisher alles Leben in Schnee und Eis erstarrt war. Die Tiere des Waldes und Feldes hatten sich angesiedelt und tummelten sich laut und lustig, wo zuvor Todesschweigen geherrscht; ja auch der Mensch hatte schon Besitz ergriffen von dem neugeborenen Lande, wenn auch Jahrtausende vergehen mußten, ehe ein Lied seine Taten besang, ein Griffel seine Schicksale aufzeichnete; und nun, in allerletzter Zeit beginnt wohl erst die Bildung jener Landstriche, denen dieses Buch gewidmet ist, unserer norddeutschen Marschen, fortdauernd in stetem Wechsel bis auf unsere Tage.

Um einen Begriff von ihr zu erhalten, müssen wir derselben bis zu ihrem Ursprung nachgehen. So folge mir der Leser deshalb bis hoch in die Einsamkeit der Gebirgswelt, bis zu den Gipfeln der Wasserscheiden. Hier sehen wir klare, muntere Quellen, so schwach, daß sie kaum ein wenig leichten Sand und Steinchen fortbewegen können, von den Höhen rieseln. Sie vereinen sich zu Bächen, sie werden breiter und voller, sie nehmen andere Bäche auf und rauschen in tausend kleineren oder größeren Fällen mit zerstörerischer Macht aus den Felsrinnen hervor. Bald sind sie stark genug, Baumstämme und selbst ansehnliche Steinblöcke mit sich fortzuwälzen, sie abrundend, aneinander reibend und zertrümmernd. Verbunden mit noch anderen Bergströmen wird ihr Rauschen und ihre Gewalt mit jedem Schritte stärker; ganze Massen Gesteins wälzen sie jetzt mit sich, lassen sie zurück, wenn die Sonnenhitze des Sommers ihre Wassermenge vermindert, und führen sie im Frühlinge, angeschwellt von Schneewasser und Regengüssen, mit verdoppelter Gewalt weiter. So erreichen sie die Ebene. Ihr Fall ist jetzt lange nicht mehr so stark, die Wassermenge braucht sich nicht mehr zusammenzudrängen und aufzustauen; denn das Bett wird breiter und gemächlicher. Zwar rauscht der junge Fluß noch ziemlich reißend dahin, doch ist die erste wilde Kraft des frischen Bergstromes gebrochen. Die größeren Felsblöcke hat er bereits längst zurückgelassen und nur kleinere und immer kleinere, dann nur feines Geröll, dann runde Kiesel, Grand, zuletzt nur Sand vermag seine matter und matter werdende Strömung fortzuschaffen; sein allerletztes Werk aber, ehe der jetzt breit und ruhig dahinwogende, segeltragende Strom sich in die Arme des Ozeans ergießt, ist die Bildung seiner fruchtbarsten Ufer, der Marschen, gleichsam als wolle er noch zuletzt sein Leben mit dem schönsten Werke beschließen.

In seinem langen Laufe hat der Fluß von allen Körpern, die er mit sich fortwälzte, welche er aneinander rieb, zertrümmerte, in deren Poren und Spalten seine Flut drang, oder an denen er vorüberzog, mancherlei Teilchen abgesondert oder aufgelöst und damit sein Wasser geschwängert. Kalk, Ton, Sand und endlich eine Menge animalischer und vegetabilischer Überreste trüben seine Fluten und lagern sich, dem Gesetze der Schwere folgend, sobald nur der Strom ruhig genug fließt, als Schlamm zu Boden oder an die Ufer. Hiermit hat die Bildung der Marschen ihren Anfang genommen.

Bei weitem bedeutender aber als durch die beständig rieselnden Quellen und Bäche gewinnt der Fluß an Bildungsmaterial durch plötzliche und anhaltende Regengüsse. In ewiger Verwitterung begriffen ist jedes zu Tage liegende Gestein, sei's nun rascher oder langsamer, je nachdem seine Art ist. Erde und Staub werden so von Tag zu Tag neu gebildet und dann, wenn ein tüchtiger Regen kommt, teils im Tal abgelagert, teils bis in die Bäche getragen. Das allermeiste indes geben dem Flusse die mächtigen schon gelösten Massen von Sand, Lehm, Ton und Kalk des niederen Hügellandes und der Ebenen seines Gebietes. Herrscht hier lang anhaltendes Regenwetter, dann sieht man die geschwollenen Gewässer des Flusses gänzlich trübe gefärbt. In der Volkssprache Niedersachsens heißt das Wasser dann »muddig«.

So geht es im ewigen Kreislaufe vorwärts. War der Strom, welcher Felsen zertrümmern und Landstrecken verheeren konnte, bei seiner Geburt so schwach, daß er kaum das kleinste Steinchen fortzuführen vermochte, so läßt er auch bei seinem Ende wiederum das kleinste Sandkorn kraftlos fallen. So rauben Quellen und Bäche den Gebirgsbewohnern das Land, um es den Küstenbewohnern wiederzugeben, und die breiten Ströme und das Meer senden täglich mächtige Dunstmassen zum Himmel, die dann als Regen und Tau die Berge netzen, um wieder Quellen und Bäche zu schaffen.

Je länger und ruhiger also der Fluß dahinflutet, je mehr Binnenflüsse ihm in seinem langen Laufe zugeströmt sind und je näher er an seine Mündung kommt, desto mächtiger werden seine Schlammablagerungen, welche endlich da, wo Ebbe und Flut beginnt, wo überhaupt der Einfluß des Meeres anfängt, ihre größte Bedeutsamkeit erlangen.

Dabei kommen nun dreierlei Weisen in Betracht, wie das Meer zur Bildung der Marschen die Ursache ist. Zuerst die mechanische. Während bisher im rastlos dahinfließenden Strome den feineren Teilchen selten soviel Ruhe gegönnt war, sich lagern zu können, entstehen jetzt, wo Flut- und Ebbestrom zusammentreten und gegeneinander wirken, gewisse Zeitpunkte, in denen alle Strömung so gut wie aufgehoben erscheint oder in denen doch die Bewegung des Wassers so langsam ist, daß sie vieles fallen lassen muß, was bis dahin mit fortgerissen ward. Diese Augenblicke nun, Stauzeiten nennt sie der Küstenbewohner, sind die wichtigsten Momente für die Bildung der Marschen, und jeder Ruhepunkt zwischen Ebbe und Flut und wieder zwischen Flut und Ebbe trägt mehr oder weniger bei, sie zu erweitern, wovon wir zum Teil nach Jahrhunderten noch die interessantesten Beweise haben. Ein aus der Tiefe geholtes und bisher unberührtes Stück Marscherde können wir oft, wenn es getrocknet ist, in lauter deutliche feine Schichten auseinanderfallen sehen. Wie bei einem Buche vermögen wir Blatt für Blatt davon abzuheben, und jedes derselben erzählt uns von einer solchen Stauzeit. Dagegen in den oberen Marschen, wohin keine Flut drang, wo also die Ablagerungen auch gleichmäßiger stattfanden, scheidet sich die Erde nicht so geblättert, sondern als gleichförmige Masse.

Sodann wirkt chemisch das Meerwasser als ein Agens, wenn auch unwesentlicher. Nicht bloß mechanisch zerteilte Atome so vielfacher Stoffe trüben die Fluten des Stromes, sondern auch aufgelöst und wirklich mit ihnen verbunden finden wir sie in Menge. Ebenso enthält bekanntlich das Meerwasser eine Menge mineralischer Teile, in großen Mengen Chlornatrium (Kochsalz), daneben Chlormagnesium, schwefelsauren Kalk und schwefelsaure Magnesia usw. Sowie nun süße und salzige Flut zusammentreten, findet ein chemischer Prozeß statt, wie er sich aus folgendem einfachem Versuch ergibt: Haben wir ein hinreichend großes Gefäß mit Flußwasser, namentlich humus- und kalkhaltigem, und ein ebenso großes mit Seewasser gefüllt, beide gleich klar und durchsichtig wie nur möglich: sowie wir sie zusammengießen, entsteht sofort eine leise Trübung, doch nach einer Weile wird das Wasser wieder klar, aber am Boden zeigt sich, oft als weißlich grauer Niederschlag, das nun chemisch Ausgeschiedene. Und erst recht deutlich wird diese Erscheinung im Großen. Kristallklar gleitet in trockener Sommerzeit das Wasser des Hochlandes in seinem Flußbette, genau so klar wie draußen die Meeresflut, allein dennoch wo sich beide vermischen an der Mündung des Flusses, rollen ewig getrübt die Wogen. Das Gebiet des Brackwassers ist daher das für die Marschen so wichtige mechanische und chemische Laboratorium.

Die dritte höchst bedeutsame Wirkung der Marschformation wird endlich durch jenes ungeheure Sterben winziger Organismen hervorgebracht, welches fort und fort im Brackwasser erfolgt. Das Meer ist belebt und durchwimmelt von Milliarden mikroskopischer Pflänzchen und Tierchen. Die einen können nur leben in diesem, die anderen nur in jenem Wasser. Jetzt tritt beides zusammen, das eine wird süßer, das andere salziger, die Lebensbedingungen der Tierchen sind aufgehoben, das Sterben beginnt, und während ihre Kiesel- und Kalkpanzer die Lagerbänke erhöhen, düngen den Boden ihre kiesel- und kalkgepanzerten, gallertartigen Leiber. Die Marschen der oberen, von der Flut nicht erreichten Gegenden sind daher nur aus gröberen Sand- und Tonmassen entstanden und von ungleich geringerer Fruchtbarkeit und Güte als die an der Mündung, deren reicher vegetabilischer Gehalt sie fähig macht, ihren üppigen Pflanzenwuchs hervorzubringen.

Durch fortwährende Aufhäufung seines Schlammes vor der Mündung aber verengt der Strom sich nach und nach selbst seinen Ausgang und muß sich endlich in Arme (Gabelbildungen) spalten, um nur hinaus zu kommen. So entstehen Deltas, wie sie der Nil, Ganges, Mississippi, die Wolga, Weichsel, Donau, der Rhein u. a. darbieten. Auch die Weser hatte einst Deltaländer, und erst seitdem ihre in die Jade fließenden Nebenarme im 15. und 16. Jahrhundert eingedämmt wurden, strömt sie durch einen einzigen Ausgang in die Nordsee. Die übrigen deutschen Ströme haben meistens keine Deltas gebildet, sondern an ihren Ufern die Marschen abgesetzt. Ihre letzten Schlamm- und Sandlager, die Watten, sind nicht mächtig genug, um sich aus den Fluten zu erheben und trockenes Land zu bilden.

Doch nicht allein sind es Kräfte der Verhältnisse der bewußtlosen Natur, welche Land schaffen, auch der Mensch greift mit starkem Arm in die Flut und zwingt sie, ihm ihren Tribut zu geben. Er legt Schlengen, Stackwerke und Deiche an, er entreißt ihr, was sie entführen will, er gebietet ihr, nach seinem Willen hierhin und dorthin zu strömen, und ruft ihr oft ein kräftiges Halt entgegen.

Es ist darum des Holländers altes Sprichwort: »Deus mare, Batavus litora fecit« (Gott schuf das Meer, der Holländer den Strand) wahrlich nicht zu verwegen gewesen. Niemand kann mit so stolzem Selbstgefühl seinen Heimatboden besitzen als der Marschbewohner, der ihn zum Teil geschaffen und mühevoll errungen hat, der ihn jahraus, jahrein mit ungeheurer Kraft und Ausdauer behaupten und verteidigen muß gegen die wilden, ewig nagenden, ewig wühlenden und spülenden Fluten. Aber dieses ewige Ringen und Kämpfen hat ihn gestählt und geweckt, wie es ihn erfüllt hat mit Mut und Ausdauer, Freiheitsliebe, Selbständigkeit und innerem Heimatgefühle.

Überall lehnen sich die Marschen flach an den Rand des höheren sandigen Landes, die Geest genannt, oder lagern sich auch zum Teil auf ihm. Die Benennung Geest hängt wohl mit dem plattdeutschen Worte »Güst« zusammen, das unfruchtbar oder nicht tragend bedeutet. So nennt man eine nicht trächtige Kuh güst. Im deutschen Süden und Osten ist die Benennung Geest unbekannt, überall in Niedersachsen aber bezeichnet man durch sie die ganze norddeutsche sandige Diluvialebene bis an die Berge. In den Marschen nennt man alles schlechtweg Geest, was nicht Marsch oder Moor ist, und mancher Bauer meint daher auch steif und fest, die ganze Welt, seine fruchtbare, fette Heimat ausgenommen, sei nur magere, bemitleidenswerte Geest.

Dieser hohe, jetzt mit Heide, Wald oder Kornfeldern bedeckte Geestrand war also einst, wie hier und dort noch heute, das wirkliche Flußufer. So sehen wir alle Marschen die minder fruchtbare Geest wie ein grüner, üppiger Rand umgeben, in welchen die letztere mit mannigfachen Landzungen und Vorhügeln hineintritt. Zuweilen geschah es auch, daß eine allein stehende, weit vorgeschobene Sandhöhe rings vom fetten, flüssigen Schlamm umflossen und so vom übrigen Geestlande getrennt wurde, so daß man jetzt oft mitten aus der fruchtbarsten Marsch den dürrsten Sandboden hervorragen sieht, gleichsam wie ein magerer Braten aus fetter Brühe.

Am häufigsten aber liegt zwischen Marsch und Geest, mehr oder minder breit, noch ein Moorstrich, namentlich da wo die Geest sich buchtenartig einwärts zieht. Wo das aber der Fall nicht ist, grenzen beide Bodenarten oft so hart aneinander, daß man mit einem Fuße auf trockenem Sande, mit dem anderen auf dem fettesten Marschboden stehen kann.

Noch heute sehen wir neues Marschland allenthalben vor unseren Augen entstehen, aber hierbei spielt der vom oberen Rande herabgeführte Schlamm meistens eine nicht so bedeutende Rolle als ehemals; wir können diese Ablagerungen weniger Neubildungen als Umbildungen nennen. Was hier nämlich ein Ufer gewinnt, muß dort ein anderes verlieren; denn Ebbe und Flut tragen den schon abgelagerten Schlamm bald hierhin, bald dorthin, und des Menschen Aufgabe ist nun, das Abgesetzte festzuhalten. Dasjenige, was die Flüsse noch am meisten und mächtigsten herabspülen, sind ihre Sandmassen, die von Tag zu Tag bedeutender werden, dem Meere näher kommen und das Fahrwasser der Flüsse aufs bedenklichste verengen und seichter werden lassen. So wäre auch das Fahrwasser der Weser und Elbe sicher in kurzer Zeit arg versandet worden, und nur mit großen Anstrengungen, durch Baggermaschinen und Uferwerke ist es jetzt vor gänzlicher Vernichtung zu retten.

Wir wissen, daß einst das ganze Gebiet der Marschen unvergleichlich umfangreicher war, als es sich uns jetzt darstellt. Es ist vielleicht nicht zu kühn zu vermuten, daß es in grauer Vorzeit wohl das Doppelte seiner jetzigen Größe gehalten haben mag, sicher wenigstens weiß man, daß es seine Ufer über die Reihe der friesischen Inseln erstreckte, welche heute von Holland bis zur Jade das Land umgeben, damals also wohl noch nicht existierten. Es war eine Zeit, wo kein Kanal Englands und Frankreichs Küsten trennte.

Mit dem Durchbruche des Kanals aber begann die Zertrümmerung des großen nordwestlichen Schwemmlandes, welche fort und fort dauern würde, wenn nicht der Mensch alle Kraft und Ausdauer anwendete, die ewig nagenden Fluten zu bekämpfen. Es wird ihm zum Teil gelingen, aus den eingerissenen kleinen Meerbusen, z. B. aus der Jade und dem Dollart, noch manchen schönen Morgen Land wiederzugewinnen, wie es denn ja gelungen ist, durch die Kraft des Dampfes das Harlemer Meer trocken zu legen. Welch unbedeutender trauriger Ersatz aber ist dies wenige gegen so viel Versunkenes und Fortgespültes.

Wo aber sind sie geblieben, die ungeheuren Tonmassen, welche einst das große, viele Meilen weit fruchtbare Land ausmachten? In einer Breite von zwölf Meilen zieht sich in der Richtung von Hull nach der Südspitze Norwegens die mächtige, über fünfzig Meilen lange Doggerbank, gebildet aus Sand und schwarzem, festem Ton. Hier mußte diese entstehen, denn gerade an dieser Stelle stoßen die Flutwellen des Kanales mit denen, die von Norden kommen, zusammen und schaffen hier einen Ruhepunkt des Wassers, und wo Ruhe ist, sehen wir ja auch die größte Schlammabsetzung. Die Doggerbank dürfen wir sicherlich als die versunkenen und fortgespülten Massen der alten Marschen ansehen.

Schon auf den ersten Blick tritt die unendliche Eigentümlichkeit der Marschländer und ihre Verschiedenheit von der benachbarten Geest aufs stärkste hervor. Die Geest ist hoch, wellenförmig und hügelig; die Marsch bildet eine fast mit dem Meeresspiegel gleichliegende, vollkommen ebene Fläche. Auf der Geest zeigen sich Wälder und Heiden, sie ist von Quellen und Bächen durchrieselt, mit Geröll und zum Teil mächtigen Steinblöken bedeckt; sie besteht aus leichtem Sandboden und ist nur in der Nähe der Dörfer, welche oft mehrere Stunden Weges auseinander liegen, bebaut. Alles das ist anders als in der Marsch. Diese hat keine Quellen, keine Wälder, keine Heiden, keine Sandflächen, man findet sogar nicht einen einzigen Stein in ihr, es sei denn, daß er durch Menschen hergeführt wäre. Die Marsch ist eine einzige weite, grüne, fruchtbare und fast baumlose Ebene. Wild wenigstens wächst nicht ein einziger Baum, nur in den Dörfern, an den Gehöften und Wegen hat man sie gepflanzt. Aber kein Fleck ist da, der unbenutzt geblieben wäre. Weide reiht sich an Weide, Acker an Acker, schnurgerade Wege, Kanäle und Gräben durchschneiden nach allen Richtungen das mit zahlreichen Dörfern und stattlichen Einzelgehöften besetzte Land, und endlich, was die Haupteigentümlichkeit der Marschen ausmacht, ein hoher, starker Deich, der sie in ihrer ganzen Ausdehnung umzieht und hinter welchem dieselben liegen wie hinter einem Festungswall, schützt sie vor den Fluten. Ebenso tritt der starke Kontrast mit der Geest in den Bewohnern hervor, von denen indes später die Rede sein mag.

Betrachten wir jetzt näher die Marschgegenden der Niederelbe und Weser. Beide Ströme durchfließen ihr Gebiet in eben nicht sehr bedeutenden Krümmungen. Der Strom beider aber wird unaufhörlich aufgehalten durch eine Menge größerer und kleinerer Inseln und Bänke, die sich selber gebildet haben. In der Weser werden diese meistens »Platen« (Platten) genannt, in der Elbe heißen sie »Sande«, wenn sie auch nicht aus Sand bestehen. Diese Inseln verändern fast unaufhörlich ihre Gestalt, reißen hier ab und setzen dort wieder an, ziehen sich hier zu einer größeren zusammen und zertrümmern dort vor den reißenden Fluten in mehrere kleinere. Von einer Küste nagt der Strom in diesem Jahrzehnt das Land ab und schwemmt es an die andere Küste, um es vielleicht abermals nach einigen Jahren von dieser wieder abzureißen, wenn der Mensch mit kräftiger Hand kein Veto einlegte. Auf diese Weise findet ein ewiger Stromwechsel statt, der das Fahrwasser zu größerer Unbequemlichkeit der Schiffer fast alljährlich verändert. Die Sandbank überzieht sich bald mit Schlamm und wird höher und höher, so daß sie nun Plate heißt. Nach einigen Jahren treten die ersten Pflanzen auf, meistens Binsenarten; wird sie noch höher und fester, so stellt sich das Rohr ein, für die Menschen eine hochwichtige Pflanze; nicht sowohl, weil sie ein passendes Material zum Dachdecken liefert, sondern hauptsächlich, weil sie die beste Verbündete des Marschbewohners in seinem Kampfe mit den Fluten ist. Das Rohr hat nämlich eine dicke, gelblich-weiße, kriechende Wurzel, deren hohle Röhren, durch eine Menge Knoten in Kammern geteilt sind und nach allen Richtungen schnell wuchernd in tausend Schlangenwindungen den Boden durchziehen. Dadurch gewinnt diese Pflanze für die Erdbildung der Marschen eine hohe Wichtigkeit. »Packwurzeln« nennt sie trefflich bezeichnend in einigen Gegenden der Marschbauer; denn kaum hat ein angeschwemmtes Ufer oder eine Flußinsel die nötige Höhe, um Rohr zu tragen, so sproßt dieses auch bald reichlich hervor, seine Wurzelschlangen packen in kurzer Zeit so sehr alles Erdreich, daß dasselbe den spülenden Fluten trefflich zu widerstehen vermag. Daher wartet man meistens auch nicht so lange, bis jenes Rohr von selbst aufwächst, sondern beeilt sich, Wurzelballen in den jungen Boden zu setzen, wohl wissend, wie vortrefflich es beisteht, denselben zu behaupten. Auch das Rohr gedeiht nur in gewisser Höhe und wenn noch die regelmäßige Flut das Land stets überschwemmen kann. Wird nun eine Insel so hoch und trocken, daß sie die gewöhnliche Flut nicht mehr bespült, so wird auch das Rohr von Jahr zu Jahr feiner, kürzer und kümmerlicher, bis es endlich ganz verschwindet, um dafür einem üppigen, hohen Wiesenwuchs mit mannigfaltigen blühenden Kräutern Platz zu machen. Jetzt liefert die Insel dem Marschbewohner schon manches Fuder duftigen Heus auf den Boden, noch später weidet sein Vieh darauf, und zuletzt kommt er selber, wirft einen Erdhügel, eine »Wurt« auf, welche die Flut nicht erreichen kann, baut sich auf der Spitze des Hügels seine Wohnung und führt nun mit Weib und Kind, Gesinde und Vieh hinfort sein einsames, beschauliches Inselleben.

Häufig waren diese Sande und Platen schon gleich bei ihrem Entstehen ein Zankapfel zwischen den verschiedenen, den Strom begrenzenden Ländern, wie z. B. zwischen Holstein und Hannover die in der Elbe liegenden, zwischen Hannover und Oldenburg die der Weser. Sowie ein solch Inselchen nur aus den Fluten hervorblickte und Miene machte, sich begrünen zu wollen, eilten von beiden Seiten diensteifrige Beamte herbei, dasselbe für ihre Regierung in Beschlag zu nehmen, indem sie eine Stange aufrichteten mit dem Namenszuge des Landesherrn. Nun begann ein Kampf zwischen den Kabinetten der Grenzstaaten. Das eine behauptete vielleicht, die Plate sei eine neue, das andere dagegen sah sie als Fortsetzung irgendeiner von seinen älteren Besitzungen an; das eine meinte, sie läge mehr auf dieser Seite, das andere sagte, sie sei in seinem Stromgebiete entstanden. Immer hitziger wurde der Federkrieg, Messungen wurden angestellt, Termine abgehalten, Karten aufgenommen, auswärtige und fremde Ingenieure um ihr Gutachten befragt, hydrographische Untersuchungen vorgenommen und solche Berge von Protokollen und Akten geschrieben, daß man die kleine Plate damit fast fußhoch bedekken konnte. Und so stritt man vielleicht Jahre lang aufs heftigste über die Frage: mein oder dein und vergaß oft ganz, daß bei der kleinen, kaum im Entstehen begriffenen Plate die weit wichtigere Frage: Sein oder Nichtsein war. Endlich machte wohl der alte grollende Strom selbst dem Kampfe ein Ende, indem er das kleine Ding eines schönen Tages ruhig wieder fortzuschwemmen begann. In einem einzigen Winter war oft das Werk vollbracht, und man hatte um des Kaisers Bart gestritten.

Die Schlengen, Deiche und Siele

Eins der Hauptmittel zur Gewinnung neuen Landes wie zur Erhaltung des älteren sind die schon erwähnten Schlengen, in einigen Gegenden auch Stackwerke oder Buhnen genannt. Der Name Schlengen hängt mit dem Worte Schlingen zusammen. Es sind Werke aus Faschinenbündeln, die hoch aufeinandergelegt sind. Über ihnen laufen der Länge nach, um sie zu befestigen, gedrehte 6 bis 8 Zoll dicke lange Stränge von zähen Weidenruten, diese aber werden durch lange Pfähle, die in den Grund gerammt sind und oben mit einem Querpflock versehen, so darauf gepreßt, daß das Ganze ein starker Wall wird, der oft weit in den Fluß hineinragt.

Diese Schlengen haben zweierlei Bestimmung. Einmal wehren sie den sich dem Ufer nähernden Strom ab und leiten ihn von demselben, das er fortgerissen haben würde, hinweg. So beschützen sie es, während zugleich das Fahrwasser dadurch tiefer und mehr nach der Mitte des Flusses hin verlegt wird. Sodann aber bricht sich der Strom an ihnen und wird dadurch genötigt, die Schlammteile, welche er mit sich führt, fallen zu lassen. Diese häufen sich mehr und mehr zu beiden Seiten der Schlenge, so daß dieselbe endlich wohl mitten im festen Land zu liegen kommt und dann von neuem verlängert wird, um ihr schönes Werk der Landgewinnung fortzusetzen.

Beide Ufer der Elbe und Weser sind mit Hunderten solcher Schlengen bewaffnet, die da, wo der Strom sich dem Ufer nähert, um so nötiger und zahlreicher sind. In manchen Gegenden, z. B. in der Nähe von Bremen, wo die Weser zur Versandung neigt, hat man ein bedeutendes System von Schlengen nicht des Uferschutzes wegen, sondern nur zur Regulierung und Vertiefung des Fahrwassers angelegt.

Die eigentliche Flut geht immer über die Schlengen hinweg, und auch bei Ebbe ragen sie nur wenige Fuß aus dem Schlamme, so daß sie keinesfalls bedeutend aussehen. Und dennoch sind es oft kostbare Werke.

Hat der Marschbewohner durch seine Schlengen dem Strome wieder soviel Land abgezwungen, daß dessen Größe mit den Eindeichungskosten in gutem Verhältnis steht, so schreitet er zur Bedeichung derselben. Bisher hieß es Vorland, Außendeich, Groden oder Helder und konnte selten anders denn als Wiese oder Weide benutzt werden. Der Fluß hatte bis dahin noch immer ein gewisses Recht darüber und bedeckte es bei jeder hohen Flut mit seinen Wogen, daß an Ackerbau darauf nicht zu denken war. Durch die Deiche wird es ihm aber völlig entrissen und erhält nun einen ganz anderen Charakter. Gräben und Kanäle durchziehen es jetzt, Weiden und Saatfelder bedecken es, eine andere Pflanzenwelt sproßt hervor, verdrängt die Sumpfgewächse, und bald sieht man nur noch an wenigen Spuren, daß es einst aus dem feuchten Elemente hervorging. Von den Deichen hängt daher alle Fruchtbarkeit und aller Wohlstand, ja, das ganze Dasein der Marschen ab, und so ist es natürlich, daß man alle Aufmerksamkeit und allen Ernst und Eifer auf Tüchtigkeit und Erhaltung derselben hinwendet.

Streng genommen kann der Marschbewohner kaum im Plural von Deichen sprechen, da diese nur einen einzigen ununterbrochenen Damm ausmachen, der sich längs dem Flusse hinzieht, die Marschländer davon trennt und sie schützend umgibt. Die hannoverschen Weser- und Elbmarschen besitzen allein einen Deich, der, von Osterstade bis zum »Alten Lande« inklusive gerechnet, die Länge von 21 geographischen Meilen hat und nur an der äußersten Nordwestspitze, wo die Geest unmittelbar ans Meer tritt, durch Dünen auf eine kurze Strecke unterbrochen wird; ein Werk, an dem Jahrhunderte hindurch gebaut und gebessert wurde.

Je näher man den Flußmündungen kommt, desto stärker und geböschter werden die Deiche, welche zuletzt den Namen Seedeiche führen. Indes ist die Grenze zwischen Fluß- und Seedeichen nicht scharf bezeichnet, und die einen gehen ganz allmählich in die anderen über. Die Höhe der Seedeiche steigt auch nur um wenige Fuß über die der übrigen, weil ja der Wasserstand sich überall ziemlich gleich bleibt. Durchschnittlich ist die Höhe sämtlicher Deiche vom Boden an gerechnet zwischen 15 und 30 Fuß schwankend, ihre Stärke dagegen beträgt bei der Mündung mehr als das Doppelte. Die Weserkorrektion und die dadurch veränderten Schlengenverhältnisse haben auch auf den Deichbau wesentlichen Einfluß geübt; im großen und ganzen gelten für denselben jedoch die auf alten Erfahrungen beruhenden Grundsätze.

Der Unterschied zwischen dem niedrigsten normalen Wasserstande und dem höchsten normalen beträgt bei Bremerhaven durchschnittlich etwa 12 Fuß, dagegen steigt bei Sturmfluten der Strom über das Doppelte, ja bis zu 20 oder gar 30 Fuß daselbst.

Die innere Seitenwand der Deiche ist überall ziemlich steil, die äußere dagegen in einer sanften Böschung aufsteigend. Diese Schrägung, Böschung oder Dossierung genannt, wird nach der Strecke, in der sie zu einer gewissen Höhe aufsteigt, bestimmt. So sagt man z. B., ein Deich habe eine dreifüßige Dossierung, wenn seine Seitenlinie auf einer Strecke von drei Fuß um einen Fuß ansteigt.

Je schräger die äußere Dossierung des Deiches ist, desto weniger leidet derselbe an der heranströmenden Flut, weil ihre Wellen der dadurch entstehenden geringen Tiefe wegen machtlos werden und auch die schräge Erdwand nicht zu fassen vermögen. Deshalb besitzen auch alle Seedeiche eine viel schrägere äußere Böschung als die minder der Gefahr ausgesetzten Flußdeiche.

Der Fuß des Deiches oder vielmehr die letzte Fortsetzung der Dossierung wird die Bärme genannt. Die obere Deichfläche, welche durchschnittlich sechs bis zwölf Fuß Breite hat und, um dem Regenwasser Abfluß zu gewähren, oft etwas konvex gebildet ist, heißt die Kappe. Die Erde zum Deichbau wird mit seltenen Ausnahmen immer aus dem Vorlande geholt, welches man daher in der Nähe des Deiches stets in großen, flachen Gruben von quadratischer Gestalt abgegraben sieht. Ein solches ein oder zwei Fuß tief ausgestochenes Quadrat ist indessen oft schon in einem kurzen Zeitraum wieder voll geschlämmt, weil man sorgt, daß größere und kleinere Kanäle (sogenannte Balgen oder Grüppen) bei jeder Flut das Wasser des Flusses hineinführen. Überhaupt erhöht sich das ganze Vorland, da es ja stets allen höheren Fluten ausgesetzt ist, fortwährend und ist im Laufe der Zeiten in einigen Gegenden fast sechs bis acht Fuß höher geworden als das Land innerhalb des Deiches. Dies ist unter anderem im nördlichen Osterstade der Fall.

Zunächst ist dann auf die zweckmäßige Bekleidung der Deichwände zu sehen, welche die Erde vor den Fluten wie vor Abbröckelung durch Trockenheit zu schützen vermag. Die gewöhnlichste, natürlichste und in der Regel hinreichende Bekleidung ist Rasen, mit dem auch fast alle Deiche der Elbe und Weser überzogen sind. Er bildet, wenn er gut gepflegt, von allem Unkraut, Maulwurfs- und Mäuselöchern rein gehalten und endlich, wenn er mit Rindvieh oder Schafen beweidet wird, bald ein immer dichter werdendes filzartiges Gewebe (die Grasnarbe in den Marschen genannt), welches den Wogen wie der Dürre trefflich widersteht.

Wenn aber die Grasnarbe einmal zerstört ist, sowie an Stellen, die den heranstürmenden Wogen zu sehr ausgesetzt sind, wählt man eine andere Art der Bekleidung, nämlich das Besticken oder Benähen. Dieses besteht darin, daß man Schilf, oder wo dies fehlt, langes Stroh auf der Dossierung ausbreitet und durch quer darüberliegende Strohstreifen, die man vermittels eines Instrumentes, Deichnadel genannt, in kurzen Absätzen einen Fuß tief in die Erde drängt, befestigt.

Diese Bekleidung bedeckt dann die äußere Dossierung wie eine Art Matte, ist aber stets nur für einen Winter berechnet, weil das Stroh in der Erde bald verrottet und das Ganze sich dann auflöst. Es ändert sich die Bestickung der Deiche aber auch dahin ab, daß in einigen Gegenden Weidenruten statt Stroh genommen werden, doch geschieht dies sehr selten. An einigen holsteinischen Deichen bedient man sich dagegen zur Bedeckung einer starken Faschinenlage, die durch Pfähle fest an den Deich gehalten wird und gute Dienste leistet. In den hannöverschen und oldenburgischen Marschen kommt diese Art der Bedeckung nicht vor. Im »Alten Lande« hingegen ist sie gebräuchlich, hier werden die einzelnen Flechtwerke Fleke genannt.

Die allerdauerhafteste, aber auch bei weitem kostspieligste Bekleidung ist endlich die Steindossierung, bei der man den Deichkörper mit genau aneinander gefügten und durch Zement verbundenen Quadern von Granit oder Sandstein oder auch, mit äußerst hart gebrannten Klinkern, z. B. sogenannten holländischen Klinkern belegt. Diese Art der Bekleidung findet nur bei sehr wenigen oder nur bei den allerstärksten Seedeichen statt, welche den wütendsten Wogendrang abzuhalten haben. Der beste Deichschutz jedoch ist und bleibt ein recht großes Vorland. Wo ein solches vorhanden, leiden die Deiche sicher am wenigsten.

Wer heutigen Tags, auf dem hohen Deiche sich haltend, in schöner Sommerzeit unsere Marschen durchwandert, dem bieten sie ein Bild dar, welches, wenn auch nicht eben durch reichen Wechsel der Gegenstände, doch durch seine eigentümlichen Kontraste immer ein höchst anziehendes genannt zu werden verdient. Der Deich bildet die schmale Scheidelinie zwischen zwei Landstrichen, die, wie nahe sie auch zusammen grenzen, doch im äußeren Charakter, in Bodenbeschaffenheit, in Flora, Fauna, kurz in allem so voneinander abweichen, daß in mancher Hinsicht kaum eine größere Verschiedenheit zu denken ist.

Auf einer Seite Sumpf und Binsen, Schilfgeflüster und Wogenrauschen, ferne schwellende Segel und das öde, weite Watt mit seinen flatternden Möwenschwärmen, auf der andern Seite aber die mächtige grüne Ebene mit ihren buschreichen Dörfern, mit Turmspitzen und stattlichen Bauerngehöften, mit Saatfeldern und Viehscharen, mit Rädergerassel und Sensenklang, mit Taubengeflatter und Lerchengeschwirr. Wer auf all dies üppige Leben und Treiben nah und fern hinabschaut, wie es die reichen, blühenden Marschen hinter ihren hohen starken Deichen entfalten, die sich gleich mächtigen Festungswällen in ihrer ganzen Länge schützend vor ihnen herziehen, dem wird schwerlich der Gedanke in den Sinn kommen, daß auch diese gesegneten Fluren einst nichts anderes waren, als was jenseits der Blick erschaut, ein weites sumpfiges Rohrfeld, oder gar ödes, kahles Watt ohne alle Vegetation, allenfalls an seinen höchsten Stellen ein paar fleischige Salzpflanzen tragend, und daß sie sofort wieder in den alten wüsten Zustand übergehen würden, wenn einmal die Deiche verschwänden.

Vor der Bedeichung stelle man sich die Marschen vor als weite, seichte und schlammgefüllte Busen, von kahlen Sanddünen, den jetzigen Heidehügeln begrenzt und nach dem Meere zu offen. Der träge Fluß rieselte wohl in hundert Armen hindurch, eine Menge kleinerer oder größerer Inseln und Sandbänke bildend. Die weiten Binsen- und Rohrfelder waren das einzige Grün. Zweimal des Tages kamen die grauen Fluten und bedeckten alles. In der einen Stunde sah man nichts als Schlamm, in der andern nichts als trübes Wellengerinnsel, der nebelgraue Himmel vollendete das finstere, öde Bild.

In dieser traurigen Einöde hatten sich nun die Menschen niedergelassen. Hier und dort auf den größeren Inseln hatten sie, um sich gegen die Fluten zu schützen, einen Erdhügel, eine Wurt aufgeworfen. Die noch jetzt zahlreich vorhandenen Wurten sind ein deutliches Zeugnis von jener ersten Zeit der Marschen. Doch auch als schon Deiche das Land umgaben, wurden noch Wurten aufgeworfen, teils um trockenere Wohnungen zu gewinnen, teils aber auch der Sicherheit wegen, da die anfangs schwachen und niederen Deiche wenig Schutz gewähren konnten. Vor allem wurden für Kirchen und Begräbnisplätze die höchsten Wurten geschaffen. Sie sollten hoch und sicher hinausragen, wenn alles Land umher die Fluten überbrausten.

Eine Menge Ortsnamen bezeichnen ebenfalls die Stelle solcher Wurten: so im Lande Hadeln die Dörfer Lüdingworth, Ihlienworth; in Osterstade das Dorf Wurtfleth, im Stadlande erinnert das Wort Wurp (von werfen, aufwerfen) mit Golzwarder Wurp, Schmalenflether Wurp daran. Endlich hat das ganze Land Wursten seinen Namen davon, welches nichts anderes heißt als das Land der Wurtsassen, der auf Wurten Ansässigen. Worsati nennen daher lateinische Chronisten die Wurster. Doch wieder zurück in die Vorzeit.

Jener armselige Zustand des vereinzelten Wurtlebens konnte nicht dauern. Die Bevölkerung nahm zu, die Wurten vermehrten sich, wurden höher und ansehnlicher, auch vereinigte man mehrere zu einer großen gemeinsamen, auf der nun die ersten Dörfer entstanden. Die ersten Spuren von Viehzucht, welche einst diese Gegend so reich machen sollte, treten jetzt hervor, denn schon nähren diese Hügel ein paar schlechte Schafe. Immer stärker wird die Bevölkerung; immer näher rückt man zusammen, auch ist bereits mancher kleinere und seichtere Flußarm abgedämmt; da endlich erwacht der Gemeingeist und durchdringt kräftig ermutigend alle bisher in völliger Zersplitterung und Unabhängigkeit voneinander lebenden Wurtbewohner.

Man verbindet sich und rüstet sich zum ersten Kampfe mit den Fluten und beginnt mit vereinter Macht durch Aufführung von Deichen dem Meere ein kräftiges »Bis hierher und nicht weiter!« zuzurufen.

Eine solche Vereinigung vieler mußte sofort ein neues Leben entfalten. Gegenseitige Pflichten und Rechte mußten festgestellt werden, Pflichten gegen den Deich, Rechte auf das dadurch gesicherte Land, Strafen wurden geschaffen für den saumseligen Arbeiter oder den mutwilligen Zerstörer der Deiche, Richter gewählt, um entstandene Streitigkeiten zu schlichten; dem Erfahrensten und ältesten von ihnen wurde die Aufsicht und Leitung des Ganzen übertragen, genug: Die Geschichte der Bewohner hat als Volk begonnen, ein geordneter Rechtszustand ist angebahnt, und die reichen, blühenden Marschen sind begründet.

Diese Vereinigung zu gemeinsamer Arbeit nannte man, wie sie noch heute heißt, eine Deichacht oder einen Deichverband, ihre Statuten Deichordnung oder Deichrecht und die ersten Aufseher und Leiter des Deichwesens Deichgräfen.

In diesen alten Deichordnungen herrschte oft eine Weisheit, Umsicht und Klarheit, eine solche der Wichtigkeit des Gegenstandes angemessene Strenge, daß sie uns immer noch mit Verwunderung und Verehrung für den Geist unserer Vorfahren erfüllen müssen.

Schon aus dem 14. Jahrhundert haben sich noch friesische Deichordnungen erhalten, vielleicht die ältesten bekannten. Vortrefflich ist das im Jahre 1670 neubegründete Deichrecht für Ostfriesland; für die bremischen Marschen gilt die 1743 in Stade publizierte Deichordnung. Früher hatte jede Marsch ihre eigene.

Die erste Grundlage aller Deichordnungen beruhte auf dem Spruche: »Kein Land ohne Deich, kein Deich ohne Land.« Also jedes von Deichen beschirmte Grundstück ist deichpflichtig, und die Deichpflicht ist von dem Lande, worauf es haftet, unzertrennlich und geht als Reallast auf jeden Besitzer desselben über. In einigen Marschen ist freilich nach und nach die Regel vielfach umgangen und verletzt worden. Grundstücke, die man verkaufen wollte, belegte man stark mit Deichlasten, indem man andere dadurch bedeutend erleichterte, ja oft gänzlich von den Deichlasten befreite. Es wäre aber sehr zu wünschen, den alten Kernspruch wieder in voller Kraft zu sehen.

Ein anderer heißt: »De nich will diken, mot wiken.« Auf ihm beruhte das sogenannte Spatenrecht. Wer die auf seinem Grundstück haftenden Deichpflichten, namentlich in Notfällen, nicht erfüllte, ging derselben ohne Gnade verlustig. Dem Eigentümer aber stand selbst ein Recht zu. Wollte oder konnte er bei wiederholten und großen Deichschäden die hohen Kosten nicht tragen, so stach er seinen Spaten in das belastete Grundstück und zeigte dies dann dem Deichgräfen oder Deichrichter an. Damit entsagte er gänzlich seinem Anrechte daran. Wer nun den Spaten zog, übernahm die Deichlasten und ward Besitzer des Grundstücks. Fand sich in bestimmter Zeit keiner dazu, so mußte der Resignierende sein aufgegebenes Eigentum zurücknehmen, im Falle er jedoch durchaus unvermögend und unfähig war, nahm die Gemeinde Deich und Land an sich.

Von einer wahrhaft drakonischen Strenge waren in einigen Deichordnungen die Strafen. Wer nur Bäume, die zum Schutze des Deiches gepflanzt waren, beschädigte, dem wurde die Hand abgehauen; wer seinen Deich in schlechtem Zustande hielt, also daß er dadurch zum Verderben des Landes einbrach, der wurde lebendig mitsamt dem Holz und den Steinen seines Hauses darin bedeicht (Stedinger Deichrecht 1424). Und wer mutwilliger und boshafter Weise den Deich beschädigte, der ward ohne Gnade verbrannt. Noch in der Deichordnung für das Herzogtum Bremen 1743 kommen ähnliche Strafen vor. In dieser heißt es auch, daß Deichgräfen und Deichgeschworene mit Strenge darauf zu halten haben und mittels harter Bestrafung verwehren sollten, daß bei den Deichen und der Deicharbeit, »als wobei man sonderlich auf die gerechte und sündenstrafende Hand Gottes zurückzusehen hat, nicht geflucht, liederlich geschworen und gotteslästerliche oder ärgerliche Reden verführet werden«. In einer Deichordnung herrschte sogar das Gesetz, das den Deich zu einem Asyl machte und gebot, daß ein verfolgter Übeltäter, wenn er gerade an dem Deich arbeitete, nicht eher als nach vollbrachtem Tagewerk verhaftet werde, sondern, solange er arbeitete, unantastbar sei. Mit so viel Ernst, ja mit solch hoher Ehrfurcht betrachtete man damals die Deiche, aufs tiefste von ihrer hohen Bedeutung und Wichtigkeit durchdrungen.

Zum Deichgräfen wird, wenigstens in den hannoverschen Marschen, noch heute ein erfahrener, angesehener Bauer gewählt, der mit einem Wasserbaukundigen und den Deichgeschworenen jährlich zweimal einen Umzug (oft zu Pferde) in seinem Distrikt unternimmt, oder wie es genannt wird, Deichschau hält. Die erste heißt die Frühlingsschau und findet meist im März oder April statt. Bei dieser wird nachgesehen, wie der Zustand der Deiche nach den Stürmen und Fluten des vergangenen Winters beschaffen ist, und werden die daran vorzunehmenden Arbeiten bestimmt, während bei der Herbstschau, die man in der Regel im Oktober hält, die vollendeten Arbeiten abgenommen werden. Ist die Schau vorüber und deren Ergebnis zu Protokoll genommen, so geht es hie und da nach alter Sitte zu einem offiziellen Gastmahle, welches entweder der Deichgräfe, der dafür die bei der Schau fallenden Strafgelder bekommt, oder wie es oldenburgische Sitte ist, der Beamte des Bezirks gibt und wozu auch andere geladen werden. In alten Zeiten hatten die Deichmahle wahrhafte Bedeutung, eigene Gesetze bestimmten oft die Zahl und Art der Gerichte, und im Lande Wursten brachte dann der Deichgräfe stets den alten Spruch dabei aus:

Gott bewahre Damm un Diken,
Siel un Bollwark un dergliken,
Darto unse Land un Got
Un en ehrlik Wurster Blot.

Die Gründung der Deiche von Heinrich Frhr. von Dörnberg
aus dem Wandfries im Marschensaal des Allmers-Hauses, Rechtenfleth

Mit der alten Kraft der Friesen verschwand in letzter Zeit leider auch manche ehrwürdige Sitte. So sind auch diese alten Deichmahle in manchen Marschen ganz abgekommen oder höchstens in ein einfaches Frühstück verwandelt. Nur die Wurster hielten noch, als eine große Deichverstärkung vollendet war, ein feierliches Deichfest mit einem Umzuge zu Wagen und zu Pferde auf dem Deich, an welchem sich fast das ganze Land beteiligte, mit Gottesdienst in der alten Kirche zu Dorum und einem großen Gastmahl im Landeshause. Ein anderes schönes Fest gab es zu Anfang der sechziger Jahre bei der Einweihung des großen neuen Siels zu Aschwarden in Süd-Osterstade.

Um ganz die hohe Wichtigkeit und Bedeutung der Deiche zu begreifen, muß man einmal eine gewaltige Sturmflut mit angesehen haben; denn wer ein solches Ereignis nie erlebte, wird sich schwerlich von der Größe und Schrecklichkeit desselben eine Vorstellung machen können. Die rechte Zeit der Sturmfluten ist vom Oktober bis zum April.

Wenn eine Zeitlang ein anhaltender Westwind weht, der große Wassermassen in den Kanal trieb und diese nun, sich nach Nordosten oder Norden umsetzend, gegen die Küsten und weit in die Flüsse hinein hinaufpeitscht, wodurch die Ebbe sehr aufgehalten oder fast ganz gehemmt wird, wenn sich dazu noch eine Springflut gesellt, dann steigen die wilden Wasser oft zu einer Höhe und Furchtbarkeit, die einem das Herz erbeben machen.

Aber ruhig erwartet sie der Marschbewohner; weiß er doch, daß seine Deiche hoch und stark genug sind, ihm sicheren Schutz zu gewähren. Höchstens mag ihm ein trüber Gedanke an die Mühen und Kosten der Deicharbeit kommen, die wenige Stunden herbeiführen können.

So steht er unbekümmert um den heulenden Sturm auf der Kappe des Deiches und schaut in ernstem Sinnen auf die wallenden Fluten, von denen er genau weiß, wann sie den Deich heranströmen werden.

Noch ist das Vorland trocken, noch sind die Fluten in ihrem Bette, doch sieht man schon, wie sie toben, wie sie sich bäumen und die weißen Zähne zeigen, als harrten sie voll Ungeduld der Stunde, da eine höhere Macht ihnen das Zeichen zum Angriff gibt.

Jetzt nahen sie. Lauter und lauter wird das Brausen und Donnern. Sie erreichen das Vorland, in kurzer Zeit ist es bedeckt und beut nun, so weit das Auge reicht, nur eine einzige, wilde Wasserwüste, deren Schaumkämme blendend weiß gegen das trübe Grau der Wogen abstechen. Kein Schiff ist weit und breit zu erspähen, alle sind sie vor dem Sturme in sichere Buchten geflüchtet, und nur hier und dort kündet ein einsamer Weidenbaum, der mit seinem nickenden, wild zerzausten Haupte aus den Fluten ragt, daß da unter den wilden Wogen grünes, fruchtbares Land liegt.

Und noch immer höher schwillt das Gewässer; jetzt ist auch die Bärme, der Fuß des Deiches, beflutet, endlich der Deich selbst, und es beginnt durch den Widerstand desselben eine furchtbare Brandung, ein wahrhaft majestätisches Schauspiel. Mit zerstörender Gewalt schnaubt Woge auf Woge an ihm hinauf; kaum wird die erste zurückgewiesen von seiner Schrägung, als schon die nächste mit erneuter Wut heranrollt. Dazu steigt die Flut noch in jedem Augenblicke. Hochauf bäumen sich die wilden Wasser und schauen gierig über den Deich ins gesegnete Land, weit hinein ihren stäubenden Schaum schleudernd, als ob sie dieser Anblick ihres alten Eigentums mit doppelter Wut erfüllte. Dazu der heulende Sturm, der des Himmels dunkle Regenwolken in rasender Eile vor sich hinjagt; Scharen segelnder Möwen, die umsonst mit dem Winde kämpfen, bis sie ermattet sich auf die geschützten Wiesen und Äcker flüchten, und endlich hie und da ein Marschbewohner, der trotz Sturmgewalt und Wogendrang sich mühsam längs des Deiches durch den spritzenden Schaum hinarbeitet, um zu erspähen, ob ihm nicht die Fluten einen Balken und einige Bretter oder sonst eine Beute zutreiben; alles dies vereint gibt ein Bild von wilder Großartigkeit.

Doch der Marschbewohner blickt noch immer kalt und ruhig in den Aufruhr. Hat der Deich hinreichende Höhe und Schrägung, so wird er nicht vor einer Flut weichen, ob auch ihre Wogen noch so mächtige Stücke herausreißen und noch so tiefe Höhlungen in seinen Leib wühlen.

Doch wehe ihm! wenn das Wasser so hoch steigt, daß es mit dem Gipfel des Deichs gleich wird. Vom unablässigen Bespülen ist dann bald die festgetretene Kappe erweicht, und das Schicksal der Menschen hängt oft nur noch an einem Haar. Die geringste Lockerkeit des Erdreichs, ein einzelnes Mauseloch oder ein Maulwurfsgang kann jetzt Ursache des größten Unglücks werden. Durch die kleinste Rinne dringt sofort Wasser, spült sie schnell weiter, und im Nu reißt ein Stück der Kappe fort.

Ist aber das geschehen, so ist auch ein Deichbruch unvermeidlich; denn mit furchtbarer Gewalt dringt jetzt die hoch aufgestaute Flut durch die entstandene Öffnung, die mit jeder Minute breiter und breiter wird. Da endlich bricht auch das letzte noch feste Erdreich fort, und durch nichts mehr gehemmt schießt donnernd und brausend der rasende Strom durch die weite Gasse hin, tief den Grund aufwühlend, alles, was er auf seinem Wege findet, mit sich fortspülend, Häuser im Nu zertrümmernd, Bäume ausreißend, Menschen und Tiere in seinen Fluten begrabend und bald die weite, ruhige Marschebene in eine wilde, graue Wasserfläche verwandelnd.

Sowie sich daher eine Kappstürzung zeigen will, wird in höchster Hast das mögliche aufgeboten, um dieselbe zu verhindern. Sandsäcke, Mist, Stroh, Balken, Bretter, alles, was nur dienlich sein kann, wird zur Verstärkung auf die bedrohte Stelle gebracht.

Ebenso eilt man auch nach einem wirklichen Deichbruche, sowie nur die Ebbe es zuläßt, die entstandene Lücke für die nächste Flut so gut wie möglich zu verstopfen. Eiligst und mit großer Strenge werden selbst die umliegenden Ortschaften dazu aufgeboten, um schnell aus allem möglichen Material eine hohe, mächtige Barrikade aufzuwerfen. Man arbeitet mit kaum glaublicher Anstrengung, und doch spült vielleicht schon wenige Stunden darauf die Flut das ganze mühevolle Werk wieder fort, und alles war umsonst.

In genauer, fast unzertrennlicher Verbindung mit dem ganzen Deichwesen stehen die Schleusen, in den Marschen Siele genannt, obgleich ihre Bestimmung eine den Deichen genau entgegengesetzte ist. Haben die Marschbewohner sich durch ihre Deiche gegen die Verheerungen und Nachteile des Meeres geschützt, so suchen sie durch ihre Schleusen wieder die Vorteile desselben zu erlangen; schlossen sie sich durch die Deiche vom Meere ab, so streben sie durch die Schleusen wieder mit ihm in Verbindung zu treten; wehren sie durch jene dem Eindringen des Seewassers von außen, bahnen sie durch diese ihrem überflüssigen inneren Wasser einen Weg zum Meere. Die ganze bedeutende Wassermenge, welche kleine Binnenflüsse, die vielen Bäche der höher gelegenen Geest und endlich Regen und Schnee den Marschen zuführt, würde sich hinter den Deichen sammeln, anschwellen und in kurzer Zeit das ganze niedere Marschland überschwemmen und in eine öde Sumpfgegend verwandeln. Man mußte daher bedacht sein, denselben einen bequemen Abgang zu verschaffen, durch den sie ungehindert ins Meer fließen konnten. Wären nicht Ebbe und Flut vorhanden und wäre der Meeresspiegel immer von gleicher Höhe, so hätte es zu diesem Zwecke nur eines einfachen, hinreichend weiten Kanals durch den Deich bedurft. So aber war man genötigt, zugleich der andringenden Flut, welche das Land ebenfalls überschwemmt haben würde, den Eingang zu versperren. Auf diese Weise entstanden die Siele.

Das Wesentliche eines solchen Siels ist das Folgende. Ein langer, der hindurchzulassenden Wassermenge angemessen geräumiger Kanal oder besser gesagt Stollen zieht sich quer unter dem Deichkörper sowohl als unter seinen Bärmen hin. Er ist entweder mit Balken und starken Bohlen bekleidet und dann viereckig oder aus Sandsteinquadern bestehend und in diesem Fall mit einem Tonnengewölbe bedeckt. Vorn, das heißt nach der äußeren Mündung zu, erhöht und erweitert sich der Stollen, hier fast immer aus Holz bestehend, und heißt hier Vorsiel. In diesem Vorsiel befinden sich zwei mächtige, aus starken Bohlen gezimmerte und reichlich mit Eisen beschlagene Torflügel, die sich nur nach außen hin öffnen. Das Binnenwasser stößt sie daher leicht auf und fließt ungehindert hindurch, sobald aber die Flut kommt, dringt dieselbe mit gewaltigem Druck gegen die offenstehenden Türen, diese geben dem Drucke des Wassers nach und schließen sich selbst zu. Auf diese Weise hat sich die Flut selbst den Eingang versperrt, so daß, wenn die Türen gut schließen, auch kein Tropfen Wasser hindurch kann, weshalb auch die Torflügel den Namen Fluttüren führen.

Da Beschädigung oder Zerstörung einer solchen Türe von großen verderblichen Folgen sein kann, so hat man in den meisten Schleusen vor jenen noch ein anderes Paar Türen angebracht, welche die äußeren Fluttüren oder Nottüren heißen. Für gewöhnlich sind diese aber an den Wänden festgehakt, wodurch sie aufgesperrt erhalten werden, und werden nur dann freigelassen, wenn die inneren Fluttüren beschädigt sind oder repariert werden.

Damit aber gerade soviel Wasser durch den Siel gehe, als der Marschbewohner für nötig erachtet, so ist an den größeren und wichtigeren Schleusen endlich ein drittes Paar Türen, die Ebbe- oder Stautüren, angebracht. Diese haben ihren Platz vor der inneren Mündung des Stollens und öffnen sich in einer den Fluttüren entgegengesetzten Richtung. Auch diese Türen sind, wenn man ihrer nicht bedarf, durch Haken aufgesperrt, verschließen jedoch nur die untere Hälfte des Stollens, da sie eigentlich nur Halbtüren sind.

Herrscht starke Dürre, daß auch die Geest den Marschen wenig Wasser zuführt und das Vieh auf den Weiden zu dursten beginnt, so läßt man die Ebbetüren los, um das mit jeder Ebbe mehr und mehr abfließende, jetzt so nötige Wasser zurückzuhalten. Dieses drängt dann die Ebbetüren zu, staut davor bis zur Höhe derselben auf und das überflüssige Wasser strömt darüber hinweg, während der andere Teil zurückbleibt und die lechzenden Wiesen und Weiden erfrischen kann.

Außer den Ebbetüren besitzen auch manche Schleusen nur ein einziges Ziehtor vor ihrer inneren Mündung, das Schott genannt, welches gleiche Bestimmung hat, aber durch Ketten und eine Art von Ankerwinden aufgezogen und niedergelassen werden kann. Namentlich wird dieses Schott im Winter bei starkem Froste heruntergelassen, um zu verhüten, daß die Fluttüren festfrieren, wodurch unfehlbar eine Überschwemmung verursacht werden würde.

Schließlich wird die äußere Mündung wohl noch durch ein Balkengerüst, der Sielhammer genannt, bekrönt, das ihr teils als Zierat, teils als schützendes Geländer dient; während sich über der inneren Mündung häufig ein steinernes Denkmal des Erbauers dieser Schleuse erhebt, die Zeit und Kosten der Anlegung und die Namen des damaligen Deichgräfen wie der Deichgeschworenen tragend.

Da sich fast immer zwischen Deich und Meer oder Strom ein größeres oder kleineres Vorland befindet, so führt eine Fortsetzung des Kanals das aus der Schleuse hervorströmende Wasser vollends in den Fluß, dient häufig auch als Hafen für kleinere Schiffe und Kähne und wird Sieltief genannt.

Das Hindurchlassen der Binnengewässer ist aber nicht der einzige Zweck der Schleusen. Der nächste ist, zugleich die Schiffahrt zwischen den Binnenkanälen und dem Fluß herzustellen. Zwar werden hierzu nur die größeren Schleusen genommen und auch durch diese können natürlich ebenfalls nur schmale Schiffe passieren, die entweder gar keinen Mast haben oder denselben niederlassen können. Sie warten, bis sich die Schleuse geöffnet hat und der hohe, während der Flut aufgestaute Wasserstand hinreichend gefallen ist, und arbeiten sich dann rasch hindurch, oder lassen sich ziehen. Am häufigsten wählen sie die allerletzte Ebbe dazu, müssen aber alsdann sehr vorsichtig und schnell zu Werke gehen, damit sie nicht die kommende Flut überrascht, während sie sich vielleicht gerade zwischen den Türen befinden. Die Gewalt, mit welcher diese mächtigen Bohlentüren zuschlagen, ist so groß, daß eine Zertrümmerung der Schiffe unvermeidlich wäre. Das Wasser dringt mit jeder Minute heftiger gegen die halbzugesperrten Türen, welche keine Macht mehr zurückbringen kann, und eine allgemeine Überschwemmung ist die unabwendbare Folge.

Noch wird durch die Siele ein dritter Zweck erfüllt. Die Bewohner der Marschen nämlich, deren Fluß süßes Wasser führt, haben durch sie den Vorteil, dieses nach Belieben ins Land lassen zu können, wenn dort Wassermangel herrscht. Durch eine Vorrichtung sperrt man die Fluttüren um ein weniges auseinander, wodurch das frische Wasser einströmt, bis man genug hat. Die höher hinauf liegenden Flußmarschen haben daher einen großen Vorzug vor denen, welche vom salzigen Wasser bespült werden.

Die Siele gehören zu den wichtigsten Werken der Wasserbaukunst, und die Kosten des Baues gehen immer in die Tausende.

So umgibt denn sämtliche Marschländer, viele Meilen weit, der Deich mit all seinen Schleusen. Hunderte von Türen lassen ruhig und ungehindert das Binnenwasser ins Meer fließen und schließen sich zweimal jedes Tages mit dumpfem Gekrache, wenn die Flut heranschwillt.

Die Sturmfluten

Die Geschichte des Friesenvolkes, soweit zurück wir sie verfolgen können, ist eine einzige Kette unsäglicher Kämpfe und namenloser Leiden, wie wir sie in solchem Maße bei keinem andern Volke wiederfinden werden.

Wo es auch seine Wohnungen aufgeschlagen, ob am Zuydersee, am Dollart oder am Busen der Jade, ob im Stedinger- oder Butjadingerland, in Osterstade, im Lande Wursten und weiter an der Nordsee hinauf bis an Jütlands Küste: was die Chroniken melden, ist ein ewiges Siegen und Erliegen, ein grausiges Ringen und Kämpfen ohne Ende; hier mit den Fluten um den teuern Heimatboden, um Existenz, um Hof und Herd, um Weib und Kind; dort um seine Freiheit und sein gutes Recht mit hochmütigen Fürsten, kriegerischem Adel und den mächtigen, herrsch- und habsüchtigen bremischen Erzbischöfen.

Es ist herkömmlich geworden, den Mut der Vesuvbewohner anzustaunen, welche ohne Furcht, wenn kaum der alte Feuerspeier, der soeben ihre Hütten, Felder und Weinberge zerstörte, ausgetobt hat, immer und immer wieder an seinem Fuße ihre Wohnungen bauen und von neuem zu säen und zu pflanzen beginnen in dieser gefährlichen Nachbarschaft. Allein was sind solche Gefahren gegen das namenlose Elend, welches das Friesenvolk in so vielen Jahrhunderten erduldete! Was sind einzelne Vesuvausbrüche, die dann und wann nach langen Zwischenräumen einige von ihren Bewohnern meistens schon verlassene Dörfer und Flecken zerstören und ein paar hundert Morgen Landes begraben - was sind sie gegen die ungeheuren Sturmfluten, deren das Volk der Friesen so viele in seinen Annalen aufzuweisen hat, Sturmfluten, von denen eine einzige oft zwanzig oder dreißig Dörfer vom Erdboden verschwinden ließ, meilenlange Landstriche in ödes Watt verwandelte, vielen Tausenden wackerer Menschen das Leben raubte, die kostbarsten Schleusen und Deichanlagen in wenigen Stunden vernichtete und ganzen Küstenstrichen nicht selten eine andere Gestalt gab!

Die Sturmflut von Heinrich Frhr. von Dörnberg
aus dem Wandfries im Marschensaal des Allmers-Hauses, Rechtenfleth

Und dennoch trotz alledem und alledem verließen sie nicht ihre vielbedrängte, flutumtoste Heimat. Nie wanderten sie in sichere, höher gelegene Gegenden, sondern immer und immer kehrten sie zurück, sowie sich das Wasser verlaufen, und suchten wieder die zerwühlten, kaum mehr kenntlichen Plätze, wo ihre Wohnungen gestanden hatten, begannen von neuem die hundertmal zerrissenen Deiche zu bauen, wohl wissend, daß schon der nächste Tag ein gleiches Elend bringen konnte.

Nein, gewiß, in gleicher Weise hat kein Volk der Erde gelitten und gestritten, mit so rührender Treue keines seiner Heimat angehangen! Eine derartige tausendjährige Leidensgeschichte mußte ihm endlich das tiefste Gepräge aufdrücken.

Ein Blick auf die Karte genügt, die Zerrissenheit der ganzen Küste von der Schelde bis Jütland darzutun. Man kann dreist annehmen, daß noch zur Zeit Karls des Großen das Land der Friesen das Doppelte an Umfang hielt als ihr jetziges Gebiet. Was heute noch übrig ist, sind nur die Trümmer des großen Ganzen; jene Inseln, die sich in langer, nur von der Weser und Elbe unterbrochener Reihe an der ganzen Küste hinziehen, sind ärmliche dünengeschützte Brocken, welche sich oben erhielten, als ringsum soviel schönes Land in die Fluten sank. Und hier und da wühlten die Wogen noch tiefe Meerbusen ins Land, als wollten sie gierig bis zum Herzen Deutschlands vordringen. Der Zuydersee, der Dollart, der Jadebusen: alles, was dort die trübe salzige Meerflut bedeckt, war einst Land voller Fluren und Saatfelder, voller Dörfer, Kirchen und Klöster und belebt mit einer kernigen, wackeren Bevölkerung.

Die unbedeutende Landgewinnung in den letzten Jahrhunderten, die paar eingedeichten, mühsam erworbenen Polder sind ein kläglicher Ersatz gegen soviel Versunkenes.

»Weit aus der See«, meldet Adam von Bremen, »liegt die Insel Farria, wo Bischof Elbert (im 11. Jahrhundert) das erste Kloster baute; denn die Insel ist sehr fruchtbar, sehr reich an Korn und hat viel Geflügel und Vieh. Es ist nur ein Berg da, aber keine Bäume, und ringsum liegen viele böse Felsenriffe, nur an einer Stelle kann man landen, wo auch frisches Wasser ist.«

Längst ist diese fruchtbare, vieh- und kornreiche Insel verschwunden. Bloß die Bergkippe ragt noch einsam und kahl mit ihrem zerrissenen kahlen Gestein aus der weiten Wasserwüste. Man nennt sie - Helgoland.

Und vor der Weser lag noch im 11. Jahrhundert die Insel Mellum und soll ein festes Schloß getragen haben. Das Schloß im Meere ist dahin und die ganze Insel dahin.

Noch vor zwei Jahrhunderten war die Insel Neuwerk fast dreimal so groß als jetzt.

Von den ältesten Sturmfluten haben wir nur sehr dunkle Kunde, auch die späteren sind meistens mit wenigen dürren, oft voneinander abweichenden Worten aufgezeichnet. Im Munde des Volks haben sich ebenfalls verhältnismäßig wenige Nachrichten darüber erhalten. Wie vermochte auch das arme Volk alles Elend im Gedächtnis zu behalten. Man redete und klagte über eine Flut so lange, bis die andere kam und das Andenken der Vorgängerin mit erneuter wilder Gewalt fortspülte. Es war ja eine fast ununterbrochene Reihe, aus welcher nur die allerentsetzlichsten durch Jahrhunderte wie dunkle, grausige Schreckbilder hervorragten. Nur von solchen Hauptfluten, meistens nach dem Heiligennamen des Tages, an dem sie einbrachen, benannt, haben wir etwas bestimmtere Kunde. Ganz sicher aber werden die Nachrichten erst mit Einführung der Reformation; in die von da ab überall genau geführten Kirchenbücher verzeichnen die Prediger manche traurige Geschichte.

Die älteste Sturmflut, von der wir etwas genauere Nachricht besitzen, war 1012. Zugleich erfahren wir vom alten Reimchronisten Renner, daß sie zu den ersten Deichen an der Weser Anlaß gab.

De Elve un de Wesserflot
Sünd disser Tied geworden grot
Und hebben velen Schaden dahn,
Darob is man to Rade gahn,
Den Wesserdiek to maken ...

Hernach sagt er davon: »De Elve un de Wesser branden in Norden dree Dage lang. Se wurden baben de Maten grot un lepen awer. Do dat Water wedder wegfell, wurden vele dode funden, dovan quam en grote Pestilentie.«

Darnach haben wir Kunde von einer großen Flut im Jahre 1114. Von ihr melden der Mönch Godefried und der friesische Historiker Ubbo Emmius, daß sie fast zwölf Meilen weit ins Land eindrang.

In den Fluten des 12. und 13. Jahrhunderts entstand der Jadebusen. 1164 verwüstete, wie der Chronist Heimreich berichtet, eine Flut ganz Ostfriesland. Im Kirchspiel Brunsbüttel kamen fast alle Menschen ums Leben.

Das Jahr 1216 kostete allein Nordfriesland 10 000 Menschen. Drei Jahre später brach die Marcellusflut ein, und ebenso viele Menschen verloren ihr Leben.

1277 war die »erste Weihnachtsflut«. In ihr entstand der Dollart, und dreißig Dörfer gingen verloren.

1287 große, namentlich für Ostfriesland verderbliche Flut am 14. Dezember.

1300 war die zweite Marcellusflut. 7600 Menschen ertranken, und halb Helgoland wurde fortgerissen.

1362 brauste eine furchtbare Sturmflut über ganz Friesland hin und verschlang 30 Kirchspiele mit ihren Bewohnern. Das war die große Mannstränke, wie sie in den Chroniken genannt wird. 1373 kam die Dionysiusflut.

Im fünfzehnten Jahrhundert waren fünf Fluten, darunter 1412 die Cäcilienflut, welche 3600, und 1421 eine andere, die 10 000 Menschen kostete.

In den Stürmen der Jahre 1509 und 1511, wo die Antonioflut einbrach, bekam die Jade ihre heutige Gestalt, und die drei Dörfer Seediek, Dowens und Oberahn wurden ein Raub der Wogen. An das letzte Dorf erinnern noch die »Oberahnischen Felder«, kleine, grüne Inseln, welche teils beweidet, teils gemäht werden und der stille Brutort einer Menge Sumpf- und Seevögel sind.

Von allen früheren und späteren Fluten ragt indes keine mit so furchtbarer Großartigkeit hervor als die im Jahre 1570 urplötzlich mitten in dunkler, stürmischer Nacht einbrechende Allerheiligenflut. Namenlos war das Elend, das sie brachte. Von Holland bis Jütland wurde alles in wenigen Stunden eine einzige wilde Wasserwüste, kein Deich widerstand, kein Dorf blieb verschont, keine Wurt blieb trocken, und man nahm an, daß in ihren Wogen 100 000 Menschen ihr Grab gefunden hätten. Vom Butjadingerland weiß man, daß allein hier über 4000 Menschen ertranken. Noch lange nachher lag eine Menge Land unbenutzt und verwildert, weil die Hände fehlten, es zu bebauen, und im nämlichen Jahrhundert ging noch dreimal das gierige Meer über das Land.

Dreizehn Sturmfluten ereigneten sich im 17. Jahrhundert, doch sind nur drei wahrhaft bedeutend, die von 1634, dann die Fastnachtsflut von 1648 und die Katharinenflut von 1685. Von dieser litten die Marschen am rechten Weserufer am meisten. Osterstade lag drei Jahre lang offen und drohte eine öde Sumpfebene, die nur Binsen und Rohr trug, zu werden - so waren die Deiche zerstört und fortgespült.

In Nordfriesland brachte die Flut von 1634 das meiste Elend. 15 000 Menschen ertranken, 50 000 Stück Vieh gingen verloren, 30 Mühlen und 6 Kirchen stürzten zusammen und tiefe Armut kam ins Land.

Nun muß ich eine höchst merkwürdige Flut desselben Jahrhunderts erwähnen, die Sommerflut im Jahre 1630, bei der ebenfalls die Wesermarschen sehr litten. Mitten im Sommer an einem schönen Tage kam still und harmlos das Wasser, stieg höher und höher, überströmte und zerriß bald den Deich, verdarb alles Korn und zog dann ruhig und friedlich, wie es gekommen war in sein altes Bett zurück.

Das achtzehnte Jahrhundert hat eigentlich nur eine allgemeine Sturmflut aufzuweisen, aber eine ganz entsetzliche die Weihnachtsflut des Jahre 1717. Gerade am Heiligen Christabend nachdem schon tagelang ein furchtbarer Sturm aus Westen geweht, der ungeheure Wassermassen durch den Kanal gepeitscht hatte, brach sie über die armen Marschen herein und richtete wieder unbeschreibliches Unglück an. Nicht eine Gegend blieb verschont, namentlich litten die Oldenburger Marschen. Genau weiß man, daß diese Flut hier 2411 Menschen und über 4000 Stück Vieh fortspülte, in Ostfriesland die fast gleiche Zahl und auf der ganzen Nordseeküste 15 000 Menschen. Auch nach dieser Flut lag Osterstade wieder zwei Jahre hindurch offen; weit und breit waren die Deiche zerstört und die Lasten auf den Ländereien wurden so unerträglich, daß mancher Grundeigentümer, welcher die Kosten des Deichs nicht erschwingen konnte, nach altem Brauch in seine schönsten Ländereien den Spaten steckte. Wer ihn herauszog, übernahm die Deichlasten und ward Besitzer des Landes. Mutige Arbeiter haben manchen Spaten gezogen und dadurch für bessere Zeiten einen Reichtum gegründet, dessen sich noch jetzt viele Familien in den Marschen zu erfreuen haben.

Der Geschichte der Sturmfluten von Arends (»Physische Geschichte der Nordseeküste und deren Veränderungen durch die Sturmfluten,« Bd. 2, S. 192-244) ist folgende Darstellung entnommen: »Nachdem es mehrere Tage vor Weihnachten 1717 stark und anhaltend aus dem Südwest geweht hatte und dadurch viel Wasser aus dem Kanal in die Nordsee getrieben war, wandte sich am Heiligen Abend der Wind westlich, wurde mit Sonnenuntergang Nordwest, ließ aber dann allmählich nach. Niemand ahnte daher in Emden die drohende Gefahr, um so weniger, als der Mond im letzten Viertel stand und die nächste Flutzeit (die Gezeiten) erst gegen 7 Uhr des nächsten Morgens eintreten mußte. Alles, namentlich die Bewohner der von den gewöhnlichen Fluten weniger bedrohten Stadtteile, legte sich unbesorgt zu Bette.

Da erhob sich unerwartet nachts zwischen ein und zwei Uhr der Sturm wieder mit unerhörter Wut aus dem Nordwest. Die See schwoll rasch zu solcher Höhe an, daß schon kurz nach zwei Uhr das Wasser durch die ganze Stadt strömte. Die Fluten sollen an einzelnen Stellen mehrere Fuß über die Deiche hinweggegangen sein. Letztere vermochten dem Andrang der Wogen nicht zu widerstehen und brachen an verschiedenen Stellen. Mit reißender Schnelligkeit ergoß sich das wildtobende Wasser in die weiten, offenen Ebenen, so daß in kurzer Zeit alles ringsumher einer aufgeregten See glich.

Aus dem ersten tiefen Schlaf wurden die sorglosen Bewohner mitten in der finsteren Nacht aufgeweckt durch das Heulen des rasenden Sturms, das Rollen des Donners, das Getöse der einbrechenden Wogen. Noch schlaftrunken erhoben sie sich, um nach der

Ursache des Unerhörten zu forschen. Kein Stern leuchtete ihnen, einzelne Blitze nur durchzucken den finstern Horizont. Doch nur zu bald wird ihnen das Unglück klar, aus dem warmen Bett sich erhebend steigen sie in das kalte Wasser. Von dem immer höher steigenden Wasser überrascht, müssen viele halb oder fast ganz nackend auf Böden und Balken, wohin sie sich gerettet, die Nacht zubringen, zähneklappernd vor Kälte, kämpfend gegen Tod, Hunger und Durst. Und als endlich die Nacht des Schreckens vorüber war und das heißersehnte Tageslicht anbrach, brachte dieses ihnen keinen Trost, sondern zeigte nur das Unglück in seiner ganzen Größe. Nicht wie sonst fiel das Wasser um die Ebbezeit, sondern der volle drei Tage unausgesetzt wütende Orkan trieb immer neue Wogen gegen die Küste - so lange blieb die See überall stehen.

Halbe Häuser, Dächer, Sparren, Bretter, Schränke, Betten, auf denselben Menschen und Menschenleichen, Vieh, Heu, Stroh, Kornhaufen, alles schwamm im buntesten Gemisch durch die Straßen.

Hier hatten Menschen die Dächer der Häuser dort aus dem Wasser hervorragende Balken oder Bäume erklettert manche im bloßen Hemde. Schaudernd vor Kälte mußten sie stunden-, nein tagelang aushalten. Mattigkeit und Kälte schwächte endlich die erstarrten Glieder bis sie in die Tiefe sanken. Ihr Hilfegeschrei war verhallt unter dem donnerartigen Brausen des Sturms und der Wogen. Das Schicksal derer, welche sich auf die Böden gerettet hatten, war wenig besser. Ohne Feuer, ohne Lebensmittel oder mit dem wenigen, was ihnen mitleidige Nachbarn auf Stangen durch die Dachluken zugereicht, mußten sie aushalten in den kalten Winternächten ohne Trinkwasser mitten im Wasser quälenden Durst leiden.

Die Sturmflut erstreckte sich längs der ganzen südlichen und östlichen Nordseeküste. Am schwersten wurden Groningen, Ostfriesland, Jever und Oldenburg mitgenommen. An einer Strecke von etwa zwanzig Meilen Länge wurden mindestens siebzig Quadratmeilen überströmt an manchen Stellen fünf, sechs, acht, zehn, ja vierzehn Fuß über den gewöhnlichen Fluten. Im Amt Emden stieg sie noch zwei Zoll höher als um Allerheiligen 1570, wie aus den Merkzeichen am Turm zu Suderhausen zu ersehen ist.

Schwer litt die Stadt Emden. Mit Ausnahme der Deichstraße, des höchsten Punktes der Stadt, welche vor Jahrhunderten ein Deich gewesen sein soll, war die ganze Stadt überströmt, in den meisten Häusern hatte das Wasser drei bis vier Fuß hoch gestanden in manchen noch höher. Tiefe Löcher waren in die Straßen gerissen. In dem schwer getroffenen Amt Esens allein ertranken 842 Menschen, in den aneinandergrenzenden Orten Dornumer- und Westeraccumersiel blieb von den meisten Häusern keine Spur, fast alle Einwohner waren umgekommen. Ein Haus in Wirdum trieb mit fünf Menschen ganz nach dem Moor hinter Ochterbur, wo es in Trümmer ging. Solcher Unglücksfälle finden wir in den Spezialberichten hunderte.

Schrecklich war der Anblick des Landes nach dem Abzug des Wassers. Fast überall fand man auf den Feldern Leichen. Hier sah man Mütter, welche noch im Tode das Kind umklammert hielten, dort vor Kälte erstarrte Menschen in den Bäumen hängen, andere in verschlammten Gräben stecken. Hier lagen die Leichen einzeln, dort in Gruppen, unweit Dornum waren bei einem Steg sogar dreißig angetrieben. Überall sah man auf dem platten Lande Trümmer von Häusern, Brücken, Stroh, Heu, Torf, Haus- und Akkergerät vermischt mit Viehkadavern. Noch im Sommer darauf fand man Leichen beim Aufräumen der angeschwemmten Heu- und Strohhaufen im Schlamm oder in Gräben. Fast keine Familie gab es in dem angegebenen Küstengebiete, welche nicht das Leben eines oder mehrerer Angehörigen betrauerte.

Hinzu kam noch für die Überlebenden vielfach Not an Lebensmitteln und Nahrung für Mensch und Vieh sowie der Mangel an Feuerung und Trinkwasser und außerdem die Sorge und Angst vor neuen Fluten. Denn die Deiche waren fast alle zerrissen. Durch viele in ihnen entstandene Grundbrüche drang täglich Wasser wieder ein, niedrige Gegenden blieben monatelang ein See. Große Kolke waren an vielen Stellen entstanden.

Jahrelang dauerte es, ehe die Deiche wieder vollständig geschlossen werden konnten. Neue Fluten, namentlich während der ersten Jahre, zerstörten das mühsam Wiederhergestellte, überschwemmten von neuem das Küstengebiet, so zehnmal im Jahre 1718, dreimal 1719, fünfmal 1720, wo besonders die Flut vom 31. Dezember schwere Verheerungen anrichtete. Erst im Jahre 1725 wurden im Emdener Amt die Hauptdeiche vollendet. Fast eine Million Taler sollen für die ostfriesische Küste allein auf den Deichbau verwandt sein, ungerechnet die von den Bewohnern selbst unentgeltlich geleistete Arbeit.«

Die von Arends zusammengestellten speziellen Listen ergeben, daß 10 828 Menschen, über 90 000 Stück Vieh ihren Tod in den Wellen fanden, 4915 Häuser wurden ganz weggespült, 3375 beschädigt.

Die Weihnachtsflut des Jahres 17I7 gehört, wie schon angegeben, zu den schwersten, welche seit historischen Zeiten uns überliefert sind. Wenn indes die meisten der Sturmfluten auch nicht einen gleich hohen Wasserstand erreichten, so wirkten viele der in früheren Jahrhunderten vorgekommenen verheerend und verwüstend auf dem ganzen Küstengebiet, da dieses früher durch bei weitem schlechtere Deiche weniger gegen die Gewalt der erregten Wogen geschützt war.

Das war die letzte Flut des 18. Jahrhunderts, welche über das Friesengebiet hinbrauste. Einzelne Marschen dagegen litten noch öfter. In das arme Nordfriesland brach in jedem der drei folgenden Jahre das Meer ein, und endlich noch zweimal in den fünfziger Jahren. Dann erst trat Ruhe ein, die nun fortdauerte bis ins neunzehnte Jahrhundert. Nicht mehr als zwei bedeutende Fluten hat letzteres aufzuweisen, wovon auch nur die im Februar des Jahres 1825 größere Deichbrüche veranlaßte. Nordfriesland mit seinen Inseln und Halligen litt wieder am meisten und büßte abermals achtzig Menschenleben ein, ebenso auch andere Marschen. Wohl war diese Sturmnacht schrecklich und verderblich, allein doch nicht zu vergleichen mit dem Elend der Vorzeit, wenn auch die Fluten höher stiegen als 1717, denn überall waren die Deiche inzwischen erhöht und verstärkt worden.

Am 21. Oktober des Jahres 1845 stürmte das Meer noch einmal mit wilder Gewalt gegen die Küsten, aber seine Macht war vergeblich. Diesmal trotzten alle Deiche, welche jetzt indessen fast doppelt so hoch und stark waren als die von 1717, die Wogen vermochten nur tiefe Höhlungen hineinzuwühlen und sie oft bis zur Hälfte zu zerreißen und fortzuspülen. Aber eine zweite, unmittelbar darauf folgende Flut würde alle Deiche zertrümmert und entsetzliches Unglück herbeigeführt haben. Das Schicksal des Osterstader Dorfes Offenwarden hing bei dieser Flut an einem Haare. Der wegen eines Schleusenbaues neu aufgeworfene Deich vor jenem Orte litt schon aufs höchste. Bereits fingen die hochaufgeschwollenen, unablässig heranbrausenden Fluten an, sich oben durch die Deichkappe einen Weg zu bahnen. Die Gefahr hatte den letzten Gipfel erreicht. Eine Kappstürzung war mit jeder Minute vorauszusehen und dann ein vollendeter Deichbruch unvermeidlich. Da warfen sich die Einwohner des Dorfes, an ihrer Spitze der Ingenieur Schröter, voll Mut mit ihren Leibern auf die Deichkappe. Jeder ein Bündel Stroh vor sich, lagen sie hier so lange in Sturm und Wogendrang, bis das Wasser gefallen und die Not vorüber war. So retteten sie mit Gefahr ihres Lebens unter der unsäglichsten Anstrengung ihr Heimatdorf.

Dicht an der inneren Seite der Deiche, gefüllt mit klarer Flut und Wasserpflanzen, sieht man wohl hie und da stille, runde, rohrumkränzte Kolke, in den Marschen meistens Braken genannt. Das sind die Denkmale, welche einst die wilden Sturmfluten sich selbst geschaffen haben, als sie durch die gesprengte Deichlücke donnerten und hier sich tief in den Boden wühlten.

Jetzt bieten solche Wasserbecken nur Bilder des tiefsten Naturfriedens dar. Das hohe Schilf nickt und flüstert leise, braune Rohrkolben und purpurne Butomusdolden, Wasseraloen und Nymphäen schauen aus der klaren Flut, indes am Ufer die scheue, nächtliche

Fischotter haust oder das Wasserhuhn nistet, tief im Grunde aber bejahrte mächtige Schleien und Karauschen, braune Schlammpeizger und gefleckte Wassersalamander zwischen den schwarzen Blutegeln und Wasserkäfern lautlos hierhin und dorthin schleichen.

Der Marschboden

Man würde sich sehr irren, wenn man sich die Marscherde als eine gleichmäßige, gewisse Erdart denken wollte. Die Marschen und selbst einzelne derselben besitzen oft eine ebenso große Verschiedenheit des Bodens wie andere Länder, wenn auch dieser Unterschied der Erdarten nicht immer an der Oberfläche liegt und sofort in die Augen fällt. Die eine Marsch ist nicht allein durch ihr leichteres und schwereres Erdreich von der andern verschieden, sondern man braucht oft nur eine Stunde weit zu gehen, um schon auf diesem Wege den verschiedenartigsten Boden zu treffen. Hier ist das Erdreich tonig, dort sandig und weiterhin vielleicht kalkig, in diesem Striche von höchster, kaum erschöpfbarer Fruchtbarkeit, in jenem mager und nur schlechtes, hartes Gras hervorbringend; und der Marschbauer unterscheidet ohne alle chemischen Kenntnisse recht gut die Güte dieses Stück Landes von jenem, das vielleicht nahe daran liegt.

Aber noch verschiedenartiger und schroffer voneinander gesondert treffen wir, wenn wir in die Tiefe gehen, die Erdarten, bei deren Vorkommen uns die wunderbarsten und dunkelsten Rätsel entgegentreten, deren völlige Lösung wer weiß welcher Zeit vorbehalten ist.

Ton ist indessen in allen Marschen die vorherrschende Bodenart, sei er nun in verschiedener Lage und Tiefe mehr oder weniger mit Sand, Kalk, Humus oder anderen Gegenständen vermischt; er fehlt wenigstens nirgends gänzlich.

Im allgemeinen lassen sich in den Marschen fünf hervorstechende Erdarten annehmen, die in mächtigeren oder dünneren Lagen und durchschnittlich in folgender Ordnung aufeinander geschichtet sind. Die alleroberste Schicht bildet natürlich Humuserde, auch Damm- oder Bauerde genannt. Sie besteht aus einem Gemisch von Ton, Sand und einer Menge ganz oder halb verwester Pflanzenteile, welche derselben die große Fruchtbarkeit verleihen. In trocknem Zustande ist sie mausgrau und von ziemlich heller Farbe, naß dagegen tief dunkelgrau. Je nachdem in diesem Boden der Ton oder der Sand überwiegen, bezeichnet man ihn als schweren oder leichten. Doch bezieht sich diese Benennung nur auf die Bearbeitung des Bodens, welche allerdings nur durch das Vorherrschen des Tones erschwert und durch das des Sandes dagegen erleichtert wird. Schwer ist gleichbedeutend mit bindig, zähe und steif.

Nicht in allen Gegenden ist die Bauerde von gleicher Tiefe. Während sie an dieser Stelle kaum eine Handbreit Dicke besitzt, ist sie an jener vielleicht mehrere Fuß mächtig, doch selten über vier bis fünf Fuß, nur in den neuen Groden und Poldern ist sie von bedeutender Mächtigkeit. Den schwersten Boden finden wir im nördlichen Osterstade, im Vielande, im südlichen Wursten und Kehdingen, dann im Stad- und Butjadingerlande. In allen diesen Distrikten ist daher die Viehzucht gegenüber dem Ackerbau vorwiegend. Leichteren sandigeren Boden besitzen dagegen das südliche Osterstade, das nördliche Wursten, das Land Hadeln, das Alte Land und von den oldenburgischen Marschen das nördliche Butjadinger- und Jeverland. Hier herrscht aus leicht erklärlichen Ursachen überall der Ackerbau vor.

Fast unmittelbar unter der Bauerde findet sich der sogenannte Knick oder Stört, eine harte, bröckelige. dunkelbraune und viel Eisen-Oxyd-Oxydul enthaltende Erdart. Sie ist die schlechteste von allen, fast ganz untauglich, und es bedarf langer Zeit und großer Mühe, wenn sie an die Oberfläche gebracht ist, dieselbe nur einigermaßen zum Ackerbau tauglich zu machen. Daher hütet man sich ängstlich, mit dem Pfluge den Knick aufzurühren. Hier und da geht diese eisenhaltige Erde mitunter in wirkliches Rasenerz über, ist indes immer die dünnste Bodenschicht, und nur sehr selten kommt sie über einen Fuß mächtig vor.

Nun folgt meistens ein großes Tonlager, oft mit feinem Sande vermischt, oft aber auch so rein, daß sich die Erde im feuchten Zustande fett und schmierig, fast wie Seife anfühlen läßt. Bald ist sie heller, bald dunkler grau, oft auch von schwarzblauer Farbe, modrigem Geruche und dann meistens alten Humus mit sich führend. Wo sie recht zäh und bindig auftritt, wird sie in einigen Gegenden Dwa oder Dwo genannt. Anfangs ist sie ziemlich unfruchtbar, erst wenn sie längere Zeit den Wirkungen der Luft und Sonne ausgesetzt ist und namentlich, wenn sie mit Sand oder Kalkteilen vermischt ist, wird sie milder und fruchtbarer und zur Acker und Gartenkultur tauglich. Zum Deichbau ist sie indes vortrefflich und bietet namentlich das Material zur Ziegelfabrikation in den Marschen.

Die obigen drei Erdschichten treffen wir überall, nun aber kommen zwei Schichten, die nur gewissen Gegenden angehören und auch hier nur in bestimmt abgegrenzten Lagern von verschiedener Mächtigkeit, nicht aber gleichmäßig ausgebreitet wie die vorigen und endlich niemals zusammen vorkommen. Diese sind die kohlensaure Kalkerde und der Darg.

Betrachten wir die erstere. Eingebettet in dem reinen Tonboden, meistens vier bis sechs Fuß unter der Oberfläche treffen wir diese interessante Erdart, wie sie sich als fünf bis acht Fuß mächtiges Lager in einer Breite bis zu einer halben Stunde, aber ungemein langgestreckt und stets mit dem Fluß in paralleler Richtung dahinzieht, an beiden Enden meistens dünn und spitz ausgehend. Sie besteht aus einem Gemisch von Ton, feinem Sande, aber vorzüglich aus kohlensaurem Kalk, der mitunter fast allein herrscht. Im feuchten Zustande ist die Erde bläulich grau, getrocknet aber hellgrau, und je mehr Kalk darin ist, desto weißer. Außerdem enthält sie in geringerem Maße noch Kiesel, Schwefel und Magnesia. Im Stedingerland, in Osterstade und Würden tritt sie nur in unbedeutenden Spuren auf. Im Butjadingerlande aber wie im Lande Wursten, Hadeln und in den holsteinischen Elbmarschen erscheint sie in großer Mächtigkeit und Fülle. Sie spielte früher im Ackerbau dieser Gegenden eine bedeutende Rolle. Man brachte sie nämlich nach Art des Mergels nach oben und vermischte mit ihr die Ackerkrume, wodurch die erschöpften Böden neue Güte und Fruchtbarkeit gewannen.

Der Darg bildet endlich da, wo er vorkommt, fast immer die letzte Lage, mit der die Marscherde aufhört. Er besteht aus einer kompakten, reich mit schwefligen Teilen durchzogenen dunkelbraunen Schicht von Blättern, Halmen und Wurzeln des gemeinen Rohrs, welche torfartig verwoben, durch gewaltigen Druck fest zusammengepreßt, aber meistens noch völlig erkennbar sind. Er findet sich in sehr verschiedener Tiefe, oft dicht unter der Oberfläche, oft dreißig bis sechzig Fuß im Grunde. Durchgängig aber bildet er die allerunterste Schicht und liegt unmittelbar auf dem Grundsande. Getrocknet hat der Darg die größte Ähnlichkeit mit leichtem Torf, brennt auch wie dieser, entwickelt aber beim Brennen einen so unangenehmen schwefligen Geruch, daß man ihn nie zur Feuerung benutzt und selbst die ärmsten Leute ihn verachten.

Die Fülle von Schwefelwasserstoffgas in diesem Darg, die ihn zum Brennen untauglich macht, ist auch in vielen Gegenden die Ursache des übelriechenden Trinkwassers. Es gewähren diese längst versunkenen gewaltigen Rohrmassen ein eigentümliches Interesse und erinnern lebhaft an die untergegangenen Urwälder unserer Stein- und Braunkohlenlager, ja in der Lettenkohle und im sogenannten Schilfsandstein, beides Gesteine der Triasperiode, haben wir eine völlig analoge Erscheinung und wohl nichts anderes als verkohlten oder verkieselten Darg vor uns.

Alle diese vorhin beschriebenen Erdschichten der Marsch liegen indes nicht immer so regelmäßig und genau nach der Ordnung, wie ich sie hier angeführt habe, aufeinander. Ich habe nur die Reihenfolge erwähnt, welche durchschnittlich am häufigsten stattfindet. Es kommt jedoch auch sehr oft vor, daß eine oder die andere Schicht gänzlich fehlt oder äußerst unbedeutend ist, aber auch in verschiedener Tiefe noch einmal wiederkehrt.

Durchbohren wir nun alle diese verschiedenen Erdlagen, so treffen wir endlich auf eine mächtige, reich von Wasser durchzogene, reine Sandmasse, welche überall die Grundlage der ganzen Marsch bildet und eigentlich nichts weiter ist als eine unterirdische Fortsetzung der Geest. Die Tiefe, in welcher dieser Sand beginnt, ist sehr verschieden. Da, wie schon früher erwähnt, dieses unterirdische Sandland ebensowohl Hügel und Niederungen hat wie das sichtbare, so muß man in der Marschebene vielleicht an dieser Stelle siebzig oder achtzig Fuß tief graben, um auf Sand zu stoßen, und an jener dagegen zu diesem Zwecke kaum zehn bis zwölf Fuß, während an einer noch anderen Stelle der Sand sogar an die Oberfläche tritt, ja selbst sich oft einige Fuß hoch darüber erhebt.

Ein großer Übelstand in den meisten Marschen ist der Mangel an gutem Trinkwasser. Die Brunnen müssen oft bis siebzig Fuß tief durch alle Erdschichten geführt werden, bis man auf das Sandlager stößt. Hier erst findet sich einigermaßen gutes Wasser, das demungeachtet selten klar und reinschmeckend ist.

Und dennoch können Bewohner der Gegenden, wo Brunnen möglich sind, sich glücklich preisen. In den nördlichen Marschen wie im Jeverlande, Ostfriesland, Butjadingen und im Lande Wursten findet man in einigen Strichen oft weit und breit keinen einzigen. In diesen Gegenden ist der Boden so reich an Salzteilen, andernorts wieder an Schwefelwasserstoffgas, das sich vorzüglich in der Dargschicht findet, daß alle Versuche, Trinkwasser aus ihm zu gewinnen, gänzlich scheiterten.

Viele Häuser besitzen daher einen Filtrierapparat, in welchem das Wasser sich reinigt, indem es durch mehrere Schichten von Kiessand, zerstoßenen Muschelschalen und Holzkohlen sickert. Dieser leistet durchgängig treffliche Dienste. Im Winter, wenn ein strenger Frost das Wasser in den Gräben und Zisternen gefrieren macht, vor allem bei lang anhaltender Dürre eines heißen Sommers steigert sich die Not in diesen Gegenden zu einer wahrhaft betrübenden Höhe. Weit umher ist dann kein Glas genießbaren Wassers zu finden, das Vieh rennt, vom furchtbarsten Durste geplagt, blökend im Felde umher, alle Gräben sind ausgetrocknet oder zu stinkenden Pfützen geworden, alles Wasser in den Zisternen ist faul und trübe und kaum zum Essen und Kochen tauglich. Mehrere Stunden weit wird frisches Wasser auf Wagen herangefahren, aber wie wenig ist das bei solchem Mangel.

Eine zweite Schattenseite der Marschländer ist die schnelle Erweichung ihres Bodens. Im Gegensatz zu Sand- und Lehmboden nennt man den der Marschen Klei, welches Wort mit dem englischen clay (Ton) die nämliche Abstammung und Bedeutung besitzt. Im Sommer und überhaupt bei trockenem Wetter wird der Kleiboden sehr fest, hart, zieht sich zusammen und erhält dadurch nach allen Richtungen hin starke Risse, die oft mehr als einen Fuß in die Tiefe hinab sich erstrecken. Wenige Regentage dagegen sind hinreichend, den Kleiboden in völligen Schlamm aufzulösen.

Im Sommer sind daher die Wege in den Marschen außerordentlich hart, eben und in jeder Hinsieht ausgezeichnet, so daß sie besten Kunststraßen nicht nachstehen, sondern dieselben sogar übertreffen. Im nassen Herbst und Winter hingegen befinden sich jene in einem Zustande, von dem es schwer ist, sich einen Begriff zu machen, so daß der Fremde, welcher die Wege nur im Sommer gesehen, es kaum glauben wird, daß es noch dieselben sind. Regnet es stark, so erweichen alle Straßen zu einem grauen, flüssigen Brei, der beim Reiten und Fahren unaufhörlich in die Höhe spritzt und in welchem der Fußgänger bis über die Knöchel einsinkt. Regnet es weniger, so ist es noch schlimmer; alsdann wird der Marschboden ein zäher, steifer und bindiger Teig, welcher sich dem Wanderer an die Füße hängt und den Fuhrwerken die Räder füllt, so daß man sich nur ganz langsam und mit größter Anstrengung hindurcharbeiten kann.

Die schlechten Wege erschweren mithin die Verbindung der Marschdörfer und Höfe ungemein, nicht minder die Kommunikation mit der Geest, und so geschieht es, daß die Marschen oft den ganzen Winter hindurch von keinem Fremden betreten werden, ja einzelne Höfe oft so isoliert und wenig besucht sind, als lägen sie auf unzugänglichen Inseln im Meere. Diese Verkehrserschwerung mag wesentlich dazu beigetragen haben,

Sitten und Charakter der Marschbewohner so rein und frei von äußeren Einflüssen zu bewahren.

Äußerst spät begannen die Marschen ihren Verkehr durch Anlegung guter gepflasterter Landstraßen zu erleichtern; denn zu den Chausseen bedarf man Sand und Steine, und die Marsch ist gänzlich sand- und steinlos, also muß das Material aus den Flüssen und von der fernen Geest herbeigeschafft werden. Als im Jahre 1856 die erste Auflage dieses Buches erschien, galt dies noch uneingeschränkt, inzwischen sind fast alle Marschen der Weser und Elbe mit trefflichen Kunststraßen versehen.

Das Moor

Wie schon oben erwähnt, liegt zwischen Geest und Marsch sehr häufig ein Strich Moorboden, der fast überall ganz allmählich in das eigentliche Marschland übergeht. Diese Vereinigung von Moor und Marscherde nennt man gemeiniglich Bruchland, welches meistens aus sumpfigen Wiesen voller Binsen und harter Halbgräser besteht.

Sicherlich die größte zusammenhängende Moorfläche, welche Deutschland aufzuweisen hat, ist jene ungeheure Einöde an der holländisch-ostfriesischen Grenze, im ganzen einen Flächenraum von 50 bis 60 Quadratmeilen einnehmend und in seinem Hauptteil das Bourtanger Moor genannt. Ihrer Lage nach darf man die Moore Norddeutschlands als Hochmoore, Randmoore und Marschmoore bezeichnen. Unter ersteren werden die verstanden, welche sich mitten auf der hohen sandigen Geest bildeten, Randmoore ist der passende Name für solche, die an der Grenze derselben entstanden, als Zwischenglied zwischen Geest und Marsch und oft als Bruchland so allmählich in letztere übergehend, daß man kaum erkennen kann, wo das Moor aufhört und die Marsch beginnt. Marschmoore endlich bedeuten hier jene Moorstrecken, welche sich sporadisch auf dem Marschboden und rings von der Marsch umgeben finden.

Vor allen Dingen gehört zur Moorbildung eine Niederung, in welcher Wasser versumpft. Tiefgrüne schleimige Massen von Wasserfäden, die Anfänge alles pflanzlichen Lebens im Süßwasser, zeigen sich auch in den Niederungen an und auf der Geest zuerst. Es währt einige Jahre, so haben sich alle Lachen zu einer dicken, grauen Masse verwandelt, und in dieser wurzelt eine neue, zwar noch kryptogamische, aber doch schon ungleich höhere Pflanze, das Torfmoos, Sphagnum.

Dieses hochwichtige Moos ist von einem sehr blassen Grün und seine oft fußlangen schlaffen Stengel, welche rings mit niedergebogenen Ästchen besetzt sind, erscheinen fast niemals vereinzelt, sondern stehen immer dicht gedrängt und von reichlichem Wasser durchzogen im Schlamm. Alle Winter sinkt das Moos zusammen und wird überschwemmt, jeden Frühling steigt und quillt es neu empor und immer dichter, vermehrter und massenhafter. So steigt Schuß auf Schuß viele Jahre hindurch, und während die unteren und ältesten Enden zu einem schwarzen, gleichmäßigen Brei zerfließen, häufen sich die oberen zu so dichten und festen Polstern, daß bald auch andere Pflanzen, selbst holzige, Festigkeit für ihre Wurzeln finden können.

Das gelbe Narthecium, das Wollgras, einige Riedgräser stellen sich ein, dann die reizende Moosbeere und andere Vaccinienarten, die Sumpfheide, die gewöhnliche Heide und zuletzt der stark riechende Gagelstrauch, auch Porst genannt. All diese durchziehen mit ihren Wurzeln vielfach die Moospolster und sind noch deutlich im Torfe zu erkennen, wenn das Moos selbst zu einer formlosen Masse vermodert ist.

Fort und fort wächst auf diese Weise das Moos vor unsern Augen, alljährlich Trieb auf Trieb nach oben ansetzend, nach unten zu verwesend oder verkohlend und so viele Gründe und Mulden ausfüllend. Dreißig, fünfzig, ja achtzig Fuß und darüber hat man hie und da in die Moore hineingebohrt und noch keinen Grund gefunden. In Deutschland mögen das Teufelsmoor bei Bremen, vor allem aber die ostfriesischen Moore und die im Münsterlande die größte Mächtigkeit haben, eine noch größere besitzen die Moore Irlands.

Eine der eigentümlichsten Erscheinungen ist die langsame Verkohlung dieser Vegetationsmassen, deren Fortschritt von unten nach oben sich deutlich erkennen läßt. Während an der Oberfläche die untergegangenen Pflanzen nur eben gebräunt sind und kaum eine Veränderung zeigen, sind sie im Grunde tief schwarz, gleichsam verbrannt und mineralisch geworden, auch wohl in einigen Gegenden von wirklichem Erdöl durchzogen. Solche Schichten liefern auch einen Torf, der fast der Steinkohle gleich zu achten ist. Wo das Moor auf reinem Sandgrunde ruht, führt der Torf keine andern Bestandteile mit sich, als welche seine Pflanzen, die ihn bildeten, einst enthielten, lagert er dagegen auf Tonmassen, so ist er meistens angefüllt mit Mineralien, die ihm zwar größere Schwere, aber auch geringeren Wert verleihen, das Brennen hindern und mit einer Menge Rückstand den Ofen füllen.

Tief im Grunde vieler Moore stößt man noch sehr häufig auf eine Menge von Überresten zerschmetterter und geknickter einheimischer Waldbäume. Die Wurzeln dieser unter dem Moor begrabenen Bäume reichen meistens in den sandigen Untergrund; nur in einzelnen Fällen, besonders bei Birken kommt es vor, daß sie auf einer dünnen Moorschicht stehen also erst entstanden sein können, als bereits die Moorbildung vor sich ging. An diesen Wurzelstöcken kann man vielfach erkennen, daß diese Bäume infolge des Aufwachsens des stets nassen Moores dann abstarben, als das Moor eine gewisse Mächtigkeit erreicht hatte. Bis zu dieser Höhe, etwa einem halben bis dreiviertel Meter über dem eigentlichen Wurzelstock waren die Stämme damals von dem konservierenden Moor eingeschlossen, und sie sind noch heute wohlerhaltene Zeugen längst vergangener Zeiten. Als die Bäume abgestorben waren, ragten zuerst ihre kräftigen Stämme noch über dem Moore hervor, aber sie wurden morsch, und nach und nach fiel das vermoderte Holz in und auf das weiche, den Wurzelstock einschließende Moor, oder aber heftige Stürme stürzten den ganzen Baum oder den aus dem Moore hervorstehenden Stamm und begruben ihn in der weichen Moormasse. Im ersten Fall findet man neben den konservierten Wurzelstöcken nicht die zugehörigen Stämme, vielmehr sind diese als größere oder kleinere Stücke dem Moor völlig einverleibt und geben mit diesem einen zwar bröckelnden, aber lebhaft brennenden und viel Heizkraft entwickelnden, häufig mit weißer Birkenrinde durchsetzten Holztorf. Im andern Falle, wenn der ganze Baum oder der über dem Moore hervorstehende Stamm vom Sturme umgeweht ist, findet man solche Massen weniger, weil dann meistenteils nur die dünnen Zweige zu dieser Bildung beigetragen haben; dagegen ist der Hauptstamm alsdann in der Regel wohlerhalten.

Ein hohes Interesse gewähren diese untergegangenen Wälder namentlich in solchen Fällen, wo sie unter dem gegenwärtigen Wasserspiegel liegen; sind sie doch ein untrügliches Zeichen, daß eine Bodensenkung stattgefunden haben muß, seitdem sie in grauer Vorzeit grünten und blühten.

Noch mannigfach anderes Interesse bieten namentlich die Wiesenmoore, welche nicht aus Heiden und Moosen, sondern vorzugsweise aus dem vertorften Wurzelgeflecht verschiedener sauerer Halbgräser gebildet wurden. Meist liegen sie am Rande des Geestlandes und haben ihre größte Breite immer da, wo dieses sich buchtartig einwärts zieht, umgekehrt dagegen, also wo die Geest weit vorspringt, ist der Moorstrich äußerst schmal und unbedeutend, ja, er verschwindet hie und da gänzlich, so daß der Sand unmittelbar an die schwerste Marsch tritt.

Mitten in solchem Wiesenmoore finden sich hie und da höchst seltsame, vielleicht durch starke Quellen entstandene Wasserbecken. Meistens sind dieselben sehr tief, rund wie ein eingesunkener Krater und gefüllt mit klarem, braunem, eiskalten Wasser, oder auch mit einem dünnen, schwarzen Schlamme. Das Torfmoos und die eigentlichen Moorpflanzen verschwinden in ihrer Nähe, dagegen sind ihre Ufer mit verschiedenen Gräsern bewachsen. Nach und nach überzieht dieses Gras auch die Oberfläche des Kolks mit dem fast fußdicken, engverfilzten Gewebe seiner Wurzeln, zuerst ringförmig und in der Mitte eine Öffnung lassend. Doch immer kleiner und kleiner wird diese, endlich ist die ganze Oberfläche des Wassers fest begrünt und in eine runde, schwimmende Wiese verwandelt, die dann ein Dobben heißt. Diese Dobben sind freundliche Oasen vom üppigsten und saftigsten Grün mitten in dem öden, schwarzbraunen Moore. Oft sind sie nicht unbedeutend, selbst einige Morgen groß, von reichem Heuertrag, und ihr Wurzelgewebe ist so zähe und fest, daß sie ohne Furcht mit Pferden und Wagen befahren werden, wie sehr auch ihr Boden zittert und tief sich einbiegt. Allein gefährlich ist es, wenn ein Dobben noch nicht zugewachsen. Das Tier oder der unvorsichtige Wanderer, der hinüberschreiten will, versinkt plötzlich spurlos. Der geheimnisvolle, finstere Schlund verschlingt den Menschen in einem Nu. Er ist ohne Rettung verloren, wenn man nicht sofort mit Stricken und Stangen zu ihm eilen kann. An Schwimmen ist selten zu denken; denn der schwarze Moorschlamm hängt sich fest an den Körper und hindert jede Bewegung der Glieder; der Angstruf verhallt in der menschenleeren Öde, ein gräßlicher Erstickungstod ist unausbleiblich.

Man sagt, das Teufelsmoor habe seinen unheimlichen Namen davon bekommen, daß in alten Zeiten so manche Wanderer, die sich ohne Führer hindurchwagten, in ihm spurlos verloren gingen. Sie waren, so ging die Sage, eine Beute der höllischen Mächte geworden, die in dem einsamen Moore hausen. Jetzt sind die halboffenen Dobben indessen seltener und seltener geworden und werden eines Tages völlig verschwunden sein.

Immer wankt und zittert der Moorboden, wenn man ihn überschreitet oder überfährt, welches letztere nur im hohen, trockenen Sommer möglich ist. Auch steigt und fällt das Moor je nach dem Wasserstande. Schwimmende Wiesen finden sich noch bei Hechthausen im Amte Himmelpforten, bei Horst im Amte Ricklingen und am Steinhuder Meere. Nirgends aber tritt diese Erscheinung in solcher Großartigkeit auf wie bei dem Dorfe Waakhausen, dessen schwimmendes Erdreich eine gewisse Berühmtheit erlangt hat. Über eine Stunde lang und eine Viertelstunde breit zieht sich die schwimmende Wiese am Ufer der Hamme dahin, die Uferwiesen selbst, aus einer Art Marsch bestehend, treiben nicht in die Höhe und werden überschwemmt, wenn der Fluß austritt. Der dahinter gelegene Landstrich aber schwimmt mit allem, was er trägt, mit seinen Eichen und Tannen, Erlen und Birken, mit Äckern und Gärten durchaus hoch und trokken auf den Fluten. Nur die Häuser schwimmen nicht mit, sondern sind auf festen Erde- und Sandwurten erbaut. Diese letzteren zeigen recht das Steigen und Fallen des Landes an, da sie bald hoch auf ihren Hügeln hervorragend, bald wieder, wenn das Moorland emporgetrieben, als zu ebener Erde gebaut erscheinen. Bei hohem Wasserstande, namentlich wenn es Sturm gibt, zeigen sich noch allerhand Verrückungen des Landes, welche nicht selten die ganze Aussicht aus den Fenstern der Wohnungen umwandeln; ja es reißen wohl selbst mächtige Stücke, sogar ganze Wiesen los und treiben den Fluß hinab oder lassen sich, wenn das Wasser fällt, auf den überschwemmten Uferwiesen nieder. Oft genug hat man daher schon Äcker und Wiesen anbinden müssen, damit sie nicht buchstäblich auf und davon gingen. Im Jahre 1761 wurde auf solche Weise einem Hofbesitzer, namens Hinrich Ahrensfeld, fast seine ganze mit achtzig baumstämmigen Eichen besetzte Hofstelle von seinem Hause abgerissen und hundert Schritte fortgetrieben. Aber ehe noch das Wasser fiel, hatte er sie mit Hilfe von Erdwinden wieder herangezogen. Ein anderes mit Nadelholz bewachsenes Landstück, von der Größe eines Morgens, setzte sich auf das überschwemmte Feld eines Nachbarn und veranlaßte einen längeren Prozeß, der indes noch verglichen wurde. Solche Prozesse kennt das achtzehnte Jahrhundert noch mehrere; denn der, auf dessen Eigentum eine solche fremde Wiese geschwemmt wurde, bestand natürlich darauf, sie solle sofort heruntergeschafft oder zum Ersatz seines Schadens ihm selber zugesprochen werden.

Genugsam bekannt ist es, welch eine hohe Wichtigkeit die Moore durch ihren Torf erhalten und wie der Handel mit diesem Brennmaterial schon Wohlstand und Zivilisation in manche öde Moorgegend getragen hat und noch von Tag zu Tag mehr verbreitet.

Bloß die reine Pflanzenerde liefert guten Torf, wo das Moor hingegen mit Sand und Tonteilen vermischt ist, je nachdem Geest oder Marsch eingewirkt haben, gibt es wohl schweren Torf, aber dieser brennt schlecht und hinterläßt auch eine Menge mineralischen Rückstandes.

Die oberen Schichten des Moores liefern den weißen, leichten Torf, auch Pfeifentorf genannt, der mit hellen Flammen, aber mit geringer Hitzkraft brennt und daher meistens nur zum Brennen der Ziegel und des Kalkes benutzt wird. In ihm ist kaum das Moos verwest, und alle andern Stengel und Wurzeln sind deutlich zu erkennen. Tiefer sitzt der gute Ofentorf, schwarzbraun von Farbe, eine schwere kompakte Masse, in der nichts als die größeren Holzwurzeln bemerkbar sind. Noch tiefer sind auch diese nicht mehr zu erkennen, das Ganze ist ein schwarzer Brei. Derselbe wird herausgeholt, noch tüchtig durchgearbeitet, hierauf zu einem glatten Kuchen auseinander geschlagen und endlich in lange Stücke (Soden) geschnitten, um ihn völlig zu trocknen. Dieser Torf ist der schwerste und teuerste, kommt fast der Steinkohle an Hitzkraft nahe und heißt Backtorf, zum Unterschiede von dem andern, der gleich in Soden gegraben und in einigen Gegenden Kliptorf genannt wird.

Die Moore sind eine kaum zu erschöpfende Fundgrube; denn Tausende und Tausende von Fudern Torfes, welche erst eine allgemeine Abwässerung heben läßt, lagern noch unerreichbar in Sumpf und Wasser. Die Kanäle sind die Lebensadern der Moorgegenden; durch sie allein werden die früher grauenhaftesten Einöden zu blühenden Kolonien umgeschaffen. Vor allem ist hier der großartigen Kanalanlagen Ostfrieslands zu gedenken, die unter dem Namen Fehne bekannt sind. Das Wort stammt aus dem Altdeutschen, wo Feen oder Fenne soviel als Morast bedeutet. Fehne aber nennt man jene breiten, schiffbaren Kanäle, die sich unmittelbar vom Meere oder von der Ems tief in die Moore hinein erstrecken und zu beiden Seiten mit Häusern, Gärten, Äckern und Stapelplätzen versehen sind. Die Kolonisten nämlich, nachdem sie einige Schichten Torf abgegraben, haben hier den untern Boden wieder zum fruchtbarsten Acker- und Wiesenlande geschaffen, indem sie mit ihren Schiffen, auf denen sie den Torf fuhren, als Rückfracht teils tierischen Dünger aus dem Überfluß der Marschen, namentlich aber den an organischen Stoffen so reichen Wattenschlick herbeibrachten, um damit den Boden wieder zu erhöhen und nutzbar zu machen. Kaum gibt es etwas Überraschenderes als den Anblick eines solchen Fehns. Stundenlang wandert man in der einsamen, schweigenden Wüste; nichts erblickt das Auge als Moor und Heide, kein menschlicher Laut dringt ans Ohr, da nahet man dem Fehn, und auf einmal ist die ganze Szene eine andere, und das regste Leben und Treiben tritt an die Stelle der Einöde. Der breite Kanal dehnt sich unabsehbar dahin, eine Unzahl von Booten, Kähnen, kleinen Seeschiffen, ein buntes Segel- und Flaggengeflatter belebt ihn; an seinen Ufern, kaum zwanzig bis dreißig Schritte voneinander, erheben sich Haus an Haus mit freundlichen roten Ziegeldächern von reinlichstem Ansehen, dahinter Blumen- und Krautgärtchen, aus denen mancher Fruchtbaum emporsteigt; weiterhin wogen goldene Saaten, leuchtende Raps- und duftende Buchweizenfelder, und dazwischen weidet schweres Marschvieh im üppigen Klee; dort wieder Stapelplätze mit ungeheuren Torfbergen, drüben vielleicht Schiffswerften mit lautem Hammergepoch, weiterhin lustig drehende Windmühlen, und wohin man blickt, Handel und Wandel, Arbeit, Wohlstand und Fröhlichkeit, daß einem das Herz mit fröhlich wird, denn hier arbeiten nicht Hunderte von Knechten für einen einzigen, sondern jeder hat sein eigenes Haus, Ackerland und Torfgrund, wenn auch nicht in großer Ausdehnung, doch hinreichend, um Armut und Sorge fernzuhalten und ein behagliches Familiendasein gründen zu können.

Die allergroßartigste dieser Anlagen ist Papenburg, welches nichts anderes ist als ein Fehn, wenn es auch den Namen nicht führt. Im Jahre 1675 wurde die Kolonie namentlich durch die Bemühungen eines Freiherrn von Landsberg gegründet. Nichts war damals dort zu erblicken, jetzt aber zählt Papenburg schon viele tausend Einwohner.

Ebenso ist das Teufelsmoor durch eine solche Kanalanlage sehr wohlhabend geworden, und dem Moorkommissar Findorff, der sich um die Anlage desselben große Verdienste erwarb, hat man auf dem Weiherberge bei Worpswede ein wohlverdientes Denkmal errichtet. Demnach ist die Kanalisierung das einzige und echte Kultur- und Lebensprinzip der Moorbevölkerung, ohne welche kein Emporkommen denkbar ist.

Marsch, Geest und Moor vergegenwärtigen uns gewissermaßen die menschlichen Temperamente. Die Marsch repräsentiert auf den ersten Blick erkennbar das Phlegmatische. Ihre ewigen schnurgeraden Linien, die waagerechte, ruhige Ebene mit dem einförmigen Grün, die träge fließenden Binnengewässer, der zähe, tonige Boden, die schweren behäbigen Tiere, die Bevölkerung, alles ist ein Bild des ruhigsten Phlegmas, wie keine andere Gegend es bietet. Die leichte Geest dagegen ist durch und durch sanguinisch. Hier ist alles Wechsel, bald ernst, bald heiter, bald dürr, bald fruchtbar, bald Tal, bald Hügel, hier dämmriger Wald, dort schattenlose Sandwüste; hier grüner Wiesengrund und wallende Kornfelder, dort steiniges, unfruchtbares Heideland, hier rauschende Mühlenbäche, dort stille, rohrumflüsterte Teiche, - alles in schroffen Gegensätzen, wie der Ausdruck eines sanguinischen Gemüts. Wie das Geestvieh leichter und lebhafter ist als das Vieh der Marsch so oft auch der Menschenschlag. Im Moor endlich findet die tiefste Melancholie ihren Ausdruck, welchen der köstlichste Frühlingsmorgen und der sonnigblaueste Sommertag nicht ganz verscheuchen können, der aber bei trübem, wolkigem Himmel, im Spätherbst und zur Winterszeit wahrhaft grauenerregend auf die Seele zu wirken vermag. Nie wird man von diesem Eindrucke so mächtig berührt, als wenn man kaum noch die Wiesen der Marsch durchwanderte und nun plötzlich das Moor betritt. Mit einem Male ist man in einer anderen Welt. Alles heitere Grün ist verschwunden, nichts zu erblicken als schwarzbraunes Land von unheimlichem, verbranntem Ansehen, begrenzt von einer ernsten tiefblauen Ferne. Die schwarzen Torfhaufen oder hie und da die einsame, armselige Hütte eines Torfbauern, von einigen weißstämmigen Birken umgeben, sind die alleinige Unterbrechung der traurigen Ebene. Da und dort wallt eine graue Rauchmasse still zum Himmel, so daß man sich oft in einer vulkanischen Gegend glauben könnte, und ringsum herrscht eine Stille, ein Todesschweigen, welche das Herz mit Grauen erfüllen.

»An der holländischen Grenze«, sagt der Botaniker Griesebach in seiner vortrefflichen Schrift über die Moore Ostfrieslands, »habe ich das pfadlose Moor von Burtange überschreitend einen Punkt besucht, wo, wie auf offenem Meer, der ebene Boden am Horizont von einer reinen Kreislinie umschlossen ward und kein Baum, kein Strauch, kein Gegenstand von eines Kindes Höhe auf der scheinbar unendlichen Einöde sich abgrenzte. Auch die entlegenen Ansiedlungen, die im Birkengehölz verborgen noch lange wie blaue Inseln in der Ferne erschienen, sinken zuletzt unter diesen freien Horizont hinab. Dieses Schauspiel, auf festem Boden fast ohnegleichen, überall hinauf abgerundete Heiderasen und über dem Schlamm gesellig lebende Halbgräser, das Auge einschränkend, zugleich seltsam das Gemüt mit der Gewalt des Schrankenlosen ergreifend, versetzt uns in ursprüngliche Naturzustände, wo eine organische, jedoch einförmige Kraft alles überwältigend gewirkt hat.«

Die Heide ist in ihrer menschenleeren Einsamkeit ähnlichen Ausdrucks. Auch sie macht das Herz still und schwermütig, aber ungleich unheimlicher ist der Charakter des Moores. Die Heide zeigt ein wechselndes Auf und Ab, oft in den weichsten Wellenlinien, das Moor ist eine starre, unbewegte Ebene; in der Heide ruht das Sonnenlicht warm auf den rotgelben Sandblößen und gibt mit den roten, grauen und weißen Steinen, die da umherliegen, ein reizendes Spiel von Lichtern, Schatten und Reflexen; das Moor, alle Strahlen einsaugend, aller lichten Farbtöne entbehrend, zeigt nichts als sein trauriges Braun und wieder Braun. Über die Heide weht der Hauch der Romantik um den wacholderbewachsenen Grabhügel verschollener Helden und Nordlandsrecken, um den halbversunkenen granitnen Hünenstein, der einsam und wie ein graues Rätsel aus sagenvoller Runenzeit uns anschaut. Über dem schweigenden Moor aber schweben nur Teufelssagen, geradeso unheimlich und schwarz wie es selbst ist. Die Heide hat ein emsig wimmelndes Tierleben. Es schwirrt die Heidelerche über ihr, muntere Eidechsen schlüpfen hurtig durch das blühende Kraut, schnelle Laufkäfer, oft von schön glänzenden Farben, bevölkern alle Sandblößen, die kleinen, reizenden Heidschmetterlinge, azurblau und glänzend wie Atlas, oder auch feuerfarbig, flattern und spielen, und eine Unmenge schwirrender Grillen, summender Bienen und anderer Insekten wimmeln und schwelgen auf den süß-duftenden Blüten, so daß alles lebt und webt, wohin man horcht. Wie anders das Tierleben in den Mooren! Auch in ihm spricht sich die düstere Stimmung der Landschaft aus, es ist spärlich und still, stiller als in jeder anderen Gegend. Da haust nur das Birkhuhn, die menschenscheue Rohrdommel läßt in stiller Nacht ihren unheimlichen Laut hören, die Sumpfeule nistet auf dem Erdboden oder in Binsenbüschen, und man sieht sie, selbst am Tage, oft mit lautlosem Fluge wie ein graues Gespenst über das braune Land schweben, hier und da fliegt eine Moorschnepfe vor dem Wanderer auf, oder eine Bekassine, die ihr heiseres Rätsch ausstößt. Sonst ist alles stumm, denn auch der Insekten hegt das Moor nur äußerst wenige. Ein Hauptbewohner desselben aber ist die giftige, braungefleckte Kreuzotter, die man an heißen Tagen oft spiralförmig zusammengerollt in der Sonne liegen sieht. Auch die übelriechende Ringelnatter ist häufig. Frösche und Wassersalamander beleben die stillen Lachen.

Die Moorflora ist jedoch eine charakteristische und interessante. Wir finden die reizendsten wie die seltsamsten Pflanzengebilde, und eine Sommerwanderung durch das Moor ist für den aufmerksamen Beobachter deshalb höchst unterhaltend, so einförmig und düster die Landschaft auch ist. Die größere Menge der Moorpflanzen besteht aus sehr kleinen Holzgewächsen, deren Zweiglein meistens am Boden sich hinstrecken oder doch nur wenig von demselben sich erheben. Fast alle diese Gewächse haben harte, lederartige, immergrüne Blätter, deren Farbe völlig mit dem tiefen Ton des Bodens harmoniert und meistens sehr dunkel ist, ebenfalls ins Graue oder Braune spielend; ebenso sind sie fast alle von herbem, zusammenziehendem Geschmacke und vielen Gerbstoff enthaltend, doch entwickeln einige die niedlichsten und zartesten Blüten, die man sehen kann, und späterhin manch blaue und rote eßbare Beere.

Vor allem fällt der aromatische Gagelstrauch in die Augen (Myrica gale), die nordische Myrthe, wenn der Vergleich auch etwas kühn ist. Es ist ein geselliger Strauch von zwei bis drei Fuß Höhe, der große Strecken mit dem traurigen Graugrün seiner zollangen schmalen Blätter bedeckt. Diese sind voll aromatischen Öls und riechen einzeln nicht unangenehm, in Menge aber und namentlich an heißen Tagen hauchen ihre Büsche einen so bedeutenden Duft aus, daß man mit starken Nerven begabt sein muß, um nicht heftige Kopfschmerzen davonzutragen. Der Gagelstrauch ist der Hauptrepräsentant der Moore des deutschen Nordwestens und fehlt denen des Ostens fast gänzlich, während hier der charakteristische Sumpfporst (Ledum palustre) wieder in den nordwestlichen Mooren vergeblich gesucht wird. Die Elbe scheint zwischen beiden die Grenze zu bilden.

In großer Üppigkeit gedeiht die schöne Sumpfheide (Erica tetralix) mit ihren roten Blumenköpfchen, auch die gemeine Heide (Calluna vulgaris) wächst überall hoch und kräftig, und dazwischen windet sich mit liegenden Zweigen die schwarze Rauschbeere (Empetrum nigrum), deren kleine Blätter vor allen Moorpflanzen durch das schönste Grün sich auszeichnen. Weiter findet man hie und da die kleine reizende Andromeda (Andromeda polifolia), meistens in aristokratischer Einsamkeit blühend, nie gemein sich machend. Ihre lanzettförmigen Blätter sind oben dunkelgrün, unten zart silbergrau, und ihre sanft geröteten Blüten schüchtern und verschämt zur Erde geneigt wie ein Mädchenköpfchen, so daß man diese niedliche Pflanze nicht ohne Wohlgefallen betrachten kann. Dennoch wird sie an Zartheit noch von der Moosbeere (Vaccinium oxycoccus) übertroffen. Wie zartverschlungene, braune Fäden liegen die gleichwohl holzigen und mit kleinen Blättern besetzten Zweige auf den blaßgrünen, feuchten Moospolstern und tragen an ihren Spitzen Blüten, die in ihrer Gestalt völlig einer kleinen, roten Türkenbundlilie gleichen. Aus diesen Blüten werden späterhin Beeren wie kleine Äpfelchen, erst gelblich mit scharlachroten Bäckchen, dann immer röter und feuriger, so daß ein solches Moospolster mit seinen zahlreichen Beeren eine köstliche Farbenwirkung bietet.

Sie alle sind kleine ausdauernde Holzgewächse, deren Zweige, so dünn sie sind, unter dem Mikroskope Rinde und Jahresringe zeigen. Es gibt indes auch manche ein- und zweijährige Kräuter im Moor, und unter diesen wiederum die niedlichsten und interessantesten Gebilde, welche teils Sumpfpflanzen sind, teils als echte Wassergewächse in der braunen Flut wohnen. Drei dieser Kräuter sind durch ihre ungewöhnlichen Eigenschaften merkwürdig.

Zuerst die wundersame Parnassia (Parnassia palustris), eine schöne fußhohe Pflanze mit einer Blüte von feinstem Weiß, das köstlich gegen das dunkle Grün ihrer rundlich herzförmigen Blätter absticht, eine Pflanze von eigentümlicher Erscheinung. Was dieselbe zu einer der interessantesten macht, ist die seltsame Art ihrer Befruchtung. Die Blume hat fünf pfriemenförmige Staubfäden, deren jeder mit einem länglichen Staubbeutel versehen ist. Hat sich die Pflanze nun völlig geöffnet, so zeigt sie plötzlich ein seltsames Schauspiel: die Staubfäden bewegen sich sichtbar zum Fruchtknoten, wie liebend schmiegen sie sich an denselben an, entledigen sich ihres feinen Pollenstaubes und kehren dann langsam in ihren vorigen Stand zurück. Und diese Bewegung geschieht nicht gleichförmig, sondern erst langsam, dann schneller und endlich förmlich ruckweise, dabei ein Staubfaden nach dem andern, ja, Humboldt, der dieses Schauspiel schon 1794 näher beobachtete, entdeckte sogar eine genaue Reihenfolge dabei.

Andere sehr anziehende Pflänzchen sind die drei Arten des sogenannten Sonnentaus (Drosera). Es sind kleine, niedliche Kräuter, deren langgestielte fleischige Blätter unmittelbar aus der Grundachse kommen, flach im Kreise auf dem Boden liegen, an einer Art rund, bei andern länglich sind und kleinen Löffelchen sehr ähnlich sehen. Diese niedlichen, hellgrünen Blätter tragen auf der Oberseite eine Menge roter Härchen, jedes an seiner Spitze mit einer kleinen Drüse, welche rings eine kristallklare, zähe Flüssigkeit ausschwitzt, so daß es den Anschein gewinnt, als ob alles mit einem glänzenden Taue bedeckt sei, und je heißer die Sonne scheint, desto größer sind die Tropfen. Darum konnte man keinen schöneren und treffenderen Namen dafür finden als Sonnentau, wie das Volk die Pflanzen genannt hat. Auch diese Pflanze zeigt große Reizbarkeit, zwar nicht an den Blüten, die unbedeutend und weißlich sind und auf dem nackten, roten Schaft stehen, sondern vielmehr an den Blättern, namentlich bei heißen Tagen, wo sich dieselben bei Berührungen empfindlich zusammenziehen. Diese Reizbarkeit wird zuweilen so stark, daß, sobald sich ein Insekt auf die Blätter setzt, sich diese schnell schließen und das Tier mit ihren Härchen festhalten, bis es tot und der durch sein Arbeiten verursachte Reiz vorüber ist. Man nimmt an, daß sie die gefangenen Tiere zum Teil aufsaugen und bezeichnet sie als fleischfressende Pflanzen. Zu ihnen gehört auch die liebliche, veilchenähnliche Pinguicula, auf moorigen Wiesen hin und wieder in Menge auftretend. Das dritte seltsame Gewächs der Moore ist der Wasserschlauch (Utricularia). Bei ihm ist es nicht die Sensitivität, welche es so merkwürdig macht, sondern eine andere kaum minder interessante Eigenschaft. Die Pflanze bewohnt die wassergefüllten Torfgruben und andere Lachen und besteht aus langen, dünnen Stengeln, die mit einer Menge haarförmiger und vielfach fiederspaltiger Blättchen besetzt sind. An diesen letzteren befinden sich viele kleine, runde, häutige Blasen oder Schläuche, der jeder an seinem oberen Ende eine sehr kleine Öffnung hat. Fast das ganze Jahr hindurch sind diese Schläuche mit Wasser gefüllt, und die Pflanze liegt still in der braunen Moorflut auf dem Boden. Sobald aber der Junius naht, die Blütezeit der Pflanze, dann beginnt seine eigentümliche Veränderung. Die Schläuche entwickeln nunmehr in ihrem

Innern Luft und entleeren sich dadurch vom Wasser. Dadurch gehoben steigt die Pflanze an die Oberfläche. Ihr Blütenschaft aber erhebt sich aus dem Wasser und trägt zierliche, gelbe Blumenkronen, später kleine Samenkapseln. Kaum aber ist die Blütezeit vorüber, so öffnen sich schon die Schlauchdeckelchen, die Säckchen füllen sich mit Wasser und die Pflanze sinkt wieder hinab und liegt von neuem still auf dem kalten Grunde, harrend des Frühlings, wo sie wieder aufsteigen kann, um im warmen Sonnenschein zu blühen. Noch manche andere reizvolle Pflanze hegt das Moor, z. B. die weiße Calla, das gelbe Narthecium, das sammetbraune Comarum, das seidenflockige Wollgras und ein schönes Moos (Polytrichum formosum) u.a.m.

Es sei vergönnt, hier gleich ein paar Worte über das Volk in den Mooren beizufügen. An die Fehnkolonisten und Anbauer der übrigen großen Moorkanäle darf aber dabei nicht gedacht werden. Bei ihnen haben Kultur, Handel und Verkehr mit Nachbargegenden jene andere Einwirkung verhindert. Ganz anders aber ist es bei den einzelnen Kolonisten und Torfbauern der öden, entlegenen Moorstrecken, welche nur im Sommer mit der Außenwelt in sparsame Berührung kommen, im Herbst und Winter dagegen, wo kaum ein Fuhrwerk sie erreichen kann, in der entsetzlichsten Einsamkeit ihre Tage zubringen. Traurig ist das Leben solcher Torfbauern, wenn sie auch selten mit bitterer Armut zu kämpfen haben; denn abgerechnet den Verdienst durch Torfhandel können leicht ein paar Äcker des wohlfeilen Landes bestellt werden, um soviel Korn, Buchweizen und Kartoffeln, als zur Nahrung seiner Besitzer nötig, zu gewinnen.

Da sitzen sie in ihren kleinen schwarzgeräucherten Hütten die lange, trübe Winterzeit hindurch, ohne die geringste geistige Anregung, ohne Nachricht vom Treiben der bunten Welt und selbst oft ohne körperliche Beschäftigung, ihre Tage in stillem, geistlosen Hinbrüten abspinnend. Sogar einen Verkehr untereinander kennen sie meistens nicht; denn ihre Wohnungen liegen fast immer ganz vereinzelt und in ansehnlichen Entfernungen voneinander. Ihre Schulen waren in der Regel unsäglich elend. Man mietete auf die Wintermonate, so billig man konnte, oft für fünf bis acht Taler, irgendeinen armen Schulmeister, der gewöhnlich mühsam von Haus zu Haus wandern mußte, um sein Mittagsbrot am Reihetisch zu finden, im Sommer indessen, wo keine Schule gehalten wurde, sich meistens als Knecht verdingte oder Torf grub. Wie traurig solch Unterricht beschaffen war, läßt sich leicht denken. Die grenzenlose Unwissenheit und der krasseste Aberglaube waren die unausbleibliche Folge, welch letzterer insbesondere vielleicht nirgends so seine Sitze aufgeschlagen hat wie in den Mooren. Dazu kommt noch der Umstand, daß man allerlei unheimliches und verdächtiges Gesindel, von dem man die menschliche Gesellschaft befreien wollte, in die Einsamkeit der Moore verbannte und ihm hier Wohnsitze anwies. Alles das hat ein Geschlecht gezeitigt, wie es zu der dunklen Öde seiner Heimat in schauerlichem Einklange steht.

Nicht darf diese Schilderung geschlossen werden, bevor nicht noch einer Eigenschaft gedacht ist, in welcher das Moor auch für die Geschichtskunde zu den interessantesten Bodenbildungen unserer Heimat gehört, nämlich als Bewahrer und Erhalter von Kulturresten einer mehr als tausendjährigen Vergangenheit.

Nicht nur, daß tief im Grunde der braunen Umhüllung jene schon erwähnten untergegangenen Waldreste uns ihre Rätsel aufgeben, nicht nur, daß zwischen ihnen die oft mächtigen Gebeine fast oder völlig ausgestorbener Tiere lagern, ungeheure Geweihe des Riesenhirsches (Cervus megacerus), des Elen und der Schädel des wilden Urs, oder selbst wohl das Gerippe des Mammut - auch des Menschen Werk und ihn selber bewahrt aus dunklen Zeiten die dunkle Pflanzenmasse oft in wunderbarer Weise fast unverändert, mag auch droben ein Jahrhundert nach dem andern mit seinen Wandlungen darüber hinrollen, sie getreulich den Forschern der Vorzeit überliefernd.

Die Pflanzenwelt der Marschen

Der Charakter der Marschländer tritt vielleicht nirgends so deutlich in die Augen als in ihrer Pflanzenwelt. Die Flora der Marschen ist eine so merkwürdige und auffallende, daß man nicht erst Botaniker zu sein brauchte, um ihre große Verschiedenheit von der anderer Gegenden wahrzunehmen.

Der überaus fruchtbare, gänzlich steinlose, tonige, feuchte und mit vielen Salzteilen durchsetzte Marschboden konnte nicht anders, als eine Flora erzeugen, welche ebenso schroff gegen die der benachbarten Moore und Geesthöhen absticht wie die Marsch selbst in ihrer Gesamtphysiognomie.

Zuerst überrascht der gänzliche Mangel aller wild wachsenden Bäume und Sträucher. Hätte nicht der Mensch seine Wohnungen, seine Deichbärmen und seine Feldwege hier und dort mit Blumen bepflanzt, so wären die sämtlichen Marschländer eine einzige, weite, völlig baum- und gebüschlose Ebene. Die Ononis spinosa, Hauhechel, welche hier und da an trockenen Wegen wächst, ist der einzige, sehr unscheinbare Repräsentant der Holzgewächse in den Marschen. Sodann fällt das Vorherrschen der Rohrgewächse auf, der Binsen, Cariceen und Gräser über die eigentlichen Kräuter. Weiter befremdet die äußerst geringe Zahl von Flechten und Moosen, vielleicht zusammen kaum 16 Arten, und endlich, bei aller Üppigkeit und Fülle der Vegetation, doch die große Armut an Geschlechtern und Arten, wie nachstehende kurze Übersicht erweist.

Die Familie der Compositen ist noch bei weitem die zahlreichste, sie findet sich mit 40 Arten ein; dann folgen dem Umfange nach die Cruciferen 18 Arten, Umbelliferen 18 Arten, Labiaten 14 Arten, Papilionaceen 12 Arten, und Ranunculaceen 13 Arten (das Genus Ranunculus hat allein 10 Arten), ferner gibt es 5 Arten Potameen, ebenso viele Chenopodeen und Rumexarten, 6 vom Genus Polygonum und Veronica und endlich nur 3 Arten des Genus Plantago, Epilobium, Euphorbia und Lysimachia.

Diese Familien sind die hervorstechendsten Pflanzen in der Vegetation der Marschen. Alle übrigen der vorkommenden Genera werden durchgängig nur von einer oder zwei Arten repräsentiert, und sehr viele von denen, welche auf der Geest die Hauptflora ausmachen, fehlen gänzlich.

Nach der Farbe gereiht sind gelbe Blüten die häufigsten, danach weiße, violette und violett rosenfarbige; dagegen besitzt die gesamte Marschflora durchaus keine scharlachrote, und in der Meerstrandsaster, Aster tripolium, der Vogelwicke, der Gundelrebe, dem Vergißmeinnicht die wenigen Pflanzen mit blauen Blüten. Die einzelnen Pflanzen der Marsch selbst unterscheiden sich meistens durch Größe, Üppigkeit und Saftreichtum sehr von denen der Geest.

Die Flora der Marschen läßt sich bequem in drei Regionen einteilen, welche, wenn auch einzelne Pflanzen sich durch jede derselben hindurchziehen, doch ungemein voneinander verschieden sind: in die Region der Außendeiche, die Region der Weiden und Äcker, und die Region der Bruchwiesen, welche den Übergang von der Marsch zur Moor- und Geestflora bildet und fast schon Grünlandmoor heißen dürfte.

Beginnen wir mit der ersteren, die wir notwendig wieder in zwei kontrastierende Gegenden einzuteilen haben, in die der Groden und Außendeiche, welche vom süßen, und die, welche von salzigem Wasser bespült werden, oder kürzer gesagt in die Flora der Flußgroden und die der Seegroden. Die Flora fängt am äußersten Uferrande an, umfaßt alle unbedeichten Inseln, Platen und Sande, und reicht bis an den Deich, der sie schroff abgrenzt. Wir betrachten zuerst die Flora der Flußgroden.

Hier sind die ersten höheren Pflanzen, welche demjenigen, der sich dem Lande nähert, entgegentreten Scirpusarten. Aus dem allerweichsten, fast flüssigen Schlamm, der kaum mit niedrigster Ebbe frei wird und nur die leichtesten Strandläufer und die Möwen zu tragen vermag, den Menschen aber tief einsinken läßt, sprossen jene Binsenarten erst sparsam und einzeln, wo aber der Schlamm um ein weniges höher und fester wird, häufiger hervor. Aus ihnen flicht der Marschbewohner Stricke und Stuhlsitze, oder streut mit einigen Arten derselben seinem Vieh. Die niedrigsten Platen sind von ihnen ganz bewachsen, und der Scirpus lacustris ist als die erste höhere Pflanze und der Anfang aller Vegetation der Marsch überhaupt zu betrachten.

Wenn der Schlamm sich verdichtet, stellen sich Glycerien ein, es verbreitet der Kalmus seinen aromatischen Geruch, es hebt der Rohrkolben (Typha latifolia und angustifolia) sein braunes Haupt aus dem grünen Schilfe.

Wenn der Boden noch fester und höher wird, so daß ihn gewöhnliche Sommerfluten nur eben benetzen und bespülen, erheben sich die langen, mächtigen Rohrfelder, welche für manche Gegenden so wichtig sind. Dieser zweite Strich hat keine einzige andere Pflanze aufzuweisen, da das oft nahe an 10 Fuß hohe Rohr (Phragmites vulgaris) durchgängig eine außerordentlich dichte Wildnis bildet, die keine andere Vegetation zuläßt und durch welche sich der Mensch nur mühsam hindurcharbeiten kann. Ein solcher Rohrstrich ist bald schmäler, bald breiter, aber oft ununterbrochen mehrere Stunden lang.

Er ist, wie schon einigemale bemerkt, für die Landbildung wie für den Haushalt der Marschen sehr bedeutsam, ebenso aber ist er es auch in ästhetischer Beziehung. Nehmen wir die weiten Grasfluren aus, so ist keine andere Pflanze der Marsch imstande, der Landschaft ein so eigentümliches Gepräge aufzudrücken als das Schilf, wenn es in hoch rauschenden, gedehnten Feldern das Flußufer bedeckt. Diese größte aller norddeutschen Gramineen hat schon als einzelnes Pflanzenindividuum ihre eigentümliche Schönheit. Diese liegt in der reizenden, weichen Linie, welche der oft 10 Fuß hohe Halm bildet, in dem zarten Graugrün seiner in feinster Spitze auslaufenden Blätter und in der schön geschwungenen Blütenrispe, die mit ihrem purpurbraunen Seidenglanze wie ein stattlicher Federbusch hoch auf der Spitze schwankt. Aber erst als Masse gewinnt sie ihre wahre Wirkung. Tief ernst, ja öde und fast unheimlich könnte der Eindruck genannt werden, den diese mächtigen, stundenlangen, dichten Rohrfelder und das einförmige Graugrün ihrer Blätter und das Braun der Blüten machen, wenn nicht das Leichtbewegliche der Halme, dieses Wanken und Schwanken, Neigen und Beugen alles Finstere und Starre wieder in elegische Weichheit auflöste. Rohr und Weiden sind in der Marsch die einzigen Pflanzen, die ihre leise Sprache haben. Stumm wankt der Grashalm im Winde, fast lautlos wallt das Saatengefild. Allein das Rohr mit seinen hohen Halmen, die über einem Reiter fast zusammenschlagen, das schauert und seufzt, das flüstert und rauscht wie vor Wehmut und Sehnsucht im Abendwinde, darein murmeln die Fluten ihre Märchen süß und träumerisch und wiegenliedheimlich, wenn die Luft kühl wird, der Tag sich neigt und im goldenen Westen die Abendwolken leise verglühen oder in stiller Sommernacht, wenn das Mondlicht breit auf dem Strome zittert und ringsherum alles blau und silbern ist. Das Rohr ist eine recht eigentliche Charakterpflanze der Marschen.

Rohr und Weiden haben oft ihre Dichter gefunden, ihr Rauschen tönt nach in manchem Gesange: denke man nur an die schönen schwermütigen Schilflieder des armen Lenau! Mächtige Rohrfelder umrauschen auch die Donauufer Niederungarns; wie oft mag er ihrem Flüstern gelauscht haben.

Auch das Tierleben der Rohrfelder ist ein eigentümlich stummes, nächtliches und geheimnisvolles. Die einsame Fischotter haust da in tiefer Verborgenheit, der scheue Reiher steht lauernd am Ufer, tags sieht man wohl die braune Rohrweihe mit schönem, sanftem Fluge darüber schweben, und tief im Dickicht wohnt das schwarze Wasserhuhn, ein stilles, sanftes Tier mit schönen, klugen Augen, mit der seltsam weißen Stirnplatte, roten Kniebändern und wundersamen Lappenfüßen. Und wie klug, wie vorsichtig ist es! Es baut sich ein dickes, großes Nest aus trockenen, hohlen Stengeln, aber heftet es weislich nicht an den Boden. Kommt nun die Flut, so schwimmt es lustig mit seinen Nestküklein oben und steigt und fällt mit ihr, doch damit Wind und Wellen es nicht gar auf den offenen Strom treiben, hat es das Nest an der Spitze eines langen, überhängenden Rohrhalmes befestigt und kann so mit aller Gemütsruhe dem Gange der Dinge zuschauen. Auch das zierliche gefleckte Rohrhuhn, die Ralle und der Wachtelkönig sind scheue, selten bemerkbare Schilfbewohner; doch vernimmt man in warmen Sommernächten allerlei Stimmen. Namentlich läßt dann der stets unsichtbare Wiesenschnarrer sein einförmiges, seltsames Schnarren hören, das genauso klingt, als ob man zweimal hintereinander mit einem Messerrücken über die Zähne eines weiten Kammes fährt; vor allem aber zwitschert, pfeift, schnattert, zischt und gurgelt der kleine, lustige Schilfsänger, auch Rohrsperling genannt, in allen Tonarten unermüdlich bis an den hellen Morgen. Viel seltener dagegen tönt das dumpfe, schauerliche Stöhnen oder Brüllen der Rohrdommel durch die Stille der Nacht; das regere Treiben auf den Strömen, namentlich die brausenden Dampfschiffe, die von Jahr zu Jahr mehr die Fische der Flut wie die scheuen Bewohner der Ufer verscheuchen, haben auch diese Reiherart fast gänzlich vertrieben.

Der dritte Strich endlich besteht schon aus ganz festem und hohem Erdreich, welches nur bei höheren Fluten überschwemmt wird und reicht vom Rohrstrich bis zum Deiche. Hier verschwindet das Rohr auf einmal gänzlich; hohes, üppiges Gras in mehreren Arten (Poa, Festuca, Aira usw.) bedeckt überall den Boden, eine Menge Kräuter erscheinen und schmücken mit ihren Blumen die lebhaft grüne Flur. Hier wächst das schöne Symphytum mit seinen bald purpurvioletten, bald weißen oder rosenfarbenen, hängenden Glockenbüscheln, die zarte Wiesenkresse, eine Orchis, einige Ampfergattungen, der süßduftende Rhinanthus, einige Ranunculusarten: hin und wieder die ulmenblättrige Spiräa (Spiraea ulmarina) mit ihren fast vanilleartigen Blüten und der offizinelle Baldrian. Die gelbe Caltha aber macht, wenn sie blüht, diesen Strich zu einer wahren Goldflur, deren Glanz weithin leuchtet und das Auge blendet. Noch finden sich hier einige, meistens starkriechende Schirmpflanzen, wie die mächtige Archangelica, das Heracleum und in ziemlicher Menge der gemeine Kümmel. An der Grenze dieses Bereichs, wo er an den Deich stößt, stehen häufig zum Schutze des letzteren einige Reihen Weiden. Unter ihrem Schatten entfaltet der große Huflattich (Petasites officinalis) seine riesigen Blätter, besonders häufig und oft in riesiger Höhe auf Tonboden (in der Nähe der Ziegeleien). Hier grünt die Brunnenkresse und die aromatische Wasserminze (Mentha aquatica); hier prangt die gelbe Lysimachia (L. vulgaris) und Epilobien und Rumexarten und da, wo die Deichbärme anstößt, bezeichnet der kleine Huflattich den höchsten und trockensten Boden dieser Region.

Eine durchaus andere wird plötzlich die Vegetation und überhaupt die ganze Natur der Ufer dort, wo schon salzige Meerflut den Strand benetzt und der Strom, breit und mächtig geworden, sich anschickt, dem Ozean in die Arme zu eilen. Schaumgekrönt und in langen, gestreckten Linien rollen jetzt seine Wogen, weitaus dehnt sich das Bett, kaum reicht der Blick von einem Ufer bis zum anderen, das sich darstellt nur wie ein luftblauer, unbestimmter Nebelstreifen; eine rauhere und frischere Luft weht uns entgegen; wir fühlen die Nähe des alten ewigen Ozeans und seiner Wunder und verschwunden ist fast alles, was noch an den früheren Charakter des Stromes erinnerte, auch er selbst, seine Tier- und Pflanzenwelt sind verändert. Die blumenreichen Wiesen und die hohen Rohrfelder, welche noch wenige Stunden aufwärts den Strand umgaben, sind nicht mehr zu erblicken. Wohl zeigt sich noch die Rohrpflanze, aber nicht mehr wie früher in dichter Waldung, sondern ganz einzeln und so verkrüppelt, so dünn und niedrig, daß man kaum glauben will, es sei noch jene stolze Grasart. Keinen Strauch, viel weniger einen Baum erspäht das Auge; die letzte Weide hat uns längst verlassen, und über das gradlinige, kahle Ufer, über ein weites, ödes Watt und langgedehnte Sandbänke schweift der Blick, durch nichts gehemmt, bis zur fernen Kimmung.

Auch landwärts ist das Bild kaum reicher. Gleichmäßig hoch zieht sich der Deich in großen Schwingungen dem Ufer entlang, jeden Blick landeinwärts wehrend; von allem Üppigen oder Lieblichen, das er schützend umgibt, erschauen wir nichts. Etwa ein Kirchturm, ein Mühlenkreuz oder ein paar Häusergiebel unterbrechen da und dort die Einförmigkeit der Linie. Bäume wagen kaum herüberzuschauen in das wilde Meer, sie hokken wie ängstlich und frierend hinter dem warmen Schutze des Deiches, um sich vor ihrem ärgsten Feinde, dem rauhen, salzführenden Seewinde zu bergen. Wohl versucht es einzeln eine kräftige Marschesche, des Windes zu spotten und ihr Haupt höher und stolzer zu erheben, aber bitter muß sie es bereuen; denn bald steht ihre Krone sturmzerzaust und voll bleicher dürrer Äste und wie im angstvollen Sehnen streckt sie ihre Zweige dem tieferen Lande zu, wo ihre Brüderbäume in linderer Luft und wärmerem Sonnenschein friedlich und ruhig ihr reichbelaubtes Geäst ausbreiten können.

Betreten wir jetzt jenes große, fruchtbare Vorland, die Außendeiche, Groden oder Helder, wie in verschiedenen Marschen diese Anschwemmungen außerhalb der Deiche genannt werden. Während wir im älteren Marschlande, in die Tiefe dringend, verschiedene Erdschichten durchschneiden, so begegnen wir in diesen späteren Alluvionen fast immer nur einer einzigen Erdart, reinem, festem Ton, der höchstens ab und an mit einer kleinen Schicht Sand oder von Kalk aus verwitterten Muscheln durchsetzt ist. Fast überall können wir zehn, ja zwanzig Fuß und darüber einbohren, allenthalben finden wir dieselbe Tonerde. Auch das eigentliche Watt besteht da, wo sich nicht gerade Sandbänke angelagert haben, aus derselben. Das niedere Watt, welches jedesmal von der Flut bedeckt wird, ist beinahe völlig vegetationslos, außer wenigen und sehr spärlich stehenden Algenarten. Der interessante Blasentang, welcher in der Nordsee in Unmassen vorkommt, fehlt hier, obwohl das Wasser schon sattsam Salzgehalt besitzt, weil der Felsgrund, den derselbe notwendig braucht, um daran haften zu können, mangelt. Wo indessen durch Zufall ein Stein, ein Anker oder ein Stück Holz ins Watt geraten ist, da stellt er sich sofort ein. Jene feinen, häutigen Algen, eine purpurrote und eine breitlaubige grüne, die fast Salatblättern gleicht, sind dafür ziemlich heimisch und bilden hier, wie an den Ufern des Süßwassersees die Conferven es tun, die ersten Anfänge jeder Vegetation. Zur Strandflora können wir sie aber trotzdem nicht füglich zählen; sie gehören offenbar dem Wasser mehr an als der Erde. Freilich müssen sie ein paar Ebbestunden im Trockenen sein, allein sie liegen dann welk, platt und verschrumpft da und gewinnen nicht wieder ihre Schönheit, Farbentiefe und Gestalt, bis das flüssige Element sie von neuem umflutet. Erst da, wo den Boden die tägliche Flut benetzt, aber die Pflanzen nicht ganz bedeckt, beginnt die Flora, welche wir eben schildern.

Ist überhaupt die Marsch nicht reich an Zahl der Pflanzengeschlechter, so darf die Vegetation dieses Striches in dieser Hinsicht wahrhaft armselig genannt werden. Kaum zählt sie zwölf Genera und selbst nicht viel mehr Species. Eigentümlich und auffallend ist auch sie im höchsten Grade, was nicht befremden darf, wenn man weiß, daß dieser kompakte, tonige Boden an Jod und Natrium so reich ist wie kein anderer Deutschlands. Keines dieser Gewächse ist irgendwie in Schönheit der Gestalt, Farbe und Blüte oder Lieblichkeit des Duftes ausgezeichnet, fast alle sind unnansehnlich mit kleinen grünlichen oder weißen Blumen geschmückt; nur einige zeigen ein mattes Rosa, und eine einzige, die Meerstrandaster, ein ebenso mattfarbiges Lila. Ebenso enthält auch nur eine dieser Pflanzenarten wirkliches Aroma, der Seewermut. Alle andern sind von einem tiefen, oft ins Schmutzigbraune übergehenden Grün und, das ist charakteristisch, die meisten dickfleischig und von seltsam unbestimmter, beinahe unaufhörlich schwankender und abweichender Blattform, dabei mit einem so reichlichen, salzig schmeckenden Safte gefüllt und von so lockerem Zellgewebe, daß die meisten getrocknet bis zur Unkenntlichkeit zusammenschrumpfen und tief schwarz werden.

Verlassen wir das kahle Watt, so ist die erste Pflanze, die uns auf dem etwas höheren Boden entgegentritt, zugleich die auffallendste der gesamten Flora. Es ist der sonderbare Krückfuß, Salicornia herbacea, in einigen Gegenden auch Glasschmalz genannt, eine so seltsame Saftpflanze, wie man sie wohl unter den Tropen, schwerlich aber in dem rauhen Norden zu finden vermuten sollte. Wer diese Pflanze in ihrer gewöhnlichen Üppigkeit zum erstenmale erblickt, glaubt eher vor einem Mesembryanthemum Südamerikas oder vor einem Kaktus Brasiliens zu stehen als vor einem ehrlichen deutschen Kraute. Dem Kaktusgeschlechte Rhipsalis ist unser Krückfuß, seiner äußeren Gestalt nach, ich möchte nicht bloß sagen ähnlich, nein, fast gleich. Man bemerkt an ihm kein Blatt, ein runder Stengel sproßt aus dem andern, und dabei zeigt sich eine solche Saftfülle, daß nur das feine Oberhäutchen und der dünne, drahtförmige innere Stengel zurückbleiben, wenn man die Pflanze mit der Hand drückt, während das Salzwasser in kleinen Strömen ausfließt. Der Krückfuß bildet recht eigentlich den Übergang zwischen Wasser- und Landgewächsen; die allerfeuchtesten Stellen der Groden, insbesondere die schlammigen, vom Meereswasser, das während der Ebbe zurückbleibt, gebildeten Lachen sind seine liebsten Standorte.

Seine nächste Nachbarin ist die sogenannte Strandnelke (Statice limonium), ein fußhohes Gewächs, erst mit hell-violetten, dann weißlich seidenglänzenden und gekrümmten Blütenähren, mit denen die Bewohner der kleinen Nordseeinseln in Ermangelung anderer Blumen ihre niedrigen Stuben schmücken, weil die Blüte auch getrocknet den Seidenglanz behält. In gleicher Bodenhöhe wachsen dann das kleine, an der Erde hinkriechende Milchkraut (Glaux maritima) mit seinen winzigen, rosenfarbenen Blüten, der umgestaltete Seegänsefuß (Chenopodium maritimum), der Meerstrandwegerich (Plantago maritima), das Triglochin, dessen junge Blätter unter dem Namen »Röhr« im Lande Wursten als ein delikater Frühlingskohl verspeist werden und endlich die größte dieser Pflanzen, die Meerstrandaster (Aster tripolium), deren drei Fuß hohe, mit lilafarbigen Blüten bedeckte Büsche noch einigermaßen aus der einförmigen Fläche hervortreten. Weiter ist als hier vorkommend eine wichtige offizinelle Pflanze anzuführen, das Löffelkraut (Cochlearia officinalis), jenes unschätzbare Geschenk des Nordens, dessen scharfer Saft die skorbutzerfressene Mundhöhle der Polarbewohner und Grönlandfahrer in wenigen Tagen mit Wunderkraft heilen macht; denn das Löffelkraut dringt wie fast alle aufgeführten Gewächse bis in hohe Breitengrade vor. Auch eine Schwesterpflanze desselben, unser Meerrettich, findet sich hier und dort in üppigen Büschen.

Wo der Boden endlich so hoch und trocken ist, daß nur Winterfluten ihn bedecken können, bezeichnen noch zwei Kräuter die Grenzen der Flora, gewissermaßen als ihre Vorposten gegen das Land hin. Das eine ist die Ameria (Ameria vulgaris), welche sicherlich auch vielen Lesern, die nicht den Seestrand besucht haben, bekannt sein wird. Es ist nämlich jene Pflanze, die ihrer schmalen grasartigen Blätter wegen »englisches Gras« genannt und ihrer rosenroten Blütenköpfe halber häufig zur Einfassung von Blumenbeeten verwandt wurde. Die andere Pflanze ist der silbergraue, weiche Seewermut (Artemisia maritima), aus welcher der friesische Schiffer seinen wohltuenden, wärmenden Magenbitter bereitet.

Die meisten dieser Pflanzen stehen mehr oder weniger vereinzelt, nur der Krückfuß und etwa noch das kleine Milchkraut überziehen hier und da in größerer Menge den Boden. Eigentlich gesellig und zugleich fast die einzige Grasart dieses Pflanzenstrichs ist nur die Glyceria maritima, in Ostfriesland wie im Jever- und Butjadingerlande Andel genannt. Sie bildet die reichsten, üppigsten Viehweiden und Schurwiesen, und ohne sie würden die mächtigen Groden am Meere vor ihrer Eindeichung von äußerst geringem Nutzen sein, während sie jetzt Tausende einzubringen vermögen. Alle niedrigen Inseln und Halligen Frieslands sind mit diesem herrlichen, weichen Grase bedeckt, welches ebenso wie die andern Strandpflanzen voller Saftes und Salzgehaltes ist. Der Andel trocknet deshalb äußerst schwer, weil das Salz immer wieder feucht wird; ein Fuder dieses Heues ist daher mehr wert als zwei von anderem Grase, und das Vieh frißt es, frisch wie getrocknet, lieber als jedes andere Futter, um dabei außerordentlich zu gedeihen.

Noch bleibt eine hervorstechende Eigenschaft dieser Grodenpflanzen zu erwähnen, ihre merkwürdige Exklusivität. Nur höchst selten nämlich wandert eine oder die andere derselben ins Land und eben so selten ist es, daß irgendeine der Binnenmarsch bei ihr einwandert.

Wird ein Groden eingedeicht , so ist in wenigen Jahren die frühere Flora völlig verschwunden; die echte innere Marschvegetation mit ihren Gräsern und Tonkräutern tritt an ihre Stelle. Viele Meilen weit kann man in der Umgegend umherwandern ohne daß auch nur eine Spur der alten Vegetation uns begegnet, auch von der Meeresflora sei hiermit genug gesagt, ist's doch eben eine gar arme und unscheinbare, farb- und duftlose Pflanzenwelt ohne höhere Form.

Über ihrem unter Wogengebrause und Seenebel entsprossenen einförmigen Grün singt kein Vögelein sein munteres Frühlingslied, kein bunter Falter umflattert ihre Blüten, kein summend Bienchen kommt aus ihnen zu nippen, nur Schwärme langbeschwingter Möwen und Seeschwalben segeln darüber hin, nur Kiebitze, Regenpfeifer, Strandläufer und andere Stelzfüßler beleben oft zu Tausenden den Strand, sich jagend, beißend, lärmend und im hurtigen Lauf auf den flutentblößten Bänken ihre Beute haschend. Nicht einmal der ehrliche Grünfrosch quakt sein Lenzgequak, bloß schmutziggraue Strandkrabben huschen, wenn menschliche Tritte nahen, lautlos in die Salzlachen, und plumpe Robben sonnen sich auf weitem, ödem Watt.

Und dennoch, welche Poesie umschwebt diese arme Pflanzenwelt. Ist sie doch die erste, die dem Seemanne, dem nach langer, langer Meeresfahrt heimkehrenden, zum freundlichen Willkommen ihre Blumen entgegenreicht. Wie jubelt sein Herz auf in unsäglicher Lust, wenn er den schmalen Streifen heimatlichen Strandes zuerst erblickt, wie gierig trinkt sein Auge das liebe, holde Grün der Muttererde, wie hängt es daran in stiller Seligkeit und kann nimmer und nimmer sich satt sehen. Er hat so lange nichts geschaut als das ewige Einerlei von Flut und Himmelsblau oder Himmelsgrau; sein Ohr nichts vernommen als das Windgepfeif im Tauwerk und das eintönige Rauschen der brechenden Wogen am Schiffsbug. Versunken steht er nun in dem herzerquickenden Anblick. Da plötzlich weht es wohl zu ihm herüber, die ersten Heimatgrüße sind es, Glockenklänge, getragen vom linden Landwinde, wehen ihm entgegen, daß ihm auf einmal wunderbar wehmütig und selig zugleich zumute wird. Wie tief und mächtig sie sein Herz durchzittern, wie sie es erfüllen mit unendlicher, ahnungswonniger Gewalt. Kindheit, Elternhaus, Heimatflur tauchen wieder auf im Gemüte mit glänzenden und strahlenden Farben, alte liebe Gestalten, ob auch fern, ob selbst längst hingeschieden, neigen sich zu ihm und breiten ihre Arme, ihn zu empfangen, sein Auge glänzt, und von wetterbrauner Wange rollt eine Träne. Der Glocke letzter Ton ist verhallt. Mit rauher Hand wischt er schnell die feuchten Augen . . .

Sowie wir den Deich überschritten haben, sind wir in einer anderen Pflanzenwelt, die Sumpf- und Strandpflanzen verschwinden und wir stehen auf dem zweiten der drei Hauptgebiete der Marschflora, auf dem der Gräser, welche nun vorherrschen. Dies Gebiet umfaßt die nördlichsten wie die südlichsten Marschen.

Schon an den Deichwänden selbst begegnen wir einigen neuen Pflanzen, z. B. dem gelben Wiesenbocksbart (Tragopogon pratensis), dem Ackervergißmeinnicht (Myosotis intermedia), der Hundszunge (Cynoglossum officinale), dem Feldsalat (Valerianella olitoria), dem schönblütigen Leinkraut (Linaria vulgaris), dem Kreuzkraut (Senecio vulgaris), der zierlichen Ackerwinde und anderen Kräutern, die tonigen und trockenen Boden lieben.

Verlassen wir den Deich und steigen ins Land, dann sind wir erst im eigentlichen Bereiche der Gräser, die hier jene unabsehbaren, üppigen, prächtig grünen Weideflächen bilden, wie sie in keiner andern deutschen Gegend angetroffen werden. Arten der vorherrschenden Geschlechter Agrostis, Bromus, Aira, Phleum, Alopecurus, Festuca, Dactylis, Hordeum, Triticum, Cynosurus u. dgl. treten uns hier dicht gedrängt, in Menge und ungemeiner Üppigkeit entgegen. Eigentliche Kräuter aber finden sich verhältnismäßig nur wenige, die Maßliebe (Bellis perennis), der Löwenzahn (Leontodon), ferner die gemeine Prunella, (Prunella vulgaris), der rote Augentrost, die Achilleen und zwei Distelarten sind die häufigsten und nennenswertesten darunter. Auf den Wegen und an den hohen trockenen Ufern, den Gräben, welche überall die Marschweiden durchschneiden, herrschen dagegen die Kräuter vor. Die Potentilla anserina überzieht in ungeheurer Anzahl den Boden, die beiden Wegericharten (Plantago major und lanceolata), die gemeine Klette, die Waldkarde (Dipsacus silvestris), der Sinau (Alchemilla), der Rainfarn (Tanacetum vulgare), die Vogelwicke (Vicia cracca) mit ihren schönen purpurblauen Blütentrauben, die Platterbse (Lathyrus pratensis), der gelbe, aromatische Melilotusklee und einige andere sind ziemlich häufig.

Eine andere wieder ist die Vegetation auf den Saatäckern, wo uns die meisten der genannten Arten als lästige Unkräuter entgegentreten. Zuerst der Hederich und einige Senfarten, die, mit ihrem grellen Gelb oft ganze Äcker überspinnend, die wahre Strafe werden für jeden nachlässigen Landmann, sodann die Kamillenarten, der bunte Hohlzahn (Galeopsis versicolor), das unangenehme Klebkraut (Galium aparine), welches das Korn bestrickt und zu Boden zieht, die Quecke (Triticum repens) und der fast unausrottbare Duwock (Equisetum arvens), welcher mit seinen weit kriechenden Wurzeln oft zehn Fuß ins Erdreich dringt. Weniger lästig, allein auch ziemlich häufig ist das Barbenkraut (Barbarea vulgaris) und das lauchartig riechende Taschenkraut (Thlaspi arvense). Außerdem findet sich noch der kleine Mäuseschwanz (Myosurus), das niedliche Frühlingshungerblümchen (Draba verna), das Ackervergißmeinnicht, die Veronica arvensis, agrestis und verna, die Kornrade, Agrostemma u. a. m. Dagegen fehlt gänzlich die Saatwucherblume, diese Plage anderer Gegenden, nicht minder aber auch die schöne blaue Kornblume und der Feldmohn.

Es bleibt uns noch übrig, der dieser Region ebenfalls angehörenden Flora der Gräben zu gedenken, die zwar in mancher Hinsicht dieselbe ist mit der der Flußgroden, auch fast alle Schilfarten und Sumpfgewächse aufweist, indessen sich doch durch ihren verhältnismäßigen Pflanzenreichtum vor jener auszeichnet.

Die Fruchtbarkeit des Grabenschlammes, die immerwährende Feuchtigkeit im Verein mit der tiefen, windgeschützten Lage erzeugen eine unglaubliche Üppigkeit der Vegetation. Pflanze drängt sich an Pflanze, Generation folgt auf Generation, während die Menge der vermodernden Gewächse den nachkommenden eine immer sich steigernde Nahrungsfülle zuführt. So werden diese Gräben in wenigen Jahren mit einer höchst fruchtbaren Pflanzenerde ausgefüllt und geben ein glänzendes Beispiel der regen Bildungskraft, welche den Marschen innewohnt. Während auf der Geest ein mit Wasser gefüllter Graben einer langen Zeit bedarf, ehe er durch Pflanzenverwitterung allmählich einige Zoll Erde absetzen kann, wird ein mäßig tiefer Marschgraben schon in wenigen Jahren zum Sumpfe. Ehe ein Jahrzehnt abläuft, ist oft alles Wasser beseitigt und ein trockenes, festes, fruchtbares Erdreich an seine Stelle getreten, wobei das Niedersinken abgebröckelter Ufererde natürlich auch nicht ohne Wirkung gewesen ist.

Ist ein Graben vollendet und mit Wasser gefüllt, so beginnt im Sommer schon nach einigen Wochen die Pflanzenwelt ihre ersten Keime zu entwickeln. Zuerst überziehen die Wasserfäden oder Conferven mit ihren langen, grünen, schleimigen Fasern den Boden. Ihnen folgen bald darauf die Wasserlinse, das dunkle Ceratophyllum und der zarte Wasserstern Callitriche. Aus diesen Pflanzen besteht die Flora des ersten Jahres meistens.

Im zweiten Jahr stellen sich neben ihnen schon andere von höherer Organisation ein, meistens aber noch frei im Wasser treibend wie der rundblättrige Froschbiß (Hydrocharis), die zwei schwimmenden Ranunculus-Arten R. fluitans und hederaceus, ferner die schöne Hottonia und endlich die hellgrüne, scharfzackige Wasseraloe, Stratiotes, deren große Massen oft die ganze Wasserfläche bedecken.

Das dritte Jahr zeitigt mehrere andere Gewächse, welche schon fest im Schlamme wurzeln und mit dem größten Teil ihres Körpers, ihren Blättern und Blumen hoch und frei aus der Flut ragen, während die in und auf dem Wasser schwimmenden Gewächse nach und nach von ihnen verdrängt werden und allmählich absterben.

Das Pfeilkraut, Sagittaria und das Equisetum palustre kommen jetzt zum Vorschein. Die Wasserminze, die wasserliebenden Ehrenpreisarten, Veronica anagallis und Veronica beccabunga, die Brunnenkresse und das Vergißmeinnicht heben sich aus dem Wasser. Der Froschlöffel (Alisma plantago) zeigt seine sparrigen Rippen und nervigen Blätter, der schlanke Botomus richtet seinen schönen Blütenschirm in die Höhe, der scharfe, fleischige Froschpfeffer (Ranunculus sceleratus) sproßt zugleich mit der betäubend riechenden Schirmpflanze, Pheleandrium, Sium und der Oenanthe hervor.

Zuletzt erscheinen Pflanzen von noch festerer Struktur: die schilfartigen Glycerien, der Igelskolbe, Sparganium, die Poa aquatica, dann Carices und darauf Rohr, das mit seinen dicken, schlangenartigen Wurzeln den ganzen Grund anfüllt, ihm immer größere Festigkeit verleihend, bis in wenigen Jahren auch dieses verschwindet und nun allerlei nahrhafte Gräser von dem jetzt ganz trockenen Boden Besitz ergreifen.

Weniger rasch geht diese Erdbildung in den fließenden Gräben, den Flethen, Wettern und Wasserlösen vor sich, welche allenthalben die Marschen durchschlängeln, das überflüssige Wasser den Schleusen zuführend. Indes auch sie muß man alljährlich reinigen, damit ihr Seichtwerden und gänzliches Zuschlammen verhindert wird. Als ihre vorzüglichsten Pflanzen müssen der Wasserhahnenfuß (Ranuneulus aquatilis), der Armleuchter (Chara) und mehrere Arten von Potamogeton bezeichnet werden, welche letztere oft so zahlreich ist, daß es den Strom des Wassers aufhält.

Die dritte Region, das Gebiet der Cypergräser, bildet den Übergang von der Marsch zum Moore, das sie umsäumt: niedere, sumpfige, im Winter meistens überschwemmte Wiesen, deren Boden aus einer Mischung von Moor- und Marscherde besteht und viel sauren Humus enthält. Man pflegt dieses Land anmoorig oder bruchig zu nennen. So schlecht und mager dieser Boden, seine Region ist gerade in botanischer Hinsicht die allerreichste und übertrifft an Mannigfaltigkeit ihrer Vegetation weit die Flora der andern beiden. Nicht allein besitzt sie mit Ausnahme der Gräser und Meerstrandpflanzen alle Gewächse jener vereint, sondern erzeugt nebenbei eine Menge in den andern Strichen nicht vorkommender Kräuter, welche im Frühling und Sommer diese feuchten Wiesen mit dem prächtigsten Blumenteppich bekleiden und dem Heu einen würzigen Duft verleihen, den man bei den viel naturhafteren des echten Marschbodens vergeblich suchen würde.

Vorherrschend sind die Cypergräser: Carex, Schoenus, Scirpus, Eriophorum, die Simsen: Juncus, Luzula weit zahlreicher als die Gramineen und Kräuter, so viele der letzteren auch auftreten, von denen nur erwähnt seien: die gelbe Wiesenraute (Thalictrum flavum), die wohlriechende Spiraea, die schöne Lychnis mit ihrem leuchtenden Hellrot, einige zierliche Lotusarten, der dreiblättrige Fieberklee (Menyanthes), die gelbe Wasseriris, das sammetbraune Siebenfingerkraut (Comarum palustre), der blaue Günsel, Ajuga, der niedliche Augentrost, das Sumpfveilchen (Viola palustris), der braune Wiesenknopf (Sanguisorba), die Calla, die purpurne Pedicularis, einige Orchisarten, namentlich die gefleckte Arnica, die beiden Flockenblumen (Centaurea jacea und scabiosa) und die gelbblühende Cineraria - sämtlich schönblühende Pflanzen.

Je mehr man sich dem Moore nähert, je schlechter und torfiger sich der Boden darstellt, desto mannigfaltiger wird die Vegetation, bis sie endlich in die so interessante eigentliche Moorflora übergeht.

An Giftpflanzen ist die Marsch sehr arm. Von giftigen Schirmpflanzen finden wir namentlich in Gräben anmooriger Marschwiesen massenhaft und in üppiger Größe Cicuta virosa, den Wasserschierling. An Gartenhecken und auf Kirchhöfen hin und wieder den Landschierling (Conium), in Gärten ebenso die Gleisse (Aethusa). Von den Giftpflanzen anderer Familien dürften wohl der schwarze Nachtschatten und einige scharfe Hahnenfußarten die einzigen sein, welche in der Marsch vorkommen. Häufiger dagegen sind die offizinellen Gewächse, von welchen allerdings nur wenige gesammelt werden. Die vornehmsten sind der Kalmus, der Löwenzahn, der kleine Huflattich, die Kamille, die Schafgarbe, der Baldrian, die Angelica, die Senfarten, das Löffelkraut und die Arnica. Wie auf der Geest die knorrige Eiche und die Buche, wie in den Moorgegenden die weißstämmige Birke und in den sumpfigen Brüchen die Erle, so sind es in der Marsch nur Weiden und Eschen, welche der Landschaft ihr charakteristisches Gepräge aufdrükken. Vorzugsweise sind es die drei Arten der weißen (Salix alba), der Bruchweide (S. fragilis) und der Korbweide (S. viminalis). Mit Weiden bepflanzt der Marschbewohner seine Deichbärmen, seine Wege, seine Gräben um Haus und Garten. In vielen Gegenden z. B. im Stedingerlande, bildet sogar der Anbau der Weiden einen nicht ganz unbedeutenden Erwerbszweig durch das Material, das er zu Schlengen und zum Dachdecken liefert.

Hohe, oft mächtige alte Eschen umgeben fast jeden einzeln liegenden Marschhof in den Elbmarschen, auch häufig Erlen. Neben ihnen gedeiht am besten die Ulme, welche den Seewinden gegenüber sich widerstandsfähig zeigt. Eichen, Buchen und Tannen gehören dagegen zu den größten Seltenheiten, und nur zuweilen schmückt mit ihnen der reiche Marschbauer, wie z. B. der prachtliebende Hadler, seine oft parkartigen Gärten.

Obstbau wird nur in den höher gelegenen Marschstrichen getrieben und ist bekanntlich im Alten Lande, dessen treffliche Kirschen, Zwetschgen und Äpfel weit und breit versandt werden, ein wichtiges Gewerbe. In den nördlichen Marschen ist er des rauhen Klimas und der heftigen Seewinde wegen fast unmöglich. Hier kommen die Bäume nicht in die Höhe, sondern kränkeln und bleiben unfruchtbare, knorrige Krüppel, solange sie überhaupt vegetieren. So im nördlichen Butjadingerlande und im Lande Wursten. Den Buchweizen ausgenommen, werden in den Marschen alle norddeutschen Getreidearten angebaut. Überall, wo der Boden nicht zu schwer und bindig ist, eignet er sich trefflich zum Kornbau und bringt vielfältige und schwere Frucht.

Die Tierwelt der Marschen

Weit weniger eigentümlich als die Vegetation ist die Tierwelt der Marschen. Sie ist beinahe dieselbe wie die der übrigen norddeutschen Küstenländer, weshalb sie hier nur in kurzen Zügen geschildert wird.

Die höheren Klassen des Tierreichs, namentlich die Säugetiere, sind in der kahlen, baum- und buschlosen Marsch nur sehr schwach vertreten. Der Fuchs ist ihr größtes wildes Landsäugetier, doch auch ihn kann man hier kaum heimisch nennen, da er seinen Bau nie in den Marschen hat, sondern nur von der benachbarten Geest nach Beute herunterstreift. Hasen hingegen hegen Kornfelder und Wiesen in ziemlicher Menge, während der Fischotter hie und da an abgelegenen Gräben und den stillen, schilfigen Kolken, welche einst durch Deichbrüche entstanden, sein einsames Wesen treibt.

In den Dörfern hausen der Marder, der Iltis und in ihrer Nähe häufig das gemeine Wiesel, an seichten Ufern die Wasserspitzmaus (Sorex fodiens) und die große Wasserratte (Hypodaeus amphibius). Der Maulwurf verursacht Deichen, Wiesen und Gärten vielen Schaden und die Feldmaus erscheint manches Jahr in ungeheurer Schar als unwillkommener Gast.

Die zwei interessantesten größeren Bewohner oder vielmehr Besucher der Marsch sind der Seehund (Phoca vitulina) auf den Watten und an den Platen, wo er sich oft in Trupps von sieben bis acht sonnt und der Delphin, auch Braunfisch oder Tümmler genannt (Delphinus phocaena), der sich häufig meilenweit vom Meere zu den Flüssen hinaufwälzt.

Viel reicher und mannigfaltiger ist die Welt der Vögel, von denen die Marsch manch seltene und merkwürdige Art beherbergt. Natürlich sind die Sumpf- und Wasservögel die zahlreichsten.

Möwen und zierliche Seeschwalben umschwärmen in Scharen die Küsten. Schwärme wilder Gänse ziehen im Herbst in langen, spitzen Winkeln fliegend mit Geschrei durch die Luft und bevölkern, vereint mit zahllosen Entenflügen, unter denen manche schöne Gattung, die schilfigen menschenleeren Platen der Flüsse, wo sie in stillen Nächten einen entsetzlichen Lärm verursachen. Auch Schwäne zeigen sich in manchem Herbst und Winter, ferner der große Säger (Mergus merganser) mit seinem stattlichen, dunkelgrünen Federkamm, der langschnäbelige Säger (Mergus serrator), der gefleckte Seetaucher (Colymbus septentrionalis) mit seinem scharfen, pfriemenförmigen Schnabel und mehrere Steißfußarten.

Auf Sanden und Watten tummeln sich die Strandläufer (Tringa, Totanus, Strepsilas), unter denselben der bunte, rotfüßige Austernfischer (Haematopus ostralegus). In den mächtigen Rohrfeldern der Außendeiche wohnen das schwarze Wasserhuhn, in Nordfriesland Bläßkater (Falicea atra), die Ralle (Rallus aquaticus), das zierliche Rohrhuhn (Callinula chloropus), das gefleckte Rohrhuhn (Callinula porzana). Hier läßt in lauen Sommernächten der Wachtelkönig (Crex pratensis) sein Geschnarre erschallen und an den Schlengen, in den schilfigen Ufern und stillen Platen steht der graue Fischreiher (Ardea cinerea) unbeweglich wie ein Bild, oft halbe Tage lang auf Beute lauernd.

Andere Sumpfvögel wieder halten sich mehr im Felde, besonders aber in den niedrigen, feuchten Bruchwiesen auf.

Da schreitet ernst und gravitätisch der rotbeinige Storch; der große Brachvogel, auch Regenwolf genannt, mit langem gebogenem Schnabel, meistens in kleinen Trupps von sechs bis zwölf Stück, verrät sich schon von fern durch seine volle, weithin klingende Stimme; die Bekassine sitzt still und unbemerkbar an nassen Stellen und fliegt mit leisem Gekrächze auf, wenn man naht; der Kiebitz umkreist ängstlich schreiend den Wanderer und schart sich im Herbste nicht selten zusammen mit dem Goldregenpfeifer (Charadrius pluvialis) zu ungeheuren Flügen.

Raubvögel horsten wenige in der Marsch. Auf dem Zuge erscheint der Seeadler (Falco albicilla), an den Flüssen fliegt die Rohrweihe (Circus rufus) und im Felde schwebt der große Bussard (Circus buteo vulgaris) niedrig über dem Boden hinweg, um auf Feldmäuse zu stoßen. Außerdem finden sich noch einige kleine Falken und Habichte und im Winter häufig die Sumpfohreule (Strix brachyotus), obwohl fast keiner dieser Raubvögel in den Marschen nistet. Von den Rabenarten sind es fast nur die Saat- und die Nebelkrähe, welche die Marsch sieht. Auch von Singvögeln, welche die Gebüsche und Haine der Geest in reicher Zahl beleben, muß sie viele vermissen. Am schmerzlichsten die Nachtigall, die sich nie, oder nur auf einige Tage, in die Marschen hinunterwagt. Ebenso hört man niemals den flötenden Ruf der Drossel, wenngleich die Krammetsvögel diese Gegenden auf ihrem Zuge nach Süden im Herbst berühren, wie auch Mönch, Dompfaff, Kreuzschnabel, Zeisig, Flachsfink (Acanthis linaria) und noch manche andere Sänger die Marsch nur selten besuchen. Von dürren Wipfeln einzeln stehender Bäume läßt die Grauammer (Emberiza miliaria) ihr stets sich wiederholendes einförmiges Geschwirr hören.

Dem pflügenden Landmann folgen die beiden zierlichen Bachstelzen (Motacilla alba und flava), während die Haus- und Rauchschwalbe stets willkommen und traulich bei ihm Einkehr halten.

Dafür aber erfüllen im Frühling unzählige Lerchen die Luft mit ihrem jubelnden Geschwirr, Stare pfeifen von hohen, einsam stehenden Weidenbäumen und bilden im Spätsommer zu vielen Tausenden geschart oft förmliche Wolken, und in recht buschigen Dörfern und Gärten stellt sich wohl mit dem Rotkehlchen, dem Zaunkönig, dem Goldhähnchen, dem Buchfink, dem Fliegenschnäpper, dem Neuntöter und der Brunelle auch die Grasmücke ein, und der kleine Rohrsänger (Calamoherpe arundinacea) bewohnt die schilfigen Ufer, bis tief in die Nacht hinein munter zwitschernd. Seltener findet sich die hübsche Bartmeise (Parus barbatus), außer ihr noch die Kohl-, die Blau- und die Sumpfmeise. Die spechtartigen Vögel werden einzig von dem grauen Baumläufer (Certhia familiaris) vertreten. Rabenarten gibt es drei, wilde Tauben zeigen sich nur sehr einzeln. Einzeln auch gewahrt man den Eisvogel mit seinem Gefieder von tropischer Farbenpracht. Das Rebhuhn, welches in den kornreichen Marschgegenden nistet, repräsentiert die Hühnerarten, selten dagegen wird der Schlag der Wachtel gehört.

Von den Amphibienarten zählt die Marsch nur vier, sämtlich Batrachier: den braunen und den grünen Frosch (Rana temporaria und eseulenta), die gemeine Kröte (Bufo vulgaris) und den in schlammigen Gräben sich aufhaltenden Wassersalamander (Triton cristatus). Von Schlangen, die auf der Geest und im Moor ziemlich zahlreich sind, streift nie eine hinunter in die Marsch. Ja, es ist fast, als ob in letzterer alle Lebensbedingungen für diese Tiere fehlen. Ich selbst habe oftmals den Versuch gemacht, Schlangen und Eidechsen in meinen Garten zu versetzen und ihnen darin sogar Heide und Moorboden gegeben. Allein selbst die muntersten dieser Tiere waren schon nach einer Woche matt und krank und lebten selten länger als einen Monat. Nur allein die gelbbäuchige Eidechse (Lacerta crocea) ist heimisch in der Marsch.

Der Fischreichtum früherer Zeiten hat leider wie fast überall auch in den Marschen sehr abgenommen, jedoch der Aalfang ist in den Binnengewässern wie in den Flüssen sehr bedeutend.

In den Gräben und Kolken (Braken) halten sich Hechte, Karauschen, Schleie und Schlammpeizger auf, Flußbewohner dagegen sind die Quappe, die beiden Barscharten, die Barbe, der Schnepel (Salmo lavaretus), der Weißfisch, der Alant und das Rotauge.

Der Fang des Lachses ist von keiner Bedeutung, wohl aber der Störfang, welcher oft riesenhafte Tiere und einen Kaviar liefert, der dem russischen wenig nachgibt. Ferner wird im Frühjahr und im Herbst in ungeheurer Menge der Stint gefangen zur guten und wohlfeilen Speise für Stadt und Land, im Herbst in geringerem Maße auch das Neunauge für feinere Gaumen.

Da wo das Wasser schon brackig wird, hält sich vorzüglich der Butt auf, endlich an den Mündungen der Flüsse kommt schon mancher Seefisch zum Vorschein, z. B. der Hering, der Seewolf, einige Rochen und andere.

Sehr unbefriedigt lassen die Marschen den Entomologen, da sie, kahl, baumarm und feucht, wenige und nur die allergemeinsten Insekten aufzuweisen haben. Die Zahl der Käfer erreicht kaum dreißig Arten, darunter sind der rosenduftige Bockskäfer, welcher sich an den Weiden aufhält, der gemeine und der Gartenlaufkäfer (Carabus vulgaris und hortensis), der große Schwimmkäfer (Hydrophilus piceua), der gesäumte Wasserkäfer (Dyticus merginalis), der mäusegraue Springkäfer (Elater murinus) und der siebenpunktige Sonnenkäfer (Coccinella septempunctata) die häufigsten. Selbst der Maikäfer fehlt meistens.

Auch Schmetterlinge besitzt die Marsch in viel geringerer Anzahl als die Geest, und hat nur die gewöhnlichen Falter wie den Baum- und Kohlweißling, den Admiral, den großen und kleinen Fuchs, das Pfauenauge, den Distelfalter, die Aurora, den Zitronenfalter usw. Noch weniger zahlreich sind Dämmerungs- und Nachtfalter heimisch, nur die blumenreicheren Bruchwiesen bergen einige seltene Eulen: Sesien und Atychien.

Hingegen erscheinen Libellen, vorzüglich die platte und die große Libelle (Libellula depressa und grandis) während mancher Sommer in außerordentlich dichten Schwärmen.

Die Bienenzucht ist unerheblich. Aber auch die lästigen Wespen, Hornissen, Fliegen, Mücken und Ameisen sind seltenere Gäste der Marsch als der Geest.

Von Crustaceen liefert der Seestrand die Strandkrabbe (Cancer moenas) und die Garnele (Crangon vulgare), auf deren nicht unbedeutenden Fang im Lande Wursten ich bei Beschreibung desselben näher zurückkommen werde.

Schließlich wäre noch der Weichtiere der Marschen kurz zu gedenken. In den Teichen und Gräben mit stehendem Wasser begegnen wir den beiden Tellerschnecken (Planorbis corneus und carinatus), einigen Arten der Schlammschnecke (Limmaeus), der lebendig gebärenden Sumpfschnecke (Paludina vivipara) und der gemeinen Kugelmuschel (Cyclus cornea); in fließenden Binnengewässern häufig der Malermuschel (Unio pictorum) und der Entenmiesmuschel (Anadonta anatina); auf den Watten der eßbaren Miesmuschel (Mytilus edulis) in großer Menge, der großen Sandmuschel (Mya arenaria), der eßbaren Herzmuschel (Cardium edule) und der gemeinen Korbmuschel (Mactra solida). Meistens findet man von den letzteren drei Arten nur die leeren Schalen, mit denen die Watten und Sande oft fußtief angefüllt sind. Man sammelt davon ganze Schiffsladungen, um Kalk zu brennen.

Im nassen Herbste haben einige Marschgegenden außerordentlich von der grauen Ackerschnecke (Limax agrestis) zu leiden, welche die junge Weizen- und Roggensaat sehr oft völlig wegfrißt. An Deichen und Wegen bemerkt man noch die große schwarze Wegschnecke (L. empiriorum) und die gefleckte Gartenschnecke (Helix arbustorum), in Gärten die Waldschnecke (Helix nemoralis); endlich wird, wenn auch selten, in einigen Marschen, z. B. im Jeverlande, die große Weinbergschnecke angetroffen.

Die frühen Zeiten der Marschbevölkerung

Wann baute der Mensch zuerst seine Wohnungen auf dem meerentstiegenen Lande unserer Marschen? Wes Stammes waren die ersten Marschbewohner? Woher kamen sie? Waren es die Urväter der heutigen Bevölkerung oder gehörten sie einem längst verdrängten, längst untergegangenen Geschlechte an? Alles das sind Fragen, deren Lösung schwerlich je vollkommen gelingen wird.

Die Römer, welche unzweifelhaft bis zu den Marschen streiften, fanden sie bewohnt. Ihre Schriftsteller Plinius und Tacitus nennen bekanntlich das Volk zwischen Ems und Weser Chauci minores und das zwischen Weser und Elbe Chauci majores und der letztere bezeichnet sogar die Chaucen als das edelste Volk unter den Germanen. Könnten darunter nun Geestbewohner verstanden werden, so redet Plinius doch ausdrücklich von Sumpfansiedlern (paludicolae) und seine Schilderung der deichlosen oder von jeder Flut überspülten Gegend, der künstlich aufgeworfenen Hügel (Wurten) mit den kleinen Hütten darauf und des ganzen Lebens und Treibens dieses armen Fischer- und Jägervolkes ist so lebendig und bestimmt, daß gar kein Zweifel aufkommen kann.

Später verschwindet der Name Chaucen oder wird gleichbedeutend mit der allgemeinen Bezeichnung Sachsen, Niedersachsen. Vom Westen her, aus dem jetzigen Holland und Ostfriesland zieht ein neuer Stamm, die tapferen Friesen und nimmt bald von den Wesermarschen Besitz. Allein nur in wenigen Gegenden läßt sich die Zeit solcher Einwanderung mit einiger Sicherheit bestimmen. Charakter, Sitten und Sprache zeugen dagegen in manchen Marschen deutlich genug von dem rein friesischen Element, welches jedoch im Stedingerlande und südlichen Osterstade durch die vielen Kämpfe mit den bischöflichen Bremern bedeutend geschwächt und mit sächsischem Blute vermischt ist. Ebenso in den Elbmarschen, Land Hadeln und Kehdingen findet man kaum eine Spur friesischer Namen und Sitten. Vielleicht widerstand hier der Einwanderung eine schon ziemlich starke ursprüngliche Bevölkerung, wie dies auch in Dithmarschen der Fall war.

So treffen wir rein friesisches Volk im Lande Wursten, im Vielande, im Land Wührden, sowie im Stad-, Butjadinger- und Jeverlande.

»Es schwillt«, sagt Plinius der Ältere im Buche 16, Kap. 1 seiner Naturgeschichte von dieser Gegend, »zweimal hier in einer Tages- und Nachtlänge unermeßlich sich ergießend der Ozean und sinkt nieder. Zweifeln möchte man, ob es Land sei oder Meer, was man sieht. Da wohnt das armselige Volk in seinen Hütten auf Hügeln von Menschenhand aufgerichtet, so hoch wie die Flut reicht; Schiffenden gleich, wenn die Gewässer die Gegenden bedecken, Schiffbrüchigen aber, denen die fliehenden Fluten Seefische und Muscheln zur Nahrung lassen, wenn sie sich verlaufen haben. Nicht wie die Nachbarn können sie Vieh halten und von Milch sich nähren, nicht einmal mit wilden

Tieren können sie kämpfen, weil ihr Land von allem Gebüsch entblößt ist. Aus Schilf und Binsen fertigen sie Stricke und Netze zum Fischfang und indem sie den mit ihren Händen hervorgeholten Schlamm (vielleicht Darg) mehr im Winde als in der Sonne trocknen, erwärmen sie mit dieser Erde ihre Speisen und ihre vom Nordwind starrenden Glieder. Getränke haben sie vom Regen, den sie in Gruben im Vorplatz ihres Hauses aufbewahren.« Das ist eine sicherlich getreue und treffende Schilderung jener Zustände. »Und diese Leute meinen«, schließt er dieselbe, »wenn sie jetzt von den Römern besiegt würden, in Knechtschaft zu geraten.«

Vor solchem Anblick konnten wohl die Römer, aus dem schönen Italien kommend, zurückbeben und den Zustand dieses Küstenvolkes doppelt entsetzlich und bejammernswert halten. Aber ein köstliches Gut genossen diese armen Küstenbewohner im reichsten Maße die goldene Freiheit. Einen Unabhängigkeitssinn bewahrten sie wie kein anderes Volk Deutschlands. Tacitus, der Erste, welcher schon einen Unterschied zwischen Chaucen und Friesen macht, nennt gar die Chaucen das edelste Volk unter den Deutschen: »Sie sind das edelste Volk unter den Germanen, welches seine Größe am liebsten auf Gerechtigkeit stützen will. Ohne Gier nach fremdem Gute, doch auch nicht machtlos suchen sie ruhig und sicher keinen Krieg und gehen nicht auf Raub und Plünderung aus. Das eben ist der rechte Beweis ihrer Mannhaftigkeit, daß sie ihr Übergewicht nicht durch Gewalttätigkeit erlangen. Aber wenn es die Umstände erfordern, so sind allen die Waffen zur Hand und der größte Teil der Männer und Rosse steht alsbald im Felde. Doch ihr Ruhm ist derselbe im Frieden wie im Kriege.« Das sind seine lobpreisenden Worte, aber dennoch sagt er ausdrücklich, daß wohl Chaucen als Söldlinge im römischen Heere Dienste genommen, nie aber Friesen, sondern daß diese vielmehr sich fortwährend auf das hartnäckigste gegen römisches Joch gesträubt hätten.

Daß schon Tacitus einen solchen Unterschied zwischen Chaucen und Friesen macht, ist sehr bedeutsam; wo aber die einen anfingen und die andern aufhörten, darüber wird wohl nie ein Forscher zur Gewißheit gelangen.

Der oldenburgische Geschichtsschreiber von Halem stellt die Vermutung auf, daß wir die Haupteinwanderung der Friesen in die Marschen hauptsächlich als Folge der großen Sachsenzüge nach England im fünften Jahrhundert ansehen müßten, da alsdann die Friesen sicherlich die entvölkerten Gegenden überzogen hätten. Diese Ansicht ist offenbar sehr vernünftig; eine andere aber, die mehrfach aufgestellt wurde, daß nämlich nur die älteren bremischen Erzbischöfe die Friesen ins Land gerufen hätten, weil sie des Deichbaues kundig gewesen seien, ist gänzlich unhaltbar, denn als Karl der Große das Erzstift Bremen gründete, waren längst alle Marschen bewohnt und friesisch. Dagegen beriefen die Erzbischöfe im zehnten und elften Jahrhundert eingeborene Holländer, ließen von diesen Deiche aufführen und gaben ihnen manches Stück Land auf geringen Erbzins. Dies ist sogar urkundlich nachzuweisen und ohne allen Zweifel.

Nicht lange jedoch sollte jener armselige Zustand dauern. Die Bevölkerung nahm zu, die Wurten vermehrten sich, wurden höher und ansehnlicher, man vereinigte auch mehrere Wurten zu einer großen gemeinsamen, und auf ihnen entstanden Dörfer. Die ersten Spuren der Viehzucht, die dereinst diese Gegenden so reich machen sollte, begannen sichtbar zu werden; schon kann der Wurtbewohner, wenn auch wenige, schlechte Schafe halten, und endlich durchdringt die bis dahin einzeln und in gänzlicher Unabhängigkeit voneinander Lebenden der Gemeingeist. Man vereinigt sich mit seinen Nachbarn und Genossen zum ernsten Kampfe gegen die Fluten und spricht zu ihnen: »Bis hierher und nicht weiter!« und legt Deiche an.

Man verbindet sich dann noch enger untereinander zum Schutze und zur gemeinsamen Unterhaltung derselben. Gesetze werden errichtet, Aufseher und Älteste gewählt, Grenzen abgesteckt und - die Geschichte der Marschen hat begonnen. Die in allen Marschen noch zahlreichen Wurten sind das deutliche Zeugnis jener Zeit. Doch wurden auch später, nachdem schon Deiche das Land umgaben, Wurten aufgeworfen, teils des feuch-

Fischer- und Jägerleben in den Marschen von Heinrich Frhr. von Dörnberg aus dem Wandfries im Marschensaal des Allmers-Hauses, Rechtenfleth

ten, ungesunden Bodens halber, teils der Sicherheit wegen, da die noch schwachen und niedern Deiche nur zu oft von wilden Sturmfluten fortgerissen wurden. Vor allem wurden Kirchen und Gottesäcker allein auf den höchsten Wurten aufgeführt, damit das Gotteshaus doch hoch und sicher herausragte, wenn auch alles Land rings die Wogen überbrausten.

Von dem Glauben, dem Kultus und sonstigen Religionsverhältnissen der ersten Marschbewohner wissen wir nicht das geringste. Es ist anzunehmen, daß sie ebenso wie die Nachbarstämme dem germanischen Götterdienste anhingen. Ein Chronist (Heimreich, Nordfriesische Chronik, lib. I, cap. VIII) erzählt, man habe Gottheiten mit Namen Foseta, Freda, Meda und Weda verehrt, doch ist seine Nachricht so dunkel und unvollständig, daß sie nur wenig authentischen Wert besitzt. Sodann erwähnt derselbe eines alten Gottes Stavo, Beschützer der Deiche, den man bei Sturmfluten anrief.

In den Marschen selbst findet sich von einem solchen Kultus schwerlich das kleinste Denkmal. Der gänzliche Mangel an Steinen, das weiche, schwammige Erdreich, welches, wenn man auch Steine zu Altären und Denkmälern herbeiholte, dieselben doch bald hätte versinken lassen und die häufigen Sturmfluten und die dadurch verursachten großen Umgestaltungen, alles dies läßt jenen Mangel heidnischer gottesdienstlicher Überbleibsel leicht erklären.

Sicher gingen die Marschbewohner nach der nahen Geest, ihren Göttern zu opfern und ihre Toten zu begraben. Denn gerade an Stellen, wo Geest und Marsch zusammenstoßen, finden wir auf ersterer am häufigsten noch granitne Steinaltäre, Hünenringe und eine Menge Grabhügel mit Aschenkrügen.

Auch die Frage, wann das Christentum in diesen Gegenden zuerst verbreitet wurde, läßt sich keinesfalls mit Bestimmtheit beantworten. Wahrscheinlich hatten die ersten Bekehrungsversuche schon im achten Jahrhundert, wenn auch fruchtlos, stattgefunden. Im Jahre 752 wird bekanntlich der große Apostel der Deutschen, Bonifacius, bei Dockum (Ostfriesland) von den heidnischen Friesen erschlagen. Ebenso finden sich dunkle Spuren, daß Mönche aus Schottland herüberkamen, das Christentum zu predigen.

Friesen und Sachsen sind indes wohl die letzten deutschen Stämme, welche der neuen Lehre huldigten. Waren sie schon damals von größerer Zähigkeit im Festhalten, ist die Ursache davon vielleicht in dem Umstande zu suchen, daß sie auf ihren alten Heimatböden bei den Heiligtümern ihres Volks geblieben waren, während fast alle übrigen Stämme im großen Drängen und Wogen der Völkerwanderung durcheinander und auf fremden Boden gezogen und geschoben waren, genug, die Friesen und Sachsen verehrten noch voll Ernst und Inbrunst ihre alten Götter, als Franken und Schwaben schon längst mit gleicher Inbrunst an Gott, Christus und Maria ihre Gebete richteten.

Nicht minder unklare, aber höchst interessante Nachrichten sind uns aufbewahrt vom Einfalle der Normannen, Askomannen, wie sie auch genannt werden, in Friesland, was wohl zu Ende des siebenten Jahrhunderts geschehen sein mußte. Im alten Rüstringer Azinge- oder Asegabuch, was soviel wie Richterbuch heißt und später aus dem Friesischen ins Niedersächsische übersetzt wurde, steht Folgendes darüber:

»Darna quemen de Denen und Norwegers mit eren heren mit groter macht van volke un wunnen alle disse lande, un makeden se also eygen, dat se holten halsbande umme den Hals mosten dragen. Und na de tidt anbededen de Fresen Affgade (Abgötter), wente so lange dat Sanct Gregorius Pawest to Roma sande Willebrordum den byschop ut Engeland in Freslandt to predigen den christliken geloven, un quam mit sinen schepen to lande to Holwirdum bi Dockum. Disse selve hillige Byschop timmerde un buwede vele kerken in Freslandt und bekerete vele volkes to den christen geloven. Dar starf he to Othmersum un ward geforedt in siene stadt Utrecht dar he byschop was un Sanct Bonifacius byschop to Menz quam darna mit sinen gesellen in Freslandt umme to predigen den christen geloven darumme he mit sinen gesellen van de Fresen bi Dockum wurde gedodedt.

Hyrna setten de Denen enen koninck in Freslandt geheten Radbatus und was ungelovich, und alse disse hylligen bischoppen den christliken geloven predigeden, ward he mede gelovig also dat man em scholde dopen.

So fragede he wo sine vorvaders gebleven weren und nademe sehe im ungeloven gestorven, antworde eme de byschop, dath se weren in der helle und als he dat horede wolde he sik nich dopen laten, wen (denn) he wolde bliven und faren, dar sine vorvaders gebleven weren.

Darna quam der mechtige Konink Carolus mit ener groten macht van volke und vordref den Konink Radbatus und he toch wedder in Norwegen. Und alse nu Konink Carolus here was aver Freslandt, do erwelede he twolve van de eddelsten und wisesten Mannen, de in allen Freeslanden waren und gebodt eme dath se scholden utgründen en landrecht und dat beschrieven darmede dat land mochte geregeret werden. Darup se antworten dat se dat nich wolden dhon, denne se wolden bliven bi alle solken rechte alse ere vorvaders hadden gehadt von Adams tiden her. Darumme Konink Carolus tornich wardt und gaff eme soven dage tidt, dath se sich darup bedenken und bereden scholden, dath se dat Landrechs scholden maken edder se scholden alle ere lyve vorlesen (verlieren) und nademe alse de soven dage geendiget waren hebben se dat nich dhon wyllen. Tor stund gebot Konink Carolus dewile he eme tidt hadde gegeven sylkes to donde und se dess em weygerdten, dath men se setten scholde in eyn schip sunder segel, remen und roer und also laten driven in der See vor windt und wage (Woge) und indeme alse dat also geschehen, so segen se nich anners vor Ogen denne den dod. Do sprak eyn van ehm allen und was von gewaldigem geslechte und syn name Azinge und was de erste von den Fresen de also hetede und sprak: Allerlevesten brodere ick hebbe gehoredt von den wysen geysthliken manne Willebrordus predigen, dath do de here Christus na de upstandnige sine Apostlen sach in groter bedrofnisse do apenbarede he sik sulvest den Aposteln in beslaten dhoren und trostede se en erer bedrofnisse. Darume rade ik dath wy ok Jesum Christum Marien sone anropen in unserer hogesten nodt up dath he uns erredde und kame uns to hulpe in dussere bedrofenisse, elende und dodesgefahr. Unde indeme also se bededen so apenbaredt sik eme eyn wolgelaten man achter inne dem schepe und hadde eyn krumholdt (Krummstab) in der handt und warp dat achter ut dem schepe und forede also disse wedder to lande in de havene dar ut se gekamen weren. Und do disse drutteinste to lande quam so nam he dat holdt und warp dat up dat land und dar ensprank eyn schone borne, so noch hute to dage for ogen is und men apenbar sehen mag. Dar giengen dusse twolve myth den drutteinsten umme sitten und laveden sik und de drutteinste was einem idtliken van den twolven so gelik, dath man se nich unterschede konde. Und dusse drutteinste lernde den twolven wat articeln se schriven und kesen scholden und also dat geschehen was tor stund segen se den drutteinsten nich mher. Da ermanede se wederumme de vorgeorte Azinge tor danksagunge und sprak: Allerlevesten brodere, latet uns Christum, Marien Sohne mit unsem gebede dank seggen, dewile he uns arme sundere hefft gnedichliken unse gebede erhoredt un uns sinen engel gesandt, welker uns erreddet hefft ut dodes angeste und ut des levens gefarlicheidt.

Darnha quamen de twolve gesundt vor Konink Carolus, welker menede dat se lange verdrenket weren und se koren dat landrecht dat eme geleret was und Konink Carolus konfirmerede ehme dat und besegelde idt to ewigen tyden und de Fresen brukende dat sulve landrecht to ewigen tyden sunder jennich weddерseggen des Kaysers van Roma offt jennigen fürsten und woll se darinne bekrenkede de valdt in ungnade des Kaysers.«

So wörtlich die Sage von der Entstehung des Friesenrechts. Darauf folgen in dem Asegabuch die alten Gesetze und Institutionen selbst, die 17 Ludekusten (Kust, vom Worte kiesen sich herleitend, heißt das Erkieseten, Ludekust also das von den Leuten Erkiesete) und 24 Landrechte, und ich werde später wohl einmal darauf zurückkommen. Jetzt sind uns diese Landrechte und Ludekusten (andernorts auch Willküren genannt) nur in einer Fassung aufbewahrt, die etwa vierhundert Jahre nach Karl dem Großen entstand, sicherlich aber eines der ältesten deutschen Gesetzbücher bilden.

Erst Karl dem Großen war es vorbehalten, zugleich mit dem siegreichen Heere über diese öden Sümpfe die milde Lehre des Evangeliums zu bringen und zu befestigen. Die Gründung der Bistümer Hamburg und Bremen erfolgte im Jahre 788 durch ihn; damit hat das Christentum den festen Herd gefunden und sendet die mächtiger und mächtiger werdenden segensreichen Strahlen seines Lichtes ins kalte, heidnische Land der Friesen. Gewaltig wirken die ersten Bischöfe, der heilige Willehadus, Ansgarius und Rembertus, so daß im zehnten Jahrhundert bereits das ganze Land christlich ist und bald überall von sichern Wurten Kirchen und Bethäuser (Oratorien) über Meer und Land herabschauen.

Von diesen ersten Bauten werden kaum noch Reste vorhanden sein. Sie sind jedenfalls ganz unbedeutend gewesen.

Die Kirchen und Kirchhöfe der Marschen

Die ältesten noch heute stehenden friesischen Kirchen dürfen wenigstens ins elfte und zwölfte Jahrhundert versetzt werden. Gebäude aus dieser Zeit finden wir in allen ältesten Marschen; namentlich in Ostfriesland, Jever- und Butjadingerland, im Lande Wursten, Hadeln sind sie auf den ersten Blick zu erkennen.

Sie sind alle nur sehr klein und niedrig, an der Westseite mit einem niedern Turm geziert, der jedoch in Ostfriesland häufig fehlt. Das dicke Gemäuer ist völlig zyklopisch von unbehauenen Granitsteinen durch Gußwerk verbunden aufgeführt. Wenige äußerst kleine schießschartenähnliche, rundgewölbte Fenster gestatten im Innern nur eine matte Dämmerung. Das bezeichnendste ist der Chor, welcher stets als ein niedriger, mit einem Rundbogengewölbe versehener Anbau, von außen platt abgeschlossen erscheint. Apsiden und Krypten finden sich nie. Ein Scheidebogen, der auf zwei dicken, kurzen, romanischen Säulen ruht und an den altchristlichen Triumphbogen erinnert, führt vom Chor in das höhere, mit einer flachen Decke versehene Schiff der Kirche. Wo Skulpturen und Ornamente vorkommen, sind dieselben meist sehr roh, zeigen indessen deutlich den romanischen Stil.

So stehen diese grauen, uralten Gebäude einsam auf den kahlen Wurten, umgeben von niedrigem Weidengebüsch oder einigen alten, sturmzerzausten Eschen, und melden von alten Tagen. Trotz ihrer geringen Größe sind sie unendlich ehrwürdig.

Auf diese alten Granitkirchen folgen diejenigen, bei denen nur der Sockel von Granitblöcken ist, das übrige Mauerwerk aber von großen behauenen Quadern jenes äußerst grobkörnigen Sandsteins, welcher aus den Brüchen der Porta Westphalica stammt. Sie sind meistens ziemlich geräumig, mitunter in griechischer Kreuzform erbaut, die Portale und Fenster noch romanisch rundbogig, die inneren Ornamente, Säulenkapitelle usw. aber schon dem Übergangsstile angehörend. In dieser Weise sind z. B. die zu Rodenkirchen, Esenshamm und Burhave in Butjadingen.

Auch einige Bauwerke aus porösem Tuffstein, den man aus Schottland geholt haben soll, gehören hierher, wenn sie nicht schon etwas älter sind, da einige noch echt romanische Anlage und Details zeigen. Tuffsteinkirchen finden wir zu Wremen im Lande Wursten, zu Langwarden und zu Blexen im Butjadingerlande, von welchem die letztere höchst seltsam in ihrem Mauerwerk schichtweise regelmäßig zwischen Bruch- und roten Backsteinen wechselt. An der Weser ist zu Berne die größte und ansehnlichste aller Marschkirchen. Sie ist ebenfalls aus Portasandstein, ganz im Übergangsstile erbaut und bildet eine dreifache Hallenkirche.

Nur unbedeutend ist meistens der gotische Stil in diesen Gegenden entwickelt. Die Strebepfeiler an den Außenmauern, die Spitzbogen an Portalen und Fenstern pflegen das einzige zu sein, wodurch er sich ausspricht. Im übrigen ist das Aussehen der Kirchen fast ganz geblieben, wie es war; indes tritt mit dem gotischen Stile überall der Backsteinbau hervor, dem wir vor dem vierzehnten Jahrhundert hier selten begegnen. Die späteren, meistens dem sechzehnten und siebzehnten Jahrhundert angehörend, sind sämtlich aus Backsteinen errichtet und in jeder Beziehung durchaus unbedeutend.

Manche der alten Kirchen spielen in der Geschichte der Marschen keine unwichtige Rolle. Ihnen weihten die Friesen die köstlichste und seltenste Beute ihrer verwegenen Seeräuberzüge; hier hingen sie die Trophäen ihrer Siege auf; in den Kirchen hielten sie Zusammenkünfte und Volksberatungen; auf die Kirchenwurt als die höchste und festeste flüchteten sie mit ihrer Habe bei hereinbrechender Wassersnot. Wenn der Feind in Übermacht herandrängte, dann gewährte ihnen das dicke Kirchengemäuer Zuflucht, und die heilige Kirche ward zur festen Burg, zum letzten Hort ihrer Freiheit. So ist manche alte Kirche, deren streitbares, burgähnliches Gepräge der erste Blick wahrnehmen läßt, Zeuge geworden vom blutigsten, verzweiflungsvollsten Kampfe.

Wenn auch das Äußere dieser merkwürdigen Bauwerke trotz fast tausendjährigen Alters meistens noch wohl erhalten ist, so hat leider die Reformation und noch mehr die unselige Perückenzeit auch hier das Innere auf bedauernswerteste Weise umgestaltet, das Alte herausgerissen und einen Wust des geschmacklosesten bunten Plunders an dessen Stelle gesetzt.

Wenige Altäre sind noch ursprünglich; auch die kleinen Rundbogenfenster, welche so sehr mit dem ganzen niedern Gebäude im Einklang standen, wurden meistens zugemauert und nüchterne hohe viereckige Löcher dafür angebracht, die alles alte, geheimnisvolle Dunkel und jeden Ernst im Innern zunichte machten.

Das einzige, was diese Kirchen in ihrem Innern an Resten aus ehrwürdiger Friesenzeit aufzuweisen haben, sind meistens ihre ehrwürdigen Taufbecken. Die ältesten derselben sind fast immer von Sandstein, sehr schlicht und höchstens mit wenigen rohen Skulpturen geschmückt, oft indes von sehr schönen Verhältnissen; die späteren, namentlich die gotischen Stils, häufig aus Bronze, Inschriften und reiches Bildwerk führend und meistens auf vier grotesken männlichen Figuren ruhend.

Nächst den alten Gotteshäusern sind es dann die sie umgebenden Grabstätten, welche die interessantesten und wichtigsten Denkmale der Vergangenheit bieten, und da fesseln vor allem jene uralten und rätselhaften Steinsärge unsere Aufmerksamkeit, die in ihrer Art zu den merkwürdigsten Resten der Vorzeit zu zählen sein mögen. Im Gegensatz zu den rechtwinkligen antiken Sarkophagen haben die Steinsärge im allgemeinen die Form der gegenwärtigen hölzernen, sind also am Kopfende breiter und nach den Füßen hin schmaler werdend, ebenso im Grunde etwas enger als am oberen Rande, jedoch stets mit einer flachen Deckplatte geschlossen. Die Außenseite ist sehr roh und von primitivster Behandlung, das Innere dagegen etwas glatter und sorgfältiger und entbehrt bei mehreren selbst nicht einiger ornamentaler Figuren, z. B. roher Zeichnungen von Arkaden, Kreuzen und Palmen. Namentlich ist aber mit solchen der Deckel geschmückt. Die Elemente dieses Deckelschmucks wiederholen sich in einer Abwechslung auf den meisten. Es sind flache, gerade Bänder, zuweilen unterbrochen von zickzackartigen Ausbiegungen, in der Mitte des Steins oft ein Kreuz und endlich in den Zwischenräumen Stäbe mit einem gekrümmten Ende (Hirtenstäbe). Das Material derselben endlich ist stets ein ziemlich grobkörniger, braunroter Sandstein, dessen Fundort bis jetzt nicht sicher festgestellt ist.

Nachdem ein paar dieser Steinsärge, jedoch ohne Deckplatte, lange Zeit unbeachtet auf einer hohen Wurt zu Langwarden in Butjadingen gelegen hatten, erregte die erste Ausgrabung des Steinsarges zu Rodenkirchen großes und lebhaftes Interesse, das sich noch steigern und allgemein werden sollte, als man im Jahre 1864 auch auf dem alten Kirchhofe zu Bant (eines jener beim Einbruch des Jadebusens verschwundenen Kirchdörfer) nicht weniger als fünf solcher Steinsärge zutage beförderte. Und nun aufmerksam dadurch gemacht, fand man darauf selbst auf einigen Inseln Nordfrieslands, z. B. Pellworm, Teile von Särgen durchaus gleicher Art.

Was indes die Sache erst vollends interessant macht, ist noch der Umstand, daß man schon in den dreißiger Jahren ganz ähnliche Steinsärge bei der Kirche St. Maria im Capitol zu Köln auffand. Sodann liegt noch eine diesen wie den in den Marschen gefundenen gleichende Grabplatte im nördlichen Schiffe des Doms zu Bremen, in welchem sie höchst wahrscheinlich das Grab eines der allerersten Bischöfe bedeckt hat und endlich sieht man einzelne solcher Steinsarkophage oder deren Deckel in den Altertümersammlungen zu Wiesbaden, Frankfurt und Mainz. Alle diese hier erwähnten Steinsärge sind nicht nur mit gleichartigem Ornament geschmückt, sondern anscheinend auch aus demselben rotbraunen Sandstein gehauen. Die in ihnen enthaltenen Gebeinreste boten keinerlei Anhalt, Inschriften fanden sich nirgends, und nur die sich stets wiederholenden Hirtenstäbe an der Deckplatte lassen ahnen, daß Geistliche in diesen Särgen ihre Ruhestätte fanden.

Nach diesen merkwürdigen Resten alter Friesenzeit folgt nun ein bedeutender Zeitraum, aus welchem uns auch nicht das kleinste Grabmal in den Marschen erhalten ist. Weder irgendeinen Grabstein romanischen noch gotischen Stils haben diese Gegenden aufzuweisen. Erst mit dem Ende des 16. Jahrhunderts knüpft sich wieder an ihnen das Gedächtnis vergangener Tage und hingeschiedener Menschen. Jetzt aber sind es keine Steinsärge, sondern liegende große Sandsteinplatten, etwa sieben bis acht Fuß lang, sechs Fuß breit und einen Fuß in der Dicke haltend, welche zuweilen ein steinernes Grabgewölbe, meistens aber die bloße Erde, in welcher der Tote begraben ist, bedecken. In den vier Ecken derselben erblickt man die Attribute der vier Evangelisten, dazwischen in plattdeutscher Sprache und Minuskeln den Namen, Geburts- und Todestag und in der Mitte in sehr flachem Relief das Bild des Verstorbenen in alter Tracht mit Pumphosen, Mantel und Radkragen in angedeuteter Haltung liegend, die Hände meistens gefaltet oder die eine am Schwert. Mitunter sind diese Skulpturen, wenngleich von handwerklichem Gepräge, doch recht tüchtig gearbeitet und die Köpfe nicht ohne würdigen, ernsten Ausdruck, aber leider haben das Wetter von Jahrhunderten und Tausende von Menschenfüßen viele dieser Grabsteine oft bis zur Unerkennbarkeit geglättet, und nur wo Moos und Rasen sich wie eine schützende Decke darüberlegten, zeigen noch Schriften und Bilder die ursprüngliche Schärfe.

Die späteren Grabsteine aus dem siebzehnten Jahrhundert, als schon die Marschen längst ihre Unabhängigkeit verloren hatten, sind gleichfalls noch liegende Platten, die in ihren vier Winkeln, gerade wie die älteren, die Attribute der Evangelisten zeigen. Dagegen fehlt beinahe durchgehends das Bild des Toten, dessen Stelle nun meist Wappenschilde einnahmen, auch ist die Schrift schon hochdeutsch mit lateinischen Lettern und enthält Bibelsprüche.

Die Steine aus dem achtzehnten Jahrhundert endlich stehen sämtlich aufrecht, sind ziemlich dünn, oben abgerundet und später auch an den Kanten vielfach aus- und eingebogen, wie es das Jahrhundert liebte. Jeder Stein ist horizontal in zwei Hälften geteilt, deren obere das Bildwerk, die untere aber die Schrift einnimmt. An der einen Seite befinden sich die Wappen, an der andern eine bildliche Darstellung, meistens Kreuzigung, Grablegung oder Auferstehung Christi. In den nördlichen Marschen erscheint häufig das Bild des Gekreuzigten, zu dessen beiden Seiten die Familie des Verstorbenen kniet, rechts die Männer, links die Frauen, oft sogar betende Wickelkinder darunter. Die spätesten und ansehnlichsten dieser Steine tragen noch allerlei zierendes Beiwerk: Blumengewinde, Füllhörner, Totenschädel, dicke, posaunende Engelein und pausbackige Seraphsköpfe.

Und auf diese folgen dann jene antikisierenden Denkmale, wie sie das Ende des achtzehnten Jahrhunderts hervorrief, z. B. jene allbekannten Aschenurnen auf Postamenten, mit Palmen, Lorbeerkränzen und anderen Emblemen geschmückt, von welchen das Bild des Seelenschmetterlings, ob nun verstanden oder nicht, sehr beliebt war. Erst in den letzten Jahrzehnten richtet man das christliche Kreuz auf den Gräbern empor, welches selten vorher dieselben bezeichnet. Manch altes wohlhabendes Bauerngeschlecht hat auch sein stattliches Grabgewölbe, oft mit mächtigen Sandsteinplatten bedeckt.

Die Marschbewohner

Der erfahrene und aufmerksame Beobachter unterscheidet meistens sofort den Marschbewohner, namentlich den aus echtem Friesenblute entsprossenen, von seinem Geestnachbar.

Eine derbe, breitschultrige, fleischige oder stark ins Korpulente gehende Gestalt, mehr groß als klein, Hände und Füße stark und breit, das Haar schlicht und nur schwach gekräuselt und blond, der Bart rötlich und nicht sehr dicht, das Auge hellblau und grau und das gerötete Gesicht von rundlichem Schnitte, das ist der echte Friesentypus.

Der niedersächsische Geestmann ist dagegen durchgehends magerer, schmächtiger und aufgeschossener, von kurzem Oberbau und langen, schmalen Beinen, wenn auch mitunter stark knochig und sein Gesicht häufig von schärferen und eckigeren Umrissen. Da wo die Geest an die Marsch grenzt, sind diese Gegensätze freilich noch nicht sehr hervorstechend. Hier zeigt sich der Übergang vom friesischen zum sächsischen Elemente, ja manche dieser hart am Rande liegenden Geestdörfer haben sogar noch durchaus friesische Bevölkerung.

Fast noch bedeutender ist der Unterschied zwischen Geest und Marsch hinsichtlich des geistigen Charakters ihrer Bewohner. Leichte Geest und schwere Marsch - in diesen Worten ist der ganze Grundzug beider enthalten. So ist der Geestmann durchaus empfänglich, leicht zu erregen, gelehrig, erfinderisch und bei seinen Festen heiter bis zur lärmenden Lustigkeit. Ganz anders dagegen der friesische Marschbewohner, dessen hervorstechendstes Temperament, wie bei seinem Stammverwandten: dem Holländer, das phlegmatische ist. Viel weniger empfänglich für äußere Eindrücke, ist er fast nie wahrhaft begeistert. Seine kaltblütige Ruhe und sein würdevoller Ernst verlassen ihn nur äußerst selten. Alle Feste, Hochzeiten, Jahrmärkte werden von ihm auffallend still begangen, namentlich vom Nordfriesen.

Darum ist sehr schwer auf ihn einzuwirken, alte Gewohnheiten zu vernichten und Neues bei ihm einzuführen. Hat er sich aber vom Guten desselben einmal überzeugt und hat er eine neue Sitte einmal angenommen, dann hält er daran mit viel größerer Zähigkeit und Ausdauer fest als der Geestmann.

Gilt es dagegen, alte Gewohnheiten, Rechte und Freiheiten mit Kraft und Ausdauer zu behaupten und alles daranzusetzen, sie nicht fahren zu lassen, dann stehen die Marschen in der ersten Reihe. Nur ihrer unermüdlichen Ausdauer und Zähigkeit danken sie so viele Freiheiten, auf welche die Regierungen schon oft genug Angriffe machten.

Es besitzt kein Volk ein so prächtiges Oppositionstalent als das der Marschen. Zur Revolution taugt es dagegen ganz und gar nicht, da ihm alles Feuer und alle echte Begeisterung abgehen und es konservativ durch und durch ist.

Selbstgefühl und Stolz sind hervorstechende Züge im Charakter des Marschbewohners, namentlich des wohlhabenden. Vor allem stolz ist der Marschbauer auf seine fruchtbare Heimat, die er um keinen Preis mit einer anderen vertauscht, am allerwenigsten mit der nahen Geest, auf welche er nur mit einer gewissen Verachtung und mit Bedauern herunter- oder vielmehr hinaufsieht. Äußerst charakteristisch ist daher die bekannte Anekdote von jenem alten Marschbauern, wie er seinen reiselustigen Sohn mahnend an die Hand nahm und ihn davon abzubringen suchte. »Süh, Jung«, sprach er, »hier is de Marsch, un de ganze anner Welt is man Geest. Wat wullt du dumme Jung nu in de Welt maken?«

Mit dem zähen, hartnäckigen Charakter des Friesen hängt noch seine Prozeßlust, seine Unversöhnlichkeit, die selbst mitunter in kleinliche Rachsucht übergeht, zusammen. Streitsüchtig ist er nicht, allein rechthaberisch bis zum Eigensinn. Sehr häufig geschieht es, daß ganze Familien oft zeitlebens um geringer Sachen willen auf gespanntem Fuße leben. Bei allen möglichen Gelegenheiten, namentlich bei Hochzeiten, Kindtaufen und Beerdigungen, zu welchen man dann einander sorgfältig nicht einladet, pflegt dieser Haß an den Tag zu treten.

Hoch in Ehren wird fast überall das Verhältnis der Nachbarschaft gehalten und höher als Freundschaft; denn »en goden Naber is beter as en faren (ferner) Fründ«, heißt das überall beliebte Sprichwort, und der Landbewohner überhaupt ist viel zu praktisch, um den Wert rascher Hilfeleistung in schleunigen Fällen nicht hoch zu schätzen, wenn z. B. seine Kuh schwer kalbt, sein Pferd im Graben sitzt oder gar Feuer in seinem Hause ausbricht, ebenso bei Krankheits- und Sterbefällen der Seinen, und wahrhaft wohltuend ist es zu sehen, mit welcher uneigennützigen Bereitwilligkeit jedesmal solche Hilfe geleistet wird. Aber auch zu Familienfesten des Hauses den Nachbar nicht einzuladen, gleichviel ob er noch so arm und niedrig sei, wäre eine tief verletzende Beleidigung. So nimmt er stets teil an des Hauses Freud und Leid, Wohl und Weh. Welch ein Abstand zu den modernen städtischen Verhältnissen!

In einem unerklärlichen Gegensatz zu diesem so ausgeprägten Konservatismus steht bei den Marschbewohnern das geringe historische Bewußtsein. Verschwunden ist fast überall das Gedächtnis an die Vorzeit. Äußerst gering ist, was an Überlieferungen davon im Munde des Volkes lebt und fast alles, was es von seinem alten Kampf und sturmvoller Geschichte weiß, hat es erst wieder gelernt aus den Büchern der Gegenwart. Sogar die Stedinger hatten völlig vergessen, was ihre Väter getan und gelitten hatten, erst die sechshundertjährige Gedächtnisfeier an die Schlacht bei Altenesch samt der von Oldenburg ausgegangenen Errichtung des Denkmals mußte sie wieder davon in Kenntnis setzen. Die Ostfriesen und die Dithmarscher mögen die einzigen sein, welche die alten Traditionen treuer bewahrt haben. Und so ist's auch mit den Resten und Denkmalen aus der Vorzeit der Fall. Wie wenig hat man sich um sie gekümmert! Auf den Kirchenböden unter Staub und Spinnweben zerfallen wurmzerfressen die alten interessanten Schnitzwerke, welche einst Altar und Kanzel schmückten, wenn sie nicht längst den Ofen des Küsters geheizt haben; das Land durchspürende Trödeljuden läßt man für ein wahres Spottgeld die schönsten alten, reichgeschnitzten Truhen und Schreine, einst Zier und Stolz des Hauses, fortschleppen und weit und breit ist auch nicht eine einzige Waffe mehr aufzutreiben aus jener alten, ruhmvollen Zeit, da alles Schwert, Speer und Streitaxt führte. Das alles ist sehr betrübend.

Zum Schluß dieser allgemeinen Charakterschilderung muß jedoch bemerkt werden, daß man, ebenso wenig wie dies anderswo statt hat, keineswegs die sämtlichen Marschbewohner über einen und denselben Kamm scheren darf. Wie jede einzelne Marsch in ihrem ganzen äußeren Aussehen, in ihren Wohnungen, Sitten, Einrichtungen usw. ihre Eigentümlichkeiten hat, so findet dies auch in den hervorstechenden sittlichen Zügen ihrer Bewohner statt; aber nur langjährige Beobachtungen lassen diese Unterschiede erkennen.

So ist z. B. der Osterstader und der mit ihm verwandte Stedinger der zahmste, gutmütigste und loyalste aller Marschbewohner, der Butjadinger, namentlich der Wurster, derb, voll Kraft und Festigkeit, der Jeverländer der freisinnigste und tatkräftigste, der Hadler und Kehdinger zwar auch kräftig und freiheitsliebend, aber luxuriös und oft etwas stark renommistisch, der Altländer endlich schlau, gewandt, mißtrauisch und verschlossen gegen Fremde, dagegen am strengsten auf alte Gebräuche haltend. Von allen Marschen steht das Land Hadeln, wo es sich um modernen Luxus handelt, obenan. Die glänzenden Staatszimmer, die herrlichsten, parkähnlichen Gärten, das kostbare Porzellan- und Silbergerät und die eleganten Equipagen der Hadler Bauern sind weit umher bekannt, fast sprichwörtlich geworden. Bei ihren Familienfesten pflegte ein so gewaltiger Luxus zu herrschen, daß schon in den Jahren 1602 bis 1733 eine Reihe von eigenen Gesetzen erlassen werden mußte, um diese Verschwendung nur einigermaßen zu zügeln.

Das Alte Land ist die einzige Marsch, wo Einfachheit und alte Sitte sich bis auf den heutigen Tag und trotz der Nachbarschaft des großen Hamburgs in seltener Reinheit erhalten haben.

Auch von alten Volksbräuchen, Festen und Belustigungen gibt es im allgemeinen nicht viel mehr. Doch wurde Weihnachten vielerwärts noch bis zu den letzten Zeiten wie in England mit tüchtigem Essen und Trinken gefeiert, und der Weihnachtsabend heißt deshalb in manchen Gegenden »Vullbuksabend«, an dem ein gewaltiger Mehlpudding mit Rosinen nebst geräuchertem Schweinskopf die Hauptrolle spielen. Zu Ostern genießt auch in den Marschen jedermann Eier, auf den Deichen lodern überall mächtige Feuer und auf hohen Stangen brennende Teertonnen, zu Pfingsten aber schmückt man Zimmer, Diele und Haustür mit grünem Birkenreis und richtet Maibäume auf, wie in andern Teilen Deutschlands.

Friesische Rechts- und Sprachdenkmale

Nach Verdrängung der Chaucen durch die Einwanderung der Friesen herrschte natürlich in den Marschen die Sprache der letzteren, welche gleich dem Holländischen und Flämischen nichts anderes war als eine Abzweigung des Niederdeutschen in großer Verwandtschaft mit dem Angelsächsischen. Doch ist mit gutem Grund anzunehmen, daß diese Einwanderung nicht in allen Gegenden stattfand, darunter nicht im Lande Hadeln und Kehdingen. Die Urbevölkerung mochte hier stark und tapfer genug sein, sich den Eindringlingen zu widersetzen. Die von den friesischen Marschen bedeutend abweichenden Sitten, das ganze Fehlen friesischer Namen und Benennungen, der Charakter der Bewohner, ja selbst ihr Gesichtstypus und noch anderes deuten aufs entschiedenste darauf hin, daß hier keine friesischen Elemente mitgewirkt haben.

Wie weit die friesische Sprache in den Marschen verbreitet, wo ihre Grenze war und wann sie eigentlich unterging, läßt sich nicht mehr mit Genauigkeit bestimmen.

Die Kämpfe mit den bremischen Erzbischöfen, die vielen bedeutenden Niederlagen und namentlich der Umstand, daß infolge derselben die Kirchen und Schulstellen von den Erzbischöfen meist mit niedersächsisch redenden Mönchen besetzt wurden, haben zum Verschwinden des Altfriesischen beigetragen. Schon vor der Reformation scheint das letztere dem Niederdeutschen (Plattdeutschen) ziemlich Platz gemacht zu haben. Im Osterstadischen und im Stedingerlande ist es wahrscheinlich zuerst untergegangen; im Butjadingerlande, im Vielande, vorzüglich im Lande Wursten hielt es sich am längsten.

Als die ältesten schriftlichen Sprachreste des Friesenvolkes haben wir jedenfalls jene Gesetze anzusehen, die es einst bei seinem berühmten Rechtsheiligtume, dem Upstalsboom, aufgerichtet hatte, die 24 Landrechte, 17 Willküren und 6 Überküren (Nachträge zu letzteren).

Da sich nun hierbei aber Sprach- und Rechtsaltertum aufs innigste berühren, so wird eine Schilderung des Upstalsbooms und seiner Versammlungen nicht minder am Orte sein, die nach den Worten in Onno Klopps »Geschichte Ostfrieslands« erfolgen mag.

Etwa drei Viertelstunden südwestwärts der jetzigen Stadt Aurich erhebt sich in der Nähe des Dorfes Rahe der Boden schwach und allmählich. Mitten auf dieser sanften Anhöhe liegt ein Hügel in Gestalt eines länglichen Vierecks, etwa 138 Fuß lang, am einen Ende 62, am andern 44 Fuß breit, mit schräg abgestochenen Seiten, von einem kleinen, kaum einige Fuß breiten Graben umringt. Das ist die größte geschichtliche Merkwürdigkeit des friesischen Landes: der Upstalsboom, wo in grauer Vorzeit die Abgeordneten des friesischen Volkes vom Fly bis zur Weser sich versammelten, um Rat zu pflegen über den Schutz des Vaterlandes gegen den äußeren und den inneren Feind. Zwar ist das älteste Zeugnis für diese Zusammenkünfte erst aus dem Anfange des dreizehnten Jahrhunderts (1214) von dem Abte Emo in Wittewerum im Groningerlande; aber eben dieser nannte diese Zusammenkünfte dort eine uralte Sitte. Wahrscheinlich reicht sie sehr hoch hinauf.

Die Worte der Überküren in Bezug auf diese Versammlungen lauten so: »1. Thiu forme urkere aller Fresena ist thet hia ense a jera to gadera koma to Upstalsboma, Theisdeis and thera pinxtera wika; anda thet ma thene ther birethe alle tha riuchte, ther tha Fresa haelde scolden; ief aeng mon eng riucht betera wiste, thet ma thet lichtere sette anda ma thet betere haelde.

(Die erste Überküre aller Friesen ist, daß sie einmal im Jahr zusammenkommen zu Upstalsboom, Dienstags in der Pfingstwoche; und daß man da berate die Rechte, die die Friesen halten sollen; wenn jemand irgend ein besseres Recht wüßte, daß man das leichtere setze und man das bessere halte.)

2. Thet is thiu other Kere: ieff ther soghen selonde eng uthereth wurde, ayder fon tha Suthersaxa, ief fon da Nordmanum, so schellath tha sex tha sogende to hilpe kume.

(Das ist die andere Kür: wenn der sieben Seelande eins verheert werde, entweder von den Südersachsen oder von den Normannen, so sollen die sechs der siebenten zu Hilfe kommen.)

3. Thet is thiu tredde Kera: ief ther en fon tha soghen selondum hwelde unhorsam hwirthe, sa scellath tha sex tha soghenda stiura, thet hit al riuchte fare.

(Das ist die dritte Kür: wenn da eins von den sieben Seelanden wollte ungehorsam werden, so sollen die sechs dem siebten steuern, daß es ganz recht fahre.)«

Es erhebt sich zunächst die Frage nach der Bedeutung des Wortes Upstalsboom. Hier geben uns spätere Gesetze einen bestimmten Anhaltspunkt, indem sie den Richter eines friesischen Seelandes mit dem Worte upstalling bezeichnen. Der Baum erklärt sich einfach aus der allgemeinen deutschen Sitte, die Versammlungen unter Gottes blauem Himmel, am liebsten im Schatten der Eichen zu halten. So wurden die Oberysselschen Landtage auch später noch auf dem Schölderberge bei Zwolle gehalten, die Münsterschen auf dem Laerbruche unweit des Dorfes Laer, die Osnabrückischen unter einer großen Linde beim Dorf Oesede. Der Benennung des Upstalsboomes kommt am nächsten die Staleke zu Hagen, das ist die Gerichtseiche. Der Upstalsboom ist mithin der Obergerichtsbann des friesischen Landes. Auch sind uns bestimmte Nachrichten erhalten, daß früher auf dem in der Mitte kaum drei Fuß erhabenen Hügel drei Eichen standen, von denen Ubbo Emmius gegen das Ende des 16. Jahrhunderts die eine fast abgestorben noch gesehen hat.

Wer nun berechtigt war, als Abgeordneter der Versammlung beim Upstalsboome beizuwohnen, sagen uns die alten Gesetze nicht in bestimmten Worten; es ist nur die Rede von Consuln und Geschworenen. Dieses gibt uns jedoch sichere Anhaltspunkte. Die freie Verfassung der friesischen Seelande ist nicht so zu verstehen, als wenn jeder Beliebige, jeder Warfsmann oder Arbeiter, in den wichtigen Fragen mitzusprechen und

Die Gegenwart der Marschen von Heinrich Frhr. von Dörnberg
aus dem Wandfries im Marschensaal des Allmers-Hauses, Rechtenfleth. Abgebildet sind u. a. Allmers als ›Weiser des Fortschritts‹, links daneben (mit Brille) Wilhelm Heinrich Riehl, der ›Vater‹ der Volkskunde

mitzustimmen befugt war, sondern das Recht knüpfte sich an den Grundbesitz. Auf diesem lag hauptsächlich die Pflicht der Landesverteidigung; denn also bestimmen die friesischen Gesetze: wenn der freie Friese Land zu dreißig Pfund an Werte hat, so soll er zur Landwehr ein Pferd und Waffen halten, d. h. Waffen, die dem Reiterdienste entsprechen. Wenn einer Land besitzt zu zwanzig Pfund an Werte, so soll er durchschlagende Waffen (ein Schwert) haben. Wer ein Erbe besitzt zu zwölf Pfund, der soll Speer und Schild halten; wer aber weniger besitzt, soll Köcher und Bogen halten. Die Weigerung ward bei allen mit zwei Pfund bestraft. An den Grundbesitz war ferner das Recht gebunden, Richter, d. i. Consul zu sein in der Gemeinde, und wir dürfen wohl annehmen, daß nur der in der Gemeinde Berechtigte zum Abgeordneten nach Upstalsboom erwählt werden konnte; denn die Consules oder jurati, deren die Urkunden von Upstalsboom Erwähnung tun, sind mit den Richtern auch des Upstalsbooms einerlei.

Wir sehen, daß diese scheinbare Volksherrschaft durch diese ausschließliche Berechtigung des Grundbesitzes eine bedeutende aristokratische Färbung erhielt. Doch liegt uns keine Andeutung vor, daß das Recht des Zuhörens dem Nichtstimmenden versagt gewesen sei. Die Ankommenden begrüßten sich mit den Worte Ela oder Eala fria Fresena. Spätere Unkunde hat aus dem Worte ela oder eala das Wort edel herausdeuten wollen, es ist lediglich ein Anruf, wie es auch in angelsächsischen Gebeten heißt: Ela Dryten, O Herr (Gott). Die Angekommenen ließen sich auf Rasenbänke nieder, und dann begannen nach einem Gebete die Verhandlungen bei steigender Sonne. Wahrscheinlich führten die westerlauerschen Friesen den Vorsitz und stimmten zuerst. Vor dem Hügel liegen zwei lange Äcker, welche, wie man sagt, noch jetzt die Wandeläcker heißen. Auf diesen sollen die Abgeordneten zur Besprechung streitiger Fragen auf- und abgewandelt sein. Es ist wahrscheinlich, daß die Verhandlungen auch mit einem Gebet geschlossen haben. Geistliche waren immer zur Hand; denn nur sie waren des Schreibens und Lesens kundig und deshalb bei allen solchen Zusammenkünften unentbehrlich, zumal solange man sich bis ins dreizehnte Jahrhundert hinein zu öffentlichen Urkunden und Schriften nur der lateinischen Sprache bediente. Als nach und nach durch Urbarmachung, durch Schenkungen, Vermächtnisse und Kauf ein bedeutender Teil des Grundeigentums in die Hände von Geistlichen kam, erlangten sie nicht ihres Standes, sondern dieses Besitzes wegen Sitz und Stimme in den öffentlichen Versammlungen.

Die Versammlungen beim Upstalsboom betrafen den Schutz des friesischen Landes im allgemeinen, in den einzelnen Bezirken war die Aufrechterhaltung des Friedens dem Richter anvertraut, dessen Amt gemeiniglich nur ein Jahr dauerte. Das Amt desselben war umfassend, er verband mit der richterlichen Gewalt bedeutende Befugnisse der vollziehenden. Bei Widersetzlichkeiten stand es ihm zu, einen Hut auf einer Stange zu erheben, und dann waren die Einwohner seines Bezirkes ihm zur »Heeresfolge« gegen den Widerspenstigen verpflichtet. Bei Abend oder Nacht steckte er eine brennende Pechtonne auf, und dies war überhaupt das Zeichen einer Gefahr, besonders auch, wenn sich normannische Fahrzeuge auf der See zeigten und mit einer Landung drohten. Dann erhoben sich bald den ganzen Deich entlang diese Feuerbaken, und die Friesen, die zu jeder Zeit gegen jene Feinde kampfgerüstet sein mußten, standen alsdann in Waffen und folgten der Führung ihres Richters.

Zunächst war jedoch die Aufgabe des Richters das Rechtsprechen. Von den Gesetzen, nach welchen dies in den einzelnen Bezirken geschah, ist uns außer vielem anderen der ausführliche Brokmerbrief erhalten.

Es mag lange Zeit gedauert haben, bis die Gesetze aufgeschrieben wurden; in früheren Zeiten wußten die Richter, d. h. die angesehensten Grundbesitzer, sie auswendig. Daher kommt es, daß die 24 Landrechte, welche allen Friesen gemeinsam waren, sich in sechsfacher Weise finden, je nachdem die Aufzeichnung im Emsigerlande, in Rüstringen, westwärts vom Laubach, im Hunsingo usw. geschah. Alle weichen in Kleinigkeiten voneinander ab; dennoch sind die 24 Landrechte ganz dieselben. Auch in der Abfassung selber zeigen sich Spuren, daß man sie früher durch mündliche Überlieferung lernte; denn manche von ihnen tragen noch dichterischen Schmuck an sich und vielleicht sind alle früher in solcher Form überliefert. Als Beispiel möge uns das zweite der 24 Landrechte dienen:

»Wenn eine Mutter ihres Kindes Erbe, bevor es zu seinen Jahren gekommen ist, nach dem Rate der Freunde verkauft oder austauscht: so soll dem Kinde, wenn es zu seinen Jahren gekommen ist, die Wahl freistehen, ob es den Kauf oder Austausch genehmigen will oder nicht. Beliebt es ihm nicht, so soll es sich setzen auf seinem eigenen Erbe ohne Streit und ohne Gewalt. Wer dann das Kind anfechten oder berauben will, der verbricht 10 Mark und dem Frohne (Richter) 3 Pfund, das sind 21 Schillinge. Und alle Leute und der Frohne sollen dem Kinde beistehen, daß es sein Erbe wiedererlange. Das soll geschehen, außer wenn die Mutter die Habe ihres Kindes verkauft hat um dreier Notsachen willen. Die erste Notsache ist, wenn das Kind in seiner Jugend gefangen und hinweggeführt wird nordwärts über die See oder südwärts über die Berge. Dann muß die Mutter ihres Kindes Erbe versetzen oder verkaufen und das Kind lösen und ihm seines Leibes helfen. Die andere Notsache ist, wenn das Jahr teuer wird und der heiße Hunger über das Land fährt und das Kind Hungers sterben will; so darf die Mutter ihres Kindes Erbe versetzen und verpfänden und ihrem Kinde dafür kaufen Kuh und Ei und Korn, damit sie dem Kinde seines Lebens helfe; denn der Hunger ist das schärfste aller Schwerter. Die dritte Notsache ist, wenn das Kind stocknackend und hauslos ist und die Nacht des düsteren Nebels anbricht und der kalte Winter in den Hof hineinglänzt, so sucht jedermann seine Wohnung und sein Haus und seinen warmen Herd und das wilde Tier birgt sich in seine Höhle und in einen hohlen Baum, auf daß es sein Leben erretten und halten möge: dann weinet und schreit das unmündige Kind und zeigt auf seine nackenden Glieder und die Blöße seines Leibes und klagt, daß sein Vater, der ihm helfen und es schützen sollte gegen den Hunger und den kalten Winter, nun so tief und so dunkel in der kalten Erde, unter den Eichenbrettern und mit viel Notnägeln beschlagen, ruht. Dann darf die Mutter des unmündigen Kindes Erbe versetzen und verkaufen; denn sie ist verpflichtet, es zu schützen gegen Frost und gegen Hunger.«

Von dieser ausmalenden Ausdrucksweise finden sich sehr viele Spuren in den friesischen Rechtsaltertümern, wie z. B. das schöne Gleichnis in den 17 Willküren: »Der Priester und der Richter sind die Augen der heiligen Christenheit, sie sollen sehen und helfen allen denen, die sich selber nicht helfen mögen.« Ein tiefer Sinn ruht in den wenigen Worten, die für jene Zeiten mehr sagen als für die unseren ein ganzer Band voll Gesetze.

Als die einzigen Reste friesischer Sprache sind nur einige Benennungen und viele der Vornamen, meistens männliche zu betrachten, wie wir sie im Jever-, Butjadinger-, im Stadlande und im Lande Wursten am häufigsten vernehmen. Zunächst folgen im Nachstehenden die noch gebräuchlichsten der friesischen Vornamen:

a. männliche

Arp, Addik, Abbo, Allmer (wahrscheinlich gleichbedeutend mit Elimar oder mit Adelmar), Bolo, Bolko, Bredo, Campo, Detlef, Djurk, Edo, Eido, Eibo, Ecko, Eimer(?), Eilert oder Ehler, Feddo, Focko, Folkert(?), Franko, Gerke(?), Gerrit, Hajo, Hino, Heddo, Hero, Harbert(?), Jürke, Jolf, Lubbo, Luddo, Meins, Nome, Rolk, Rickler, Reddo, Redlef, Rickmer, Reemt, Sebbo, Sibo, Siabo, Siado, Siebet, Tanto, Teto, Tammo, Tiark, Ummo, Ulfert, Wabbo, Webko, Willo, Wierich (?, wohl eine Zusammenziehung aus dem altniedersächsischen Willerich).

b. weibliche

Alget, Almut, Adda, Eka, Engel, Freuke, Imke, Imme (gleichbedeutend mit Emma), Hemke, Hepke, Hasche, Meine, Meike, Sebke, Tipke, Timke, Theda, Wupke, Wabbe.

Die mit einem Fragezeichen versehenen Namen möchte ich nicht ohne weiteres als rein friesisch ausgeben, möglich, daß sie ebenso gut sassischer Abstammung sind, da sie auch bei den Bewohnern der höheren Geest gebräuchlich, wogegen man die eigentlichen Friesennamen lediglich in den nördlichen Marschen antrifft, außer, wie schon erwähnt, im Lande Hadeln und Kehdingen. Dagegen müssen das Jeverland, das Butjadingerland und das Land Wursten als die wahre Heimat der aufgeführten altfriesischen Namen bezeichnet werden.

Eigentliche Familiennamen waren bei den Friesen selbst noch bis ins achtzehnte Jahrhundert selten. Der Sohn erhielt zu dem Vornamen des Vaters nur noch seinen eigenen Taufnamen. Hieß z. B. der Vater Eke Lübbs und man taufte seinen Sohn Siade, so hieß dieser Siade Eke, und der Enkel, wenn er nach dem Großvater genannt wurde, Lübbe Siads oder Eke Lübbe Siads. Das angehängte s ist nichts weiter als die Bezeichnung des Genitivs, wie an andere Namen, z. B. an die Namen Haje, Hedde, Tanto im Genitiv ein n kam, so daß z. B. der Sohn von Tanto Siebs vielleicht Ricklef Tanten hieß (soviel als der Ricklef des Tanto).

Einige Geschlechter aber finden wir unter den Friesen, die schon früh, vielleicht als irgendeine Auszeichnung, ihre festen Namen behaupten. Zu diesen gehören unter andern die wohlklingenden Geschlechtsnamen mit der Endung a, wie z. B. Papinga, Thedinga, Wiarda, Hayenga, Bojunga, Rykena, Brinkama, wie sie uns am häufigsten in Ostfriesland entgegentreten. Auch diese sind indes fast immer von Vornamen abgeleitet und zwar in einer derartig erweiterten Ausbildung, daß die zweite Silbe die einfache, die dritte aber, das angehängte a als erweiterte Ausbildung erscheint. Demnach wurden zuerst nach dem Papo, Bojo, Hajo, Thedo die Söhne Paping, Bojung, Hajeng, Theding genannt und aus diesen gingen wieder die späteren Nachkommen Papinga, Bojunga, Hajenga und Thedinga hervor.

Charakteristisch sind die Ortsnamen auf um, z. B. Dorum, Imsum, Alsum, Mulsum, Midlum im Lande Wursten, Jemgum, Oldersum, Berum, Dornum usw. in Ostfriesland. Deren gibt es eine sehr große Anzahl, und selbst manche, die heutzutage andere Endungen tragen, wie Wremen, Dingen, Norden hießen in alter Friesenzeit Wremum, Dingum, Nordum.

Als Probe eines gegenwärtigen friesischen Dialekts und zwar der Mundart Nordfrieslands gebe ich hier eine rührende Dichtung, die uns Hansen in seinem Buche »Das schleswigsche Wattenmeer« (Glogau 1865) mitteilt, »Das Lied von der treuen Schwester«, welches freilich nicht ganz rein von Einwirkungen der benachbarten dänischen Sprache geblieben ist.

Hjö tru Söster hern Song

Fergeth me ei, min Hertens liwe Bruther,
Wenn Dö der sillest am de Wral,
Wenn Do der stoust a sjöngeß bei din Ruther,
Fergeth me ei!

Fergeth me ei! Dö wist ik ben alline,
Ues Alerne sen bithe düd,
Hal wall ik de as Söster inne tine,
Fergeth me ei!

Fergeth me ei! Dat will ik de nog lowe:
Min Liacht het barnt tio hiele Nacht.
Mei ik dien Witherkämen balde howe?
Fergeth me ei!

Fergeth me ei! Min Liacht dat mei De sede:
Din Söster Elke lawet nog:
Hio lait an drimd von De der aw der Bede,
Fergeth me ei!

Fergeth me ei! Wenn sirme Flage tie
An spoitet Skömm avert Skap,
So wall ik hal för De min Kneble bie,
Fergeth me ei!

Fergeth me ei! O komm am Godens Walle,
O komm dog wither ewer Hüs!
Derefter möist din Ruther alltid stalle,
Fergeth me ei!

Wörtliche Übersetzung:

Der treuen Schwester ihr Gesang

Vergiß mich nicht, mein Herzens lieber Bruder,
Wenn du da segelst um die Welt,
Wenn du da stehst und singst bei deinem Ruder,
Vergiß mich nicht.

Vergiß mich nicht. Du weißt, ich bin alleine,
Unsere Eltern sind beide tot,
Gern will ich dir als Schwester dienen,
Vergiß mich nicht.

Vergiß mich nicht. Das will ich dir noch geloben:
Mein Licht hat gebrannt die ganze Nacht,
Mag ich dein Wiederkommen hoffen?
Vergiß mich nicht.

Vergiß mich nicht. Mein Licht, das mag dir sagen,
Deine Schwester Elke lebet noch,
Sie liegt und träumt von dir dort auf dem Bette,
Vergiß mich nicht.

Vergiß mich nicht! Wenn schwere Wetter ziehen
Und spritzen Schaum übers Schiff,
So will ich gern für dich meine Knie beugen,
Vergiß mich nicht.

Vergiß mich nicht! O komm um Gottes willen,
O komm doch wieder hier nach Haus,
Danach mußt du dein Ruder allzeit stellen,
Vergiß mich nicht.

Zur besonderen Charakteristik des Marschlebens

Jene geringschätzende Vorstellung, die leider im größten Teil Deutschlands mit dem Worte Bauer verbunden ist, kennt man in den Marschen nicht, denn hier ist gottlob der Bauer nicht herabgesunken, weder in schmachvoller Knechtschaft einzelner bevorzugter Geschlechter, noch in Schmutz, Elend und Kleinwirtschaft. Während man anderwärts sich des Namens Bauer schämt und tausendmal lieber Landmann, Landwirt oder gar Ökonom heißen will, hört man den reichen Hofbesitzer der Marsch noch immer, ja, heutzutage mehr als je, mit Stolz und Selbstgefühl sein »Ick bün Bur!« ausrufen.

Für gewöhnlich teilt man die Marschbewohner jetzt in Hausleute und Kötner. Um Hausmann zu sein, bedarf es eines gewissen Grundbesitzes, dessen Größe in jeder Marsch verschieden ist.

In den friesischen Marschen herrscht das reine Blut fast nur bei diesen Hausleuten, und allein unter diesen haben sich alte Namen und Geschlechter des Landes erhalten, während von den übrigen minder Vermögenden der größte Teil aus Fremden besteht, die einmal als Knechte oder Handwerker eingewandert sind und sich niedergelassen haben. Manche derselben oder deren Nachkommen haben sich aber auch ganz zu wirklichen Hausleuten emporgearbeitet, so daß ganz reinen Stammes eigentlich nicht eine Marsch mehr ist. Eine solche allmähliche Einwanderung fremder Elemente findet fort und fort statt.

Kätner, Kötner, plattdeutsch Köter werden diejenigen genannt, die nur weniges Land frei eigen besitzen. Alle übrigen aber, die nicht einmal ein eigenes Land haben, heißen Häuslinge.

Die Hausleute bilden den ersten Stand, die Aristokratie des Landes. Nur sie werden in der Regel zu Deichgräfen, Vögten und Belehnten, Kirchen- und Landesvorstehern, Deputierten, Juraten und andern Würden erwählt, und manche solcher Ämter haben sich von Generation auf Generation in gewissen Geschlechtern Jahre hindurch erhalten, ohne doch erblich zu sein, indem der Sohn nur deshalb zur Nachfolge gewählt wurde, weil der Vater sein Amt so gut und brav verwaltet hatte.

Endlich, um solchem echt adligen Wesen vollends das Gepräge zu verleihen, führen viele alte Bauerngeschlechter seit Jahrhunderten ihr nach allen Regeln der Heraldik ausgebildetes Wappen, davon überall Kirchstühle und Grabsteine in die Augen fallende Beweise bieten, und selbst Wappensagen haben sich gebildet, von denen freilich manche wieder so gut wie verklungen sind. Eine der schönsten und bedeutsamsten aber ist uns zum Glück durch den alten, weit und breit im Hannoverschen bekannten Hauptmann Böse zu Bederkesa, der sie von alten Bauern im Lande Wursten hörte, aufbewahrt, dem ich sie mit seinen eigenen Worten nacherzähle.

Bei mehreren dieser alten Bauernwappen nämlich ist der Schild senkrecht in zwei Hälften geteilt, von denen die eine in goldenem Felde einen halben Adler führt. Der Adler ist nichts anderes als das Zeichen des alten deutschen Reichs und zwar aus folgender Veranlassung:

Als Kaiser Friedrich der Rotbart seinen ruhmvollen Zug nach Rom unternahm, gesellten sich eine Anzahl junger Friesen aus den Marschen zu seinem Heere, die baten, daß er ihnen gestatten möge, mitzuziehen und mitzukämpfen unter seinen Bannern, und er gewährte es gern.

Und alle taten sich hervor, daß keiner im ganzen Heere tapferer war als sie. Darum reihte er sie ein in seine Leibwache. Und in Rom brach eine Verschwörung gegen sein Leben aus, den treuen Friesen aber verdankte er allein seine Rettung. Da wollte er sie alle zu Rittern schlagen. Stolz jedoch lehnten sie ab und sprachen: »Lasse das, du ehrst uns nimmer damit. Halten wir uns doch schon höher an Rang und Ruhm als deine Ritter, sintemal wir unser Land schon dem Meere abgerungen und in Besitz hatten, ehe einem von jenen eins zum Lehen gegeben war.« Da freute sich der Kaiser ihres Stolzes und sprach zu ihnen: »So ich euch denn anders nicht ehren kann, möget ihr fortan des Reiches Adler in eurem Schilde führen zum Gedächtnis, daß ihr wacker mitgekämpfet zu des Reiches Ehre.«

Das ist die Sage vom Adler der Bauernwappen. Wieviel von ihrem Inhalt vor dem Historiker bestehen kann und ob überhaupt die Sage sehr alt ist, mag dahingestellt bleiben. Weit eher ist anzunehmen, daß jene Bauerngeschlechter den Adler selbst zum Wappen wählten, um dadurch aller Welt, namentlich aber dem Erzbischof von Bremen trotzend, zu zeigen, daß sie vor allem zu Kaiser und Reich hielten.

Am meisten treffen wir solche adlerführende Wappen im Lande Wursten an, doch findet es sich auch bei einer Hadler Familie, und in Osterstade endlich führt den Reichsadler mein eigenes Geschlecht.

Zuweilen sind diese Bauernwappen auch sogenannte redende, d. h. den Namen bildlich darstellende, wie z. B. das Wappen der alten Osterstader Familie Beckhusen, welches einen Bach (plattdeutsch Beek) und ein Haus enthält. In andern findet sich die französische Lilie, ganz gebildet wie bei den Bourbons, sehr häufig sind Haus- und Hofmarken in diese Wappen aufgenommen. Viele dieser alten, wappenführenden Geschlechter sind bereits längst erloschen, und nur die moosigen Grabsteine erzählen von ihnen, andere haben es längst vergessen, daß ihre Vorfahren es darin den Edelingen gleichtaten, und nur wenige halten ihre alten Familienzeichen noch hoch in Ehren und führen sie in Ring und Siegel.

In den Zeiten, da es bei den Friesen noch keine festen Familienwappen gab, sondern die Söhne als Zuname den Genitiv vom Vornamen der Väter führten, mußten daher jene feststehenden Wappen von der größten praktischen Bedeutung sein; denn in der Namenverwirrung bei ausgebreiteten Geschlechtern boten oft nur sie, z. B. in Erbschaftssachen, den einzigen Anhalt. Als aber im siebzehnten Jahrhundert diesem Wirrwarr durch Einführung fester Familiennamen ein Ende gemacht wurde, verloren die Wappen mit ihrer Bedeutung auch bald sich selber.

Ein gleiches geschah im achtzehnten Jahrhundert mit den zum Teil wohl noch mit der altgermanischen Runenschrift zusammenhängenden Haus- oder Hofmarken, welche bis dahin in den Marschen, friesischen wie niedersächsischen, sehr üblich waren. Sie bestanden, wie bekannt, meistens aus Zeichen und Figuren, die leicht in Holz zu schneiden, durch ein paar gerade oder sich durchschneidende Striche gebildet waren. Während nun das Wappen dem ganzen Geschlechte eigen war, hafteten diese Marken, wie schon ihr Name andeutet, nur dem Hause oder dem Hofe an, d. h. wenn sie nicht ein Teil des Wappens waren. Mit ihnen wurden alle größeren Haus- und Ackergeräte gemerkt, sodann der zum Hofe gehörende Kirchenstuhl, und denen, die des Schreibens unkundig waren, diente er gar hier und da als Namensunterschrift. In einigen Gegenden Deutschlands, z. B. auf Rügen, sollen sie noch heute bei den Bauern zur Bezeichnung des Eigentums in Gebrauch sein, gleichwie ja auch noch in der Handelswelt alte Häuser ihre zu versendenden Kisten und Ballen mit ähnlichen Marken versehen, und nahe verwandt sind ihnen die Steinmetzzeichen an den Domen des Mittelalters.

Jetzt sind, wie gesagt, jene Hofmarken in den Marschen völlig abgekommen, und nur an alten Kirchenstühlen stehen sie noch, indes ohne alle Bedeutung für die Gegenwart.

Umseitige Abbildung stellt sechs dieser alten Bauernwappen dar und zwar oben von der Ecke beginnend zuerst das des osterstadischen Geschlechtes Illies (Hausmarke von drei Kleeblättern umgeben), sodann das der Allmers (Adler und weiße Rose in Rot), darauf das Geschlecht der Morisse (osterstadische Hausmarke), in der untern Reihe hierauf zur Linken das der wurstfriesischen Familie Siads (?) (Adler mit drei roten Rosen im weißen Felde), in der Mitte das Wappen der Sebben (Lilie, drei Sterne und Tannenbaum, Osterstade), endlich unten zur Rechten das der Wurster Familie Adikes (Reichsadler und Pfeilspitze). Warum einige dieser Bauernwappen mit der fünfzackigen Krone geschmückt waren, ist noch zu ergründen. Zuletzt führt die Abbildung einige in den Marschen üblich gewesene Formen von Hausmarken vor.

Bis auf den heutigen Tag wohnt der Marschbewohner, nach uralt traulicher Sitte, mit seinem gesamten Vieh unter einem Dache, und auch eine tüchtige Masse Getreide bergen die Wände des Hauses. Alle ältesten Gebäude bestehen aus Fachwerk; in den Bauernhäusern der Elbmarschen ist dasselbe noch heute in Anwendung, in den Wesermarschen dagegen längst durch massives Backsteinmauerwerk verdrängt worden. Das hohe, mächtige Dach besteht immer aus Rohr oder Stroh und bedeckt in den Wesermarschen (mit Ausnahme des Landes Wursten) als ein kleiner Walm auch den oberen Teil der beiden Giebel. Zwei Drittel des Hauses sind der Wirtschaft, das hintere Drittel den Wohnräumen gewidmet. Durch eine große Doppeltür in der Front, über der ein alter frommer und kerniger Spruch zu lesen ist, tritt man auf die große Tenne (Dreschdiele) von gestampftem Ton, rechts und links blicken in langer Reihe die Rinder, Kühe und Pferde aus ihren Ställen, oben sind die Balken hoch mit Getreide belastet; denn es liegt hier trocken und wärmt das Haus. In den alten Häusern auf der Geest finden wir die schöne, malerische und patriarchalische Sitte des offenen Herdfeuers, der wie ein Altar des Hauses sich in der Mitte des Hintergebäudes zeigt, wo die Viehställe aufhören und der Raum zu beiden Seiten breiter wird. Rechts und links ist die »Howand«, vielleicht gleichbedeutend mit »Hochwand«, jener helle Raum mit den Kojen des Gesindes vor welchen nach alter Sitte das Mittagsmahl eingenommen wird.

Über dem Herdfeuer und etwas seitwärts befindet sich der Speckwiem, behängt mit mächtigen Schinken, Speckseiten, Rauchfleischstücken und Würsten, stets umwallt von Rauchwolken; haben diese hier erst ihre Dienste getan, dann müssen sie über die Diele und durchs Korn ziehen, um es recht trocken und haltbar zu machen; denn man hütet sich wohl, Schornsteine anzulegen. An den Wänden, zur Seite und hinter dem Herde stehen die großen Truhen und Schränke, glänzen in langen Reihen mächtige, blanke Zinnschüsseln, Krüge, Teller und anderes Gerät, und erst hinter dieser Wand sind die Zimmer, die aber nur bei feierlichen Gelegenheiten, bei Hochzeiten und Kindtaufen gebraucht werden; denn für gewöhnlich sitzt Alt und Jung traulich um die lodernden Feuerflammen. Das ist das uralte niedersächsische Bauernhaus.

Aber fast nur auf der hohen Geest finden wir noch diese mit den alten, einfachen, patriarchalischen Sitten des Volkes zusammenhängende Einrichtung. In den Marschen ist sie bei größeren Bauernhäusern so gut wie verschwunden, höchstens im südlichen Osterstade und sodann im Stedingerlande können wir sie noch einzeln treffen.

Sonst ist überall der offene Herd in eine Küche zurückgetreten, der Rauch zieht durch einen Schornstein, die alte Howand ist verschwunden, und die Türen der Wohnräume gehen bei größeren Hausleuten nie mehr unmittelbar auf die Diele, sondern des Zuges wegen auf einen Vorplatz (Windfang), der von ersterer durch eine Wand mit Flügeltüren geschieden ist, und jede Marsch hat hierin wieder ihre eigenen Abweichungen.

Bauernwappen und Hausmarken in den friesischen Marschen

Ein Tag auf dem Marschhof

Möge mich nun der geneigte Leser auf einen großen Marschhof echter Art, wie er mir im Geiste vorschwebt, begleiten, um ein anschauliches Bild vom Leben und Treiben desselben zu erhalten. Wählen wir zu unserm Besuche die Zeit gegen Ostern, wo noch Winter- und Frühlingsarbeit zusammenfallen. Es ist früh morgens. Die alte Hausuhr im Vorplatz, deren hohes, schnörkelreiches Holzgehäuse im Lauf der Jahre fast ganz schwarzbraun geworden ist und die dem Hause schon manche frohe und traurige Stunde gemeldet hat, schlägt eben fünf, aber seit länger als einer Stunde herrscht schon überall das rührigste Treiben. Auf der Diele dreschen eben vier Tagelöhner das letzte Korn, eine Magd schlägt die Garben um und schwingt dann und wann auch wohl selbst rüstig den Flegel. Die andere Magd hat eben gemolken und trägt die Milch in die Küche, wo die zwanzigjährige älteste Tochter des Hauses, ein umsichtiges und still emsiges Mädchen, sie in Empfang nimmt und durch ein blankes Messingsieb mit eingelegtem Tuche in flache Baljen (hölzerne Bütten) seiht. Auf dem Herde aber flammt schon unter dem Kessel mit der Morgensuppe ein lustiges Feuer. Im Oldenburgischen ist meistens Buttermilchsuppe, in Osterstade aber Grütze oder heiße süße Milch, in welche Schwarzbrot gebrockt wird, die gewöhnliche Morgenkost. Diese älteste Tochter ist allein zu Hause und führt den ganzen Haushalt; denn die jüngere ist noch in Oldenburg bei einer alten Dame in Pension.

Aus dem Pferdestalle dringt Lärm, Wiehern und Schlagen der Ackerpferde, dann lautes Schelten des Großknechts mit dem vierzehnjährigen Schwöpenjungen (wörtlich: Peitschenjungen, wie die Buben, welche man auf den Marschhöfen nur zum Fahren mietet, genannt werden); denn schon seit zehn Minuten hat die alte Lotte kein Futter mehr in ihrer Krippe.

Auch der Sohn des Hausherrn, der unterdessen aufgestanden, tritt in den Stall, sieht alles nach und nimmt redlich am Schelten mit Teil.

Aber plötzlich ertönt ein Zauberwort, das allem Leben und Treiben eine andere Gestalt gibt. Aus der halb geöffneten Vorplatztür steckt nämlich die eine Magd ihren Kopf und ruft laut mit heller Stimme die Diele hinab: »Rinkamen! – Wat eten!« Noch ein paar Schläge, und das Geklapper der Drescher verstummt; schnell wird noch einigen Pferden neues, wohlgenäßtes Häcksel eingeschüttet, und in wenigen Minuten sitzt alles um die große dampfende Zinnschüssel mit süßer, aufgekochter Milch und wartet, bis der präsidierende Großknecht, der eben mit gewaltiger Arbeit vom mächtigen Schwarzbrot daumendicke Stücke „knigt“, mit seinem Werke fertig ist. Schnell ist die Schüssel vollgebrockt und nun alles in vollem Essen, kaum ein Wort wird gewechselt; noch eine halbe Stunde, und man ist satt. Was noch in der Schüssel blieb, bekommt der mächtige Hofhund, der Liebling des Großknechts. Die hölzernen und zinnernen Löffel werden jetzt am Tischtuche abgewischt, und mit Gepolter bricht man auf.

Der Sohn des Hauses hat indes seine Morgenkost allein verzehrt; denn nur im Felde ißt er mit den Leuten. Und nun geht's wieder zum Stall. Die Krippen sind alle leer gefressen. Jetzt die Pferde heraus und angeschirrt. Zwei werden vor den Wagen gespannt, auf den man eben ein paar Eggen und Säcke mit Saatgerste gelegt hat; der Sohn fährt, der Großknecht und zwei Jungen reiten hinterdrein, und so trabt die Kavalkade dem unfernen Ackerfelde zu, wo gepflügt und gesät werden soll.

Der Sohn hält den einen, der Knecht den andern Pflug, jeder mit vier Pferden bespannt, die ein Junge treibt. Zuhause haben die Drescher wieder begonnen, und ein Knecht mistet das Vieh. Eine Magd arbeitet am Butterfasse und eine andere, kleinere wäscht erst die Baljen (flache, hölzerne Milchbütten) und geht dann in der Küche der Tochter zur Hand. Diese bereitet den Kaffee; denn auch die Alten haben sich jetzt erhoben und machen beide ihren morgendlichen Inspektionsgang; er im Flausrock, in gewirkter Schlafmütze und Pantoffeln durch Diele, Stall und Scheunen; die gute Mutter aber, angetan mit sauberem, dunkelfarbigem Morgenrock von Kattun, durch Küche und Keller, Milch- und Speisekammer, bis der duftende Kaffee, in blanker Messingtasse auf dem Sofatische stehend, Eltern und Tochter auf ein halbes behagliches Stündchen in der saubern und sehr einfachen Wohnstube wieder vereinigt. Schließlich langt der Alte nach seiner langen Morgenpfeife, die letzten Zeitungen und Anzeigeblätter hervorsuchend, die Mutter aber berät mit der Tochter den Mittagstisch.

Wieder eine Weile später – und die gute Mutter hat sich ans Spinnrad gesetzt und spinnt weiche Wolle, zu warmen Socken für den lieben Sohn bestimmt; die Tochter ist in der Küche, und den Vater sehen wir mit langem »Klubenstocke« auf der Schulter das Haus verlassen.

Eine stattliche, achtunggebietende Erscheinung ist der Alte. Ein echtes, selbstbewußtes Patriziertum prägt sich auf seinem Gesichte aus; Milde, herzgewinnende Treuherzigkeit schauen ihm aus den Augen, aber doch gepaart mit dem würdigsten Ernst. In seiner Jugend, ja bis an sein vierzigstes Jahr, war er der tüchtigste Arbeiter; oft und gern redet er davon, wie er habe schaffen müssen; wie strenge er von seinem Vater in Zucht gehalten worden, wie kein anderer im Dorfe so akkurat habe pflügen können. Aber nun hat er seit langen Jahren keinerlei Arbeit mehr angerührt. Er ist jetzt ein Sechziger, seine Gestalt ist sehr ins Korpulente gegangen, die Farbe seines Gesichtes weiß und zart, die Haut seiner Hände äußerst dünn und weich geworden, aber den echten Hausmann sieht man ihm doch auf den ersten Blick an; denn nur ein freier, reicher Bauernstand vermag solche imponierenden Gestalten zu erzeugen und auszuprägen. Folgen wir seinen Schritten.

Er springt mit seinem Klubenstock zwar behutsam, indes trotz seiner sechzig Jahre immer noch recht behende über ein paar Gräben und wendet sich zuerst nach seinen Weiden.

Allerlei Jungvieh ist bereits draußen, aber seine dreijährigen Ochsen, die nächsten Herbst, so Gott will, ihm in England gute Guineen lösen sollen, und die Milchkühe und die Kälber sind noch im Stalle. Aber prächtiges Gras schon und ein herrliches Wetter, wenn das noch etwas anhält, denkt er, will er vor Maitag alles »hinausjagen«.

Er springt wieder über einige Gräben und kommt zu seinem Acker, wo sein Sohn sät und der Knecht gerade beim letzten Stück zu pflügen ist.

»Na, wo geiht't jo dermit?« fragt er.

»God, Herr, dat Land ward fein«, antwortet freundlich und kurz der blonde Knecht, ohne aufzuhalten, »vor Middag krieg ick't rüm.«

»Paßt man god up.« - »Ja, Herr.«

Jetzt redet er mit seinem Sohne, der eben das Stück voll gesät hat und sich nun kräftig und gewandt auf eins der Pferde schwingt, die vor die Egge gespannt sind. Fort geht's wieder und der Junge mit der zweiten Egge hinterdrein.

Lange schaut der Alte dem Sohne zu. Er mag sich wohl still in der Seele freuen, zu sehen, wie der schlanke und kraftvolle Junge so nobel und stattlich zu Pferde sitzt, wie frisch und arbeitsfreudig er von früh bis spät drauf und dran ist und wie er gepflügt und die Furchen gelegt hat, eine um nichts breiter als die andere, daß man in Haarbreite eine Büchsenkugel an jeder hinschießen könnte, vor allem aber, wie brav und wacker er ist, welch ein Herz in ihm steckt. Ja, das weiß er sicher, der wird dem uralten, unbefleckten Namen seiner Familie keine Schande machen.

»Na, ade, Kinners, seht to, dat ji't god kriegt«, ruft er zum Abschiede.

»Ade, Herr«, ruft der Großknecht zurück.

So verläßt er seinen Acker, sich wieder dem Dorfe zuwendend. Aber nach Hause geht's noch nicht gleich. Zuvor wird noch ein Stündchen im Wirtshause verplaudert und ein „Schiedamer“ oder ein Magenbitter zur Erhöhung des Appetits genossen. Da kommt dann gleich die Rede auf Wettermutmaßungen, auf den Stand des Winterkorns, auf die schöne Saatzeit, auf Land-, Vieh- und Kornpreise, auf die letzten Verordnungen des Amtes oder der Wasserbaubehörde usw. Oft werden auch Handel abgeschlossen, so daß man diese Morgenzusammenkünfte recht wohl die Börsenstunde der Hausleute nennen könnte. Dagegen wird von Politik im weiteren Sinne nur selten gekannegießert, sie interessiert die meisten Hausleute doch nur dann, sobald irgendeine ihrer Phasen das Fallen oder Steigen der Preise beeinflußt.

Mit der heranrückenden Mittagsstunde geht die Versammlung regelmäßig auseinander; denn zwölf Uhr ist in jedem Hause stehende Essenszeit.

Seit einer halben Stunde sind auch die Pflüger heimgekehrt, und eifrig wühlen die Pferde in den vollen Krippen. Von den Lippen einer Magd ertönt abermals hell der herzerfreuende Ruf: »Rinkamen! Wat eten!« Alles eilt an den Soot (Brunnen), Hände und Gesicht zu waschen, dann in die Gesindestube, wo auf blanker, mächtiger Zinnschüssel ein wahrer Berg mit »Klütjen« (Klößen), Kartoffeln und Wurzeln und dabei auf einer anderen Schüssel ein paar dicke, leckere Speckstreifen dampfen. Der Großknecht führt wie immer den Vorsitz, schneidet Brot und teilt den Speck; ihm zunächst sitzt der zweite Knecht, dann die Jungen, dann die Tagelöhner und auf der anderen Seite die Mägde nach der Anciennität ihrer Dienstzeit im Hause.

In der Wohnstube ißt die Familie des Hauses ebenfalls sehr einfache, derbe Kost, oft dasselbe, was die Leute bekommen, wohl etwas feiner zubereitet.

Bis zwei Uhr ist Rastzeit; denn die Pferde müssen doch mit Ruhe fressen. Die Mägde waschen die Schüsseln, die andern Leute ruhen oder schlendern umher; Vater und Mutter schlafen ein Stündchen, und der Sohn nimmt vielleicht ein Buch zur Hand.

Bald ist von neuem alles in Tätigkeit. Die Diele dröhnt wieder vom Takt der Drescher, später vom rollenden Getöse der Staubmühle; denn noch heute soll das letzte reine Korn auf den Boden.

Vater und Mutter sind auch wieder da; gegen drei Uhr bringt die Tochter den Kaffee und nimmt eine weibliche Handarbeit vor. Neben ihr sitzt die wieder emsig spinnende Hausfrau, der Alte schlürft behaglich zur langen Pfeife den Inhalt seiner großen Geburtstagstasse, schlendert hierhin und dorthin und steht wohl später mit Kreide und Streichholz auf der Diele, das Getreide aufmessend.

So wird's Abend; das Pferdegetrappel meldet die heimkehrenden Ackerer, und bald sitzen die Leute wieder um ihre Schüssel mit der Abendmilchspeise. In Osterstade besteht diese Mahlzeit fast täglich aus Gerstengraupen, in Buttermilch dick gekocht und mit süßer Milch übergossen, aus der sogenannten »Schälgerste«. Wie schon vom Mittagsmahl regelmäßig ein paar arme Kinder des Dorfes ihr Teil erhielten, so sehen wir auch jetzt wieder einige derselben in der Küche oder auf dem Vorplatz ihre Teller leeren. Auch ein Töpfchen voll süßer Milch bekommen sie mit nachhause für ihre Eltern; denn jeder Bauernhof hat immer einige bestimmte Arme, die sich auf ihn stützen und tausend Wohltaten von ihm genießen.

Der kleine Rest des Abends wird auf verschiedene Weise hingebracht. Die Tagelöhner verlassen den Hof, in behaglich warmer Gesindestube sitzen die Mägde beim schnurrenden Spinnrad, der Junge schält für morgen Kartoffeln oder schneidet Futterrüben, der Großknecht, nachdem er draußen sein Quantum Häcksel geschnitten, nimmt vielleicht noch eine Drehspindel in die Hand und dreht mit Hilfe des anderen Jungen Strikke von Hede (Werg) zum häuslichen Gebrauch, oder er sitzt mit ein paar besuchenden Bekannten beim Kartenspiel, vielleicht auch mit der dampfenden Pfeife bei einem Buche voll schöner Geschichten.

Ich selbst hatte einen so lieben, wackeren Knecht, welcher an solchen Abenden meistens den andern vorlas, mit ihnen auch wohl ein Lied sang, und meine lampenhelle, warme Gesindestube bot oft das erquicklichste Bild eines friedlichen, man könnte fast sagen familienhaften Zusammenlebens.

Auch in der Wohnstube drüben sitzt man traulich um die Lampe des Tisches, auch dort tönt die Stimme eines Vorlesers; denn man ist für den Winter bei einer Leihbibliothek in Oldenburg oder Bremen abonniert. Aber so klein das Lesepublikum des Hauses ist, geht es doch in seinen Neigungen auseinander. Mutter und Tochter wollen immer Romane, Vater und Sohn dagegen nichts als Reisebeschreibungen, zumal recht abenteuerliche. Doch der Alte ist nicht immer zugegen; denn gar zu gerne macht er im Wirtshause eine Partie Whist oder L'hombre und hat auch oft genug Gemeindeversammlung, in welcher das Wohl und Wehe des Dorfes beraten wird; vielleicht ist er im Ausschuß oder Vorstand, wenn nicht gar in eigener Person Vogt (Gemeindevorsteher) des Orts.

Zum Abendessen ist er wieder daheim, mit dem Schlage zehn begibt sich alles zur Ruhe, und tiefe Stille herrscht alsdann im ganzen weiten, sonst so rührigen Hause. Nur die gute, sorgsame Mutter macht noch einen späten Rundgang durch die Räume, überall nach Feuer und Licht schauend. Ein Mutterauge ist scharf und wacht gern am längsten.

Das ist ein Tag auf dem Marschhofe - ein Stück norddeutschen Bauernlebens.

II. Schilderung der einzelnen Marschstriche

Osterstade und Würden

Was wir mit dem Namen Osterstade bezeichnen, beginnt im Süden bei dem Dorfe Rade und zieht sich dann als schmaler, fünf Stunden langer Marschstrich zwischen Weser und Geest bis zum Lande Würden hin. Letzteres bildet die Nordgrenze und beginnt eine halbe Stunde nördlich von dem kleinen Binnenfluß Drepte. Osterstade zerfällt in zwei Distrikte, nämlich Nord- und Südosterstade, ersterer besitzt vier, letzterer sieben Dörfer.

Einige wollen den Namen Osterstade von Gestade, Ostgestade der Weser, ableiten, was sich indes sehr bald, so natürlich es anfangs scheint, als zu weit hergeholt erweist. Wir haben genügende Beweise, daß Osterstade nichts anderes heißt als das östliche Stedingerland, und daß die Namen »Osterstader« und »Osterstädinger« ganz dieselben Leute bezeichnen. Obendrein wird diese Gegend in alten Schriften ausdrücklich mit »Stedingia orientalis« bezeichnet, wozu noch kommt, daß Gestade durchaus kein friesisches, nicht einmal ein niedersächsisches, sondern ein rein oberdeutsches Wort ist. Die ganze Geschichte, die Sagen, die Sitten und die Charaktereigentümlichkeiten der Marschbewohner liefern nach unserer Ansicht den Beweis, daß sie wirklich zu dem Friesenstamm der Stedinger gehörten, wenn auch gegenwärtig das sächsische Element im Volke weit vorherrscht.

Zu welcher Zeit diese Marsch zuerst mit einem Deich umzogen wurde, weiß man nicht; sie muß auch sehr weit zurückliegen. Wurten sieht man hier nur äußerst wenige, entweder sind sie, im Laufe vieler Jahrhunderte, allmählich ganz eingeebnet worden, oder es lagen die meisten – und dies ist das glaublichste – auf den von den Fluten verschlungenen Landstrichen.

Die Bevölkerung muß schon früh ziemlich stark gewesen sein; denn bereits im elften Jahrhundert wurde ein Bethaus (Oratorium) zu Sandstedt erbaut. Noch früher ging man zur Kirche nach Bremstedt (auf der Geest, nördlich Hagen), das unstreitig das älteste kirchliche Gebäude der ganzen Gegend hatte.

Wie zuerst fast alle Marschen stand wohl auch Osterstade einmal mit seinen wenigen Bewohnern vollkommen frei und unabhängig da und wohl so lange, bis der mächtige Kulturbringer Karl der Große es mit seinen Heeren berührte und seinem neu gestifteten Bistum Bremen zuwies. Sein Ziel war die Bezwingung des Landes Hadeln mit seinen sächsischen Bewohnern, welches ihm, freilich nicht ohne hartnäckigen Widerstand, auch gelang.

Jene Bischöfe hatten später in Hagen ein festes Schloß, das bestimmt war, die Gegend im Zaume zu halten. Trotzdem hatten die Osterstader immer bedeutende Rechte und Freiheiten, sie hatten freie Jagd, Fischerei und eigene Gerichtsbarkeit. Wahrscheinlich begnügten sich die Bischöfe lange Zeit mit einem geringen Tribut, der in Lieferung von Landesprodukten (Zehnten) bestehen mochte. Andere Naturallieferungen, z. B. den sogenannten Grafenhafer, erhielt später der Graf von Stotel als Schirmherr.

In Hagen stand eine hohe Eiche, die Staleke, eine Art Upstalsboom, worunter die Osterstader unter dem Grafen von Stotel ihre Gerichte hielten. Die dazu vom Volk erwählten Geschworenen hießen Findungsmänner. Jeder volljährige Mann des Landes mußte, bei Vermeidung schwerer Strafe, den Sitzungen beiwohnen, welche durch Gesang und Gebet eingeleitet und in feierlich-würdiger Weise abgehalten wurden. Diese großartigen Volksgerichte erhielten sich bis zum Anfang des 18. Jahrhunderts. Das Siegel des Amtes Hagen zeigte noch bis zur Annektierung durch Preußen eine Eiche, umgeben von einem Zaune (Hagen).

Aber die Erzbischöfe, übermütig und herrschsüchtig, fingen bald an, das Land zu unterdrücken und höhern Tribut zu fordern. Die Osterstader empörten sich, zogen 1214 (nach einigen: 1212) nach Hagen und belagerten, jedoch wie es scheint ohne entscheidenden Erfolg, die erzbischöfliche Burg. Erst viel später führte die aufs höchste gestiegene Erbitterung über den maßlosen geistlichen Hochmut und die Anregung, welche von dem unruhigen und kriegerischen Geiste der westlichen Stedinger ausging, eine allgemeinere, auf die gänzliche Abschüttelung des verhaßten Joches gerichtete Empörung herbei. Die weitere Folge derselben war der Kreuzzug gegen die Stedinger. Davon an späterer Stelle.

Der kriegslustige Erzbischof Gerhard II. benutzte nämlich die erwünschte Gelegenheit, um das freiheitsliebende Volk völlig zu bändigen. Er schilderte die Stedinger dem Papst Gregor IX. als Abtrünnige, Ketzer, Ruchlose usw., kurz in einer so belastenden Weise und mit so schwarzen Farben, daß dieser bewogen wurde, sie samt und sonders in den Bann zu tun und das Kreuz gegen sie predigen zu lassen (1233). Noch in demselben Jahre fand sich denn auch in Bremen ein ansehnliches streit- und beutelustiges Heer zusammen, dem sich viele edle Ritter angeschlossen hatten, u. a. auch ein Graf Burchard von Oldenburg. Da man indes einsah, daß das Heer zum erfolgreichen Kampf mit den wohlbefestigten westlichen Stedingern noch nicht stark genug sei, so beschloß man, vorläufig Osterstade zu züchtigen. Zu Schiff und zu Land fiel das Kreuzheer am Tage vor Johanni und Pauli den Märtyrern sengend und brennend, mordend und plündernd in das wehrlose Osterstade ein. Vierhundert Mann, Weiber und Kinder ungerechnet, kamen durchs Schwert um; alle lebenden Gefangenen aber wurden zur Ehre Gottes auf einem Scheiterhaufen verbrannt. Von den Kreuzfahrern blieben zweihundert auf dem Platze, darunter Graf Burchard.

Eine so furchtbare Niederlage mußte denn wohl die vollkommene Unterwerfung der Osterstader unter den erzbischöflichen Krummstab unausbleiblich nach sich ziehen. Um ihr zu entgehen, wanderten sie in Masse aus und siedelten sich in den Marschen des Landes Würden, im Stadlande und auf der naheliegenden Geest an. Mit den Höfen der reichsten Bauern, von denen viele gefallen waren, beschenkte der Erzbischof die tapfersten Kreuzritter, und im nächstfolgenden Jahre setzte das Kreuzheer dem Werk mit der Unterjochung und Verwüstung des ganzen westlichen Stedingerlandes die Krone auf.

Infolge dieser Ereignisse siedelte sich fremder Adel in Osterstade an, und friesisches Blut vermischte sich mit niedersächsischem. Namentlich in Südosterstade finden wir daher äußerst selten friesische Namen und friesischen Typus bei den Bewohnern. Die echte Freiheit war durchaus gebrochen, die Bischöfe herrschten übermütiger als je, und die Osterstader mußten sogar ihre eigene Zwingburg in Hagen unterhalten helfen. Selbst das neunzehnte Jahrhundert schmeckte noch die Früchte dieser Niederlage; denn noch lange stand eine jährliche Abgabe für »Isen und Glisen«, das heißt, ein Beitrag zur Reinigung des erzbischöflichen Schloßgrabens von Eis und Schilf (Glis im Plattdeutschen genannt) in Kraft, obgleich vom Burggraben kaum mehr eine Spur zu finden war.

Im Jahr 1350 erlosch das Haus der Grafen von Stotel, das Richteramt derselben kam in die Hände des Erzbischofs, und die Befugnis der Geschworenen bei den Gerichten wurden zuletzt fast ausschließlich vom Adel ausgeübt.

So verloren jene alten großartigen Volksgerichte immer mehr von ihrer Eigentümlichkeit, während der Landtag zu Basdahl, auf dem die gesamte bremische Ritterschaft und der gesamte Adel Osterstades vertreten waren, an Bedeutung gewann.

Bis ins sechzehnte Jahrhundert hinein nahm die Blüte des Adels ungemein zu, und viele jetzt verbreitete angesehene Geschlechter haben Osterstade zu ihrer Stammgegend, z. B. die von Mandelsloh, von Swanewede, von Wersabe, von Bardenfleth u. a. m. Sieben

Junkerhöfe, fast alle in Südosterstade gelegen, waren bis in späte Zeit mit vollkommen adeligen Gerechtsamen versehen. Aber der Osterstader Adel war niemals sehr aristokratisch, sondern äußerst liberal. Die Junker heirateten derbe Bauerntöchter, die Hausmannssöhne adelige Fräulein, die Kinder schickte man in die gewöhnlichen Dorfschulen, und den Junkern gefiel es in der demokratischen Marsch so sehr, daß sie nie Lust bekamen, Staats- und Militärdienste zu nehmen. Sie waren nun einmal mit Leib und Seele Bauern geworden, die in kurzen Jacken Mist luden, pflügten und säten und nicht allein ihren Kohl bauten, sondern denselben auch in Bremen persönlich feilboten.

Der Gegensatz, in dem ihre Osterstader plattdeutsche Zunge und ihre ganze derbe Statur mit der geschniegelten Noblesse des halb französisch parlierenden bremischen Adels stand, von welchem sie, trotz ihrer uralten Herkunft, über die Schulter angesehen und »Bohnenjunker« genannt wurden, mochte allerdings wenig geeignet sein, ein gesellschaftliches Behagen aufkommen zu lassen. Später sind fast sämtliche Osterstader Junkersfamilien ausgestorben und ihre Höfe gegenwärtig in bäuerlichen Händen.

Auf den ersten Blick unterscheidet sich die Osterstader Marsch eigentümlich von den meisten andern. Sie trägt den Charakter einer einzigen weiten, üppig grünen, von zahllosen Wassergräben nach allen Richtungen durchschnittenen Ebene, die als fast durchweg kräftiges Weideland von tausend buntscheckigen Rindern belebt wird. Hier und dort, inmitten der weiten, grünen Flächen, ein paar Kornfelder, alle halbe Stunde ein buschreiches Dorf, meistens in der Nähe des Deiches, und endlich die großen Bauernhöfe, nicht wie in andern Marschgegenden einzeln umhergestreut, sondern fast alle im Weichbilde der Dörfer liegend, die dadurch ein stattliches Ansehen erhalten. Außer den Bäumen, welche die Häuser beschatten, und außer einer langen Reihe hoher Weiden der äußeren Deichbärme trifft das Auge selten auf Baumwuchs, da die Wege hier nicht bepflanzt sind.

In den südlichen Kirchspielen ist der Boden sandig und leicht, in den nördlichen aber durchaus schwer und tonig. Daher herrscht auch in Südosterstade der Ackerbau vor. Es werden Weizen, Gerste, Hafer und vorzüglich Bohnen gebaut. Letztere sind die echten Landesfrüchte und bildeten vor Einführung der Kartoffeln das Hauptnahrungsmittel der ärmeren Einwohnerklasse. Roggen gerät nicht immer, wird nur selten in der eigentlichen Marsch, mehr im nahen Moore angebaut.

Überhaupt ist in der Südmarsch der Gemüsebau sehr bedeutend. Nirgend sonst sieht man so mächtige Felder von Kopfkohl, Kartoffeln und Wurzeln als hier, und schwere Ladungen gehen im Herbst nach Bremen, reichen Gewinn bringend.

Den Wohlstand der Nordmarsch hingegen erhält und fördert die Rindviehzucht. Der zähe, bindige Boden Nordosterstades, welcher nur schwer und mühsam zu bearbeiten ist, dagegen den üppigsten und kräftigsten Graswuchs hervorbringt, weist seine Bewohner von selbst auf die Viehzucht hin, die hier denn auch bei weitem über den Ackerbau vorherrscht und der ganzen Gegend ihren eigentümlichen Charakter verleiht.

Je älter (vom Datum des letzten Pflügens an gerechnet) eine solche Weide ist, für desto kräftiger wird sie gehalten. So hat Osterstade viele Weiden, die schon über hundert Jahre still gelegen haben, und noch andere, welche vielleicht noch niemals vom Pfluge berührt wurden. Ein solcher Kamp wird dann naiverweise ein »Jungfernhamm« genannt. Hamm heißt hier und in den Nachbarmarschen überhaupt jedes mit einem Graben umgebene Acker- oder Weideland.

Ungern bricht der Osterstader so altes Land auf, sondern schont es, soviel er kann. Bei diesem zähen Marschboden müssen alle Ackergeräte, Pflüge, Eggen usw. aufs allerstärkste und schwerste sein, da sie sonst zerbrechen würden. Weniger als vier Pferde spannt man selten vor den Pflug, und bei besonders ungünstigen Umständen, z. B. in nassen Jahren, haben sechs ihre Last daran. Wenn der Boden aufs allersteifste und bindigste ist, bezeichnet der Osterstader ihn mit »päksch« (pechig) oder auch wohl mit »kropsch«.

Vor der großen Sturmflut des Jahres 1717, nach der das ganze Land lange Zeit überschwemmt und offen stand, konnte nie ohne sechs Pferde gepflügt werden. Wie aber endlich die Deiche wieder dicht waren und das Land trocken, hatte, wie die Nachrichten sagen, das Seewasser den Boden so verbessert, daß er nun mit vier Pferden gut bearbeitet werden konnte. Selten kann auch jetzt noch ein Pflug täglich mehr als ein »Jück« (etwa 0.45 Hektar) umbrechen.

So begnügt sich der Osterstader meistens damit, nur soviel Korn zu bauen, als er zu seinem eigenen Bedarf oder zur Streu und Fütterung seines Viehes nötig hat, und nur äußerst schlechte Vieh- und Landpreise dürften ihn zwingen, sich ganz dem Ackerbau hinzugeben.

Fabriken gibt es in Osterstade nicht, außer daß hier und da eine einsam stehende Ziegelbrennerei ihre mächtigen Rauchwolken zum Himmel sendet. Der schwarze Marschton eignet sich trefflich zur Ziegelfabrikation und liefert sehr harte und dauerhafte Mauersteine, mit denen der Handel sich in jüngster Zeit außerordentlich gehoben hat. Noch mehr aber als in Osterstade wird dieser Erwerbszweig im Lande Würden und auf dem Marschlande des Binnenflusses Lune getrieben.

Endlich kommt noch ein ganz besonderer, für diese Marsch nicht unwichtiger und eigentümlicher Erwerbszweig in Betracht: die Riedernte. Den Flußufern und den Platen entlang ziehen sich die dichten mächtigen Rohrfelder mit ihren dunkelgrün belaubten, oft zehn Fuß hohen Halmen weit dahin und bilden jene einsame, stille, menschenleere Wildnis, wo das schwarze, schüchterne Wasserhuhn nistet, die zierliche Rohrmeise klettert und wo in lauer Sommernacht, ewig unsichtbar, der Wachtelkönig sein eigentümliches Geschnarr ertönen läßt. Sonsthin ist alles grabesstill, nur die Fluten murmeln, und leise lispelt das Rohr.

Aber sowie nur im Winter der erste ernstliche Frost eintritt, der den weichen Sumpfboden härtet und säubert, wimmeln alle Ufer und Platen von Hunderten rühriger Arbeiter, und das rüstigste Leben und Treiben folgt nun auf die eben beschriebene Stille und Verlassenheit.

Das Rohr oder Ried (plattdeutsch Reid) läßt mit dem ersten Froste seine Blätter fallen und zeigt dann seine abgestorbenen, harten, blaßgelben Halme mit ihren braunen Federbüschen. Man schneidet es mit kurzklingiger Sense, bindet es zusammen und fährt es nach Hause. Die eigentliche Ernte dauert meistens nur wenige Tage, hernach ist das weite Ufer so öde und menschenleer wie vorher. Der Ertrag der Ernte wird daheim vom welken Laube, von zerbrochenen Halmen, Rohrkolben und Binsen gereinigt, in kleinere Bunde, Schöfe genannt, geteilt und bis zum Verkaufe in hohe, runde Schober gelegt.

Zum Dachdecken liefert dieses Rohr ein viel dauerhafteres Material als das Stroh. In Osterstade, Würden, im Stad- und Stedingerlande sind auch fast alle Häuser damit gedeckt, und eine Menge Rohr geht nach der nahen Geest und selbst nach der Umgegend von Bremen. Hundert (ein Fiemen) solcher Bunde, die eine Elle im Umfang haben müssen, kosten gewöhnlich anderthalb bis zwei Taler. Und so bildet denn dieses Schilf, das nur zu mähen und zu reinigen ist, die müheloseste Ernte und eine nicht unbedeutende Erwerbsquelle für die Marschen.

In Osterstade gibt es keine einsamen Gehöfte, die ihre zusammenhängenden Ländereien rund um sich her liegen haben, wie das in anderen Marschen der Fall ist. Der Osterstader zog es vor, in Dörfern zu wohnen, welche höchstens eine halbe Stunde auseinanderliegen. Seine Äcker und Weiden aber sind in der ganzen Feldmark zerstreut.

Ein stattliches Osterstader Hausmannsgehöft ist auf den ersten Blick zu erkennen. Betreten wir zuerst den gepflasterten ansehnlichen Hof vor dem Wohnhause, der von allerlei Federvieh wimmelt. Im Vordergrunde, mit Sorgfalt zusammengelegt, erhebt sich der viereckige, schräg aufsteigende, mächtige Düngerhaufen, rechts und links stehen die Scheunen, die Wagenremise und der Schweinestall (im Winter auch wohl hohe, runde Getreideschober davor), im Hintergrunde das ansehnliche Wohnhaus.

Das letztere selbst ist ohne Stockwerk und mit Rohr, selten mit Ziegeln gedeckt. Seine starken Mauern sind im gegenwärtigen Jahrhundert stets massiv von roten Backsteinen aufgeführt, ohne Anwurf oder Tünche, dagegen aber die Fugen sauber eingestrichen. In früherer Zeit waren alle Häuser nach niedersächsischer Weise aus Fachwerk ausgeführt. Jetzt wird kein einziges mehr so gebaut. Die Front, deren oberstes Giebelstück ein kleiner Dachwalm deckt, hat drei Türen, nämlich in der Mitte ein großes Doppeltor und zu beiden Seiten eine kleine, die zum Kuh- und Pferdestall führt.

Alle sind mit einem sehr gedrückten Rundbogen überwölbt. Derselbe zeigt in der mittleren großen Haustür charakteristisch genug – fünf eingefugte Sandsteine, welche, um gegen die rote Mauer recht hervorzustechen, eine weiße Tünche erhalten. Über dem oberen, keilförmigen Schlußsteine ist noch ein viereckiger, größerer eingelassen, welcher die Namen des Erbauers und seiner Ehefrau sowie einen Bibelvers oder einen andern frommen Wahlspruch, zuweilen auch bei alten Häusern einen lateinischen, z. B. Soli Deo gloria, führt. Oben zu beiden Seiten dieser Tür ist sodann noch ein Fenster angebracht, um Licht auf die innere Diele fallen zu lassen.

Treten wir nun durch die große Haustür ins Innere. Hier sind wir auf der großen, festgestampften Tenne (Diele), die den ganzen Winter vom lustigen Rhythmus der Dreschflegel widertönt. Da stehen an einer Seite in langer Reihe die stattlichen, schweren Milchkühe, während sich auf der andern die Raufen und Krippen des Pferdestalls zeigen. Der innere Dachraum bis zum Firste über dieser Diele heißt der Balken und dient zur Aufbewahrung des noch ungedroschenen Getreides. Auf der Hille, dem Raume über den Pferde- und Kuhställen, bewahrt man Brennholz, Torf und Stroh. In kleineren und älteren Häusern beschließt diese Diele meist der Feuerherd, welcher frei und offen, ohne Küche, nur von einem Rauchfange bedeckt, daliegt, wie es niedersächsische Weise ist.

Die neueren Bauernhäuser aber haben sämtlich noch einen Vorplatz (Windfang), der durch eine Flügeltür mit der Diele verbunden und sauber mit Steinen oder Fliesen ausgelegt ist. Hier nun stehen die mächtigen, glänzend gebohnten Kleiderschränke nebst den gefüllten Leinenkoffern mit blankem Messingbeschlag, ringsum sind Türen zu den verschiedenen Zimmern und zur Küche, und über diesem Vorplatz endlich befindet sich der eigentliche Kornboden für das gereinigte Getreide. Die Wohnzimmer sind durchgehends sehr einfach, oft wirklich kahl zu nennen, und nur die Fremdenstube, meistens die größte im Hause, ist mit einigem Luxus ausgestattet. Die pomphafte Eleganz des üppigen Hadlers findet sich fast nirgends, doch ist man hier und da schon auf dem besten Wege dazu.

Auch der hinter dem Hause befindliche, mit einem breiten Graben (Graft genannt) umzogene Garten bekundet deutlich, daß beim Osterstader das ästhetische Prinzip eben nicht allzu stark vorherrscht; denn auch hier ist alles nur auf reellen Nutzen berechnet. Dicht hinter dem Hause steht nach echt holländischer Art noch oft eine Reihe flach geschorener Linden, oben mit kleinen, kugelförmigen Büscheln geziert, als Schutz gegen Sonne, Wind und Schlagregen. Ein einziger, schnurgerader Gang zwischen zwei schmalen, mit Buchsbaum eingefaßten Blumenbeeten durchschneidet den Garten seiner ganzen Länge nach. Höchstens kommt noch ein kürzerer ähnlicher Quergang hinzu. Alles übrige aber ist für Gemüse bestimmt, und selbst diese schmalen Beete, welche nur die allergewöhnlichsten Blumenarten zeigen, sind zum Teil auch noch mit Stachel-, Johannis- und Himbeeren und endlich gar mit einer Reihe Obstbäume besetzt. Die letzten Plätze nehmen die Bleiche und der eigentliche Obstgarten ein. Offenbar ist in diesen älteren Marschgärten altholländischer Einfluß zu bemerken, noch mehr in denen der oldenburgischen Marschen. Äußerst selten finden sich schöne Anlagen und Bosketts, wie wir sie bei den Hadlern in hoher Ausbildung antreffen. Dazu hat der materielle Osterstader kein Land übrig. Mit ein paar Ruten Landes für etwas Rasen mit Blumenbeet und einigem Gebüsch vor den Fenstern der Wohnräume ist es meistens abgemacht.

Wie in allen unsern Marschen, das Alte Land ausgenommen, existiert auch in Osterstade keine eigentliche Volkstracht. Sie ist längst im Laufe der Zeiten untergegangen und vom mächtigen modernen Wesen verdrängt worden. Vor einigen Jahrzehnten sah man noch alte Frauen in ihrer eigentümlichen, aber kleidsamen Tracht, die einst allgemein war, zur Kirche und zum Abendmahl gehen. Diese besteht dann aus einem kleinen, weißen, gefalteten Häubchen, dessen Boden mit Gold und Silber durchwirkt ist, aus einer Art langschössiger Kontusche mit vielen platt gelegten Falten, aus einem weiten, schwarzen, halbwollenen Rock mit grünen oder roten Streifen und Flammen und endlich aus einem weißen Abendmahlstuch. Außerdem trugen Frauen niederen Standes noch eine äußerst praktische Kopfbedeckung. Sie wird Kragenkappe genannt und ist wohl altfriesischen Ursprungs.

Den männlichen Osterstader charakterisiert vornehmlich der unumgängliche Klubenstock. Er bedient sich desselben bei seinen Feldgängen, um damit über die Gräben, Flethe und Wasserzüge zu setzen, die überall die Feldmark durchschneiden. Dieser Stock besteht aus einer zehn Fuß und darüber langen Stange, meistens aus zähem Eschenholz, an deren einem Ende eine kurze, stumpfe, eiserne Gabel angebracht ist, um das Einsinken desselben zu verhüten, wenn man ihn zum Sprunge auf das weiche Ufer oder in den Graben selbst stellt. Ebenso unzertrennlich wie der Alpenbewohner von seinem Almstock hängt der Osterstader mit seinem Klubenstock zusammen, den er stets auf der Schulter trägt, wenn er ins Feld geht, um nach seinem Vieh zu sehen, was er nach dem »Tüge« sehen nennt. In andern Marschen bedient man sich ähnlicher Sprungstöcke, meistens aber von etwas anderer Art und mit einem Holzklotz statt mit einer Gabel versehen; jedoch ist diese Sitte dort lange nicht so allgemein wie in Osterstade, wo der Klubenstock, gerade wie in einigen Marschen Schleswig-Holsteins, seinen Trägern einen sogleich auffallenden Stempel von Eigentümlichkeit verleiht.

Von öffentlicher Volkslust, von Volksfesten und Volkssitten, zumal eigentümlichen, ist in Osterstade wie auch in andern Marschen wenig zu finden. Nur bei gewissen Feldarbeiten überläßt sich der Osterstader einer echten Lustigkeit, nämlich beim Roggenmähen, Bohnenbinden und Rapssaatdreschen. Letzteres geschieht ebenfalls im Freien und führt ein Hauptfest mit sich. Unter Trinken, Scherzen und »Juchen« wird gearbeitet und jedem fremden Zuschauer, aber auch dem Hausherrn und seiner Familie die Ehre des »Högens« erwiesen. Dieses Högen ist in manchen Marschen Sitte und besteht darin, daß man sich mit mehreren die Hände reicht, den zu Ehrenden nötigt, sich daraufzusetzen, und ihn unter lautem Juchen sieben- oder achtmal sanft in die Höhe hebt. Ältere Leute und Damen högt man auch wohl auf einem Lehnstuhl und besonders behutsam und respektvoll. Mit jungen Leuten oder mit seinesgleichen macht man nicht viel Umstände; man packt sie, ehe sie sich dessen versehen, ohne weiteres beim Kragen, wirft sie, wie man einen Fuchs prellt, mit gellendem, ausgelassenem Juchen hoch in die Luft, fängt sie wieder und schleudert sie von neuem in die Höhe, daß ihnen Hören und Sehen vergeht. Abends gibt's dann ein Festmahl mit Suppe, dickem Mehlpudding und einem tüchtigen Stück Rauchfleisch. Ein Tanz, auf welchem zu Anfang des vorigen Jahrhunderts noch der alte, landesübliche Siebensprung aufgeführt wurde, ein grotesker, von zwei Männern dargestellter Schautanz, beschließt den Tag. Übrigens ist noch zu bemerken, daß wir sicherlich in jenem »Högen« (Erhöhen) den Rest einer uralten, germanischen Sitte zu erblicken haben. Erzählen doch schon römische Schriftsteller, daß die alten Deutschen, wenn sie ihre Fürsten und Häuptlinge erwählt hätten, dieselben stets auf einen Schild stellten und sie dann unter Beifallsgeschrei in die Höhe hoben.

Aber selbst diese geringen Reste eigentümlicher Volksbelustigungen scheinen von Jahr zu Jahr an Boden zu verlieren und werden sicherlich mit der nächsten Generation ganz verschwinden. Schon jetzt hört man überall die Leute davon reden, daß es doch einst in Osterstade ganz anders gewesen und heutzutage keine echte Lebenslust mehr im Volke sei. Früher habe man's für keine ordentliche Osterstader Hausmannshochzeit gelten lassen, wenn nicht vier- bis fünfhundert Gäste geladen waren, wenn sie nicht volle drei Tage dauerte und wenn nicht zu jedem dieser Tage ein fetter Ochse geschlachtet und den Spielleuten für manchen Tanz ein preußischer Taler auf den Teller geworfen wurde. In der Südmarsch durfte damals auch keine anständige Hochzeit ohne eine tüchtige Prügelei vorübergehen, auf die man sich schon lange vorher freute, vorbereitete, Partei anwarb und passende Knüppel aussuchte.

Zur Zeit ist man ruhiger, zahmer, sittsamer. Man hält zwar noch Hochzeiten mit fünfhundert Gästen, aber nur eintägige; dafür ist jedoch in den meisten Häusern der Komfort des täglichen Lebens gestiegen – ein Umstand, der nur zugunsten der neuen Zeit im Gegensatz zur »guten, alten« sprechen kann.

Die großen Hochzeiten gibt der Osterstader nicht, um seine Wohlhabenheit zu zeigen oder damit sich recht viele des Tages freuen sollen, sondern er gibt sie, weil es einmal so Sitte ist und seinem Stande als Hausmann zukommt; denn von den kleineren sagt er verächtlich: »Dat weer man 'ne Köterhochtied.«

Ebenso müssen auch die Leichenbegängnisse möglichst großartig sein, sonst entsprechen sie seiner Hausmannsehre nicht. Kaum ist jemand gestorben, so werden rings umher die Nachbarn und Bekannten zum »Kleiden« geladen, zwar nur formell; denn dies Waschen und Kleiden selbst wird meistens von einigen alten Frauen besorgt, während die andern mit Wein, Kaffee und Imbiß bewirtet werden. Einige Tage darauf wird abermals Gesellschaft geladen; es gibt wieder Kaffee, Wein und Kuchen, weil der Tote eingesargt, oder vielmehr, wie man hier sagt, »ins Holz gelegt« wird. Nach einigen Tagen geht man endlich zur Bestattung über. Der polierte, oft mit wahrem Luxus ausgestattete Sarg paradiert auf einem schwarz und weiß behangenen langen Tische im Vorplatze, umgeben von brennenden Lichtern, auf oft weiß drapierten Kandelabern. Auf dem Sarge stehen Teller mit Zitronen und glimmenden Rauchkerzen, deren Duft das ganze Haus erfüllt. Die beste Stube heißt die Trauerstube, in welche der Herr Pfarrer, der Küster sowie vornehme und verwandte Gäste genötigt werden und an deren Eingang die allernächsten Angehörigen des Toten, völlig in Schwarz gekleidet, sitzen. Jeder Geladene tritt zu ihnen und sagt, indem er die Hand reicht, zu jedem die stehende Redensart: »Ehr Sorg deit mi leed.« Die Träger kommen nach alter Sitte auf die Kellerstube. Um drei Uhr nachmittags versammelt man sich. Ein Glas Rum, im Sommer wohl auch Limonade, macht vorab die Runde, hierauf werden Zigarren und Pfeifen, Kaffee und Imbiß gereicht. Dazu geladene Nachbarn besorgen die Aufwartung. Sind nach einiger Zeit die mächtigen Kannen leer getrunken, folgt man auf einen stummen Wink hinaus auf den Vorplatz. Die Träger stellen sich zu beiden Seiten des Sarges auf, die nächsten Angehörigen setzen sich auf die Stühle hinter dem Sarge, der Prediger tritt vor denselben, wo ein Tisch mit zwei Lichtern steht, und die Leichenrede beginnt. Ist sie vorüber, wird jedem Träger ein Glas Wein und eine Zitrone gereicht, dem Prediger aber zwei. Hierauf werden Lichter und Räucherkerzen entfernt, noch einmal still gebetet und dann erst wird der Sarg, dem alle Männer zur Bestattung folgen, aufgehoben und fortgetragen.

Eine Grabrede auf dem Friedhof ist nicht herkömmlich; man geht in Prozession um die Kirche, senkt den Sarg ein und verrichtet schließlich abermals ein stilles Gebet.

Das Amen dieses Gebetes aber ist das Signal zur eilenden Rückkehr in das Trauerhaus, wo schon auf allen Tischen Massen von Kuchen und lange Reihen von Weinflaschen, dazwischen Tonpfeifen, Teller mit Tabak, Fidibus und Zigarren die Gäste erwarten und wo nun der zweite Teil des Tages, der eigentliche Leichenschmaus, seinen Anfang nimmt. Herrschte vorher die größte Stille im Hause, wurde nur geflüstert und leise aufgetreten, so ist jetzt mit einemmale jeder Zwang entfernt. Alles atmet auf, man ißt und trinkt nach Herzenslust, man pafft dermaßen drauflos, daß man vor Tabaksdampf kaum drei Schritte weit sieht. Alle Zungen sind gelöst, man schwatzt und scherzt, lacht und trinkt durcheinander, klingt wohl gar mit den Gläsern an, und die Gemütlichkeit steigt mit jeder Stunde. »Und warum«, sagte bei solcher Gelegenheit ein alter Osterstader Prediger, »sollten wir uns nicht freuen als gute Christen? Ist sicherlich unser verstorbener Mitbruder da oben mit den lieben Engelein noch viel fröhlicher jetzt.«

Das Unpassende solcher Leichenschmäuse, die ehemals noch viel großartiger waren, fiel wenigen ein. In den letzten Jahren haben diese Leichenbegängnisse so ziemlich aufgehört.

Nördlich von Osterstade liegt ein kleines, von hannoverschem Gebiet eingeschlossenes oldenburgisches Amt, das Land Würden, die kleinste und am wenigsten eigenartige aller Marschen; denn sie hält nicht einmal eine Quadratmeile und trägt ganz den Charakter der Marsch von Osterstade.

Sie hat denselben schweren Boden, dieselbe Beschäftigungsweise, Art und Sitte der Bewohner, dieselbe Bauart der Häuser und bietet ganz wie Osterstade den Anblick einer mächtigen, grünen Weideebene, die mit bunten Rinderscharen besät und dann und wann durch ein stattliches, umbuschtes Dorf unterbrochen ist.

Fast alles, was von Osterstade gesagt ist, gilt darum auch von dieser Marsch, nur daß hier das Friesische im Gesichtstypus, im Charakter und in den Namen der Bewohner schon ungleich mehr und merklicher hervortritt und den Würder schon bedeutend derber, selbständiger und entschlossener auftreten läßt als seinen südlichen Nachbar.

Der alte lateinische Name des Landes, wie er z. B. in den Chroniken und alten Aktenstücken vorkommt, ist Terra Wordensis, auch Wurdena oder Worda, was alles ohne Zweifel mit dem Worte Wurt zusammenhängt, wovon ja auch der Name des Landes Wursten abstammt.

Wie lange Würden seine republikanische Freiheit behauptet, ist geschichtlich dunkel, auch weiß man nichts von Kämpfen mit den bremischen Bischöfen. Im zwölften Jahrhundert soll es gleich Osterstade zur Grafschaft Stotel gehörig und im Jahre 1218 durch die Heirat einer Gräfin Kunigunde von Stotel mit dem Grafen Burghart von Oldenburg an diesen gekommen sein. Man liest ferner, daß die Würder verwegene Piraten gewesen und den Bremern manchen Schabernak angetan hätten, wofür sie mitunter streng gezüchtigt worden seien. Zweimal wurde das Land an Bremen versetzt. Zuerst versetzte Graf Johann XI., der durch seine Pferde- und Hundeliebhaberei heruntergekommen war, das ganze Land um einen Preis, für den man jetzt umgefähr drei Morgen losschlägt, nämlich für 1800 Gulden. Kaum wieder eingelöst, ward es im Jahre 1408 durch einen Grafen Diedrich von Oldenburg, dessen Bruder in bremische Gefangenschaft geraten war, zum Unterpfande eines Lösegeldes von 2000 Bremer Mark abermals versetzt. Erst im Jahre 1511 erfolgte die Wiedereinsetzung.

Solange Würden mit Osterstade zur Grafschaft Stotel gehörte, besaß es noch manche Rechte seiner alten friesischen Verfassung, die aber unter oldenburgischer Herrschaft nach und nach verschwanden; nur seine alten Volksgerichte dauerten, freilich unter dem Vorsitze des von Oldenburg angestellten Vogtes, bis ins fünfzehnte Jahrhundert.

Außer den Gerechtsamen, die der Bremer Rat in der Verpfändungszeit meistens bestätigte, bestanden noch viele alte Gewohnheitsrechte, die letzterer nicht immer respektierte. So erließ er allerlei Polizeiverordnungen, die den Würdern durchaus nicht behagten. Unter anderem im Jahre 1438 eine solche wider alle Üppigkeit und Verschwendung bei Hochzeiten, Kindtaufen, Beerdigungen und Deichbeschauungen, mit der strikten Weisung, daß die Hochzeiten nur zwei Tage dauern und auf Kindtaufen nicht mehr als vier Tonnen Bier gegeben werden dürften. »Wenn de uthe sin«, heißt es darin, »so schall he de leddigen Tunnen up de Dele bringen un Kinnelbeers wegen kenerley Kost mehr gewen.«

Das Land Würden wurde 1814 dem Kreisgericht Ovelgönne zugeteilt, bildete aber ein eigenes verwaltendes Amt mit dem Sitze desselben in Dedesdorf, dessen Name aus der frühmittelalterlichen Bezeichnung Thiedolfestorp entstand. Es ist ein reich umbuschtes, freundliches Dorf, in welchem des Landes einzige Kirche mit dem heiligen Laurentius als Schutzpatron steht. Schon ins zwölfte Jahrhundert fällt deren Erbauung, aber sie ist leider durch wiederholte Um- und Anbauten bis auf einen kleineren Teil gänzlich neu geworden. Belagerungen hat die Kirche nie erlitten, aber schon oft haben die Wogen ihr Gemäuer gepeitscht. Jammerschade, daß sie längst ihren altfriesischen Charakter verloren, nur der Turm schaute noch bis zum Jahre 1870 in alter trotziger Ruhe, breitspurig und gestemmt dastehend, über den Deich, als ob seine mächtige Steinbrust es mit einem ganzen Meere aufnehmen wollte. In dieser Kirche hielten einst die Würder, gerade wie ihre Osterstader Nachbarn in Hagen unter der Staleke, zweimal im Jahre ihre Landesversammlungen und Volksgerichte ab, bei denen wie dort der Graf von Stotel den Vorsitz hatte.

Aus einem alten »Saalbuch« (Erd- oder Landbuch) vom Jahre 1482, welches noch existiert, ersehen wir, daß die Landesbewohner den Richtern an solchen Versammlungstagen sämtliche Speisebedürfnisse zu beschaffen hatten, mit Ausnahme des Biers, Brotes und Salzes, wofür sie seltsamerweise selbst sorgen mußten.

«Item so mogen de Herrn twi im Jahre richte holde in dem Lande, dat ene by grase, dat andre by stro (im Sommer und im Winter), und dar solt se mit sick bringen Beer unde Brod unde solt. Was en ander behof is to spise, dat moten em besorgen de belenden (die mit dem Geschworenenamt belehnt waren) und dat Land. Unde wan de herren, of ere amtlüde dar richte holden, so solen se em rumen de kerken« usw.

Der alte Grafensitz Stotel, ein ansehnliches Dorf, liegt anderthalb Stunden ins Land hinein auf dem Rande der Geest, die hier ohne den kleinsten Moorstrich schroff und unmittelbar in die schwerste Marsch abfällt. Im Jahre 1350 erlosch das Grafengeschlecht, seine Herrschaft ging in die Hände des Erzbischofs von Bremen über, seine Burg ward abgebrochen, und nur der unebene, mit einem fast trockenen Graben umzogene und mit einigen alten Bäumen und Gebüsch besetzte Grasanger deutet an, wo sie einst gestanden.

Das Vieland und Bremerhaven

Ganz nördlich vom Lande Würden verliert der Marschenstrich des Landes außerordentlich an Breite und zieht sich bis zum Geestefluß, zwischen der Weser und dem Sandlande, als ein schmales grünes Band dahin, welches vier sehr wohlhabende Dörfer umgrenzt, die alle auf der Geest liegen.

Dieser Bezirk heißt das Vieland. Seine Dörfer, namentlich die drei vorderen: Wulsdorf, Schiffdorf und Neu-Geestemünde, haben eine rein friesische Bevölkerung und tragen, trotzdem sie auf der Geest liegen, den vollen Marschtypus. Nur das Dorf Brameln macht hiervon eine Ausnahme, d. h. es ist geestmäßig und hat überdies das Unglück, für die ganze nördliche Wesergegend mit Abdera, Schöppenstedt, Schilda und Beckum gleiches Geschick zu teilen.

Das altfriesische Wort Vie bedeutet einen Sumpf und kommt noch einigemal am rechten Weserufer vor. Sümpfe und Moraste hatte diese Gegend denn auch manche, namentlich in den Niederungen am Geestefluß und am Röhrbache, desgleichen nicht unbedeutende Moore.

Niemals hat das Vieland eine historische oder sonst irgendwelche Bedeutung gehabt. Man weiß nur, daß unter Erzbischof Adalbert von Bremen die Marsch desselben mit Deichen umzogen wurde, daß die Vieländer sich einmal empörten und von den Bischöfen Nikolaus und Balduin unterjocht wurden.

Alle Kirchen des Landes sind mittelalterlich, von dickem Backsteingemäuer, das hier und da von zyklopischen Granitblöcken unterstützt wird, und weisen fast sämtlich wenigstens bis ins 14. Jahrhundert zurück.

Das Vieland ist die Übergangsregion von der Fluß- zur Meerstrandsflora. Während im Süden, auf dem Wulsdorfer Außendeiche, alljährlich noch Tausende Fiemen (100 Bund) sehr gutes Ried geerntet werden, ist es auf dem Geestendorfer Groden im raschen Abnehmen. Auf letzterem aber treten schon Cochlearia officinalis, das echte Löffelkraut, Glaue und Plantago maritima in großer Menge auf, und nur die gelbe Caltha reicht noch eine Strecke aus jener in diese Flora hinein, bis auch sie bald verschwindet und nur echt maritime Pflanzen vorkommen.

Das Vieland hat in landwirtschaftlicher Hinsicht die trefflichste Lage, die es geben kann. Die Niederungen an der Weser und am Geestefluß liefern die besten Heuwiesen und Viehweiden, und der Sandboden ist zum Roggenbau sehr geeignet, welchen die Vieländer durch ihren Düngerreichtum denn auch zu einer seltenen Vollkommenheit gebracht haben.

Wenn man Wulsdorf mit seinem Eichengrün, seiner alten Kirche und seinem Jedutenhügel davor verläßt und nun nach Norden sich wendend die Höhe der Chaussee erreicht, hat man urplötzlich das anziehendste, lebendigste Bild vor Augen.

Rechts erblickt man freilich nur das weitgedehnte Feld, zur Linken aber lebt und leuchtet alles vom Gewimmel hellroter Ziegeldächer. Der junge hannoversche Ort Geestemünde und eine der jüngsten Städte Deutschlands, Bremerhaven, mit seinem langgestreckten Mastenwalde liegt vor uns ausgebreitet, darüber ragt das verlassene Fort Wilhelm, und im Hintergrunde erscheint die reich belebte Reede des Stromes, dessen Mündung hier eigentlich beginnt. Denn mit dem gegenüberliegenden Dorf Blexen, dessen schlank geformter Turm ein weit sichtbares Wahrzeichen der Gegend ist, hört das linke Weserufer auf, mit dem rechten parallel zu laufen. Es wendet sich hier auf einmal in nordwestlicher Richtung abwärts, und der Strom flutet in einer wahrhaft imposanten Breite zum Meer. Eine große Strecke desselben ist schon reiner Meereshorizont, und auch die Küste des Butjadingerlandes erscheint nur als kleiner bläulicher Streifen.

In die Weser ergießt sich die Geeste, der alte Naturhafen der Unterwesergegend, in dem die Fischerboote der Strandorte und ab und zu zur Winterszeit größere Seeschiffe Unterkommen suchten und fanden. Zu beiden Seiten der Geestemündung dehnte sich bis 1827 weithin grünes Deichland. Zurück im Binnenlande liegen, durch Deiche geschützt, die alten Flecken Lehe und Geestendorf, ackerbautreibende Ortschaften, jetzt durch die dazwischen gebauten Hafenstädte Geestemünde und Bremerhaven untereinander verbunden und mit diesen zusammen einen in raschem Wachstum begriffenen Städtekomplex bildend: eine Weltstadt der Zukunft.

Im Jahre 1827 kaufte Bremen von der damaligen Krone Hannover das durch spätere Staatsverträge mehrfach vergrößerte, am rechten Geesteufer liegende Areal Bremerhavens und begann sofort den Bau des im Jahre 1829 vollendeten alten oder ersten Bremerhavener Hafens. Dieser Hafen genügte damals für die größten nach der Weser fahrenden Seeschiffe. Als aber zu Ende der vierziger Jahre eine regelmäßige transatlantische Dampferverbindung nach New York durch die Räderdampfer »Hermann« und »Washington« eröffnet wurde, konnte der für breite, tiefgehende Dampfer nicht eingerichtete alte Hafen dem Weserverkehr nicht mehr genügen. Deshalb begann man mit dem Bau des im Jahre 1851 vollendeten zweiten Bremerhavener Hafens.

In den Jahren 1857 bis 1862 gründete inzwischen Hannover am linken Geesteufer den Seehafen Geestemünde. Im raschen Aufschwunge hat der Geestemünder Hafen, der jetzt durch die Anlage eines Petroleumhafens und 1896 durch einen Fischereihafen vergrößert ist, den wachsenden Verkehr der Weserschiffahrt gemeinsam mit dem Bremerhavener zu bewältigen gehabt.

Die Hafenstädte Bremerhaven-Geestemünde ziehen sich in langer Linie an der Ostseite der Häfen hin. Den Mittelpunkt bildet Bremerhaven mit der schlanken Sandsteinspitze seines Hauptkirchturms, die, erst 1871 dem früher vollendeten Backsteinbau aufgesetzt, weithin auf der Weser dem Schiffer als Landzeichen dient. Die Hafenstädte, namentlich Bremerhaven, wachsen kräftig heran. Noch leben viele der ersten Einwanderer und unter ihnen als bedeutende Reeder Männer, die in den Anfangsjahren Bremerhavens mit nichts als Fleiß und Unternehmungsgeist hier einzogen, um sie schart sich immer neuer Zuzug von Einwanderern, die namentlich auch durch die Einrichtungen des Norddeutschen Lloyd hervorgerufen werden. An beiden Ufern der Geeste ziehen sich bedeutende Schiffswerften und große Trockendocks hin (z. B. Tecklenburg, Seebeck, Rickmers) besetzt mit Schiffen, die namentlich von der Geestemünde und Bremerhaven verbindenden großen Drehbrücke einen malerischen Anblick gewähren. In den Straßen werden die alten Häuser der ersten Einwohner nach und nach von großen (sämtlich auf Pfahlrosten errichteten) Bauten verdrängt. In Bremerhaven fallen die nach dem Bilde der Münchener Aukirche erbaute Hauptkirche, das mächtige Auswandererhaus, neue Schulen, reiche Kaufläden selbst bei eiligem Durchwandern ins Auge. Die große Hauptstraße, nach dem Gründer des Hafens, dem Bremer Bürgermeister Smidt benannt, zeigt am Nordende gefällige neue Häuser. Unter der sie durchwogenden Menschenmenge zeigen sich die kräftigen Gestalten der einheimischen Seeschiffer, Schiffszimmerleute und Eisenarbeiter und dazwischen fremdländische Seefahrer, wie sie von allen Nationen und Weltteilen in Bremerhaven landen und teilweise im Schutze des Deutschen Reiches sich niederlassen. Am Ende jeder Querstraße wird das buntbelebte Bild von den Masten der Schiffe abgeschlossen, die teils in den Häfen, teils in der Geeste und den Trockendocks liegen.

Der Kontrast des ungleich stilleren Geestemünde mit dem rührigen lebhaften Bremerhaven ist um so größer und auffallender, als beide Orte, nur durch den kleinen Geestefluß getrennt, einander so nahe liegen. Kaum hat uns das Fährboot ans andere Ufer gebracht, als uns auch schon das ganze rege und laute Treiben und Lärmen einer echten Seestadt entgegenschallt. Alles rund um uns her arbeitet, schleppt und rennt in geschäftigster Eile durcheinander, die nahen Schiffswerften und Trockendocks hallen und dröhnen von früh bis spät von fortwährendem Sägen, Rumoren und hundertfachem Gepoch, während uns aus dem Dickicht der Masten und Taue des Hafens ein buntes Flaggenspiel entgegenwinkt und das »Ho i ho« und der eigentümlich melancholisch klingende Gesang arbeitender Matrosen herüberschallt.

Schon unter schwedischer Herrschaft erregte dieser für Handel und Schiffahrt so günstige Platz die Aufmerksamkeit der damaligen Regierung, und ziemlich auf demselben Fleck, wo später das kleine hannoversche Fort Wilhelm über den Strom schaute, ließ Karl XI. 1673 durch seinen Artillerieobersten Melle eine aus Erdwällen bestehende Feste anlegen, die »Karlsburg« genannt, deren 80 Kanonen bis zum jenseitigen Ufer nach Blexen reichten. Gleich hinter dieser Schutzwehr sollte sich eine Handelsstadt erheben, für die der Name Karlsburg bestimmt war. Schon standen einige Häuser derselben, schon waren allerlei Freiheiten, Rechte und Privilegien für die neuen Anbauer festgestellt, da erlitt im Jahre 1675 Burg und Stadt durch ein vereinigtes Korps dänischer, bischöflich münsterscher, herzoglich cellescher und wolfenbüttelischer Truppen eine Belagerung und Blockade. Mit größter Tapferkeit hielt sich Oberst Melle in der noch nicht einmal ganz fertigen Feste, bis ihn Mangel an Lebensmitteln und Munition zu einer Kapitulation nötigte, deren Folge die teilweise Zerstörung des Planes war. Das Jahr 1698 sah zwar einen Versuch der Wiederherstellung, der jedoch ein so durchaus halber blieb, daß der furchtbaren Weihnachtsflut von 1717 die totale Demolierung der Wälle nur geringe Mühe kostete. Auch die Häuser waren teils fortgespült, teils abgebrochen worden. Alles geriet deshalb in Vergessenheit.

Jeder Fremde, namentlich der Binnenländer, wird den Hafenanlagen seine besondere Aufmerksamkeit widmen, und so wollen denn auch wir nicht achtlos vorübergehen.

Vor uns liegen zwei sichere, treffliche Docks oder Bassins, zur Aufnahme der Schiffe bestimmt. Das ältere, südliche, ist das längste, ungleich mächtiger und breiter ist aber der neue, nördlich gelegene Hafen. Feste Molos mit weit leuchtenden Laternen auf ihrer Spitze sichern das Einlaufen der Schiffe bei Sturm- und Wogendrang. Das alte Bassin mündet südlich vom ehemaligen Fort Wilhelm und bildet daselbst einen Winkel. Es hat vier mächtige, aus Bohlen und Balken zusammengesetzte Türen, und seine Wände waren zuerst aus Faschinen aufgesetzt. Da dieselben aber bald die unerreichbare Behausung zahlreicher Rattenscharen wurden, sah man sich genötigt, sie durch massives Mauerwerk zu ersetzen.

Während im alten Hafen die meisten Bremer Seeschiffe sowie überhaupt die kleineren Fahrzeuge vor Anker liegen, füllen den neuen mächtige transatlantische Dampfer, amerikanische Klipper, Südsee- und Ostindienfahrer.

Täglich sieht man zur Reinigung des Bassins sowie ihrer Vorhäfen Baggerschiffe in Tätigkeit, außerdem aber wird von Zeit zu Zeit eine große Spülung derselben vorgenommen, was immer ein höchst interessantes Schauspiel gewährt. Soll gespült werden, so erhalten alle Kapitäne der im Hafen liegenden Schiffe strenge Weisung, die letzteren aufs sorgfältigste festzulegen.

Kommt nun die Flut, so werden die Türen bis zum höchsten Wasserstande innerhalb des Bassins offen gehalten und sodann dicht geschlossen. Erst wenn draußen vollständige Ebbe eingetreten ist, werden die Türen auf ein Glockensignal wieder auseinander gewunden, und nun schießt durch die wachsende Öffnung ein immer breiter und wilder werdender brausender Schaumstrahl; es entsteht ein seltsames Wogen und Wallen im Bassin, die Schiffe beginnen hin und her zu schwanken, sich zu senken und wieder zu heben; hier und da stoßen vielleicht zwei mit dumpfem Krachen aneinander; endlich sind beide Torflügel gänzlich aufgesperrt, und die hoch aufgestaute Wassermenge, die bisher mit ungeheurem Drucke davor lag, schießt nun entfesselt in rasender Schnelligkeit donnernd ins Freie, mit ihren schneeweißen Schaummassen den ganzen Vorhafen füllend, ja dieselben noch weit in den Fluß hinabjagend, während es drinnen heftiger und heftiger strömt und alle Schiffe immer heftiger, immer gewaltiger an ihren Tauen und Ankerketten zerren und reißen.

So geht es wohl eine Viertelstunde. Alsdann nähert sich das Binnenwasser immer mehr dem Flußniveau, schwächer und schwächer wird die Strömung, und das Schwanken der Schiffe hört allmählich auf; ehe noch alles Wasser verlaufen ist, schließen sich wieder die Türen, und die vorige Ruhe ist wiedergekehrt. Auf solche Weise werden bedeutende Massen vorher losgerührten Schlammes mit leichter Mühe hinausgespült. Seit längerer Zeit sind diese Spülungen indes wohl der häufigen Unfälle wegen außer Gebrauch gekommen, da die Dampfbagger jedenfalls die Reinigungsarbeiten gründlicher verrichten.

Bremerhaven ist sehr regelmäßig angelegt, besitzt breite, reinliche Straßen und einen geräumigen Marktplatz, dessen Mitte jetzt ein prächtiges Denkmal des Bürgermeisters Smidt einnimmt. Zwar herrschen in den Nebenstraßen die kleinen, flüchtig gebauten und mit ihrem Giebel der Straße zugewandten Krämerhäuser vor, doch sieht man auch eine Menge großer, umfangreicher Gebäude.

Wenn man mit Recht behaupten darf, daß man von den Schaufenstern der Verkaufsläden sicher auf den Charakter, Bildungsgrad und Reichtum der Stadt schließen kann, so gilt das wohl nirgends mehr als an solch einem Platze wie Bremerhaven. Laden reiht sich hier an Laden, und jeder weist mehr oder weniger auf Schiffahrt und Auswanderung hin. Reich ausgestattet und elegant sind diese Läden selten, aber vollgepropft mit allen möglichen Bedürfnissen besagter Art. Hier z. B. hängen Massen von roten und blauen Wollhemden und Leinenhosen für die Matrosen, derbe Südwesterhüte mit Nackenschirm und ölgetränkte Überzieher gegen Regenschauer und Wogengespritz, und daneben wieder Baumwollzeuge, breitkrempige Panama- und Strohhüte gegen den Glutenbrand der Tropensonne; dort erblickt man in langen Reihen die verschiedenen Sorten von Likören, Magentropfen und Essenzen für die Seereise; Büchsen mit Konserven aller Art, Fleisch, Gemüse, selbst Milch in trockenem Zustande und Gläser mit Eingemachtem; daneben verlocken uns tropische Früchte und Konfitüren, braune Kokos- und Paranüsse, Orangen und Zitronen, goldfarbige und köstlich duftende Ananas, feuriger Ingwer in Zucker und eingekochter Guajavasaft; weiterhin ist alles zu haben, was Auswanderer gebrauchen, z. B. Matratzen, wollene Decken und allerlei Blechgeschirr; dort wieder stehen Muscheln, Korallen, chinesische und indische Raritäten zur Schau, hinter einem andern Fenster funkeln und blitzen nautische Instrumente, Bussolen und Chronometer, Oktanten und Fernrohre, dabei Logbücher, Logarithmentafeln und Seekarten, und viele Läden endlich führen ganz wie ein echt amerikanischer Store alles und jedes, was nur gefordert wird: Speise und Trank, Kleider und Schuh, Eisenwaren und Gewürz, und ihre Schilder tragen neben der deutschen noch eine englische, mitunter sogar noch eine spanische und italienische Inschrift.

Wollen wir übrigens das echte Seemanns- und Handelsgetriebe studieren, so müssen wir eine Stunde am Quai des Hafens auf- und abschlendern oder auf dem Trottoir der breiten Straße, die mit dem alten Hafen parallel läuft und ihn von der Stadt scheidet. Hier erheben sich einige der ansehnlichsten älteren Gebäude, die Post und das Amtshaus, in dem auch der Hafenmeister wohnt, ferner hohe Packhäuser, Läden und Magazine aller Arten. Eine Reihe von Linden und Kastanienbäumen schmückt diesen Stadtteil, aber die Bäume kränkeln und verkrüppeln vom rauhen Seewinde, dem sie ausgesetzt sind.

Gegenüber erblicken wir das Bassin mit seinem tausendfach sich durchkreuzenden Liniengewirr aller Masten, Rahen, Wanten und Taue, welches, von einem Endpunkt des Hafens aus betrachtet, zu einem wahren Dickicht, einem echten Mastenwald wird. Dicht an seinem Rande bleibend winden wir uns zwischen hochgestapelten Ballen, Kisten und Tonnen hindurch, zwischen Haufen von roten und gelben Blöcken exotischen Färberholzes, schreiten an ungeheuren Ankern und Bojen vorbei, an denen noch Seetang, Muscheln und Zoophyten haften, suchen uns einen Weg über dicke, rostige Ketten und Ankertaue, die oft zusammengerollt wie Riesenschlangen am Boden liegen, und haben oft wahre Berge von Baumwolle und Tabaksmassen zu umschreiten, während um uns, über und unter uns das bunteste und geschäftigste Leben lärmt und wimmelt, aus dem die Laute der verschiedensten Sprachen und Mundarten in unser Ohr dringen.

Dort wandeln im ruhigen Gespräch zwei alte Kapitäne. Aus ihrem ganzen Wesen spricht Kraft und Energie, und seltsam kontrastiert die schneeweiße Wäsche ihres momentanen »Landrattenlebens« mit ihren wetterbraunen, markigen Gesichtern, denen eine Lebensgeschichte von Sturm, Ungemach und Gefahr mit tiefen Zügen eingegraben ist. Treten wir einmal lauschend hinter sie. Ob sie wohl von fernen Zonen reden, von Tropenglut und Meergebraus, von grausigem Schiffbruch und peinvoller Windstille, von Palmen und Bananengrün, von kokosumgrünten Koralleninseln der Südsee, von fernen, fremden Menschen, vom gelben, zopfigen Chinesen, vom schönen, stillen Hindu oder vom schlauen, großäugigen Malaien?

Lauschen und lauschen wir, solange es uns behagt, wir dürfen sicher sein, sie eher von allem möglichen anderen als von solchen Dingen reden zu hören. Aber weiter. Dort sieht man geschäftige Spediteure und Kommis, Notizbücher in der Hand, am Krane stehen und allerlei Waren empfangen; an eine Tabakstonne gelehnt räkelt sich ein wollköpfiger Neger wie das lebendig gewordene Schild eines Tabakladens; dort erblikken wir ehrliche, blauäugige Schwedengesichter und wenige Schritte weiter, in völligem Gegensatz zu den letzteren, einige Söhne Andalusiens, dunkelfarbig wie Erz, mit scharfgeschnittenen, trotzigen, fast wilden Zügen und schwarzem Krausbarte. Das sind sie, deren Väter einst jubelnd Guanahanis Küste begrüßten, uns erschließend eine neue Welt, die unter Cortez' Fahnen in Mexiko einzogen und als des rohen Pizarro wilde Scharen dem alten Inkareiche Peru ein Ende machten. Es ist nicht gut mit ihnen anzubinden, sie tragen lange, scharfe Messer im Ärmel und wissen sie zu werfen. Weiter denn. Aber da kommen englische Teerjacken, echte Seemannsgestalten, die ordentlich ihre Ehre darin suchen, recht schwarz und schmierig, angeraucht und ölgetränkt zu erscheinen; in Gang und Mienen sind sie verwegen und wegwerfend, man ahnt es gleich, das sind die Söhne eines stolzen, meerbeherrschenden Volkes. In einigen Stücken ihnen ähnlich und doch wieder im ganzen durchaus anders sind die schlanken Yankees, die dort vorbeigehen. Ein geübter Blick erkennt sie als solche auf der Stelle, aber was sie so eigentümlich macht, ist durchaus nicht mit Worten wiederzugeben. Sie haben etwas Komisches und doch wieder Imponierendes, etwas Renommistisches und doch wieder Tüchtiges an sich, sie sind mit einem Worte yankeehaft, und damit ist alles bezeichnet. Vergessen wir endlich über den fremden nicht unsere einheimischen Seeleute, die wir zahlreich um uns und über uns auf den Rahen und in den Tauen oder unter uns tief im Hafen so rührig und geschäftig sehen. Unendlich gutmütig, harmlos und bescheiden ist der Wesermatrose, stets heiter, stets folgsam und unverdrossen bei Tag und Nacht; von Auflehnung gegen den Kapitän oder gar von eigentlicher Meuterei hat die ganze Geschichte deutscher Seefahrt kein einziges Beispiel aufzuweisen, und jeder Kapitän mag sich Glück wünschen, eine Mannschaft von Stedingern – denn diese bilden die Mehrzahl der Wesermatrosen – überhaupt Wesermatrosen an Bord zu haben. Kühner und verwegener sind vielleicht die preußischen Ostseematrosen, aber auch ungleich roher, während die Norweger und Schweden wohl den Stedingern an Liebenswürdigkeit am nächsten kommen.

Ein ganz anderes Bild gewährt der Hafen sonntags in seinem Festkleide. Es ist dann ringsum still und feierlich, und nur der Glockenklang vermischt sich mit dem eigentümlichen Windgesäusel im Tauwerk. Die Matrosen erscheinen in feiner, blauer Tuchjacke, jedes Schiffsdeck ist sauber gewaschen und gespült, aber kaum eines so rein und freundlich als das der Bremer Schiffe, selten auch eines so in Farbe gehalten und von so freundlichem Äußeren. Die englischen Schiffe haben meist ein schwarzes, wahrhaft unheimliches Aussehen. Überall belebt bunter, wallender Flaggenschmuck das Tauwerk.*

Zwischen dem Matrosengewimmel waren es lange Zeit vornehmlich die deutschen Auswanderer, welche unsere Blicke fesselten. Zu allen Stunden des Tages sah man sie mit Weibern und Kindern in zahlreichen Gruppen am Hafen, meistens müßig schlendernd und gaffend oder auf Kisten und Ballen gelagert und dem ganzen Hafengetriebe einen eigenen Charakter verleihend.

Niedersachsen, Hessen und Franken bildeten die größere Menge derselben; mitunter erschienen auch Böhmen, Mähren, Pfälzer und Schwaben, so daß man doch manche interessante Volkstracht erblickte, namentlich bei den Frauen, unter denen die kleinen, spitzen und hinten mit schwarzen Flatterbändern behängten hessischen Mützen, die roten Kopftücher, die weißen Hemdärmel und hellgrünen Röcke der fränkischen Frauen am meisten hervorstachen. Die Männer, namentlich die jüngeren, sind oft abenteuerlich und phantastisch gekleidet. Sie wollen, wie es scheint, ein gewisses Bewußtsein der Unabhängigkeit, der Losgebundenheit von Zucht und Sitte zur Schau tragen und sich in rücksichtslosem Behagen ihrer Individualität spiegeln. Sie wissen, hier kennt sie keiner, keiner kümmert sich um sie, keiner weiß von ihrer Geschichte sie haben sich losgerissen von allem, was ihnen in der Heimat nahe stand. Das Scheideweh ist längst überwunden, es sind Wochen vergangen, seit sie ihre Heimatberge zum letztenmale schauten, und nur mit einem Fuß noch stehen sie im Vaterlande. Dieses Gefühl macht die meisten völlig gleichgültig, ja selbst fröhlich und guter Dinge. Doch zuweilen sieht man, wenn man die Schar durchwandelt, auch einen tränenschweren Blick und ein Antlitz, in dessen gramvollen Zügen die Geschichte einer trüben Vergangenheit, ein Stück aus der Leidensgeschichte des deutschen Volkes geschrieben steht.

* Eine Ansicht des Hafens, gleichsam im »Sonntagskleid«, ist aus dem 19. Jahrhundert überliefert, hier abgedruckt auf S. 213.

Alles Leben und Treiben der Auswanderer konzentrierte sich lange Zeit in dem mächtigen, im Jahre 1849 vom bremischen Architekten Müller erbauten Auswanderungshause, und es war hochinteressant, diesem großartigen Gebäude eine Stunde zu widmen. Eine Menge Übelstände und Mißverhältnisse war die dringende Veranlassung zu seiner Errichtung. Mit der in den letzten Jahrzehnten sich beispiellos mehrenden Auswanderermenge, die in Bremerhaven sich einschiffte, wuchsen auch die Klagen derselben über alle möglichen Prellereien und Betrügereien, denen sie während ihres Aufenthaltes daselbst, der sich oft durch allerlei Umstände auf Wochen und Monate ausdehnte, preisgegeben waren. Viele Einwohner, Krämer und Wirte waren ja in ihrem ganzen Verdienste einzig und allein auf die Auswanderer angewiesen und gingen daher mit einer nicht geringen Habgier hartherzig und raffiniert darauf los, auch den letzten noch geretteten Pfennig dem armen unbekannten Heimatlosen abzuzwacken, daß wohl manche ihr Vaterland mit tiefstem Herzensfluch verlassen haben mögen.

Da faßte denn endlich ein hier wohnender Schiffsspediteur – Georg Claussen war der Name des wackern Mannes – den Plan, durch ein großes Etablissement allen Klagen und aller Unbill kurzweg ein Ende zu machen und den Scheidenden die letzten Tage im Vaterlande durch das wohltuende Gefühl der humansten Aufnahme und der redlichsten Behandlung zu versüßen. Einem so edlen und zugleich praktischen Unternehmen konnten die nötigen Geldunterstützungen der bremischen Kaufleute und Reeder nicht fehlen. Im Umsehen waren die Aktien vergriffen, der Bremer Architekt Heinrich Müller erhielt den Bau und schuf in fabelhaft kurzer Frist ein Werk, das ebenso sehr durch seine Größe und die Schönheit seiner architektonischen Verhältnisse das Auge des Beschauers fesselt, wie es durch seine treffliche Konstruktion und seine praktische Einrichtung den Sachverständigen zur Bewunderung hinreißt.

Das Gebäude, nicht am Hafen, sondern etwas zurückliegend, umgibt von drei Seiten einen inneren Hof, vor welchem sich nach der Straße zu eine innen offene Pfeilerhalle mit gewölbtem Torweg herzieht. Es ist in einem dem Florentiner ähnelnden Stile gehalten, einfach und imposant. Das Material ist roter Backstein, wie die Gegend ihn liefert, seine tiefe, gesättigte Farbe macht mit dem Gelb der Friese, der Gesimse und Schutzbogen der Fenster, welche alle aus den eigentümlichen Flensburger Steinen bestehen, und gehoben durch das Dunkel des grauen Daches aus Schmorziegeln eine vortreffliche Wirkung. Die der Straße zugewendeten Endgiebel der beiden Flügel haben vier gekuppelte Fenster und schließen oben in mittelalterlicher Weise in drei etwas gedrückt erscheinenden Absätzen. Um so schlanker erhebt sich dagegen auf dem Hauptgebäude der zinnengekrönte Glockenturm, von dem an Festtagen eine mächtige deutsche Fahne weht, die kaum eine bedeutsamere Stelle finden könnte als auf dieser Vereinigungshalle aller deutschen Stämme. Auch die Vorhalle ist von schönen Verhältnissen, und das ganze Bauwerk hat bei der größten Einfachheit und jedem Mangel an Ornament doch einen merkwürdig großartigen, ich möchte fast sagen palastartigen Charakter, so daß es auch jeder anderen Stadt zur Zierde gereichen würde, hier aber mit seinem roten Gemäuer so über die andern Häuser hervorragt, daß diese förmlich dagegen zusammenschrumpfen; eine deutsche Karawanserei.

Und nun die innere Einrichtung. Gleich im Untergeschoß des linken Flügels eine Küche, in der ein Dampfapparat für 3500 Mann Essen zu liefern bestimmt ist, und ein gar vortreffliches, so daß mancher arme Auswanderer wohl schwerlich je solch kräftige Suppe, so gut zubereitetes Gemüse, so fettes Fleisch und dicken Speck vom heimischen Herde genossen haben mag. An gleicher Stelle des andern Flügels ist dann der Raum für das Gepäck der Auswanderer, unentgeltlich hierhergebracht, aufbewahrt und an Bord geschafft, ebenso hier die Speiseräume für Matrosen und Hafenarbeiter.

Im Erdgeschoß dann rings um den inneren Hof herum das Anmeldekontor und die Geschäftszimmer, das Hospital, die Speiseräume, der Schenksaal, die Wohnung der Beamten und Aufseher, die Zimmer des Predigers und des Arztes. In den beiden Stockwerken ferner die eigentlichen Logier-, Schlaf und Waschräume durch neuere Einrichtungen zur Reinlichkeit und Bequemlichkeit der zweitausend Auswanderer, die das Haus zugleich beherbergen kann. Den Schluß des Ganzen, endlich gerade unter den Türen des Haupt- und Hinterbaues, bildet die zum sonntäglichen Gottesdienste bestimmte Kapelle.

Indes nicht alle trefflichen Einrichtungen können hier aufgezählt werden, wie die der Sicherheitsvorkehrungen gegen Feuersgefahr, der musterhaften Hausregeln und endlich der erstaunlich geringen Preise für alle und jede Bedürfnisse der Europamüden. In manchen Jahren verließen davon allein über Bremerhaven 60 000 bis 80 000 ihr Vaterland, und weitaus die größte Anzahl hat oftmals dieses Haus beherbergt, gespeist und getränkt, gehegt und gepflegt und ihnen wohl auch von geheiligter Stätte manch herzstärkendes, seelenerquickendes Wort mitgegeben auf die öde Wasserwüste.

Kein anderer Auswandererort, sei's Hamburg, Antwerpen, Ostende oder Havre, konnte je sich eines gleichen oder auch nur entfernt ähnlichen segensreichen Instituts erfreuen. Ewigen Dank dem wackeren Mann, der solchen Plan faßte und ausführte zum Stolze Bremens, zum Heile Tausender und zum Ärger aller habgierigen Wirte und Krämer.

Meine Besuche dieses Hauses gehören zu den interessantesten Stunden meines Lebens, und manche Stunde schon trieb ich mich umher unter dem bunten Gewimmel, das von unten bis oben seine Räume füllte, mischte mich unter die Gruppen der Männer und Frauen, frischen Burschen und rosigen Mädchen, redete freundlich mit ihnen und fragte sie wohl mit Freiligrath:

O sprecht, warum zogt ihr von dannen?
Das Vaterland hat Wein und Korn,
Der Schwarzwald steht voll schöner Tannen,
Im Spessart klingt das Hirtenhorn.

Da hab ich denn manch tiefen Blick ins Menschenherz getan, war's nun in ein hoffnungsfreudiges oder in ein armes, halbverzweifelndes, und oft hab' ich Niegeahntes vernommen.

Gern auch folgte ich ihnen zum Hafen und sah still ihrer Ausfahrt zu. Wenn ein Schiff voll Auswanderer aus dem Hafen legt, lockt solch ein Schauspiel fast immer eine Menge Schauender herbei. Wohl mag einem wehmütig ums Herz werden, wenn man ihnen zusieht, wie sie oft so unbegreiflich gleichgültig und stumpfsinnig der dunklen Zukunft entgegengehen, oder mit fröhlichem Leichtsinn die Winde eifrig drehen und das Schiff mit Stangen fortstoßen helfen vom deutschen Ufer und gar ein gellendes »Juchhe, nach Amerika!« rufen, daß es einem durch die Seele schneidet.

Und doch ist solches Gebaren eigentlich sehr begreiflich. Die schmerzliche Trennungsstunde, das Scheiden von der engeren Heimat ist ja vorbei und vielleicht vergessen. Ob sie nun auch noch diesen Ort verlassen müssen, kann ihnen gleichgültig sein, und der letzte schmerzvolle Augenblick ist ja noch nicht gekommen. Der erscheint erst, wenn Europas Küste als schmaler, blauer Nebelstreif ins Meer sinkt und nichts als Luft und Wasser den Dahinziehenden umfängt. Die Schiffer erzählen, daß in diesem Augenblick selten ein Auge trocken bleibt, ja manche in heftiges Weinen ausbrechen.

Doch wir sind dem Laufe des Schiffes vorausgeeilt. Es hat eben die Schleuse passiert, deren Türen sich geschlossen haben, und ist durch den Vorhafen gewunden worden. Die Taue der Winde werden nun abgenommen, das Schiff entfaltet seine Segel, es wendet sich, eine frische Brise schwellt das weiße Linnen, und die belebte Reede hinter sich lassend schwimmt es in stolzer Majestät den Strom hinab, dem Meere zu. Eine kurze Stunde – und wir suchen es am Horizont vergebens, der kleine Punkt ist verschwunden. – Fahrt wohl!

Das Land Wursten

Mit dem Lande Wursten betreten wir die nördlichste Marsch des rechten Weserufers und zugleich die erste, welche imstande ist, in physischer, ethnographischer und historischer Hinsicht tieferes und allgemeineres Interesse zu erregen, wie sie denn auch, wenigstens dem Namen nach, von allen Marschen am weitesten bekannt sein dürfte.

Wursten ist so ziemlich völlige Seemarsch; das Ufer bedeckt eine echte Meerstrandsflora; belebt von stolzen Seeschiffen flutet hier der Strom in einer Breite, die das jenseitige Ufer kaum mehr entdecken läßt; Delphine tummeln sich in den Wogen, Seehunde sonnen sich auf dem weiten Watt, zahllose Scharen echter Seevögel bevölkern den Strand, und die salzigen, schaumgekrönten Wogenberge rollen in wilder Majestät gegen den Deich, der hier als ein starker Schutz das fruchtbare Land umzieht.

Dieser Deich ist in seiner jetzigen Stärke erst in den vierziger Jahren des 19. Jahrhunderts vollendet und nach uralter Weise durch einen Umzug sämtlicher Wurster Bauern zu Pferd und Wagen, durch Gottesdienst in der Kirche zu Dorum und durch ein Festessen feierlichst eingeweiht. In seiner Grundfläche 160 Fuß breit und nahe an dreißig Fuß in seiner Höhe haltend, steht der Wurster Deich wohl als der stärkste Seewall der Provinz Hannover da. An schönen Sommertagen auf ihm zu lustwandeln, ist einer der interessantesten Genüsse, gehoben durch die überraschenden Kontraste des segeltragenden Flusses, des möwenumschwärmten Watts und des fruchtbaren Landes mit seinen auffallend zahlreichen Kirchtürmen, Höfen und Dörfern im wogenden Saatenmeere. Der Boden ist viel heller und sandiger als in Osterstade und Würden, eignet sich daher ungleich mehr zum Ackerbau. Roggen, Weizen und Raps baut man ganz wie im Lande Hadeln, und zur Blütezeit des letzteren war Wursten, vom Deiche aus im Sonnenglanze gesehen, lange eine wahre Goldflur zu nennen.

Zwischendurch liegen aber eine Menge einzelner Höfe und auf Wurten angelegte Dörfer umhergestreut, aus deren Mitte auf eigner, noch höherer Wurt gebaut, die uralte, graue Granitkirche sich erhebt. An der nördlichsten Spitze des Landes, wo das Hamburger Amt Ritzebüttel beginnt, tritt die Geest dicht an den Fluß, ihre erratischen Blökke verschwinden mit dem Heidekraut, und sie geht in echte Dünenbildung über, deren gelbliche Sandhügel den Deich ersetzen, welcher hier aufhört, um erst an der Elbe wieder zu beginnen.

Das Volk dieses Küstenstrichs hat eine Geschichte gehabt, wie kaum eine andere der Marschen sich dessen rühmen kann und die ihm das tiefeigene Gepräge aufdrücken mußte, welches sein Wesen von jeher charakterisiert. Wie kein anderes weit und breit umher hat es gekämpft und gelitten für seine Unabhängigkeit voll Heldenmut und Ausdauer, wie keines umher so zähe den alten, festen Friesensinn, die friesische Sprache und Sitte bewahrt und wie kein anderes, höchstens die Hadler ausgenommen, so viele Rechte und Freiheiten behauptet durch alle wechselnden Zeiten.

Die ältesten, wenn auch sehr dunklen Nachrichten über das Land Wursten reichen bis ins sechste und siebente Jahrhundert, wo die Einwanderung der Friesen erfolgt sein dürfte. Es bevölkerte sich bald, und zur Zeit Karls des Großen führte es bereits seinen heutigen Namen.

Deiche gab es noch nicht; denn diese wurden erst im zehnten oder elften Jahrhundert angelegt; doch erhoben sich bereits überall zahlreiche Wurten, von denen die Bewohner Wurtsassen (von lateinischen Schriftstellern Worsati) genannt wurden, woraus nach und nach Wursten entstand.

Urkunden und Verträge mit Bremen vom Jahre 1406 bezeugen die vollkommen republikanische Unabhängigkeit des Landes, und die bremischen Erzbischöfe konnten bis dahin keine weitere Macht erlangen, außer in kirchlichen Angelegenheiten. Die Wurster waren ein wildes Seeräubervolk, das kühn mit kleinen Schiffen die Nordsee durchstreifte, ihre Küsten besuchte und namentlich den Bremern manche Drangsal bereitete, während es unter sich einer trefflichen Verfassung nachlebte und den übrigen

Friesenstämmen im Kampfe gegen die herrschsüchtigen Erzbischöfe, wie z. B. 1234 den armen Stedingern, treulich beistand.

Mit der zweiten Hälfte des fünfzehnten Jahrhunderts begannen die Angriffe auf ihr eigenes Land. Der Herzog Johann aus dem Lande Askanien, welches im benachbarten Hadeln längst seine Herrschaft begründet hatte, griff im Jahre 1448 die Wurster von der Nordostseite an, fand aber unerwartet tapferen Widerstand und mußte sich nach verschiedenen vergeblichen Versuchen zurückziehen.

Im Jahre 1498 schlossen deshalb der erbitterte Johann und sein Bruder Herzog Magnus mit dem Herzog Heinrich von Braunschweig-Wolfenbüttel, genannt der Quade, ein ernsthaftes Bündnis gegen die Wurster. Auch mit dem damals weit und breit gefürchteten Söldnerheer, der sogenannten Schwarzen Garde, unter Anführung des bekannten Junker Schlenz, verbanden sich die askanischen Fürsten und brachten so eine bedeutende Macht zustande, mit der sie 1500 in Wursten einfielen. Die Wurster hatten nicht den geringsten fremden Beistand, aber das ganze Land ergriff die Waffen; Knaben und Greise stellten sich in die Reihen, und schon im ersten Treffen auf der Wurster Grenze erfochten sie einen so entschiedenen Sieg, daß die Söldnerheere sich mit bedeutendem Verluste zurückziehen mußten. Herzog Johann wurde dadurch genötigt, von der Unterjochung vorläufig abzustehen, zumal Herzog Heinrich von Braunschweig das Bündnis kündigte und die Schwarze Garde vom König Johann und vom Herzog Friedrich von Holstein gegen die Dithmarscher in Sold genommen wurde, wo sie die bekannte große Niederlage erlitt. Schon bei diesem mißglückten Versuche hatte der Erzbischof Christoph in Bremen durch seine Hilfstruppen mitgewirkt. Bald trat er entschiedener hervor, erklärte: der Kaiser habe ihm das Land zum Lehen gegeben, und forderte die Anerkennung seiner Oberherrschaft. Mit Hohn wiesen die Wurster ihn ab, und der Erzbischof rüstete ein bedeutendes Heer, mit dem er 1516 gegen sie zog. Wieder standen alle Wurster wie ein Mann unter Waffen, sogar eine Menge Weiber mischte sich unter ihre begeisterten Scharen. Am Tage St. Thomae fiel das bremische Heer ins Land ein, und sogleich rückten die Wurster ihm entgegen unter Anführung einer hohen Jungfrau, die eine Fahne mit dem Bilde des Todes schwang. An der Grenze kam es zu einer blutigen und hartnäckigen Schlacht. Mit unsäglicher Erbitterung fochten die wackeren Wurster einen ganzen Tag hindurch; schon kam der Abend und die erzbischöflichen Reihen begannen zu weichen – da fiel plötzlich die bremische berittene Nachhut den vordringenden Wurstern wütend in die Flanken, und nun war die Stunde der Bauern gekommen; denn auch das bremische Fußvolk hatte sich wieder gesammelt und griff von neuem an. Als die Nacht hereinbrach, lagen achthundert Männer und dreihundert Weiber tot auf dem Schlachtfeld, unter letzteren auch die kühne Jungfrau mit der Todesfahne. Weit und breit überzog man nun das Land mit Sengen und Brennen. Der siegreiche Erzbischof belegte das Volk mit ansehnlichem Tribut, wozu jeder Bauer nach seinem Vermögen beitragen mußte, und erbaute, um sich die Früchte des Sieges für immer zu sichern, beim Dorfe Weddewarden eine Feste, der »Morgenstern« genannt.

Aber nur ein kurzes Jahr duldeten die freiheitsliebenden Friesen das Joch. Sie erklärten rund heraus: der Erzbischof habe nur ihre Kirchen mit Pfaffen zu versorgen, weiter gehe er sie nichts an; denn sie seien freie Republikaner seit Anfang der Welt. Da schickte der Erzbischof seine beiden Gesandten, den Ritter von Malsburg und den Domdechant Ludwig von Klenken, um sie inständigst ermahnen zu lassen. Aber vergebens war all ihr Mahnen und Drohen, und als endlich einer aus der Begleitung höhnische Reden gegen die Wurster ausstieß, entbrannte völlig ihr Zorn. Der Domherr, der Ritter von Malsburg und das ganze Gefolge wurden von den wütenden Bauern erschlagen; das Feld aber, wo solches geschehen war, heißt Klenkenham bis auf den heutigen Tag.

Der aufs höchste erbitterte Erzbischof schwur blutige, furchtbare Rache für diesen Frevel und ließ ein bedeutendes Heer anwerben.

Inzwischen war Herzog Heinrich von Lauenburg gestorben, und sein Bruder Magnus, ein ungleich milderer Herr, war ihm gefolgt. Auf diesen richteten die Wurster ihr Auge. Die benachbarten Hadler hatten es gut unter ihm, und die Wurster dachten: wenn doch einmal ihre Unabhängigkeit verloren gehen sollte, so wohne sich's besser unter seinem milden Regimente als unter diesem Krummstabe. Und wohl hatten sie alle Ursache, die Rache des zornigen Kirchenfürsten zu fürchten. In der Kirche zu Dorum hielten sie erst großen Landesrat und schickten hierauf eine Gesandtschaft zum Herzog, daß er ihnen beistehen möge in ihrer Gefahr. Sie ließen ihm sagen, sie würden ihn als Oberherrn anerkennen, ihm auch Tribut zahlen, solange er ihre innere Verfassung, ihre Freiheiten und Rechte nicht antaste.

Dem Herzog Magnus, welcher dem herrschsüchtigen Erzbischof eben nicht zugetan war, kam dieser Antrag sehr erwünscht. Sofort rüstete er sich und kam im August mit einem ansehnlichen Heere und mit vier Schiffen voll Geschütz und Munition im Lande Wursten an. Jubelnd empfing man ihn. Auf einer großen Landesversammlung schworen ihm alle Wurster den Eid der Treue und erstürmten kurz darauf unter seinen Fahnen die verhaßte Zwingburg bei Weddewarden, die sie dem Erdboden gleich machten (1518). Alsdann drangen sie in das Erzstift selbst und nahmen am Eigentum des Erzbischofs Rache für vergangene Schmach. Leider konnte Herzog Magnus den Wurstern keinen nachhaltigen Beistand leisten, da er durch die Eifersucht benachbarter Fürsten, die eine Erweiterung seiner Herrschaft nicht dulden wollten, daran gehindert wurde und seine Scharen aus Wursten zurückziehen mußte.

Der Erzbischof hatte indessen 8000 Mann Fußvolk und 500 Reiter angeworben, und diese fielen im Jahre 1526 unter Anführung des Obersten Häuslein von Halberstadt wieder plötzlich ins Land ein. Wiederum wehrten sich die Bauern verzweiflungsvoll, erlagen aber bald dieser bewaffneten Übermacht. Über 1000 von ihnen wurden erschlagen, die anderen flohen ins Land Hadeln, und das erzbischöfliche Heer begann ungehindert die entsetzlichste Verwüstung des eroberten Gebietes. Die Überlieferung berichtet, daß im ganzen Lande nicht mehr als sieben Häuser stehen geblieben und nur die Kirchen verschont worden seien.

Das war eine grausige Niederlage, die jedes Volk auf immer gebeugt hätte – nur keine Friesen. Vier Jahre später waren die Wurster schon wieder in vollem Aufstande und bereit, das geistliche Joch abzuwerfen.

Das frische Wehen der Reformation war auch bis in die Marschen gedrungen und mußte wohl bei dem freiheitliebenden, pfaffenfeindlichen Volke derselben die empfänglichsten Herzen finden. Man machte äußerlich kurzen Prozeß, man sagte einfach zu den Geistlichen: Wollt ihr das lateinische Meßwerk ruhen lassen und deutsch das Wort Gottes predigen oder lieber fortgejagt werden? – und alsbald war das ganze Land protestantisch. Der Erzbischof hatte ihnen eine Steuer auferlegt, nach der sie den sechzehnten Pfennig zahlen sollten. Aber die Wurster kehrten sich nicht daran. Sie hatten sich nämlich um Beistand an den protestantischen Herzog Erich von Braunschweig gewandt und denselben auch zugesagt erhalten. Das machte sie wieder kühn, und sie dichteten ein Spottlied auf den Erzbischof:

De Bischop von Bremen, de deit et uns nicht,
Sien Landdrost is uns veel to lidm,
De Bischop, de schall den Dag nich afleven,
Dat wi Friesen den sösteinsten Pennig geven.

So sang und klang es allewege zum Hohn der bischöflichen Beamten. Dem wollüstigen und prachtliebenden Erzbischof Christoph, den seine Verschwendung tief in Schulden gestürzt hatte, war indes weit mehr darum zu tun, Geld zu bekommen, als den Glauben zu schützen und die Reformation zu hemmen, zumal er doch wohl in dieser Hinsicht das Fruchtlose seiner Bemühungen einsehen mochte. Seine nächsten Zwecke im Auge, versuchte er daher, mildere Saiten aufzuziehen, ermahnte die Wurster zur ruhigen Zahlung der Abgaben und versprach ihnen dafür Duldung der protestantischen Lehre.

Dieser Ton schlug anfangs bei ihnen an, hallte jedoch nicht lange nach; denn die alte Empörungslust brach bald wieder aus. Wiederum schickte der Erzbischof ein Heer nach Wursten unter dem damals berühmten Parteigänger Obersten Christoph von Wrisberg. Wiederum kam es zu einem für die Wurster unglücklichen Kampfe, und wiederum besetzten die Erzbischöflichen das Land, diesmal aber nur, um Steuern einzutreiben, nicht um es zu verheeren. In diesem Geschäft störte sie jedoch das längst erwartete herzoglich braunschweigische Heer, welches nach kurzem Kampfe, in dem der erzbischöfliche Landdrost erschlagen wurde, Sieger blieb und den Oberst Wrisberg gefangen nahm.

Gegen die Mitte des sechzehnten Jahrhunderts endlich neigte sich die Macht der bremischen Erzbischöfe mit raschen Schritten ihrem Untergange zu, und auch die Wurster mochten des ewigen Kämpfens müde sein und sich nach Ruhe sehnen. So kam es, namentlich durch Vermittlung der bremischen Ritterschaft, zum gegenseitigen Vertrage. Die Wurster zahlten billige Steuern, und der Erzbischof ließ ihnen dafür ihre Rechte, ihre innere Verfassung und ihr lutherisches Bekenntnis ungekränkt. Im letzten Jahrhundert des Erzstiftes war ungestörter Friede im Lande, worauf es nach der 1648 erfolgten Säkularisierung desselben als ein Teil des Herzogtums Bremen mit diesem an Schweden fiel, dann 1712 von Dänemark erobert und 1715 von letzterem, gegen Übereinkunft, an das Haus Hannover abgetreten wurde.

Das ist die sturmvolle Geschichte Wurstens, welche den echten Friesencharakter in seiner ganzen bewundernswerten Ausdauer und begeisterten Freiheitsliebe im schönsten Glanze zeigt.

Von hervorragenden Einzelcharakteren aus dieser Zeit der Kämpfe hat die Geschichte, außer jener kühnen Todesjungfrau und den bloßen Namen einiger Bauernführer, leider nichts aufgezeichnet, wie denn überhaupt äußerst wenige Einzelheiten zu unserer Kenntnis gelangt sind und wir nicht einmal die Schauplätze jener blutigen Kämpfe kennen; denn niemand hat eine Chronik des Landes und Volkes geschrieben.

Die Spuren eines ansässigen Adels finden sich nirgends in der Marsch, aber manche uralte, ehrenfeste Bauerngeschlechter haben ihre Äcker genährt. Über den Haustüren der alten Hausmannshäuser, an den Kirchenstühlen, insbesondere auf den Grabsteinen stößt man noch häufig auf die vielhundertjährigen Wappen jener Geschlechter, welche noch in Ehren gehalten werden. Viele derselben zeigen noch den halben deutschen Reichsadler.

Alle Rechte, Gewohnheiten und Herkommen der Wurster hatten sich nur mündlich von uralter Zeit her erhalten und wurden erst 1508 in einer großen Versammlung der Ältesten und Weisesten des Landes schriftlich festgesetzt.

Im Jahre 1557 sollte einmal die ganze Verfassung vom Erzbischof Christoph als unchristlich und nicht mit ihrer Stellung im Erzstifte vereinbar über den Haufen geworfen werden. Zum Glück verstarb er im folgenden Jahre, und sein Nachfolger, Erzbischof Georg, der ungleich nachgiebiger war, bestätigte aus Liebe zum Frieden das ganze Landrecht am 25. September 1565. Es kamen indes manche Paragraphen darin vor, die den Wurstern selbst veraltet und unzweckmäßig schienen, weshalb eine ähnliche Versammlung der Ältesten im Jahre 1611, unter dem Erzbischof Johann Friedrich, eine gründliche Durchsicht desselben vornahm. Die erste Fassung des Landrechts war in friesischer Sprache gehalten, die zweite in plattdeutscher Mundart, während die dritte – aus der Mitte des 17. Jahrhunderts – hochdeutsch lautete.

Als Wursten noch eine freie Republik war, repräsentierte die in Dorum in gewissen Zeiten vereinigte Landesversammlung, bestehend aus 18 Vollmachten und 16 Ratgebern, die höchste Behörde. Sie bestimmte über Krieg und Frieden, sie schloß Verträge ab, sie richtete und schlichtete, verwaltete Deich- und Sielwesen und alle inneren Landesangelegenheiten, sie war alles in allem. Sämtliche vom Lande ausgestellten Urkunden, Bündnisse und Friedensschlüsse mit Nachbarländern lauten daher aus der Zeit vom dreizehnten bis zu Anfang des sechzehnten Jahrhunderts folgendermaßen:

«Wy söstein Radgevers un alle de dor werhafte und brotetende sin im Lande tho Wursten«, welches in den lateinischen Urkunden mit »Nos Judices Consules et universitas terrae Worsaticae« wiedergegeben ist. Dagegen beginnen die alten Gesetze und Verordnungen der Wurster, hier wie in anderen Marschen Willküren genannt, mit den Worten:

«Wy söstein Radgevers und achtein Vullmachtige uth dem Lande the Wursten uth allen karspelen gekaren dath wy scholden maken enen Willkör« usw.

Diese alten Ratgeber richteten und schlichteten damals nach dem uralten friesischen Asegabuch (Richter heißt im Altfriesischen: Asega), welches die ihnen gegenüber liegenden Rüstringer führten, und umgekehrt wurden manche Wurster Willküren von den Rüstringern übernommen.

Das meiste davon hat sich im Laufe der Zeiten verloren oder verändert. Die Justiz kam sogleich mit dem Aufhören der Selbständigkeit in die Hände der Regierung, doch blieb die Verwaltung der inneren Angelegenheiten, wie das Deich- und Sielwesen, in des Volkes Händen. Im Hauptorte Wurstens, dem Flecken Dorum, steht das Landeshaus mit dem Archiv, von jeher Sitz der Verwaltung, wo Vorsteher und Bevollmächtigte ihre Beratungen haben. Jedes Kirchspiel wählt nämlich zwei erfahrene Bauern zu seinen Bevollmächtigten, schlechtweg Vollmachten genannt; diese wiederum ernennen aus ihrer Mitte zwei Landesvorsteher, den einen für den nördlichen, den andern für den südlichen Teil des Landes, und alle bilden die Landesversammlung, bei welcher der älteste Landesvorsteher den Vorsitz führt. Sie hält Beratung über allgemeine Angelegenheiten, Ausgaben und gerechte Verteilung derselben, über größere Deichanlagen usw. und wählt auch die Abgeordneten zum Provinziallandtag.

Das Amt der Oberaufsicht über die Deiche, Schlengen und Stackwerke, Schleusen und Kanäle verwalten eigene Deichvorsteher und Deichgeschworene, die bei bezüglichen Streitigkeiten ein Deich- und Sielgericht bilden, und endlich zerfällt noch jedes der neun Kirchspiele in vier gleiche Teile, die einzeln für sich ihre besonderen Vorsteher haben und ihre eigenen Versammlungen behalten, namentlich in Sachen der Armenpflege, der Weidegerechtigkeit usw. Über die Tagesordnungen solcher Versammlungen sind uns sehr alte und für die Sittengeschichte höchst interessante Gesetze aufbewahrt. Es herrscht oft ein so eigentümlich launiger Ton darin, daß es uns auf den ersten Blick vorkommt, als hätten wir die Paragraphen eines akademischen Bierkonvents vor uns, wie denn auch wirklich die leichteren Strafen, z. B. Ruhestörung, Ausbleiben, Zuspätkommen, Umstoßen eines Glases usw. immer durch eine Bierabgabe – je nachdem durch eine halbe oder viertel Tonne – gebüßt wurden. Auch durch Brot und Schinken durfte man sein zerknirschtes Herz erleichtern, und da die Versammlung natürlich die Pflicht hatte, diese Dinge sofort zu vertilgen, so darf man annehmen, daß diese Sitzungen einen recht vergnügten Charakter trugen.

Jeder Grundeigentümer ist jagdberechtigt, und um dieses Recht zu wahren, namentlich aber die Landesgrenzen zu behaupten, wird alle vier Jahre ein großer, feierlicher Jagdzug zu Fuß, Pferd und Wagen rings ums ganze Land unternommen, der zwei Tage dauert und an dem oft Hunderte freier Bauern teilnehmen. Wagen mit allem möglichen Proviant folgen dem Zuge, der mit jedem Dorfe mehr und mehr anschwillt, und ein großes Jagdmahl setzt dem schönen Tage die Krone auf. Wo in ganz Deutschland mag eine Gegend sein, die Ähnliches aufzuweisen hat?

Alle vorhin genannten Volksbeamten werden frei gewählt, ihre Wahl wird dem Amte angezeigt, welches sie, im Falle hinsichtlich der Würdigung und Befähigung keine Bedenken bestehen, sofort nach alten Formeln bestätigt und beeidigt. Eine Nichtbestätigung ist ein fast unerhörter Fall, weil bei der strengen Gewissenhaftigkeit dieses wackeren Volkes der kleinste in die Augen fallende Makel genügt, um den Betreffenden von solchen Ehrenstellen von vornherein und für immer auszuschließen. Ja, es ist vorgekommen, daß ein sonst hochachtenswerter angesehener Bauer bloß deshalb nicht zu einem solchen Amte gelangen konnte, weil er vor Jahren einmal wegen Übertretung der Steuer bestraft war.

Der Wurster ist, wie schon gesagt, eine echte Friesennatur: ernst und ruhig in seinem Wesen, verständig, besonnen und still, kräftig im Vollführen eines Vorsatzes, voll Zähigkeit im Festhalten seiner Rechte, voll Ehrgeiz, frei von jeglicher Schwärmerei und Gefühlsherrschaft, einfach in Tracht und Sitte, aber stolz auf seine Heimat. Und daß auch der alte, so oft auflodernde Freiheitsdrang, der dieses Volk einst vor allen Friesenstämmen auszeichnete, nicht ganz gewichen ist, hat das Jahr 1813 gezeigt.

Die Wurster, längst der Franzosenherrschaft müde, sehnten sich mächtig nach Befreiung. Namentlich haßten sie aufs glühendste die französische Douanenwirtschaft, die allen Handel und Wandel hemmte und deren Offizianten meistens abtrünnige Deutsche und noch dazu häufig die allerrohesten, anmaßendsten Menschen waren. Helgoland war damals das große Warendepot Englands, und wie in allen Küstenstrichen hatte sich auch im Lande Wursten ein großartig kühner Schmuggelbetrieb entwickelt. Nicht bloß Schiffer, sondern Menschen aus allen Ständen, auch viele junge Hausleute fanden Lust an diesen, oft nur in kleinen Booten ausgeführten, gefahrvollen Streifzügen. Alle Augenblicke wurde eine Douanenpatrouille auf die allerköstlichste Weise überlistet und angeführt, aber auch hitzige Gefechte fielen mit ihnen vor, an welchen selbst einigemale die englischen Kriegsschoner und Kutter, die vor und in der Wesermündung kreuzten, teilnahmen. Die Nachrichten von der ungeheuren Niederlage Napoleons in Rußland hatten den Mut der Wurster vollends gehoben, so daß sie kaum die Gelegenheit abwarten konnten, sich vom verhaßten Joche freizumachen. Diese sollte nicht lange ausbleiben. Damals lebte zu Dingen ein Hausmann namens Anton Biehl, ein Mann wie zu einem Bauernführer geschaffen. Er war von riesenhafter Größe und fabelhafter Körperkraft, Branntwein trank er massenweise aus Biergläsern und ohne berauscht zu wenden, dabei war er schlau, kühn, energisch, ausdauernd und von eigentümlicher Gewandtheit. Dieser faßte mit andern angesehenen Bauern den Entschluß, durch einen Handstreich auf einmal das Land von den Franzosen zu säubern.

Zu dem Zwecke trat er mit der Besatzung der englischen Kriegsschiffe in Unterhandlung und erhielt auch die Zusage auf Unterstützung, aber nur im Fall sich das Land Wursten in Masse erhebe.

Hierzu bedurfte es eben keiner großen Mühe. Biehl ging nun von Dorf zu Dorf, von Hof zu Hof, und während er namentlich die vornehmen Bauern und ihre Söhne zum bewaffneten Aufstande bewog, wirkte ein anderer, namens Johann Rickweg – früher Zimmermann und einer der kühnsten Schmuggler – unter dem niederen Volk, auf welches er den größten Einfluß hatte. Der feurigen Beredsamkeit dieses Mannes, den man nach seiner beständig grünen Kleidung nur Jan Grön nannte, gelang es, die Haufen aufs mächtigste zu entflammen. Auch nach Lehe ging er, um den Aufstand zu predigen, fand indes bei den guten Fleckenbürgern nur sehr laue Aufnahme. Das Land Wursten hingegen war in wenig Tagen in offenem Aufstande; alle französischen Douaniers, Gendarmen und soldatische Besatzungen flohen in wilder Eile nach ihrer Batterie auf der Carlsstadt, die ungefähr da stand, wo sich später bei Bremerhaven das Fort Wilhelm erhob. Am 1. und 15. März zogen die Wurster unter Biehl und Jan Grön in hellen Haufen den Flüchtigen nach, und hervorgeholt aus einer Kirche flatterte die alte vergilbte Landesfahne, wie einst in ruhmreicher Friesenzeit, wieder hoch über den Scharen. Auch ein englisches Truppendetachement war gelandet und rückte den Franzosen nach, welche sich anfänglich diesen Massen entgegenstellten, aber nach kurzem Gefechte in die Batterie zurückgedrängt wurden, die man nun förmlich belagerte. Eine Aufforderung zur Übergabe des Platzes wies der feindliche Befehlshaber stolz und höhnend zurück, mußte sich aber doch, als eines Nachts ein großer Teil der meist aus Westfalen bestehenden Besatzung desertierte und überging, als zudem Wassermangel auftrat und auch die Proviantvorräte ausgingen, gegen freien Abzug zur Kapitulation bequemen.

Da war der Jubel groß im Lager der Wurster und unter den Bewohnern von Lehe, die inzwischen auch Feuer gefangen hatten, nun selbst die Batterie bemannten und sich zur ferneren Verteidigung anschickten, indem sie wohl begriffen, daß die Franzosen sicherlich mit verstärkter Macht zurückkehren würden.

Der Geestefluß bot ein vortreffliches Hindernis dar, hinter diesem beschloß man, geschützt durch den Deich, sich aufzustellen. Auf einer Anhöhe hatte man einige leichte Kanonen aufgepflanzt, die von Schiffern und Engländern bedient wurden. Englische Offiziere leiteten die Aufstellung, konnten aber trotz allen Bitten und Vorstellungen die Leher nicht dahin bringen, die Zugbrücke der Geeste zu zerstören. Die guten Bürger meinten, mit dem bloßen Aufziehen sei genug getan; denn zum Verderben wäre das schöne Holz wahrlich zu teuer, auch die Wurster gaben ihnen leider recht, zumal die Brücke noch gar nicht so alt sei. Sie ahnten nicht, wie teuer ihnen diese Schonung zu stehen kommen sollte.

Am 23. März rückten die von Bremen kommenden Franzosen heran. Es waren einige Regimenter Cheveaulegers und Infanterie. Nachdem ein Angriff auf die Batterie energisch von der Besatzung zurückgewiesen worden war, marschierten die Feinde im Sturmschritt gerade auf die Brücke los. Hier empfing sie ein mörderisches Flintenfeuer, vermischt mit Kanonenschüssen, und sofort entspann sich ein hartnäckiges Gefecht. Auf beiden Seiten gab es Tote und Verwundete, doch litten die Wurster, durch den Deich geschützt, ungleich weniger als die Angreifenden.

Auf einmal stürzte sich eine Anzahl Franzosen trotz des Kugelregens mitten in den Fluß und schwamm hindurch. Es gelang ihnen, die Brückenklappe niederzulassen; denn nicht einmal ihre Kette hatte man angeschlossen. Damit war das Schicksal Lehes und der Wurster entschieden. Im Sturmschritt drangen Infanterie und Kavallerie jetzt über die Brücke; ein kurzer Widerstand, ein heftiger Bajonettangriff – und alles stob wild auseinander; denn was vermochten regellose Massen ohne Subordination und ohne ordentliche Waffen gegen wohldisziplinierte Truppen? Nicht nur alles, was sich widersetzte, wurde niedergemacht, sondern die wütenden Soldaten drangen auch in alle Häuser des Fleckens und mordeten, was sie fanden: Greise, Frauen und Kinder. Auch die armen Engländer, obwohl sie um Pardon baten, wurden sämtlich niedergestochen, und während die eine Hälfte der Truppen den Flecken plünderte, zog die andere ins Land Wursten ein.

Nun blieb die Batterie zu erobern übrig, dies geschah durch eine List. Eine Anzahl Franzosen steckte sich in die Uniformen der getöteten Engländer, nahm eine englische Flagge und eilte hastig auf das Blockhaus zu, scheinbar verfolgt von einem anderen Haufen Franzosen. In der Meinung, die Engländer begehrten Schutz, öffneten die arglosen Wurster die Tore und erkannten ihren Irrtum zu spät. Dieser Handstreich brachte die kleine Zitadelle in die Hände des Feindes, und die ganze Besatzung wurde auf der Stelle erschossen, mit Ausnahme eines einzigen, der durch eiligste Flucht entkam.

Die übrigen Wurster, auch die Anführer Biehl und Jan Grön, zerstreuten sich und flüchteten meist auf die englischen Schiffe und nach Helgoland.

Das war der bedauernswerte Ausgang dieser Bauernerhebung, die, weil sie mißglückte, weit und breit verspottet und lächerlich gemacht wurde. Sie war aber um so anerkennenswerter, als gerade damals die meisten anderen Marschen mit dem größten Gleichmute sich dem Joch der Fremdherrschaft fügten.

Im achtzehnten Jahrhundert standen die Wurster bei ihren Marschnachbarn in eben keinem besonderen Rufe. Sie galten namentlich für unordentliche Haushalter, Spieler, Trinker und dabei in mancher Beziehung für stolze Aristokraten. Ein derber Spottvers sagte deshalb von ihnen:

Dag un Nacht besapen,
Dack un Gebel apen,
Vor'm Huse en grot Wapen -
So kann man de Wurster drapen.

Sicherlich sind diese guten Reime nicht ganz ohne Grund entstanden; denn von der Virtuosität im Trinken werden gar viele Anekdoten erzählt, auch vom hohen Spiel der Wurster erzählt man sich manche Geschichte. Die große Neigung zum Kartenspiel teilt übrigens der Wurster mit dem Butjadinger, Würder, Kehdinger, ja, vom Hadler ward er sicherlich darin übertroffen.

In den letzten Jahrzehnten hat übrigens Sitte, Bildung und allgemeine Kultur merkwürdig rasch in diesem Lande zugenommen, so daß es schon jetzt den wenigsten Marschen darin nachsteht.

Bei alledem lebt der Wurster in seinem Hause noch sehr einfach. Nur ein Zimmer für Besuch und feierliche Gelegenheiten ist modern und elegant ausgestattet, im übrigen Hause sind die Wände noch häufig geweißt, die Möbel altväterisch, die Räume klein, niedrig und voll Winkel. Das Hauptgetränk ist Kaffee, der zwar nicht eben stark, aber dafür in desto größeren Massen getrunken wird, so daß die blinkende Kanne oft den ganzen Tag im Gebrauch ist. Derb und schwer ist die Kost. Die bedeutendste Rolle unter allen Speisen spielen die »Klütjen«, große, kompakte Klöße aus Weizenmehl, Wasser und Salz, selten durch Milch oder Eier verfeinert, die man fast jeden Tag frisch oder kalt in die Pfanne geschnitten und mit Schmalz gebraten genießt. Dazu gibt's ein tüchtiges Stück geräucherten Speck oder Rindfleisch; denn die Seeluft zehrt.

Von einer Landestracht findet sich hier wie in anderen Marschen, das alte Land ausgenommen, keine Spur. Überhaupt ist alles Altfriesische und Eigentümliche gänzlich verwischt. Das einzige, welches sich gehalten, möchte allenfalls die Front der Häuser sein. Alle Häuser haben ein Strohdach mit ziemlich spitzem Winkel, welches jedoch nicht, wie in Osterstade und Würden, mit um den Giebel herumgeht, sondern der letztere besteht meistens in seinem oberen Dreieck aus einer Dielenbekleidung. Massive Mauern kommen selten vor; denn die älteren Häuser bestehen sämtlich aus Fachwerk. Die inneren Fächer sind schlicht gemauert und gefugt, das Holzwerk ist meistens hellgrün angestrichen. Dicht über der großen Haustür oder oft auch in dem hölzernen Giebeldreieck sieht man wohl das alte Familienwappen, jetzt freilich sehr selten. Im Innern dagegen ist alles wie in den übrigen Wesermarschen eingerichtet. Die Scheunen sind häufig ganz mit Dielen bekleidet und oft wie im Lande Hadeln braunrot gemalt. Im Lande Wursten hielt sich die in den anderen Marschen fast ganz abgekommene Sitte der Frauen, zu reiten, noch am längsten. Sie saßen quer hinter dem männlichen Gefährten, an dem sie sich mit einem Arme festhielten. So ritt die Hausmannsfrau mit ihrem Eheherrn auf mächtigem Friesengaule zur Kirche, oder der stattliche Großknecht brachte auf diese Weise die Tochter vom Hause zum Ball oder auf Besuch. Die tiefen, schlammigen Wege in der Herbst- und Winterszeit ließen hinreichend das Praktische dieser Art erkennen. Erst die das ganze Land durchziehende Chaussee hat diese Verkehrsweise sehr eingeschränkt. Andere eigentümliche Sitten und Gebräuche kennt der Wurster nicht; seine Tanzpartien, Jahrmärkte usw. sind wie die anderer Gegenden, vielleicht etwas üppiger. Höchstens die Hochzeiten und Begräbnisse mögen sich durch eine gewisse Großartigkeit auszeichnen.

Eine echte Hausmannshochzeit muß möglichst groß sein; die Einladungen erstrekken sich gewöhnlich auf hundert bis vierhundert »Haus« und darüber, so daß oft an die tausend Personen zugegen waren. Gewöhnlich finden diese im Sommer statt, zur Zeit, wenn die Aussaat beendet ist und die Ernte noch nicht begonnen hat. Tags vorher führt der Bräutigam die Braut in das Haus, welches die jungen Eheleute bewohnen sollen. Bekannte und Verwandte empfangen sie, und am nächsten Morgen geht's in lustigem Zuge zu Wagen nach dem Hochzeitshause, gewöhnlich dem elterlichen Hause der Braut.

Alle Räume, die große Dreschdiele des Hauses, die Tenne der Scheune usw. werden benutzt. Auf der großen Diele, die mit Kränzen und Kronleuchtern von frischem Laubwerk und Blumengewinden geschmückt ist, befindet sich die Ehrentafel, an welcher oben neben den Brautleuten die Eltern, der Pfarrer, die Beamteten und andere Honoratioren sitzen. Es gibt fast immer dieselben altherkömmlichen Gerichte: Hühnersuppe mit Rosinen, gekochte Hühner, mächtige gekochte Rindfleischstücke mit Zwetschgen und endlich Wurster Kringel, ein feineres Gebäck voll Zucker, Rosinen und Mandeln, jeder Kringel wohl zehn Pfund wiegend. Braten gibt's nur ausnahmsweise, ebenso selten Wein, da die alte Sitte Bier und Branntwein vorschreibt. Nur mitunter kommt es vor, daß ein kultivierter Wurster Wein zu geben wagt, der dann aber auch in Strömen fließt. Eben vor dem Mahl wird die Trauung vollzogen; vor und nach der Rede blasen die Musikanten einen Choral, später wird in allen Stuben sowie auch im Vorplatze Kaffee getrunken, es werden Zigarren oder Tonpfeifen gereicht, während auf der Diele und in der Scheune der Tanz beginnt. Die älteren Männer setzen sich zum Spiel, die Frauen sehen dem Tanze zu, und während alledem wird immerfort gegessen und getrunken bis zum hellen, lichten Morgen, wo der jungen Frau unter Jubel und derben Scherzen der Kranz abgenommen und dafür die Haube aufgesetzt wird. Früher dauerte eine solche Hausmannshochzeit zwei bis drei Tage, jetzt begnügt man sich meistens mit einem einzigen.

Hie und da hört man auch noch bei frohen, feierlichen Gelegenheiten, gemeinsamen offiziellen Deichmahlen, Jagdessen usw. die sogenannte Landesgesundheit, jenen uralten Wurster Trinkspruch: »Gott bewahre Dam un Dyken, Siel- un Bollwark un dergliken, darto unse Land un God un en ehrlik Wurster Blood« – den meistens einer der Landesvorsteher, auch wohl der anwesende Beamte ausbringt.

Auch die Leichenbegräbnisse angesehener Wurster sind immer sehr groß und weitläufig. Da alle noch so entfernte Verwandte dazu geladen werden und eine alte Wurster Hausmannsfamilie gewöhnlich mit dem halben Lande verwandt ist, so ist auch hier die Gesellschaft äußerst zahlreich. Nachmittags findet man sich ein, und die Verwandten des Toten tragen einen lang vom Hute herabwallenden Trauerflor. Auf dem Hausflur, mitunter auch auf der großen Diele, steht auf schwarz und weiß behangenem Tisch, von Leuchtern umgeben, der oft sehr schön und kostbar gearbeitete Sarg.

Man setzt sich still an die in den verschiedenen Zimmern verteilten langen Tafeln und genießt, schweigend oder nur leise mit dem Nachbarn redend, Kaffee mit Kuchen, auch Zigarren und Pfeifen werden umhergereicht. Gegen Abend erhebt sich der Prediger, tritt, umgeben von der Gesellschaft, vor den Sarg und hält die Leichenrede, der er meistens einen kurzen biographischen Abriß des Verstorbenen vorausschickt, welcher noch vor hundert Jahren stets in friesischer Sprache gegeben werden mußte. Dann wird nach kurzem Gebete der Sarg fortgetragen, gefolgt von den meisten Gästen. Alle Häuser, bei welchen der Zug vorbeikommt, haben zu Ehren des Toten die nach der Straße hin liegenden Fenster hell illuminiert – eine Sitte, die auch in andern Marschen, z. B. im Butjadingerlande, vorkommt. Dreimal wird nach altem Herkommen der Sarg um die Kirche getragen und sodann in die Gruft versenkt. Der Totengräber mahnt hierauf die Versammelten, ein stilles Vaterunser zu beten; die Feierlichkeit ist damit vorüber, und alles begibt sich eilends ins Trauerhaus, um sich bei den unterdessen reich besetzten Tafeln gütlich zu tun. Und nun beginnt wieder jenes unpassende lustige Treiben, welches wir an anderer Stelle bei einer ähnlichen Gelegenheit schon beschrieben haben. Alle Aufwartungen, sowohl bei Hochzeiten als bei Leichenschmäusen, besorgen die jüngeren Verwandten und Freunde des Hauses. Dies ist ein Ehrenamt und heißt »ob Wege« sein, und der, welcher es hat, wird ein »Obwegesmann« genannt. Indessen auch in diesen Sitten hat die neueste Zeit vieles aufgeräumt und dem übrigen modernen Leben angepaßt.

Die Gehöfte der Wurster liegen bald einzeln und rings umgeben von ihren Ländereien, bald zu mehreren beieinander, manche auch in Dörfern. Diese Dörfer bieten sich dem Auge meist äußerst freundlich dar im Schmuck eines reichen Baumwuchses, aus dem eine alte Kirche mit dem stumpfen Turm über Land und Meer schaut.

Hohe und schlanke Bäume findet man fast nicht im Lande; die rasenden, salzgeschwängerten Seestürme halten den Wuchs nieder und lassen selten gerade Stämme aufkommen. Namentlich sieht man das in der Nähe des Deiches. Nur so hoch dieser ist, gedeihen die Bäume, sowie aber ein Zweig höher wächst, verdorrt er in wenigen Jahren. Auf freien Stellen erblickt man ganz dieselben niedrigen und verkrüppelten Baumgestalten, wie sie auf hohen Bergkuppen vorkommen; alle ragen mit dürren, wildzerzausten Gipfeln zum Himmel, alle Stämme sind landeinwärts geneigt, alle strecken ihre Äste meerabwärts, als wollten sie angstvoll fliehend ihren Brüdern in dem dichten Gehölz der Geest zustreben, und das Land wird, je weiter man nach Norden kommt, merklich kahler.

Von dem wallförmigen Heidelande, welches nord- und ostwärts das Land Wursten begrenzt, gehört noch eine Quadratmeile zu dessen Gebiet, und hier befinden sich bei dem Dorfe Sievern ein paar interessante Altertümer, die wohl eines Besuches wert sind. Zuerst die Pipinsburg. Diesen Namen führen mehrere konzentrische und mächtige Wälle, die nun aber sehr eingesunken und ganz mit hohem Heidekraut bewachsen sind.

Sicher ist, daß diese Verschanzungsreste ein sehr hohes Alter haben, doch ist bis dahin nicht zu ermitteln gewesen, wer sie errichten ließ. An Pipin den Kleinen ist schwerlich zu denken; denn dessen Heere betraten sicher nicht diese Gegenden. Daß Karl der Große die Aufwerfung derselben befohlen und sie seinem Vater zu Ehren genannt habe, daran ist ebenso wenig zu denken. Oder hätte sie irgendein friesischer Häuptling geschaffen? Dann könnte ihre Benennung vielleicht vom Männernamen Pieb oder Pipo stammen, der allerdings in alten Zeiten unter den Friesen nicht ungewöhnlich war; in der Volkssprache heißen jene Reste auch nur »Piebpensborg« oder gar »Piebsborg«.

Nicht weit davon erhebt sich ein anderes Denkmal alter Zeit, das »Bülzenbett«. Auf einer Unterlage von ansehnlichen Granitsteinen ruhen drei wahrhaft gewaltige Blöcke, die oben flach sind. Der mittlere ist vor Jahren vom Blitz getroffen, mittendurch geborsten und eingestürzt, und unter den Blöcken hat man die Erde tief ausgehöhlt, so daß ein Raum entstand, in welchem ein Mann aufrecht stehen kann. Rings um den Hügel zieht sich eine Umgrenzung von kleineren Granitsteinen, seine Bedeutsamkeit genugsam bezeichnend.

Das dritte dieser altertümlichen Denkmäler ist die »Heidenstadt« und liegt ebenfalls in der Nähe. Es ist ein wallumgebenes Feld mit einer Menge Totenhügel und einzeln aufeinandergelegten Steinblöcken, die aber größtenteils in letzter Zeit fortgeschafft sind. Man findet außer den schlichten tönernen Aschenurnen meistens noch Waffen und Geräte aus Feuerstein, Streitäxte, Pfeilspitzen, Meißel usw., einzelnes auch von Bronze, nichts aber von Eisen. Sodann kommen noch häufig kupferne Nadeln und kleine Glaskorallen darin vor, doch nie edle Metalle. – Im Moore bei Mulsum fand man dagegen im Jahre 1823 ein massiv-goldenes Halsband. Die Arbeit erwies sich indes als späte römische, und dabei lagen auch römische Kaisermünzen.

Hochinteressant sind im Lande Wursten die alten kleinen Granitkirchen aus uralter Friesenzeit. Sie stehen auf ihrer Wurt, bald einsam, bald vom Dorfe umgeben, ihre Fenster rund überwölbt, schmal und klein, daß eine stete Dämmerung im Innern herrscht; hinten ein kleiner, niedriger Choranbau, nach Westen von einem dicken, stumpfen, grauen Turme überragt, hie und da beschattet von ein paar sturmzerzausten, dürrhäuptigen Eschen und umgeben von Grabsteinen, unter denen das Heldenvolk alter Friesen schlummert.

Auf dem Wege von Süden nach Norden vordringend, traf man zuerst die alte Kirche zu Imsum aus dem Jahre 1218, ganz einsam auf einer Wurt über Land und Meer schauend, denn nur ein paar Häuser, Prediger- und Küsterwohnung, standen in der Nähe. Sie enthielt ein altes bronzenes Taufbecken, welches mit rohen Heiligenfiguren geschmückt ist, deren Umrisse seltsamerweise erhaben waren, so daß sie gleichsam Zeichnungen, die durch Drähte und erhabene Nähte hervorgebracht sind, bildeten. Seit längerer Zeit ist sie abgebrochen. Nur den alten Turm ließ man als wichtiges Seezeichen stehen. Dann kommt die interessante Kirche zu Wremen, mitten im Dorfe liegend, welche sicherlich schon ins zwölfte Jahrhundert zu setzen ist. Ihre Verhältnisse sind zierlicher, schlanker als die der übrigen, was wohl dem Material, aus dem sie errichtet, zuzuschreiben ist. Ihre Mauern bestehen nicht aus plumpen Granitblöcken, sondern aus einem leberbraunen, sehr porösen Tuffstein; die Sage geht, die alten Wurster hätten ihn von Schottland geholt und für jede Ladung Gerste, die sie hinübergebracht, als Rückfracht Tuff genommen. Aus ganz gleicher Steinart sind auch einige Kirchen des Butjadingerlandes, nämlich die zu Blexen und die zu Langwarden, erbaut.

In Wremen ist der interessanteste Kirchhof mit vielen alten Grabsteinen, meist liegenden Platten. Die allerältesten derselben sind leider so abgetreten und verwittert, daß kaum noch etwas davon zu erkennen ist. Andere aber aus dem fünfzehnten und sechzehnten Jahrhundert sind äußerst wohl erhalten; denn es hat sich Moos und Gras oft ganz wie eine schützende Decke filzartig darüber gelegt. Das Bild des Verstorbenen sieht man in der Mitte, die Hände gefaltet oder auch die eine am Schwert, die andere trotzig in die Seite gestemmt, zu Füßen das Wappen, in den vier Ecken des Steines die Embleme der Evangelisten und endlich rings am Rande die plattdeutsche Schrift mit Minuskelbuchstaben.

Die Kirche zu Mulsum ist wohl das älteste dieser Bauwerke; sie ist ebenfalls ein schweres Granitwerk und die einzige des Landes, in der die Reformation nicht alles herausgerissen und verändert hat. Aus Holz geschnitzt, bemalt und vergoldet schaut noch ein altes Marienbild, auf dem Arme das heilige Kindlein, vom Altare herab, aber es ist vergessen und verlassen und wird bald zu Staub zerfallen. Noch älter und entschieden romanische Auffassungsweise zeigend sind die Apostel und Heiligen, welche das Marienbild umgeben; und endlich ist ein höchst eigentümlicher, merkwürdiger Hallenbau dieser Kirche anzuführen, der aus drei rundbogigen Kreuzgewölben besteht und sich quer zu dem gewölbten Chor und dem flach bedeckten Schiffe hinzieht.

Am bedeutsamsten ist die Kirche zu Dorum, ebenfalls ursprünglich aus zyklopischen Granitmauern, aber vielfach verändert und mit Backsteinen ausgebessert. Im Innern finden sich zwei interessante Überbleibsel der Vergangenheit: das erste, ein plumpes porphyrnes Taufbecken mit vier grotesken Larven, ist sicher das älteste und einzige seiner Art im Lande und daher höchst merkwürdig; doch tritt es ganz in den Hintergrund gegen das andere. Im Chor nämlich erhebt sich ein aus Sandstein und Stuck gearbeitetes, spätgotisches Sakramentshaus. Dies reizende Werk der Schmuckarchitektur ist, wenngleich lange nicht von der Größe und dem Reichtum des 64 Fuß hohen Meisterwerks von Adam Kraft in St. Lorenz zu Nürnberg, so schön in seinen Verhältnissen, so fein, zierlich, schlank und lustig, daß man es nicht ohne inniges Wohlgefallen betrachten kann, und es ist sicherlich, wenn auch nicht seiner Größe wegen (es ist nur gegen 20 Fuß hoch), dem Besten und Gediegensten seiner Art zuzurechnen.

Endlich gibt es noch ein paar andere alte Kirchen im Lande, z. B. die zu Padingbüttel mit nicht uninteressanten Bildern usw. Doch sind die obigen bei weitem die anziehendsten.

Aber wie schon früher angeführt: fast alle diese alten Bauwerke sind leider im Laufe der Zeiten vielfach verändert worden; ihre kleinen Rundbogenfenster wurden durch große viereckige ersetzt, ihre Altäre modernisiert und eine Menge kleinlicher Rokokozieraten überall angebracht, so daß an jenen ernsten Eindruck, der einst sicherlich ihr dämmeriges Innere machen mußte, kaum mehr zu denken ist.

Ein mächtiger, an einigen Stellen fast eine Viertelstunde breiter Groden zieht sich längs des ganzen Wurster Deiches hin. Es wäre fast der Mühe wert, diesen üppigen

Boden den Fluten auf immer durch einen Deich zu entziehen, wenn dieser nicht gar zu stark und hoch aufgeführt werden müßte; denn hier brausen und rollen die Wogen mit ganz anderer Gewalt als bei den Deichen früher beschriebener Marschen.

Eine echte salzerfüllte Meerstrandsflora bekleidet diesen herrlichen Boden. Der letzte Weidenbaum ist verschwunden, auch nicht das unbedeutendste Sträuchlein erblickt das Auge, und das Rohr, welches in hohen, dichten Massen die Ränder der andern Marschen umrauscht, kriecht hier, kaum wiederzuerkennen, wie Gras am Boden hin. Weideland ist indes weitaus vorherrschend, und das Vieh wandert, wenn es durstig ist, von selbst über den Deich zu den Gräben des Binnenlandes, da es das salzige Wasser verschmäht. Oft freilich wird es von einer Springflut überrascht, die auch im Sommer mitunter über das ganze Vorland geht und manchem Stück Vieh schon das Leben gekostet hat. Bei gewöhnlichen Fluten aber ist keine Gefahr; denn das Land wird nie davon bedeckt. Tritt die Ebbe ein, so liegt, je nach dem Stand der Sonne, das weite Wurster Watt bald als eine helleuchtende Spiegelfläche, bald als eine graue und öde, aber immer für den Naturbeobachter höchst anziehende Ebene vor unsern Blicken ausgebreitet. Ein solches Watt besteht nicht aus einer gleichmäßigen Masse. Hier ziehen sich Sand- und Muschelbänke hin, dort lagert sich Schlamm so fein und flüssig, daß er kaum den leichtesten Strandläufer tragen kann; weiterhin dräuen die fast steinharten, ungeheuren Tonmassen, die gefährlichen Bänke, welche schon so manchem wackeren Seemann nahe der Heimat den Tod brachten; dazwischen schlängeln sich unzählige kleinere und größere, tief ausgewaschene Rinnen, in denen das letzte Ebbewasser landabwärts läuft, Priele genannt. Keineswegs aber ist solch ein Watt, so öde es auf den ersten Blick erscheinen mag, verlassen zu nennen, sondern ein reiches Tierleben herrscht über und auf ihm.

Kaum sinkt die Flut, so kommen gleich Schwärme von Seevögeln, um zu sehen, welch Gewürm sich für sie auf der eben entblößten Fläche erhaschen läßt. Namentlich sind es ungeheure Scharen weißer und schwarzköpfiger Möwen, die die Luft nah und fern mit Geflatter und Geschrei erfüllen; dazwischen segeln die kleinen reizenden Seeschwalben mit ihren langen Gabelschwänzen und den fein geschweiften Flügeln, stehen oft wie Schwebfliegen unbeweglich in der Luft – bis sie pfeilschnell auf die Beute herabschießen. Auch ein Falke und wohl gar ein Seeadler schwebt mit ruhigem Flug über der Fläche, indes die hochstelzigen Strandreiter, die rotbeinigen, elsterbunten Austernfischer und Scharen von Enten, Kiebitzen, Regenpfeifern und kleinen schnellfüßigen Strandläufern die Sandbänke und Schlammflächen bevölkern. Alles sucht, hascht, schluckt und frißt von dieser mit so vielerlei Speisen bedeckten großen Tafel, aber was für Herrlichkeiten sind auch darauf zu finden. Für den Falken, für die große Seemöwe, für den Austernfischer und andere ansehnlichere Vögel schleicht dort der fette Taschenkrebs über den Sand und seitwärts gehende Krabben suchen eine Priele zu erreichen; oder es zappelt der platte Butt und der silberweiße Stint, von der Ebbe überrascht, auf dem Trocknen, und Muscheln klaffen in Menge; für Seeschwalben, Kiebitze und Regenpfeifer und für die ganz kleinen Strandläuferarten findet sich noch Gewürm in Unzahl – und so wiederholt sich die ganze große Atzung in bester Ordnung, Tag für Tag zweimal, jahraus und jahrein.

Aber auch der Mensch eilt herbei, wenn das Watt bloß liegt, um teilzunehmen an dessen Gabe. Dort sieht man barfuß und hochgeschürzt Männer und Frauen in den Prielen waten, kleine Netzhamen vor sich herschiebend, die sie dann und wann in umgehängte Beutel leeren. Diese fangen die kleinen, wohlschmeckenden Krebse, Garnelen (Crangon vulgaris), hierzulande »Granat« genannt, welche mit Salz abgekocht eine Delikatesse zum Frühstück und Nachtisch ausmachen und nach allen Städten und Hafenorten der Gegend verschickt werden. Andere fangen in diesen Lachen und Rinnen den Butt, einen Hauptfisch des Brackwassers, Knaben haschen Krabben und Taschenkrebse, und in der Ferne erblickt man auf hohen und trockenen Muschelbänken hier und dort kleinere Fahrzeuge, Kähne, Ewer und Tjalken, deren Schiffer hierher gelegt haben, um zu »schillen«, d. h. nämlich Muschelschalen zum Kalkbrennen zu graben. Dies Schillen ist meistens eine langwierige, mühsame Arbeit; denn oft sitzen die reichsten Muschelbänke einige Fuß im tiefen Sande. Man gräbt sie mit breiter Schaufel aus, wäscht und spült sie in Körben in den nächsten Prielen, um sie vom Sande und Ton zu befreien, und trägt sie dann ins Schiff. Acht, ja vierzehn Tage muß ein Schiff oft sitzen, ehe es seine volle Ladung hat; denn gar zu häufig tritt die Ebbe gar nicht einmal so weit zurück, daß die Muschelbänke trocken werden. In letzten Jahrzehnten hat das Schillen mit dem verminderten Gebrauch des Muschelkalks sehr abgenommen, denn guter Zement tritt mit Recht immer häufiger an dessen Stelle. Die Korbmuschel (Mactra solida), die große Sandmuschel (Mya arenaria) und die eßbare Herz- und Miesmuschel (Cardium und Mya edulis) liefern das Material zum Kalk, der gut gebrannt dem Steinkalk vorgezogen wird, bei der Bearbeitung aber ungleich mehr Mühe kostet.

Bei schönem, warmem Wetter sieht man auf dem Sande nicht selten Seehunde sich behaglich sonnen. Man beschleicht sie mit guter Büchse unter dem Winde. Früher waren sie noch viel häufiger, und die Wurster suchten sie sogar im Schlafe zu überfallen und mit Knütteln zu erschlagen ganz wie in den Polarländern.

Nur mit großer Umsicht und genau die Zeit beachtend kann man sich aufs Watt hinaufwagen, und mancher mußte seine Unvorsichtigkeit und Kühnheit mit seinem Leben bezahlen; denn wehe dem, der noch weit vom höheren Lande entfernt ist, wenn die Flut eintritt.

Eben vorher kann noch alles weit und breit still und ruhig sein, da kommt der Augenblick der Flut; es erhebt sich ein frischer Wind, das Wasser fängt an zu rauschen, zu schwellen, zu tönen. Jetzt schießt es heran, schneller, immer schneller, rauschender, gieriger, brausender – und nun kann kaum ein Reiter auf schnellem Rosse der gierig heranwühlenden Flut entfliehen. Sicher verloren und dem entsetzlichsten, allmählichen Ertrinken verfallen ist der arme Fußgänger; er eilt atemlos dem Lande zu, schon dringt die wütende Flut durch alle Priele, und in dem weiten Labyrinth derselben verirrt er sich äußerst leicht; schon strömt das Wasser über den eilenden Fuß, schon erreicht es das Knie, in grauenvollster Angst eilt er weiter, aber seine Eile wird gehemmt; denn die Fluten netzen jetzt schon den Gürtel des Unglücklichen, und soweit er späht, vielleicht alles eine wild rauschende Wasserwüste; die Menschen hören und sehen ihn nicht, sie wohnen ferne und hinter den sicheren Deichen; jetzt ergibt er sich stumpf hinstarrend in sein Schicksal, denn eilen kann er nicht mehr, bloß angstvoll schreien, jammern und beten, da nur noch sein verzweiflungsvolles Antlitz aus der grauen, wallenden Fläche schaut. Es ist vorbei. – Auch das ist nun verschwunden. Nichts sieht und hört man jetzt mehr auf der weiten Wasserfläche, und nur die Wogen singen ihr uralt ewiges Lied fort und fort, wie sie es taten gestern und vorgestern und tun werden morgen und übermorgen und alle Tage und Jahre, von Ewigkeit zu Ewigkeit.

Nordwärts wandernd verlassen wir nun auf einige Zeit die fruchtbare Marsch, und der schroffste Kontrast tritt uns auf einmal entgegen. Ein äußerst kahler Sandrücken empfängt uns, so steril und dürr, daß selbst das Heidekraut nur kümmerlich und dünn den Boden bedeckt und bald ganz aufhört; auch keine erratischen Blöcke bemerken wir, und endlich erheben sich zu unserer Linken weiß schimmernde Dünenhügel, ganz kahl oder mit wenig dünnem Strandhafer bedeckt und dürftig mit Dünengras (Ammophila arenaria) bewachsen. Zwischen ihnen liegen die Hütten eines armen Fischerdorfes, Duhnen, ein trauriger, öder Aufenthalt, und darüber hinaus erscheint mit hohem Leuchtturme die Insel Neuwerk, die bei tiefer Ebbe dergestalt durchs Watt mit dem Lande zusammenhängt, daß sie trockenen Fußes, ja sogar mit Pferden und Wagen zu erreichen ist; noch weiter hinaus wogt das hohe Meer. Das ist der Anblick zu unserer Linken.

Ungleich lieblicher aber ist das Bild, das sich uns rechts darbietet. Wir sind auf dem hamburgischen Gebiet Ritzebüttel. Freundlich umbuscht leuchten die roten Ziegeldächer des gleichnamigen Amtsfleckens; aus ihrer Mitte ragt das stattliche, burgartige, mit Wall und Graben umzogene Schloß des Amtmannes hervor, und kaum eine Viertelstunde davon schaut wieder ein Leuchtturm ins Meer hinaus: Cuxhaven, die Hauptlotsenstation und der Zufluchtsort aller nach Hamburg bestimmten Schiffe, wenn im Winter Eis und Schollen die Fahrt in die Elbe verbieten.

Der Insel Neuwerk bemächtigten sich zuerst die Hamburger und bauten einen Feuerturm und eine Kapelle darauf, und die lauenburgischen Herzöge bestätigten sie schon 1299 in diesem Besitz. Das feste Schloß Ritzebüttel samt dem Amte aber war in den Händen des adligen See- und Strandräubergeschlechts derer von Lappen, welchen die Hamburger zuerst einen Teil ihrer Besitzung abkauften, dann aber, als die edlen Lappen den Kaufkontrakt brechen wollten, ihnen das Schloß mit Gewalt nach einer Belagerung 1393 abnahmen. Auch dies erkannten die Lauenburger Herzöge bald gegen eine Geldentschädigung an, und seitdem ist Amt und Insel in Hamburgs unbestrittenem Besitz.

Cuxhaven war das erste Seebad Deutschlands. Kein anderer als der Göttinger Physiker und Satiriker Lichtenberg war es, der diesen Ort in einem öffentlichen Aufsatze mit der Überschrift: »Warum hat Deutschland noch kein Seebad?« gegen Ende des 18. Jahrhunderts dazu vorschlug. In dem ersten Jahre des 19. Jahrhunderts kam es zustande und blühte rasch empor. Mit jedem Jahre wuchs die Zahl seiner Gäste. Als aber in den zwanziger Jahren die Bäder auf Wangerooge, Norderney und Helgoland entstanden, sank es ebenso rasch wieder zu völliger Unbedeutsamkeit herab. Entferntere Gäste kommen kaum mehr hin, so daß nur Einwohner des Fleckens Ritzebüttel oder Landleute der nächsten Umgebung jetzt noch dort baden.

Das Gebiet Ritzebüttel bildet die Landspitze, welche die Wasser der Weser und Elbe zu beiden Seiten umfluten. Wir wenden uns jetzt dem letzteren Fluß zu, und seine erste, seine reichste und herrlichste Marsch liegt mit ihren Turmspitzen, baumreichen, stattlichen Bauerngehöften und üppigen Kornfluren vor uns ausgebreitet.

Das Land Hadeln

Unter allen fruchtbaren Marschen von Holland an oder an den Ufern der Ems, der Weser, der Elbe bis hinauf nach Nordfriesland gibt es wohl keine, die in schöner Frühlings- und Sommerzeit solch ein Bild mächtiger Fülle und Üppigkeit darbietet, keine, wo Kultur und modernes Leben, Luxus und Intelligenz derart ihren Sitz aufgeschlagen, keine, deren kräftiges Volk seit uralten Zeiten in Sturm und Wechsel der Jahrhunderte so viele Freiheiten und Rechte und eine so straffe Selbständigkeit und Unabhängigkeit in der Verwaltung seiner inneren Angelegenheiten zu behaupten wußte, als das Land Hadeln, die nördlichste Marsch am linken Elbufer, jener prächtige Strich Landes, der sich vom Stift Neuhaus am kleinen Binnenfluß der Oste nordwärts bis zum hamburgischen Amte Ritzebüttel erstreckt.

Treffen wir in den meisten Marschen vorhingenannter Uferstriche eine mehr oder weniger rein friesische Bevölkerung an, so tritt uns im Lande Hadeln eine Marsch entgegen, die auch nicht ein einziges friesisches Element darbietet, sondern, gleichwie ihre südliche Nachbargegend, das Land Kehdingen, von einem Volk echt niedersächsischen Stammes bewohnt wird. Beiden Marschen gegenüber, jenseits der breit dahinflutenden Elbe, wohnen die stammverwandten sächsischen Brüder; dort liegt das Land der ruhmreichen Dithmarscher, die Kremper- und die Wilstermarsch, und erst weiter hinab, wo die Wogen der eigentlichen Nordsee gegen die schleswigschen Küsten, Inseln und armen Halligen branden, treffen wir wieder Friesenblut und Friesensprache, dort aber auch so rein und unverfälscht wie nirgends. Die Stammverschiedenheit Hadelns von den friesischen Marschen tritt schon auf den ersten Blick hervor und zeigt sich, wenn man tiefer und aufmerksamer Land und Leute betrachtet, fast in jeder Beziehung. Sobald man die Grenze des Landes Wursten überschreitet und sich Hadeln zuwendet, wird sogleich der Dialekt anders. Das friesische »Sch«, das ganz wie »Sg« klingt, also in »schön«, »Schule«, »Fische« wie »sgön«, »Sgule«, »Fisge« lautet (genau der westfälischen Mundart entsprechend), verschwindet hier auf einmal gänzlich, und das »a«, das noch eben vorher tief und dumpf wie ein zusammengezogenes »oa« tönte, z. B. in »Water«, »Vader« und »Haar«, klingt plötzlich ganz hell und rein. Kein friesischer Vorname, kein Ummo, Eide, Lubbe, Siade, Siebe usw., von denen es im Lande Wursten wimmelt, tritt uns entgegen, und auch die vollen, rundgeschnittenen, blauäugigen, blondbärtigen Friesengesichter, die mächtigen, breitschultrigen, ins Korpulente gehenden Gestalten vermißt man nun, während hier die hochgeschossenen, schlankeren Staturen und schmaleren, markierteren Gesichter sofort Sachsenblut verraten.

Hauptsächlich aber liegt die Verschiedenheit im Charakter. Der Hadler ist sicherlich der rührigste und lebendigste aller Marschbewohner. Das friesische Phlegma geht ihm gänzlich ab, ebenso jener starre Konservatismus, jenes zähe Festhalten an alten Sitten, Gewohnheiten und Vorurteilen; vielmehr erfüllt ihn der regste Fortschrittsgeist und das lebendigste Streben nach Bildung, verbunden mit einer unverkennbaren Liebe für Luxus, Prunk und Sitte modernen Lebens. Beim Hadler ist allerdings viel Städtisches aufs Land gezogen, aber es hat sich hier mit dem gesunden und kräftigen Bauerntum zu einem so harmonischen Ganzen verschmolzen, daß man sich nur aufrichtig darüber freuen kann, und wir werden sicherlich im Laufe der Zeiten noch bedeutsame Erscheinungen aus dieser Verschmelzung hervorgehen sehen.

Gilt es indes, das gute Alte aufrecht zu halten, so ist auch der Hadler immer der Mann dazu, und es gibt, wie gesagt, kein anderes Marschvolk, welches sich den Unabhängigkeitssinn so starr bewahrt hätte, und keins, das mit solchem Recht stolz sein darf auf seine vielhundertjährige treffliche innere Verfassung, als eben die Hadler.

Auch in der äußeren Erscheinung unterscheidet sich das Land in vielen Stücken von andern Marschen, nur Kehdingen ist ihm ähnlich. Wie Osterstade und das Land Würden fast eine einzige grüne Weidefläche, so ist Hadeln im Sommer von einem Ende bis zum andern ein prächtig wogendes Saatenmeer. Viehzucht tritt gegen den Ackerbau gänzlich in den Hintergrund; denn sie wird nur zur Düngererzielung wie zum eigenen Milch- und Fleischbedarf getrieben, und fast nur auf dem mächtigen Außendeiche (Groden) und auf einzelnen Kleeäckern weidet Rindvieh. Sonst erblickt man ringsum nur gelbe, leuchtende Rapsäcker, köstliche Weizenfelder und hochwogende Roggenfluren, deren rundgewölbte einzelne Ackerstücke von ungeheurer Länge durch Gräben voneinander getrennt sind.

Der Boden ist dem im nördlichen Lande Wursten sehr ähnlich, ziemlich leicht, sandig und vermöge der vielen Kalkteilchen, die er enthält, von heller, fast weißlicher Farbe. Klee, Wicken und andere Kalkpflanzen gedeihen daher in großer Üppigkeit, während der feine Sand auch den kieselbedürftigen Cerealien zuträglich ist. In gewisser Tiefe aber ziehen sich fast überall mächtige alte Lager und Bänke von Infusorienpanzern und halb oder ganz verwitterten Muscheln unter der Oberfläche des Bodens hin und haben für die Kultur des Landes hier dieselbe Wichtigkeit wie die ähnlichen Schichten im Lande Wursten und im Butjadingerlande, indem man die kohlensaure Kalkerde im Winter aus großen Gruben holt, die Ackerkrumen damit vermischt und dadurch neue Kräfte und Fruchtbarkeit hervorruft. Hier und im Lande Wursten heißt dies Verfahren »kuhlen«, während es in den oldenburgischen Marschen, wo auch nicht einzelne Gruben, sondern lange Gräben längs den Äckern zu diesem Zweck geschaffen werden, »wühlen« heißt.

Hadeln zerfällt sehr naturgemäß in sein Hochland und Sietland. Letzteres liegt gegen Süden, begrenzt von großen Mooren und Sümpfen. Auch die eigentümlichen kleinen Seen des Amtes Bederkesa liegen in seiner Nähe, wie der Stinstädter, der buchenumlaubte Bederkeser, der schilfreiche Balksee und der Flögersee, an welchem im Mittelalter ein berühmter Falkenfang war; so ist denn auch das ganze Sietland, wie schon sein Name sagt, äußerst niedrig und feucht. Bis auf die letzte Zeit bot es jeden

Winter nur eine unabsehbare Wasserfläche dar, weil alles Land weit und breit ringsum von den ausgetretenen Seen so überflutet wurde, daß nur die höher gelegenen Häuser und Dörfer aus der Wasserfläche ragten. Aller Verkehr im Lande fand also durch Boote statt, in ihnen fuhr man zur Kirche, zu Besuch und sah Hochzeits- und Leichenzüge in solchen Bootsflottillen. Hatte es aber gefroren und wollte das Eis weder halten noch brechen, dann war auch der letzte Verkehr im Innern aufgehoben. An die Aussaat des Winterkorns war natürlich nicht zu denken, nur Gerste und namentlich Hafer säte man ins feuchte Land.

Jetzt ist das ein überwundener Standpunkt. Nachdem bereits gegen das Ende des 18. Jahrhunderts verschiedene Entwässerungsanlagen, Mühlen usw. ohne durchgreifenden Erfolg geschaffen waren, entschloß man sich, durch einen mächtigen, zugleich schiffbaren Kanal die verderblichen Abflüsse aus den obigen Seen, Sümpfen und Mooren zu sammeln und mitten durchs Land unweit Otterndorf vermittels einer großen Schleuse in die Elbe zu führen.

Den Kanal selbst führte sodann die hannoversche Regierung im Jahre 1860 in westlicher Richtung weiter bis zum Geestefluß, und damit war dann neben dem früheren sogenannten Hamme-Oste-Kanal die zweite Binnenlandsverbindung der Elbe und der Weser hergestellt und ein Gedanke verwirklicht, den Bremer Kaufleute schon im 16. Jahrhundert gehegt hatten.

Das Hochland, dicht hinter dem starken Elbdeiche liegend, ist und bleibt indes das rechte Kornland und dasjenige, welches man im Auge hat, wenn man von hadelscher Pracht und Üppigkeit, Luxus und Kultur spricht.

Überall umhergestreut ragen hier aus dem mächtigen Saatenmeere die einzelnen herrlichen Gehöfte hervor, und da sie alle mit reichem Baumwuchs, meist Eschen, Erlen, auch wohl Linden, umgrünt sind, erscheint auf den ersten Blick das ganze Land mit schönen Gehölzen durchzogen, und nur selten kann das Auge den Horizont erreichen.

In den eigentlichen Dörfern, die um die Kirchen gruppiert sind, wohnen ganz wie in den oldenburgischen Marschen außer Pfarrer und Küster meistens nur Handwerker, Wirte, Krämer und Tagelöhner. Die großen Höfe aber liegen alle einzeln, umgeben von ihren Ländereien, wie denn auch die sämtlichen Gebäude und der Garten wiederum von breiter Graft, einem wahren Burggraben, umzogen sind, so daß zuweilen nur eine Brücke den Zugang vermittelt. Sperrt der Hadler auch diese, so kann er stolz wie ein Brite sein, »My home is my castle« sagen, und es gibt Höfe, über deren Brücken im ersten Morgengrauen eine Kavalkade von zwanzig kräftigen Ackergäulen trabt.

Das Äußere der Häuser und auch das Innere, d. h. soweit es der Landwirtschaft gewidmet, hat nichts Städtisches. Alle Häuser sind wie in den übrigen Marschen ohne Stockwerk und wie im Lande Wursten in hohe, steile Giebel auslaufend; auch ist gerade wie dort alles Fachwerk, nur hat das Holz keine grüne, sondern eine hellgraue Steinfarbe, und das riesige Dach ist stets aus Stroh. Daneben stehen dann zu beiden Seiten des Hofes die Kornscheunen, rings mit Dielen bekleidet, die nach uralter Landessitte stets braunrot angestrichen sind. Ganz wie in Skandinavien herrscht hier überhaupt eine eigentümliche Vorliebe für diese Farbe. Braunrot ist fast jede Hütte, jeder Pflug und Ackerwagen, jede Planke, jedes Geländer, jeder Schlagbaum, und nur das Fachwerk der Hauptgebäude trägt jene weißliche Steinfarbe. Alte Bauernwappen, wie die Wurster und andere Friesenstämme sie führen, sieht man hier nicht an den Häusern, aber auch das uralte Sachsenzeichen, die beiden Roßköpfe am Giebel, kommt nicht im Lande Hadeln vor.

Auf der großen, hartgeklopften Diele (Tenne) des Vorhauses wird im Winter gedroschen, und das Vieh schaut zu beiden Seiten über eine kleine Holzbrüstung, die den Zweck hat, die beim Dreschen umherspringenden Körner zusammenzuhalten. In Kehdingen und an einigen Orten des Landes Wursten hat man ebenfalls diese Brüstung; ein Zeichen, daß hier der Ackerbau vorherrscht und die Viehzucht zurücktritt; denn in Osterstade, Würden und dem Stadlande, wo umgekehrt das Vieh in erster Reihe steht, läßt man diese Brüstung absichtlich weg, eben damit die Tiere auch ihr Teil vom Dreschen bekommen.

Eine Wand mit Flügeltür scheidet sodann, wie auch in andern Marschen, die große Diele vom Hinterhause; denn letzteres ist fast allgemein für Wohngemächer bestimmt, die hier an einen gemeinsamen, geräumigen Vorplatz stoßen. Er ist stets mit geschliffenen, roten Sandsteinplatten (Fliesen) belegt, und mitunter lassen Marmorplatten auf die besondere Wohlhabenheit des Hausbesitzers schließen, die uns aber erst in den Zimmern in eigentlich glänzender Erscheinung entgegenzutreten pflegt. Teppiche bedekken oft den Boden, elegante Tapeten die Wände, reiche Geräte stehen umher, die schwersten Gardinenstoffe umbauschen großscheibige Fenster, Kupferstiche und Familienbilder blicken aus breiten Goldrahmen, und das feinste Porzellan, das gediegenste Silbergeschirr glänzt dem Gaste vom Damastgewebe, das den Mahagonitisch verhüllt, entgegen. Namentlich ist der Silberreichtum in einigen Häusern zum Erstaunen. Das hat freilich seine Ursache. Es herrschte nämlich hier, wie in einigen andern Elbmarschen, die Sitte, daß bei Hochzeiten fast jeder Gast dem jungen Paar ein Stück Silberzeug, wenigstens einen silbernen Löffel, schenkt. Bei den großen Hochzeiten nun, zu denen sich namentlich in früheren Zeiten selten weniger als vier- bis fünfhundert Gäste einfanden, war es also natürlich, daß sich im Laufe der Zeit das Silbengeschirr in alten Familien gewaltig anhäufen mußte. So wurden schon bei einer Erblassung aus einem einzigen Hause über 300 Pfund Silber verteilt.

Hinter dem Hause liegt stets der Garten, oft höchst geschmackvoll, parkähnlich angelegt und mit den schönsten Gewächsen, dem reichsten Blumenflor geschmückt. Es gibt einige Gärten hier, die überraschend schön und großartig sind.

Ein anderer Luxus ist die Vorliebe für elegantes Fuhrwerk. Sonntags beleben sich bei schönem Wetter die Landstraßen mit allen Arten moderner Wagen, gelenkt durch Kutscher in geschmackvoller Livree.

Der Hadler spielt ebenso leidenschaftlich wie seine Nachbarn, die Wurster und Kehdinger, und gern hoch. Im Sommer wird überall gekegelt und auf den besten Wurf gewettet und pariert. Geistliche und Beamte sieht man häufig mit den Hausleuten verkehren; denn das selbständige Volk duldet einmal kein Überheben der einzelnen Stände. Wollten jene sich streng sondern, so würden sie bald allen Einfluß verlieren, ganz allein stehen und sicherlich eine höchst unangenehme Stellung einnehmen. Nicht den Beamtenrock oder Talar, sondern nur den Mann respektiert der Hadler, wenn er's verdient.

Das Bier hat sich erst spät im Lande Bahn gebrochen. Man trinkt überall Wein, meist teure Bordeauxweine, denn der Hadler ist in dieser Hinsicht etwas verwöhnt. Bälle und größere Gesellschaften gehen fast nie ohne Champagner vorüber, und in Hamburg endlich wird oft in allen, auch den allerraffiniertesten und pikantesten Genüssen geschwelgt, welche die üppige Weltstadt zu bieten hat.

Aber dennoch und trotz alledem: wo er Bauer sein muß, da ist der Hadler auch Bauer mit Leib und Seele im wahren und besten Sinne des Wortes. Er schämt sich ebenso wenig des großen Misthaufens vor der Haustüre als seiner alten, kurzen Arbeitsjacke, wenn er im Felde ist. Viel einfacher und bescheidener in Wohnung, Tracht und Sitte ist der Sietländer, in gleichem Maße, wie sein Boden an Güte und Fruchtbarkeit dem des Hochlandes nachsteht. Auch jene großen Marschhöfe und ihre Reichtümer finden sich nicht bei ihm, obgleich eine erfreuliche Wohlhabenheit im Sietlande sehr verbreitet ist.

Unter sich sprechen alle Hadler nur ihr Plattdeutsch, und so sehr sie feine Gaumengenüsse kennen und schätzen, ist ihre tägliche Landeskost einfach und schwer. Auf dem Tisch der Dienstboten, in den niederen Ständen und auch in den meisten Bauernfamilien sind mächtige Mehlklöße (hier »Klüten« genannt), nur mit Weizenmehl, Wasser und Salz angerührt und im Verein mit Speck oder geräuchertem Rindfleisch, das alltägliche und fast einzige Gericht. Frühmorgens schon gibt's hier Klüten, mittags Klüten, abends Klüten, seien sie nun frisch oder kalt in die Pfanne geschnitten und mit Fett durchbraten.

Eine so blutig sturmvolle Geschichte wie die der Wurster, Stedinger und Butjadinger hat das Land Hadeln nicht. Es hat sich durchweg einer inneren Ruhe und Sicherheit erfreut wie keine andere Marsch. In sehr einförmigem Zuge, ohne allzu große bedeutsame Ereignisse ist der Zeitenlauf darüber hingegangen, seit es den Fluten entrungen wurde.

Seit dem 13. Jahrhurndert erscheinen die Hadler äußerst unabhängig, mit drei Häuptlingen und im Bündnis mit den Wurstern; dann führen sie 1373 eine an sich ziemlich unbedeutende Fehde mit den Ostfriesen, operieren hierauf aus kluger Politik gegen die Erzbischöfe, die nachgerade ihr Augenmerk auch auf sie richteten, und begeben sich unter Schutz und Landeshoheit der kräftigen Herzöge von Lauenburg, askanischen Stammes. Unter diesen lebte Hadeln sicher und glücklich, in ungestörter Entwicklung seiner inneren Zustände, alle seine Freiheiten und Rechte von ihnen bestätigt sehend. Als der Stamm der lauenburgischen Herzöge endlich 1687 erlosch, erfolgte, da sich von allen Seiten Prätendenten zu diesem schönen Ländchen fanden, von 1687 bis 1731 ein kaiserliches Sequester; aber Kaiser Leopold ließ alle Freiheiten der Hadler nicht nur unangetastet, sondern bestätigte sie sogar für ewige Zeit von neuem; endlich wurde Hadeln dem Hause Braunschweig-Lüneburg zugesprochen, und Georg II. trug bei seiner Thronbesteigung wiederum kein Bedenken, die alten republikanischen Freiheiten zu besiegeln. Das ist der kurze Abriß der einfachen Landesgeschichte.

Wie sie selbst keine hervorragenden und bedeutsamen Momente aufzuweisen hat, so vermißt man auch interessante historische Denkmale im Lande. Die wenigsten Familien führen Wappen, alte merkwürdige Grabsteine gibt es nicht, nur die Kirchen haben mitunter manches Anziehende, sind oft ziemlich reich von der wohlhabenden Gemeinde ausgestattet, und fast an jeder stehen zwei Prediger, ein sonst seltener Fall auf dem Lande.

Die Kirche zu Altenbruch, ein altes Bauwerk von Granitblöcken, hat zwei schlanke Turmspitzen und im Innern einen figurenreichen, geschnitzten und bemalten Flügelaltar, ein höchst interessantes Werk rheinischer Kunst und wahrscheinlich der Schule von Calcar angehörend, der Sage nach bei Altenbruch als Strandgut gefunden.

Andere Altarflügelwerke, wenn auch nicht von solchem Kunstwerte, schmücken die alten Kirchen zu Nordleda, Ihlienworth und Lüdingworth, in fast allen aber bedeckt eine Menge von Votivtafeln und Bildern die Wände und gibt Zeugnis von altem Wohlstande und kirchlichem Sinn der Hadler. Solch historisches Interesse, wie die alten Wurster und Butjadinger Kirchen es bieten, haben indes die des Landes Hadeln durchaus nicht.

Das beste, herrlichste und merkwürdigste Altertum dieses Volks bildete seine freie Verfassung, die sich Jahrhunderte hindurch in einer Reinheit und Selbständigkeit erhalten hat wie in keiner andern Marsch, und wohl hatte es ein Recht, stolz darauf zu sein und mit aller Macht und Ausdauer sie zu behaupten. Ein gedrängtes Bild dieser alten ständischen Verfassung in seinen Grundzügen wiederzugeben möge hier versucht werden.

Das Land Hadeln ist seiner alten Einrichtung nach in drei Stände geteilt. Das Hochland bildet den ersten, das Sietland den zweiten, die Stadt Otterndorf den dritten Stand.

Die aus den Gemeindewahlen hervorgegangenen Schultheißen, Landschöffen und Bevollmächtigten des Hochlandes und des Sietlandes sowie der Bürgermeister der Stadt Otterndorf mit den Senatoren und Bürgervorstehern bilden in der Gesamtheit die Hadelnschen Provinzialstände.

Eine Versammlung dieser Gesamtstände aber findet nur in ganz besondern Fällen statt; für die regelmäßige Versammlung der ständischen Angelegenheiten besteht jetzt ein eigener Ausschuß aus den 12 Schultheißen, 12 Bevollmächtigten, dem Bürgermeister der Stadt und einem Bürgervorsteher, welcher schlechthin die Ständeversammlung genannt wird, und der Präsident dieser Stände ist stets der jeweilige präsidierende Schultheiß des Hochlandes (ersten Standes), und endlich noch haben die Stände von jeher einen eigenen Syndikus gehabt, dessen Gehalt zum Teil aus der Generalsteuerkasse des Königreichs Hannover gezahlt wurde, gegenwärtig aber von den Provinzialständen zu Hannover übernommen ist, bzw. von den Hadelnschen Ständen selbst gezahlt wird.

Hervorgegangen aus den freien Wahlen jener großen Hadelnschen Volksversammlungen, die man unter freiem Himmel auf dem zwischen Otterndorf und Altenbruch liegenden »Warningssacker« hielt, hatte diese Versammlung einst alle Macht in Händen, bestimmte Fehde und Friede, schloß Bündnisse und Verträge mit auswärtigen Fürsten und Nachbarländern, setzte die Abgaben fest, schuf die Gesetze, und selbst als das Land sich unter die Regierung der Herzöge von Lauenburg begeben hatte, bedurfte noch jede Verordnung der letzten Bestätigung dieser Provinzialstände. Aber auch noch jetzt haben sie eine ungemein freie Bewegung. Alle gemeinsamen Landesangelegenheiten werden von ihnen geregelt und verwaltet, das Deichwesen, der Ufer- und Schleusenbau sowie die Entwässerungs- und Kanalbauten, die Polizei, das Pupillenwesen (Waisenfürsorge), die Anleihe auf den Landeskredit, das Gesamtrechnungswesen, die Verteilung der Einquartierungslast und endlich die Realisierung höherer Regierungsbeschlüsse.

Ebenso erfreut sich Hadeln seiner eigenen Kirchenverfassung und eines vom übrigen Königreiche unabhängigen Konsistoriums.

Wahrhaft erfreulich war das Bild der uralten hadelnschen Gerichtsverfassung. Keine Marsch hat die alte wackere Regel, daß jeder nur von seinesgleichen gerichtet werden kann, so lange behauptet als dies eigentümliche Ländchen.

Da sind zuerst die schon aus dem zwölften Jahrhundert urkundlich nachzuweisenden Kirchspielsgerichte, bestehend aus dem Schultheiß als dem Präsidierenden und den Landschöffen. Früher nahmen selbst die Gemeindebevollmächtigten teil, und der Kirchspielschreiber führte das Protokoll. Vordem tagte auch das Kirchspielsgericht ganz öffentlich, meistens sonntags nach beendetem Gottesdienst, unter freiem Himmel auf dem Kirchhofe, damit alle hören und sehen konnten, wie's dabei zuging. Später versammelte es sich, wenn gerade Fälle vorlagen, im Wirtshause aber im Hause des Schulzen, an einigen Orten auch in einem eigenen Gebäude. Es hatte Spruchkraft in allen persönlichen und dinglichen Streitigkeiten der Einwohner des Kirchspiels, ohne Rücksicht des Objekts und dessen Betrags. Kontrakte wurden geschlossen, Verträge, Ehestiftungen, Schenkungen, Erbauseinandersetzungen vollzogen; streitige Güter sequestriert, Vormünder ernannt, Testamente deponiert oder eröffnet und Hypotheken bestellt.

In Kriminalfällen hatte das Kirchspielsgericht die Konstatierung des Verbrechens und das, was zur Generalinquisition gehört, zu veranlassen, überhaupt die Untersuchung aller außerordentlichen Vorfälle, denen ein Verbrechen zugrunde liegen konnte. Ferner handhabte es in allen Beziehungen die Polizei, deren Ausübung zunächst dem Schultheißen oblag, während höheren Orts sodann die Straferkenntnisse geprüft und bestätigt wurden. Aber fast bei all diesen Gerichtsverhandlungen wurde stets nur das derbe hadelnsche Plattdeutsch gesprochen.

Alle Stellen wie die des Schultheißen, Landschöffen, Bevollmächtigten, Leviten (Kirchspielsarmenpfleger) usw. sind reine Ehrenämter ohne Einnahmen und oft mit Ausgaben verbunden, welche durch die geringen Sportelerhebungen nicht gedeckt werden können. Aber das ist es eben, was diesen Richterstand des Volkes doppelt bedeutsam und ehrwürdig macht.

Bis zu Anfang des 15. Jahrhunderts hatte man noch kein geschriebenes Landesgesetz und richtete nur nach Herkommen und Gewohnheiten, eine Sitte, die durch das im Jahre 1407 von Herzog Erich eingeführte sächsische Recht nicht verdrängt wenden konnte. Erst im Jahre 1439 traten mehrere Kirchspiele zusammen und verfaßten in 58 Artikeln das Landrecht, und diese Artikel sind die Grundlage der späteren Verfassung, die 1544 unter Franz I. zusammengetragen und 1583 publiziert wurde. 1609 ließ Franz II. der Landesversammlung auf dem Warningsacker ein neues Landrecht zur Annahme vorlegen, das aber wurde rund abgewiesen.

In allen Stürmen und Wechseln von Jahrhunderten hat sich jene uralte Verfassung, als einziges und merkwürdiges Beispiel seiner Art, zum Wohle des Landes in Ehren gehalten bis auf die letzten Zeiten, deren umgestaltender Kraft auch hier manches weichen mußtc.

Trägen Laufes durchschlängelt der kleine Medem-Fluß, in der Volkssprache die Mäme genannt, mit seiner braunen Moorflut das Land und mündet durch eine mächtige Schleuse in die Elbe. An dieser Medem liegt Otterndorf, ein altmodisches, aber freundliches Landstädtchen, in das noch vor einigen Jahrzehnten an beiden Enden ein altes Burgtor führte, geschmückt mit den lauenburgischen und dem Stadtwappen, einem Otter (Fischotter) über dem sächsischen Rautenkranze.

Es ist eben nichts Sehenswertes an und in dem Städtchen, aber sein seit dem Jahre 1868 in eine höhere Bürgerschule umgewandeltes Progymnasium ist der wichtige und segensreiche Herd der Bildung und Aufklärung der ganzen Gegend geworden. An dieser Schule stand einst J. H. Voß als Rektor; hier hat er seine Übersetzung der Odyssee vollendet und einige seiner schönsten Idyllen gedichtet. Das Rektorhaus ist noch dasselbe, welches der alte, behagliche Poet mit seiner kleinen, hausmütterlichen Ernestine bewohnte. Auch die Laube des Gartens, dicht an der Medem, die er selber pflanzte, grünt noch. Die guten Otterndorfer tun sich viel darauf zugute, daß sie solch berühmten Mann in ihren Mauern gehabt haben, und erzählen eine Menge Geschichten von ihm. Auch existieren noch in vielen Familien von Voß geschriebene Gelegenheitsgedichte, als sorgsam aufbewahrte Reliquien. Auch Schwager Boje, der Herausgeber des berühmten Göttinger Musenalmanachs, kam oft herüber von Meldorf in Dithmarschen, wo er Landvogt war, und lebte ebenfalls noch lange im Gedächtnis der Otterndorfer.

Die Familie Voß wurde damals schon von den Hadlern hoch gefeiert und geachtet, so daß sie sich der vielen Einladungen, die von allen Seiten an sie ergingen, kaum erwehren konnte, obwohl es die knappe Besoldung von nur 300 Talern, welche eine Beschränkung auf das Notwendigste mit sich führte, gebieterisch verlangte. Trotz dieser Kärglichkeit des Lebens verlor Voß den Mut niemals, und seine Freunde und Bekannten waren entzückt von der Liebenswürdigkeit des Dichters und seiner Gattin, namentlich aber von dem unverwüstlichen Humor und Herzensfrohsinn, der beide beseelte. Vielleicht tat auch das echt Bäuerliche und Derbe in Vossens ganzem Gebaren ein übriges, um ihn bei den Hadlern beliebt zu machen.

Im ganzen war er mit seiner Stellung zufrieden, nur seinen vertrautesten Freunden klagte er manchmal im stillen, was ihn bedrückte. So schreibt er einmal an seinen Miller in Ulm: »Ob ich zufrieden bin, fragst Du mich? Zu Fremden sag ich mit heiterer Stimme: Ja! Bei Dir kann ich aber ja wohl hinzusetzen, daß ich doch gern etwas besser hätte. Von 8-12 und 2-4 schieb ich nun täglich die Karre, worauf größtenteils solcher Schund als amo, amas, amat und dergleichen geladen ist, und eine Stunde brauche ich täglich zur Vorbereitung: Dafür nehme ich an dreihundert Thaler ein, das heißt, wenn die Schule mäßig besetzt ist. Das alte Rektorhaus lag im Morast und hatte niedere Zimmer nach einer dumpfen Gasse, da kauften sie mir dieses und gaben jenes dem Kantor. Hier sehe ich nun aus meiner Gartenlaube über den Fluß Mäme ins Feld und vorne am Tor vorbei auf den Kirchhof. Die Gegend ist im Sommer recht gut, aber im Winter und Herbst sehr traurig; denn wir haben hier tiefe Marsch, also weder Berge noch Quellen noch Wälder. Das Wasser, das wir trinken, sammeln wir von den Dächern und heben's in Tonnen auf. Oft riecht's und muß doch hinunter, denn Quellwasser kommt eine Meile weit her. Meine Erholung vom Karrenziehen ist Ernestine, der einzige Freund und die einzige Freundin, die ich hier habe, und dann der kleine, freundliche, dicke Junge, der täglich klüger wird. Diese stärken mich, daß ich die Odyssee vollenden kann. Die Hadler sind sehr mit mir zufrieden, und das hat zur Folge, daß wir immer soviel ausgenötigt werden. Es ist ein gutes, treuherziges Volk, nur ein wenig stolz ist der reiche Marschbauer.«

Später bekamen beide Ehegatten ein hartnäckiges Marschfieber und sehnten sich fort nach einer freundlicheren und gesunderen Gegend, wo es doch Wald und Quellen und Nachtigallen gab. Dazu kam noch obendrein die Nahrungssorge. Endlich mußte aber doch einmal für die vielen Einladungen und Ehrenschmäuse Revanche gegeben werden. Eines Tages beschloß man wirklich, dieselbe ins Werk zu richten. Doch es haperte an allen Ecken und Enden; da waren keine Teller, keine Gläser, keine Stühle, da fehlte so viel und so manches, daß es Mütterchen Ernestine angst und bange ums Herz wurde. Vater Voß aber ließ den Mut nicht sinken und wußte Rat zu schaffen. »Nur nicht gleich den Kopf verloren, Ernestinchen«, ruft er, »haben wir keine Teller, so mache ich's wie mit den Büchern und lasse eine Anzahl zur Ansicht kommen; fehlen uns Gläser, so habe ich noch viel Schöneres; denn der große Göttinger Pokal soll dafür kreisen; es hat der unsterbliche Hainbund daraus getrunken, Stolberg und der liebe Hölty, Miller, Leisewitz und Hahn, ja selbst der herrliche Balladensänger Bürger, und wenn solche gottbegeisterte Lippen ihn berührt und geweiht haben, dann können sich's unsre guten Hadler nur zur ungeheuer großen Ehre rechnen, wenn ich ihnen diesen Becher reiche. Nun aber die Stühle – das ist ein fataler Punkt.«

«Dafür weiß ich Rat«, entgegnet Ernestine. »Wozu könnten wir deine alten dicken Folianten besser benutzen?« »Bravo, bravissimo! Du weißt es, liebstes Hausmütterchen!« ruft Voß, in lautes Lachen ausbrechend. »Das ist ein prächtiger Einfall und ein unbezahlbarer Ratschlag. Unsere gewichtigen Hadler sollen sich einmal bei mir aus Leibeskräften auf die alten Klassiker werfen, und es soll ihnen schon gut bekommen.«

Jubelnd ward nun in solcher Weise der Festsaal zugerichtet und rings an den Wänden wurden aus all der griechischen und römischen Weisheit und Poesie in Pappe und Schweinsleder für die ehrenwerten Hadler Diwans, Sofas und Sessel aufgebaut. Und die Fete fiel denn auch über alle Maßen prächtig aus. Mütterchen Ernestine zeigte sich als die perfekteste Köchin, und Vater Voß ließ im Pokal den edelsten Rheinwein kreisen und war so unerschöpflich im Erzählen der köstlichsten und derbsten Schnurren, daß das kleine, schwachgebaute Rektorhaus von einem fortwährenden, wahrhaft homerischen Göttergelächter bis in seine Grundfesten erdröhnte. Aber es sollte noch in ganz anderem Maße erschüttert werden. Manche glattledernen Foliobände hatten sich nach und nach verschoben; mit einemmale brach ein solcher Bücherthron unter einem alten, schwerwiegenden Schultheiß zusammen, und unter einem erneuerten und verdoppelten Lachdonner lag der würdige, gesetzgebende Körper stöhnend am Boden, mühsam sich wieder emporrappelnd.

Es blieb nicht bei diesem einzigen Falle, und der Schultheiß hatte die Genugtuung, in der Folge noch mehrere wohlbeleibte, klütengenährte Hadler von ihrer klassischen Höhe herabsinken zu sehen.

Alle aber waren einstimmig der Ansicht, solch einen prächtigen Abend nie genossen zu haben, den könne nur ein Poet schaffen, und noch heutigen Tages lebt das Andenken an die große Fete bei Vossens.

So waren beide förmlich die Lieblinge der Otterndorfer geworden, und Voß hatte schon manche einträglichere Stelle ausgeschlagen, weil ihm solche allgemeine Liebe gar wohl tat. Als indes das böse Fieber sowohl ihn wie seine Gattin gar nicht verlassen wollte, als Ernestine sichtlich hinsiechte und als nun endlich, durch Stolberg angeregt, der Ruf kam, Rektor im lieblichen Eutin zu werden und wieder mit den alten, lieben Bundesgenossen vereint zu werden, da konnte er der schönen Lockung nicht widerstehen und nahm die Stelle an.

«Nicht mehr schauen wir lang euch«, singt er in einer Elegie, wenige Zeit ehe er fortgeht:

Nicht mehr schauen wir lang euch, ihr Wohnungen ländlicher Freiheit,
Durch die Gefilde verstreut, jede von Eschen begrünt;
Nicht der trotzigen Ähren Ertrag und des blühenden Rapses
Gelbe Flur mit grünschilfigen Gräben gestreift;
Segnend verlassen wir bald dies ozeangrenzende Blachfeld,
Welches der Fleiß mühsam brausenden Wogen entrang.
Oft zwar fordert die Elb' in des Herbstnachtsturmes Begleitung
Mit hochbrausender Flut zornig ihr altes Gebiet,
Wild fliehn Möwen ins Land, mit Geschrei, das ermattete Pflugroß
Trägt zu des Walls Aufwurf Säcke mit dämmendem Schutt;
Und von donnernden Schleusen geschreckt drängt bange die Medem
Strudelnden Laufs in der Geest mütterlich Moor sich zurück,
Häusern auf ragender Wurte vorbei, wo der Bauer des Sietlands
Heimwärts rudert zum torfflammenden Herde den Kahn.
Ach, nun eilen wir bald in Eutins fruchtwallendes Seetal
Über Gefilde und Heid' und den bewimpelten Strom.
Daß wir, der sumpfigen Marsch Ankömmlinge, jubelnd die Felder
Wiedersehn, wie sie uns hüpfernde Kinder erfreut,
Wo uns schattet der Wald, wo Quellgesprudel uns tränket
Und am Bache den Mai grüßet ein Nachtigallchor.

Das ist ein so schönes, anschauliches Bild des Landes Hadeln, wie man es nicht besser geben kann.

Oft genannt lebt noch ein anderer berühmter Mann im Gedächtnis der Hadler, nämlich der arabische Reisende Carsten Niebuhr, welcher hier im Dorfe Lüdingworth geboren wurde, später in dänischen Staatsdiensten seine Reisen durch Syrien, Arabien und Ägypten machte und zuletzt bei seinem Schwager, dem Landvogt Boje, in Meldorf lebte, aber häufig seine Heimat besuchte, die er unendlich lieb hatte.

Auch diesen haben einige alte Hadler persönlich gekannt und seinen interessanten Erzählungen zugehört; manche derselben werden oft wiederholt, namentlich die jenes wunderbaren Zusammentreffens mit einem Hadler Mädchen im Innern der arabischen Wüste.

Niebuhr war Zeltgast eines alten Scheiks und traf diesen eines Tages im heftigsten Zornesausbruch gegen seine Sklavin, die in der Zeltecke mit irgendeiner Arbeit beschäftigt war. Als der alte Wüstenfürst schimpfend das Zelt verlassen hatte, hört unser Reisender auf einmal ein so unerwartetes Wort, daß er gar nicht weiß, wie ihm plötzlich geschieht. Es ruft nämlich, da der Alte fort ist, die Sklavin ihm nach: »Du ole Bullerballer!«

Man kann sich denken, welche wunderbare Wirkung es bei unserm Reisenden hervorrief, im Zelte eines arabischen Scheiks urplötzlich ein heimisches plattdeutsches Schimpfwort zu vernehmen.

«Min beste Deern, wo büst du her?« ruft nun auch er der ebenfalls Hocherstaunten zu, und welche Antwort tönt ihm entgegen? »Ut Lüdingworth im Land Hadeln.«

Das arme Mädchen war wirklich aus seinem Heimatorte. Auf der Reise nach Surinam, wo es ein Bruder zu sich nehmen wollte, war es durch einen Tuneser Seeräuber gefangen und nach Arabien verkauft worden. Der alte Niebuhr aber pflegte, so oft er diese Geschichte erzählte, zu bemerken: nie in seinem ganzen Leben habe ein Wort so tief und überzeugend seine Seele ergriffen wie dies einfache »Du ole Bullerballer«.

Das Land Kehdingen

Südöstlich vom Lande Hadeln und durch den Ostefluß, an dessen Ufern sich ebenfalls eine fruchtbare Marsch tief ins Land hineinzieht, davon getrennt liegt Kehdingen.

Diese Marsch streckt sich längs der Elbe südwärts hin und endet bei Stade an der Schwinge, die gerade zwischen ihr und dem Alten Lande die Grenze bezeichnet. Neues Interesse gewährt diese Gegend nicht. Wer Hadeln kennt, der kennt auch Kehdingen; denn beide Marschen gleichen einander, wenigstens in ihrem äußeren Charakter, so auffallend, daß ein scharfer Blick und ein längerer Aufenthalt nötig ist, um den feineren Unterschied der Gegenden zu bemerken.

In Kehdingen ist dieselbe niedersächsische Bevölkerung, dieselbe Bodenkultur und Bauart der Häuser. Man erblickt die bekannten gefugten Fächer, das weiß gemalte Ständerwerk, die hohen, steilen Giebel, die braunroten Bretterscheunen und die breiten, burggrabenartigen Graften, welche das ganze Gehöft umgeben. Auch die Höfe liegen ebenso zwischen ihren üppigen Raps- und Weizenfeldern umhergestreut wie in Hadeln. Im allgemeinen ist indes der Boden schon etwas schwerer, und es tritt deshalb auch die Viehzucht ungleich merkbarer als in der vorhin beschriebenen Marsch hervor. Sodann wird in neuer Zeit die Pferdezucht auffallend stark betrieben und eine feine, doch ziemlich schwere, vortreffliche Rasse kultiviert.

An geistiger Bildung aber steht der Kehdinger Bauer dem Hadler im allgemeinen um etwas nach, so sehr er ihm sonst ähnlich ist. Er ist ungleich derber als jener und trägt nur zu häufig sowohl seinen Reichtum als seine bäuerliche Derbheit auf prahlerische Weise zu Schau. Auf Schönheit und Eleganz seiner Wohngemächer, Möbel, Equipagen und Gärten hält er viel weniger als der Hadler; ist er aber an öffentlichen Orten, kommt er z. B. nach Otterndorf, Hamburg usw., so fordert er wohl, wie es fast sprichwörtlich geworden, seine »drei Flaschen Champagner und ein Messer«, nämlich um die Flaschenhälse abzuschlagen. Beim Karten- und Kegelspiel kann es ihm nicht 1eicht zu hoch gehen, er wirft dann mit blanken Talern um sich und kauft, wenn er nach Hamburg kommt, für seine Frau die kostbarsten Seidenstoffe. »Aber man jo von de allerbesten un allerschönsten«, ruft er dem lächelnden Ladenjüngling zu, »ick bün en Kehdinger Bur.«

Dieses Dicktun ist aber fast auch die einzige Schattenseite der Kehdinger. Sonst stehen sie in keiner Hinsicht andern Marschbauern nach, und selbst jenes rohe, prahlerische Gespreize tritt in neuester Zeit schon mehr und mehr in den Hintergrund.

Bietet indes das Land selbst weniger Anziehendes als Hadeln, so ist dagegen die Geschichte desselben ungleich interessanter und bedeutsamer. Auch dieses Volk hat gestritten und geblutet für seine Unabhängigkeit, aber es hat sich derselben nur selten zu erfreuen gehabt, und während andere Marschen noch lange als echte freie Republiken dastanden, mußte Kehdingen schon fremde Oberherrn über sich dulden. Wieweit seine Unabhängigkeit hinabreicht, weiß man nicht einmal. Schon im elften Jahrhundert treffen wir es als einen Teil der von Heinrich dem Vogler gestifteten Markgrafschaft Stade. Durch Erzbischof Hartwich I., welcher zugleich der letzte der Stader Markgrafen war, wurde es mit dem bremischen Erzstift vereint, und um sich Kehdingens gehörig zu versichern, erbaute dieser 1154 die erste Burg im Lande, zu Freiburg nämlich. Doch diese Zwingfeste sollte kein langes Dasein haben. Heinrich der Löwe, Braunschweigs ruhmvoller Herzog, der gegen Hartwich einen alten Hader hegte, zog 1177 mit einem ansehnlichen Heere heran, eroberte nach kurzem Kampfe die Stadt Stade und ließ auch sofort die Burg zerstören, so daß die Kehdinger wieder unabhängig wurden. Erzbischof Hartwich starb aber schon im nächsten Jahre, und sein Nachfolger Balduin war schwach, friedfertig und eng mit Heinrich dem Löwen befreundet. Kehdingen blieb unangetastet; aber als mit seinem Tode Siegfried, ein eifriger Ghibelline, den erzbischöflichen Thron bestieg, fing der alte Hader von neuem an. Während Heinrichs Verbannung nach England wurde Stade abermals erobert, und Siegfried ließ sich feierlich von Kaiser Friedrich I. mit der Grafschaft belehnen. Kaum aber war er 1184 gestorben, als sein Nachfolger Hartwich II. dem zurückgekehrten Heinrich aus freien Stücken alles wieder abtrat. Bis soweit blieb das Land Kehdingen frei und neutral.

Verträge brachten 1216 und 1236 endlich die Markgrafschaft Stade für immer an das Bremer Erzstift, und von da ab strebten die Erzbischöfe aufs eifrigste danach, die üppige Kehdinger Marsch unter ihren Krummstab zu bringen.

Der kriegerische, habgierige Gerhard II. hatte zuviel mit der Unterjochung der armen Stedinger zu tun, um Kehdingen nachdrücklich bekämpfen zu können. Hildebold, der jenem folgte, zog mit einem Heere dahin; aber die Kehdinger stellten sich so kriegerisch und entschlossen an ihrer Grenze auf, daß er es für geraten hielt, nach kurzem Kampfe von fernerem Angriffe abzustehen; erst seinem Nachfolger Gieselbert gelang es, von jenem Lande Besitz zu nehmen, freilich auf eine schmachvolle, hinterhältige Weise. Er stellte sich nämlich, als ob er äußerst freundlich gegen die Kehdinger gesinnt sei und an nichts weniger als an Unterjochung dachte. So schrieb er ein glänzendes Turnier zu Stade aus, um unter diesem Vorwand ihm ergebene Bewaffnete, Ritter und Reisige, raublustig wie er selber, in großen Scharen dort versammeln zu können. Zugleich aber wurden auch die ersten Bauern Kehdingens freundlich von ihm eingeladen, den Festen und ritterlichen Kampfspielen zuzuschauen. Ohne Wehr, arglos und vertrauend kamen sie in großer Menge herbei, und das glänzende Turnier nahm seinen Anfang. Als die Kampfspiele in vollem Gange sind, ertönt plötzlich ein verabredetes Signal, und im Nu fallen von allen Seiten die eisengepanzerten Ritter über die wehrlosen Bauern her. Es währt nicht lange, und eine Menge wackerer Bauern liegt schmachvoll hingemordet in ihrem Blute, und alles ist still. Dann fielen die bewaffneten Massen in die Marsch selbst ein, die nun ihrer besten Männer beraubt war, und so gelang es natürlich, mit der leichtesten Mühe alles zu erobern. Mit den Höfen der gemordeten Bauern beschenkte Gieselbert seine edlen Helfershelfer. Das war das blutige Turnier zu Stade im Jahre 1300, das allerschmachvollste Blatt in der ganzen Geschichte des Bremer Erzstifts.

So kam eine Menge Adel ins Land, den wir heute in keiner Marsch in so reicher Zahl ansässig finden als im Lande Kehdingen. Die Wahrheit dieser entsetzlichen Katastrophe ist freilich von einigen Historikern bezweifelt, von andern dagegen aufs festeste behauptet worden.

Noch einigemal versuchten es die Kehdinger, das verhaßte erzbischöfliche Joch abzuwerfen. So zerstörten sie z. B. die Zwingburg »Kiek in de Elv«; aber ihre innere Kraft war gebrochen, und sie wurden von den Erzbischöfen jedesmal besiegt; doch konnten letztere erst im fünfzehnten Jahrhundert sich des ruhigen Besitzes dieser Marsch erfreuen, der von da an weder von innen noch von außen bekämpft wurde.

In der alten Landesverfassung war die Gewalt der Erzbischöfe indes stets mit der des Volkes gepaart. Drei Gräfen (comites) ernannte der Erzbischof als die erste richtende und verwaltende Behörde, und diesen waren zwölf vom Volke gewählte »Hovetlüde« (capitanei) zur Seite gestellt. Auch ernannten die Erzbischöfe einige Schultheißen zu Richtern, und siebenundzwanzig Kehdinger Familien wurden ausdrücklich als erzbischöfliche Vasallen angeführt.

Alles das ist im Laufe der Zeiten bis auf äußerst wenige Spuren verschwunden, und Kehdingen ist als Provinz nicht freier und selbständiger als jedes andere hannöversche Amt.

Das Land zerfällt in den Freiburger und den Bützflether Teil. Wo beide zusammengrenzen, liegt ein freier Platz, der »Schinkel« genannt. Auf ihm wählte bis zu den letzten Jahren das Land seine »Hovetlüde«. Das alte, längst erloschene Landgericht wurde im Turm der Hammelwörder Kirche gehalten.

Altertümer besitzt diese Marsch fast gar keine. Kaum eine einzige Kirche ist in baulicher oder historischer Hinsicht von allgemeinem Interesse.

Das Alte Land

Stade an der Schwinge, einst Sitz des alten bis ins neunte Jahrhundert hinaufreichenden Markgrafengeschlechtes, Hansestadt und Hauptstadt des ehemaligen Herzogtums Bremen, bietet gegenwärtig nur geringes Interesse; denn seine ältesten Bauwerke sind bis auf einige, die noch mittelalterlich verzierten Fachbau zeigen, im siebzehnten Jahrhundert einem furchtbaren Brand zum Raube geworden. Zwei gotische Backsteinkirchen, das Rathaus und das Zeughaus, die beide aus der Schwedenzeit stammen, sind die einzigen älteren öffentlichen Gebäude. Mit dem Fallen der Festungswälle in den siebziger und achtziger Jahren und namentlich infolge der Eisenbahnverbindung mit Hamburg und Cuxhaven ist die Stadt zu neuem Leben aufgeblüht.

Die Stadt hat übrigens eine vortreffliche Lage, und ein Spaziergang auf ihren Wällen gewährt manch hübschen Blick. An der durch den üppigsten Wiesengrund sich windenden kleinen Schwinge gelagert, umgeben von zum Teil sehr malerischen Bodenschwellungen, hat sie den »schwarzen Berg«, einen Heidehügel mit dunklen Tannen, im Rücken, vor ihr, in kurzer Entfernung, flutet breit und majestätisch die Elbe, und rechts und links dehnen sich zwei prächtige Marschen, hier das Land Kehdingen, dort das Alte Land.

Nur die schmale Schwinge trennt beide Landstriche voneinander, und doch ist ihre Verschiedenheit so groß, daß in mancher Hinsicht kaum schroffere Gegensätze denkbar sind.

Ist man von Stade aus ein Stündchen stromaufwärts gewandert, so ändert sich mit einemmale die ganze Natur des Landes. Es erinnert fast nichts an andere Marschen, und es ist dem Wanderer zumute, als ob er sich plötzlich hundert Meilen weit versetzt sähe. Alles ist umgewandelt, die Gegend, die Benutzung des Bodens, die Bauart der Häuser, die Sitten, die Trachten, der Gruß, ja sogar die Gesichter. Wir sind in der eigentümlichsten der Marschen, im Alten Lande.

Haben Kehdingen und Hadeln auch durchaus nicht jene imponierende Großartigkeit der baumlosen Osterstader Marschebene, so gewähren sie doch noch manchen freien Blick ins Land. Hier aber ist landeinwärts auch die allergeringste Aussicht verschwunden; denn eine wahre Waldung von Obstbäumen bedeckt die ganze Gegend, und diese Marsch ist sicherlich die nördlichste Gegend Europas, die eine Obstkultur von Bedeutung aufzuweisen hat.

Außer den eigentlichen Gärten hinter den Häusern sind noch häufig die Wege, die Ackerränder, die Höfe, ja selbst die Deiche der kleinen Binnenflüsse dicht mit Bäumen besetzt. Am meisten wird auf Äpfel, Kirschen und Zwetschgen gehalten, doch sieht man auch manchen alten knorrigen und mächtigen Walnußbaum.

Zur Zeit der Blüte, wenn das ganze Land wie in einen weißen und rosigen Schimmer gehüllt erscheint und ein tausendfältiges wohliges Leben darin summt und schwärmt und jubelt, bietet es einen Anblick dar, dessen eigentümliche Zauberpracht mit nichts vergleichbar ist.

Doch auch die Zeit der Reife, wenn die Kirschbäume glühen und funkeln von all den scharlachenen Früchten oder wenn die Tausende rotbackiger Äpfel überall aus dem Grün hervorlachen, während unter ihnen schöne, gelbe Kornfelder wallen oder bunte Viehscharen im hohen Klee ruhen, berührt mit ihrer Fülle und Üppigkeit wohltuend.

Der humusreiche, gar nicht bindige Boden und das mildeste aller norddeutschen Marschklimata, welches durch die gegen die Seewinde gesicherte Lage hervorgerufen wird, befördern den Obstbau ungemein, der denn auch, nebst der damit zusammenhängenden Schiffahrt, die Hauptnahrungsquelle des Landes bildet und weit und breit berühmt ist.

Altländer Obst sieht man nicht nur in Hamburg und Bremen, man begegnet ihm in Amsterdam wie in Kopenhagen, in London wie in Danzig, und es bietet die Haupteinnahmequelle der Altländer Bauern. Getreidebau und Viehzucht sind von geringerer

Bedeutung. Es gedeiht zwar Korn und Raps aufs trefflichste, doch haben die Sämereien sehr von Vögeln zu leiden, die der reiche Baumwuchs anlockt. Jeder, der nicht Bauer ist, ist entweder Schiffer oder Obstpflücker.

Zwischen jenen Obstwaldungen stehen reihenweis an den Wegen die freundlichen, farbenbunten Bauernhäuser. Dicht zusammengebaute Dörfer wie in den Wesermarschen hat das Alte Land nicht; man kann, in der Nähe der Häuser bleibend, oft stundenweit wandern, ohne zu merken, wo das eine Dorf endet und das andere beginnt.

Das fremde, von allen Nachbarn verschiedene Element im Altländervolk tritt am ersten dem Wanderer an den Wohnungen entgegen. Bei allen Bauernhäusern der Elb- und Wesermarsch ist wie in ganz Niedersachsen das große doppelflügelige Haustor zum Einführen des Kornes der Straße zugewandt, und man nennt diesen Teil des Hauses mit seiner Dreschdiele und den Viehställen den vordern.

Beim Altländer ist es gerade umgekehrt. Hier liegt der Hausteil, der die Wohnzimmer enthält, an der Straße und heißt vorn, während Dreschtenne und Ställe von ihr abgekehrt sind. Ein Weg zur Seite des Hauses, der meistens durch ein eigentümliches bedecktes Tor führt, setzt den Wirtschaftsteil des Gebäudes mit der Straße in Verbindung.

Massive Mauern hat man fast gar nicht. Alles ist Fachwerk, aber auch das zierlichste, das man sehen kann. Die Seite wie die Fassade mit der großen Haustür wird zwar ziemlich einfach und schlicht gehalten, nach der Straße zu aber entfaltet sich eine Architektur, die so bunt, so formenreich und so eigentümlich ist, daß sie eine nähere Schilderung verdient.

Zuerst fällt das in den Fächern enthaltene Gemäuer in die Augen. Etwas Sorgfältigeres und Zierlicheres läßt sich kaum denken. Jedes Fach nämlich ist so künstlich gemauert, daß es wie buntes Mosaikwerk aussieht, keines ist wie das andere, sondern die mannigfaltigste Verschiedenheit herrscht dabei. In diesem Fach sind z. B. ineinander geschaltete Quadrate, in jenem Rauten, im dritten Zickzackfiguren, im vierten Kreuze, im fünften Dreiecke, im sechsten Sterne, häufig kommt auch das gemauerte Bild einer Windmühle vor, und so geht es, nie sich wiederholend, im buntesten Spiel bis in die höchste Giebelspitze. Das Ständerwerk, das diese Fächer einrahmt, ist stets mit hell leuchtenden Farben bemalt, meistens hellgrün oder weiß, mitunter auch geschnitzt und dann Blätterwerk, Tiergestalten und groteske Larven zeigend, dies jedoch nur bei sehr alten Häusern. In solchen sieht man auch noch Bleifenster, deren Scheiben allerlei Muster bilden, was sehr mit dem Ganzen im Einklang steht. Doch meistens haben sie großscheibigen, modernen Fenstern weichen müssen.

Der hervorleuchtendste Teil des Untergeschosses aber ist die stattliche, hellgrüne Tür mit dem großen, bunten Prachtfenster darüber. Dies letztere so herrlich wie möglich zu besitzen, scheut der Altländer keine Kosten, und ein Haus sucht das andere förmlich darin zu überbieten. Das ganze Fenster besteht nämlich aus einem künstlich geschnitzten und reich verschlungenen Arabesken- und Blätterwerk, dessen Ranken mit den lebhaftesten Farben wie Grün, Scharlach, Blau, Weiß und Purpur bemalt und aufs reichste vergoldet sind. In der Mitte, meistens in dunkelblauem Felde, steht der goldne Namenszug des Hausbesitzers und darunter häufig ein goldenes Pferd.

Diese Tür und der Raum, zu dem sie führt, ist sicherlich die größte Eigentümlichkeit des Altländerhofes und mag vielleicht als einziges Beispiel seiner Art dastehen. Niemand kann durch sie hineingehen, denn sie ist ohne Drücker und Klinke und von außen nicht zu öffnen; es geht auch niemand heraus, denn man kann sie von außen nicht wieder schließen. Eine Staatstür, wie sie in einigen Gegenden Hollands vorkommt, die nur bei feierlichen Gelegenheiten gebraucht wird, ist sie auch nicht; denn sie führt zu nichts anderem als zu einer Vorratskammer, welche die wertvollste bewegliche Habe des Hauses: die Kleiderschränke, Bettkisten und Leinenkoffer enthält. Dies Prachtstück ist lediglich eine Nottür und nur dazu bestimmt, eine schnelle Rettung jener Hausschätze bei Feuersgefahr zu ermöglichen. Daher ist sie auch nur von innen mit zwei starken Riegeln verschlossen. In der Vorratskammer selbst schläft niemand, aber die Alkoven, welche stets in sie hineingebaut sind, haben bewegliche, die Überwachung der Kammer vermittelnde Schieber. Das nötige Licht fällt durch ein paar kleine, stark vergitterte Fenster oder nur durch das oben beschriebene über der Tür.

Über jenem Prachtfenster liegt, etwas hervorspringend und von Konsolen getragen, der große Balken, welcher das Erdgeschoß vom Giebel scheidet. Als ein Hauptglied ist auch er durch besonderen Farbenschmuck hervorgehoben und führt die Jahreszahl der Erbauung, den Namen des Bauherrn und des Hauses alten Wahlspruch. Oft ist dieser höchst originell kernhaft und voll frommer Einfalt, und die ältesten derselben sind natürlich plattdeutsch. So las ich an einem Hause: »Dat ewige Got maket rechten Mot«, an einem andern: »De Holpe Gades maket ryk on Moe«, an einem dritten stand: »Wat frag ik nah de Lü, Gott helpet mi.«

Darüber erhebt sich dann, spitz und schmal in die Höhe gezogen und wieder einigemal etwas vorspringend, das Giebeldreieck, und endlich ganz oben an der Stirne des Firstes schaut man das höchst eigentümliche und interessante Schwanenzeichen. Dieses ist ganz so angebracht wie das uralte Zeichen des Sachsenstammes, die beiden Pferdeköpfe, die wir nach innen schauend in den Lüneburger Heidedörfern, in Bardowik, in der Gegend von Ülzen und noch weiter an der Elbe hinauf antreffen, nach außen gekehrt bei Bremen, Nienburg und stromaufwärts bis in Westfalen finden.

Im Altlande nun stellen diese Windfedern statt dessen zwei Schwäne dar, von denen jeder sich in die Brust beißt. Da sie nur aus dünnen Brettern gesägt sind, so ist der größeren Haltbarkeit wegen das Innere des Ringes, den jeder Hals bildet, mit einer Füllung versehen, die entweder aus einem Kreuze oder aus einer gekrümmten Tulpe besteht. Dadurch aber, sowie auch durch zahlreiche stereotype Zacken und Schnörkel, bekommt das Ganze ein so sonderbares und phantastisches Ansehen, daß man mit Mühe das ursprüngliche Schwanenbild herausfindet, und nur an sehr wenigen Höfen ist es noch einfach und deutlich. Dieses Schwanenzeichen ist in ethnographischer Hinsicht sehr bedeutsam. In keiner Marsch noch Geest, weit und breit umher, finden wir es. Erst in einer Gegend Nordflanderns tritt es wieder auf, ist aber auch hier schon dem Verlöschen nahe.

Aus dem Dache endlich, das stets von Stroh ist, ragt etwas seitwärts vom Giebel ein schlanker, zierlicher Schornstein mit Seitenöffnungen hervor, zu dem sich weiter unten noch ein zweiter gesellt.

Auch im Innern der Häuser tritt uns überall eine echt niederländische Farbenliebhaberei entgegen. Wie in den andern Marschen ist auch hier fast immer bei größeren Häusern die Dreschdiele von dem Raume, an welchen die Zimmer stoßen, durch eine Wand (Windfang) getrennt. Hier wie in den durchweg niedrigen Stübchen leuchtet alles im buntesten Farbenschmucke, sei es nun Decke, Wand, Fensterrahmen oder Tür. Die Wände sind auch zuweilen nach holländischer Weise mit den bekannten weißen und bunten Fayencefliesen belegt, und an der Türeinfassung sieht man sogar oft altes, schönes Schnitzwerk in reichster Fülle. Der Altländer Bauer streicht und pinselt selber jahraus, jahrein an seinen Häusern, daher denn auch die allerältesten ein immer neues, glänzendes Aussehen haben.

Der Fremde, der ein Haus betritt, muß sich nicht daran stoßen, wenn er trotz des Willkommens, das ihm stets als Gruß entgegentönt, nicht immer gleich die freundlichsten Gesichter und die zuvorkommendste Aufnahme findet.

Ein tiefgewurzeltes Mißtrauen gegen jeden Fremden und deshalb häufig eine Art von Kälte und Schroffheit ist ein Hauptcharakterzug des Altländers. Aber ein zweiter und ebenso starker ist seine Eitelkeit und vor allem sein Heimatstolz. Schmeichelt man ihm in diesem Punkte, so hat man gewonnenes Spiel. Sowie man z. B. nur ein reges Interesse für die Gegend, für Sitten und Einrichtungen zeigt, so erheitert sich jedes Gesicht mit einem Lächeln des innigsten Wohlgefühls, und jeder beeifert sich nun um die Wette, dem Gaste freundlich zuvorzukommen und ihm alles zu zeigen und zu erklären, oft weitläufiger als nötig wäre.

Der Alte in seiner Jacke und Manchesterhose geht mit in die Obstgärten, Scheunen, Viehställe und läßt namentlich seinen reichgeschnitzten, buntbemalten Schlitten bewundern. Die Hausmutter führt uns in alle Zimmer, zeigt hier die scharlachroten, zierlich gedrechselten Stühle mit goldverzierter Rückenlehne und belegt mit Kissen aus bunten Teppichstoffen, dort die lange Reihe mächtiger Leinenkoffer, welche ebenfalls bemalt und mit Messing beschlagen sind, auf Rädern ruhend, den Schatz des Hauses enthalten, sodann die gewaltigen Kachelöfen, die uns in jedem Zimmer traulich und ehrwürdig anblicken; vornehmlich aber zeigt sie die Heiligtümer der Familie, die uralten braunen Kleiderschränke, über und über geschnitzt und blank gebohnt. Den hat sie selber ins Haus gebracht, den die Schwiegermutter, jenen die Urgroßmutter, und der ganz pechschwarz gewordene dort ist so uralt, daß die gute Frau meint, er stamme wohl noch aus »heidnischen« Zeiten, womit sie »katholischen« meint.

Die Farbenlust des Alten Landes dringt sogar bis in die Kirchen. So papageienbunt wie hier oft das Innere derselben ist, sieht man es anderswo nirgend, doch sind sie niemals sehr alt und haben wenig Merkwürdiges aufzuweisen. Ihre Gebäude stammen durchweg aus dem sechzehnten und siebzehnten Jahrhundert. Alte fast zyklopisch gemauerte Granitkirchen, wie wir sie im Lande Wursten finden, gibt es hier nicht.

Auch die Verschiedenheit des Gesichtstypus der Altländer von dem anderer Marschbewohner tritt uns auf den ersten Blick entgegen. Fast nie finden wir hier die derben, fleischigen Gestalten, die rundlichen, vollen, geröteten Gesichter und mächtigen Glieder der Wurster, Vieländer und Würder. Im Gegenteil sind hier die Männer sehr selten groß und stark und haben durchweg schmale Gesichter, scharf ausgeprägte Züge, eine gerade oder etwas gebogene Nase und starke Brauen, oft mit den schlauesten Augen darunter.

Die Frauen und Mädchen aber sind unbedingt die schönsten aller Marschen. Nirgends habe ich solch ein Ebenmaß des Ganzen, nirgends so zierliche Hände und Füße, nirgends eine so wunderschöne, zartweiße und frischrosige Hautfarbe gesehen. Man erblickt Gesichter vom feinsten Schnitt und Augen so zauberhaft tiefblau, als ob ein paar Tropfen Himmel in solch ein Antlitz gefallen wären. Dabei haben sie den eigentümlich weichen niederländischen Zug, wie er sich auf den weiblichen Köpfen auf Bildern von Gerhard Dow, Mieris und Metzu findet, und Kindergesichter sieht man von wahrer Engelschönheit.

Wenn der Altländer auch das bekannte Phlegma mit allen Marschbewohnern gemein hat, so ist er doch gewiß der lebendigste und rührigste darunter, er singt und tanzt mit wahrer Lust. Abgesehen von der herkömmlichen Üppigkeit bei Hochzeiten, zumal in Hinsicht von Frauentracht und Aussteuer, ist er durchgehends in seiner ganzen Lebensweise höchst einfach. Modernen Luxus duldet er in seinem Hause nicht, was bei der Nähe Hamburgs und bei dem häufigen Verkehr mit dieser Großstadt um so mehr zu bewundern ist. Sitte und Herkommen sind ihm heiliger als alle Gesetze, und er haftet an ihnen mit der zähesten Hartnäckigkeit. Nie zieht er in andre Marschen, nie heiratet er eine Fremde, die Heimat geht ihm über alles. Trotzdem ist er auswärts niemals großtuerisch.

Noch muß ich hier eine andere Eigentümlichkeit des Altländers aufführen. Der sonst so mißtrauische Bauer und Schiffer setzt eine ungemessene Zuversicht auf seine Frau, die es aber auch fast immer in vollstem Maße verdient. Daraus entsteht nun die Sitte, daß der Altländer niemals Geld führt, sondern die Frau zur unumschränkten Finanzverwalterin macht. Sie hat die Schlüssel und verwahrt allen Besitz. Von ihr fordert er seine besten Kleider, seine Papiere und sein Geld und liefert alles Erworbene getreulich in ihre Hände, sie kennt daher stets die ganzen Umstände aufs genaueste und verteilt mit weisestem Sinne alle Ausgaben. Dadurch ist denn das Geldwesen des Altländers fast immer ein sehr geregeltes, und man hört fast nie von augenblicklicher Geldklemme, wie sie doch wohl bei den Bauern der übrigen Marschen vorkommt. Gibt einmal der

Mann sein Geld nicht an die Frau ab und macht Miene, es selbst zu verwalten, so gilt das stets für ein Zeichen höchsten Mißtrauens oder gar ernsten Zerwürfnisses zwischen beiden.

Die Hauptschattenseite seines Charakters ist leider ein starker Egoismus, der sich mitunter in wahrhaft entsetzlicher Härte kundgibt. Im Handel ist er schlau, gewandt und vorsichtig und gegen Fremde mißtrauisch und verschlossen. Die Frauen sind jedoch ungleich milder, gütiger und liebenswürdiger als die männliche Bevölkerung.

Bei der starken Liebe zum Althergebrachten ist es sehr auffallend, daß so selten germanische Taufnamen vorkommen, die in anderen friesischen Marschen doch so zahlreich vertreten sind. Die Namen sind weder friesisch noch sächsisch, sondern lauter Apostelnamen, z. B. Peter, Jakob, Johann, Mathies usw., höchst selten gibt es einen altdeutschen Otto, Friedrich, Adolf usf. Wohl aber kommen die seltsamen Namen Beike und Paridom vor. Und seine alten Taufnamen sind doch das Letzte, was ein Volk aufgibt.

Dieser Umstand ist in der Tat höchst bedeutsam. Es wird längst als eine ausgemachte und unbestreitbare Tatsache angesehen, daß die Bewohner wahrscheinlich Flamländer sind. Zu dieser Meinung dürften manche nicht zu verachtende Umstände wohl berechtigen, vor allem aber das alte Schwanenzeichen der Häuser, welches weit und breit nicht vorkommt und erst in Flandern sich wiederfindet.

Im Alten Lande besteht auch einzeln noch die Sitte, daß der Bräutigam statt des Verlobungsringes seiner Braut die »Echte« gibt, nämlich eine alte Münze zum Zeichen, daß nun der Bund geschlossen und echt sei. Meistens sind dies alte Taler, Wildmannsgulden und andere große Stücke, häufig aus dem sechzehnten und siebzehnten Jahrhundert stammend. Manchmal aber sind es eigens dazu geprägte große, alte Medaillen, die allerlei Symbole der Ehe aufweisen: ineinander gelegte Hände, zusammengekettete, flammende Herzen und schnäbelnde Taubenpaare. Solche Schaustücke sind wahre Familienheiligtümer und erben von Geschlecht zu Geschlecht. Dieselbe Münze, die vor vielen Jahren der Urgroßvater in seliger Stunde seinem Lieb in die Hand drückte, vererbt noch heute der Urenkel seiner Braut. Diese Sitte herrschte einst auch in andern Marschen, ist dort aber längst untergegangen.

Auch bei Hochzeiten geht es ganz in altertümlich üppiger Weise zu. Unter 500 bis 800 Hochzeitsgästen darf kein Hausmannskind seinen Ehrentag begehen, und die fettesten Ochsen müssen geopfert werden. Die Feier ist stets im Hause des Bräutigams und währt eigentlich mit der Vorfeier drei Tage. Erst kommt das Ochsenschlachten, eine Menge Freunde und Nachbarn werden zum Wurstmachen geladen, doch gibt dieses nur den Namen her; man tut nichts als höchstens die frische Wurst probieren, man schmaust und zecht bis in die Nacht. Der zweite Tag heißt das »Brotbacken«, wo man von allen Seiten Milch und Butter spendet und das rosinenschwarze Hochzeitsgebäck kostet, auch dieser Tag vergeht in lebendiger Fröhlichkeit.

Am Abend kommt, hoch auf Wagen getürmt und von vier geschmückten Pferden gezogen unter Peitschenknall, Musik, Pistolenschießen und Halloh in vollem Galopp, die Aussteuer der Braut angefahren. Man kann kaum Stattlicheres sehen als diese Überfülle, diese bunten, schweren Leinenkoffer, den mächtigen, blanken und geschnitzten Kleiderschrank, die ungeheuren Gebirge von Bettzeug, die altertümlichen roten Tische und gedrechselten Stühle. Hoch oben endlich prangen bekränzt und bebändert die Symbole häuslicher Arbeit und Reinlichkeit: Spinnrad und Besen. Der Bräutigam beginnt nun – ebenfalls streng herkömmlich – scherzweise mit dem Knecht um die Aussteuer zu handeln und erhält sie endlich, nachdem er versprochen hat, sein künftiges Weibchen in Ehren zu halten, für ein Trinkgeld und einen Schnaps.

Am nächsten Morgen wird im festlichen Zuge die Braut heimgeführt. Sie ist nach Landessitte schwarz gekleidet und trägt die mächtige Brautkrone. Diese ist ein fabelhaftes Ding, nämlich ein wahrer Wald von künstlichen Blumen, Früchten, Zitternadeln,

Gold- und Silberkugeln; sie geht oft tief in die Augen, rings um den Kopf und hat oben endlich ein paar mächtige aufrechtstehende Windmühlenflügel von Goldbrokat, die dem Ganzen das abenteuerlichste Ansehen geben. Die Krone muß der Prediger des Ortes halten, und die Miete dafür, meistens zwei bis fünf Taler betragend, gehört zu seinen Akzidentien.

Nach der Trauung geht's zu Tisch, auf dem Hühnersuppe mit Rosinen und das »Fattstück«, ein mächtiges Stück Rindfleisch, die stehenden Gerichte sind. Den ganzen Tag bis tief in die Nacht wird geschmaust, gezecht, getanzt und gejubelt in lärmender Fröhlichkeit, und auf einmal erscheint dann die Braut als junge Frau in der farbenleuchtenden, silberblitzenden Landestracht.

Die unförmliche Brautkrone hat nun einem kleinen Mützchen mit Goldbrokat Platz gemacht, um welches das dunkle Kopftuch mit lang herabflatternden Bändern geschlungen ist. Den Hals ziert eine sechsfache Schnur Silberperlen, die meistens aus Filigranarbeit bestehen, während ein Jäckchen von feinem, schwarzem Tuch, mit echten Goldtressen besetzt, den Oberkörper umhüllt. Es hat weite Nonnenärmel, jeder mit sechs großen Silberknöpfen, und ist vorn offen, um das »Rodur« blicken zu lassen, ein breites, den Busen bedeckendes Stück Goldbrokat. Bei diesem Schwarz und Gold nimmt sich der kurze, faltige Rock von schönstem kirschrotem Tuche, die feine, weiße Spitzenschürze darüber und die dicke, oft zwölf Ellen lange Silberkette um die Taille ungemein prächtig aus. Hochhackige Schuhe mit mächtigen Silberschnallen vollenden den überreichen funkelnden Anzug, in welchem auch die übrigen Frauen und Mädchen erscheinen und der fast immer auf 600 bis 700 Taler geschätzt werden kann.

Ein anderer Schmuck, der meistens an gewöhnlichen Sonntagen und bei weniger festlichen Gelegenheiten getragen wird, ist die Schnur von dicken Bernsteinkorallen. Sie kostet meistens 60 bis 70 Taler, aber fast jede nur einigermaßen vermögende Altländerin besitzt sie. Es kommt gar nicht darauf an, daß die Perlen schön glatt geschliffen und regelmäßig sind, es müssen nur möglichst große Stücke Bernstein sein, von denen die größten, die nach hinten kommen, oft über zwei Zoll im Durchmesser halten. Von den Frauen wird endlich noch das »Schedok«, eine weiße, fußlange und dütenförmige Kopfbedeckung getragen, die indes in den letzten Jahren mehr und mehr verschwindet. Die Tracht der Männer hat dagegen wenig Besonderes.

Neigt sich der Hochzeitstag zu Ende, so beginnt der altertümliche Ehrentanz, zu welchem Braut und Bräutigam ihre liebsten Bekannten als Tänzer wählen. Es ist dies gleichsam ein Abschiedstanz, ein Tanz, mit dem sie der freien, frischen Jugendlust Lebewohl sagen. Sodann setzt sich die Braut oben an die Tafel und breitet ein feines, weißes Tuch auf ihrem Schoße aus. Die Musik spielt »Nu gevt de Gaw«, eine alte Landesweise, und jeder eilt hin, ihr die Hochzeitsgabe, ein Geschenk an Geld oder Silberzeug, zu reichen. Sie nimmt alles in das Tuch zusammen, und der Bräutigam handelt es ihr herkömmlicherweise zum Scherz ab. Oft kommen 400 bis 500 Taler dabei zusammen. Zum Schluß wirft die Braut dann noch das Tischtuch von sich und sieht dann aus der Richtung seiner Zipfel, welches von den Mädchen die nächste Hochzeit feiert. Die alles nivellierende Macht der Gegenwart beginnt freilich auch unter diesen Kulturresten merklich aufzuräumen.

Hiermit sei diese kleine Skizze über dies eigentümliche Land geschlossen. Wenn ein Volk, das rings durch hemmende Naturgrenzen, Gebirge, Sümpfe oder Meere geschützt ist, vor dem alle Ecken der Eigentümlichkeit abrundenden Weltgetriebe seine alte Weise bewahrt, so ist das eine Erscheinung, der wir überall begegnen können; aber das Beispiel der Altländer, eines Volkes, das so nahe an den Grenzen der Zivilisation und Kultur wohnt, täglich so in die unmittelbarste Berührung mit dem Weltgetümmel kommt, Luxus, Moden und die raffiniertesten Genüsse einer üppigen Handelsstadt wie Hamburg fortwährend vor Augen hat und dennoch seinen Charakter und seine vielhundertjährige Sitte, Bauart, Tracht und Verfassung festhielt, dürfte ein sehr seltenes und vielleicht einziges in seiner Art sein.

Das Stedinger Land

Im bisherigen Teile des Buches begleitete mich der Leser auf der Wanderung durch die Marschen des rechten Weserufers stromabwärts bis zur Flußmündung und darauf am linken Elbufer ein gut Stück stromaufwärts. Von neuem wenden wir uns der Weser zu, um jetzt die Marschen ihres linken Ufers kennenzulernen.

Für den, der mit dem rechten Blick und Sinn reist, ist eine Dampfschiffahrt von Bremen stromabwärts durchaus nicht uninteressant, ob auch keines der beiden Ufer imstande ist, irgendeine hervorragende Naturschönheit zu bieten.

Wenn die fernblauen Türme der alten Hansestadt dem Auge entrückt sind, stellt sich bald am rechten Ufer der kleine, rührige Hafenort Vegesack dar mit seinen roten Ziegeldächern, seinen Schiffswerften und seiner freundlichen Umgebung voll reizender, grünumlaubter Landhäuser, in denen reiche Bremer Kaufleute ihre Sommerfrische halten. Mehrere davon liegen dicht am Strome, dessen steile Ufer hier 40 bis 5O Fuß hoch aus der Flut ragen.

Durchaus verschieden vom rechten stellt sich das linke Weserufer dar. Während dort hohe, sandige Geest ist, dehnt sich hier, oft noch niedriger als der Wasserspiegel, die weite Marschebene. Fast ganz ohne Vorland sieht man den noch nicht sehr hohen Deich hart an den Strom treten, den Fuß geschützt vor den ewig spülenden und wühlenden Fluten durch eine Menge kurzer Schlengen. Hier und dort erscheint eine Schiffswerft, und hinter ihr schauen in langen Reihen die Giebel kleiner, rohrbedachter Häuser hervor.

Beim Dorfe Warfleth, dessen altes Kirchlein hoch vom Deiche über Strom und Land schaut, legt der Dampfer an eine Landungsbrücke. Wir steigen aus, schauen über den Deich, und vor uns liegt jene Gegend, deren Geschichte, Land und Leute uns jetzt beschäftigen sollen, das Stedingerland.

Das Eigentümliche und Unterschiedliche dieser Marsch ist im Grunde zu unbedeutend, um dem Fremden sogleich in die Augen zu fallen, und auch die Bewohner unterscheiden sich nur unwesentlich von den Insassen der benachbarten oldenburgischen Marschen. Ihre Geschichte aber und darin jene Katastrophe, der Stedinger Kreuzzug, ist so groß und bedeutsam, so furchtbar und traurig, daß in dieser Hinsicht, wenn von Friesenkraft und Friesenschicksal die Rede ist, Stedingen obenan steht und zuerst genannt werden muß.

Die großen, einzeln liegenden Bauerngehöfte der andern Marschen finden sich in Stedingen selten, und überhaupt trifft man nie den Reichtum und die Üppigkeit wie bei den Hausleuten des Stad- und Butjadingerlandes, aber dagegen tritt einem hier eine wohltuende Verteilung des Grundbesitzes entgegen. Die Stedinger sind die solidesten, fleißigsten, gefälligsten und wohlgesittetsten Leute, die man finden kann. Auch herrscht nach ihrer Art natürlich, eine gewisse wohltuende Intelligenz unter ihnen.

Aus keiner Marsch, das Alte Land allenfalls ausgenommen, gehen soviele Matrosen hervor wie aus Stedingen. Wer nicht Landmann oder Handwerker ist, fährt zur See. Wer Seemann ist, hat sich möglichst dicht am Deiche angebaut; denn ohne jederzeit ins Wasser gucken zu können, kann einmal kein Fahrensmann leben. Hinter dem Deiche zieht sich, gerade wie im Alten Lande, stundenweit eine einzige Reihe kleiner freundlicher, schilfbedeckter Häuser hin, alle äußerst sauber und, wo sich Holzwerk daran zeigt, mit Ölfarbe angestrichen. Dahinter ist ein Gemüsegarten mit einigen Blumenbeeten und daneben meistens ein Stück mit Hanf besät, dessen Anbau wegen der vielen Seiler (hier Reepschläger genannt) und Segelmacher Vegesacks und Elsfleths ein lohnender ist.

Auch das Innere der Häuser ist fast immer anheimelnd und freundlich. Eine Koje, fast ganz wie an Bord, bildet die Schlafstelle, und die Muscheln und andere exotische Seltenheiten, die hie und da zur Schau liegen, wie das kleine, an der Decke hängende Schiffsmodell, in müßigen Stunden zierlich geschnitzt, bezeugen sogleich, daß diese Räume für eines Seemanns Heimatleben gemacht sind. Diese Wände haben sicherlich schon manche grausige, seltsame oder herrliche Geschichte angehört, sie sind Zeugen gewesen von manch bitterer Scheidestunde und manch jubelvoller Heimkehr. Ist ja das Leben des Seemanns wie seines Meeres Ebbe und Flut, ein ewig Kommen und Gehen, Scheiden und Wiedersehen, Leid und Lust. Und eben darin ist auch vielleicht der Grund zu suchen, daß die Ehen der Seeleute so oft wirklich musterhaft genannt werden können. Die glückliche Wiederkehr des Gatten nach so häufiger, langer Trennung muß wohl die Liebe warm erhalten. Namentlich unsere Wesermatrosen sind fast immer die treuesten, liebevollsten Gatten, die es nur geben kann, und dabei vor allem wieder die Stedinger, durchdrungen von einem wohltuend religiösen Sinne. In keiner Marsch sind allsonntäglich die Kirchen so gefüllt als hier. Wenn ein Matrose daheim ist, geht er sicherlich jeden Sonntag in seiner blauen vielknöpfigen Staatsjacke, welche Tracht freilich schon fast verschwunden ist, in »de leve Gotts Kark«, wie er sagt, und wirft am ersten Sonntag, den er in seiner Heimat feiert, als Dankopfer für seine glückliche Heimkehr ein tüchtig Stück Geld in den Klingelbeutel. Während seiner Reise aber läßt er stets von der Kanzel für sich beten, und es nehmen diese in der ganzen Gegend üblichen Fürbitten sehr oft den größten Teil des Kanzelgottesdienstes ein.

Aber nicht allein, daß aus dem Lande soviele Matrosen hervorgehen, Stedingen hat auch seine eigene Reederei, die von Jahr zu Jahr im besten Zunehmen ist. Schon seit einem halben Jahrhundert bildeten sich hier Gesellschaften, meistens aus Bauern bestehend, um Grönlandfahrer auszurüsten, und da die ersten Spekulationen von Erfolg gekrönt waren, wurde die Lust zum Reedern bald und namentlich in den letzten Jahrzehnten so allgemein, daß jetzt kaum noch ein wohlhabender Bauer im Lande ist, der sich nicht an einem oder dem andern Schiffe durch Aktien beteiligt hätte.

Auch der Schiffsbau ist nicht unbedeutend, und es laufen von den hiesigen Werften alljährlich zahlreiche Schiffe, von der stolzesten Brigg bis hinab zur kleinsten Flußjolle. Handel und Schiffahrt bilden daher nebst Landwirtschaft und Viehzucht überall die Hauptunterhaltung, und es ist also kein Wunder, wenn bei solchen Anregungen die Stedinger ganz andere Bauern geworden sind als die Leute hinten im Lande, und dasselbe kann auch jetzt von den Stadländern und den Butjadingern gelten.

Vielleicht ist das Stedingerland die erste Wesermarsch, die eingedeicht wurde, sicherlich wenigstens eine der ersten. Man glaubt, daß schon im zehnten Jahrhundert die Erzbischöfe von Bremen durch hereingerufene Friesen (Holländer) Deiche anlegen ließen und das Land diesen Ansiedlern unter den vorteilhaftesten Bedingungen und gegen höchst unbedeutende Abgaben und Zehnten übergaben. Ganz gewiß ist aber, daß seine Bewohner auf ewige Zeiten für diese Voreiligkeit zu leiden haben; denn es wären vielleicht nur hundert Jahre nötig gewesen, und das Land würde so hoch und trocken geworden sein wie die übrigen Marschen.

Auch finden wir Nachrichten, daß die Grafen von Oldenburg friesische Kolonisten in das noch fast unbewohnte Land gerufen und vereint mit den bremischen Erzbischöfen die Verhältnisse der neuen Anbauer geregelt und festgestellt haben, wodurch das sogenannte Hollerrecht entstand, welches auch in andern Marschen bei fremden Ansiedlern zur Geltung kam. Es wird also zu vermuten sein, daß Erzbischof und Graf sich in die geistlichen und weltlichen Hoheitsrechte des Landes teilten. Die oldenburgischen Grafen erbauten bald darauf zur Wahrung dieser Rechte zwei feste Schlösser und Burgen im Lande, in welchen ihre Vögte und Burgmänner wohnten, und auch die Erzbischöfe legten einen festen Sitz an, die Burg Schlüter oder Slutter.

Die Abgaben der Stedinger waren indes äußerst gering. Von angebautem Lande gab man von jeder Hufe (21 000 Quadratfuß) jährlich nur einen Denarius (18 Pfennig) und außerdem von den Früchten den Zehnten. Eine Menge Rechte, Freiheiten und Privilegien gab es. Mit dem Grundbesitz konnte man frei schalten und walten; selbstgewählte Richter schlichteten nach altem Friesenrecht die inneren Streitigkeiten, und das ganze Land führte als allgemeines Zeichen ein Siegel mit dem Schutzpatron St. Aegidius.

Eine Menge Anbauer, meistens Friesen und Holländer, jedoch auch Sachsen und Westfalen, zogen herbei, und rasch kam die junge Kolonie unter so günstigen Verhältnissen empor. Kaum sind hundert Jahre vergangen, so finden wir das Land schon ungemein bevölkert. Der Friede zwischen den Stedingern und ihren Schutzherrn währte indes nicht sehr lange. Bald sehen wir die letzteren, wie sie übermütig und gestachelt von Herrschgelüsten eine von ihren Vorfahren gegebene Freiheit nach der andern, ein Privilegium nach dem andern anzutasten und zu beseitigen suchen. Die festen Sitze derselben sehen wir bald in drohende Zwingburgen verwandelt; rohe Burgvögte lassen sich die gröbsten Ausschweifungen und Verbrechen zuschulden kommen und mischen sich auf die anmaßendste Weise in innere Angelegenheiten und Streitigkeiten, die nur den von dem Volke gewählten Richtern zukamen. Alle Klagen und Beschwerden blieben unberücksichtigt; denn Grafen wie Erzbischöfe wetteiferten um die unumschränkte Herrschaft.

So konnte es denn nicht fehlen, daß bald Unwille und Haß das ganze Volk erfüllte. Die Gärung wuchs von Jahr zu Jahr und sollte bald zum offenen Ausbruch kommen. Als die Burgjunker wieder einmal einige Frauen und Töchter der Stedinger mit Gewalt in die Feste verschleppt und entehrt hatten, versammelte sich des Nachts das ganze Volk zu Brookdiek und hielt Rat, wie solchem Unwesen endlich zu steuern sei. Man beschloß, es noch einmal und zum Letzten bei einer ernstlichen Beschwerde bewenden zu lassen, sei das aber wieder vergebens, mit Gewalt die erlittene Schande zu rächen und alle Zwingburgen im Lande zu zerstören.

So schickte man denn Gesandte zum Grafen, aber höhnisch wies dieser sie ab, trotz Mahnung und Drohung. Alsbald stand ganz Stedingen in Aufruhr, wütende Scharen belagerten die beiden Hauptburgen Lienen und Leuchtenburg, nahmen sie mit stürmender Hand, erschlugen die Junker samt der ganzen Besatzung und machten die verhaßten Zwinger dem Erdboden gleich. Auch alle kleineren Festen wurden genommen, alle gräflichen Beamten erschlagen oder verjagt und ganz Stedingen dies- und jenseits der Weser für eine freie, unabhängige Republik erklärt, die weder geistlichen noch weltlichen Herrn Tribut oder Zins zu geben brauche. Das geschah, nach der Stedinger Chronik, im Jahre 1159.

Eine Menge Volks strömte nun von allen Seiten zum jungen Freistaat, der dadurch viele neue wackere Streiter bekam. Er hatte sie aber auch nötig; denn nur unter fortwährenden Fehden mit dem ergrimmten Grafen und dem Erzbischof konnten die Stedinger ihre Freiheit genießen.

Bald bekämpfte sie der eine, bald der andere. Aber sie hatten gegen Bremen hin das schon von Natur durch viele Sümpfe geschützte Land durch breite und tiefe Gräben noch mehr befestigt und schlugen alle Angriffe kräftig zurück, wagten sogar, unterstützt durch die Rustringer (die Friesen im nördlichen Butjadingen), das feste Schloß zu Oldenburg zu belagern, wurden aber blutig abgewiesen.

Auch mit ihren Verbündeten kamen sie bald in Fehde und waren auch in dieser nicht eben glücklich. So dauerten Kämpfe und Unruhen ein ganzes Jahrhundert. Im Jahre 1219 hatte Gerhard II., einer der stolzesten, kriegerischsten und herrschsüchtigsten aller Kirchenfürsten, den erzbischöflichen Stuhl bestiegen, und dieser wollte mit aller Macht das Volk bändigen, mit einem Schlage allen ferneren Erhebungsversuchen ein Ende machen. Er rüstete 1230 ein starkes Heer aus, Graf Burghard von Oldenburg hatte ebenfalls eins gestellt, und mit einem dritten erschien des Erzbischofs Bruder, der Graf Hermann von der Lippe. Im Dezember jenes Jahres rückten die drei vereinten Heere ins Land. Die Stedinger hatten einige Hilfe von Herzog Otto von Lüneburg erhalten, waren jedoch ungleich schwächer als ihre Gegner. Indessen rückten sie diesen mutig entgegen. Gerade am Tag vor Weihnachten kam es bei Hemmelskamp zur Schlacht. Die Stedinger griffen das feindliche Heer zuerst an und drangen so wütend vor, daß jeder Widerstand vergeblich war und in kurzer Zeit das ganze vereinigte Heer in wilder

Flucht auseinanderstob. Graf Hermann von der Lippe lag erschlagen auf dem Felde, viele Ritter waren mit ihm gefallen und eine große Zahl Krieger. Die Stedinger aber hatten diesmal äußerst wenige Tote und feierten Psalmen singend auf blutgedüngter Walstatt eine jubelvolle Christnacht.

Das war ihr letzter Sieg, und wir kommen nun zu jener großen Katastrophe, die dem Volke den Untergang brachte, seinen Namen aber für ewige Zeiten unsterblich machte, dem Kreuzzug.

Gerhard brütete furchtbare Rache, und bald sollte ein günstiger Zufall ihm ein Mittel an die Hand geben, durch das er mit einemmale das Schwert der Vernichtung mit voller Wucht auf das tapfere, freiheitliebende Volk herabfallen lassen konnte.

Die Frau eines angesehenen Stedingers wollte zum heiligen Abendmahl gehen, und der Priester beging die Schamlosigkeit, den erhaltenen Beichtgroschen, der ihm zu gering oder nicht gut schien, ihr anstelle der Hostie öffentlich in den Mund zu schieben. Das erbitterte den Mann, er ging hin und erschlug den frechen Pfaffen. Der Erzbischof verlangte nun im Namen der Heiligen Kirche die Bestrafung und Auslieferung des Priestermörders, wurde aber höhnisch mit der Antwort zurückgewiesen: wie jener hätte jeder von ihnen gehandelt. Das war es gerade, was Gerhard wollte.

Sofort sandte er ein dringendes Gesuch an Papst Gregor IX., worin er die Stedinger als arge Ketzer, Kirchenfeinde und die sittenlosesten Rebellen schilderte und dringend bat, dieselben in den Bann zu tun.

Eine noch ungleich ärgere Schilderung machte dem Papst der fanatische Dominikaner und Ketzerrichter Conrad von Marburg. Sein Bericht, voll der unsinnigsten Lügen, stellt die Stedinger als ein aller Sittlichkeit gänzlich bares und heruntergekommenes Volk dar, das sich alltäglich den wildesten Ausschweifungen überlasse, den heiligen Leib des Herrn, die Hostie, beschimpfe, dem Teufel sich ergeben habe, eine große Kröte anbete und dessen gänzliche Ausrottung die heiligste Pflicht der gesamten Christenheit sei.

Und nun war das Los der armen Stedinger entschieden. Nicht allein, daß der Papst, ohne ihre Rechtfertigung zu fordern, ohne weiteres den Bannfluch über sie aussprach, veranlaßte er auch noch den Kaiser Friedrich II., der in Palermo bekanntlich seinen glänzenden Hof hielt, sie mit Acht und Interdikt zu belegen, und ließ endlich 1232 bis 1233 in ganz Deutschland das Kreuz wider sie predigen.

Ein solch bequemer und anscheinend gefahrloser Zug wie dieser, die Nähe des Zieles, die Aussicht auf gute Beute an Vieh, Korn und Ländereien bei den wohlhabenden Marschbauern, alles das war wohl imstande anzulocken, und so verging kein Jahr, als sich bereits ein ziemliches Kreuzheer in Bremen gesammelt hatte. Obgleich nicht unbedeutend, schien es dem Erzbischof doch noch nicht stark genug, um die wohlgerüsteten Stedinger ohne weiteres anzugreifen. Um indes nicht müßig zu sein, fiel er plötzlich unter Anführung des Grafen Burghard von Oldenburg, eines Vetters Gerhards, am Tage vor Johannes und Pauli in Osterstade ein, weil auch dieses zu Stedingen gehörte. Nach kurzem, blutigem Kampfe ward dem Kreuzheer der Sieg. Vierhundert Bauern lagen tot, desgleichen eine Menge Frauen, die mitgekämpft hatten. Die Gefangenen verbrannte man als Ketzer, der Rest entfloh in benachbarte Marschen, und das Land ward weit und breit verwüstet mit Sengen und Brennen. Aber auch das Kreuzheer hatte empfindliche Verluste, und selbst der Graf Burghard lag erschlagen auf dem Schlachtfelde. Den Ort jenes Kampfes aber weiß niemand mehr, keine Chronik hat ihn genannt und aufgezeichnet.

So war das östliche Stedingen denn vollständig unterjocht, und im nächsten Jahr sollte nun der eigentliche Zug gegen das westliche Land gehen.

Zahlreiche Grafen und Ritter hatten sich das Kreuz auf die Schulter heften lassen und versammelten sich mit ihren Reisigen im Frühling 1234 zu Bremen. Unter diesen hatte man Herzog Heinrich von Brabant, den Grafen Florenz von Holland, Diedrich von der Mark, Diedrich von Cleve und Graf Heinrich von Oldenburg, Bruder des im vorigen

Jahr gefallenen Burghard, zu Anführern gewählt, die bald über ein wohlgerüstetes Heer von 40 000 Kreuzfahrern verfügten.

Im Dom zu Bremen hielt sodann der Erzbischof mit allem Pompe ein großes feierliches Hochamt, wo alle Waffen geweiht, alle Kämpfer für den heiligen Streit eingesegnet wurden und jeder, der am Zuge teilnahm, Ablaß erhielt. Dann brach das Heer zu Anfang Mai 1234 zu Wasser und zu Land nach Stedingen auf.

Die Macht der Stedinger betrug nicht ein Drittel von der des Kreuzheeres, aber es war eine todesmutige Schar, die für die höchsten Güter auf Erden stritt, für Freiheit, Recht und für den lieben, teuren Heimathoden, welchen die Väter mit Mühe und Not den Fluten entrungen, viele Jahre verteidigt und oft mit ihrem Blute gedüngt hatten, es war eine Schar, die bereit war zu sterben, wenn sie nicht siegen konnte, wohl ahnend, welch Schicksal dann ihrer harrte. Greise und Knaben, Frauen und Jungfrauen sah man bewaffnet in den Reihen und drei gewählte Führer standen an der Spitze dieser Heldenschar. Ihre Namen hat die Geschichte bewahrt. Bolke von Bardenfleth, Tanno von Huntorp und Detmer tom Dyk hießen die drei und waren sicher nichts anderes als schlichte, tapfere Bauern.

Bei Altenesch, nicht weit von dem kleinen Flüßchen Ochtum, hatte sich das mutige Bauernheer in keilförmiger Schlachtordnung aufgestellt, als am Morgen des 27. Mai das mächtige Kreuzheer vermittels einer über die Ochtum geschlagenen Brücke heranrückte und gleich Miene zum Angriff machte. Die das Heer in großer Zahl begleitenden Mönche und Priester sangen das berühmte, uralte Lied »Media vita«, um den Sieg des Himmels zu erflehen. Bolke, Tanno und Detmer dagegen gingen durch die Reihen und ermahnten ihre Waffenbrüder durch kräftige Worte, mutig den Angriff zu erwarten und um keinen Preis sich zu unterwerfen, nicht die abergläubische Menschensatzung jener Pfaffen und Mönche als Heiligtum zu verehren, sondern lieber alle zu sterben. Sie sollten bedenken, sprachen sie, wes Stammes sie wären, daß sie edle, freie Friesen und alles dem Vaterlande, der Freiheit und dem heiligen Andenken ihrer Vorfahren schuldig seien.

Diese Reden entflammten mächtig die Stedinger. Sie hielten nicht nur mit Todeskühnheit den ersten Angriff der Kreuzfahrer aus, sondern drangen auch bald selbst so wütend vor, daß sie sogar die eisenfesten Scharen des Feindes zuweilen zum Wanken und Weichen brachten. Der Herzog von Brabant wich zuerst, Graf Heinrich von Oldenburg stürzte schon zu Anfang der Schlacht mit dem Pferde und ward mit dem Schwerte erschlagen. Andere Ritter aber drangen desto gewaltiger vor.

Den ganzen Tag hindurch wogte und wütete das grausige Ringen, bald vorwärts, bald zurück. Tausende waren gefallen und tränkten mit ihrem Blute die grünen Wiesen, der Abend dämmerte bereits, und noch war nichts entschieden. Da fiel plötzlich Graf Diedrich von Cleve mit seinen Reitern den schon ermattenden Bauern in die Flanke, alles vor sich her zermalmend und zersprengend. Nun war die Arbeit bald getan.

Die drei tapferen Führer der Heldenschar, über 6000 Männer und viele Frauen und Jungfrauen lagen bleich und blutend auf dem Felde, als die Nacht herabsank, aber auch 4000 Kreuzfahrer waren gefallen, unter ihnen Heinrich von Oldenburg und Graf Wilhelm von Egmont.

In Warfleth, wo jetzt hart an der Weser ein Kirchlein hoch vom Deiche ins Land und über den Fluß schaut, begrub man, wie es heißt, die gefallenen Stedinger in gemeinsamer Gruft.

Die Sieger aber fanden im Lande wenig Beute. Große Schätze und Reichtümer hatte das Volk nie gehabt, seine Freiheit war sein höchstes Gut gewesen. Die Höfe, Herden und Ländereien der Erschlagenen schenkte der Erzbischof den Kreuzfahrern und anderen zum Lehen und Meierrecht, wie er es im vorigen Jahre im südlichen Osterstade getan, und erloschen war damit hier wie dort Friesenstamm und Friesensitte und alle Sagen und Nachrichten, die im Munde des Volkes lebten seit alten, längst vergangenen Zeiten.

So war denn das große und traurige Drama zu Ende, und es herrschte nun für lange Zeit Ruhe im Lande, die Ruhe des Kirchhofs. Soviel aber ist gewiß, dieser gemeinsame Kampf eines ganzen, guten und wackeren Volkes für Glauben und Freiheit, Herd und Heimat ist immer und immer den herrlichsten Taten, die uns nur je die Annalen der Geschichte aufbewahrt haben, an die Seite zu stellen und bildet sicher das bedeutsamste und blutigste Blatt im großen Ruhmeskranze des Friesenstammes. Leider ist nicht mehr davon auf die Nachwelt gekommen, als was hier erzählt ist. Wir kennen wenig Einzelheiten und Charaktere jener großen Katastrophe, nur die drei bloßen Namen der drei Heldenführer sind uns aufbewahrt. Hätte der Stedinger Krieg einen würdigen Geschichtsschreiber gefunden, er wäre wert, ebenso bekannt zu werden wie die Kämpfe des Schweizervolks.

Sechshundert Jahre nachher, im Jahre 1834, hat man das Andenken jenes Tages erneuert und auf dem Schlachtfelde zu Altenesch am Jahrestage des Kampfes ein Denkmal errichtet. Da erhebt sich nun hart am Deiche aus der sumpfigen Ebene, umflüstert von Rohr und Weidengebüsch, ein mäßiger Hügel und trägt auf einem Steinsockel einen einfachen, eisernen Obelisken, den ein eisernes, sinnig aus wechselnden Kreuzen und Schwertern bestehendes Geländer einzäunt.

»Den im Kampfe für Freiheit und Glauben auf diesem Schlachtfelde gefallenen Stedingern«, lautet die Inschrift auf der Vorderseite. Rechts steht: »Am 27. Mai 1234 unterlag den mächtigen Feinden das tapfere Volk«, links: »Bolke von Bardenfleth, Tammo von Huntorp, Detmer tom Dyk fielen als Führer mit ihren Brüdern«, und hinten endlich: »Am Jahrestage der Schlacht 1834 geweiht von späten Nachkommen.«

Wie die Ochtum die südliche, so bildet die Hunte, welche nahe der kleinen Stadt Elsfleth ihre moorgefärbte Flut in die Weser ergießt, die nördliche Grenze des Stedingerlandes. Dieser durch Handel, Schiffbau, seine Reederei und Navigationsschule äußerst lebhafte und wohlhabende Ort liegt schon im alten sogenannten Gebiet Moorriem, das wieder bis zum Stadlande reicht und lange Zeit hindurch sein eigenes Erbrecht und andere Eigentümlichkeiten bewahrte, obwohl es in ganz frühen Zeiten ebenfalls zu Stedingen gehörte.

Der Deich und ein wohlgepflegter Sandpfad in der inneren Schrägung desselben führen in zwei Stunden von dort zur kleinen Hafenstadt Brake. Schiffswerften für größere und kleinere Fahrzeuge, sauber gehaltene Schifferhäuser, freundliche Bauerngehöfte und zahlreiche netzumhangene Fischerwohnungen bieten dem Wanderer mannigfaltige Unterhaltung und beweisen ihm die Rührigkeit der Bevölkerung. Namentlich ist die Fischerei ein bedeutender Erwerbszweig. Im März und April bildet der Stint die Hauptbeute, diesem folgt der Maifisch, der nur geräuchert zum Markte gebracht wird, dann der Stör, im Herbste das Neunauge und endlich den größten Teil des Jahres hindurch der Aal, der geschmort unter dem Namen »Elsflether Speckaal« oder »Schmurtaal« weit und breit ins Oberland geht.

Brake selbst ist ein freundliches, offenes Handelsstädtchen. Bis zu Anfang der sechziger Jahre hatte der Ort nur eine offene Reede und erlitt durch das Aufblühen von Bremerhaven einen schweren Stoß. In den Jahren 1848 und 1849 hob es sich vorübergehend als Hauptstation der deutschen Kriegsflotte unseligen Andenkens, dann war es eine Zeit hervorragender Ausfuhrort Butjadinger Viehs, das nach England ging, bis die Dampferstation Nordenham beim Kirchdorfe Atens es auch darin überflügelte. Mit der Vollendung eines geschlossenen Hafens, vor allem aber mit der Eröffnung der nach Bremen und Oldenburg führenden Eisenbahn ist neues Leben in das schon verödete Städtchen eingekehrt.

Das Stadland und Butjadingen

Beiden Marschen sei hier gemeinsam ein Abschnitt gewidmet, denn gerade wie Kehdingen und Hadeln, denen sie auch hinsichtlich ihrer geographischen Lage und Bodenverhältnisse analog sind, haben beide soviel Gemeinsames in ihrem äußeren Charakter, ihrem Volke, ihrer Bauart, ihrer Agrikultur, ihrer Geschichte und gehen überdies so ineinander über, daß nur dem geübteren Blick eines aufmerksamen Beobachters die geringen Unterschiede derselben bemerkbar werden. Nur in ersterer ist der Boden schwerer, also tonreicher und weniger sandig, und daher ist man hier naturgemäß mehr auf Viehzucht angewiesen, während in letzterer, des leichten Bodens halber, der Ackerbau entschieden vorherrscht. Der größte Unterschied zwischen beiden besteht aber namentlich darin, daß das Stadland noch überall als Flußmarsch, Butjadingen dagegen in Klima und Strandflora als völlige Seemarsch anzusehen ist, da dessen Ufer rings die Salzflut bespült, hier die der Wesermündung, dort die des Jadebusens, dem es seinen Namen verdankt. Die Geschichte der beiden Marschen ist gleichfalls so ineinander verflochten, so gemeinsam, daß es durchaus nicht möglich ist, sie getrennt voneinander darzustellen.

Dem oldenburgischen Hauptmann Niebour (später Oberst in bremischen Diensten) verdanken wir eine höchst interessante Karte des Großherzogtums, welche namentlich die ehemalige physische Gestalt des Landes vor Augen führt. Da sehen wir den jetzigen Jadebusen noch als festes Land, eine ansehnliche Zahl Ortschaften und Kirchdörfer aufweisend, und wo jetzt auf ödem Watt der Seehund sich wälzt und Möwenschwärme flattern, liegt fruchtbares, bevölkertes Land, gekrönt von dem Schloß Mellum. Es schlängeln sich westwärts der Jade zu die Nebenarme der Weser: die Liene, die Heete, das Lockfleet, die Ahne, und unser Butjadingerland erblicken wir als echte Deltabildung.

Nun ist alles das ganz anders geworden. Dort, wo Land war, ist jetzt Wasser, und wo Wasser floß, ist zum Teil fester Boden; denn alle Arme sind längst zugeschlammt; Butjadingen und Stadland sind eins geworden, und nur wer genau beobachtet und eigens danach sieht, entdeckt hier und dort die Niederungen, welche den Lauf der alten Flußarme bezeichnen. Am ersten und deutlichsten werden sie noch durch Bohren und Graben in die Tiefe erkannt, weil hier der so spät geschaffene Boden natürlich ganz andere Lagen und Verhältnisse zeigt als der übrige, durch ruhige allgemeine Niederschläge entstandene. So z.B. finden sich jene lang gedehnten Kalklager (Wühlerde), welche für das Stad- und Butjadingerland so charakteristisch und wichtig sind, niemals an der Stelle, wo ein alter Flußarm war, und noch manches andere ist hier durchaus verschieden.

In keiner Marsch ist der Boden so wellig, ob auch nur in leise gedehnten Linien geschwungen, als hier. Der Grund mag teilweise in jenen einstigen Inselbildungen beruhen, anderenteils indes trägt die Menge von alten, jetzt freilich zusammengesunkenen oder auseinander gespülten Wurten des Landes zu jener Erscheinung bei, welche wir nirgendwo so zahlreich wiederfinden. Auch die häufigen Wortendungen der Orte und einzelner Gehöftnamen: warden, wurp und warf, z.B. Golzwarden, Boitwarden, Eckwarden, Langwarden, Ruhwarden, Fedderwarden, ferner Golzwarder und Schalenflether Wurp oder Hajenwarf – alles deutet auf Inseln und künstliche Wurten hin.

Die Namen Stad- und Butjadingen kommen erst ziemlich spät vor. Man begriff die ganze Gegend von der Nordsee bis ins Stedingerland hinein mitsamt dem Striche, wo jetzt der Jadebusen seine Wogen schlägt, in der gemeinsamen Bezeichnung Rustringen, ohne dessen Grenzen genauer zu bestimmen. Erst nachdem die Fluten eingebrochen und jenen dorfreichen, blühenden Landstrich verschlungen hatten, fing man an, den nun dadurch getrennten Teil das Land Butenjaden oder Butjadingen zu nennen. Rustringen aber gehörte von je zum Bunde der sogenannten sieben friesischen Seelande, welcher, zu gegenseitigem Schutz und Trutz geschlossen, gemeinsames Recht hatte und seine Versammlungen unter dem Upstalsboom bei Aurich hielt.

Es mag hier nicht am unrechten Orte sein, einiges über die alte Einteilung der friesischen sogenannten Seelande anzuführen, wie es in Onno Klopps Geschichte Ostfrieslands dargestellt ist: »Als nach dem Abgange der Karolinger die Verbindung Frieslands mit dem deutschen Reiche immer lockerer wurde, als die kaiserlichen Grafen an Ansehen immer mehr verloren und die Bewohner des Landes selbst auf ihren Schutz bedacht sein mußten, teilte es sich und rief die alte Einteilung der sieben Seelande wieder hervor. Der Name rührt von der Lage an der See. Jedes Seeland aber zerfiel wieder in einzelne Teile mit besonderem Namen und besonderen Einrichtungen, aber alle erkannten die 17 Willküren und die 24 Landrechte als gemeinsames Gesetzbuch an und setzten diesen, wie schon früher erzählt, noch sechs Überküren hinzu. Dies war zugleich nebst der gemeinsamen Sprache und Sitte das Band der inneren Angelegenheiten. Nach außen hin verpflichteten sich die Seelande einander zum Schutz und zum Beistande. Zu diesem Zwecke zogen alljährlich die Abgeordneten, um das Wohl und Wehe des gemeinsamen Vaterlandes zu beraten, zum Upstalsboom. Vier dieser Seelande gehören jetzt zu Holland. Vom jetzigen Ostfriesland gehört Reiderland zum fünften Seelande, das sechste bestand aus dem ganzen Emsgau, dem Lande der Brokmer, Auricher, Harlinger-, Ostringer- und Norderlande. Das war das reichste und fruchtbarste von allen. Das siebente Seeland endlich bestand aus dem Moor- mer-, Oberledinger- und Lengenerland, sodann aus dem Wanger- und Rustringerland diesseits und jenseits der Jade. Es ist indes keine Spur vorhanden, daß die weiter ostwärts gewanderten Friesen, die Wurster, die Nordfriesen (im Schleswigschen) oder auch nur die Stedinger an der Weser an diesen Versammlungen teilgenommen hätten.«

Die Geschichte der alten Rustringer ist voll Sturm, Kampf und Ungemach, wenn sie sich auch nie zu jener mächtigen Bedeutsamkeit einer Stedinger Kreuzschlacht erhebt. Auch ist sie seltsam dunkel und verworren, bietet jedoch das herrlichste Bild unverwüstlicher Kraft, Freiheits- und Heimatliebe.

Zuerst treffen wir die Rustringer Friesen, wie sie gleich ihren Brüdern jenseits der Weser, den Wurstern, als kühne Piraten mit kleinen Schiffen an den Nordseeküsten umherschwärmen und viele Jahre hindurch den Bremern manchen Schaden tun.

Mit der Gründung des Stifts Bremen werden sie Christen. Der erste bremische Bischof, der heilige Willehadus, wurde ihr Apostel und starb in Blexen 790, wo sein Andenken durch den nach ihm benannten tiefen Wilhadusbrunnen, lange Zeit der einzige weit und breit umher, bis auf den heutigen Tag bewahrt wird.

Bis ins 13. Jahrhundert ist die Geschichte des Landes indes merkwürdig dunkel. Im Jahre 1218 am 17. November bricht dann jene verheerende Flut ins Land, welche mit einemmale sieben blühende Kirchspiele verschlingt und zu jenem Wasserbecken umwandelt, das wir Jade nennen.

Gleich den Stedingern erkannten die Rustringer die Herrschaft der bremischen Bischöfe nur in ihren geistlichen Angelegenheiten an und traten jedem Übergriff kräftig entgegen. Ja, sie duldeten sogar nie, daß die Geistlichen im Zölibat lebten, sondern jeder derselben mußte eine rechtmäßige Frau haben, damit alle unsittliche Schandwirtschaft verhütet werde.

Schon im 13. Jahrhundert kamen verschiedene Fehden vor, bald mit den Bremern, wo dann fast immer die Seeräubereien die Streitursache waren, bald mit den oldenburgischen Grafen und auch sehr oft mit beiden zugleich; denn meistens leisteten diese den Bremern Beistand. Sie sind im ganzen von keinem großen und allgemeinen Interesse, oft auch nur in spärlichen Nachrichten uns erhalten.

Der erste bedeutsame Kampf, von welchem wir genauere Kunde haben, war 1368. Friesische Piraten hatten wieder einige bremische Schiffe gekapert, und obgleich das Land sofort bereit war, den Schaden zu ersetzen, wandten sich die Bremer an den Grafen von Oldenburg, gemeinsam die Butjadinger ein- für allemal derb zu züchtigen, das Land zu erobern und dem Kaperunwesen für immer ein Ende zu machen. Leicht ließ sich der damals regierende kriegs- und beutelustige Graf Konrad zu einem Zuge bewegen und stand bald an der Spitze seiner Reisigen zum Schlagen bereit, indes sein jüngerer Bruder, Graf Moritz, die bremischen Streitkräfte anführte.

Man schiffte die Weser hinab und landete bei Blexen, wo der Häuptling Iko Boling stand. Dieser war jedoch feige und nicht von echtem Friesengeiste beseelt. Er zeigte sich, als er die Kriegsmacht herankommen sah, gleich bereit, sich zu ergeben, ja er erbot sich sogar, dem Grafen alle mögliche Hilfe zu leisten, wenn man ihn und seine liehen Blexer schonen wollte.

Aber dadurch noch siegesgewisser gemacht, prahlte der Graf voll Hochmut: »Ei was wollten die Bauern gegen gerüstete Ritter! Und wenn es noch ein paar Tausend Friesen schneite, wir wollten sie schon bändigen!« Er war so sorglos gewesen, daß er nur ein Häuflein von 700 bis 800 Mann Kerntruppen mitgenommen hatte und diese sogar noch teilte, so daß ein breites Fleet ihre gegenseitige Hilfeleistung hinderte. Wie stark die Macht der Bremer und Rustringer war, ist nicht bekannt. Beim nahen Dorf Koldewarf kam es zur Schlacht, und den Rustringern wurde der glänzendste Sieg. Erst empfingen sie den Oldenburger Haufen, umzingelten und schlugen ihn total zusammen, dann griffen sie wütend die Bremer an, und auch diese wurden in kurzer Zeit vernichtet. Graf Konrad, sein junger Sohn Gerhard, Graf Moritz und alle oldenburgischen Edlen lagen erschlagen; nur ein einziger der letzteren, Gebhard von Elmeloh, entkam, um die traurige Kunde heimzubringen. Aber der Himmel hatte den Friesen auch sichtlich geholfen und Wunder getan. Als der Kampf am heißesten war, erzählt die Sage, sah man plötzlich, von unsichtbaren Händen geführt, eine mächtige eiserne Keule durch die Luft sausen und rechts und links in die Haufen der Feinde schmettern. Man fand sie hernach auf dem Schlachtfelde liegen, zweihundert Pfund schwer und bewahrte sie lange Zeit als Heiligtum in der Kirche zu Blexen. Im Jahre 1534, als die Rustringer gänzlich unterworfen waren, mußten sie diese Keule auf Befehl des Grafen Anton ausliefern. Sie wurde ins Schloß zu Oldenburg gebracht, wo sie später abhanden kam. Durch eine Kapelle bezeichnete man den Ort der Schlacht bei Koldewarf.

Das war die erste größere Fehde im Lande, aber schon im nächsten Jahr sollte eine zweite folgen.

Die beiden noch übrigen Söhne des erschlagenen alten Grafen Konrad, mit Namen Konrad und Christian, schwuren, heiße Rache zu nehmen für den Tod ihres Vaters, ihres Bruders und Oheims. Alsbald fielen sie mit einem neuen Heere, diesmal von der Landseite, sengend und brennend in Rustringen ein. Auch die Kirchen zu Golzwarden und Witzale (einem jetzt nicht mehr vorhandenen Dorfe) gingen in Flammen auf. Als es aber zur Schlacht kam, wurden die Grafen auch diesmal total geschlagen, verloren 500 Mann und flüchteten sich mit wenigen Getreuen in eine Kirche, wo man sie umzingelte. Graf Christian, der Domherr zu Köln war, tat in der Angst seines Herzens ein Gelübde, dem heiligen Johannes eine Kirche zu erbauen, wenn er gerettet würde. Er konnte es erfüllen; denn die Bedrängten wurden von den Ihrigen befreit und erreichten Oldenburg wieder.

Bis soweit sehen wir alle Rustringer als ein einiges Volk, gemeinsam und treu, allen äußeren Feinden entgegentreten. Weil sie so einig und treu, waren sie stark und mächtig und blieben deshalb unabhängig und frei. Das sollte nun leider bald ein Ende finden. Nach und nach verschwand die Eintracht, die Stärke und bald auch die alte Freiheit.

Die Söhne hatten leider vergessen, was die Väter beschworen. Das alte heilige Schutz- und Trutzbündnis aller Friesenstämme, welches man 1323 unter dem Upstalsboom feierlich erneuert hatte, schien alle Geltung verloren zu haben. Die westlichen Seelande, das Brokmerland, Harlingerland usw. sowie auch Wangerland, Stedingen, Stadland und Butjadingen traten immer gesonderter und selbständiger auf, der Name Rustringen verschwand, und schon im 14. Jahrhundert müssen wir leider sehen, daß sich einzelne Friesenstämme, zur innigen Freude der Oldenburger Grafen und der Bremer, einander blutig befehden. Sodann sehen wir die einst frei und für einzelne Kampfzüge oder höchstens auf Lebenszeit gewählten Häuptlinge mehr und mehr an persönlicher Macht gewinnen und in einigen Gegenden sich zu wirklichem Adel, ja sogar wie in Jever- und Ostfriesland, zu Fürsten mit erblicher Würde emporschwingen. Auch das alte Gesetz, daß kein Friese ein steinernes Haus bauen durfte, kam mit dem Verfall der Einheit außer Geltung; ja in einigen Gegenden hatten sich die Häuptlinge mitunter wahre Zwingburgen errichtet.

In einem solchen starken Steinhause wohnte zu Dangast der durch Schlauheit, Macht und Tapferkeit weit und breit berühmte Häuptling Edo Wiemken, aus dem alten Häuptlingsgeschlecht der Papinga stammend. Offenbar ging sein Streben darauf hin, Fürst vom ganzen Rustringerlande zu werden, und er schämte sich sogar nicht, zur Erreichung seiner herrschsüchtigen Pläne, mit den Feinden des Landes, den Bremern, ein festes Bündnis zu schließen, namentlich um zuerst die tapferen Friesen »buten de Jade« wirksam zu bekämpfen.

Zu Esensham wohnte deren vornehmster Häuptling Hajo Hosken. Dieser sollte zuerst seiner Gewalt unterliegen; er hatte nämlich durch Verstoßung seines Weibes Jarste Wiemken, einer Halbschwester Edos, dessen Zorn aufs heftigste erregt, und Edo hatte ihm blutige Rache dafür geschworen; den Bremern aber war er durch seine Kapereien auf den Tod verhaßt. Die Stadt sandte 1000 Reiter und Fußknechte und eine Menge von Belagerungswerkzeugen, namentlich sogenannte »Blieden«, Wurfmaschinen, um glühende Steine, brennende Fackeln und anderes Geschoß zu schleudern; denn Esensham besaß die festeste Kirche des Landes, von mächtigen Feldsteinen aufgeführt, mit Wall und Graben rings umzogen, und in diese hatte sich Hajo mit einer Zahl tapferer Friesen geworfen, als Edos und der verbündeten Bremer Scharen heranrückten. Die Belagerung der Kirche begann und war heiß und blutig. Vierzehn Tage lang hielt sich Hajo; ein großer Teil des verbündeten Heeres war gefallen; fünf Lasten Pfeile und anderes Geschoß, heißt es, waren auf die Kirche geschleudert, auch das Friesenhäuflein arg zusammengeschmolzen, und der Hunger fing ebenfalls an zu nagen – da endlich ergab sich Hajo auf Gnade oder Ungnade den Bremern und überließ Edo Esensham zur Beute. Der aber nahm den Häuptling Hajo, um ihn nach Jever zu schleppen und dort gräßliche Rache zu üben. Nachdem er ihn nämlich durch Hunger dem Tode nahegebracht hatte, ließ er ihm, wie mehrere Chronisten erzählen, mit härenen Stricken das Fleisch von den Knochen scheuern, so daß der Unglückliche unter entsetzlichen Qualen den Geist aufgab.

Dadurch geschreckt unterwarfen sich die Häuptlinge zu Golzwarden und Blexen ohne Kampf. Alle übrigen aber verbanden sich um so inniger, bereit, des Landes Freiheit bis auf den letzten Blutstropfen zu schirmen.

Der Beginn des 15. Jahrhunderts sollte das Ende friesischer Unabhängigkeit sein. Zwar mochte Edo, als er seinen Rachedurst an Hajo gelöscht hatte, doch wohl einige Scham und Reue fühlen, ein Bündnis mit den Feinden des Landes wider seine Stammgenossen eingegangen zu sein, und trat bald darauf davon zurück. Die Bremer aber, ermutigt durch den Sieg über Esensham, beschlossen, mit einem Schlage die Macht und Freiheit der friesischen Weserrepubliken zu vernichten, und zogen nun statt des abtrünnigen Edo zwei andere Kräfte heran, nämlich den Grafen Moritz III. von Oldenburg, einen Sohn des inzwischen gestorbenen Grafen Konrad II., und sodann die gesamte bremische Ritterschaft. Diese stellte fünfzig wohlgerüstete Reiter, die Stadt sandte 100 Reiter, und jeder lieferte soviel Fußvolk, als aufzubringen war. Auch übernahm Bremen die Proviantlieferung, wofür die bewegliche Beute den Kämpfern zu gleichen Teilen zufallen, Bremen aber in den Besitz des Landes kommen sollte. Die Beutelust zog bald von allen Seiten eine Menge Streitlustiger herbei, und nach kurzer Zeit konnte ein 6000 Mann starkes Heer an der friesischen Küste landen. Vor solcher Macht sahen sich die Rustringer genötigt, sich bis zur äußersten Spitze des Landes, Langwarden, zurückzuziehen. Die Verbündeten gingen unangefochten über die damals noch ziemlich breite Heete, auf deren jenseitiges Ufer fast sämtliches Vieh des Landes getrieben war. Alles fiel in ihre Hände. Der Häuptling von Langwarden, Dedo Onneken, unterwarf sich.

Die Bremer drangen nun auf eifrige Verfolgung des leichten Sieges, der Graf Moritz aber und die bremische Ritterschaft, denen es viel mehr um die Beute zu tun war, als den Bremern zu helfen, trennten sich ohne weiteres von ihnen und zogen mit ihrer reichen Beute, trotz aller Bitten und Vorstellungen der Bremer, ruhig über die Heete zurück und nach Hause. Diese, plötzlich geschwächt und verlassen, sahen nun wohl ein, daß sie mit ihrer Macht allein sich nicht dauernd im Besitz des feindlichen Landes erhalten konnten, und es blieb ihnen daher nichts übrig als ebenfalls das Land zu verlassen, welches wieder unabhängig wie zuvor wurde.

Schon im nächsten Jahre, also 1401, unternahmen die Bremer einen zweiten Zug, fielen zu Wasser bei Langwarden ins Land und hatten wieder das Glück, nach kurzem Kampfe den Sieg davonzutragen, infolge dessen der Häuptling zu Langwarden für sich und seine Erben feierlich versprechen mußte: den Bremern, so oft sie kämen, die feste Kirche einzuräumen, niemals bremische Schiffe und Kaufleute zu berauben, ihnen sogar allen möglichen Beistand zu leisten.

Um indessen dauernd diese Herrschaft im Lande zu sichern, beschlossen die Bremer, eine starke Burg zu bauen. Sie schritten 1406 zum Werke, um bei Atens die Feste zu errichten, welche mit ansehnlichen doppelten Gräben und Wällen umzogen und die »Friedeburg« genannt wurde, weil sie eine sichere Bürgschaft sein sollte, daß nun der ewige Hader und Zwist ein Ende genommen.

Die Anlegung einer Burg aber lief den Verträgen mit den oldenburgischen Grafen stracks zuwider. Auch der Erzbischof von Bremen sah schon lange mit Unwillen und Eifersucht die wachsende Macht der Städter und bot jetzt alles auf, um den jungen Grafen Christian XII. sowie dessen Bruder Diedrich und dessen Vetter Moritz, welche damals alle drei gemeinsam Oldenburg beherrschten, mit den Bremern zu entzweien. Es gelang. Noch ehe aber die Burg fertig war, sandten sie ihren Fehdebrief, und diesem folgte bald ein ansehnliches Heer. Auch der Rodenkircher Häuptling Dedo Lübben sowie selbst der alte Edo Wiemken, für alle Gefahr sehend, schlugen sich auf Christians Seite.

Die Bremer verbanden sich wiederum mit den Grafen von Hoya und Diepholz, fielen ins Moorriem ein und waren wieder glücklich. Graf Christian, nur von hundert Reitern umgeben, drang unvorsichtig weit vor und mußte sich, rings von überlegener Macht angegriffen und von den Seinen abgeschnitten und verlassen, bei Golzwarden gefangen geben. Er ward gebunden zu Pferde nach Bremen geführt, wo die Sieger leider nicht sehr edel an ihm handelten. Denn wie der Chronist Renner berichtet: »Se brochten Junker Carsten mede tho Bremen tho Lichtmissen und helden ehme gefangen in ener groten Kisten, de wurdt gebrocht von dem Rathhuse in des Baden Keller by unser leven Fruwen Kerkhave«.

Erst gegen ein bedeutendes, gleich zahlbares Lösegeld und Verpfändung des Landes Würden erhielt der Graf seine Freiheit, auch mußte er nebst seinen beiden Brüdern versprechen, den Bau der Friedeburg nicht zu hindern, den Bremern freie Fischerei in der Hunte bis Huntebrück zu gewähren, »sich gestrandeter Sachen nicht zu überwinden«, nie eine Feste an der Weser zu bauen und endlich gar den Bremern gegen Edo Wiemken beizustehen, wenn sie es verlangten.

Damit war für lange Zeit die Macht und der Einfluß der oldenburgischen Grafen und die der Marschen gebrochen; denn bremische, hoyasche und Diepholzer Streithaufen hielten bald das ganze Stadland besetzt; die Friedeburg wurde stärker als je gemacht, die Einwohner mußten schwören, nie wieder Anführer zu wählen, und der Friesenhäuptling zu Rodenkirchen, Diddo oder Dedo Lübben, mußte gar das Land verlassen und noch froh sein, daß seine Söhne Dedo und Gerold auf ihren Erbhöfen bleiben durften.

Zehn Jahre lang herrschte nun scheinbare Ruhe im Lande, aber eine stille Wut glühte tief in vieler Herzen ob der Schmach bremischen Joches.

Vor allem hatten die beiden Lübben den Bremern glühende Rache geschworen. In Burhave wohnte der Schwiegersohn Edo Wiemkens, Lübbe Siebeths mit Namen. Mit diesem und anderen Häuptlingen verbanden sie sich, das Joch abzuwerfen. Mit der Überrumpelung der verhaßten Zwingfeste wollte man beginnen, das sollte zugleich das Zeichen zur Erhebung des ganzen Landes zwischen der Hunte, Jade und Nordsee sein, und mit einem Schlage gedachte man so über die Bremer und ihre Hilfstruppen herzufallen und das Land von ihnen zu reinigen.

Alles war vorbereitet. Jeder harrte nur auf die Botschaft von der genommenen Feste, um die Waffen zu ergreifen. Leider aber sollte es anders kommen.

Die Nacht vom 4. auf den 5. Oktober des Jahres 1418 war für die Einnahme der Burg bestimmt. Mit einer tollkühnen Schar von 24 Friesen und 20 Sachsen nahten sich die beiden Brüder in tiefster Stille und Dunkelheit der Feste. Unbemerkt erreichten sie die Wälle, Leitern wurden angelegt, schon sind sie hinauf, schon einige innerhalb der äußeren Ringmauer – da entsteht Lärm in der Burg. Der bremische Hauptmann Balleer ruft jetzt die Seinen zur Gegenwehr, wird aber im Augenblick erschossen. Die Burg wäre sicherlich noch in die Hände der Friesen gekommen, wenn diese nur etwas stärker gewesen wären. Die Bremer merken bald, mit wie wenigen sie es zu tun haben, ein furchtbarer Pfeilregen saust von der Mauer der inneren Burg auf die Mutigen. Manche fallen, die anderen müssen ablassen vom Sturme; aber dennoch fliehen sie nicht, sondern verbergen sich, begünstigt von dunkler Nacht, kühn in der Höhlung der äußern Ringmauer und beratschlagen nun, ob ein neuer Versuch oder der Rückzug vorzuziehen sei. Dedo und Gerold, das Unsinnige eines neuen Angriffs mit so wenigen wohl einsehend, waren unbedingt für letzteren. Alle anderen aber drangen ungestüm auf Erneuerung des Sturmes. »Ihr allein«, riefen sie zornig, »ihr allein habt uns hergeführt und seid die ersten, die verzagen?« Vergeblich waren Gerolds Vorstellungen, doch von solch törichtem Beginnen abzustehen. Der Angriff ward beschlossen und sogleich mit Wut unternommen.

Die Besatzung der Burg war ungleich stärker und diesmal, wie man denken konnte, besser auf der Hut. Nicht nur wurden die Stürmenden gleich zurückgeworfen, sondern auch verfolgt, umzingelt, und wer nicht von ihnen gefallen war, gefangengenommen. Letzteres Los traf auch die beiden Brüder. Alle wurden nach Bremen geführt, die Sachsen, da sie den Bremern keinen Eid des Gehorsams geleistet hatten, gegen ein Lösegeld freigelassen, alle andern aber zum Tode verurteilt und zwar zum Rade, nur die beiden Häuptlingssöhne sollten ritterlich durchs Schwert fallen.

Der ganze Rat und eine ungeheure Volksmenge begleitete sie hinaus vor die Stadt, wo auf einer Wiese die Richtstätte war. Dedos, des älteren Bruders Haupt fiel zuerst. Nun sollte der junge, schöne Gerold sterben. Als er das Gerüst bestiegen und das blutige Haupt seines Bruders liegen sah, hob er es auf, küßte es und benetzte es mit Tränen.

Da das die Menge sah, wurde sie tief bewegt, und auch der Rat wurde so von Mitleid durchdrungen, daß er auf der Stelle beschloß, dem Jüngling das Leben zu schenken. Nur die Bedingung machte man: Gerold sollte sich in Bremen niederlassen, ganz einer der Ihren werden und nur ein bremisch Weib nehmen.

Gerold aber erhob sich stolz und sprach: »Ich will eure Schuster- und Pelzertöchter nicht; denn ich bin nicht eures Herkommens, sondern ein edler, freier Friese. Wollte ihr aber ein Lösegeld, so bin ich bereit, eine Kanne voll Goldgulden zu geben.«

Dieser Stolz erstickte sogleich bei vielen das Mitleid, andere wieder wurden noch mehr von wahrer Bewunderung zu dem edlen, schönen Friesenjüngling hingezogen, einige im Rat waren geneigt, das Lösegeld anzunehmen. Da aber rief der alte Ratsherr Arnd Balleer warnend: »Meint ihr denn, daß Gerold uns jemals den blutigen Bruderkuß vergessen wird?« Das wirkte entscheidend, und auch sein Haupt rollte im nächsten Augenblick zu Boden.

Bis auf den heutigen Tag aber blüht im Lande das alte Bauerngeschlecht der Lübben in zahlreichen, kräftigen Söhnen als das reichste und angesehenste weit und breit umher, und weil einst seine Glieder im Kampfe für Recht und Freiheit an der Spitze standen, so haben sie jetzt den schönsten Ruhm, die ersten und rührigsten zu sein, wo es Gemeinwohl und Fortschritt betrifft, nach echt adliger Sitte die höchste Ehre darin suchend, auch nicht den kleinsten Makel auf ihren Namen kommen zu lassen. Das alte Wappen der Lübben ist ein springender Löwe im blauen Felde.

Das Schicksal des edlen Bruderpaares schnitt tief in alle Friesenherzen. Auch Graf Christian, der die schmachvolle Behandlung desselben den Bremern nicht vergessen konnte, beschloß trotz seiner ihnen geschworenen Urfehde, die Waffen zu ergreifen. Der alte Edo Wiemken war unterdes gestorben, aber sein junger Enkel Siebeth Papinga, ein Freund und Verwandter der Lübben, verband sich mit dem Grafen und versuchte wieder, die bremische Macht im Lande zu vernichten. Bei Blexen kam es zur Schlacht, und wieder war der Ausgang ein unglücklicher. Siebeth mußte über die Jade nach seinem Schloß bei Jever zurück, Graf Christian aber entkam nur mit genauer Not neuer Gefangenschaft.

Es schien, als ob den armen Friesen, trotz ihrer namenlosen Ausdauer, nie und nie das Glück hold sein solle. Denn auch im nächsten Jahr, 1419, als sie von einem neuen, 1000 Mann starken Kriegshaufen angegriffen wurden, erlitten sie überall Niederlagen und büßten ihre Kirchen ein. Vier Tage währte die Belagerung der Kirche zu Blexen, in welcher sich der Häuptling Eggo Herikles verteidigte; die Kirche zu Langwarden ward am dritten Tage mit Sturm genommen; in der festen Burhaver Kirche aber, mit Bollwerken, Ringmauern und einem dicken Verteidigungsturm versehen, hielt sich Edo Wiemkens schon erwähnter Schwiegersohn Lübbe Siebeths mit seiner Schar volle vier Wochen. Erst Hunger und Elend konnte diese Tapferen zur Übergabe bewegen. Doch hatten sie noch den ehrenvollsten Abzug erstritten, und nur unter der Bedingung war die Übergabe erfolgt, daß jeder Streiter sein Erbe und Gut behielt. Lübbe Siebeths und andere Häuptlinge huldigten nun auch den Bremern. Die Befestigungen der Kirche wurden zerstört, ihr Turm umgestürzt, und mit ihm schien die Unabhängigkeit der Rustringer ebenfalls auf immer dahin zu sein.

Die Friedeburg, noch stärker befestigt, war nun der Haltpunkt der Bremer, von wo aus sie das Land beherrschten. Es wurden sodann die Abgaben der Rustringer für immer festgestellt, eine Tonne Korn mußte gegeben werden von jedem Pfluge und zwei Drittel der Bruchgelder des Landes, das andere Drittel blieb dem Lande selbst. Selbst an die innere Verfassung legte Bremen seine Hand und änderte, was nicht passend schien; und endlich noch, um die Besitznahme des Landes völlig zu sichern, ließ es sich vom Kaiser Sigismund gegen Zahlung eine Urkunde ausstellen, in welcher dieselbe feierlichst bestätigt war. In dieser Urkunde, ausgestellt 1420 im Felde vor Prag, wird zum erstenmale der diesseits der Jade gelegene Teil Rustringens »das Land Butjadingen« genannt und Bremen »verliehen« bis zu seinem (des Kaisers) oder seiner Nachkommen etwaigem Widerruf, in welchem Falle die Stadt das Regiment »ebenso freundlich als sie sich dessen angenommen«, wieder abtreten müsse.

Endlich nach drei Jahren sollte denn doch den Rustringern die Stunde der Befreiung schlagen. Der junge, tapfere Siebeth Papinga hatte während der Zeit auf seiner Feste Siebethsburg bei Jever gewohnt und nie an der guten Sache gezweifelt. Unermüdlich war er bedacht gewesen, in aller Friesen Herzen die Flamme des Hasses zu schüren gegen die Bedränger friesischer Freiheit. Durch das Vertrauen und hohe Ansehen, das er weit und breit genoß, wie durch seine Macht der Überredung hatte er nach und nach alle Häuptlinge zwischen der Weser und der Ems zu einem festen Bunde gegen die Unterdrücker vereinigt. An die Spitze dieses Waffenbundes traten außer ihm noch die beiden tapferen und mächtigen Ostfriesenführer Occo tom Broke und Focko Uckena. In tiefster Stille war die große Erhebung des ganzen Friesenlandes vorbereitet, und die nichts ahnenden Bremer erstaunten nicht wenig, als plötzlich Siebeths trotziger Fehdebrief sie aufforderte, sofort das Land zu räumen. Ehe sie sich besinnen konnten und Antwort gegeben hatten, brach der Aufstand schon aus. Von allen Seiten griffen die Friesen zu den Waffen, und Siebeth Papinga selbst erschien urplötzlich am Himmelfahrtstage mit 120 kleinen Schiffen zu Harrierbrake an der Weser und fiel mit 4000 rachesprühenden Streitern wie ein reißender Strom ins Stadland ein, unaufhaltsam nach Norden vordringend. Nichts widerstand, jede bremische Besatzung entfloh, ein Schrekken ging durchs ganze Land; die feste Kirche zu Golzwarden war im Nu erobert, selbst die starke Friedeburg fiel in kurzer Zeit, und in wenig Tagen war das Land von den Bremern rein und hallte wider vom Jubel der freien Friesen. Die verhaßte Zwingfeste Friedeburg wurde der Erde gleich gemacht. Das war im Jahre 1423. Glorreicher war kein Kampf im Lande, solang es aus den Fluten geschaut hatte.

Gerade hundert Jahre lang blieb nun das Land wieder frei und unabhängig; aber es war einmal das düstere Verhängnis der armen Friesen, daß sie sich niemals ihrer Freiheit in Frieden und Ruhe freuen, sondern fort und fort dieselbe mit ihrem Blute und Leben teuer erkaufen und behaupten sollten.

Wagten es auch die Bremer hinfort nicht mehr, ihre Hand nach dem Lande auszustrecken, so wuchs dafür die Macht der oldenburgischen Grafen und mit ihr die Begierde, ihre Herrschaft bis zur Weser und Jade auszudehnen. Graf Christian, der den Friesen hold war, lebte auch nicht mehr, und seine Nachkommen, bald mit Lauenburg, bald mit Münster, bald mit Braunschweig verbündet, setzten alles daran, die Freiheit des Stad- und Butjadingerlandes zu stürzen; auch der tapfere Siebeth Papinga war leider gestorben, und mit ihm hatte das feste Bündnis der Friesen ihr Ende erreicht.

Was nun folgt, ist eine einzige Reihe von Angriffen der Oldenburger Grafen, die fast immer mit der Niederlage der Friesen enden. Sind ein paar Jahre vorüber, erheben sich diese wieder, jagen auch wohl anfangs die Besatzung aus dem Lande, aber nur, um schon in der nächsten Zeit durch stärkere Macht von neuem niedergeworfen zu werden, und im Jahre 1499 rufen die Grafen zur Förderung ihres Zwingwerks sogar die »schwarze Garde« unter dem Junker Schlenz herbei, welche damals, weit und breit durch ihre Wildheit und Grausamkeit gefürchtet und berüchtigt, auch in den Kämpfen der Dithmarschen eine Rolle spielt.

Endlich kamen, um die Leiden des armen Volkes zu einer namenlosen Höhe zu steigern, auch noch die entsetzlichen Fluten jener Jahrhunderte hinzu, welche ganze Dörfer fortspülten, ganze Landstriche und Kirchspiele verschlangen, Tausenden das Leben raubten und überall Not und Elend verbreiteten, wohin sie brausten.

Ein so gewaltiges Ungemach hätte auch jedes andere Volk endlich gebeugt. Gegen die Mitte des sechzehnten Jahrhunderts ist denn auch der letzte Widerstand aufgegeben und Stadland wie Butjadingen für immer unter oldenburgischer Herrschaft, unter welcher sich beide heute mit vollem Recht glücklich preisen dürfen.

Uns aber, wenn wir einen Blick auf diese Geschichte werfen, muß ernstes Staunen und hohe Bewunderung erfüllen für solch ein Heldenvolk, denn seine Kraft und Ausdauer, sein Leiden und Elend, sein Ringen und Kämpfen für Recht und Freiheit, Herd und Heimat stehen fast ohne Beispiel in der Geschichte.

Was Kultur des Landes und Zivilisation der Bewohner betrifft, können wir Butjadingen, namentlich aber dem Stadland, unter den Marschen an der Weser unbedingt den ersten Rang zusprechen, und es nimmt in seiner Weise hier ganz die Stelle ein, welche Hadeln unter den Elbmarschen behauptet, während das eigentliche Butjadingen dem Stadlande etwas nachsteht und ungefähr zu diesem sich wie Kehdingen zu Hadeln verhält.

Nirgends am ganzen rechten und linken Weserufer aber finden wir so herrliche, wohlgepflegte und musterhafte Marschhöfe als im Stadlande; nirgends die Felder in solch untadelhaftem Stande, die Viehzucht auf solcher Höhe und Bedeutsamkeit; in keiner Marsch ist eine solche Ordnung und fast holländische Reinlichkeit in der ganzen Wirtschaft, und nirgend so uralte, noch blühende, reiche Patriziergeschlechter, als diese Marsch sich deren rühmen kann.

Das Land bietet nicht wie Stedingen und die gegenüberliegenden Wesermarschen den Anblick so mächtiger, baumloser, ununterbrochener Ebenen und wieder so gedrängter Dorfschaften, sondern es hält gewissermaßen die Mitte zwischen diesen und den Elbmarschen, die überall mit einzelnen Höfen und Häusern besät sind und das Auge selten ein Stück Horizont sehen lassen. Es gibt hier nicht nur zahlreiche kleinere Dörfer, sondern auch eine Menge Höfe und Einzelhäuser, die aber nicht unregelmäßig zerstreut, sondern fast immer reihenweise an den Hauptstraßen gelegen durchs Land ziehen. Die Bauart ist im ganzen wenig von der in andern Wesermarschen verschieden, nur macht sich in diesem und jenem, wie auch in Sitte und Sprache ein offenbar vom westlichen Friesland hergedrungener Einfluß bemerkbar, und da sind als erstes und in die Augen fallendes Element dieser Art die »Berge« dieses Landes zu bezeichnen. Der Leser wird stutzen und aufschauen: Berge in den Marschen? und gar aus dem Westen herübergekommen?

Nein, lieber Leser, was Bodenerhebung betrifft, so haben wir in unseren gesegneten Marschen nur die schädlichen Maulwurfshügel unserer Wiesen und höchstens ein paar uralte, eingesunkene Wurten. Die Berge, von denen ich rede, stehen aber zu dem Boden in keiner anderen Beziehung, als daß sie darauf ruhen; es sind nämlich mächtige, scheunenartige, aber massive Gebäude, deren Benennung vom Zeitwort »bergen«, d.h. unter Dach bringen, entnommen wurde.

Während bei den Wirtschaftsgebäuden der ganzen friesischen wie niedersächsischen Bauernwelt das große Haupt- und Doppeltor, welches unmittelbar zur breiten Tenne führt, an deren Seiten sich die Vieh- und Pferdeställe befinden, in die Mitte der Front zu stehen kommt, wird ein Berg gerade in umgekehrter Weise gebaut. Wo dort das Haupttor, ist hier massive Wandfläche, und dafür sind zwei große Tore zu beiden Seiten. Hier steht in langer Reihe das Vieh, während im Mittelraum, »Gulf« genannt, von unten bis zur höchsten Spitze des Gebäudes die Korn- und Heumassen lagern; vorn, quer durchs Gebäude und zwischen den Toren ist meistens der Pferdestall, hinten, ebenfalls in der Quere, die große Dreschtenne. Fast immer sind diese Berge von riesiger Höhe und Weite und sehr flacher Dachneigung, bald allein stehend oder mit dem Wohnhause durch einen Gang verbunden, oft aber auch mit diesem zu einem Ganzen geworden, so daß die Wohnräume eine unmittelbare Fortsetzung des Bergs bilden.

An der Weser finden wir diese Bauart nur hie und da in Butjadingen. Auch am linken Elbufer begegnet sie uns nicht, dagegen tritt sie auf einmal hie und da am rechten Elbufer auf, z. B. im Eiderstädtischen und Dithmarschen, wo ein solches Gebilde Heuberg heißt, indes doch in einigem von denen in friesischen Landen abweicht.

Die Gehöfte sind alle mit einer breiten, tiefen Graft umgeben, die zugleich als Wasserbehälter für Menschen und Vieh dient; denn Brunnen sind nur sehr wenige im Lande und ihr Trinkwasser ist häufig kaum zu genießen. In diesen Marschen sind indes nicht jene schwefelwasserstoffhaltigen Dargmassen, die den Osterstadern das Wasser verderben, sondern es ist hier offenbar der Salzgehalt des Bodens die Ursache dieses bösen Übelstandes. Von jenen Darglagern findet man am linken Weserufer kaum eine Spur. Dafür aber treten hier dieselben langgestreckten Schichten weißgrauer, kohlensaurer Kalkerde auf, welche wir in den Marschen des linken Elbufers, z.B. in Hadeln und Kehdingen antreffen. Die Kalkschicht pflegt meistens vier bis sechs Fuß tief zu sitzen, von einer sehr ungleichen Mächtigkeit, gewöhnlich drei bis sechs Fuß, zu sein, und in ihrem Heraufbringen, welches man hier nicht wie im Lande Hadeln »Kuhlen«, sondern »Wühlen« nennt, weicht man auch insofern von der Weise jener Gegend ab, als man keine tiefen Gruben gräbt, sondern in gewisser Entfernung, vielleicht zwanzig Fuß voneinander, den Ackerstücken parallel laufende lange, aber nur 3 bis 4 Fuß tiefe Gräben anlegt. Mit dem Spaten wirft man die Wühlerde heraus, während man mit dem zuvor abgegrabenen Ton und Knick den Graben wieder anfüllt.

Einige Jahre nach der Weihnachtsflut von 1717 entdeckte durch Zufall ein Hausmann zu Fedderwarden, namens Jürgens, die merkwürdige Wirkung dieser Kalkerde auf den Pflanzenwuchs und ward der erste Wühler des Landes. Seitdem ist diese Weise für den Ackerbau Butjadingens mit jedem Jahr von zunehmender Bedeutung geworden, und wer eine Bank Wühlerde in seiner Besitzung findet, kann es als einen wahren Schatz ansehen; denn mancher Strich Landes, der einst für den Pflug unberührbar bleiben mußte, trägt nun die üppigsten Raps- und Kornfelder. Der Ackerbau herrscht jedoch am meisten in Butjadingen, im Stadlande steht dagegen Viehzucht, Fettweiden des Viehs und Handel damit in erster Reihe, und zwar auf einer so blühenden Höhe und Bedeutsamkeit wie in keiner andern Marsch.

Das ganze Land macht im Sommer auf den Fremden einen äußerst wohltuenden Eindruck, und eine Fahrt von Brake längst dem Strome bis zur Nordspitze von Langwarden kann sicherlich zu den lohnendsten Ausflügen rechnen, die man in den Marschen unternehmen kann. Da liegt sie vor uns, die reichgesegnete, grüne Ebene, und wir durchfliegen sie im kleinen, offenen Wagen auf den schönsten, wohlgepflegtesten Wegen, wie keine zweite Marsch sie aufweisen kann. Auch ein dichtes Netz von schönen Sandpfaden zieht sich durchs ganze Land von Dorf zu Dorf, so daß man selbst in regenvollster Herbst- und Winterszeit, wo andere Marschen kaum zu passieren sind, trockenen Fußes von einem Ende bis zum andern wandern kann, und seit einigen Jahren kann man auf den herrlichen Klinkerchausseen durchs Land rollen, dessen Fuhrwerke wieder das schnaubende Dampfroß überholt.

Zu beiden Seiten der gräbenumzogenen Landstücke liegen die üppigen Fettweiden dicht aneinander gereiht. Hier grasen die herrlichen Rinder so schön und behäbig, daß selbst Helios seine Freude daran haben würde; dort steht eine Schar Ochsen, es sind mächtige, fabelhafte Tiere, und mit einer stoischen Ruhe und Würde schauen sie den Wanderer an; dort wieder weiden sanfte, breitstirnige, bunte Kühe, voll Sehnsucht schon der Magd entgegensehend, die von ferne mit messingbeschlagenem Eimer kommt, die strotzenden Euter zu leeren; dort endlich jagen sich mit fliegender Mähne ein paar braune Rosse, bäumen sich und schlagen und wiehern vor Überkraft und Jugendlust, und dann wieder wird die grüne Weidefläche angenehm unterbrochen, bald durch ein helleuchtendes Rapsfeld, bald von prächtigen Weizenäckern oder üppiger Wintergerste oder einer dunklen, ja fast blaugrünen Haferflur. Nun kommen wir zu einem freundlichen Dorfe, alle Häuser so reinlich, so wohlgehalten, auch das kleinste mit einem Kraut- und Blumengärtchen, und in der Mitte des Dorfes ragt auf hoher Wurt das alte, kleine Kirchengebäude, sei's von Ziegel, Sandstein oder Tuff, moosig und wettergrau, ein ehrwürdig Denkmal alter Friesenzeit. Dann passieren wir vielleicht die Brücke eines ansehnlichen Entwässerungsfleetes, welches seine Flut durch den mächtigen steinernen Siel in die Weser ergießt, dort wieder dreht eine stolze holländische Windmühle ihr gewaltiges Flügelkreuz; weiterhin zeigen sich ein paar alte, eingesunkene Wurten, und den Wegen des ganzen Landes entlang liegen die reichen, stattlichen Marschhöfe mit den breiten Graften ihrer Gärten, ihren »Bergen« und Scheunen, und alles so wohlgepflegt, so gediegen, so musterhaft geordnet, so in einer echt holländischen Reinlichkeit gehalten, daß es den allerwohltuendsten Eindruck machen muß. Bilder dieser Art gewährt eine solche Fahrt.

In der Zivilisation stehen die Stadländer den Hadlern nicht viel nach, und durch eine im Lande gegründete höhere Bürgerschule wird die nächste Generation sicherlich zu derselben Höhe gelangen. An Sinnesart ihnen zwar gleich, aber schon derber und naturwüchsiger sind die Butjadinger, aber auch wohl einfacher in Sitten und Genuß. In der Nähe des Flusses stehen Luxus und Kultur am höchsten unter den Bauern, und wir haben hier Erscheinungen in Sitte, Tracht, Schmuck der Wohnräume, Genuß und Zerstreuung, die in nichts von den städtischen abweichen und mit einem alten, einfachen Bauerntume in geradem Widerspruch zu stehen scheinen. Und dennoch sind sie Bauern geblieben, so kernig und brav, so treu und wahr, daß es einem das Herz erfreut, wenn man's ansieht, und neben einem vernünftigen und wohlbegründeten Konservatismus hat sich das klarste Rechtsgefühl, der lebendigste Freiheitsdrang und ein schönes, politisches Bewußtsein ausgebildet, welches auch während des großen Kampfes gegen Frankreich durch sofortige Bildung einer freiwilligen Küstenwehr und eine wahrhaft begeisterte Teilnahme sich im schönsten Lichte gezeigt hat.

Daß unter so gesundem Volke, wie leider an anderen Orten häufig, die studierte Welt nicht eine Kaste für sich zu bilden vermag, ist leicht einzusehen. Ganz wie im Lande Hadeln sind hier auf den Bällen, in den Clubs überall Beamte, Prediger und Ärzte mit den Bauern vereint, und an ein Absondern oder gar Überheben denkt keiner. Adel ist vollends nicht im Lande.

Es wäre ein Unrecht, mit der Schilderung dieses Landes zu schließen, ohne eine interessante altfriesische Volksbelustigung zu erwähnen, die bis auf den heutigen Tag hier wie im Jeverlande und einem Teil Ostfrieslands erhalten und noch im vollen Leben ist, nämlich das sogenannte Klootschießen, ein Fortschleudern von schweren Kugeln. Doch nur im Winter, wenn ein tüchtiger Kahlfrost, d. h. ein nicht mit Schneefall verbundener Frost, die weite Marschebene zu einer felsenharten Tafel umgeschaffen hat, kann dies eigentümliche Spiel stattfinden.

Zwei Parteien, meistens die Bewohner zweier Dörfer, Kirchspiele oder Ämter, fordern sich dabei zum Wettkampfe heraus und bringen eine nicht unerhebliche Preissumme zusammen, ihren höchsten Stolz darin suchend, wer von ihnen den besten Werfer zu stellen vermag. Ein Tag wird anberaumt, und in großer Zahl kommen die Mitglieder der beiden Parteien unter Zuströmen unzähliger Zuschauer an einem bestimmten Orte zusammen. Sodann oder auch schon vorher wird das Ziel festgesetzt, oft stundenweit vom Platze des Auslaufs, und jede Partei stellt ihren Klootschießer; oft hat jede deren mehrere, die sich ablösen; denn das Werfen ist ungemein anstrengend. Und nun beginnt der Kampf. Der »Kloot« besteht aus einer fast faustgroßen Kugel von hartem Holze, durch welches kreuzweis Löcher gebohrt sind, die man wieder mit Blei ausgegossen hat, so daß sie etwa ein Pfund wiegt.

Der erste Klootschießer holt jetzt weit aus, nimmt einen kräftigen Anlauf und wirft dann mit aller Leibesmacht, nachdem er den Arm mit der Kugel aufs schnellste im Kreise geschwungen hat, die Kugel von sich, welche mit ungeheurer Kraft erst eine Strecke durch die Luft saust, dann den harten Boden trifft, nun kräftig wieder aufschnellt, eine Weile vorwärts hüpft und endlich noch eine tüchtige Strecke rollt.

Kaum liegt die erste Kugel, tritt der zweite Klootschießer auf und sucht auf gleiche Weise die seine möglichst noch weiter zu schleudern. Dann geht's vorwärts, um von neuem anzufangen, wo das Ende des ersten Wurfs war. Die Gewalt, womit die Klootschießer werfen, ist so mächtig, daß sie häufig durch den Schwung heftig zu Boden stürzen und mancher sich schon den Bruch geworfen hat. Daher sind immer Leute bestimmt, die den Klootschießer vor gefährlichem Niederstürzen bewahren und aufzufangen suchen. Auch werden, wenn es der Boden fordert, Decken und Matten gebreitet, auf denen der Werfende, dessen Füße dann nur mit Strümpfen bedeckt sind, seinen Anlauf nimmt, ebenso sind die Klootschießer im Augenblicke des Wurfs oft nur mit Hemd und Hose bekleidet. Die Partei, deren Schleuderer zuerst das Ziel mit seiner Kugel und in den wenigsten Würfen erreicht, ist Sieger, dem es vor allem um die Ehre zu tun ist; denn der Siegespreis geht doch meistens schon bei der Siegesfeier drauf. Daher drängen sich auch in erster Linie stets die Bauern oder deren Söhne als Kämpfer hinzu, und erst wenn unter diesen Mangel an Tüchtigen ist, kommen auch andere an die Reihe. Alles begleitet die Werfenden. Von Dorf zu Dorf, von Hof zu Hof schwillt der Zug lawinengleich an bis zu Tausenden. Unaufhörlich werden die Kämpfer durch ihre Partei angefeuert, gebeten, geliebkost und geschmeichelt, doch die Ehre zu retten. Jeder herrliche Wurf wird mit lautem Jubel und Hurra begrüßt, ja der Werfer mit freudigsten Umarmungen und Händedrücken belohnt, jeder matte und verfehlte Wurf aber mit Unwillen und Schelten von der einen, mit Hohn und Gelächter von der andern Partei begleitet.

Abends krönt dann ein großes Siegesgelage in irgendeinem Gasthof die Freude des Tages. Der Sieger ist der Held und Abgott aller; wehe aber dem armen Burschen, dessen Kugel nicht mit konnte. Verhöhnt von der Siegespartei, gescholten und verlassen von der eigenen, hält er es meistens für geraten, sich davonzumachen, ehe die Geister des Grogs und Weins loskommen; denn oft wird die ganze Preissumme verzehrt und verjubelt.

Das erste Kirchdorf, welches erreicht wird, wenn man den Hafenort Brake verläßt und gegen Norden wandert, ist Golzwarden. Wie fast überall im alten Rustringerlande liegt auch hier auf hoher Wurt und mit einem einst ansehnlichen Graben umgeben die Kirche, in alten Zeiten die festeste und streitbarste weit und breit ringsum. Manche heiße Belagerung erlitt sie im Laufe der Jahre und ward zum öfteren zerstört und niedergebrannt, so daß das jetzige Gebäude eben nicht sehr alt ist, aber sie war eine der allerältesten und, wie man glaubt, schon im zehnten Jahrhundert entstanden. Zuerst eroberten sie 1375 die oldenburgischen Grafen Conrad II. und Christian in ihrer Fehde mit den Rustringern und brannten ihren schönen, hohen Turm nieder; dann belagerten und eroberten sie im Anfange des 15. Jahrhunderts die Bremer; später vertrieb diese wieder der Jeversche Häuptling Siebeth Papinga, der mit 4000 Mann und 120 Schiffen am Himmelfahrtstage landete. In der oldenburgischen Fehde mit den Butjadingern wurde wiederum die Kirche von den Verbündeten erobert und noch stärker befestigt, bei deren baldigem Rückzuge aber wieder verlassen, und endlich nahm sie noch einmal Graf Edzard von Friesland ein. Wo im ganzen Deutschland mag ein Gotteshaus sein, das solche Stürme erlebte? Aber das jetzige Gebäude stammt aus dem sechzehnten, höchstens aus dem fünfzehnten Jahrhundert und hat nichts Merkwürdiges aufzuweisen.

Ungleich älter und interessanter, wenn auch leider vielfach geflickt, verbaut und modernisiert, ist die alte Kreuzkirche zu Rodenkirchen, die nächste nordwärts. Ursprünglich aus Qadern grobkörnigen Sandsteins erbaut, zeigt sie in Anlage und manchem Detail noch entschieden den romanischen Stil der letzten Periode und mag also demnach aus der ersten Hälfte des dreizehnten Jahrhunderts stammen. Rodenkirchen war früher der Sitz des alten Häuptlingsgeschlechts der Lübben, und noch heutigen Tages wohnen zum Teil die Nachkommen in diesem Kirchspiel.

Von gleichem Sandstein und wohl aus gleicher Zeit stammen die nun folgenden Kirchen zu Esensham und Abbehausen, wovon die erstere ebenfalls eine Belagerung aushalten mußte, nämlich 1384, da Edo Wiemken vierzehn Tage lang seinen in sie geflüchteten Schwager Hajo Hosken belagerte, bis er sie mit Sturm nahm. Auch später, im Jahre 1414, wurde sie noch einmal von den Bremern beschossen und erobert.

An Abbehausen grenzt das Kirchspiel Atens, wo sich einst die von den Bremern erbaute Zwinge des Landes, die Friedeburg, erhob; doch sieht man nur noch die unbedeutendsten Spuren von ihr, und sie war auch sicherlich weder hoch noch umfangreich. Überhaupt dürfen wir, wenn von Burgen in den Marschen die Rede ist, wie z. B. Schlüter, Leuchtenburg, Siebethsburg und anderen, nicht an Bauwerke denken, wie die mittelalterlichen Ritterburgen es waren. Ein breiter Graben, ein Wall, eine Wurt und darauf ein dicker, steinerner Turm mit Zinnen und Schießscharten, allenfalls noch ein paar feste Blockhäuser daneben, so darf man sich die Marschburgen vorstellen.

Die kleine Kirche in Atens ist nicht alt und daher schon aus Backsteinen, auch nicht im mindesten bedeutsam.

Eine der interessantesten Kirchen des Landes aber treffen wir zu Blexen, das wir zunächst auf unserer nordwärts gerichteten Wanderung erreichen. Diese wurde nach sicheren Nachrichten schon 812 zu Ehren St. Hippolyts (St. Pölten), ihres Schutzpatrons, geweiht. Von diesem allerältesten Baue ist indessen nicht viel mehr als die starke granitne Grundmauer des Turmes vorhanden, aber auch das übrige ist sehr alt und höchst interessant. Die Mauern der Kirche bestehen, abweichend von allen anderen Kirchen, seltsamerweise aus horizontalen und miteinander abwechselnden Lagen von Ziegeln und porösen Tuffsteinen. Der niedere, wohl jüngere Chor ist dagegen reiner Backsteinbau, innen romanisch gewölbt, während das Schiff mit seinen kleinen, schmalen Fenstern nur eine gerade Balkendecke hat; von außen aber umzieht dasselbe ein äußerst zierlich verschlungener Bogenfries aus Tuffstein, und ein einfacherer schmückt den Chor. Der hohe, schlanke Schieferturm ist dem in die Weser einlaufenden Seemann ein weit gesehenes Wahrzeichen. Der heilige Hippolyt erlitt im Jahre 245 den Märtyrertod, da der römische Kaiser Decius ihn zu Ostia schleifen ließ. Doch die Rustringer Volkssage versetzte diese Legende nach Blexen. Ein altes Steinrelief der Kirche stellt seinen Tod dar, und in der Steinmauer zeigt man sogar das Grab des Heiligen, gemeiniglich »Polsgrab« genannt, eine sieben Fuß lange, schmale Höhlung mit einem kleinen, nach außen führenden Loche. Die Kirche ward ein besuchter Wallfahrtsort. Pilger kamen aus den fernsten Landen noch im 18. Jahrhundert und ritzten ihre Zeichen in die Mauer, und aus der Grabesöffnung, erzählt man sich, erschollen dann und wann bei nächtlicher Stunde mahnende Worte. Gegenüber am jenseitigen Ufer erblickt man das Vieland mit den Türmen von Wulsdorf, Geestendorf und Schiffdorf, dann Geestemünde, Bremerhaven und den alten Flecken Lehe. Aus dem Polsgrab erklangen lange Zeit bei Nacht die Worte: O Leh', O Leh! wenn ick di seh, so deit min Hart in'n Liwe weh! Im Jahre 1796 brannte Lehe fast gänzlich ab, und als die Flammen emporschlugen, tönten wieder jene klagenden Worte. Hier starb der erste bremische Apostel und Bischof Wilhadus, dessen Namen der im Pfarrgarten befindliche Brunnen bewahrt.

Mit diesem Orte fängt das bisher in grader Richtung nach Norden laufende Ufer an, stark nach Nordwesten abzuweichen, wodurch die Weser so an Breite zunimmt, daß man bald das jenseitige Ufer nur noch schwach erkennen kann. Auch das Land nimmt jetzt ganz den Charakter einer echten Seemarsch an. Der Baumwuchs wird niedriger und kümmerlicher mit jeder Stunde Weges; zuletzt wachsen die Bäume kaum höher als der Deich, ihr einziger Schutz gegen die rauhen Seestürme, die sie gänzlich zerstören und zerzausen würden, wenn dieser nicht wäre. Außerhalb des Deichs wächst, schon der Salzflut wegen, weder Baum noch Strauch noch Rohr, aber das mächtige Watt dehnt sich dort mit seinen ungeheuren Vogelschwärmen weit hinaus, und noch weiter wälzen sich schon Seehunde, tummeln sich Delphine, und ungehemmt schweift der Blick ins große, grenzenlose Meer.

Der Hauptort dieses nördlichen Butjadingerlandes ist Burhave, ein freundliches, fleckenartiges Dorf. Die alte Kirche aus dem dreizehnten Jahrhundert aus grobem Quaderstein mit kleinen Fenstern liegt wieder auf einer hohen Wurt und trägt an ihrer nördlichen Seitenmauer das alte Rustringer Landesmaß eingehauen, eine Rute von 22 Fuß Länge. Die Kirche war einst die festeste des Landes und hatte einen mächtigen Turm mit Zinnen und Scharten. Vier Wochen lang hielt sich 1418 in ihr der tapfere Friesenhäuptling Lübbe Siebeths mit seinen Getreuen gegen die Bremer, obwohl sie mit mächtigen Blieden (Wurfmaschinen) Tag und Nacht Kugeln, Steine und Pechkränze schleuderten. Erst als der Hunger ihn zwang, ergab er sich. Die Kirche verschonte man, den starken Turm aber ließ man zusammenstürzen, indem man erst hölzerne Stützen anbrachte, dann das Gemäuer untergrub und nun an die Stützen Feuer legte. Seitdem ist diese Kirche ohne Turm.

Endlich erreichen wir auf der äußersten Nordspitze des Landes, wo dieses wieder zum Jadebusen zurückgeht, das auf hoher Wurt liegende Dorf Langwarden mit einer Tuffsteinkirche romanischen Stiles. Einst war an dieser ein Querschiff vorhanden, das im 18. Jahrhundert bei einer Restauration leider abgerissen wurde, wie auch das innere Gewölbe. Nur die zierliche, halbrunde Apsis ist noch ganz erhalten. Ein Bogenfries mit herablaufenden Lisenen umgibt das ganze Gebäude, dessen Tuffsteingemäuer gegen Westen und Süden sehr verwittert ist, sich an der Nordseite dagegen vortrefflich gehalten hat. Auch diese interessante Kirche hatte einst einen hohen und für die Seefahrer als weit gesehenes Zeichen wichtigen Turm, der indes einstürzte. Nun vertritt ein unbedeutender Dachreiter dessen Stelle. Den westlichen Teil bildet eine abgesonderte Halle, die, wie die Sage erzählt, die Bestimmung hatte, daß einst die Häuptlinge, wenn sie zur Kirche ritten, ihre Reitpferde darin unterbrachten.

Wie von andern Tuffsteinkirchen in den Marschen geht auch von dieser die Tradition: die Baumaterialien seien aus England (wahrscheinlicher aus Schottland) geholt und für jede Ladung Steine sei eine Ladung Korn gegeben worden.

Auch ein alter Teil des Pfarrhauses ist aus gleicher Steinart und gehörte zu einem Klosterbau. Nicht weit von der Kirche befindet sich eine andere hohe Wurt, von deren Gipfel man einen weiten Blick ins weite Meer hat. In dieser fanden sich alte Steinsärge roher Art, alte Münzen und Waffenfragmente, wie denn wohl diese Gegend sicherlich noch manch interessanten Rest aus alter, freier Friesenzeit im Schoße der Erde bergen mag.

Wir gelangen nun an den Busen der Jade. Die Deiche, welche schon bisher eine wahrhaft imponierende Mächtigkeit haben, sind von jetzt an, sogar stundenweit an ihrer äußeren Böschung, mit festem Mauerwerk von hart gebrannten Ziegeln bedeckt, die zu noch größerer Sicherheit in große Rahmen von festem Eichenholz gelegt und mit bestem Traß vermauert sind. Und dennoch werden zuweilen nicht allein jene Holzrahmen, sondern sogar einzelne Steine aus den Fugen gerissen. Mit solcher Gewalt wühlen und donnern hier die Wogen gegen das Ufer.

Ungefähr eine Stunde weit vom Lande entfernt erblicken wir im Meerbusen vier kleinere Inseln: Arngast und die Oberahnischen Felder mit den Namen Holtwarden, Maifeld und Fennefeld, die ärmlichen Brocken jenes fruchtbaren und reich mit Dörfern besetzten Landes, das einst die Fluten verschlangen. Nun sind sie so gut wie unbewohnt, nur daß auf der größten derselben, Fennefeld, die mit Vieh beweidet wird (fennen heißt im Friesischen weiden), im Sommer im einsamen Häuschen der Hirte seinen Aufenthalt hat. Die andern Inseln mit ihrem reichen Andelwuchs werden alljährlich gemäht; alle aber sind im Frühling der stille Brütort unzähliger Vogelscharen, namentlich einiger Arten von Seeschwalben, Strandläufern und Regenpfeifern, auch der rotfüßige Austernfischer legt hier seine Eier. Die Menge der Nester war früher so ungeheuer, daß man an einigen Stellen der Insel kaum davor zutreten und zu rechter Zeit in einer Stunde wohl Hunderte von Eiern auflesen konnte. Dabei ist nun die höchst interessante Erscheinung, daß auf den doch so nahe zusammenliegenden und in ihrer Natur und Beschaffenheit völlig gleichen kleinen Eilanden, wie durch geschlossene Übereinkunft, die eine Vogelart nur auf diesen, die andere nur auf jenen ihr Nest baut und diese Regel so streng beobachtet, daß auch kein einziges Tierchen davon abweicht.

Endlich liegen noch im inneren Lande verschiedene Kirchdörfer, z. B. Tossens, Eckwarden, Seefeld und Stollhamm, deren Kirchgebäude alle schon aus Backsteinen bestehen und weder hohes Alter noch sonst Bemerkenswertes aufzuweisen haben; nur auf dem Kirchhofe zu Tossens findet man ein paar alte, interessante Grabsteine von Vögten des Landes, deren Reliefs tüchtige Arbeit sind.

Fast in allen Butjadinger Kirchen aber hängen Tafeln zum Gedächtnis an die verheerende Sturmflut des Jahres 1717 und erzählen den Nachkommen die vielen traurigen Unglücksfälle, welche das Kirchspiel durch sie erleiden mußte.

Vom südlichsten Punkte des Jadebusens sendet der kleine Fabrikort Varel die Rauchwolken seiner hohen Schornsteine gen Himmel, weiter hinan liegt das Jeverland, an dessen Gestaden sich Deutschlands junge Seemacht einen sicheren Port gesucht hat. Im Jeverland treten schon eine Menge neuer Erscheinungen auf. Stroh- und Schilfdächer z. B. verschwinden, und rote Ziegel bedecken dafür das auffallend flache Sparrenwerk. Alle Wirtschaftsgebäude sind in der Anlage der früher beschriebenen Berge erbaut; auch das Vieh steht nicht mehr dem Raume zugewendet, sondern so, daß es den Kopf der

Wand des Stalles zukehrt und der Beschauer auf die Hinterseite sieht, und das friesische Element erscheint hier rein und unvermischt wie in keiner der vorher beschriebenen Marschen, so daß der Übergang von diesem zum angrenzenden wirklichen Friesland kaum zu merken ist.

Für jetzt scheiden wir von diesem den Fluten entrungenen Teile unseres deutschen Vaterlandes. Wir verlassen die Marschen in einer interessanten Übergangszeit, das Bild gesundester und lebendigster Entwicklung darbietend, ja zum Teil in einem intellektuellen und materiellen Aufschwung begriffen, der zu den höchsten Hoffnungen berechtigt.

Würde der alte Tacitus heute seinen Griffel abermals zur Hand nehmen, um seinen Landsleuten jenseits der Berge vom Volke dieses meerumwogten Landes zu berichten, er dürfte es ruhig nennen, wie er es vor tausendachthundert Jahren bezeichnete: Populus inter Germanos nobilissimus – das edelste Volk unter den Germanen.

Hauptmann Böse

Ein deutsches Zeit- und Menschenbild
für das deutsche Volk

Vorwort

In diesen Blättern möchte ich im Gedächtnis unseres Volkes das verlöschende Bild eines Mannes wieder auffrischen, dessen hohe Bürgertugenden ihn schon unter seinen Mitlebenden als einen der edelsten und besten erscheinen ließen, dessen Reinheit der Gesinnung, Charakterstärke, Sittenstrenge, Drang nach Wahrheit und opferfreudige Hingabe für seine Ideale, vereint mit echter Menschenliebe, noch manchen Geschlechtern zum herrlichen Vorbilde gereichen. Das Andenken des wackeren Bremer Patrioten und Jägerhauptmanns Heinrich Böse möchte ich wieder beleben.

Zu meinen liebsten und interessantesten Erinnerungen gehört »der alte Böse«, wie er von jung und alt in meiner Gegend genannt wurde. Als ich ihn kennenlernte, hatte er seine Vaterstadt Bremen bereits seit länger denn zwanzig Jahren verlassen, und gleichwie sein ländlicher Wohnsitz so recht inmitten unserer Provinz lag, war er auch im Leben und Streben, in Freud und Leid völlig einer der Unseren geworden. Unvergeßlich sind mir die Stunden, in denen ich als Gast in seinem reizvoll gelegenen Landhause in Bederkesa weilen, mein Herz dort an einem Bilde echt patriarchalischen Lebens und schönsten Familienglücks laben durfte.

Darauf, in der Bewegung von 1848, hatte ich zuweilen die nicht mindere Freude, auch auf politischem Gebiete mit dem unerschütterlichen Alten als Parteigenossen gemeinsam wirken zu dürfen, und endlich ward mir oft der Genuß, seinen Erzählungen aus reich erfüllter Vergangenheit lauschen zu können, gleichwie gegenwärtig im Manuskript seine Denkwürdigkeiten und Betrachtungen mir vorliegen, mit denen er in den vierziger und fünfziger Jahren über 600 Folioseiten füllte.

Somit denke ich, daß man meine Feder zu diesem Vorhaben keine unberufene nennen wird. Der Gedanke, dem von mir so hochverehrten Manne und Heimatgenossen damit ein literarisches Denkmal zu errichten, sowie namentlich der Stadt und dem Herzogtum Bremen einmal zu zeigen, mit wie freudigem Stolze sie den Verewigten zu ihren Mitbürgern zählen könnten, mit wahrer Begeisterung ergriff er mich, und so ging ich denn voll Zuversicht, ein gutes Werk zu unternehmen, getrost an die Arbeit. Befriedigt uns auch nicht immer, was er wirkte, so erfreut uns desto mehr, was er war und was er wollte, und gern gedenken wir auch bei ihm des milden Römerworts: In magnis voluisse sat est, oder frei übersetzt in dem alten Liederverse:

Sind groß die Ziele deines Strebens,
Und wäre solches auch vergebens,
Und wäre alles dir mißglückt,
Sei froh am Ende deines Lebens.

Heinrich Böses Jugendjahre

Ein Vorbild von strenger Rechtschaffenheit, rastloser Tätigkeit, eifrigem Wissensdrang und echter Menschenliebe hatte Heinrich Böse in seinem Vater vor Augen, dem er am 4. April 1783 von der nicht minder wackeren und tätigen Mutter Gesina Ohlssen aus Cassebruch geboren wurde. Johann Böse stammte aus ärmlichsten Verhältnissen in Stotel, war durch einen Onkel in Hamburg in dessen Zuckersiedereibetrieb eingeführt worden und hatte als Direktor einer Zuckerfabrik des Grafen Schimmelmann in Kopenhagen und als Leiter von dessen westindischen Plantagen ein Vermögen gemacht. Er hatte dann in Bremen selber eine Zuckerfabrik aufgemacht, die so florierte, daß er sich in Rablinghausen einen schönen Landsitz kaufen konnte.

Heinrich und seine Geschwister wuchsen in größter Freiheit auf; denn der Vater hielt eine frühe Selbständigkeit zur kräftigen Entwicklung des Charakters wie zur Erhöhung des Lebensgenusses gerade für das richtigste. Er hatte denn auch die Freude, daß sein Knabe Heinrich eine Wißbegier und, verbunden mit lebendigster Auffassungsgabe, eine Lust zum Lesen zeigte, die ihn zu den schönsten Hoffnungen berechtigte. Leider waren damals die Schulverhältnisse in Bremen sehr mangelhaft, und der Zustand der Knabenschule, die unser Heinrich besuchte, geradezu elend zu nennen, was keinem klarer wurde als dem aufgeweckten Knaben selbst, der es bald offen gegen seine Eltern aussprach, daß er in ihr und namentlich in seiner Klasse wenig lerne und weiterkomme.

Das war zu Anfang der neunziger Jahre. Um diese Zeit erschienen in Bremen gleichwie in andern norddeutschen Städten, verschiedene französische Emigranten, welche die Revolution aus ihrem Vaterlande vertrieben hatte. Einigen war es gelungen, einen Teil ihrer Habe, namentlich einigen Goldschmuck, Edelsteine oder Kunstwerke mitzunehmen, deren Verkauf jetzt ihr Leben fristete. Andere wieder hatten nichts geborgen als das Unveräußerliche, die Gaben ihres Geistes, ihr Wissen und Können. Diese erschienen mitunter im dürftigsten, abgetragensten Anzuge und unter angenommenem bürgerlichem Namen, weil eine falsche Scham sie zurückhielt, ihren altadligen Rang und Namen im Elend der Verbannung zur Schau zu tragen, zumal sie meistens durch Unterrichtgeben in Musik, Zeichnen im Französischen und auch wohl in verschiedenen Wissenschaften das kärgliche Brot der Fremde sich verdienen mußten. Von seinem Schuhmacher erfuhr der alte Böse eines Tages, daß auch er eine dieser Emigrantenfamilien unter seinem Dach habe, welche, entblößt von allem und jedem, nahe daran war, wirklichen Hunger zu leiden. Als Haupt der unglücklichen Familie fand er einen Mann von so hoher und umfassender Bildung und einem so echt adligen Wesen, daß er sofort beschloß, er solle seines Sohnes Heinrich Lehrer werden. Aber er ward ihm weit mehr, er ward ihm der treueste Leiter seiner Jugendjahre und der innigste Freund seines Herzens, der bald den tiefsten, nachhaltigsten Einfluß auf den wissensdurstigen Knaben gewinnen sollte.

Unter dem einfachen Namen Fauçon kam er nach Bremen. und verschwieg, solange er hier war, streng seinen rechten. Erst als die Stürme der Revolution sich gelegt hatten und er Abschied von seinem Zögling und dessen Familie nahm, um wieder heimwärts auf seine Besitzungen und Schlösser zu ziehen, drückte er ihnen als Marquis de Villaret wehmutsvoll und dankbar die Hand; denn das Bösesche Haus war ihm unendlich lieb und wert geworden, und zwischen ihm und Heinrich war nach und nach ein wahrer Herzensbund entstanden; sie hatten Tage miteinander verlebt, deren Sonnenglanz noch aus den Augen des Greises strahlte, wenn er von seinem weisen, lieben und herrlichen Lehrer erzählte.

Mit Fauçons erstem Eintritt in das Bösesche Haus begann eine unvergeßlich schöne Zeit für unsern Heinrich, der dürstend an den Lippen des edlen Mannes hing, ja in bewundernder Verehrung zu ihm emporschaute. Französische Sprache und Literatur bildeten natürlich ihr Hauptlehrfach, doch ward auch aufs eifrigste Geschichte getrie-

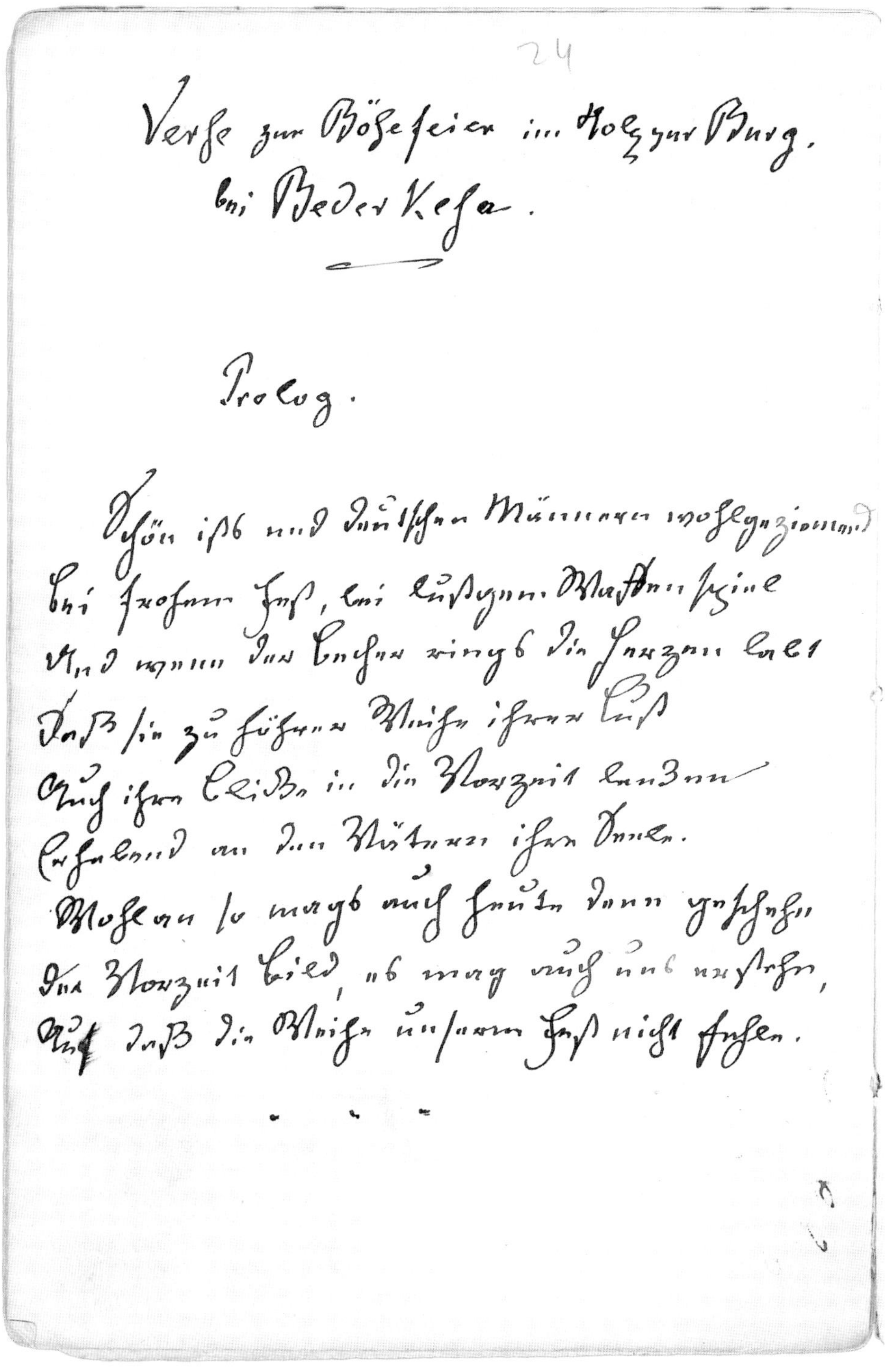
Verse zur Bösefeier im Holz zur Burg bei Bederkesa.

Prolog.

Verse zur Böse-Feier im Holz zur Burg bei Bederkesa, Autograph von Hermann Allmers (Archiv des Landkreises Cuxhaven, NHA, 1.3 Graues Gedichtbändchen)

ben, die stets Böses Lieblingswissenschaft blieb. Für andere Gegenstände waren andere Lehrer tätig. Fauçon aber war und blieb ihm der nächste.

Von einem regelmäßigen Stundengeben war bald keine Rede mehr unter ihnen. Dafür aber richteten sich ihre lehrreichen Spaziergänge am liebsten längs der Weser hinab nach Rablinghausen, wo Fauçon manchen Nachmittag mit seinem geliebten Schüler verweilte. In seinen Memoiren gesteht Böse es offen, daß erst Fauçon ihn zu einem denkenden Menschen gemacht habe. »Ihm verdanke ich auch«, sagt er dort, »die Fähigkeit, auf die Menschen zu achten und von älteren zu lernen. Fauçon war Aristokrat, aber das Unglück hatte ihn längst gereinigt von allen Vorurteilen. Hart und ungerecht war er in Frankreich nie gewesen, er hätte im Grunde gar nicht nötig gehabt auszuwandern, wie er wohl einsah, aber er hatte sich von Nachbarn dazu verleiten lassen. Frei gestand er die Ungerechtigkeiten seines Standes wie die Verworfenheit der Priester ein. Vor allem rettete er mich vom leiblichen und geistigen Verderben, und wenn später in den Genüssen des Jugendlebens die Leidenschaften auch über mich ihre Gewalt übten, so waren solche Eindrücke doch nie bleibend, und meine Natur und mein Gemüt blieben gesund und rein.«

Strengste Mäßigkeit ward zur festen Lebensregel aufgestellt, die zeitweise in Enthaltsamkeit von den liebsten Gewohnheiten und Genüssen überging; denn im elterlichen Hause herrschte damals, wie in jedem reichen Bremer Kaufmannshause, eine Fülle, ein Überfluß an materiellen Dingen, die uns heute mit Verwunderung erfüllt. »Mein Vater«, sagt Böse in seinen mitunter sehr ergötzlichen Aufzeichnungen, »hatte zwei Hauptliebhabereien. Die eine bestand darin, die fettesten Ochsen einzuschlachten. Aber dieselbe hatte zuweilen auch ihre Bitternisse. Da war nämlich ein Herr Weber in der Neustadt, der manchmal den Sieg über meinen Vater davontrug, wodurch denn auf längere Zeit förmlich eine verdrießliche Stimmung in unser Haus kam. Man wird das jetzt sicher belächeln, weil man gebildeter geworden. Damals aber war die Sache ziemlich ernsthaft; denn die ganze Stadt nahm sozusagen teil an derselben; sie wurde in Gesellschaften, ja selbst an der Börse mit Lebhaftigkeit verhandelt. Ganze Züge von Kennern und Liebhabern solch fetter Ochsen zogen schon mehrere Tage vor dem Schlachten von der Neustadt bis in die Wachtstraße in unser Haus, wo dann beständig, um die Richtenden günstig zu stimmen, die Tafel gedeckt war. Auch Wetten wurden gemacht, und es gab Freude und Ärger dabei die Fülle. Die zweite Liebhaberei meines Vaters war, den besten Wein zu haben, worunter man damals stets den ältesten und stärksten verstand. Wir hatten zum Haushaltsbedarf in unserm Keller etwa fünfzig bis sechzig große Stückfässer weißer französischer Weine liegen, von denen ein paar in den fünfziger Jahren gewachsen waren. Alter Wein sei sehr gesund, hieß es stets, und die Ärzte stimmten dem bei. Auch ich mußte früher jeden Mittag mein Glas Wein austrinken, und wenn mir irgendwie nicht recht war, mußte es von dem ältesten sein. Fauçon und Vater waren stets gute Freunde, über diesen Punkt aber gab es lebhaften Wortwechsel.

Fauçon hatte medizinische und chirurgische Kenntnisse und ließ sich gern in Disputationen mit den Ärzten ein, aus denen er nicht selten als Sieger hervorging. Besonders warf er ihnen vor, daß sie die Lebensweise ihrer kranken und gesunden Freunde, gleichwie die ihrige, nicht änderten. Gegen erhitzende Getränke und schwere Speisen, wie sie damals allgemein beliebt waren, eiferte er sehr und suchte, aber leider vergebens, den Leuten deutlich zu machen, daß sie im Irrtum seien, ihren Bauch für das Zeichen ihrer Gesundheit zu halten. Aber es gelang ihm nicht, auch bei meinem Vater und dessen Brüdern nicht, die sich nicht wenig auf den ihrigen etwas einbildeten; denn er war doch mindestens ein Beweis von Wohlstand, und sie wurden sehr böse, als Fauçon sie damit lächerlich machte.

Im Jahre 1795 kam die englische Armee nach Bremen unter dem Herzog von York, der General Pichegru aus Belgien und Holland vertrieben hatte, und mit ihr zugleich eine Menge reicher Brabanter und holländischer Flüchtlinge. Das brachte eine große

Menge Geld in Umlauf. Bremens Wohlstand hob sich in kurzer Zeit außerordentlich, der Wert der Grundstücke und aller Handelsartikel und Lebensbedürfnisse stieg bedeutend. Es mußte Polizei aufgestellt werden, um zwischen dem Rathaus und der Börse eine Passage freizuhalten, die sonst durch die vielen Pferde der englischen Offiziere, die im Ratskeller zechten, unterbrochen wurde.

Eine Menge Straßenbuben war beschäftigt, die Tiere dort zu halten, wofür sie in der Regel von den damals noch sehr freigebigen Engländern mit Kronen, ja halben und selbst ganzen Guineen bezahlt wurden. Um Guineen spielten dann die Jungen mit ihren Marreln.

Leider kam auch mit den Engländern in das bis dahin so sittsame und ehrbare Bremen plötzlich eine große Unsittlichkeit und Roheit, namentlich eine Rauf- und Sauflust, die vorzugsweise die Söhne der reicheren Kaufleute ansteckte, die viel mit den englischen Offizieren freundschaftlich verkehrten. »Bis zum Jahre 1795«, sagt Böse, »habe ich nie in Gesellschaften jemand betrunken gesehen, und gar ein Trunkenbold war ein verächtlicher Mensch. Das wurde aber anders, als die englischen Offiziere ankamen. Sie brachten uns ja soviel Wohlstand, daß wir, teils aus Dankbarkeit, teils aus der den Deutschen eigenen Nachahmungssucht, sofort ihre Sitten und Unsitten annahmen. Alles wurde auf englisch eingerichtet, und was echt englisch war, das war gut. Unter allen Gewohnheiten, die wir annahmen, war die des Saufens die schlechteste. Täglich sahen wir die englischen Offiziere in bewußtlosem Zustande aus dem Rathause tragen und – ließen uns bald selbst in ähnlicher Verfassung aus dem Eßzimmer in die Betten schleppen. Es wurde sogar als Verdienst in Anspruch genommen, viel Wein im Leibe aufnehmen zu können. Ich habe es später noch oft von einem Bremer Makler, der in hoher Gunst beim Herzog von York stand, im Triumph erzählen hören, daß er einst in langer Sitzung mit diesem und einem Obersten, der nachher Gouverneur in Gibraltar war, 71 Flaschen alten Rheinweins getrunken, und er bewies die Sache mit Zeugnis der beeidigten Weindiener. Ja fast alle meine Jugendbekannten und viele Anverwandte sind Opfer dieser Mode geworden. Die meisten von ihnen haben ein trauriges, schmerzensvolles Ende genommen.«

Zwölf Jahre ungefähr nimmt Böse als Dauer jener Saufperiode an, dann trat jedoch, anfangs nur sehr langsam, eine Wendung zum Besseren ein. Er aber widerstand jeglicher Versuchung zum lockeren Leben, obwohl er zur echten jeunesse dorée zu rechnen war und es an barem Gelde ihm nie fehlte. Erhielt er doch schon nach seiner Konfirmation, fünfzehn Jahre alt, ein jährliches Taschengeld von 500 Talern Gold und mit dem zwanzigsten Jahre das doppelte. Auch ein treffliches Reitpferd fehlte ihm so wenig wie seinen Schwestern zu ihren Ausfahrten ein Ponygespann.

Er aber suchte und fand fort und fort nur seine Freude an der Seite seines teuern Fauçon auf den Wegen der Weisheit, auf den Gebieten der Wissenschaften und, nicht zu vergessen, auf dem seines elterlichen Landgutes zu Rablinghausen. Hier wurde nach Herzenslust geritten und gerudert, gejagt und gefischt, dazu allerlei Abhärtungsversuche vorgenommen, z.B. barfuß und wenn Reif das Gras und eine Eiskruste die Wassergräben bedeckte, der Entenjagd obgelegen, ja in einem Heuhaufen zuweilen unter freiem Himmel übernachtet, dazu kamen allerlei sonstige körperliche Übungen, obwohl das Turnen noch nicht erfunden war, wie Dauerlaufen, Hoch- und Weitspringen, Steinwerfen. Im Stoßfechten gab ihm Fauçon Unterricht, der ein Meister darin war, und als einmal eine Kunstreiter- und Seiltänzergesellschaft nach Bremen gekommen war, versuchte er sogar mit Glück, auf hochgespanntem Seile zu gehen, und lernte stehend galoppieren. Inbetreff der letzteren teilt er in seinen Aufzeichnungen eine hübsche Geschichte mit.

»Derlei Übungen mußten natürlich heimlich betrieben werden. Den Hofmeister aber hatte ich gänzlich auf meiner Seite. Er verriet mich nicht; dafür brachte ich ihm regelmäßig den nötigen Tabak und versorgte ihn gelegentlich mit Kaffee und Zucker, was ich ganz offensichtlich tun durfte; denn selbst die Mutter, die sonst sehr fürs Zusammenhalten war, übte hierin keine Kontrolle. Ich sehe noch das Erstaunen meines Vaters und des Reitlehrers, als ich, bevor mir überhaupt die Erlaubnis zum Reiten gegeben wurde, meine erste Reitstunde hatte. Die Mutter hatte nur schwer eingewilligt und der Vater noch mit Tränen in den Augen die größte Vorsicht empfohlen. Als nun die Geschichte losging, d.h. als der Lehrer das Pferd losließ, nachdem er mir viele Lehren gegeben, wie ich die Zügel und mich selbst festhalten müsse, kam das Tier bald vom Schritt in Galopp, und Vater rief mir schon warnend in ängstlichem Tone zu. Ich aber brauchte die Peitsche und Absätze noch, um das Tier, das träger als unsere kleinen Pollacken war, in den zu meinem Witz nötigen Takt zu bringen. Dann drehte ich die Mähnen fest um meine Hand und sprang nun, im schnellsten Galopp, fortwährend vom Pferde zur Erde und wieder hinauf und schloß endlich damit, daß ich in die Höhe sprang und nun, hinter dem Sattel stehend, ein paarmal im Kreise herumjagte, dann das Pferd anhielt, auf die Erde sprang und ehrfurchtsvoll meine Verbeugung vor den Anwesenden machte. Vater konnte vor Staunen, dann vor Lachen nicht zu Worte kommen, die hellen Tränen liefen ihm über die Backen, und nun kaufte er mir gleich ein Pferd. Es war das schönste in der ganzen Stadt.«

Ob sein verehrter Fauçon sich dabei über die Kühnheit und Keckheit seines Schülers freuen konnte, ist mir unbekannt, und ebensowenig, wie lange derselbe noch in Bremen sich aufhielt. Auffallenderweise enthält der schriftliche Nachlaß nichts darüber, und auch mündlich habe ich es nicht erfahren.

Bremen vor der Franzosenzeit

Die Stadt und ihre Zustände boten damals ein Bild, das in vielen Stücken wesentlich vom heutigen verschieden war. Bremen hatte in Böses Jugendjahren, z. B. 1807, in runder Zahl 36 000 Einwohner und zwar mit der Neustadt und den Vorstädten, die sich mit ihren Krautgärten, Viehweiden, Kohl- und Kartoffelfeldern und durchsetzt mit vielen strohgedeckten, echt niedersächsischen Bauernhäusern indessen schon ziemlich weit hinausstreckten. Dann kam die Contrescarpe mit ihren langen Reihen von Kopfweiden, ihren Bleichplätzen, Reeperbahnen (Seilereien), Kalkbrennereien und niedrigen Ziegelhäuschen. Auf hölzernen Brücken, von denen die größeren wirkliche Zugbrücken, die übrigen nicht mehr als schmale Stege und im Fall einer Belagerung leicht hinwegzuschaffen waren, überschritt man den Stadtgraben und stand nun vor der steilen Böschung des grasbewachsenen Walles, von dem hie und da eine rostige Kanone hinuntergähnte, und in drehbarem Schilderhause, windgeschützt, ein ehrwürdiger Stadtsoldat still seinen Betrachtungen nachhing, wenn er nicht auf seinem Sitzbrettchen im Innern den Schlaf des Gerechten schlief, freilich oft genug daraus emporgeschreckt und arg gehänselt durch die gottlosen Jungen, die nicht allein mit wuchtigen Steinwürfen die Bretterwände erschütterten, sondern, wie unser Böse in seinen Jugenderinnerungen erzählt, auch etwas noch ungleich Respektwidrigeres verübten. Leise wickelten sie nämlich ein langes Seil um das Schilderhaus, das sie dann, so schnell sie konnten, anzogen, daß der arme, blitzschnell herumgewirbelte Stadtverteidiger ganz schwindlig ward und natürlich sofort zu Boden taumelte, wenn das Wirbeln aufgehört hatte und er sein Gehäuse verlassen wollte. Daß sämtliche Jungen dann längst um die Ecke waren, versteht sich von selbst.

Zumeist im ersten Drittel des 17. Jahrhunderts waren die steinernen Ringmauern durch diese Erdwälle ersetzt worden, durch welche dann die dämmerigen Torgewölbe ins Innere der Stadt führten. Mehrere dieser Tore wurden auch noch von einem starken Turme überragt und beschützt, der ihnen ein malerisches Aussehen verlieh.

Auch neben ihnen standen hie und da als Rest der mittelalterlichen Ringmauer mächtige Rundtürme, von denen der Zwinger am Ostertor als letzter seinesgleichen erst gegen das Ende der zwanziger Jahre fiel und entsetzliche unterirdische Kerker entdecken ließ. Charaktervoll und hochmalerisch war das Innere des alten Bremen, obwohl schon

Johann Gottfried Seume, Gipsmedaillon, ca. Ø 50 cm (Allmers-Haus, Rechtenfleth)

mancher ehrwürdige Bau der Vorzeit, darunter auch der Palast des Erzbischofs (in der Volkssprache das Palatium genannt) gefallen war, um Gebäuden des traurigsten Pappkastenstils jener Zeit Platz zu machen. Am Markte, an der Obern-, Langen-, Wacht-, Ostertorstraße und Schlachte jedoch erhob sich noch ein stolzer Prachtbau neben dem andern. Breitkronige Lindenreihen umgaben rings Domshof und Domsheide, auch vor manchen Häusern standen solche und Bänke darunter, auf denen an schönen Abenden die Familie von ihrem Tagewerk behaglich ausruhte und mit den Inhabern der nächsten Bank einen traulichen »Nahberschnack« führte. Unschön versteckt und verdeckt waren freilich fast alle alten Kirchen durch die Menge kleiner Häuschen, die wie Schwalbennester am braunen Quadergemäuer klebten, daß selbst nicht einmal alle Fenster freigelassen waren. Genug, überall der Häuser Gedränge und der Gassen quetschende Enge, die namentlich durch die allbeliebten Erker des Erdgeschosses (Ausluchten) noch vermehrt ward; denn hängende Erker, wie z. B. in Nürnberg, waren nie in Bremen üblich.

Am oberen Ende der Wachtstraße war Böses Eltern- und Geburtshaus. Ging man die Straße hinunter, so betrat man durch einen ansehnlichen, mit Wohn- und Gefängnisräumen versehenen Torbau, den sogenannten »Bullenkoben«, die noch hölzerne Brükke. Von jenem Tore hieß es, daß aus einem seiner Gefängnisse einst Seume entflohen sei. Rechts davon drehte sich das große Wasserrad, das die Stadt mit weichem Weserwasser versorgte und eine gewisse Berühmtheit hatte, da es, wie man sagte, das größte Rad der Welt sei. Darum sah man auch immer Leute auf der Brücke stehen, die in stiller Bewunderung zuschauten, wie es sich drehte und in einem fort das unten geschöpfte Wasser oben in einen Behälter goß, aus dem es durch Röhren sich dann weiter verteilte.

Andere Leute sahen dagegen lieber den breitschaufeligen Mühlenrädern zwischen den »Weserböcken« an der Brücke und dem Hantieren der Mühlknappen zu.

Einen größeren Gegensatz als heute bildete die Neustadt damals zur Altstadt. Hier war es breit und freundlich, elegant und modern, und mit ihren breiteren Straßen, Alleen und Lustgärten war sie namentlich das Viertel der jüngeren Kaufmannsfamilien und der zuletzt Emporgekommenen geworden, wie denn auch Böses erstes Elternhaus da stand (Neustadtsdeich). Ältere Familien blieben lieber in ihren ehrwürdigen Giebelhäusern der Altstadt wohnen, hatten jedoch in der Neustadt ihr Gartenhaus, um frische Luft zu schöpfen und sich im Grünen zu ergehen, und es gab sehr ansehnliche Gärten hier, z. B. der im holländischen Stil angelegte Wichelhausensche Garten, der mit seinen Sandsteinfiguren, Muschelgrotten, Springbrunnen und seltenem Blumenflor zu den Hauptsehenswürdigkeiten Bremens gehörte.

Und wie die Architektur war auch das Straßenleben und Marktgewühl der Altstadt weit malerischer und charaktervoller als in der Gegenwart. Die ländlichen Marktbesucher kamen noch fast alle in der Volkstracht ihrer Heimatgegend. Die Frauen der kleineren Bürger in Bremen und die Dienstmädchen erschienen bei schlechtem Wetter nonnenhaft verhüllt in ihren schwarzen »Regenlaken«. Einen farbigen Gegensatz bildeten die umherschlendernden äußerst bunten Stadtsoldaten und die Fuhrleute in hellbraunen Kitteln, fast alle aus Syke, Brinkum und Leeste stammend, deren gewaltige, hochbeladene und leinengeschützte Frachtwagen den Verkehr in den ohnehin engen Straßen noch mehr erschwerten. Endlich als seltene, aber hochbedeutsame Staffage sah man einzeln und gefolgt von einem scharlachenen Herrendiener mit Staatsperücke, Beffchen und spanischem Mantel die Figur eines hochweisen Ratsherrn durch die Menge schreiten, welche dann ehrfurchtsvoll zur Seite wich und, den Hut in der Hand, stehenblieb, bis derselbe vorüber war. Der Bürgermeister aber durfte zur Sitzung im Rathaus nur fahren, und zwar in einer mit galonierten Dienern besetzten Staatskutsche, die von Pferden aus dem Ratsmarstall gezogen wurde. Er durfte das nicht unterlassen, und wenn er auch nur zwanzig Schritt vom Rathause gewohnt hätte.

Fremdenverkehr gab es vor der Franzosenzeit, außer im Freimarkte, so gut wie gar nicht. Daher war denn auch bis zu den zwanziger Jahren das »Blaue Haus« in der Hutfilterstraße das einzige komfortable Hotel im modernen Sinne, während alle übrigen Gasthöfe nur Herbergen genannt werden konnten. Den größten Teil der Fremden aber bildeten die kaufmännischen Geschäftsreisenden, freilich ein ganz anders geartetes Geschlecht als das des heutigen. Stets auf starken Rossen kamen sie geritten, hohe Stulpstiefeln an den Beinen, eine Geldkatze um die Hüfte geschnallt, einen ledernen Mantelsack hinter dem Sattel und vor demselben, ihn zu verteidigen, ein paar lange Pistolen; so trabten sie durch die Straßen, ernst und entschlossen dreinschauend und von fast ritterlichem Wesen. War es doch vor Einführung der Gendarmen auf den öden Heideflächen und in einsamen Schenken unsicher genug für sie und Raubüberfälle keinesfalls selten.

Wenig entwickelt waren Geselligkeit und öffentliche Vergnügungen. In einförmiger, still geschäftiger und streng geregelter Weise ging das Leben im Hause seinen Gang. Größere Gesellschaften mit Gastereien und Tanz gab es nur an frohen Familienfesten. Dann ging's aber auch aus dem Vollen. Bälle fanden bis zur französischen Zeit fast gar nicht statt; denn das reformierte, holländische Wesen war jeder freien Fröhlichkeit abhold, nicht einmal müßiges Spazierengehen sollte geziemend sein. Einmal aber im Jahr trat mit doppelter Macht die berechtigte Gegenwirkung ein: Freimarkt. Dann war von Anfang bis zu Ende alles aus Rand und Band und allen recht, ob man vor oder nach Mitternacht nach Hause kam. Die Hausordnung war einmal auf acht Tage hindurch aufgehoben, schon weil man meistens dann das Haus voll Besuch von auswärts hatte.

Kaufleute und Juristen bildeten in Bremen von je die vornehmsten Stände, gegen welche alle anderen nicht aufkommen konnten. Auch Fabrikinhaber mußten gegen jene zurückstehen, mochte ihr Geschäft ein noch so großartiges sein. Das empfand auch bis in die französische Zeit hinein das Bösesche Haus, namentlich zum großen Verdruß der Mutter. Dazu kam, daß Böses Vater erst jüngst von draußen eingewandert und noch dazu lutherisch war.

Was aber damals in Bremen Geltung haben wollte, mußte der reformierten Kirche zugetan sein. Sie war die eigentliche Staatskirche, und lange Zeit durfte kein Senator einer andern angehören. Der Dom und sein hannoversches Gebiet bildete, zu Luthers Lehre sich bekennend, lange Zeit eine örtlich wie gesellschaftlich schroff abgegrenzte Konfessionsinsel. So bot fast alle Jahrhunderte hindurch Bremen denn auch das unerquicklichste Bild ewigen Bekenntnishaders, und durch alle Schichten und Stände der Bevölkerung gingen die widerwärtigsten Streitigkeiten, Reibereien und Spannungen. Die Pastoren beider Kirchen schimpften morgens von den Kanzeln aufeinander, und mit gleich heiligem Glaubenseifer prügelten sich nachmittags die reformierten und lutherischen Jungen auf den Kirchhöfen.

Darum standen, wie gesagt, denn auch Böses als Fremde, Lutheraner und Fabrikanten so lange Zeit isoliert da, bis nach und nach Reichtum, Bildung, Freigebigkeit und würdige Haltung ihrem Hause ein Ansehen und eine Stellung begründeten, die es im Laufe der Zeit den ersten und besten ebenbürtig an die Seite stellten, worauf zuletzt Böses herrlicher Patriotismus es mit einemmale zu einem der allerhervorragendsten machte.

Lehr- und Reisezeit

Böse hatte große Lust zu studieren, am liebsten Geschichte oder Philosophie, doch mangelte ihm dazu die Kenntnis alter Sprachen wie die Einwilligung der Eltern. So wurde er Kaufmann, aber, wie er selbst gesteht, kein besonderer. Mit Lust dagegen ergriff er die eigentliche Arbeit des Zuckersiedens und war hier mit bewundernswerter Körperkraft, Gewandtheit und Ausdauer im Heben und Tragen der schweren Kisten und Säcke sowie mit seiner kernigen Gesundheit und Arbeitsfreudigkeit ganz an seinem Platz.

»Ich mochte achtzehn Jahre alt sein«, schreibt er, »da ich als Lehrling in die Fabrik eintrat. Teils durch die Lehren meines Vaters, teils durch eigenes Nachdenken war ich zum festen Entschluß gekommen, die Sache aufs gründlichste zu lernen. Mehrere Jahre hindurch und auch gelegentlich noch in späterer Zeit habe ich wie nur irgendeiner der Knechte die schwersten Arbeiten verrichtet; denn es ist durchaus nötig, den Leuten zu zeigen, daß man alle Arbeiten, die man von ihnen verlangt, ebenso gut versteht und ihnen völlig gewachsen ist. Ohne das hat das Befehlen die rechte Art nicht und wird der Befehlende gar zu leicht ungerecht, indem er über etwas urteilt, das er nicht versteht. Die ihm untergebenen Arbeiter achten ihn nicht. Wenn er sie antreibt, gehorchen sie ihm wohl, aber sie halten ihn für einen dummen Kopf, dem man gezwungen ist etwas weiszumachen. Wenn jemand, der dies lesen sollte, im Fall ist, Dienstboten oder Tagelöhner zu haben und will einmal wissen, ob diese ihn für einen verständigen Menschen halten oder nicht, so mag er nur darauf achten, was dieselben etwa beim Graben tun, wenn sie sich einen Augenblick ausruhend auf die Schaufel stützen und nun plötzlich ihren Herrn erblicken. Sie halten diesen sicher, und zwar in der Regel mit gutem Grunde, für einen Tölpel, wenn sie rasch wieder zu arbeiten anfangen. Meine Arbeiter haben das nie getan, weil sie wußten, daß ich Arbeit kenne und weiß daß kein Mensch fortwährend graben kann.«

Ebenso interessant, herzerfreuend und charakteristisch für damalige Zeit und Zustände ist auch, was Böse über das Leben und Treiben im Geschäfte sagt: »Wie schon erwähnt, bekümmerte der Vater sich in den letzten Jahren seines Lebens fast gar nicht mehr um das Geschäft, was die Mutter mit um so größerer Umsicht und Lebhaftigkeit tat, die auch die Familien- und Haushaltungsangelegenheiten leitete. Indessen regierte sie doch nicht unumschränkt. Es waren da ein Fabrikmeister, einige alte Knechte, eine

Köchin, Wärterin und Hausmädchen, die, abgesehen von den übrigen, sämtlich zwanzig Jahre und darüber im Hause waren. Diese Leute hatten denn schon ein Wort mitzusprechen, sie gehörten gewissermaßen zur Familie und durften sich, wenn sie ins Wohnzimmer kamen, gleich setzen, es wurde ihnen eine Tasse Kaffee, ein Glas Wein angeboten. Alle diese Leute dachten denn auch nur daran, des Hauses Wohl zu fördern. Von Befehlen war keine Rede, auch nicht von Antreiben oder gar harten Worten. Die Eltern überlegten alles mit den Leuten, die oft sogar eine gewichtige Opposition bildeten. Ich bin aber in Verlegenheit, wohin ich nun den Postels stellen soll. Zuweilen, doch sehr selten, stand er an der Spitze der Opposition. Dann mußte unbedingt der Mutter Autorität weichen. Meistens aber war er der Vermittler. Er entschied oder vermittelte aber auf eine höchst sonderbare Weise, nämlich er sprach kein Wort bei der Gelegenheit. Wenn die Mutter wegen ihrer Lebhaftigkeit so etwas wie Unfrieden angerichtet hatte, so fühlte sie das Bedürfnis, bei dem Buchhalter sich zu rechtfertigen, der durch sein tiefes Schweigen bei Tisch, sein ernsthaftes Gesicht ihr deutlich zu machen wußte, daß er über den Gang der Dinge nicht zufrieden sei. Dann beeilte sich die Mutter einzulenken, und es war wieder Friede. Der Mann war ein Freund von allen Hausgenossen. Jeder, auch wir Kinder, folgte ihm unbedingter als den Eltern. Er war unsere Zuflucht in Trübsal und der emsige Förderer unserer Freuden. Alles im Hause war unter seiner Aufsicht, er hatte alle Anschaffungen für den Haushalt, für die Fabrik zu besorgen. Der Verkehr mit den vielen Handwerkern, der Verkauf des raffinierten Zuckers, die Buchführung, die Korrespondenz, alles lag ihm ob, und doch hatte er immer noch Zeit über, sich mit uns Kindern zu beschäftigen, die gerne um ihn waren, weil er, selbst bei tollen Streichen, die wir machten, immer nur freundlich ratend sich benahm. Etwa 55 Jahre ist er in unserm Hause gewesen, aber niemals hat er irgend Streit mit einem Menschen gehabt. Er war verheiratet und hatte Familie, für welche er ein sorgender, liebevoller Gatte und Vater war. Mit viel gesundem Menschenverstand und teilnehmendem Herzen begabt, hatte keine Leidenschaft Gewalt über ihn, er war nicht einmal neugierig, was so weit ging, daß er niemals aus einem andern Stadttore herausgekommen war als demjenigen, außerhalb welchem unser Gut lag, wohin er häufig mit seiner Familie des Sonntags fuhr. Als ich ihn 1811 oder 1812 nach Minden in Geschäften schickte, war er noch nie in einem Wirtshause gewesen. Der Anteil, den er an seiner Familie nahm, abgerechnet, lebte er nur für unser Haus. Seine Autorität in diesem war aber auch unbegrenzt, und dennoch zeigte sich diese nie äußerlich, er wußte uns, seine Prinzipale, immer als die Befehlenden hinzustellen, während wir doch ohne Nachteile für das Gedeihen des Hauses beide eine Reise nach Otahiti hätten antreten können. Dies letztere soll aber nur bis zur unseligen Franzosenzeit gelten, wo alles zugrundeging. Nun war aber sein Witz zu Ende. Es gab früher viele solcher Leute in Bremen. Postels war sicherlich der letzte dieser Rasse, die mit ihm etwa 1820 ausstarb.«

Ein Jahr nach des Vaters Tode, der 1803 erfolgte, übergab die Mutter, welche die Fabrik bereits seit zehn Jahren vorzugsweise geleitet hatte, diese ihren beiden Söhnen, ohne jedoch ihre Mitwirkung darum aufzugeben, durchaus im Gegensatz zu ihrem verstorbenen Gatten, der schon längst der Jagd nach dem Gelde überdrüssig geworden war. Auch die Söhne waren der geschäftigen Mutter lange nicht eifrig genug, sie fischten und jagten ihr zuviel und hatten stets die schönsten und kostbarsten Pferde in ganz Bremen, und fort und fort setzte Heinrich durch seine kühnen Reiterstücke das Publikum in Erstaunen.

Um eine weitere Weltbildung zu erlangen, trat Böse, aufs reichste mit den trefflichsten Empfehlungen versehen, zu Anfang des Jahres 1806 seine größeren Reisen an, die sich zunächst auf England und Schottland, dann über Portugal, Spanien und Frankreich erstreckten und über anderthalb Jahre dauerten.

In London, wohin er sich zuerst wandte, gefiel es ihm bald ausnehmend. Zwar hatte er das Mißgeschick, gleich anfangs in einen Gesellschaftskreis zu geraten, welcher ganz wie die englischen Offiziere in Bremen die wüstesten Gelage liebte, und es fehlte nicht viel, daß der wackere, enthaltsame Jüngling, aufs tiefste davon angewidert, baldigst London und England verlassen und seine sämtlichen Empfehlungen dafür entrüstet ins Feuer gesteckt hätte.

Bald aber ward er inne, daß es doch auch andere und hochgebildete, geistvolle und wahrhaft herrliche Kreise daselbst gab, und nun begannen die genußreichsten Tage für ihn. Einladungen zu Gesellschaften, Ausflügen, Picknicks, Jagden und Segelfahrten reihten sich an Einladungen. In Schottland verweilte er nur kurze Zeit und kam auch nur bis Edinburg, da die vorgerückte Jahreszeit und schlechtes Wetter eine Reise durch die Hochlande nicht rätlich erscheinen ließen.

England war damals von einer Landung der Franzosen bedroht, der Haß gegen diese war in hohem Grade ins Volk gedrungen. Jeder Engländer, fast vom niedrigsten bis zum höchsten, war plötzlich vom kriegerischen Geiste durchweht, und die kurz vorher noch so sehr verbreitete Geringschätzung des Soldatenstandes legte sich im Nu. Wo Böse hinkam, sah er Freiwillige oft in ganzen Brigaden aufs eifrigste sich in Waffen üben. London mit seiner nächsten Umgebung hatte allein 50 000 gut uniformierte und eingeübte Freiwillige, und Böse war überzeugt, daß Napoleon einen schweren Stand gehabt haben würde. Mit dem tiefsten und nachhaltigsten Eindruck verließ er England.

Es glückte ihm, auf einem englischen Kriegsschiffe, das bestimmt war, dem bei Lissabon wartenden Flottengeschwader Pulver zu bringen, die Fahrt dahin zu machen, welche äußerst stürmisch war und auf der das Schiff sogar einmal von einem feindlichen gejagt wurde.

Gut bewaffnet und in Begleitung eines Franzosen und eines Hamburgers unternahm er nun die Wanderung quer durch Portugal, Spanien bis nach Bayonne. Von Bayonne fuhr er mit Extrapost nach Bordeaux, doch mußte durch die sandigen, öden Heiden, die ihm nach der malerischen Gebirgslandschaft von Biscaya doppelt trostlos erschienen, tagelang im langsamsten Schritte gefahren werden. In Bordeaux gefiel es ihm sehr, und volle zwei Monate blieb Bordeaux sein Standquartier.

Wie über die ganze Reise Böses sind auch über seinen Aufenthalt in Paris äußerst wenig Einzelheiten bekannt geworden. Soviel aber geht aus seinen Aufzeichnungen hervor, daß die Sehenswürdigkeiten der Stadt ihn wenig, ihr Leben und Treiben ihn völlig in Anspruch nahmen.

Auch Napoleon sah er zu St. Cloud des öfteren in nächster Nähe, sehr langsam im offenen Wagen fahrend und oft anhaltend, um Bittschriften entgegenzunehmen, mit dem Ausdruck kalter Menschenverachtung auf seinem gelben Angesichte. Daß dem am Urteil der Menschen nichts liegen konnte und ihm gleichgültig sein mußte, ob er gehaßt oder geliebt, verachtet oder bewundert wurde, ward bei Böse zur festen Überzeugung.

Von seiner Rückreise entsann sich Böse keines Umstandes, welcher wert war, der Nachwelt kund zu werden.

Aus der Franzosenzeit

Wiederum war er nun in der alten Heimat, aber diese war nicht mehr die alte. Welch eine Umgestaltung der Verhältnisse fand er nach der fast zweijährigen Abwesenheit vor. Kaum konnte er noch die alten, lieben, rotweißen Hansefarben begrüßen; denn Frankreichs Trikoloren flatterten auch hier über seinem Haupte, durch die Straßen hallte der Siegerschritt napoleonischer Soldaten; die Herrschaft des Senats war zum wehrlosen Schatten geworden, ein hochmütiger und noch von besonderem Haß gegen die Stadt erfüllter Präfekt, der belgische Graf Arberg, gebot in Bremen; französische Offiziere und Beamte suchten sich in alle Kreise zu drängen; geheime Spione lauerten in allen Ecken; gestört war jede echte Freudigkeit, jedes Vertrauen, und eine tiefe Niedergeschlagenheit hatte sich aller Patrioten und Braven bemächtigt. Genug, es waren schwere Zeiten über Bremen hereingebrochen, wozu vor allem noch die gänzliche Stokkung des Handels durch Napoleons Kontinentalsperre kam, jeden Verdienst hindernd, während zugleich im Innern die steten Requisitionsgelder und andere Steuern rasch den allgemeinen Wohlstand in traurigster Weise herabdrückten.

»Der französische Konsul«, sagt Böse, »dominierte den Handel vollkommen. Ohne seine Certifikate konnten keine Waren hinein noch hinaus. Französische Douaniers standen an den Toren. Nur die Kommunication zwischen Oldenburg und dem bremischen Gebiete, nicht mit der Stadt Bremen selbst, war frei. Aller Handel mit dem Innern Deutschlands wurde über Varel und Oldenburg getrieben. Nur durch Bestechungen des französischen Konsuls und der Douaniers oder auf heimliche Weise konnten Waren in die Stadt gebracht werden. Die Abgaben wurden immer höher, die Einquartierungslast wurde sehr drückend; denn auf diese wurden auch die Abgaben geworfen, welche man für die großen Tafelgelder und Geschenke an die höheren französischen Offiziere teils geben mußte, teils freiwillig gab, weil die hohen Herrn der Stadt mit Geld ihre Unabhängigkeit, die nur noch ein Schatten war, behaupten zu können glaubten. Ich entsinne mich, daß ich in einem Jahr 1200 Taler Einquartierungsgelder bezahlen mußte, weiß aber nicht mehr, in welchem Jahre dies war. Die Tafelgelder wurden mit 4-5 Talern das Couvert bezahlt, und ich glaube, daß man den Kommandierenden zuweilen bis zu zwanzig Couverts täglich bewilligte. Diesem wurden häufig große Summen gegeben, zuweilen auch, um dessen Drohungen, die Stadt voller Kavallerie zu legen, abzuwenden. Das schlimmste aber war, daß sie nicht lange blieben. Der Kaiser wußte, daß den Leuten mit der Gloire allein nicht gedient sei, daß sie gut leben, reich werden wollten, daß er ihnen hierin gefällig sein müsse, wenn sie ihm treu bleiben, ihn nicht einmal fortschicken sollten; denn, man mag sagen was man will, trotz des Jubels, mit welchem Frankreich 1815 ihm wieder entgegenkam, er hielt damals, 1807, sein Regiment nur durch die Soldaten aufrecht. Alles, was die französische Presse damals der Welt verkündete über die Liebe des Volks zum Kaiser, war Lüge. Die Wahrheit durfte in Frankreich nicht geschrieben werden, Bonaparte hatte von dem Vieh viele zu weiden, aber er hatte auch eine große Weide an den eroberten Ländern. So kamen denn, sich zu sättigen, immer neue Befehlshaber nach Bremen. Bevor diese nun von der Stadt eine tüchtige Summe und die Tafelgelder bekommen hatten, führten sich die Soldaten in ihren Quartieren sehr schlecht auf, die Bürger, die sich darüber zu beschweren, zu dem Kommandanten gingen, wurden mit Fußtritten verabschiedet. Man beeilte sich daher zu zahlen, wo dann gute Manneszucht gehalten wurde. Es war aber nicht der Chef allein, der dergleichen Plackereien vornahm, auch andere Offiziere wußten sich schon Geld, selbst von Privatleuten, zu beschaffen. Da man bald das Prinzip, die Einquartierung auf die Häuser zu verteilen, wegen Verarmung vieler Besitzer aufgeben, dagegen das Vermögen als Norm annehmen mußte, so war meine Mutter in die höchste Klasse gesetzt. Sie hat aber nie Einquartierung genommen, sondern an die Kommission dafür bezahlt, wozu jeder Bürger berechtigt war. Nur einmal hatte sich ein französischer Oberst ein Quartierbillett auf meiner Mutter Haus auf irgendeine Weise, ich meine, durch Drohungen auf dem Quartierbüro, zu verschaffen gewußt. Er hatte schon ein Quartier, was er auch gar nicht zu verlassen gedachte; es war auf eine Prellerei abgesehen. Er hatte wohl erfahren, daß die Frau reich sei, die Ruhe liebte und große Furcht vor den Soldaten hatte. Als ich zu ihr kam, war sie völlig außer sich. Der Franzose war da gewesen, hatte gewaltigen Lärm gemacht, von Pferden, Hunden, vielen Bedienten, von einer Menge Couverts gesprochen. Sie war schon entschlossen, hinaus auf ihr Gut zu ziehen, das ganze Haus dem Patron zu überlassen. Als ich ihr die Aussicht eröffnete, daß die Sache wohl mit Geld abgemacht werden könne, so verklärte sich ihr Gesicht, und sie rief mir zu: ‚Hinnerk, min Junge, giff den Keerl so väl Geld, as he hewwen will, wenn he mi man ut dem Huse blifft!‘ Der Franzose forderte fünf Louisdor täglich. Ich bot ihm sieben Taler Gold. Die Verhandlung dauerte zwei Stunden. Während dieser Zeit war der Franzose mehreremal bis auf die Straße gekommen, fluchte, drohte gewaltig. Er wollte mich einschüchtern. Als er sah, daß dies nicht ging, wurde er ruhiger. Ich erzählte ihm von meinem langen Aufenthalte und von meinen guten Bekanntschaften in Paris. Da wurde der Oberst bald nachgiebiger, ließ erst louisdor- dann taler- und zuletzt frankenweise ab. Mochte er ein großer Totschläger und Held sein, dies verhinderte aber nicht, daß er sich bei der Gelegenheit sehr gemein benahm. Ich entsinne mich genau und kann daher mein Wort drauf geben, daß er zuletzt es förmlich aufs Bitten legte, ich möge einen Taler und am Ende einen Franken beilegen. Mit sieben Talern wurde die Sache abgemacht. Er blieb über 90 Tage im Besitz der Billets, und ich habe ihm nachher an siebenhundert Taler ausgezahlt.

Bremen befand sich auf keine Weise im Kriegszustand mit Frankreich. Es wurde ja nur infolge des Krieges mit Preußen von den Franzosen besetzt, aber nach und nach durch Dekrete von Napoleon seinem Reiche einverleibt. Das verhinderte aber nicht, daß man uns als erobertes feindliches Land ansah und hiernach behandelte. Als nun auch nach und nach französische Behörden allerlei Art ankamen, vermehrten sich die Blutsauger. Selbst als wir zu Franzosen gemacht wurden, hörte das Schinden nicht auf. Mit Ausnahme der richterlichen Behörden war alles übrige bestechlich. Von diesen Schlechten aber waren die vielen Brabancons die schlechtesten. Nur unsere Mairie war rechtlich, weil ein rechtlicher Mann, Wichelhausen, an ihrer Spitze stand. Unter allen schweren Abgaben, die wir bei dem immer mehr durch Aufhören des Handels sinkenden Wohlstand zu zahlen hatten, war die Einquartierung die drückendste und schwoll immer höher. Man muß bedenken, daß wir in der Zeit eigentlich ohne alles Vermögen waren; denn unsere Grundstücke waren ohne Wert, dasselbe war der Fall mit dem bedeutenden Fabrikinventarium, was nicht gebraucht wurde. Wir waren eigentlich bankerott, aber nur unserer Mutter schuldig.

Aber es gab der Plagen noch viele. So kam wohl der Befehl, daß alle Pferde aus der ganzen Stadt an einem gewissen Platze aufgestellt werden mußten, wo dann die Kavallerieoffiziere sich die besten aussuchten und einen Schandpreis dafür bestimmten, der auch nicht immer bezahlt wurde. Im Jahre 1812 nahm man mir mit Gewalt ein Packhaus weg und machte ein Lazarett daraus, welches vierhundert Betten fassen konnte, welche auch bald angefüllt wurden, wie mir der Oberarzt versicherte, mit lauter Brustkranken, denen, da sie zu jung waren, auf dem Marsche von Frankreich schon der Tornisterriemen die Brust eingedrückt hatte. Die große Mehrzahl starb, die übrigen waren Krüppel ihr Leben lang.

Unter diesen Umständen konnte es nicht fehlen, daß die Stimmung der Bürger gegen die Franzosen sehr gereizt war, nur die Vornehmeren verkehrten und tanzten mit ihnen. Obgleich ich häufig zu den Gesellschaften, zu den vielen Siegesfeiern der Franzosen geladen wurde, bin ich so wenig wie einer meiner Familie in eine Gesellschaft gekommen, in welcher ein Franzose war. Mit Ausnahme weniger, die sich den Franzosen anschlossen, haßten wir diese aus vollem Herzen, aber keiner von uns dachte daran, daß wir uns selbst helfen mußten. Zuerst wurden nur einige wenige, zu denen auch ich gehörte, durch die Vorfälle in Spanien auf solche Gedanken gebracht.

Beim letzten österreichischen Kriege, 1809, hegten wir große Hoffnungen. Es sollten auch Engländer kommen, hieß es. Da kamen viele von uns jungen Leuten zuerst darauf, etwas zu unternehmen, indessen wußten wir es nicht anzufangen. Im Hannoverschen und um uns her, wo der Franzosendruck auch schwer auf dem Volke lastete, war man noch mehr zu einem Aufstande bereit, weil dort die höheren Klassen mehr geneigt waren, etwas zu wagen. Überhaupt kommt wohl der Kaufmann schwerer dazu, das Heft in die Hand zu nehmen. Es kam alles darauf an, ob Engländer landeten. Wäre nur ein noch so kleines Korps gekommen, so stand alles auf, und wir Bremer wären bald mit den wenigen Franzosen, die da waren, fertig geworden trotz unserer damals noch regierenden Herren von Bremen, die neutral bleiben wollten. Aber selbst auch ohne Engländer würde der Aufstand in Norddeutschland allgemein geworden sein, wenn die Niederlage der Österreicher nicht so entsetzlich, nicht so schnell gewesen wäre, wodurch die Unternehmungen von Schill und Dörnberg ohne Erfolg blieben. Ich entsinne mich noch, daß man mich und einige andere junge Leute hinunterschickte, um Nachricht zu bringen, wenn sich an der Geeste oder in Ritzebüttel Engländer zeigten, wo wir dann gleich mit den Douaniers anbinden wollten. Wir kamen aber nicht weit, nur bis zu dem Dorfe Cassebruch im Amte Hagen, wo ich Verwandte hatte. Ich kann nicht mehr sagen, ob wir aus Furcht, als verdächtig angehalten zu werden, oder aus Politik, um recht rasch wieder in Bremen sein zu können, dort blieben und einen mir bekannten Jäger Schröder nach Ritzebüttel auf Kundschaft schickten. Es war dies meine erste politische Handlung, die, so unbedeutend, so erfolglos sie auch war, doch ein Anfang war. Es ist wahr, daß aller Anfang schwer ist. Wir waren einmal im Zuge und sprachen noch bei unsern Zusammenkünften von dergleichen. Wir hatten doch etwas gewollt und wußten, daß es nur an dem unglücklichen Ausgang des Krieges gelegen, daß wir gar nichts getan hatten. Die immer trüber werdende Zeit, das Benehmen des durch seine Siege immer hochmütiger werdenden Franzosenvolks vermehrte unsern Haß gegen dasselbe.«

Handels- und Fabrikgeschichten

»Ich war nun fast immer auf Reisen, zu welchen mich anfangs meine Verhältnisse, später aber die Politik veranlaßten. Wie ich schon erwähnt, wurde der Handel mit Deutschland über Oldenburg getrieben. In einer Gesellschaft in Bremen wurde mir eine große Partie Rohzucker, das Pfund zu zweiundzwanzig Groten, in Minden zu liefern, angeboten, welcher in Bremen schon fast das Doppelte kostete. Da wurde ich aufmerksam und zog an Ort und Stelle Erkundigung ein.

Die Regierung des neuen Königreichs Westfalen war, wie diejenige des Rheinbundes, Hollands und zuletzt auch die preußische, genötigt, den Maßregeln Napoleons gegen den englischen Handel beizutreten, d. h. man gab deshalb Gesetze, aber man führte sie nicht aus. Der König von Holland stand, was dies letztere anbetrifft, obenan und wurde deshalb von seinem Bruder abgesetzt. König Jerome von Westfalen war bekanntlich ein Lebemensch. Er liebelte mit seinen deutschen adligen Hofdamen, die ihm leider allzu bereitwillig entgegenkamen, war aber kein übler Mann sonst, wenigstens klug genug, einige rechtschaffene Leute gewähren zu lassen, die das Wohl des Landes wollten. An der Spitze von diesen stand der Finanzminister von Bülow. Infolge von Instruktionen, die derselbe allen Behörden gegeben hatte, wurde der Handel mit Kolonialwaren von den Küsten her nicht allein geduldet, sondern selbst gefördert. Es ist sogar der Fall vorgekommen, daß ein großer Transport solcher Waren von westfälischen Gendarmen gegen französische, an der Oldenburger Grenze aufgestellte Douanen in Schutz genommen wurde. So passierten denn durch Osnabrück und Minden die Frachtwagen zu Hunderten, so daß im letzteren Orte oft die Straßen gegen Abend kaum einen Weg für Fußgänger freiließen. Ich richtete die Sache so ein, daß man in Kassel mit mir sprach, um mich zu bewegen, von meinem als Vorwand angegebenen Plane, in Wien eine Zuckerfabrik anzulegen, abzustehen und die Unternehmung im Lande zu machen. Man setzte mir stark zu, besonders ein Bürochef, Boureau, ein Franzose. Über mein Bedenken, daß man mir meinen hereingebrachten Zucker wegnehmen könne, lachte man und sagte mir, daß man sich ja, wie ich mich durch Tatsachen überzeugen könne, aus Napoleon und seinen Dekreten von Mailand, Berlin und sonstwoher nicht das mindeste mache, man wolle, daß die Untertanen handeln sollten, mit wem sie wollten.

Indessen machte ich bemerklich, daß Kaufleute sich schon auf dieses verlassen könnten, weil sie mit ihren Waren nur durchpassierten und diese doch bald absetzten, während ich für eine bis zwei Millionen Franken Zucker in meiner Fabrik haben könnte, wenn etwa über Ursprungszertifikate einmal von Paris scharfe Nachfrage gefordert und dann auch notgedrungen angefordert werden müßte. Nach einigem Zögern erhielt ich, was ich wollte, die unter der Hand gegebene schriftliche Zusicherung, daß es mir erlaubt sein sollte, im Lande, wo ich wollte, rohen Zucker zu kaufen, ohne durch Ursprungszertifikate beweisen zu müssen, daß dieselben auf keine ungesetzliche Weise ins Land gekommen wären.

Ich legte nun in Minden eine Fabrik an, was sehr schnell ging, da die Gerätschaften und, was die Hauptsache war, die des Werkes kundigen Leute nur von Bremen hergebracht zu werden brauchten. Es gehörte nur kurze Zeit dazu, daß mein guter Buchhalter Postels sich in diesem Wirrwarr zurechtfand, und er leitete bald von Bremen aus das neue Geschäft gerade so gut, wie er dem alten vorgestanden. Ich hatte nur für den Einkauf zu sorgen, wozu ich einige Reisen machen mußte. Indessen war die günstige Zeit, von der Nordsee einzuführen, schon verstrichen, da dort die Franzosen immer strengere Maßregeln nahmen. So wandte ich mich dann nach der Ostsee und schickte sichere Leute nach Boizenburg und Stralsund. Ich wagte nichts; denn ich war innerhalb der westfälischen Grenzen immer sicher.

Einmal, als man soeben auch westfälische Douanen hatte errichten müssen, die wohl nicht gehörig von Kassel her unterrichtet waren, nahmen mir diese in Minden einen Transport, ich meine, von vierzehn Wagen mit rohem Zucker weg und brachten sie in ihr Lagerhaus. Ich schickte eine Stafette nach Kassel. Ich war doch ein bißchen unruhig; denn der Gegenstand mochte 80 000 Taler wert sein, da das Pfund etwa 16 Ggr. kostete, und fuhr selbst nach.

Dort lachte mein Geschäftsmann und sagte: ‚Sie kommen doch nicht um Zucker? Ich habe Ihnen schon nach Minden durch Stafette den Befehl des Finanzministers zukommen lassen, daß die Douanen auf eigene Kosten die Ware der Fabrik abliefern und von dieser eine Bescheinigung beibringen müssen, daß dieselbe durch die Wegnahme keinen Nachteil gelitten habe.'

Es wurde viel Geld verdient und auch viel ausgegeben. Ich möchte wissen, wieviel Geld ich in den drei Jahren allein für Stafetten ausgab. Ein großer Teil der Korrespondenz der Kaufleute überhaupt wurde durch diese bewerkstelligt. Das Frachtfuhrwesen wurde durch Unternehmer betrieben, die, wenn sie angehalten wurden, keine Fracht erhielten, daher wurden sehr hohe Frachten bezahlt, gewiß das Zehnfache des jetzigen Betrages. Dafür ging es aber auch Tag und Nacht mit untergelegten Pferden. Im Anfange mag ich mit der Fabrik wohl 40 bis 50 Prozent rein Geld verdient haben. Dies wurde aber weniger, als ich von Berlin, Leipzig, Magdeburg und Frankfurt rohen Zucker nehmen mußte, blieb aber immer sehr einträglich. Dagegen gab ich viel aus, jährlich etwa 40 000 Taler, worin die Ausgaben meines Bruders wie für unsere Leute und Handlungsunkosten mit begriffen waren. Trotz diesem legten wir jährlich große Summen zurück.

Indessen wäre dies Geld und noch viel mehr dazu bald durch einen Umstand verloren gegangen, den ich hier bezeichnen will. Die Fabrik hatte etwa zwei Jahre bestanden, als ich eines Tages durch Stafette die Nachricht erhielt, daß Bonaparte die Kontinentalsteuer dekretiert habe und diese in allen Rheinbundstaaten ausgeführt werden sollte. Man bedenke, daß ein großer Teil der Kolonialwaren von ihm aus uns Deutschen verkauft war, teils durch öffentliche Versteigerungen von durch seine Leute gekaperten Gütern, teils durch die von ihm erteilte Erlaubnis, wofür er sich etwa 500 Prozent vom ursprünglichen Werte hatte zahlen lassen, und teils durch den Verkauf von etwa sechs Millionen Talern betragenden Gütern, die Preußen in seinen Ostseehäfen den mit England handelnden Kaufleuten abgenommen und damit seine Kriegskontribution an Bonaparte bezahlt hatte.

Mit diesem Gelde führte dieser zum Teil seine Kriege. Um Geld zum russischen Feldzug zu bekommen, nahm er auf einmal wieder zwölf Ggr. für das Pfund Kaffee wie für raffinierten und neun Ggr. für das Pfund rohen Zucker als sogenannte Kontinentalsteuer. Nach jenem Dekret sollten überall englische Manufakturwaren sofort öffentlich verbrannt werden, auch die, welche er selbst soeben in öffentlicher Versteigerung hatte verkaufen lassen und das Geld dafür empfangen hatte. In Bremen ist dies geschehen und sind unter anderem dem damaligen Hause Gebrüder K. solche Waren zum Betrage einer großen Summe, ich meine für 10 000 Taler, auf der Bürgerviehweide verbrannt worden.

Wenn ich die Steuer hätte entrichten müssen, so wäre ich wohl bankrott gewesen; denn es war vorauszusehen, daß nach Erlegung derselben die Waren nicht im Verhältnis im Preise steigen würden; denn Zucker kostete so schon beinahe einen Taler das Pfund. Das wurde auch durch die Folge bestätigt, die Steigerung war sehr unbedeutend. Wie es eigentlich zugegangen, daß ich die Kontinentalsteuer nicht entrichtet habe, will ich nun, soviel ich das aus dem Gedächtnisse kann, hier angeben. Ob ich deshalb Korrespondenzen mit Kassel hatte, ist mir nicht erinnerlich, ich glaube dies auch nicht, jedenfalls hat es dort jemand gegeben, der mir hat helfen wollen, ob der Bürochef oder der Minister selbst, kann ich nicht sagen.

Statt daß in allen andern Staaten in dem wegen jener Steuer veröffentlichten Gesetze gesagt wurde: Raffinierter Zucker gibt zwölf Ggr., roher neun Ggr. – war im westfälischen Gesetzbulletin letzterer weggelassen. Ich warf nun allen rohen Zucker rasch in Formen, und fand daher der eigens von Kassel hergeschickte Inspektor keinen rohen, nur raffinierten Zucker, worüber er sehr erstaunt war. Er versiegelte mir nun die ganze Fabrik. Während er dabei beschäftigt war, hatte ich schon den Maire, Notare und Advokaten bei der Hand. Wir protestierten gegen die Prozedur, bewiesen dem Mann, daß schon am nächsten Tage die Töpfe überlaufen, der Sirup durch die Böden rinnen, aller Zucker verderben werde. Es wurde ein Prozeßverbal aufgesetzt, worin wir sagten, daß wir die Siegel, die anzulegen er kein Recht habe, nicht achten würden. Der Maire war ganz für mich, und so ging ich hinter dem Manne her und riß die Siegel, die er anlegte, in seiner Gegenwart wieder ab. Da ging er fort, gab aber der Steuerbehörde auf, mir keine Zertifikate auszustellen, ohne welche ich keine Waren verschicken konnte.

Bald kam im Gesetzbulletin der Nachsatz: Raffinierter Zucker soll zwölf Grote geben. Es stand aber in kleiner Schrift daneben: Von dieser Steuer sind die inländischen Fabriken frei. – Bei diesem hatte nun jemand veranlaßt, daß die Worte, die dahinter stehen mußten, nämlich, in der Voraussetzung, daß sie vom rohen Zucker die Steuer entrichtet, weggelassen waren. Nach den publizierten Gesetzen war ich zwar frei, aber ich konnte nicht verschicken. Lärm hierüber machen durfte ich auch nicht. So gingen, ich meine, einige Monate hin, als ich durch Stafette die Nachricht erhielt, Minden sei dem Franzosenreiche einverleibt, am 1. Januar kämen die neuen Behörden. Es war Ende Dezember. Da war ich in einer schönen Suppe. Ich vertraute mich einem jungen Advokaten an, der Einfluß auf die Steuerbehörde hatte und einsah, daß ich nach den Gesetzen berechtigt sei, Zertifikate fordern zu können. Es hielt sehr schwer, aber endlich erhielt ich sie mit Attest, daß der Kontinentalsteuer Genüge geleistet sei. Geld machte dies möglich. Ich hatte Vorbereitungen getroffen, Fuhrleute warteten, es war vieles eingepackt; ich hatte nur noch 36 Stunden Zeit. Bevor diese aber ablief, war der Inhalt der Fabrik, selbst das Kupfergerät, unterwegs über die Weser nach Hannover und Rinteln. Hier legte ich nun eine neue Fabrik an, die in sechs Wochen schon im Gange war, gute Geschäfte machte bis Ende 1812, wo der Kriegslärm dem Kram ein Ende machte und ich in diesen hineinkam.«

Das Vorzimmer des bremischen Präfekten Graf Arberg muß nach Böses Schilderung fast einen Anblick gewährt haben wie das eines altrömischen. Von früh bis Mittag war es gefüllt von allerlei Leuten, die etwas suchten, bettelten, schmeichelten oder angaben, was sie ausspioniert hatten. Jede edlere Natur mußte von solchem Treiben mit Ekel und Verachtung erfüllt werden, aber Graf Arberg war keine solche. Selbst nach oben kriechend und schmeichlerisch, waren ihm Kriecher und Schmeichler ganz angenehm und willkommen. Zugleich war er, wie sich auch danach annehmen läßt, ziemlich beschränkten Verstandes, vor allem ein heftiger Streber, und unser Böse war Diplomat genug, daraufhin ihn für einen Plan, der nach und nach in ihm aufgekeimt und gereift war, sicher zu machen und zu umgarnen.

Bekannt ist, welche Anstrengung Napoleon machte, sein Reich von der Zuckereinfuhr zu emanzipieren und die Fabrikation des Rübenzuckers einzuführen, obwohl diese damals noch gänzlich in den Kinderschuhen war. Farblosen Kandis und schneeige Raffinade hatte man noch nicht aus Rüben hergestellt, höchstens einen ordinären, dunklen Sirup. Aber Aufrufe, Preise und Beihilfen aller Art sollten mit Macht Rübenbau und Rübenzuckerfabriken hoch bringen, und Liebkind war sofort bei den Regierungsbehörden, wer sich ihnen widmen wollte. Das ergriff unser Böse.

Mindestens eine große Rübenzuckerfabrik sollte in jedem Departement errichtet werden, wollte Napoleon. Der Präfekt Arberg hatte sich längst die größte Mühe gegeben, auch in dem seinigen eine solche ins Leben zu rufen, doch stets vergebens. Keiner wollte eine noch so wenig bekannte Sache wagen, obwohl die Unternehmung ja bei den damaligen hohen Zuckerpreisen von großem Erfolg sein mußte, wenn man das Verfahren dabei so gekannt hätte wie heute.

Böse, der wohl wußte, wieviel dem Präfekten daran lag, sich nach oben hin beliebt zu machen, ging jetzt zu ihm. »Herr Präfekt«, sagte er, »ich begreife, daß für Sie die Hauptsache ist, dem Kaiser sagen zu können: mir ist's gelungen, die größte Fabrik dieser Art in ganz Frankreich hervorzurufen. Ich will Ihnen diesen Gefallen tun, obwohl ich weiß, daß ich Geld dabei verlieren werde. Aber ich tue das nur, um Ihnen als dem Repräsentanten des erhabenen Kaisers einmal einen wesentlichen Dienst zu leisten. Jedoch mache ich dabei die eine Bedingung: daß, wenn ich einmal in der Folge sagen möchte, ich habe jetzt so und soviel Zucker aus Rüben gemacht und Sie wissen, daß dies wohl nicht ganz richtig ist, so dürfen Sie mich nicht verraten.« Der edle Graf lachte verständnisvoll, gab ihm Wort und Handschlag darauf, und sie waren Verbündete.

Nun legte Böse eine solche Fabrik auf einem Gute bei Hoya an, machte aber fast keinen Zucker, sondern Sirup, den er nach Bremen schickte, ihn dort zu verkaufen, nicht aber, um ihn zu so glänzend schöner Ware zu raffinieren, wie sie der edle Graf eiligst als Probe nach Paris schickte, wo das glänzende Produkt auch den glänzendsten Erfolg hatte.

Sofort schickte der hocherfreute Kaiser einen her, der die Kunst von Böse lernen sollte. Auf welche Weise aber der Präfekt es angefangen hat, daß der Abgesandte schon nach einigen Tagen unverrichteter Sache, ja, ohne einmal nur in die Fabrik einen Blick zu werfen, plötzlich den Rückweg antrat und die Spiegelfechterei verborgen blieb, hat Böse niemals erfahren. Der Präfekt aber wußte recht gut, daß unser Böse aus seinen Rüben höchstens einen trüben Sirup erzielte und Napoleon sich unterdes über ein Stück Zucker freute, welches freilich ganz woanders herstammte als aus den Feldern von Hoya. Durch diese amüsante Mogelei aber hatte Böse sein ganzes Herz gewonnen und war fortan just das, was er sein wollte, sein echter Vertrauensmann.

Erhebungsversuche

Es war im Herbst des Jahres 1812. Napoleon und seine große Armee waren vorläufig aus den Augen Europas verschwunden und in Rußlands ungeheuren Breiten. Nach dem hochtönenden Siegesbulletin über die Schlacht an der Moskwa und den Einzug in die alte Zarenstadt verstummten plötzlich alle Zeitungen. In gespannter Erwartung blickte alles nach Osten. Woche auf Woche verging, und nach wie vor schwieg die gesamte Presse, dazu blieben plötzlich alle Briefe von dorther aus. Und abermals ging eine Woche nach der andern hin und immer dies bange, erwartungsvolle Schweigen.

Da endlich drang die erste, dumpfe Kunde verstohlen von einem Mund zum andern. Ganz Moskau sei in Flammen aufgegangen, flüsterte man einander zu. Die Russen selber, hieß es bald weiter, hätten den ungeheuren Brand angelegt, hätten ihr heiliges Moskau geopfert, um den Landesfeind zu vernichten. Unglaublich war's, man vermochte so

Gewaltiges kaum zu fassen. Aber immer bestimmter, immer ausführlicher wurden die Nachrichten, trotz des hartnäckigen Schweigens der Zeitungen. Und bald erfuhr man denn auch, die große Armee sei bereits auf dem Rückzuge, ja sogar in wilder Flucht und voller Auflösung, und abermals konnte man, der steten Siegesbotschaften seit vielen Jahren gewöhnt, solches nicht fassen. Immer aber wagte man noch nicht, offen davon zu reden, lauerten doch überall und überall Spione und Angeber. Doch nicht lange, so fiel die letzte Vorsicht; denn allzu bestimmt und ausführlich hatten die letzten Briefe gelautet, und bald sprach man ziemlich offen in jeder Gesellschaft vom grausigen Untergange des herrlichen Heeres in Rußlands Schneewüste. Da endlich kam jenes berühmte 29. Bulletin, das dem bang harrenden Europa die schreckliche Vernichtung jener Macht bestätigte. Da kam über Tausende und Tausende von Herzen Jammer und Weh, aber auch zugleich füllten sich Tausende und Tausende mit Zuversicht und Hoffnung.

Wer mag wissen, wie lange schon die ersten Hoffnungskeime im Herzen unseres Böse sich mochten geregt haben. Auf seinen Geschäftsreisen, die sich über ganz Deutschland bis nach Berlin und Wien erstreckten, hatte Böse in dem letzten Jahre mancherlei politische Verbindungen angeknüpft, viele wackere und heiß nach der Befreiung vom fremden Joche sich sehnende Patrioten kennengelernt, wohl auch mit Mitgliedern des Tugendbundes war er zusammengekommen und hatte genau die Stimmung in den verschiedenen Staaten Deutschlands kennengelernt, ja er war selbst von mehreren Seiten aufgefordert, die heilige Sache des Vaterlandes in Bremen in die Hand zu nehmen. Und als nun vollends im Spätherbst die Kunde kam von dem großen Strafgericht, das über den Mächtigsten dieser Erde hereingebrochen war, da stand auch sein Entschluß fest, die große Erhebung des deutschen Volkes solle jetzt stattfinden, das verhaßte Joch der Fremdherrschaft solle abgeworfen werden und Bremen den Reigen dabei eröffnen. Keine andere Zeit und keine andere Stadt schien geeigneter zum großen Werke, das wird ihm und vielen andern mit ihm zur Gewißheit. War doch in seiner Vaterstadt wie im ganzen Vaterlande mit wenig Ausnahmen die Zahl der feindlichen Truppen so gering, daß ein rascher Handstreich gelingen mußte; und daß er selbst vor allen der rechte Mann dazu war, auch von dieser Überzeugung mußte er längst durchdrungen sein. So ward das Werk denn beschlossen.

Zunächst war es Böses Sache nun, sich mit einem Kreise gleichgesinnter und gleichtüchtiger Männer zu umgeben, denen er seine Pläne zur Erhebung mitteilte und auf deren sichere Mithilfe er rechnen konnte. Der erste, den er ins Geheimnis zog, war der nachherige bremische Oberst von Eelking, ein schon bewährter Freund von ihm. Er war gerade im Begriff, nach Petersburg und in russische Dienste zu gehen, zeigte sich aber aufs freudigste bereit, in Bremen zu bleiben und hier fürs Vaterland zu kämpfen. Von beiden wurden dann wieder andere sichere und getreue Patrioten eingeweiht: Nicolaus Wolf, Johann Plump, der ältere Schellhaß, Hermann Bruns, Franz Thorbeke, Johann Runge und Böses älterer Bruder. Diese endlich vermehrten den Kreis der Wissenden noch um etwa weitere vierzig. Sie alle waren zum Handstreich bereit. Nur ein einziger erbleichte, als er davon hörte, und wollte nichts damit zu tun haben. Er wurde mit dem Tode bedroht, wenn er ein Wort verriete, und mußte einen feierlichen Eid zu schweigen leisten.

Böse fing nun an, mit größter Vorsicht Pulver zu kaufen, was natürlich nur bei Kleinigkeiten geschehen durfte; dennoch hatte er bald 300 Selterbrunnenkruken davon zusammen. Sein Bruder aber saß die Nächte hindurch mit dem alten Buchhalter Postels und goß Kugeln.

Bis zum Erscheinen des 29. Bulletins taten die Franzosen noch immer sehr übermütig, und als wieder einmal böse Nachrichten aus Rußland im Publikum auftauchten, sagte der Präfekt zu Böse: »Nun, haben Sie die albernen Gerüchte gehört, die wieder herumgetragen werden? Pah! unsere Sachen stehen in Rußland gerade so gut wie in Spanien. Der Kaiser wird bald alle seine Feinde zerschmettert haben.«

Aber mit jenem Bulletin änderte sich mit einem Schlage die ganze Stimmung. Die Prahlenden wurden plötzlich stumm, verblüfft und kleinmütig, und die Verzagtesten schöpften wieder Mut und Hoffnung. Schon wenige Tage nach dem Bekanntwerden desselben war's, als ob nun die allgemein zunehmende Gärung rings in der Luft lag.

Die Garnison von Bremen bestand, ohne die bewaffneten Douaniers, aus kaum 2000 Mann. Damit dachte man schon bald fertig zu werden.

Noch war kein eigentlicher Plan gemacht; denn Böse und Eelking wollten erst mit allen Vorbereitungen fertig sein. Am ungeduldigsten war Böses Freund Runge, der ein Verpackungsgeschäft hatte und Hunderte von Arbeitern beeinflußte. Ein Wort nur von ihm, und sie wären über die französischen Wachen und Douaniers hergefallen; dazu hatte sich, als die Sache für die Franzosen sich immer schlechter herausstellte, ein Gerücht im Volke verbreitet, die französische Garnison wolle abziehen, aber zugleich die Stadt in Brand stecken. Man brauchte nur ein Haus anzuzünden und die Franzosen als Brandstifter auszurufen, so wäre der Aufstand dagewesen; aber Böse tat alles, um ihn noch zurückzuhalten; denn noch hielt er nicht alles reif dazu.

Ihre Zusammenkünfte hatten die Eingeweihten meistens beim Gastwirt Bultmann, der selbst ein echter Patriot war und den damals sehr interessanten »Püselklub« im Hause hatte.

Vor Bremen lag in Huchting eine Abteilung Sachsen. Auch diese mußten vorbereitet und gewonnen werden. Man ging zu ihnen hinaus und befreundete sich mit ihnen. Bei Schünemann wurden Proklamationen gedruckt, in denen der König von Sachsen verkündete, zu den Alliierten übergegangen zu sein, und alle sächsischen Truppen aufforderte, ein gleiches zu tun. Diese waren namentlich bestimmt, heimlich unter den Soldaten verbreitet zu werden, während Böse den Offizieren im Pfarrhause zu Huchting ein vortreffliches Mahl gab. Eelking hielt dabei eine ebenso vortreffliche Rede. Offen sagte er ihnen, daß in Bremen die Erhebung gegen die Franzosen in den nächsten Tagen stattfinden würde, mahnte daran, daß sie Deutsche seien und nicht gegen das Vaterland kämpfen sollten, sondern mit ihnen gemeinsame Sache machen, noch hätten sie das Heft in der Hand und wären unter Freunden. Der rückständige Sold, auf den sie schon so lange vergebens gewartet, solle ihnen sofort ausbezahlt werden.

Der Eindruck war ein höchst günstiger, und laute Beifallsrufe begleiteten seine Worte. Da aber trat ein Major von ihnen auf und brachte bald einen Umschlag der Stimmung, als er daran erinnerte, daß sie ihrem Eide gegen ihren König nicht untreu werden dürften und nicht wissen könnten, ob jene Proklamationen echt oder falsch wären. Ihre Ehre aber stünde auf dem Spiel usw.

Nun war denn weiter nichts von diesen zu hoffen, doch gaben sämtliche Offiziere Eelking und Böse ihr Ehrenwort, das strengste Schweigen darüber zu wahren. Deutsch gesinnt waren sie alle.

Allerlei Zwischenfälle und Umstände kamen Böse jetzt noch auf das glücklichste zu Hilfe. Bereits war er seit einem Jahre zum Offizier einer vom Präfekten in Bremen gebildeten Schwadron Garde d'honneur ernannt, einer eleganten und aus den reichsten und wohlhabendsten Söhnen der Stadt bestehenden Truppengattung, die sich selbst equipieren mußte, von der jeder Gemeine Leutnantsrang bekleidete. Sie sollte die Aufgabe haben, den Kaiser, falls solcher nach Bremen käme, als Ehrenwache zu umgeben. Schon auf diese jungen Leute hatte Böse nicht unbedeutenden Einfluß gehabt. Bald aber sollte sich seine Macht noch anders ausdehnen.

Die Volksgärung war, wie gesagt, bereits im Gange. Schon hatte der Pöbel eines Abends ein Lager mit Regietabak geplündert, auch andere Zeichen des erwachenden Aufstandes erschienen. Ein Volkshaufe hatte gar die Keckheit gehabt, auf der Straße und am hellen Tage den edlen Grafen, der in voller Gala einen Besuch machen wollte, über und über mit Straßenkot zu bewerfen und bis in die Präfektur höhnend zu verfolgen. Eilend schickte er zu Böse, der war schon längst sein steter Trost und Rat.

»Als ich hingerufen ihn in seiner Kammer fand«, erzählt er, »denn alle Zeremonien waren unter uns abgeschafft, war er noch bemüht, den Straßendreck abzuwaschen. Wütend schrie er mir entgegen: ‚Sehen Sie, wie man mich zugerichtet hat? Ich bin ja meines Lebens nicht mehr sicher! Ich kann jeden Augenblick erwarten, daß der feige Tacher (der Kommandant von Bremen) sich nach der Neustadt, ja vielleicht ganz aus der Stadt zurückzieht. Jetzt zeigen Sie, was Sie können.'

‚Ich sehe ein', antwortete ich, ‚daß etwas geschehen muß. Geben Sie mir eine bündige Vollmacht, und Sie sollen bald von mir hören!'

Und wirklich, er gab sie mir so lautend: ‚Herr H. Böse wird hiermit von mir autorisiert, die guten Bürger der Stadt und deren Söhne zu bewaffnen, um als freiwillige Garde Ruhe und Ordnung aufrecht zu halten, und wird diese dann der bereits errichteten Ehrengarde beigegeben usw.'«

Das war es ja eben, wonach Böse schon lange getrachtet hatte. Waffen waren bald genug dazu vorhanden. Dreihundert gute Karabiner überwies ihm der Präfekt sogar selbst, andere Gewehre hatte man heimlich angeschafft.

Unterdes war es nach langem strengem Winter doch Frühling geworden, derselbe, von dem Schenkendorf sang: »Vaterland, wohl seit tausend Jahren kam dir solch ein Frühling kaum.« Es war der Völkerfrühling des Jahres 1813, obwohl seine ersten mit Jubel begrüßten Boten bei uns nichts weniger als anmutig waren: die auf Kundschaft vor uns schwärmenden Kosaken und Kalmücken der Tettenbornschen Horden, die sich bald bei Rotenburg, bald bei Verden, bald bei Brinkum sehen ließen. Da kam auch noch die freudige Nachricht von der Erhebung der wackeren Wurster, und damit schien auch für Bremen der rechte Zeitpunkt zum vorbereitenden Handstreich gekommen zu sein. Lassen wir jetzt Böse wieder reden:

»Wegen Einrichtung der Garde hatten wir verschiedene Versammlungen. Die letzte war auf dem Schützenwalle, wo etwa 800 Leute beieinander waren. Unser Plan war, am andern Tag auf der Bürgerviehweide uns zu versammeln, die letzte Verabredung zu treffen und in der Nacht loszuschlagen oder (darüber bin ich jetzt zweifelhaft) im Dunkeln heranzumarschieren und die Geschichte gleich mit Überrumpelung der Torwachen anzufangen. Jedenfalls sollte mein Haus am Neustadtsdeich angezündet werden, um den Pöbel auf die Beine zu kriegen, der immer schon, wie gewöhnlich dummes Zeug schwatzend, sich einbildete, die Franzosen wollten die Stadt in Brand stecken. Die zur Kaserne dienende Börse wollten wir mit der etwa halben Garnison, die dort lagerte, durch in den Ratskeller gebrachtes Pulver in die Luft sprengen. Obgleich derselbe damals geschlossen war, so konnten wir doch durch unser Einverständnis mit dem Maire, ohne Verdacht bei den nahen Schildwachen vor der Börse zu erregen, die Fässer hineinbringen. Durch das feige Benehmen des Kommandanten, der ruhig die Regie mehrere Tage plündern, den Pöbel ruhig gewähren ließ, wie durch die deutliche Entmutigung seiner Soldaten war unser Mut gestiegen. Wir fürchteten nur, daß die Franzosen uns entwischen möchten. Deshalb war mit dem Hotho in Brinkum ausgemacht, daß er auf ein vom Domturme gemachtes Signal alle Brücken von Brinkum bis Kattenturm abbrenne, was durch mit Holz und Stroh gefüllte Wagen, denen man auf der Brücke die Räder nehmen wollte, geschehen sollte.«

Genug, soweit war alles und jedes in Bereitschaft, und Böse wartete nur auf die festgesetzte Stunde, als plötzlich und noch eben zur rechten Zeit die Stadt vor dem größten Unglück bewahrt blieb. Einer von den Kundschaftern stürzte nämlich am selben Tage atemlos und mit dem Ausrufe zu ihm: »Lassen Sie es, lassen Sie es! Zwei starke französische Truppenkorps rücken gegen Bremen vor. Morgen können sie hier sein. Die Generäle St. Cyr und Morand mit ihren Abteilungen sind es, mindestens fünftausend Mann ist ihre Korpsstärke.« Weitere Nachrichten kamen bestätigend hinterdrein, andern Tages die Truppen selber.

Daß damit alles gescheitert war, versteht sich von selbst, und Bremen durfte sich in der Tat glücklich preisen, daß der Bösesche Plan auch nicht um einen einzigen Tag früher gereift und ins Werk gesetzt war. Es würde Tage erlebt haben, gegen welche die der sogenannten Schreckensherrschaft Vandammes, welche nun anbrachen, noch harmlos zu nennen wären.

Ernst, drohend und angstvoll genug freilich waren sie dennoch, jene Tage, als das Kriegsgericht in Bremen niedersaß, als vor den Toren v. Finkh und Berger, die edlen oldenburgischen Patrioten, erschossen wurden, als Lilienthal in Asche gelegt ward, weil dort auf französische Soldaten geschossen sein sollte, als eine Anzahl Bremer Bürger als Geiseln nach Wesel geschickt wurden, als verdoppelte Steuern, Kriegskontributionen, Einquartierungen usw., aufs strengste eingetrieben, die sorgenvollste Lage brachten, der steten Unsicherheit und Gefahr, in welcher jeder schwebte, der sich irgendeiner patriotischen Äußerung bewußt war, nicht einmal zu gedenken. Es kommt uns fast wie ein Wunder vor, daß die wirkliche Verschwörung, die doch schon weiteste Verbreitung in der Stadt hatte, bei der Masse von Spionen und Geheimpolizisten Vandamme verborgen blieb.

Auch Böse, täglich gewärtig, angegeben und vor das Kriegsgericht gestellt zu werden, hatte heimlich bereits einen bedeutenden Teil seines Vermögens (nämlich genau 100 000 Taler) an sicherem Orte, tief unter dem Wasserspiegel, vergraben, außerdem alle Maßregeln zur Flucht getroffen, sobald er sich in wirklicher Gefahr sähe, doch retteten ihn stets seine Klugheit, die vom Präfekten ihm ausgestellte Erlaubnis, das Volk zu bewaffnen, und seine Runkelrüben, durch welches alles ihm fortwährend glückte, den Franzosen Sand in die Augen zu streuen und jedes erwachende Mißtrauen gegen ihn wieder einzuschläfern. Fühlte namentlich doch der Präfekt sich selbst am meisten mit Böse kompromittiert und hütete sich wohl, ihn dem Vandamme als gefährlich zu bezeichnen, und dieser wiederum wagte, wie Böse meinte, vielleicht nicht, eine solche persona grata erschießen zu lassen, da er hinreichend wußte, wieviel der Kaiser auf Runkelrüben hielt. So geschah ihm nichts, als daß er strengen Befehl erhielt, alle ihm übergebenen Waffen wie jeder andere auszuliefern. Sehr charakteristisch für Böse in dieser Beziehung ist, was er über sein letztes Gespräch mit Arberg erzählt.

»Die Schreckenszeit von Vandamme war noch da, als mich der Präfekt rufen ließ. Der Vorwand, welchen er gebrauchte, als er seine Rede anfing, um seine Einladung zu erklären, war schlecht gewählt. Ich wußte gleich, daß etwas im Hintergrunde sei. Nachdem er sehr zuvorkommend, fast schmeichelhaft sich gezeigt hatte, kam der Fuchs zum Loche heraus. Ich sollte ihm die mir von ihm in seiner Angst gegebene Vollmacht zur Errichtung der Garde zurückgeben. Auf diese hatte ich bereits einige Hoffnung gesetzt, daß wenigstens er nicht mit mir anbinden würde; denn er wäre sicher abgesetzt und sonst noch wohl bestraft worden, wenn der Kaiser von dem Dinge etwas erfahren hätte. Da nahm ich mich denn zusammen, sah ihm lange stier ins Gesicht und sprach dann in feierlichem Tone: ‚Herr Präfekt, es ist eine eigene Zeit. Verdächtig zu sein, vor ein Kriegsgericht zu kommen und totgeschossen zu werden sind gleichbedeutende Dinge. Ich begreife, daß ich verdächtig werden könnte, habe aber gar keine Lust, mich totschießen zu lassen. Deshalb will ich Ihnen das Stück Papier nicht herausgeben, sondern zu meiner eigenen Sicherheit gut verwahren. Wo das Original ist, sage ich Ihnen nicht, aber eine beglaubigte Abschrift davon befindet sich mit der Anweisung, wo jenes zu finden ist, in Paris und kommt in des Kaisers eigene Hände, wenn mir was Menschliches begegnen sollte.‘ Da wußte er denn, daß ich noch etwas anderes als ein elendiger Nimrod sei, wie mich zu nennen ich ihn durch mein Benehmen veranlaßt hatte. Sicher hat der Besitz jenes kleinen Stückes Papier mir und vielen andern Menschen in Bremen das Leben gerettet. Wir verstanden uns vollkommen. Er kämpfte offenbar mit seiner inneren Wut, während ich lächelnd zusah. Wir nahmen nun trocken Abschied, und ich habe ihn nicht wiedergesehen, obgleich er noch ein halbes Jahr, bis Tettenborn ihn vertrieb, in Bremen blieb. Als ich zur Zeit des Pariser Friedens in Brabant stand, wollte ich, bloß um mich einmal mit ihm auszusprechen, nach Paris gehen, erfuhr aber, daß er gestorben sei. Eelking hat auf seinem Schlosse in Brabant einen Besuch gemacht mit seinen Schwadronen. Die Schloßbewohner haben natürlich geglaubt, es würde dem Hause übel ergehen. Eelking hat aber nur auf die Tapete des schönsten Zimmers die Worte geschrieben: ‚Der Bremer Schwadronschef v. Eelking pour faire visite', und ist weitergeritten.«

So war denn damit fürs erste alles vorbei, und keiner durfte sich mehr freuen, daß der tollgewagte Streich nicht ausgeführt ward, als Böse. Dennoch, solange er lebte, nagte das Mißglücken desselben aufs tiefste in seinem Herzen. Vor allem erfüllte ihn das Gefühl der Reue, nicht energisch auf die Ausführung des Planes bestanden zu haben, und wär's auch im Angesichte des Feindes gewesen, ja sein Glaube an das Gelingen wuchs sogar mit seinen Jahren. Er ließ sich nie davon abbringen, daß Bremens Erhebung in ganz Norddeutschland und bis an den Rhein von durchschlagender Wirkung sein mußte, sowie daß der Aufstand sofort bis in Holland hinein allgemein gewesen wäre. »Auf Bremen waren aller Augen gerichtet, kam alles an«, schreibt er in seinen Memoiren. »Wenn es sich freimachte, wäre der Aufstand sicher bis an den Rhein gegangen. Die Holländer warteten förmlich darauf, ebenso Hannover und Westfalen. Wir hätten ein paar hundert Wagen voll Wurster und Leher holen lassen. Der tapfere Tettenborn wäre bald zu uns gekommen, er war der rechte Mann. Bremen würde der Sammelplatz für die Ausgehobenen und Freiwilligen, auch für einen Teil der Hannoverschen gewesen sein. An Offizieren hätte es nicht gefehlt. Wir hatten damals auch noch Waffen und konnten das Fehlende sofort von Helgoland haben. Die Hauptsache, Geld, hatten wir fürs erste genug in dem französischen Eigentume, besonders der Tabakregie, die noch von großem Werte war. Die Bewaffnung konnte in Hamburg nicht von großer Bedeutung sein, weil dieses fast auf sich selbst beschränkt und von halbfeindlichem Lande umschlossen war. In Bremen stand die Sache anders, dort hätte der Zulauf von allen Seiten stattgefunden; denn deutsche Grenzen kannte man in jener Zeit der Not nicht, ebensowenig wie man sie in schweren Zeiten, wie sie über uns kommen könnten, beachten wird. England hätte uns Kanonen und Artilleristen geschickt. Wir würden vier bis sechs Wochen Zeit gehabt haben und eine starke Macht an der Weser haben aufstellen können.«

Das waren die hochfliegenden Gedanken des wackeren alten Patrioten, denen er stets von neuem Worte lieh, wenn die Rede darauf kam. Auch die entsetzliche Tat, das Sprengen der Börse, wodurch Hunderte von harmlos schlummernden Menschen im Nu einem jähen und vielleicht gräßlichen Tode geweiht wurden, glaubte er ruhig vor Gott und Menschen verantworten gekonnt zu haben. Stets war seine Antwort, wenn man ihm das Verwerfliche solcher Handlung hervorhob: »Darüber steht dem jetzigen, in Glück und Frieden aufgewachsenen Geschlechte gar kein Urteil zu. Wir hatten andere Zeiten und Geschichten erlebt und waren von all der Not und Trübsal zu härterem Stoffe geworden. Rußlands und Spaniens Volk waren uns mit großartigem Beispiel vorangegangen und hatten gezeigt, daß man den eingedrungenen Räuber und Vaterlandesfeind vernichten müsse, wie und wo man nur dazu imstande ist, und auch wir Bremer waren davon durchdrungen, auch wir wollten nicht schlechter sein.«

Während im Innern und vor allem im Osten des deutschen Vaterlandes bereits mit den ersten Strahlen der Märzsonne der lastende Bann der Gemüter gebrochen war, rings ein frischer Hauch die Herzen zu durchwehen begann und vor allem als der hehre Königsruf erschollen war, alles die Waffen ergriff und siegesgewiß in den heiligen Krieg zog, herrschte wieder in Bremen eine dumpfe Niedergeschlagenheit oder, je nachdem von außen die spärlichen ungewissen Nachrichten lauteten, Hoffen und Bangen in wechselnder Pein. Auch die Schwesterstadt Hamburg war nach der kurzen Befreiung durch Tettenborn den Feinden wieder von neuem preisgegeben und mußte für ihre kurze Freude unter Davousts Hochmut und Härte bitter büßen und schweres Leid tragen. Von den

Tausenden der unglücklichen Bewohner, welche ohne Gnade hinaus und ins Elend gestoßen wurden, weil sie nicht Proviant genug im Hause hatten, um eine längere Belagerung aushalten zu können, kamen auch nahe an zweitausend nach Bremen und wurden von den Einwohnern mitleidsvoll aufgenommen trotz der eigenen Sorgen. Ihre Ankunft war so ziemlich das einzige bemerkenswerte Ereignis des Sommers. Sonst herrschte vor der Hand resigniertes Schweigen und Dulden, bis endlich gegen den Herbst hin die immer häufiger und sicherer werdenden Nachrichten von den Siegen der Alliierten den Mut von neuem belebten.

Bewegte Tage

Am Morgen des 12. Oktober durcheilte plötzlich die Stadt das Gerücht: Tettenborn ist wieder vor den Toren. Eilends stieg man auf die Stadtwälle, die Böden der höchsten Häuser und auf die Türme. Richtig, da schwärmten schon die bekannten Kosaken umher, wohin man sah. Zugleich erblickte man auch die französischen Soldaten in voller Hast, oft noch im Laufen ihre Equipierung vollendend, aus den Quartieren dem Ostertore zulaufen, ein sicheres Zeichen, daß die Russen nicht erwartet waren. Nach einem ebenso kühnen wie raschen Marsche war Tettenborn vom rechten Elbufer mit seinen aus Kosaken, regulärer Kavallerie, Infanterie, etwas Artillerie vom Lützowschen sowie aus Jägern vom Reicheschen Freikorps bunt zusammengesetzten Heerhaufen vor Bremens Toren erschienen und forderte den Kommandanten, namens Thuillier, sofort aber erfolglos zur Übergabe auf, worauf dann ohne Verzug die Beschießung durch Haubitzen erfolgte. Etwa 24 Stunden mochte sie gedauert haben, ohne irgendwie zu zünden noch sonst erheblichen Schaden anzurichten, als die Kugel eines Lützowschen Jägers den Oberst Thuillier niederstreckte. Das war entscheidend. Sein Nachfolger, der Major Devaillant, war jugendlich und unerfahren, ließ sich bei den nun aufgenommenen Kapitulationsverhandlungen hinsichtlich der Stärke Tettenborns hinters Licht führen, übergab mittags die Stadt und zog mit seiner Besatzung ohne Sang und Klang durch die Neustadt rheinwärts ab, während man schon wonneklopfenden Herzens den lustigen Hörnerklängen lauschte, welche das Nahen des Befreiers verkündeten, der nun an der Spitze seiner Scharen unter namenlosem Jubel der glückberauschten Bevölkerung durchs Ostertor seinen Einzug hielt.

Tettenborns reguläre Truppen bezogen Quartier, seine Kosaken aber lagerten auf dem Markte und dem Domshofe. Bald waren überall Strohhütten von ihnen errichtet und ihre kleinen, zottigen Pferde davor angebunden. Hinten in der Hütte war ihr Strohlager, vorn lag der Futtersack als ihr Divan. Alles strömte hin, die seltsamen Gestalten sich in der Nähe anzusehen, auch Kirgisen und Kalmücken waren darunter, die noch mit Flitzbogen schossen. Man tat ihnen alles zuliebe, was man konnte, man hätte sie umarmen und küssen mögen, wenn sie nur etwas appetitlicher gewesen wären. Die Männer trugen ihnen Schnapspullen und Tabak zu, die Frauen ganze Markteimer voll kräftigen Essens, die Kinder Kuchen, Äpfel und Birnen. Jene ließen sie dafür auf ihren Zotteltierchen reiten. Das machte den kinderliebenden Kosaken ebensoviel Spaß wie den kosakenliebenden Kindern. Später legte man sie auf die umliegenden Dörfer.

Andere dagegen gingen hin und beschauten die toten Franzosen, welche hie und da noch auf dem Walle herumlagen; hatten doch ihre Kameraden sich nicht einmal Zeit gelassen, sie zu begraben.

Noch schwelgten Bremens Bürger in der ersten Seligkeit wiedererlangter Freiheit, und noch keine drei Tage waren vergangen, da brachen die Donner von Leipzig los; dann wiederum nach wenigen Wochen und keine französische Schildwache stand mehr diesseits des Rheins. Gesäubert war das Vaterland von französischen Bedrückern, nur die Schwesterstadt an der Elbe seufzte unter des harten und hochmütigen Davousts Gewaltherrschaft und mußte ihr Leid und Weh bis in den Frühling hinein tragen.

Bremen aber wartete nun voll Begierde auf den Augenblick, seine alte Freiheit und Selbständigkeit laut erklärt zu sehen, und überall regte sich bei Männern und Jünglingen der lebendige Wunsch, die Waffen zu ergreifen. Aber man täuschte sich. Vielmehr wurden die unter der Franzosenherrschaft eingerichteten Munizipalbehörden in der Verwaltung ihrer Angelegenheiten bestätigt und Bremens Einwohnern aufgegeben, ihnen Folge zu leisten, ja man ließ deutlich durchblicken, daß die eben abgezogenen Franzosen ja recht gut binnen kurzem in stärkerer Anzahl wiederkehren und die Stadt von neuem besetzen könnten.

Wie richtig diese Befürchtung war, sollte sich bald zeigen. Tettenborn, dem sich Eelking angeschlossen hatte, verließ am 18. unbegreiflicherweise die Stadt und zog, unter Zurücklassung eines Teils des Generalstabes, eines Kommandanten und einer sehr schwachen Abteilung Reiterei, nach Verden.

Mehrere Tage vergingen, und noch war natürlich von dem großen Ereignis von Leipzig hierher keine Kunde gedrungen, statt solcher erfuhr man vielmehr am 21. das Anrücken eines neuen und starken französischen Korps von Bassum her, gegen welches die Verteidigung bei den schon zum Teil zerstörten Festungswerken und dem gänzlichen Mangel an grobem Geschütz und Fußvolk offenbare Unmöglichkeit war. Dennoch war Böse für die Verteidigung und fand auch allgemeine Zustimmung damit. Eine zahlreiche Menge von Bürgern fand sich Waffen fordernd auf der Kommandantur ein, um sich mit ihrem Blute gegen einen, wenn auch überlegenen Feind der jungen Freiheit würdig zu zeigen.

»Um so verwegener diese Bereitwilligkeit«, sagt ein Zeitgenosse davon, »um so zweifelhafter der Erfolg war, um so rühmlicher leuchtet dieser Zug in Bremens Befreiungsgeschichte hervor. Bremens segenbringende Weser sollte das kühne Vorhaben unterstützen. Bei dem damaligen hohen Wasserstande wollte man, auf Böses Rat, die Deiche des linken Ufers oberhalb der Stadt durchstechen, das Land unter Wasser setzen, so den Feind fürs erste abhalten, ihm das Andringen erschweren und dann Mann für Mann Tore und Wälle verteidigen. Die auf Kriegserfahrung gestützte Berechnung aller Umstände ließ bei dem Kommandanten der Stadt die Annahme dieses gewagten Vorhabens nicht zu. Bei dem Mangel an allen Kriegsbedürfnissen war ebensowenig der Erfolg der Behauptung des Platzes, als bei der Entfernung hinreichender Truppen ein Entsatz zu hoffen. Dagegen stand in der jüngsten Geschichte des Departements der Elb- und Wesermündungen mit blutiger Schrift die Vorbedeutung für Bremen und seine Bürger, daß der fruchtlose Widerstand als wünschenswerter Vorwand der zügellosesten Rache sie der Willkür der feindlichen Barbarenhorden preisgab. Diese Umstände vereint mußten den Kommandanten bestimmen, dem eigenen Wunsche zuwider, die kühne, echt vaterländische Begeisterung in Bremens Bürgern zu unterdrücken. Unter dem zerstreuten Gefecht der leichten Reiterei ward die Stadt geräumt, und das französische Korps unter dem General Lauberdière hielt am 21. nachmittags durch Bremens menschenleere Gassen seinen Einzug.«

Erst am 24. morgens war zu Verden in Tettenborns Hauptquartier die Leipziger Siegeskunde eingetroffen. Eelking selbst wollte, so gefährlich es war, die frohe Botschaft seinen Getreuen in Bremen auf heimlichem Wege überbringen, ward aber durch militärischen Befehl daran gehindert. Ein junger, mutiger Volkslehrer namens Baumann, der auch später als Fourier im bremischen Battaillon diente, unternahm das Wagnis und brachte glücklich einen schriftlichen Bericht über die Schlacht (den ein von Leipzig kommender Offizier an Tettenborn gebracht hatte) an Böse, der ihn bald den übrigen Getreuen mitteilte. Andern Tages mußte aber auch Lauberdière verhängnisvolle Botschaft vom Stand der Dinge erhalten haben. Als Bremens Bewohner am Morgen des 27. erwachten, hatte er mit seinem Korps bereits in frühester Stunde und lautloser Stille (mit wergumwundenen Kanonenrädern) die noch schlafende Stadt verlassen.

Sofort aber eilten jetzt von allen Seiten die Bürger herbei und besetzten bewaffnet die Tore, fest entschlossen, sie von jetzt gegen jeden Angriff eines feindlichen Korps zu verteidigen. Böse war überall und überall, ordnend, spähend, sorgend und anfeuernd.

Plötzlich erschien eine feindliche Kavallerieabteilung und näherte sich ziemlich rasch der Stadt. Alles war bereit, sie mit einem dichten Hagel von Geschossen zu empfangen. Wie mochte das Herz unserer Wackeren wieder schlagen, würde im Fall eines Angriffs die Ehre der Verteidigung der Vaterstadt doch diesmal ganz allein ihren Bürgern zuteil geworden sein; denn kein einziger der alliierten Truppen befand sich zur Zeit in Bremens Mauern. Aber es sollte nicht sein. Man sah den Feind plötzlich abschwenken und bald verschwinden. Sicherlich war ihm Kundschaft geworden, die es rätlich erscheinen ließ, vom Vorhaben abzustehen.

Schon andern Tages und ehe noch Tettenborn sein Hauptquartier nach Bremen zurückverlegt hatte, erließ v. Eelking einen Aufruf an Bremens waffenfähige Männer und Jünglinge und begann die Errichtung einer Schwadron und eines Bataillons als Kontingent zur Hanseatischen Legion, wie hinfort die Kriegsmacht der drei Schwesterstädte genannt werden sollte.

Und nun erlebte die Stadt ein hehres Schauspiel in ihren Mauern. Eine Begeisterung erfüllte alle Herzen so rein, so opferfreudig, so kampfesmutig, wie Bremen sie nimmer geschaut, solange seine Mauern standen und seine Türme ragten. Tag für Tag ward das für die Annahme von Freiwilligen errichtete Büro nicht leer von Männern und Jünglingen, welche sich einschreiben lassen wollten, ja zu Zeiten war es ein wahres Gedränge dort. Jung und alt, arm und reich, vornehm und gering, alles wollte mit in den Rachekrieg gegen den Unterdrücker, und Hunderte mußten zurückgewiesen werden trotz ihres Bittens und Dringens.

Ja selbst Bremens Jungfrauen standen nicht zurück in der allgemeinen großen Erhebung, wie es Deutschland kund geworden ist durch den Mund eines seiner edelsten Sänger jener Zeit.

Es hat in dir geschworen
Eine holde Jungfrauenschar:
Dem sei die Braut verloren,
Der nicht im Felde war...

singt Max von Schenkendorf von ihnen. Weder die Hand zum Liebesbunde wollten sie einem solchen reichen, noch selbst zum Tanze nur, und ein kühnes Mädchen stahl sich sogar als Mann verkleidet in die Reihen und zog mit als fröhlicher Jäger. Anna Lührung ist der Name der Mutigen. All der weiteren und unerschöpflichen Opferwilligkeit und Tatkraft zum Besten Verwundeter, Kranker und Hinterbliebener nicht einmal zu gedenken.

Keine Tat aber strahlt herrlicher aus jenen Tagen als die unseres Böse. Nicht befriedigte es ihn mehr, daß er alle seine Zeit und Kraft der Sache des Vaterlandes widmete, daß er von früh bis spät ohne Rast und Ruh überall und überall war, wo es galt, im neuen Umschwung der Verhältnisse zu ordnen, einzurichten, zu prüfen, zu korrespondieren und zu reisen, und auch seinen Namen in die Liste der Kampflustigen eintragen ließ – das alles verstand sich bei ihm einmal von selbst und fiel auch keinem auf in der allgemeinen Erregung; freudiges Staunen aber und verehrende Bewunderung ergriff alle, als plötzlich die überraschende Kunde die Stadt durchflog: Böse habe gemeldet, ganz aus Mitteln seiner Firma ein Jägerkorps zu errichten, aufs trefflichste auszurüsten, zu kleiden, zu besolden, zu unterhalten und sich selbst an die Spitze stellen zu wollen.

Und ehe man sich noch vom Staunen erholt hatte, war sein herrliches Werk schon in vollem Gange. Er selbst prüfte und warb jeden einzelnen, damit es ja lauter fixe und wackere Gesellen seien, die ihm gefielen.

Das war ein Leben für den Wackeren, dem schon im Frieden und von seiner Knabenzeit her die Jagdlust über alles ging, wie mochte jetzt erst sein Herz in freudiger Erwartung pochen, nun bald mit der Büchse hinauszuziehen und gar ein allerhöchstes Wild zu jagen. Noch wenige Wochen, und er konnte schon eine Schar von achtzig kerngesunden und kampflustigen jungen Männern dem Vaterlande übergeben, die in ihrer grünen, kleidsamen Tracht, den halbaufgeschlagenen Jägerhut mit einem dunklen Federbusch geschmückt, die Büchse auf der Schulter und den blanken Hirschfänger an der Seite, einen Anblick gewährte, daß einem das Herz im Leibe lachen mußte, wenn sie unter Hörnerklang mit ihrem Lieblingsliede: »Frisch auf zum fröhlichen Jagen« hinaus zu ihren Übungen zogen. Böse, zum Hauptmann ernannt, rief sich dann zwei schon gediente Leutnants zur Seite.

Viele andere Bremer zogen es vor, unter den schon sieggekrönten preußischen Waffen Dienste zu nehmen, andere traten in Lützows wilde verwegene Jagd. Fast alle Wohlhabenden, dort wie im Bataillon der Vaterstadt, suchten ihren Stolz darin, sich selbst zu equipieren.

Mit dem Beginn des Jahres 1814 war die Truppe, bestehend aus 200 Ulanen, 800 Mann Infanterie und den achtzig Böseschen Jägern, marschbereit. Ein Major v. Weddig, früher in hannoverschen Diensten, übernahm das Kommando des Ganzen, Eelking führte die Reiter, Böse seine Jäger.

Von der obersten kommandierenden Behörde der alliierten Nordarmee wurden Bremens Truppen nun der Heeresabteilung des Kronprinzen von Schweden (Bernadotte) beigegeben und zwar zu lebhaftem und gerechtem Mißmute Böses, den das unrühmliche Benehmen der Schweden bei Leipzig längst damit erfüllt hatte und der am liebsten am ersten Januar beim alten Blücher gewesen wäre, um den Rhein zu überschreiten.

Endlich, nach ungeduldigstem Harren, kam der Marschbefehl, und am ersten Februar brach Bremens kampfesfreudige kleine Kriegsmacht auf, um nach Köln zu marschieren, wo der Rhein überschritten werden sollte. Es war ein tief ergreifender, unvergeßlicher Tag für die Einwohner. Tausende gaben den ausziehenden Kriegern zu Fuß, zu Roß und zu Wagen das Geleite bis weit vor dem Tore. Händedruck, Umarmung und Kuß, Tränen und Hurra, Tücherschwenken und Abschiedsruf, überall und überall; von allen Türmen läuteten die Glocken, himmelan scholl dröhnendes Trommelwirbeln, und lustig stimmten die Hörner ihr »Frisch auf zum fröhlichen Jagen« an. Dann ward's still und immer stiller in Bremen, dessen Sinnen, Sehnen und Hoffen hinfort nur bei seinen davongezogenen Söhnen war.

Aber leider sollte mit diesem Tage auch der Höhepunkt der Erhebung erreicht sein. Am siebzehnten des Monats erblickten die Bremer von ferne Kölns Wahrzeichen, den ragenden Riesenkran des Doms, überschritten den noch eisbedeckten Rhein, hatten nach ein paar Tagen Musterung und Parade vor dem schwedischen Kronprinzen und wurden darauf über Aachen nach der Gegend von Lüttich kommandiert und weiter nach der von Brüssel, doch nicht um von dort auf Paris zu marschieren, sondern ruhig in Kantonnierungen verlegt zu werden. Woche auf Woche verging in peinlicher Untätigkeit. Die übrigen Verbündeten bestanden Gefecht auf Gefecht, rückten unaufhaltsam der französischen Hauptstadt entgegen. Zeitungen und Depeschen liefen ein und brachten Kunde von manch blutigem Lorbeer der deutschen Brüder, aber unsere Bremer mußten ruhig in ihren Quartieren liegen; fruchtlos blieben alle noch so eifrigen Bemühungen der Führer, von den Schweden getrennt zu werden. So verging der Februar, so verging der März, und am letzten Tage desselben, als des Feldzugs letzte Schlacht geschlagen, der Kaiser entthront war, Paris sich ergeben hatte und die siegreichen Verbündeten unter Sang und Klang in die Hauptstadt triumphierend ihren Einzug hielten, lagen unsere bedauernswerten Bremer noch ruhig unter der sorgenden Obhut Schwedens in Brabant, um endlich Anfang Juni wieder den Heimweg anzutreten, ohne auch nur von ferne den Feind erblickt zu haben. Unser wackerer Böse aber war nicht mehr unter ihnen. Er hatte das Lungerleben nicht aushalten können, seine Jäger einem Kameraden übergeben und war mißmutig nach Hause gereist, wo er Besseres tun konnte. Am 16. Juni sahen sie die Vaterstadt wieder. Freilich bereitete man auch ihnen einen festlichen Einzug. Hurra und Jubelklang in der Freude des Wiedersehens und Flaggen- und Blumenschmuck gab's genug und dazu gar ein nie vorher gesehenes Schauspiel: nämlich die während ihrer Abwesenheit geschaffene, fast viertausend Mann starke Bürgerwehr, die sie, wohlbewaffnet und uniformiert, mit klingendem Spiel empfing. Konnte ihre Freude aber eine reine, herzerhebende sein? Mußte solcher Festjubel ihnen nicht geradezu wie Ironie vorkommen und sie mit einem Gefühl der Beschämung erfüllen? Aber keiner der Heimgekehrten empfand das Peinliche der Lage wohl tiefer und lebendiger als unser Böse, der lieber bedeckt mit blutenden und brennenden Wunden zurückgekehrt wäre als nach so ruhmlosen Tagen, und weder die sichere Überzeugung, daß Bremens Bataillon sich gerade so gut geschlagen haben würde wie irgendein anderes, noch das Wiedersehen mit den geliebten Seinen, geschweige denn eine humoristische Auffassung der Geschichte waren imstande, das bittere Gefühl seines Mißmuts zu verscheuchen, dem er selbst noch im Greisenalter oft genug Worte verlieh.

Es war nun vorderhand Frieden in Europa. Der Fest- und Heimkehrerjubel überall verklungen; Napoleon, der große Ruhestörer, saß auf Elba. Für Europas Neugestaltung tagten, tafelten und tanzten seine Fürsten und Staatsmänner in Wien, während Rat und Bürgerschaft die Neugestaltung ihrer Angelegenheiten, zunächst die der Militärverhältnisse, berieten. Es ward beschlossen, Eelkings Ulanen und Böses Jäger, deren man Bremens örtlicher Beschränktheit wegen im Frieden nicht bedurfte, zu entlassen, so daß nur der durch freiwillige Anwerbung ergänzte Stamm und der gesetzmäßige Bestand der Infanterie-Linientruppen, unter dem Befehl des Major v. Wedding als Stadtkommandant, übrig blieb.

Die hochgehenden patriotischen Wogen jener Tage brachten auch in Bremen neben Schönem und Herrlichem manch Kindisches und Abgeschmacktes hervor, und selbst unser wackerer Böse war nicht ganz frei davon. Da verpflichteten sich die Mitglieder eines Vereins, kein Fremdwort zu gebrauchen, vor allem kein französisches, sondern, wenn man kein deutsches dafür wußte, entweder eines zu machen oder zu umschreiben. Das gab dann oft eine so holperige und wunderliche Unterhaltung, daß man doch das Lächerliche bald einsah. Sodann ging's an die Umwandlung der Tracht in eine sogenannte altdeutsche, da man die der Gegenwart für eine französische hielt. Weil man nun aber nicht hinlängliche kulturgeschichtliche Studien gemacht hatte, um recht zu wissen, was man unter altdeutsch eigentlich verstand, so erfand man eine Phantasietracht, die die »altdeutsche« wenigstens vorstellen sollte, und selbst an der Börse sah man nun die ehrbarsten Kaufleute und Bürger mit samtnen Federbaretts, Zackenkragen, Schnürröcken und Radmänteln einhergehen.

Endlich wollte man sogar wieder altdeutsch tanzen. Und auch in dieser patriotischen Reform ging Böses Haus allen voran. Zu dem Zwecke war denn aus Berlin ein Tanzmeister verschrieben, der die »Allemande« einpauken sollte. Im geräumigen Saal des Böseschen Hauses an der Stintbrücke gingen die altdeutschen Übungen los, die sich bald zu wahren Bällen dort gestalteten.

Eine ebenso ergötzliche wie lebendige Schilderung gibt Böse von einer solchen altdeutschen Tanzübung und ihrem jähen Ende:

»An einem Spätabend im März 1815 war die erwähnte Tanzgesellschaft wieder in meinem Hause versammelt, alle Männer und Frauen wie vor ein paar hundert Jahren gekleidet, und wieder wurde die Allemande getanzt. Ob eine Ahnung der Dinge, die bevorstanden, die Gemüter ernst gestimmt hatte oder ob die Furcht vor dem alten Tanzmeister, welcher die Fehlenden streng und scharf zurechtwies, diese Stimmung, die auf allen Gesichtern zu lesen war, hervorgebracht hatte, lasse ich dahingestellt. Der Musik folgend sang der Alte, den Takt angebend, stets: ‚Sachte, sachte, eins-zwei-drei-und-vier'. Aber plötzlich abbrechend rief er wohl zornig: ‚Frau Bürgermeisterin, Spiel der Wellen! Sie machen diese Tour auch immer verkehrt! – Herr Doktor, nicht die Hände so gehalten. – Ist das ein Spiegel? – Herr W., Ihr Sturz (Knien vor der Dame) war wieder zu früh!' Aber bald verstummte der Eifernde auf immer für die Gesellschaft. Die Tür ward aufgerissen, herein stürzte einer und rief: ‚O Gott, o Gott! Denkt euch – Napoleon ist wieder da und marschiert schon direkt auf Paris!'

Im Nu war natürlich Spiel und Tanz vorbei. Man sah sich ein paar Minuten lang stumm an, hörte die näheren Einzelheiten und faßte sich dann wieder. Es waren gerade die rechten Leute beieinander, und da Krieg nun wieder sicher war, hieß es auch sogleich unter uns: Was sollen wir in Bremen tun?

Man setzte sich nun um einen großen Tisch, obenan als Präsidentin eine Dame, die in allen patriotischen Bestrebungen stets vorangehende Frau Klugkist, nachherige Kulenkamp. Nun wurde ausgemacht, daß Eelking, der damals Generaladjutant der Bürgerwehr war, alle, welche reiten wollten, unserm guten Bekannten, dem General Lützow, zuführen sollte. Einer von mir wiederum auf meine Kosten zu errichtenden Jägerkompanie sollten sich alle die anschließen, welche sich selbst equipieren wollten, während das hanseatische Bataillon durch andere Freiwillige auf die nötige Stärke gebracht werden würde. Ich sollte die Jäger aber nicht kommandieren, sondern die Bürgerwehr in marschfertigen Zustand bringen, diese Reserve aber dann ins Feld führen, wenn's not täte. Wie wir's ausmachten, so ist es ausgeführt.«

Böse erhielt nun ein Patent, das ihn zum Obersten der Bürgerwehr ernannte, und widmete sich wieder Tag für Tag, von früh bis spät wie mit Leib und Seele, der heiligen Sache.

Schon zu Anfang Mai war Böses Jägerschar geübt und marschfertig und bezog jetzt Kantonnierungen in der Umgegend Bremens. Am 9. Juni ward vom ganzen Bataillon in feierlicher Weise der Eid der Treue geleistet, am 13. Juni versammelte der Frauenverein noch einmal die jungen Krieger zu einem schönen und sinnigen Abschiedsfeste, und endlich gings unter Führung des Major v. Wedding wieder zum zweitenmale mit freudigem Gesang und klingendem Spiele zum Tore hinaus dem Rheine zu, während der Major Oelrichs die Kommandantur der Stadt übernahm.

Nur Bremens Kavallerie unter Major v. Eelking sollte es beschieden sein, des Kampfes blutigen Lorbeer zu pflücken. Sie nahm tätigen Anteil an den Gefechten und Schlachten bei Charleroi, Loigny, St. Armand und Waterloo, dann noch am 28. Juni bei Nanteuil und zuletzt am 3. Juli bei Issy, nahe vor den Pariser Barrieren der Faubourg St. Germain.

Bremens Infanterie und die Böseschen Jäger sollten abermals durch das Mißgeschick der Verhältnisse kaum den Feind zu Gesicht bekommen. Böse selbst endlich ließ, während der Kampf auf Waterloos Feldern wogte und donnerte, seine Bürger auf ihrer Viehweide antreten. So endeten für ihn die Tage der großen Zeit.

Man schrieb 1825. Also ein Jahrzehnt war vergangen, seitdem des Kampfes letzter Kanonenschuß gefallen. Auch unser Böse hatte die Hälfte seines tätigen Lebens hinter sich, und gleich seinem Vater verlor auch er nach und nach die rechte Lust am Erwerben und Vermehren seiner irdischen Güter. Hatte er von je das Landleben gepriesen und geliebt, so ward jetzt sein Verlangen doppelt stark danach, zumal er plötzlich Gelegenheit fand, seine Fabriken auf das vorteilhafteste zu verkaufen. Sein Gütchen zu Rablinghausen genügte ihm nicht. Es war keine rechte ländliche Ruhe dort; denn es lag der Stadt zu nahe. So sah er sich denn im übrigen Deutschland nach einem Platze um, wo es gut sei für ihn.

Lange stand kein Punkt im deutschen Vaterlande so leuchtend und lockend vor seinen Blicken als der Bodensee, namentlich die Gegend von Konstanz. Geraume Zeit auch ging er mit dem Gedanken um, dort seine dauernde Wohnstätte aufzuschlagen, ja, selbst die eigentliche Stelle für sein neues Leben hatte er bereits ausersehen, als er plötzlich den ganzen Plan fallen ließ; denn ein anderer See war imstande gewesen, mit einemmale das Schwäbische Meer aus dem Felde zu schlagen.

Je mehr nämlich sein Vorsatz fortzuziehen reifte, je lebendiger empfand er zugleich, wie sehr er doch mit Leib und Seele an der alten Heimat hing. Da lernte er auf einer Treibjagd die Gegend von Bederkesa kennen. Sofort war sein Entschluß gefaßt, hier sich anzusiedeln. Zugleich bot sich zum Ankauf eines trefflichen Besitztums gerade passende Gelegenheit, und rasch ward der Gedanke zur Tat. Ankauf des Bodens und Bau des Hauses folgten fast unmittelbar aufeinander, und schon im Frühling des folgenden Jahres verließ er mit seiner Familie die Stadt, um sie mit dem schönsten Punkt des Herzogtums Bremen zu vertauschen.

Tief und allgemein war das Bedauern der Bevölkerung bei seinem Scheiden. Nicht aber wollte die dankbare Vaterstadt ihren wackeren Sohn ziehen lassen, ohne ihn zuvor mit der höchsten Ehre, die sie zu erteilen vermochte, geschmückt zu sehen, mit der Ernennung zu ihrem Ehrenbürger, darüber ihm das Diplom am 21. Oktober 1825 durch eine eigene Deputation des Senates überreicht ward. Es lautet wie folgt:

> Der Senat der Freien Hansestadt Bremen bekundet hierdurch: daß er in gerechter Würdigung und Anerkennung der besonderen Verdienste, welche sich Herr Heinrich Böse um den bremischen Staat erworben, indem er bei dem Kampfe um die Befreiung des deutschen Vaterlandes vom fremden Joche nicht nur bedeutende Opfer freiwillig dargebracht, sondern auch sich selbst zum persönlichen Kriegsdienste seiner Vaterstadt hingegeben und dadurch anderen ein rühmliches Beispiel zur Nacheiferung aufgestellt hat, demselben sowie dessen Ehefrau und Kindern das Bürgerrecht dieser Stadt nebst Handlungsfreiheit verliehen habe, also und dergestalt, daß derselbe sowie dessen Ehefrau und Kinder von Entrichtung aller öffentlichen Abgaben, welche sie als Bürger treffen könnten, befreit sein und bleiben sollen, solange sie nicht ihren wirklichen Wohnsitz hierselbst nehmen und sich häuslich hier niederlassen; als in welchem Falle sie nur zur Entrichtung der Abgaben der andern Bürger gleich gehalten sein sollen.
>
> Zur Beurkundung dessen ist Gegenwärtiges unter Beifügung des größeren Staatssiegels ausgefertigt und von dem Präsidenten des Senats unterzeichnet worden.
>
> So geschehen Bremen, am 21. Oktober 1826.
>
> Der Präsident des Senats
>
> Smidt

Neues Daheim und neues Leben

Sein neugewählter Heimatort, der kleine Marktflecken Bederkesa, liegt so ziemlich in der Mitte der nördlichen Hälfte des Herzogtums Bremen und gerade auf der Höhe des Geestrückens, der, nach Norden zu rasch schmaler werdend, sich zwischen den Elb- und Wesermarschen hinzieht, bis seine Spitze im Amt Ritzebüttel in die Nordsee taucht. In nur wenigen Stunden sind die beiden Nachbarmarschen, das friesische Land Wursten und das niedersächsische Land Hadeln, erreicht. Etwa eine Tagereise war es damals bis Bremen.

Mit Bremens anmutiger Nachbargegend von Ritterhude, St. Magnus und Vegesack sowie der von Neuenkloster bei Stade bildet Bederkesa die dritte Landschaft, deren Schönheit und Lieblichkeit selbst verwöhnten Besuchern noch aufrichtige Freude gewähren kann, die den Bewohnern des an malerischen Reizen so armen Herzogtums Bremen jedoch in dieser Hinsicht als echte landschaftliche Perle erscheinen muß.

Selbst auf altbremischem Boden konnte Böse sich hier fühlen; denn Jahrhunderte hindurch war Bederkesa wirkliches Eigentum der bremischen Erzbischöfe, von deren Schloß das Amtshaus noch verschiedene Baureste aufweist.

Mit echter Herzensfreude begann Böse sein Landleben. In seinem Hause entfaltete sich auch mit jedem Jahre das Leben reicher und reicher und erhielt ganz den Zuschnitt wie das eines großen Gutsbesitzers. Die besten Reit-, Wagen- und Ackerpferde wieherten bald im Stalle, eine gediegene, durchaus städtische Ausstattung zierte des Hauses Räume. Die feinsten Obstsorten und Gemüse wie den feinsten Blumenflor hegte der Garten und endlich, was sich für einen reichen kaufmännischen Bremer ja von selbst verstand, die vortrefflichsten Weine lagerten in reicher Fülle Faß an Faß im Keller. Nicht weniger als sieben Töchter und einen Sohn hatte die schönste, sanfte Frau nacheinander ihrem Mann geschenkt, die, alle frisch, kernig und gesund, das Haus wohl mit lustigem Leben erfüllen konnten.

Weit und breit gab es keine schönere und herzerfreuendere Gastlichkeit, wie sie auf Bösenhof gepflegt wurde, der bald für die Honoratioren des Fleckens wie der Umgegend einen besuchten und geselligen Mittelpunkt bildete, Freundes- und Verwandtenbesuch aus Bremen gab es den ganzen Sommer hindurch im Hause, dessen Fremdenkammern selten leerstanden, dazu klopfte mancher an die Türe, um in Böse seinen Mitgefährten großer, vielbewegter Tage oder gar seinen einstigen Hauptmann zu begrüßen. Solchen wurde natürlich ein besonders herzlicher Empfang zuteil. Auch der Dichter unseres herrlichen Nationalliedes befand sich unter diesen, als er, zu Anfang der vierziger Jahre wegen seiner »Unpolitischen Lieder«, seiner Breslauer Professur verlustig, den preußischen Staat meiden mußte und sich längere Zeit im Lande Hadeln aufhielt, unter dessen intelligenten und freisinnigen Hofbesitzern er die wärmsten Verehrer und Freunde fand – Hoffmann von Fallersleben.

Genug, auf dem Bösenhof war's in einem fort ein fröhliches, buntwechselndes Leben, und wer sollte sich auf ihm nicht wohl gefühlt haben, bei einem so fesselnd und lebendig aus seiner bedeutsamen Vergangenheit erzählenden und originellen Hausherrn, bei solch einer schönen und holdseligen Wirtin, bei solch trefflicher Verpflegung und in solch lieblicher landschaftlicher Umgebung.

Zu der bäuerlichen Bevölkerung seiner Gegend war Böse ebenfalls bald in allerbestem Verhältnis und fühlte sich nie wohler, als wenn er in traulich verständiger Unterhaltung und gemütlichem »Klönen« mit seinen Geestbauern an der traulichen Flamme ihres offenen Herdfeuers sitzen konnte. Dazu endlich fand er fort und fort eine wahre Befriedigung daran, oft tagelang mit seinen Leuten eigenhändig zu pflügen und zu säen, zu ernten, zu dreschen und Dünger aufzuladen, und wer ihn dabei in seiner blauen Jacke, grauen Linnenhose und schweren Holzschuhen antraf, würde schwerlich den hochgebildeten, vielgereisten Mann, den Schöpfer eines Jägerkorps, den einstigen Obersten und Chef der bremischen Bürgerwehr, den reichen Besitzer dieser Felder in ihm vermuten. Ein echter Cincinnatus.

Viel eher aber noch war sein Name als der edelste, selbstloseste und unablässigste Menschenfreund und Helfer in der Not weit und breit umher im Munde des Volkes, das von einer solchen Freigebigkeit noch kein Beispiel erlebt hatte seit Jahrhunderten. Zuerst und vor allem trat dies Wohltun zu Anfang der dreißiger Jahre hervor, als rings umher, namentlich aber in den benachbarten Moorgegenden und im nahen hadelnschen Sietlande, eine Reihe nasser Sommer Mißernten an Heu und Korn, Überschwemmungen und großen Notstand hervorgerufen hatten. Da war denn des Gebens tagein, tagaus kein Ende; denn vor seiner Tür ward es nicht leer von Hilfeflehenden. Zu öfteren ließ er die fettesten Schweine schlachten, nur um deren Speck und Fleisch den Armen zu geben, ganze Wagenladungen mit Saat- und Brotkorn und Lasten von Kartoffeln ließ er zur Verteilung an Bedürftige in die umliegenden Dörfer fahren.

Bald auch machte sich Böses politischer Charakter geltend. Eben zum Besten der durch die schlechten Jahre Zurückgekommenen veröffentlichte er 1830 eine Schrift, in welcher er, auf allerlei Mißstände im Hannoverschen hinweisend, das ganze Heil des Staates und die Abhilfe aller gerügten Mängel in einer entschieden konstitutionellen, auf Volkswahlen beruhenden Verfassung zu begründen suchte. Diese kleine Schrift war in bescheidener Sprache gehalten und nur die allerbilligsten und gerechtesten Landeswünsche vortragend, dennoch genügte sie, um ihren Verfasser bei den Behörden sofort in die Reihe der Mißliebigen zu bringen, zu denen er freilich in wenigen Jahren noch in ganz anderer Weise gezählt werden sollte. Sein politisches Ideal war und blieb für Deutschland die konstitutionelle Monarchie mit Einkammersystem und indirekten Wahlen. Er ist sich hierin auch treu geblieben bis ans Ende.

Neben seinem Hauswesen und seiner Landwirtschaft nahmen auch die Angelegenheiten der jetzigen Heimatgegend Böses Aufmerksamkeit, ernstes Nachdenken und bald auch offenes Mitwirken mit jedem Jahre tiefer und entschiedener in Anspruch.

In den vorhin schon erwähnten nassen Jahren hatte das kleine Becken des Bederkesaer Sees die von den umliegenden Höhen darin zusammenlaufenden Gewässer längst nicht fassen können. Jahr für Jahr waren sie ausgetreten und hatten sich über das benachbarte Hadelnsche Sietland ergossen, und nicht nur jener, sondern auch die benachbarten Moorniederungen und Seebecken hatten zu solchen Zeiten den Überschuß ihrer braunen Fluten dazu gespendet, so daß der kleine Medemfluß längst nicht mehr imstande war, solche Wassermassen aufzunehmen und durch seine Schleuse in die Elbe zu führen. Hunderte von Morgen des sonst vortrefflichen Bodens mußten unbebaut bleiben und versumpften, indessen ihre Besitzer verarmten.

Solche Notstände mußten denn wohl imstande sein, das schon oft besprochene und angeregte Projekt eines eigenen bedeutenden Entwässerungskanals mit eigener Schleuse reifen zu lassen, der dann auch mit einem Kostenaufwande von 1 512 000 Mark in verhältnismäßig kurzem Zeitraum zustande kam und für das arme Sietland plötzlich eine segensreiche neue Zeit heraufführte, ja wie mit einemmale seine ganze Natur änderte. Und nicht wenig hatte unser Böse durch Wort und Schrift anregend, fördernd und ratend zum Gedeihen des Werkes mitgeholfen; denn das Wohl des Volkes lag dem Edlen zu sehr am Herzen.

Etwa seit einigen Jahren mochte der Hadelnsche Kanalbau in Angriff genommen sein, als Böse einmal in einem alten Buche die Notiz fand, daß schon vor dreihundert Jahren, nämlich 1542, von Bremer Kaufleuten eine Wasserverbindung zwischen Elbe und Weser eben durch diese Gegenden ernstlich geplant und angebahnt sei. Gescheitert war ihr Bemühen nur durch den Widerstreit der verschiedenen Interessen der Lauenburger Herzöge als Schutzherrn von Hadeln, der Bremer Erzbischöfe wie der Stadt Bremen selbst.

Urplötzlich duchblitzte ihn ein Gedanke. Bremer Kaufleute waren es gewesen, die den Gedanken faßten? Wie wär's, wenn jetzt, nach drei Jahrhunderten, abermals ein Bremer aus dem Kaufmannsstande ihn wieder aufnähme und dessen Verwirklichung zu seiner ernsten Aufgabe machte?

In kürzester Zeit war er sich mit dem Plane im klaren, sein Entschluß gefaßt, seine ganze Kraft und Einsicht daran zu setzen, wie jede Gelegenheit, jede passende Verbindung, jede Bekanntschaft zu benutzen und nicht eher ruhen zu wollen, bis er das Werk vollendet sähe. Dies neue Kanalprojekt nahm wiederum für längere Zeit sein Hauptdenken und Streben ein.

Als freilich im Jahre 1860 das volle sieben Meilen lange Verbindungswerk zwischen Elbe und Weser auf Staatskosten in trefflicher Weise vollendet war, hatte der geistige Urheber desselben bereits seit drei Jahren sein liebes und liebliches Bederkesa verlassen und ging, ein hochbetagter Greis, bald selbst seiner Vollendung entgegen.

Es kam das Jahr 1837. Wilhelm IV. von England, der letzte König, unter welchem Hannover mit jenem vereint war, starb kinderlos und hinterließ seiner Nichte Victoria den englischen Thron, worauf den hannoverschen, da nach deutschem Erbfolgerecht kein Weib herrschen darf, sein jüngerer Bruder, Ernst August, Herzog von Cumberland, einnahm.

In allen Kreisen der Bevölkerung herrschte große Freude ob der endlich wiedererlangten Selbständigkeit des Landes, an die man die schönsten Hoffnungen knüpfte. Da schlug eine Kunde ein, die mit einemmale der Harmlosigkeit und Heiterkeit ein jähes Ende bereitete, die Kunde vom sogenannten königlichen Patent vom 5. Juli, durch welches Ernst August das ganze zwischen Regierung und Ständen vereinbarte und zu Recht bestehende Staatsgrundgesetz von 1833 despotisch mit einem Federzug über den Haufen warf, um die alte Ständeherrschaft von Anno 19 wiederherzustellen.

Welche Aufregung, welche Entrüstung dieser plötzliche Gewaltstreich im Lande hervorrief, kann nur der fassen, welcher selbst Zeitgenosse und Zeuge dessen war. Regierungspartei und Volk bildeten sofort zwei der schroffsten Gegensätze, zwischen denen von beiden Seiten gestrebt wurde, den Riß zu erweitern und die Aufregung zu vermehren.

Wie tief durch den hannoverschen Verfassungsumsturz das von dem edelsten Eifer für Recht und Wahrheit erfüllte treue Herz des wackeren Böse verletzt wurde, können wir uns leicht vorstellen. Sowie nur die Kunde von jenem Rechtsbruch das Land durcheilt hatte, stand es klar und fest vor seiner Seele, daß das ganze hannoversche Volk aller Stände und Schichten sich sofort mit kräftigstem Protest einmütig dagegen erheben müsse. Er selbst war entschlossen, dafür zu tun und zu wirken, wo und wie er konnte, vor allem natürlich in seiner jetzigen Heimatprovinz, im Bremischen.

An Freunde, Bekannte und hervorragende Männer im Lande schrieb er zunächst eine Menge Briefe in der Sache, war dann viele Wochen hindurch nach allen Richtungen hin auf Reisen, knüpfte Verbindungen an, hielt Zusammenkünfte und Besprechungen und schloß namentlich mit dem ebenso rechtseifrigen wie scharfsinnigen und wackeren Bürgermeister Stüve zu Osnabrück, dem hervorragendsten unter den Liberalen, eine Freundschaft, die lange Zeit fest und innig war, bis sie erst im Jahre 1849 durch ihr Auseinandergehen in der deutschen Sache einen Stoß erleiden sollte. Dazu traten andere Liberale der Umgegend, welche nun anstatt seines bisherigen Umgangs mit den Honoratioren der Gegend, den Beamten, Offizieren und andern Angestellten, die liebsten und häufigsten Gäste auf Bösenhof wurden. Mit jenen aber hatte er sofort auf die schroffste Weise jeden freundschaftlichen Verkehr abgebrochen, als sie nicht taten, was er von ihnen als Ehrenmännern verlangte: gegen den schnöden Rechtsbruch König Ernst Augusts öffentlich zu protestieren und den Diensteid zu verweigern, wie die »Göttinger Sieben« es getan.

Die Veröffentlichung des Bundestagsbeschlusses vom 20. April 1839, »daß bei obwaltender Sachlage eine bundesgesetzliche Veranlassung zur Einwirkung in dieser inneren Angelegenheit nicht gegeben sei«, war für die hannoversche Regierung das Signal, gegen jeden ferneren noch so gemäßigten und gesetzlichen Oppositionsversuch mit offener und rücksichtsloser Strenge einzuschreiten, gleichwie sie dem Volke auch die letzte Hoffnung auf sein beschworenes Recht vernichtete. Und nun begann jene traurige und schmachvolle Zeit der Hetzereien, Aufpassereien, Verleumdungen und Angebereien, in welchem servilen und eklen Treiben sich namentlich viele hannoversche Unterbeamte durch übermäßigen Eifer auszeichneten. Am schlimmsten waren natürlich die liberalen Beamten dran. Die Polizei aber hatte laut Kabinettsorder die Weisung, vor allem sich als »Präventivpolizei« zu zeigen, und beutete denn auch mit wahrer Wonne ihre Macht im Verbieten und Stören auch der unschuldigsten Zusammenkünfte aus. Daß aber keiner weit und breit schärfer von ihr aufs Korn genommen wurde und mehr Scherereien und Plackereien davon auszustehen hatte als Böse, war natürlich. Ebenso war jeder verdächtig, der mit ihm verkehrte. Auf höheren Befehl wurde er unter Polizeiaufsicht gestellt und durfte bei schwerer Strafe den Fleckensbezirk nicht verlassen.

Das größte Aufsehen von allen Kundgebungen seines starren Rechtssinnes machte jedoch 1839 seine Verweigerung der Steuern, als der König die widerspenstigen Stände, ohne ihre Steuerbewilligung abzuwarten, nachhause geschickt hatte und ruhig weiter regierte.

Böse und mit ihm eine Anzahl politische Gesinnungsgenossen sprachen offen der Regierung das Recht ab, nicht bewilligte Steuern einzuziehen, worauf diese auf dem gewöhnlichen Wege durch Pfändung und Zwangsvollstreckung zum Ziele zu gelangen suchte. So namentlich auch im Lande Hadeln und Kehdingen, wo eine Reihe der ersten und intelligentesten Hofbesitzer sich Monat für Monat pfänden ließen, um die Pfandstücke alsdann wieder einzulösen. Indes hatte sich die Regierung aber für besondere Zwecke und als Strafmittel noch eine Maßregel ganz eigener Art vorbehalten, nämlich die Befugnis, anstatt des gewöhnlichen Auspfändungsverfahrens ein »militärisches Einlager« zu verfügen.

Unser Böse, der von der Regierung so glühend gehaßte, war natürlich der erste, dem diese Ehre zuteil wurde, und gar mit erlesener Kavallerie wollte man ihn beehren. Als der Korporal mit seiner Mannschaft Dragoner auf dem Bösenhof eintraf, ward ihnen ein Empfang, als ob sie langersehnte und hochwillkommene Gäste seien. Darauf tagein, tagaus eine Bewirtung so reichlich und köstlich, wie die guten Jungens wohl in ihrem ganzen Leben noch nicht gehabt hatten. Böses Hauptbemühen war aber, ihnen einmal ein rechtes Licht über die Sache aufgehen zu lassen, sie zu belehren und sie mit den rechten Ideen zu nähren, und er versicherte, nicht bloß an diesen, sondern auch an den folgenden (denn die Korporalschaften wechselten) hat er seine dankbarsten Freunde und die gelehrigsten und dankbarsten Schüler gehabt. »Die sind sicherlich nicht so dumm abgezogen, wie sie gekommen sind«, pflegte er mit innigstem Behagen hinzuzusetzen, wenn er davon erzählte. Als es endlich im nächsten Jahre der Regierung trotz der vielen Zurückbleibenden durch allerlei Machinationen gelang, die Kammer vollzählig zu bekommen und worauf diese dann die Steuern bewilligte, zahlte auch Böse ohne jeglichen Widerstand.

Als darauf im Jahre 1840 durch freilich mühevolle Verhandlungen zwischen Regierung und Ständen ein neues Verfassungsgesetz zustande gekommen war, zog sich Böse, der Agitationen, Nörgeleien und Plackereien müde, auf längere Zeit vom politischen Leben zurück und lebte wieder ganz seiner ihm so liebgewordenen ländlichen Muße, seinen Acker und Garten bebauend, jagend und fischend, seine politischen Freunde bewirtend und an seinen Denkwürdigkeiten arbeitend.

Allzu lange sollte Böses Zurückgezogenheit indes nicht währen. Es konnte nicht fehlen, daß ein solch edler Volkstribun nicht von den Seinen wiederholt erwählt war, auch auf parlamentarischem Boden für des Landes Recht und Wohlfahrt zu kämpfen. So fand ihn das sturmvolle Jahr 1848 als Abgeordneten der bremischen Geest in der zweiten hannoverschen Kammer.

Mit welcher Freude Böse die große Bewegung des Jahres 1848 begrüßte, die schon im März seinen liebsten Freund, seinen verehrten Stüve auf den Ministerstuhl bringen wollte, kann man sich leicht vorstellen. Und dennoch sollte eben dies Jahr die beiden wieder voneinander entfernen. Der erste Stoß, den sein Vertrauen zu Stüve erhielt, geschah, als dieser die Männer, welche gerade beim hannoverschen Rechts- und Verfassungsbruch am eifrigsten mitgewirkt hatten, auf ihrem einträglichen und einflußreichen Posten ließ. Noch mehr irre wurde er an ihm, als er gegen alles und jedes, was nur entfernt als eine Errungenschaft der Revolution anzusehen war, sich sperrte, wie er nur vermochte, und auch die vom ganzen Lande mit Jubel begrüßte Ernennung des Erzherzogs Johann zum Reichsverweser anzuerkennen zögerte, während Böse aufs nachdrücklichste Hannovers unbedingte Unterordnung unter das Frankfurter Nationalparlament forderte. Als es endlich nun gar die Anerkennung und Einführung der ersehnten deutschen Grundrechte galt, gegen die sich Stüve geradezu mit einer Art Verachtung aussprach, da war der Riß des schönen Bandes, das beide so lange vereinte, vollendet, und mit wahrer Bitterkeit sprach Böse hinfort von ihm und gehörte in der zweiten Kammer fortan zu seinen entschiedensten Gegnern, so sehr er seine Begabung anerkannte.

Hier auf Böses parlamentarisches Verhalten und Wirken im einzelnen einzugehen, würde den Bereich dieses Buches viel zu sehr überschreiten. Er nahm überhaupt äußerst selten öffentlich das Wort, und geschah es, so war es meistens ein kurzes, schlagendes Wort, was er vorbrachte. Auch in der Ständeversammlung hat er eine wirkliche Rede niemals gehalten. Sein bedeutendstes Wirken geschah vor allem in ernsten Zwiegesprächen. Dennoch aber war er auch als Abgeordneter von wirklicher Bedeutung, wenigstens die siebzehn Bauern der Versammlung standen hinter ihm und stimmten unentwegt und genau, wie er stimmte. Darin lag seine Macht und sein Stolz.

Im Jahre 1848 hörte mit der Auflösung der Ständeversammlung auch seine parlamentarische Tätigkeit für immer auf.

Letzte Jahre

Und immer silberner ward des Greises Haar und immer langsamer sein Gang, und immer stiller und einsamer war's um ihn her, denn auch die allerletzte seiner sieben Töchter war heimgeführt von ihrem Gatten, während sein einziger Sohn längst als Hofbesitzer in der Nähe von Ritzebüttel lebte.

Bei ihm wie bei seiner Gattin stellte sich denn doch endlich das Verlangen ein, die letzten Lebensjahre in der Stadt und wieder etwas geselliger zu leben. Warum sie nicht ihre alte Vaterstadt Bremen wählten, habe ich nicht erfahren können. Um dieser nicht allzu fern zu sein, zogen sie nach Oldenburg, für das Böse von jeher besondere Vorliebe hatte, weil es freundlich, ruhig, bewohnt von einer soliden und braven Bevölkerung und eine Residenz ohne viel Residenzluft war. Seine so liebevoll gepflegte Schöpfung, der nun so still gewordene Bösenhof, ward verkauft. Im Herbst 1857 verließ er ihn.

Aber er fand nicht, was er wünschte. Das Leben in Oldenburg hatte er sich doch wohl anders gedacht. Das erste Jahr hindurch ging es noch leidlich, dann aber stellte sich große Unzufriedenheit bei ihm ein. Da starb der Mann seiner zu Cuxhaven wohnenden Tochter, deren innigster Wunsch es nun war, die alten Eltern bei sich zu haben. Gern erfüllte er denselben, zumal ja auch sein einziger Sohn in der Nähe seinen Wohnsitz hatte. So ward denn 1861 abermals aufgebrochen und das freundliche reichumlaubte Landstädtchen mit dem kahleren, wogenumbrandeten Küstenort vertauscht.

Aber auch dort war seines Bleibens nicht. Wieder nach einigen Jahren wurde beschlossen, in die Stadt zu ziehen, diesmal aber war es die alte Vaterstadt, die man wählte. Im Sommer 1865 zog er samt seiner Tochter und deren Kindern nach Bremen, um es hinfort nicht wieder zu verlassen.

Und nun drang das Alter mit verdoppelter Macht auf ihn ein. Seiner geistigen Klarheit konnte es zwar nichts anhaben, aber seine Schrullen vermehrte es, seine Charakterfestigkeit steigerte es zum hartnäckigen Eigensinn, seinen einst so milden Ernst zu eisiger Kälte. Viel ließ er sich jetzt von einer jungen Dame vorlesen, dafür die Zeit von vorneherein auf das allergenaueste abgemessen war. Nur Zeitungen, politische Schriften oder Geschichte wurde gelesen. Die tiefste Ruhe mußte ihn umgeben, regungslos saß er dann, geschlossenen Auges, wie still nach innen blickend. Das Geräusch eines Wagens, ob noch so leise und fern, veranlaßte sofort ein »Pst, pst!«. Die Vorleserin mußte schweigen, bis der letzte Laut erstorben war. Wiederholte diese nun den Anfang des Satzes, in welchem Halt geboten war, unterbrach Böse sie mit den Worten: »Das haben wir schon gehabt«. Schlug es abends zehn, hieß es »Aufhören!« »Aber wir sind ja mitten im Satze«, sagte zu Anfang die Vorleserin. »Nichts da, aufhören!« war die Erwiderung. Ja selbst ein Zurückgehen auf den Anfang des Satzes bei der nächsten Vorlesung litt er durchaus nicht, und ob ganze Tage dazwischen lagen, es mußte nun einmal bei dem nächsten Wort wieder begonnen werden.

Namentlich aber fand ein stetes Kämpfen statt um den Wärmegrad im Zimmer, der genau innegehalten werden sollte. Und die Quecksilbersäule, die er stets im Auge hatte, war leider zur Plage der Umgebung allzu flüssig und beweglich.

Wie seinen Hauptmannstitel wies er fast alle Fragen nach seinem Leben und Wirken in jener Zeit, da er ihn erlangte, aufs schroffste zurück. Daß er nicht an schönere Erfolge seiner Opferfreudigkeit und Mühen zurückdenken konnte, mochte ihm allzu bitter sein. Am liebsten sprach er von seinen weiten Fußreisen, seinen politischen Freunden und vom Jagen und Fischen. Kleidung, Lebensweise, Umgangsformen und Tagesgewohnheiten waren ebenso viele Seltsamkeiten.

Der Verkehr mit der Außenwelt und selbst mit seinen alten Freunden und Kameraden längst vergangener Zeit wurde spärlicher und spärlicher. Aufs einförmigste gingen die Tage an ihm vorüber, der eine war wie der andere. Einer jedoch sollte dem greisen Veteranen eine Überraschung bringen, daß es ihm sein mußte, wie wenn nach langer Winternacht sich warm ein goldener Sonnenstrahl in seine Seele senkte.

Es kamen die Tage des großen deutschen Schützenfestes in Bremen. Der altersmüde Greis saß gegen die Mittagszeit still und einsam im Lehnstuhl in seiner Stube, deren tiefe Stille plötzlich ein Klopfen an der Tür unterbrach. Auf sein Herein öffnete sie sich, und vor ihm stand, zwar silberhaarig wie er selber, aber in guter Haltung und mit der rechten Hand militärisch grüßend den Tschako berührend, ein alter Bösescher Jäger in voller Uniform seines Korps und sich wieder zum Dienst meldend.

Und es war in der Tat ein solcher, sein Name war Ronneberg, sein Stand Kaufmann, sein Wohnort Moskau. Warum er nach Bremen gekommen war, ist mir unbekannt geblieben, aber als er vernahm, sein alter Hauptmann lebe noch, konnte er's nicht lassen, ihm eine solche Freude zu bereiten.

Noch war dem Alten beschieden, das für Deutschlands Entwicklung so inhaltsschwere Jahr 1866 zu erleben, Preußens wunderbar raschen Siegeszug, die Einverleibung Hannovers, Hessens, Nassaus und Frankfurts und den großen Schritt zur deutschen Einheit: die Gründung des Norddeutschen Bundes.

Endlich im nächsten Sommer, am fünfzehnten Tage im August, schaute er die Sonne zum letzten. Ein Schlagfluß, der ihm bald Sprache und Besinnung raubte, war die Ursache seines Todes; denn auch das letzte Tröpflein Lebensöl war versiegt, sanft neigte er das Haupt und verschied, betrauert von den Seinen, aus deren Kreis im nächsten Jahre auch die treue Gattin ihm nachfolgen sollte.

Würdig und großartig gestaltete sich am Morgen des 19. August die Totenfeier. Eine ungeheure Menschenmenge war herbeigeströmt, um noch einmal das Antlitz des hingeschiedenen Vaterlands- und Menschenfreundes zu schauen, ehe der Sarg es für immer verbarg, doch nicht allen gelang es. Als dieser unter den Klängen eines Chorals aus dem Hause zum Leichenwagen getragen ward, präsentierte eine in Spalier aufgestellte hanseatische Soldatenkompanie das Gewehr. Dann setzte sich mit Beethovens Trauermarsch und dem Wirbeln der umflorten Trommeln der ungeheure Zug nach dem Doventorsfriedhofe hin in Bewegung. Alle Schichten der Stadtbevölkerung waren aufs zahlreichste in ihm vertreten. Nach den Familienmitgliedern zunächst der Hanseatische Verein, dann die Freiwilligen von 1813, 14, 15, selbst ein Häuflein alter Bösescher Jäger darunter, der Senat, das hanseatische Offizierskorps, der Bremer Schützenverein, dessen Ehrenmitglied Böse war, die Kaufmannschaft, Handwerker und Arbeiter. Tausende und Abertausende waren es; denn, wer kannte, wer verehrte den alten opferfreudigen Patrioten nicht in seiner Vaterstadt!

Nach dem Schluß der Trauerrede rollte denn auch dem Manne der Befreiungskriege, dem wackeren Führer seiner selbstgeschaffenen Jägerschar der Ehrengruß der dreimaligen Gewehrsalve über das Grab hin.

Gedichte

Friesensang

Nun Freunde, stimmt an unser Friesenlied,
Singt das Lied nun vom Heimatlande;
Daß freudiger Stolz unser Herz durchzieht
Und sich inniger knüpfen die Bande.
Wer die Heimat nicht liebt und die Heimat nicht ehrt,
Ist ein Lump und des Glücks in der Heimat nicht wert.

Gedenkt drum der Väter und was sie geschafft,
Wie die Wackren gelebt und gelitten;
Wie sie freudig der Freiheit in krieg'rischer Kraft
Für die Heimat gestrebt und gestritten.
Und was sie uns waren, der Welt werd's kund
Von Lande zu Land und von Mund zu Mund.

Du mein wogenumrauschtes, mein Friesenland,
Keine Macht in der Welt soll uns scheiden.
Von Niederlands Küste bis Dänemarks Strand
Segen den Saaten und Weiden.
Heil dir, o Heimat, mit Weib und Kind,
Hurra hoch, wir sind stolz, daß wir Friesen sind.

Ja, wir wollen uns freun, daß wir Friesen sind,
Und die Heimat, die prangende, preisen
Und in kühnlichem Kampf wider Wogen und Wind
Uns wacker und würdig erweisen;
Doch am heiligsten halten das Herzensband,
Das uns fesselt ans größere Vaterland.

Friesengruß

Ich grüße dich, mein Friesenland,
Wo der Nebel wallt, wo die Woge braust,
Wo die Möwe schwebt und die Wildgans lärmt,
Mein Friesenland, mein Heimatland.

Vom hohen Deiche schrankenlos
Schweift hin der Blick über Land und Meer –
Hier ödes, weites, schlammiges Watt,
Dort reicher Fluren sonnig Grün;
Hier Möwenschrei, dort Taubenflug,
Hier das Fischerboot, dort das rasselnde Rad;
Und das Kirchlein dort uralt und ernst
Und wetterbraun auf kahler Wurt
Und Rinderlaut und Sensenklang
Um den reichen, stattlichen Bauernhof.

Ich grüße dich, mein Friesenvolk,
Volk alter Freiheit, alter Kraft,
Das trotzig mit den Wogen rang
Und selber sich für Weib und Kind
Den teuren Heimatboden schuf,
Das dieser Deiche starke Wehr
Aufwerfend zu den Fluten spricht-
»Bis hierher sollt ihr, weiter nicht!«
Das mit dem stolzen Gruß sich grüßt-.
»Eala frya Fresena!«,
Das seiner Heimat Heiligtum
Lang gegen Pfaffenübermut
Und Adelsmacht verteidigte.
Nicht Männer zogen nur zum Streit,
Auch hohe Jungfraun, ernst und mild,
Und sanken bleich und blutend hin,
Gedenkend, als der Stahl sie traf,
Des Friesenspruchs: »Lieber tot als Sklav!«

Du prächtig Wort.- Lieber tot als Sklav!
O brause du wie Nordlandssturm
Durch alle deutschen Herzen hin,
Vom meerumspülten Friesenland
Bis zu der Alpen Hochgebirg,
Und von den Alpen bis ans Meer
Erdröhne donnernd wieder her,
Rings alles rüttelnd aus dem Schlaf,
Du stolzes Wort: Lieber tot als Sklav.

Ich grüße dich, mein Friesenland,
Wo der Nebel wallt, wo die Woge braust;
Ich grüße dich, mein Friesenvolk,
Wo noch Mannes Kraft und Freiheit haust.

Einladung in die Marsch

Kommt, Freunde! flieht der Stadt Gewühl
Kommt in mein stilles Marschenland,
Hier weht die Luft so frisch und kühl
An meines Stromes grünem Strand;
Zwar schaut ihr nicht Gebirg und Wald,
Nicht Felsgetürm und Wasserfall,
Doch freundlich ist der Aufenthalt
An unsres alten Deiches Wall.
Von oben schaut ihr dort die Flut
Und dort ins weite Land hinein,
Und schön ist's, wenn die Ebne ruht
Im goldnen Sommersonnenschein,
Und sich das üpp'ge Weideland
Voll bunter Rinderherden dehnt,
Mit seines Moores dunklem Rand

An heidebraune Höh' gelehnt;
Wenn feierlich vom Kirchlein her
Des Sonntags Glockenläuten klingt
Und hoch aus blauem Äthermeer
Des Frühlings Lerchenjubel dringt;
Wenn ruhig breit und glanzerhellt
Der Strom die Ufer stolz durchzieht,
Wo rechts und links ein üppig Feld
Von Rohr bedeckt sein Strandgebiet;
Wenn segelvolle Schiffe ziehn
Helleuchtend fern im Sonnenschein,
Wenn munter jagend der Delphin
Dort auf und nieder taucht in Reih'n,
Wenn's wonnig flüstert leis im Rohr,
Das seine hohen Halme neigt,
Wenn silberglänzend draus hervor
Die weiche, graue Weide steigt. –
Ja, ihr vergeßt Gebirg und Wald
Und Felsgetürm und Wasserfall,
So freundlich ist der Aufenthalt
Auf unsres alten Deiches Wall.

Nebelkampf

Morgen wird's. Ringsum beginnt
Unheimliches Wogen und Wallen.
Die Sonne naht. Die Nebel der Nacht,
Zürnend ob des Lichtes Macht,
Sie beginnen die wilde Geisterschlacht;
Ha, wie sie sich bäumen und ballen.

Nun zuckt es hier, nun zuckt es dort
Vom jungen, freudigen Strahle:
Doch der Nebel, bleich und kalt,
Will nicht weichen des Lichtes Gewalt,
Wälzet und wühlet, aber bald
Zerreißt er mit einemmale.

Und herrlich und voll Majestät
Steigt auf die schöne Sonne,
Und in den blauen Himmel fliegt
Die Lerche und jubelt: Sie siegt, sie siegt!
Und der kalte Nebel der Nacht erliegt.
Da weinet der Wald vor Wonne.

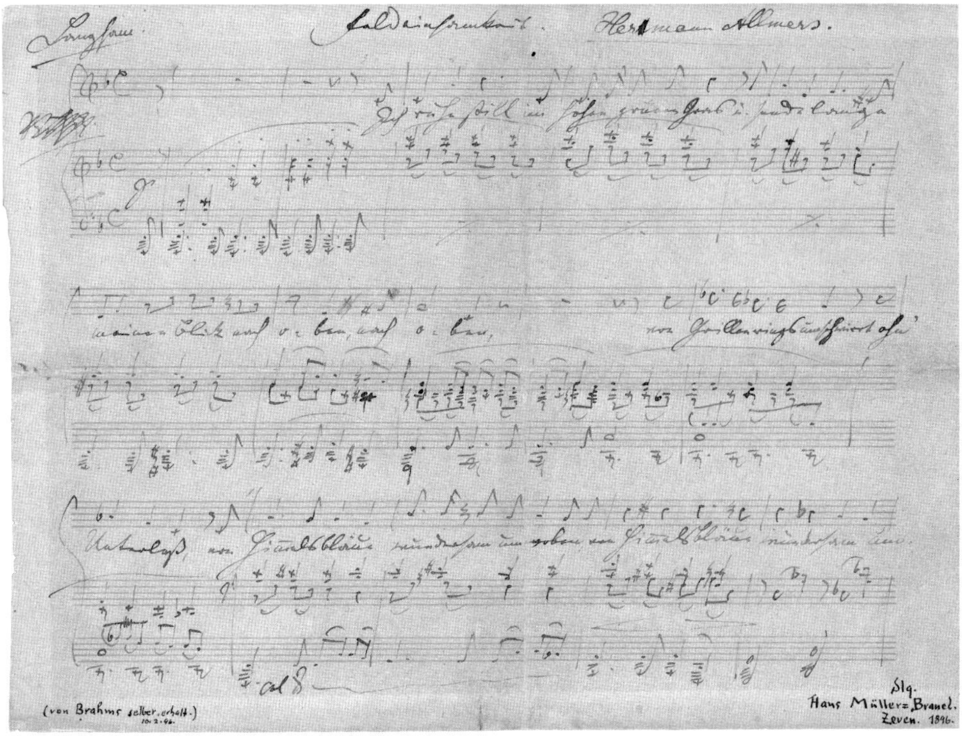

Johannes Brahms: Notenhandschrift, Vertonung des Allmers-Gedichtes ›Feldeinsamkeit‹ (ALC, NHA, 5.2.2 ›Vertonte Allmers-Gedichte‹)

Feldeinsamkeit

Ich liege still im hohen, grünen Gras
Und sende lange meinen Blick nach oben,
Von Grillen rings umschwirrt ohn' Unterlaß,
Von Himmelsbläue wundersam umwoben.

Und schöne, weiße Wolken ziehn dahin
Durchs tiefe Blau wie schöne, stille Träume; –
Mir ist, als ob ich längst gestorben bin
Und ziehe selig mit durch ewige Räume.

Am Strande

Die Sonne sank, ich war allein am Strande
Und blickte lange nach des Himmels Glut,
Nach jenen Wolken, welche auf die Flut
Herniedersanken, blau mit goldnem Rande.

Sanft wallten die Gewässer auf und nieder
Und plätscherten mit weißem Flockenschaum,

Als spielten sie halb wachend, halb im Traum
Sich selber summend süße Schlummerlieder.
Dann blickte scheidend noch die schöne Sonne
Auf all die Pracht halb aus der Flut hervor,
Ein selig Flüstern schauerte durchs Rohr,
Dann alles eine stille, große Wonne.

Doch mich durchdrang ein tiefes, heißes Sehnen,
Gar wunderweh zumute wurde mir,
Und meine Seele flog zu dir, zu dir,
Und meine Augen füllten sich mit Tränen.

So hab' ich still den schönen Strand verlassen;
Zu groß war all die Herrlichkeit und Lust
Für eine einzige arme Menschenbrust,
Und nur mit dir vereint könnt' ich sie fassen.

Nachtsegen

Dämmrig wird's auf allen Fluren,
Dunkel wird's im Buchenhain,
Alle Waldesvögel schlafen
Unter leisem Singen ein.

Alle Tagesstimmen schweigen,
Aus den Wiesen steigt der Duft,
Und der braune Käfer surret
Durch die laue Sommerluft;

Und die bleichen Nachtphalänen
Flattern leis ohn' Unterlaß,
Und des Taues Wonnetränen
Sinken still ins hohe Gras.

Doch die tiefgeheimsten Stimmen,
Die der laute Tag verschlang,
Flüstern, murmeln, rauschen, singen
Ihren wundersamen Sang.

Und viel zage Menschenherzen,
Hat der Tag sie arm gemacht,
Arm an Glauben, arm an Lieben,
Macht sie reich die stille Nacht.

Heidenacht

Wenn trüb das verlöschende letzte Rot
Herschimmert über die Heide,
Wenn sie liegt so still, so schwarz, so tot,
Soweit du nur schauest, die Heide,

Wenn der Mond steigt auf und mit bleichem Schein
Erhellt den granitnen Hünenstein,
Und der Nachtwind seufzet und flüstert darein
Auf der Heide, der stillen Heide –
Das ist die Zeit, dann mußt du gehn
Ganz einsam über die Heide,
Mußt achten still auf des Nachtwinds Wehn
Und des Mondes Licht auf der Heide:
Was nie du vernahmst durch Menschenmund,
Uraltes Geheimnis, es wird dir kund,
Es durchschauert dich tief in der Seele Grund
Auf der Heide, der stillen Heide.

Spätherbst

Der graue Nebel tropft so still
Herab auf Feld und Wald und Heide,
Als ob der Himmel weinen will
In übergroßem Leide.

Die Blumen wollen nicht mehr blühn,
Die Vögel schweigen in den Hainen,
Es starb sogar das letzte Grün;
Was sollt' er da nicht weinen.

Novemberfeier

Hörst du, wie die Stürme sausen
Durch den blätterlosen Wald?
Hörst du, wie die Fluten brausen,
Wie es um die Ufer hallt?

Auf dein Antlitz sinke nieder,
Denn die Gottheit zieht daher;
Hohe Hallelujalieder
Singt der Sturm und singt das Meer.

In Waldestiefe

O zaubergrüne Waldeseinsamkeit,
Wo alte, dunkle Fichten stehn und träumen,
Wo klare Bächlein über Kiesel schäumen
In tief geheimer Abgeschiedenheit.

Nur Herdenglockenlaut von Zeit zu Zeit,
Und leises Säuseln oben in den Bäumen,
Dann wieder Schweigen wie in Tempelräumen –
O zaubergrüne Waldeseinsamkeit.

Hin sinkt des Erdendaseins enge Schranke,
Es fühlt das Herz sich göttlicher und reiner,
Als könnt' es tiefer schauen und verstehen.

Da löst sich manch unsterblicher Gedanke;
Woher das kommt, das ahnet selten einer –
Es ist des Weltengeistes nahes Wehen.

In den Trümmern der Klosterkirche zu Hude*

Sind auch ohne Dach die Reste
Dieser mächtigen Abtei,
Buchenlaub und Tannenäste
Sorgen, daß es schattig sei.

Wallen keine Weihrauchwolken
Vom Altare durch die Luft,
Hauchen doch die alten Fichten
Ihren würzigen Waldesduft.

Meßgeläut und Mönchschoräle
Schwiegen in den Mauern lang;
Dafür dringt aus frischer Kehle
Lustiger Vöglein Waldgesang.

Sonnenlicht und Wolkenschatten
Spielen wechselnd ums Gestein,
Und von oben strahlt der blaue
Himmel durchs Gezweig herein.

Hoch auf Mauern, tief im Grunde,
Hier im Schiffe, dort im Chor
Ringt ein reiches Pflanzenleben
Freudig sich zum Licht empor;

Und ein selig stilles Träumen
Ist's im eingeschloß'nen Grün,
Wo aus alten, heiligen Räumen
Wieder junge Lieder blühn.

* Vgl. die von Allmers gelegentlich gemalte Ölstudie, hier reproduziert auf S. 214.

Auf der Rudelsburg*

Dort Saaleck, hier die Rudelsburg,
Und unten tief im Tale,
Da rauschet zwischen Felsen durch
Die alte, liebe Saale.
Und Berge hier und Berge dort,
Zur Rechten und zur Linken,
Die Rudelsburg, das ist ein Ort
Zum Schwärmen und zum Trinken.

Das wissen wir Studenten auch
In Jena und in Halle,
Wir trinken dort nach altem Brauch
Im Hof und auf dem Walle.
Umringt von moosigem Gestein,
Wie klingen unsre Lieder!
Die Saale rauscht so freudig drein,
Die Berge hallen wider.

O Vaterland, wie bist du schön
Mit deinen Saatenfeldern,
Mit deinen Tälern, deinen Höhn
Und all den stolzen Wäldern!
O Vaterland, drum wollen wir
Dir unsre Lieder singen,
Zu deinem Preise sollen dir
Laut Herz und Becher klingen.

Wie tönet's da ins Tal hinein
Vom Felsen hoch hernieder!
Die Saale rauscht so freudig drein,
Die Berge hallen wider;
Die Berge hier, die Berge dort,
Zur Rechten und zur Linken, –
Die Rudelsburg, das ist ein Wort
Zum Schwärmen und zum Trinken.

* Allmers' Lied von der Rudelsburg, das er auch selber vertonte, wurde eines der am häufigsten gesungenen Lieder der Burgenromantik. Noch heute findet es sich in zahlreichen Kommersbüchern: vgl. dazu die auf S. 214 reproduzierte Postkarte, auf der neben Allmers' Lied auch das Rudelsburg-Gedicht von Franz Kugler abgedruckt ist. Kugler und Allmers lernten einander 1856 in Berlin kennen. Über die Rudelsburg-Lieder hinaus bestand auch eine Affinität in der Vielseitigkeit ihrer wissenschaftlich-künstlerischen Neigungen.

Historische Marschenbilder

I. Urzeit der Marschen

Armsel'ge Fischer oder Jäger waren
Der Marschen erstes Volk vor grauen Jahren,

Und rings war öde noch das junge Land,
Weit streckten Bänke sich von Schlamm und Sand;

Ein trüb' Gewässer rieselte dazwischen,
Mit salziger Meerflut dann sich zu vermischen;

Kein Baum, kein Strauch, soweit das Auge spähte,
Das Rohr nur rauschte, wenn ein Windhauch wehte;

Und dann und wann in ungeheuren Schwärmen
Flog Sumpfgeflügel auf mit lautem Lärmen. –

Hier nun und dort auf einer festren Stelle,
Die weniger bespült ward von der Welle,

Erhob sich, aufgehöht durch Menschenhand,
Ein niedrer Hügel, drauf die Hütte stand,

Noch ohne Wände, in den Grund gesteckt,
Das rohe Sparrenwerk mit Rohr gedeckt.

Da führt' das Volk, umbraust von Wog' und Wind,
Des Daseins schweren Kampf für Weib und Kind. –

Und also fanden's Romas Legionen,
Nicht fassend, daß hier Menschen mochten wohnen.*

Die aber priesen laut, wie schön es sei,
Zu hausen hier so friedlich und so frei,

Und tauschten selbst nicht um die Schätze Roms
Die liebe Insel ihres lieben Stroms.

* Der frühe Kontakt (und Austausch!) der heimischen Marschen mit der römischen Zivilisation war eines der kulturgeschichtlichen Lieblingsthemen von Allmers. Im Gegensatz zur Deutschtümelei des bürgerlichen Historismus, der sich auf die Vernichtung der römischen Legionen durch Arminius (Hermann!) viel zugute tat, lässt Allmers seinen Freund Otto Knille ein ganz und gar friedliches und würdevolles Bild der »Ankunft der Römer in den Marschen« entwerfen (Abb. auf S. 215, vgl. auch die Abb. S. 220, die den Antikensaal im Marschenheim zeigt). Schade, möchte man sagen, dass die deutsche Geistesgeschichte nicht Allmers' Auffassung folgte…

II. Gründung der Deiche

Kaiser Karl, der Große genannt,
Der gewaltige Herr über viele Land,

Aus deutschem Blute gar hoch geboren,
Den hatte Gott dazu erkoren,

Sein Lob zu bringen in dieses Land,
Allwo sein Name noch unbekannt.

Daß Friesen und Sachsen noch waren Heiden,
Wollt' Kaiser Karl nicht länger leiden:

Wohin mit dem Heer der Kaiser kam,
Die alte Welt ein Ende nahm.

Zu Bremen dort in der Fischerstadt
Waltet der fromme Bischof Wilhad;

Tief in die Öde hat er geschickt
Männer des heiligen Benedikt.*

Die predigten rings im Lande umher
Dem Volke Christi göttliche Lehr'.

Andre und andre kamen nach ihnen,
Dem Heiland und Herrn wie dem Volke zu dienen,

Auch nimmer lässig, zu helfen und nützen,
Lehrend, des Landes Ufer zu schützen,

Lehrend, zu pflügen, zu pflanzen, zu säen,
Herden zu halten, Saaten zu mähen,

Und so ihr Hab und Gut zu mehren
Und mächtiger stets den Wogen zu wehren.

Und es rauschten die Schleusen, es wuchsen die Deiche,
So wurde geschaffen die Marsch, die reiche.

* Neben dem kulturellen Kontakt mit der Welt der klassischen Antike ist ›Karl der Große‹ ein zweites kulturgeschichtliches Hauptthema, das immer wieder in Allmers' Werk begegnet. Dem verehrten ›großen Deutschen‹ ließ Allmers, gleich bei seinem Haus, auf eigene Kosten ein Denkmal am Rechtenflether Weserdeich errichten. Und als Ikone finden wir den König der Franken noch heute thronend in der Halle des Allmersschen Marschenheimes (vgl. die Abb. auf S. 216, die Ansicht der Halle zum Garten hin auf S. 219). Wesentlich für Allmers ist Karls Doppelfunktion als kraftvoller ›Einer des Reichs‹ und als Stifter einer höheren Gesittung und Kultur, zu der die Friesen und Sachsen erst durch ihre Christianisierung gelangten. Wegen dieser zivilisatorischen Leistung des frühen Christentums finden wir ein kleines Standbild des Heiligen Willehad an der Gartenseite des Marschenheimes (vgl. hier S. 217).

Die Stedinger-Schlacht von Heinrich Frh. von Dörnberg,
aus dem Wandfries im Marschensaal des Allmers-Hauses, Rechtenfleth

III. Bauernschlacht

Nur wenigen Marschen war's beschieden,
Emporzublühen in stetem Frieden.

Für Freiheit, Recht und Hab' und Herd
Mußten sie schwingen gar oft das Schwert.

Der Pfaffen Gier und der Nachbarn Neid
Ließen entbrennen blutigen Streit.

Herrlich aber hat sich geschlagen
Das Heldenvolk in vergangenen Tagen!

Und Mann und Weib und jung und Alt,
Nicht eins blieb fern, wenn zu streiten es galt.

Rustringer haben und Wurster gut
Den Boden gedüngt mit der Feinde Blut;

Am heißen Tag von Hemmingstedt,
Da ward gar meisterlich gemäht;

Bei Hemmelskamp und Altenesch,
Da war's ein fürchterlich Gedresch,

Und kein Erbarmen und kein Bedauern
Gab's da bei Rittern und bei Bauern!

War es ein jubelvolles Siegen,
War es ein traurig' Unterliegen:

Es litt noch jede Bauernschlacht
Dem Marschenvolke Ruhm gebracht.

IV. Wassernot

Es fliehen die Möwen in Schwärmen zum Land,
Es hat sich der Wind nach Nordwesten gewandt;

Stürmt es noch stärker, dann geht es nicht gut,
Neumond im Kalender und – bald wird es Flut.

Ha, sehet, schon naht sie, zu früh setzt sie ein,
Nun mag der Allmächtige gnädig uns sein!

O Gott, wie sie rollt, wie sie schwillt und sich streckt,
Schon hat sie das grünende Vorland bedeckt,

Und jetzt, jetzt erreicht sie des Deiches Fuß
Und sendet hinüber den schäumenden Gruß,

Es brechen die Wogen sich donnernd am Deich:
Sie wollen zurück in ihr altes Reich,

Daraus sie so siegreich verdrängt und verbannt,
Zurück in das prächtige Marschenland.

Sie spritzen voll Wut ihren Schaum hinein,
Fahl blitzt es am Himmel mit Wetterschein,

Und plötzlich – und jede Wange wird bleich:
»Hilf, heiliger Gott! Dort will brechen der Deich!

Wie wühlt es, wie spült es! Auf! Alle herbei
Und helft und legt Hand an und laßt das Geschrei!

Schafft Bretter zur Stelle und Balken schwer
Und das Reisigbund und den Sandsack her,

Und fehlt's dran, was tut's, mit dem eigenen Leib
Werft euch hinauf, es gilt Kind ja und Weib.

O Jesus, zu spät! Da schießt sie hervor,
Die schlammige Flut aus dem klaffenden Tor.

So flieht denn und bergt euer Weib, euer Kind
Mit der besten Habe aufs Dach geschwind;

Die Herde, die mögt ihr den Wogen geben,
Rettet, nur rettet das eigne Leben!"

Allmächtiger Himinel, so hab doch Erbarmen!
Da bricht auch das Haus schon. Ja, wehe euch Armen.

Gericht unter der ›Staleke‹ zu Hagen von Heinrich Frh. von Dörnberg, aus dem Wandfries im Marschensaal des Allmers-Hauses, Rechtenfleth

V. Bauerngericht unter der Staleiche zu Hagen

Zu Hagen –
Dort ist ein uralt heiliger Raum,
Dort steht ein uralt heiliger Baum,
Ein Zaun umhegt ihn wie ein Ring,
Dort halten sie Gericht und Ding
In schönen Maientagen.

Zu Hagen –
Da ruft des Stierhorns mächt'ger Schall,
Dann stellen sich die Mannen all,
Die Sachsen links, die Friesen rechts,
Weil freigeborenen Geschlechts,
Das Schwert darf jeder tragen.

Zu Hagen –
Da nehmen ihren Stuhl von Stein
Der Graf und seine Schöffen ein.
Der Bote ruft die Mannen rings,
Die Friesen rechts, die Sachsen links,
Nach jedem tut er fragen.

Zu Hagen –
Da knien sie und beten dann:
»Hilf, Gott, zum Rechte jedem Mann!«
Dann hebt der Graf den Stab empor:
»Mit Gott denn, Kläger, tritt hervor,
Tu deine Sache sagen!«

Zu Hagen –
So hielten sie Gericht und Ding
Dort unterm Eichbaum in dem Ring.
Das dauerte der Tage drei,
Und manchesmal, wenn es vorbei,
Ein Kopf ward abgeschlagen
Zu Hagen.

VI. Gegenwart der Marschen

Nach Sturm und Kampf und Not und Plage
Erschienen endlich goldne Tage.

Gesichert hinter starken Deichen
Liegen die Marschen nun, die reichen.

Hernieder leuchtet blau der Himmel
Auf Saatengewog' und Herdengewimmel,

Voll ist die Luft von Lerchensang,
Von Dorf zu Dorf tönt der Glocken Klang.

Und rings im Lande, weit und breit,
Gehöft ist an Gehöft gereiht;

Weit schauen die Giebel übers Grün
Und nieder auf des Gartens Blühn;

Es stehn die Scheunen vollgepackt,
Die Tenne dröhnt vom Dreschertakt;

Und drüben qualmt empor der Rauch
Schwarz aus des Ziegelofens Bauch.

Und Fleiß und Ordnung segenschwer,
Und Glück und Reichtum rings umher!

Das ist das einst so öde Land
Des grauen Watts voll Schlamm und Sand,

Das ist's, wo einst, umrauscht von Rohr,
Die Fischerhütte stieg empor,

Das ist's, wofür die Väter stritten,
Das ist's, wofür die Väter litten!

O denkt doch oft an sie zurück
In eurem Frieden, eurem Glück.

Preis ihnen drum in Bild und Sang –
Ihr wackeren Väter, habet Dank!

Die Stedinger

Fragment aus einem unvollendeten Epos

Zweiter Gesang

Der Frühling kam. Der Winter zerrann,
Des Kaisers Acht und der Kirche Bann
Lasten nun auf dem Stedingerlande;
Gelöst sind alle heiligen Bande,
Die Kirchen sind alle des Schmuckes beraubt,
Die heilige Taufe netzt kein Haupt,
Den Liebenden segnet keiner die Händ',

Die Sterbenden labt kein Sakrament,
Die Glocken haben ausgeklungen,
Keine Messe wird mehr gesungen,
Keiner Orgel Töne wogen –
Der letzte Priester ist fortgezogen.

Der Frühling nur, trotz Bann und Acht,
Er kam zurück in alter Pracht
Mit Sonnenglanz und linder Luft,
Mit Wiesengrün und Blütenduft,
Mit Lerchenjubel hoch im Blauen,
Mit Lämmertanz im Grün der Auen;
Und nah und fern und weit und breit
Ist alles Lust und Freudigkeit,
Und alles lacht und alles spricht:
»Der Himmel zürnt dem Lande nicht.«

Kennt ihr die alte Kirche zu Berne:
Man sieht den Turm in weiter Ferne
Schlank und stolz aus der Ebne ragen,
Dort im dämmrigen Raume tagen
Heute die Mannen vom Stedingerland
Und sie, von Osterstade gesandt,
Sich zu beraten und zu bereiten
Für die nahenden schweren Zeiten.

Wohl über tausend ist ihre Zahl,
Die Kirche fasset sie nicht zumal;
Da stehn sie voll Ruhe, dicht geschart,
Mit blauen Augen und blondem Bart,
Mit rundem Hute, im schlichten Wams,
Die freien Männer des Friesenstamms,
Die trotzigen jungen, die würdigen Alten,
Mächtige, hohe Friesengestalten;
Man sieht's an ihren treuherzigen Zügen,
Die können nicht heucheln, die können nicht lügen,
Es steht geschrieben in jedem Gesicht:
Unsere Freiheit, die lassen wir nicht.

Das Murmeln der Menge verstummt; ganz still
Ist alles nun, denn reden will
Der alte Bolke von Bardenfleth,
Anzusehen wie ein Prophet,
So stand im weißen, wallenden Haar
Der Alte dort am Hochaltar;
Und nun begann er: »Höret mi an,
All ji Friesen, Mann for Mann!
Wenn wi ok alle sünd in'n Bann,
Wenn uns de Papen ok verleten,
So moten wi doch nich God vergeten.
Darum an dissen wichtigen Dag
EIkeen von uns wohl beden mag,
Dat God uns schenke sie ne Gnade
Un sienen Segen to unsem Rade
Un mag bewahren vor alle Not
Unse leve Land un all unse Got.
Nehmt af den Hot un folet de Hann,
God im Himmel, de hört jo an.«

Also sprach Bolke von Bardenfleth,
Und jeder tät ein still Gebet;
Als ob die Kirche öd' und leer,
So still, so lautlos war's umher,
Nur draußen hört man die Lerchen singen,
Und ihre frischen Lieder dringen
Hell mit der Sonne goldenem Schein
Ins dämmrige Gotteshaus hinein.
Dann spricht der Alte: »Amen, Amen!
Nu fanget an in Godes Namen.«

Jetzt aus der Menge im hohen Chor
Dringt eine Stimme laut hervor:
»Nu moten wi enen vernunftigen Olen
Erkesen, dat de mag Ordnung holen
Bi unsen Rade, un ik weet
Kennen betern as Bolke von Bardenfleth«.
Da rief alles, erwählend ihn:
»De un keen anrer mot dat sien.«

Und auf die Stufen des Hochaltars
Trat nun ein andrer, Dettmar war's,
Gemeiniglich tom Dyk genannt,
Weil dessen Haus am Deiche stand.

Der hatte schon seit manchen Jahren
Als Schiffer kühn das Meer befahren;
Von des Nordens Eis zu des Südens Glut
Hatt' er geführt sein Steuer gut;
Von des Südens Glut zu des Nordens Eise
Hatt' er getan so manche Reise,
Doch über alles blieb ihm wert

Das Heimatland und der Heimat Herd.
Kraus war sein Bart, braun seine Wang'
Voll Ernst sein Blick, voll Trotz sein Gang,
Nicht nur das Ruder könnt' er rühren,
Auch Schwert und Speer wußt' er zu führen!
Genug, das sah man gleich ihm an:
Das war ein prächtiger Friesenmann.

Der sprach zu ihnen: »Höret mi to,
Grad is't twee Jahr nu, as min Fro
Dat hillige Abendmahl wull nehmen
Un as de dicke Pap ut Bremen,
Ji weten et all, de gierige Hund,
Ehr dat Bichtgeld stek in den Mund,
Wat ehm gewiß to wenig weer,
De Papen, de wollt ümmer mehr.

Dat makede nu ehr Hart so swar,
Se keem to mi un weenede gar,
Se schmeet sik dal, se wrung de Hann,
Se reep: O wat'n Schimp un Schann!
Aber ich seggt' to min Fro:
Sie doch man still un ween nich so!
Den Papen schall de Düwel halen,
Ich will selber hen un em betalen.

Geseggt, gedahn. De Pap, de seet
Grad achtern vullen Disch un freet.
Ich segg nicks anners as: Du Hund!
Een Slag, dor leeg he an den Grund;
Grad in de Dunnje harr ick drapen,
Nu kunn de Kerl to Middag slapen.

Nu aber was de Bischop dull,
Hadd swaren, dat ich starwen schull,
He wull mi laten gefangen nehmen,
He wull mi laten hangen to Bremen,
Doch all ji hefft beschutzt min Lewen,
Da mussde de Bischop sik woll gewen.
As ick, so hadden ji all jo dahn
Un so'nen Kerl to Grunne slahn.

Dat hett uns brocht in Bann un Acht,
Un de Bischop drauet mit grote Macht!
Un de Pawst lett in allen Landen verkunden,
Dat jeden vergewen sünd sine Sunden,
Dat jeder de Seligkeit kann erwarwen,
De mit helpet, unse Land to verdarwen.
Doch de Pawst, dat seh' wi nu hell un klar,
Is en Minsch as wi all, dat is openbar.
Sunst kunn de Bischop em nich so bedregen,
Nich so verföhren, nich so belegen,

Dat wie sünd Heiden Mann för Mann,
En ole Üze beden wi an,
Un wat des dummen Tügs noch mehr,
Wenn de Pawst wat annres un Högers weer.

Un vele Grawen un Ridders dohn kamen
In korter Tid in Bremen tosamen,
Un de Bischop, de het ok vele Macht,
Drum moten wi sien up unse Wacht.
Nu is min Rad for allen Dingen,
Un God mag laten dat gelingen:
In't Norden un Süden, all wi Frisen,
Wi moten nu dem Bischop wisen,
Dat wi instahn Mann for Mann,
Denn dat geiht alle Frisen an
Binnen im Lande oder buten,
Wi moten en grotes Bündnis sluten,
Wi mögen wahnen an de Wesserkant,
Oder in Wangerland,
Rustringer un Brockmer alltomal,
Würder un Wurster noch so wiet hendal,
Wat wie hebben mögen för Namen,
Alle moten wi holen tosamen;
Wi sünd een Volk, wi sünd een Blod,
Unse Freheit is unse beste Got,
Un lat wi uns de Freheit roben,
Is alles fort; dat is min Globen.«

Da rief ihm alles jubelnd zu:
»So mot et sien! ja, recht hest du!
Wi moten den Bischop lehren un wisen,
Dat wie noch sien de olen Frisen.
Is unse Freheit fort, ist alles fort,
Lewer dod as Sklav, dat is unse Wort!«

So riefen sie laut, so riefen sie alle,
Und es dröhnte und hallte die Kirchenhalle.

In der Fremde

Einsam und still
Schreit' ich dahin
Im fremden Land,
Der Heimat fern;
Die traute Heimat,
Die Jugend vorbei,
Die glückselige Jugend,
Und mein Liebstes, mein Teuerstes
Nun im Grab,
Auch du, o Mutter.

Still ist dein Herz,
Das so lange geschlagen
Für mich allein
In Leid und Lust,
Das treue, das heilige
Mutterherz;
Geschlossen das Aug',
Das so manche Stunde
Gewacht und geweint
Um mich allein.
Und es modert die Hand,
Die liebe Hand,
Die so oft mich gestreichelt
In seliger Zeit.
Herz, Aug' und Hand
Und all deine Liebe,
Hast alles genommen
Mit hinein
Ins dunkle, ins schaurige
Grab, o Mutter!

Und es fällt mein Blick
Auf das weiße Linnen,
Das kühl und lind
Den Leib mir umhüllt.
Aus Heimaterde
Grünte hervor,
Dicht hinter des Gartens
Süßduftender Hecke,
Wuchs und blühte
Der blaue Lein;
Im Elternhause
Ward er bereitet
Und schimmerte hell
Und seidenweich
Als buschiger Rocken.
Im Wohngemach
Bei traulicher Lampe
Saßest und spannst du,
Indes ich dir vorlas
Aus deutschen Dichtern;
Und jeder Faden,
Durch deine Finger
Ist er geglitten,
Die lieben Finger
Haben geweiht ihn,
Die oft mir die glühende
Wange gestreichelt
Und segnend geruht
Auf des fröhlichen Knaben
Blondem Gelock.
Und tausend Wünsche,

Fromme, heilige
Segenswünsche
Spannst du mit hinein,
Mutter – Mutter! –

Ich fühle, ich fühl' es,
Aus des Gewebes
Verschlungenen Fäden
Strömet dein Segen
Mir ins vereinsamte
Trauernde Herz. –
Und trostvoll heimisch
Wird mir zumut,
Als ob du selbst
Mit den teuren Armen
Liebend und schützend
Still mich umfingst,
Mutter – Mutter!

Oberitalien

Die Alpen dort und dort die Euganeen,
Dort Etsch und Po mit reich begrüntem Saum,
Lagunen dort und Meereswogenschaum,
In Zauberschönheit dort die blauen Seen.

Und schau, wie rings die goldnen Saaten stehen,
Indes darüber sich von Baum zu Baum
Die Rebe schwingt. O sprich, hast du im Traum
Schon je solch reich gesegnet Land gesehen? –

Beglücktes Volk, dem solches ward zuteil!
Wie lange Zeit lagst du in fremden Banden,
Wie herrlich bist du wiederum erstanden!

Froh ruf ich meinen Gruß dir zu und Heil!
Stolz nenne wieder denn dies Land zu eigen,
Doch daß du dessen wert bist, magst du zeigen.

Venetia

Es eilt der Wind vorbei mit leisem Klagen,
Die Wellen rauschen ihre Trauerlieder
Den ganzen Tag um deine Marmorglieder,
Die still und öde aus den Fluten ragen.

Doch wenn die ehernen Giganten schlagen
Auf jenem Turm die Vesperglocke wieder
Und still die Mondnacht sinkt aufs Meer hernieder,
Dann wirst du, wie du warst in alten Tagen.

Wieder durchwallt San Marcos Riesensaal
Licht- und musikumwogt die bunte Menge,
Und wieder fern auf schweigendem Kanal

Erhebt der Gondolier die weichen Sänge.
Herauf dann zaubert rings die Mondesnacht
Die alten Lieder und die alte Pracht.

Ostern in Rom

Weich und wonnig weht die Luft,
Wenn's Ostern wird, am Tiberstrom,
Glanzvoll ragt aus dem goldnen Duft
Die Kuppel von Sankt Peters Dom,
Kirche reiht an Kirche sich,
Palast steigt an Palast empor,
Und drüber hin tönt feierlich
In blauer Luft der Glocken Chor.

Das hallt und klinget fort und fort
Bis draußen, wo es still und grün,
Wo Trümmer hier und Trümmer dort
Im Frühlingssonnenglanze glühn,
Wo über Mauern, alt und braun,
Zypressen schaun und Pinien
Und fern in Zauberschönheit blaun
Der Berge feine Linien,
Wo sich in ernster Einsamkeit
Die mächtige Campagna dehnt,
Drin man sich tausend Meilen weit
Von andrer Menschen Treiben wähnt.

O glücklich, wer im Frühling war,
Wenn's Ostern wird, am Tiberstrom,
Dem singt und klingt es immerdar
Wie Glockenklang: O Rom, o Rom!

Ave Maria im Gebirge

Die Sonne sinkt, die hohen Alpen stehen
In lauter Licht und Duft und Gold und Glut;
Still ruht der See mit seiner grünen Flut,
Still wird's, als sollt' ein Wunder nun geschehen.

Und tiefes, schönes Glockenklingen
Durchzittert nun das goldumflossne Tal
Und mahnt, beim letzten Abendsonnenstrahl
Der Mutter Gottes einen Gruß zu bringen.

Alpenlandschaft von Hermann Allmers, Aquarell (ALC, NHA, 3.1.1.1)

Und alles betet rings mit stillem Neigen
Zu dir, Maria Himmelskönigin, -
So schwindet leis der letzte Strahl dahin,
Die letzten Glocken klingen aus und schweigen.

Wiedersehen mit Rom

An Detlefsen

Nie suche wieder Bahnen auf und Fluren,
Die du durchzogen hast in schönren Tagen;
Laß raten dir, du wirst es nur beklagen,
Gehörst du zu den tieferen Naturen.

Du weißt, als wir auf letzter Strecke fuhren
Gen Rom und sahn sie plötzlich vor uns ragen,
Die Riesenkuppel, trug wohl je ein Wagen
Zwei so beglückte Erdenkreaturen? –

Nun schau' ich wieder sie nach dreißig Jahren
Und all die Stätten, da wir glücklich waren,
Doch mich schaut alles anders an ringsum,

Und auch mein eignes Herz bleibt leer und stumm.
Nein, wollte das Geschick dir's auch gewähren,
Lehn's ab! im Geist nur magst du wiederkehren.

Der Alte Name

Es steht ein alter Name
An einem alten Baum,
Bemoost und ganz verwachsen,
Und man erkennt ihn kaum.

Der Baum, der grünet und duftet,
Streut jährlich Blüten herab,
Die Hand, die den Namen geschnitten,
Sie modert lange im Grab.

Und alle gehen vorüber
Und sehn den Namen nicht an,
Nur oft an sonnigen Tagen
Wankt eine Alte heran.

Die streichelt mit dürren Händen
Den Namen und seufzet für sich:
»Ihr schönen, ihr seligen Zeiten!«
Und weinet dann bitterlich.

Der Halligmatrose

Kapitän, ich bitt' euch, laßt mich fort,
O lasset mich frei, sonst lauf ich von Bord,
Ich muß heim, muß heim nach der Hallig!
Schon sind vergangen drei ganze Jahr,
Daß ich stets zu Schiff, daß ich dort nicht war,
Auf der Hallig, der lieben Hallig.

Nein, Jasper, nein, das sag' ich dir,
Noch diese Reise machst du mit mir,
Dann darfst du gehn nach der Hallig.
Doch sage mir, Jasper, was willst du dort?
Es ist ein so öder, armseliger Ort,
Die kleine, einsame Hallig.

Ach, mein Kapitän, dort ist's wohl gut,
Und an keinem Ort wird mir so zumut,
So wohl als auf der Hallig;
Und mein Weib hat um mich manch traurige Nacht,
Hab'so lang nicht gesehn, wie mein Kind mir gelacht
Und Haus und Hof auf der Hallig.

So höre denn, Jasper, was ich dir sag':
Es ist gekommen ein böser Tag,

Ein böser Tag für die Hallig;
Eine Sturmflut war wie nie vorher,
Und das Meer, das wildaufwogende Meer,
Hoch ging es über die Hallig.

Doch sollst du nicht hin, vorbei ist die Not,
Dein Weib ist tot, und dein Kind ist tot,
Ertrunken beid' auf der Hallig.
Auch die Schafe und Lämmer sind fortgespült,
Auch dein Haus ist fort, deine Wurt zerwühlt;
Was wolltest du tun auf der Hallig?

Ach Gott, Kapitän, ist das geschehn!
Alles soll ich nicht wiedersehn,
Was lieb mir war auf der Hallig?
Und Ihr fragt mich noch, was ich dort will tun?
Will sterben und im Grabe ruhn
Auf der Hallig, der lieben Hallig.

Der ertrunkene Fischer

Der Fischer liegt, der alte,
Ertrunken tief im Meer,
Und droben wanket und schwanket
Sein leeres Boot umher.

Der Sturmwind und die Wogen
Singen den Grabgesang,
Die Wolken weinen, die Möwen
Flattern und kreischen so bang.

Sonst hat der Alte keinen,
Der um ihn klagt und weint,
Er war nicht einer Seele
Auf Erden treu vereint.

Sein Vater liegt im Grabe,
Seine Mutter liegt dabei,
Er hat nicht Weib noch Kinder,
War einsam stets und frei.

Das Meer hat ihn erzogen,
Das Meer hat ihn genährt,
Dein Meere war er eigen,
Drum hat's ihn jetzt begehrt.

Der Fischer liegt, der alte,
Nun tot in seinem Meer,
Und droben wanket und schwanket
Sein leeres Boot umher.

Nun hat der Alte keinen,
Der jammernd nach ihm fragt,
Doch die Wolken haben geweinet,
Und der Sturmwind hat geklagt.

Bernolef

Bernolef, der alte, der Barden letzter war,
Blind seine Augen beide, hell wie Schnee sein Haar;
Doch immer noch ertönte herrlich sein Harfenklang
Und hell zur alten Harfe und machtvoll sein Gesang.
Im Friesenland längst alles zum Christengotte schwor,
Nur er sang seine Lieder dem Wodan und dem Thor,
Kein einziger wollte es hören, ab wandten rings sich all',
Einsam stand er am Meere und sang in den Wogenschwall.

Gezogen kam der Bischof, der heilige Mann Ludger,
Im Friesenland zu festen die neue Gotteslehr.
Der Bischof sprach zum Barden: Laß ab vom Heidentum
Und singe deine Lieder zu Christi Preis und Ruhm;
Schwör ab die alten Götter, die haben dich blind gemacht,
Christus wird dich erlösen aus banger, banger Nacht. –
Nun wohl denn, sprach der Alte, schau wieder ich das Licht,
Sing' ich zu Christi Preise, sonst glaub' ich an ihn nicht.
Da über ihm Ludgerus inbrünstig betet laut,
Auftun sich seine Augen, daß er die Sonne schaut,
Die Sonne und die Erde; – er sinkt auf seine Knie,
Laut preisend Gott im Himmel und Christus und Marie.
Er neigt sein Haupt der Taufe, schwört ab das Heidentum
Und singt hinfort zur Harfe zu Christi Preis und Ruhm.

Am Hünenmal steht Bernolef, die Harfe ruht im Arm,
Still ist's auf weiter Heide, die Luft ist schwül und warm;
Wolken kommen gezogen, Donner grollt dumpf und weit,
Vom Meer her tönt die Brandung, dunkel wird die Heid'.
Stäubend kommt der Sturmwind, stäubend und mit Getos.
Schwarz wälzen sich her die Wolken, laut bricht das Wetter los;
Bernolef, der alte, steigt auf den Hünenstein,
Weiß weht sein Haar im Winde, voll Wonne schaut er drein.
Die Harfe in den Händen, hoch hebt er sie empor,
Singend nach alter Weise ein lautes Lied dem Thor.

Ich höre deinen Hammer, alter gewaltiger Thor,
Machtvoll mit dem Mjölnir dringest du hervor,
Wieder hast du verlassen Walhallas wonnigen Sitz,
Dumpf dröhnen lässest den Donner, blau leuchten du den Blitz;
Mit deinem Wolkenwagen durchrasest du die Welt,
Und was die Räder erreichen, zerrissen wird's, zerschellt;

Dir singen des Meeres Wogen, lautbrausend ihr Lied erschallt,
Dir neiget sich und beuget sich vor Angst der wilde Wald.

Und ich soll dir nicht bringen dar meinen Preisgesang?
Und dir soll nicht erklingen meiner Harfe Klang?
Und ich soll dir nicht neigen anbetend mein altes Haupt,
Soll nicht mehr an dich glauben, an den ich so lang geglaubt?

Die Harfe in den Händen, hoch hält er sie empor,
Und laut ertönt von der Lippe das lobende Lied dem Thor.
Da plötzlich niederwettert ein langer Strahl glührot, –
Und die Harfe liegt zerschmettert, und Bernolef liegt tot.

Das Vierblatt

Ein Ereignis aus der Schlacht bei Königsgrätz

Heiß war der Tag, doch noch heißer die Schlacht;
Wie hat es geblitzt, gedonnert, gekracht!

Auf offenem Kleefeld im freien Tal
Hielten und harrten wir still aufs Signal.

Wahrlich, uns war nicht lustig zumut,
Von drüben schossen sie allzu gut.

Hier fiel ein Mann, und dort fiel ein Mann,
Jeder wohl dachte: jetzt kommst du daran.

Jedem wohl pochte nicht schlecht das Herz;
Auch ich schaute betend still niederwärts

Und dachte: Was wird aus Weib und Kind!
Und plötzlich, denkt, was ich vor mir find'!

Grad auf der Stelle wohin ich seh',
Werd' ich ein Vierblatt gewahr im Klee.

Ein Vierblatt, denk' ich, bedeutet ja Glückl
Pflück's deinen Lieben. – Und als ich mich bück',

Pfeift eine Kugel, genau wo ich bin,
Kaum vier Fuß über den Boden hin –

Und zugleich bricht zusammen, hinter mir grad',
Zum Tode getroffen ein Kamerad.

Und findst du einen treuen Freund

Und findst du einen treuen Freund,
Sei's wo und wer und was er sei,
Sei stolz darauf und halt ihn hoch
Und sag es laut und sag es frei.

Und ob er eines Königs Sohn,
Und ob er eines Bauern Knecht,
Sei stolz darauf und freue dich
Und lieb' ihn treu und lieb' ihn recht.
Ein Kleinod ist ein treues Herz,
Und wenn man dir's entgegenträgt,
Sei stolz darauf und frag nicht lang,
In welches Mannes Brust es schlägt.

Einem treuen Knechte

Das ist der Acker, den du pflügtest,
Das ist die Saat, die du gesät,
Da du dir selber nie genügtest,
Für mich zu schaffen früh und spät.

Es ging hinaus zum lust'gen Heuen,
Es kam die Ernte segenschwer,
Ich kann mich nimmer drüber freuen,
Weil du dich freuest nimmermehr.

Dir kann ich ja von all dem Segen,
Den ich durch dich gewonnen hab',
Nur diesen Kranz von Ähren legen,
Voll Dank, voll Trauer auf dein Grab.

Doch dein Gedächtnis will ich halten
Im Herzen hoch, laut preisen dich
Für all dein treues Tun und Walten,
Mein wackrer, treuer Friederich.

Seinen lieben Wahlneffen Heino und Theo

Novemberlich Wetter! Horch hin, wie sie sausen,
Die Winde, die wütend den Garten zerzausen,
Die Wogen der Weser, welch Branden und Brausen!
Am ganzen Himmel kein Stückchen Blau!
Aber die Raben, die schwarzen, schwärmen
Mit kratzigem Krächzen und lästerndem Lärmen
Im Wolkengewühl und Nebelgrau.

O Frühling! O Sommer! Ade, ade!
Wahrlich, sollt' man nicht weinen vor Weh!
Wenn sie sich ziemte, die Trauer und Klage:
Kommen ja wieder, die wonnigen Tage.

Aber zu mir, ihr Lieben jetzt alle,
Zu mir an den Herd, in des Hauses Halle!
Laßt es dann draußen sausen und brausen,
Drinnen ist doppelt hochherrliches Hausen.

Branno, geh fort vom Herde, mein Hund,
Kannst darauf liegen noch manche Stund'.
Hier raschelndes Reisig. Schaut hin, wie die Flamme
Golden schon züngelt. Nehmt Holz jetzt vom Stamme
Der Buchen und Eichen, trocken und gut;
Heino, dein Amt ist, zu nähren die Glut,
Theo, das deine, sie wacker zu schüren,
Recht darin herumzurühren.
Wenige Minuten verflossen kaum,
Und wonnig und warm schon strahlt's durch den Raum.
Doch nun rückt hurtig die Stühle heran,
Reiht euch am Herde im Kreise dann.
Schaut euch rings um, ihr trauten Genossen,
Schaut, welch ein Glanz durch die Hall' ist ergossen,
Seht, wie sie spielen, die goldigen Lichter,
Jetzt am Gerät, nun seht die Gesichter
Im bräunlichen Schnitzwerk, ist's nicht zum Lachen,
Was alle für heitere Mienen machen:
Drüben das fromme Marienbild,
Wie lieblich es lächelt, wie hold, wie mild;
Und laut fast jubelt das Jesulein
Über des Feuers prächtigen Schein
Und schlagt seine Händchen klatschend zusammen:
Mutter, oje, welch lustige Flammen! –
Und Kaiser Carolus dort an der Wand,
Der gewaltige Herr über viele Land,
Der immer so finster die Stirne runzelt,
Seht einmal hin, wie der Alte schmunzelt;
Und das Leuchterweibchen, wie still vergnügt
Sich's in den laulichen Lüften wiegt.
Doch daß es so malerisch ist und so hell,
Vor allem freut's Dürer und Raffael,
Sowie Murillo und Rubens daneben.
Wie sollt's denn auch nicht – sind's Maler doch eben.
Endlich aus Rand und Band ist gar
Der winzigen Gnomen possierliche Schar. –
Doch jetzt ein gemeinsames, lautes Ah!
Ei potztausend, wer naht denn da?

Mina, sittsam still und bewegt,
Die in den Händen ein Teebrett trägt,
Und auf demselben steht Glas an Glas.
Beste Mina, was ist denn das?
Ist's Bier? Ist's Grog? Das wär' schon nach Wunsch!
Leute, hurra, es ist Eierpunsch!
Eierpunsch! tönt es im Kreise herum,
Eierpunsch von Jamaikarum!
Aber da bricht der Jubel los,
Leute, famos, famos, famos!
Dann wohliges Schlürfen, wonniges Nippen,
Und – Schweigen lagert auf allen Lippen.
Ja, wenn ihr nicht kommt nach diesem Gedicht! –
Dann – weiß ich es nicht.

Sprüche

Stark und fest in Not und Streit,
Weich und mild bei jedem Leid,
Frisch und warm für alles Schöne,
Wahr und treu zu jeder Zeit.

Dein Tun darf richten jedermann,
Dein Glaube, der geht keinen an.

Jegliche Lust verwelkt und verblüht,
Doch nimmer die Freud' am Menschengemüt.

Das ist mein Haus, da kehret ein,
Willkommen unter meinem Dach,
Ich habe Brot, ich habe Wein,
Ich gebe, was mein Haus vermag.
Das Beste doch in Ernst und Scherz
Sei unser treu und fröhlich Herz.

Willkommen, Gast, in dieses Hauses Mitte
Doch laß gefallen dir des Hauses Sitte.

Gesegnet sei uns diese Stunde,
Gesegnet sei uns fort und fort,
Was ein und aus drin geht zum Munde:
Der Trunk, der Bissen und das Wort.

Von deiner Speise, deinem Trank
Gib dem, der arm, und dem, der krank.
Dann magst du weidlich selbst dich laben
An allen guten Gottesgaben.

Beim Wein bewahre wohl dein Wort,
Hier geht kein Wort verloren,
Der Pfeiler führt's zum Pfeiler fort,
Die Wände haben Ohren.

Letzter Wunsch

Mein Leib in Heimaterde,
Mein Lied in Volkes Mund,
So möcht' ich, daß es werde
Nach meiner letzten Stund!

Farbabbildungen

Der alte Hafen von Bremerhaven um 1845, *Lithographie von G. Weinhold nach einer Zeichnung von F. W. Kohl (Original im Privatbesitz)*

Klosterruine Hude i. O. von Hermann Allmers, Öl auf Lwd. (Allmers-Haus Rechtenfleth)

Ansichtskarte von der Rudelsburg an der Saale mit den beiden Rudelsburg-Liedern von Allmers und Franz Kugler (ALC, NHA, 2.3 Varia)

Ankunft der Römer in den Marschen von Otto Knille, Öl auf Lwd., 1864 (Allmers-Haus, Rechtenfleth)

Carolus Magnus von Heinrich Frh. von Dörnberg
Öl auf Lwd., mit Allmers-Vers auf dem Eichenholz-Rahmen
(Allmers-Haus, Rechtenfleth)

Hermann-Allmers-Heim in Rechtenfleth
Gartenansicht von Südwesten

Sophie Dorothea Biedenweg (Allmers' Mutter), Öl auf Lwd.
(Allmers-Haus, Rechtenfleth)

Hermann-Allmers-Heim in Rechtenfleth, Halle

Hermann-Allmers-Heim in Rechtenfleth, Antikensaal

In Tirol und Oberitalien
1845

»... und nun leben Sie wohl, Sie Beneidenswerter«, sagte der greise Pater vom Servitenkloster zu Innsbruck. »Wie gern zöge ich mit Ihnen in mein schönes Italien. Aber ich kann nicht. Ach Gott, die eisernen Ketten des Gehorsams werden mich ewig an dies Kloster fesseln, ob ich auch vor Sehnsucht vergehen mag.« Dann setzte er mit unendlicher Wehmut hinzu: »Das Wort Italien umschließt alles, was ich von Glück und Freude im Leben erfahren habe. In Padua habe ich studiert. Zwei unvergeßliche Jahre erlebte ich im alten, schönen Verona und sechs im herrlichen Venedig. Das ist eine Wunderstadt. Dann wurde ich Mönch, wurde Servit«, sagte er traurig.

»Mönch«, versetzt' ich, »und aus Neigung?«

»Ei freilich, aus reiner Herzensneigung. O ich hätte damals Karthäuser, ich hätte Trappist werden können, so elend war ich.« Es schien mir, als ob er diese Worte mit bitterem Schmerze hervorbrachte. Dann drückte er mir stumm die Hand zum Abschied und wollte gehen. Noch einmal wandte er sich um. »Doch das vergessen Sie nicht. Erblicken Sie Venedig zuerst nicht anders als von der sinkenden Sonne angestrahlt, und betreten Sie den Markusplatz erst, wenn er prangt in nächtlicher Pracht, sonst haben Sie viel verloren.« Ich versprach's und ging.

Aber noch lange schaute er mir nach, der arme, alte Servit mit den schönen dunklen Augen und dem langen, weißen Barte. Armes Mönchlein, was war's wohl, das dir jetzt die Ketten des Gelübdes so schwer machte, das dich mit unendlicher Sehnsucht hinüberrief ins Land deiner Jugend? War's die Erinnerung an Tage goldener Freiheit? Lebte dir ein Freund dort, der dir alles war? Oder war es die Sonne der Liebe, die nun ihre warmen Strahlen in deine trübe Klosternacht sandte und deine Augen tauen machte? –

Am Morgen des nächsten Tages, es war am Freitag, den 19. September, bestieg ich den Omnibus, hier wie in ganz Österreich und Hochbayern Stellwagen genannt, der mich ins südliche Tirol bringen sollte. Das Fuhrwerk sah abenteuerlich und geheimnisvoll aus. Es war sozusagen ein Mittelding zwischen einem Pulverkarren und einem Menageriekasten, hatte zugleich eine Ähnlichkeit mit einer Guillotine und war von außen dunkelmäusegrau angestrichen. »Belieben's halt einz'steigen«, sagte der Kutscher und öffnete die schmale Hintertür, durch die ich in eine dunkle Höhle starrte, aus welcher mir eine warme, dunstige Luft entgegenquoll. Man schob mich hinein in die duftige Tiefe, die Tür klappte zu, und vorwärts rasselte der alte Rumpelkasten dem schönen Hesperien zu. Nachdem sich mein Auge an die plötzliche Finsternis gewöhnt hatte und von den dreizehn Reisegefährten, die eng aneinander gepreßt neben mir saßen, nun ein Antlitz nach dem andern hervortauchte, fing ich an, Physiognomik zu treiben und die Gesichter meiner Unglücksgenossen etwas zu studieren. Es waren lauter gute Innsbrucker Bürger, Alltagsgesichter, an denen nichts zu studieren war, und zwei feiste Franziskanermönche, die sich allenfalls durch ihre dummen, gemeinen Gesichter mit einem fettglänzenden Heiligenschein auszeichneten. Die ganze Stadt lag noch in tiefem Schlummer, alle Läden waren verschlossen, die Straßen öde und menschenleer. Als wir beim Servitenkloster vorbeirasselten, warf ich noch einen Blick auf das große, stille Gebäude, das den armen Mönch mit seinem Liebesschmerz und seiner Sehnsucht einschloß.

Mit dem Theresientor, das sich von fern ziemlich stattlich, fast großartig ausnimmt, nahe jedoch durch seine schiefbäuchigen, pausbäckigen Figuren mit faltenüberladenen Gewändern und seinem langen Wust von Rokokoschnörkeln einen höchst unangenehmen Eindruck macht, verließen wir dann Innsbruck. Bei diesem Triumphbogen, der infolge eines Besuches der Kaiserin Maria Theresia erbaut wurde, wollte mir ein gegenübersitzender guter Spießbürger eine ausführliche Beschreibung von den vielen „solennen Festivitäten" machen, die bei dieser Gelegenheit vorgefallen waren, doch habe ich nicht viel davon gehört, weil mich ein zu herrliches Schauspiel fesselte. Auf der Stadt und dem weiten Inntale lag noch ein dicker, grauer, echt österreichischer Nebel, während es leis im Osten sich rötete, daß rings die Alpspitzen rosig angeschimmert wurden und die fernen Schneeberge und Firnen goldig zu leuchten begannen. Unser Fuhrwerk ächzte eben mühsam eine Bergstraße hinan, die sich in Zickzacklinien in die Höhe zog und dadurch die verschiedensten Ansichten des Inntales und der Stadt gewährte. Immer mehr siegte das göttliche Licht über die Finsternis, immer rosiger strahlte die uralte, schweigende Alpenwelt, jetzt floß die Glut des Ostens zu einem Punkte zusammen, und die purpurne Sonne hing majestätisch hervorschwebend über den Schneebergen, die fast zu zerschmelzen schienen unter dem goldenen Flammenmeere. Der Nebel des Tales aber begann jetzt, von den warmen Himmelsstrahlen berührt, zu wallen wie ein weites Gewand und zu wogen wie ein Meer. Er schien empört, daß die Sonne ihn in seinem Werke, die Stadt in behaglich-mystischer Dämmerung zu erhalten, gestört habe.

Aber das Licht siegte, der Nebel zerriß, und die einzelnen Massen flohen scheu zur Seite und zerrannen an den Bergen vor den warmen Strahlen oder, um mit der geistreichen Gräfin Hahn-Hahn zu reden, die »Sonne bohrte siegreich mit ihren Lanzen die Nebelwolken in den Grund.« Der blaue Inn, das weite, grüne Tal, das er in schlankem Bogen durchflutete, die Stadt mit ihren vielen Klöstern, Türmen und Kuppeln, malerisch an seinen Ufern gelagert, alles lächelte und strahlte nun in überirdischer Verklärung. Die erwachte Natur schwelgte im Morgengruße des Himmels. Meine Brust aber öffnete sich in unendlicher Entzückung und schlürfte die frischen Morgenlüfte und sog ein die warmen Himmelsstrahlen, daß ich selig überrauscht wurde und die weite, schöne Welt hätte umarmen und ans Herz pressen mögen.

»Und über d'Josephs-Gassen, da haben's lauter Schnürl g'zogen und haben's bunte Papierlatern' und Lampen dran g'hängt, o das hat gar prachtvoll ausg'schaut«, sagte jetzt der gute Innsbrucker, der noch immer vom Besuch der Kaiserin erzählte, und riß mich gewaltsam aus der höchsten Poesie in die nüchterne Prosa. Jammermensch du, dachte ich, ist deine Brust so eng, dein Herz so vertrocknet, daß ein solcher Göttermorgen ohne Eindruck dran vorübergehen kann, daß du beim Anblick der ewigen herrlichen Sonne an elende Papierlaternen denken kannst, die du nicht einmal selbst gesehen hast, daß du den erbärmlichen Lampenschimmer preisen magst, wo dir ein Anblick wird, bei dem du Wonnetränen weinen solltest!

Ich Unglücklicher, in diesem Augenblicke bei einem Menschen sitzen zu müssen, dessen Geist sich nicht höher als bis an die Stubendecke heben kann, und der noch dazu ein Schwätzer war. Ich glaube, es ist das peinlichste, was einem auf einer Reise durch herrliche Gegenden widerfahren kann. Ich wünschte mich tausendmal lieber in die grauenvollste Einsamkeit versetzt und allein mit meinen Gedanken und Träumen als bei einer solchen Philisterseele. Zu meinem Trost fiel mir eine recht charakteristische Anekdote ein. In Innsbruck kam einst in einer Gesellschaft das Gespräch auf Instinkt. »Der Instinkt! Ach, Marandjeseph, warum nicht gar!« rief voll edler Aufwallung ein guter Spießbürger, »das ist halt so, aber wenn die Gossen nur besser gespült werden, da soll sich der üble Gestank schon verlieren, denk i'!« Überhaupt scheinen mir die Innsbrucker in Osterreich ganz dasselbe Schicksal zu tragen, was die Einwohner von Schöppenstedt, Beckum, Schilda und weiland die guten Abderiten zu leiden hatten.

Wir bogen jetzt um eine schroffe Felsecke, und die schöne, weite Aussicht hatte ein Ende. Die Gegend wurde wild und waldig, die Felsen rückten dicht an die Straße, die sich in tausend Windungen zwischen ihnen hindurchzog. Sie wurde immer belebter. Eseltreiber hinter ihren beladenen Tieren, Bauern mit hohen Kiepen auf ihrem Rükken, alle einen roten Regenschirm – das ist ihr unzertrennlicher Begleiter – unter dem Arme tragend, flinke Bäuerinnen, Gemsenjäger und andere Tiroler, sämtlich in ihrer bekannten Tracht, zogen der Stadt zu, wo heute Wochenmarkt war und die gewiß ein äußerst buntes, lebendiges Ansehen bekommen mußte.

Bei dem nächsten Dorfe verließen uns die beiden Franziskaner. Der Fuhrmann dankte ihnen aufs wärmste, daß die heiligen Männer Gottes sich herabgelassen hätten, sein elend Fuhrwerk mit ihrem ehrwürdigen Leib zu berühren, worauf sie salbungsreich ihre Hände auf sein Haupt legten und gemächlich von dannen wackelten. »Belieben der Herr Kanonikus halt mitz'fahren«, sagte jetzt der Kutscher zu einem Manne, der in der Tracht der katholischen Weltgeistlichen sich dem Stellwagen näherte. »Ja, bis Sterzing« war seine kurze Antwort. Er stieg ein, nahm seinen Platz mir gegenüber und begrüßte die Reisegesellschaft.

Welch ein Unterschied zwischen ihm und jenen Franziskanern. Er mochte ein Fünfziger sein, und sein Gesicht gehörte zu jenen, die zwar nichts Auffallendes besitzen, aber doch auf den ersten Blick für sich einnehmen und einem förmlich bekannt und wie schon irgendwo gesehen vorkommen. Es lag so etwas Klares, Verständiges, Einfaches und Wohlwollendes darin, daß man sich unwillkürlich davon hingezogen fühlte. Durchaus nicht jenes Salbungsvolle und Bonzenhafte hatte er, was mir an protestantischen wie an katholischen Geistlichen gleich unausstehlich ist, und man hätte weit eher einen schlichten, rationalistischen norddeutschen Pfarrer in ihm vermutet als den Kanonikus eines reichbepfründeten katholischen Stiftes. Bald war ein Gespräch zwischen uns angeknüpft, das ebenso schnell lebhaft wurde wie es abbrach. Der Urstoff und das Grundmotiv der meisten Reiseunterhaltungen kam auch bei uns zuerst an die Reihe.

Das Wetter wurde der erste Gegenstand unseres Gesprächs. Vom Wetter kamen wir auf die Gegend, von der Gegend auf ihre Bewohner, von ihnen auf Tirol im allgemeinen, von Tirol auf Österreich im allgemeinen, von Österreich auf Kaiser Ferdinand im allgemeinen und endlich vom Kaiser auf Metternich und seine Politik im speziellen zu reden. Bis auf das Thema vom Kaiser hatten auch die übrigen teilgenommen am Gespräch. Jetzt aber schwiegen sie so plötzlich, als habe man sie auf den Mund geschlagen. Mich befremdete das nicht so stark, denn ich wußte schon, daß der Kaiser das non plus ultra jeder österreichischen Unterhaltung ist. Bis hierher wagt man zu sprechen und nicht weiter. Das interessante und reiche Feld der Politik zu betreten fällt keinem ein, und man biegt auch sogleich absichtlich davon ab, wenn vielleicht ein Fremder versuchen sollte, darauf hinzulenken. „Der Kaiser is halt a guter Herr und weiß am besten, was uns nützt. Was brauchen wir uns drum zu kümmern", sagt dann meistens der Österreicher und fängt ein anderes Gespräch an. Kurz, die Österreicher sind zu braven Untertanen wie geboren, und nirgends sieht man Mißvergnügte, Europamüde und politische Kannegießer.

Glücklicher Kaiser! Glückliches Volk! Selbst der Kanonikus wurde einsilbiger, doch, wie es mir erscheint, mehr aus Vorsicht als aus Natur. Das Fuhrwerk mußte jetzt einen Berg umfahren, während einige von den Passagieren, darunter auch der geistliche Rat und ich, denen das langweilig war, ausstiegen und den Berg zu Fuß überstiegen. Der Weg war nirgends steil und beschwerlich, wir konnten daher gemächlich wandernd miteinander plaudern und uns an den herrlichen Aussichten in nahe und ferne Täler weiden. Der Kanonikus interessierte sich für alles. Mineralogie, Botanik und Entomologie waren ihm nicht fremd, und als er hörte, ich sei ein Bewohner des Nordseestrandes, erkundigte er sich mit großer Lebendigkeit nach dem Charakter unserer Gegend und deren Bewohnern, während den Innsbruckern alles, was ich erzählte, böhmische Dörfer waren, da sie sich äußerst wenig um solche ketzerische Länder bekümmert hatten. Ebenso bat er mich, ihm über den Handel und Verkehr mit Amerika und über die Auswanderung dahin einiges mitzuteilen, und erwies sich zu meiner Überraschung als ein warmer Freund der amerikanischen Verfassung und Freiheit. »Ja, mit dem alten Europa geht's nun bald zu Ende«, sagte er. »Mehr oder weniger hat jedes seiner Reiche seine Blütezeit gehabt und seine Früchte getragen, und der alte Stamm ist nun morsch und mürbe geworden. Es würde schon zusammengebrochen sein unter der Last des gewaltigen russischen Kolosses, der mehr und mehr anfängt, ihn zu beschweren, wenn nicht Englands Masten sich noch immer dagegen stemmten. Aber nicht lange wird's dauern, und Europa liegt begraben in Nacht und Trümmern. Alles wird sich dann nach

Amerika flüchten, in ein glückliches Asyl. Es wird, was einst Europa war, der Zentralpunkt jeglicher Kunst und Wissenschaft, von Handel und Gewerbe. So werden wohl viele Jahrhunderte vergehen. In China ist inzwischen das Licht der Zivilisation eingedrungen, Ostindien hat sich längst von der englischen Herrschaft freigemacht, sich zu einer mächtigen Republik ausgebildet und steht Rußland drohend im Rücken. Auch Neuholland, Neuseeland und die andern größeren Inseln des ozeanischen Archipelagos sind völlig zivilisierte Staaten geworden, Während das ganze nördliche Afrika eine blühende französische Kolonie sein wird. Was aber einst wieder Amerikas Untergang herbeiführen wird, ob innere Bürgerkriege oder Zerrüttungen oder Angriffe der jungen Staaten Asiens und Australiens, steht vorläufig dahin, obwohl das erstere am ehesten zu vermuten ist. Ja, meine Herrn, und das hieße einmal ein wenig phantasiert«, schloß jetzt der gemütliche Kanonikus seine ergötzliche Rede.

Einer der guten Innsbrucker aber, die bei allem vor Verwunderung Mund und Nase aufgesperrt hatten, sagte bedauernd: »Ah, nur phantasiert? Also glauben's nit wirklich, Herr Kanonikus?«–

Unter allerlei Gesprächen erreichten wir nachmittags gegen drei Uhr den Brenner, jenen Teil der mächtigen Alpenkette, die von Westen nach Osten laufend das nördliche von Südtirol trennt und die Wasserscheide zwischen dem Schwarzen und dem Adriatischen Meere bildet. Die Straße, welche hinüberführt, gehört zu den ältesten der Alpen, bereits römische Legionen betraten sie. Sie ist ungemein bequem, und nur an der rauhen, reinen Luft, an den Fichten, die stets krüppliger werden, und endlich an den Alpenrosen, Gentianen, Saxifragen und andern Kindern der Alpenflora, die gar häufig dicht am Wege blühen, merkt der Wanderer, daß er dem Himmel näher ist. Oben steht ein trefflich eingerichtetes Posthaus, und hier wurde Mittag gehalten. Einer wohlschmeckenden Kräutersuppe mit Makkaroni und Parmesankäse folgte ein Gericht köstlicher Alpenforellen und diesen wieder ein dicker Rosinenpudding, während herrliche Muskatellerpfirsiche und süße Trauben aus Meran den Nachtisch bildeten. Dazu wurde starker Veroneser getrunken. Es war ein königlich Mahl, die scharfe Alpenluft erhöhte unsern Appetit, und wir schmausten wie homerische Helden.

»Ja, mein lieber Herr Norddeutscher«, sagte der Kanonikus, als wir aufstanden und uns übersättigt den Mund wischten und einander gesegnete Mahlzeit wünschten, »das ist nun nicht anders. Wer unter den Wölfen ist, muß mitheulen.« Ich verstand ihn nicht und fragte, wie er das meine. »Ei nun«, versetzte er ironisch lächelnd, »heut ist Freitag, und da haben Sie mit uns fasten müssen.«

»Ach so«, sagte ich, indem ich meinen Westenknopf öffnete, »das ist wahr. Ich habe fasten müssen.«

Indes die Pferde angespannt wurden, traten wir vor die Tür, um den Anblick des Gebirges zu genießen. Es war ernst und großartig. Im Vordergrund der stille, tief-grüne Alpensee, rings düstere Tannen und weiterhin die gewaltigen Bergriesen, ihre Schneehäupter schweigend in die blaue Luft streckend.

Einige andere Reisende waren zu uns getreten. »Ah, quelle majesté, quelle grandeur! Grand Dieu, c' est admirable!« rief unaufhörlich ein quecksilberner Franzose und verdarb einem auf unleidliche Weise den ganzen Genuß. Eine zarte empfindsame Magdeburgerin aber wandte sich mit Gefühl zu ihrem jungen Gatten und sagte: »Jeliebter Jottfried, nicht wahr, das ist grandios pittoresk, ach! das ist allerliebst.«

Dicht hinter dem Posthause ergießt sich ein kleiner, rauschender Bach von steiler Wand auf einen scharfen Felssattel, hier auseinanderstäubend. Gerade dieser Punkt hat in diesem sich zerteilenden Bache ein seltsames Spiel des Zufalls geschaffen. Die Wasserteile, welche an der Südseite des Felsens herunterfließen, bilden bald die Eisack, die in stürmischer Hast den hesperischen Gefilden zueilt, die Etsch erreicht und in kurzer Zeit das Adriatische Meer, dem andern Teil des Baches aber ist ein viel längerer Weg beschieden, ehe er sich ins Meer stürzen darf. Er muß durch die Sill, zum blauen Inn und in die gewaltige Donau.

Was erlebst du nicht alles auf deiner weiten Reise, kleines Bächlein, was wirst du nicht alles erzählen können den Wogen des Pontus? Daß du so schöne Alpenlieder hörtest, daß du Innsbruck mit seinen vielen Kirchen und Klöstern durchwalltest, daß du dann dein herrliches Heimatland verließest und in Bayern soviel Bier brauen mußtest, daß du in Linz so mancher schönen Wäscherin in die holden Augen schautest, daß Wien dir soviel Kloakenschmutz gab, daß du die Büffelherden schafpelziger Slowaken tränken und ihre Kukuruzfelder bewässern mußtest, daß türkische Mädchen ihre hohen Krüge mit deinem Wasser füllten und daß endlich malerisch gekleidete Walachen am Ufer lagen und ihre schwermütigen Volksmelodien in das Murmeln deiner Wogen mischten. Von den Alpen Tirols bis zu den Sümpfen Bessarabiens, vom muntern Hirtengejodel bis zu den melancholischen Walachenliedern, welch ein reiches, reiches Leben! Und das war wieder einmal ein bißchen phantasiert. Vom Brenner herunter ging's trotz doppeltem Hemmschuh in vollem Laufe. Ein paar Stunden, und wir waren in Sterzing.

Eigentlich muß man schon den Brenner als die natürliche Grenze zwischen Deutschland und Italien betrachten; denn sobald man seine Sturm- und Schneeregionen durchschritten hat, ist alles verändert, und der Unterschied ist ungemein auffallend. Andere Blumen, andere Wolken – jedenfalls hängt das Wetter mit dem diesseits des Gebirges fast gar nicht zusammen. Bald waren wir nun im südlichen Tirol. Schöne, wenn auch nicht gewaltige Berge, fruchtbare Täler und das mildeste, beständigste Klima. Auch die Vegetation ist verändert. Die deutsche Eiche ist fast ganz verschwunden, der Ahorn vertritt ihre Stelle, Weißtanne in den Niederungen, Lärchentanne auf den Höhen. Bei Brixen beginnt der Weinbau, und bald sind alle Hügel mit Reben bedekt, die hier aber nicht wie bei uns an Stäben, sondern in langen Laubengängen gezogen werden. Rings umher stehen Walnuß- und echte Kastanienbäume.

Deutschland liegt hinter mir; mag ich auch noch nicht die politische Grenze Italiens betreten haben, aber Vegetation, Sprache, Physiognomie, Sitten, Trachten, Bauart der Häuser, kurz, alles ist durchaus italienisch. Der Himmel hat ganz jenes tiefe, leuchtende Blau, das wir Niederdeutschen nur auf italienischen Landschaften scheu und dort so oft für übertrieben halten. Es ist eigentümlich, wie merkwürdig diese Farbe zunimmt, je weiter man nach Süden kommt. Schon in München ist die Farbe im Zenith um einige Töne blauer als bei uns. Hunderte haben das tiefe Blau eines italienischen Himmels gemalt, Hunderte beschrieben und Tausende gesehen, und ich glaube, kein einziger hat die Ursache der Erscheinung zur Genüge erklärt; selbst in Goethes umfassender Farbenlehre sucht man vergebens danach. Doch, was schadet's? Muß man denn immer das Warum wissen, um sich an einer Erscheinung zu ergötzen? Ist's nicht genug, daß wir der Blume herrliche Farbe und zierlichen Bau bewundern und uns an ihrem köstlichen Duft laben, müssen wir erst fragen, welche Stelle sie im Linnéschen System einnimmt und wie ihr lateinischer Name sei, oder ist uns die Stimme des Donners und das Leuchten des Blitzes ein majestätischeres Schauspiel, wenn wir dabei an die Elektrizität der Luft denken? Aber uns Nordländern ist nun einmal das Forschen angeboren. Die Wissenschaft gedeiht im kalten Norden, den Süden hat die warme Kunst gewählt.

Von Sterzing aus, wo zu meinem innigen Bedauern uns der gemütliche Kanonikus verließ, bis Bozen oder Bolzano, wie es wohlklingender die Italiener nennen, war's eine ununterbrochene Kette der interessantesten Anklänge an den Süden. Fast mit jeder Meile verschwindet eine oder die andere deutsche Sitte, und eine welsche tritt an ihre Stelle. Bis Bozen herrscht noch das Deutsche vor, von dort an aber siegt das Italienische.

Man folgt dem Laufe der schäumenden, brausenden Eisack. Schroff und kahl sinken zu beiden Seiten die hohen Felsen in den Fluß, und ängstlich sich an denselben schmiegend zieht sich die Straße zwischen ihnen und dem wütenden Bergstrome dahin.

Vor Österreichs Ingenieurwesen muß man wahrhaft Achtung bekommen, wenn man diese Riesenwerke der Straßenbaukunst, den Paß Lueg, den noch großartigeren Paß Klamm und auch diese herrliche Straße betrachtet. Ähnliches findet sich nur in der

Im Sarntal bei Bozen von Hermann Allmers, Bleistiftzeichnung (ALC, NHA, 3.1.1.1)

Schweiz, hat aber dort einen Napoleon zum Schöpfer, dessen eiserner Wille, der ein Europa beugte, wohl Felsen durchdringen konnte. Und dennoch hat Österreich dem größten Napoleonischen Straßenwerke, der Simplonstraße, durch das Stilfser Joch die Palme genommen. Bald erreichten wir die Franzensfeste, ein fast uneinnehmbares Ding, das sich wie ein lauerndes Ungetüm mit seinen Hunderten von Todesrachen dort, wo die Straße von Klagenfurt mit der Bozener zusammenstößt, zwischen hohen, nackten Bergen hinkauert. Wenige Stunden dahinter liegt Brixen. So wild und rauh, so gewaltig und felsig wie bisher die Gegend gewesen, so lieblich und fruchtbar wird sie jetzt. Die ersten Weinberge werden begrüßt, herrliche Kastanien, Obst- und Nußbäume stehen am Wege, und weite Felder mit Mais und Weizen an ihren Rändern, riesige goldgelbe Kürbisse, die zur Schweinemast benutzt werden, erfreuen das Auge.

Obschon die Zeit der Ernte noch nicht da war, wimmelten die Maisfelder von Arbeitern. Sobald der Mais nämlich seine Kolben angesetzt hat, schneidet man den Strunk oberhalb desselben ab und füttert das Vieh damit, das nach dieser zuckerreichen Nahrung trefflich gedeiht und reichliche Milch gibt. Zugleich erzielt man dadurch eine größere Vollkommenheit der Kolben, indem nun keine Wurzelnahrung in den unfruchtbaren Teil der Pflanze verschwendet wird.

In Brixen wurde Mittag gehalten, doch besah ich mir vorher ein wenig die Stadt und den alten zopfigen Palast des hier residierenden Fürstbischofs. Seine Eminenz sollen ein dicker, freundlicher Herr sein und das Materielle sehr lieben. Der ganze Schloßpark ist seit einigen Jahren auf bischöflichen Befehl mit einem weiten Küchengarten mit herrlichen Rebengeländern, Obstpflanzen, Treibkästen, Orangerien und Ananashäusern umgewandelt worden. Das duftete und prangte recht durcheinander, dazu ein köstlicher Bratengeruch aus dem Palaste strömend und ein niedliches Kammerkätzchen, welches einen großen Blumenstrauß zur Ausschmückung der bischöflichen Tafel pflückte. Mein hungriger Magen bekam fast ein Gelüste zum Konvertieren. Die Kleine war naiv und geschwätzig, als ich sie anredete, und erzählte und rühmte mit geläufiger Zunge mir viel vom hochwürdigen Bischof, der so freundlich und so fromm und so dick sei und so viele Kanarienvögel habe, die seine höchste Freude ausmachten; morgens, sagte sie, gehe er erst in die Messe und bete, und dann füttere er seine Kanarienvögel, und dann speise er und dann schlafe er und hierauf beschäftige er sich weiter mit seinen Vögeln und dann bete er wieder, kurz, er führe ein gottgeweihtes, musterhaftes Leben. Jetzt müsse sie aber fort, um die Tafel zu schmücken.

Da wir noch am Abend Bozen erreichen wollten, wurde gleich nach Tisch angespannt, und bald rollten wir wieder längst der Eisack dahin in einer Gegend, die mit jeder Meile schöner und fruchtbarer wurde. Alle Berge haben sanfte Wellenlinien und bestehen aus Urgebirgsarten, aus Granit, Gneis und Porphyr. Alpenkalk sieht man gar nicht mehr. Seine mächtigen Ablagerungen an der Nordseite der Alpen haben wir längst hinter uns, und erst bei Trient nehmen Flözgebirge wieder ihren Anfang.

Tirol ist reich an alten Burgruinen, und auch in dieser Gegend ragen allenthalben auf den Bergkuppen ihre verwitterten und begrünten Mauertrümmer. Aber noch reicher als an Burgen ist vorzüglich das südliche Tirol an Klöstern. Zwischen grünen Laubgehölzen oder an sanften Rebenhügeln, aus weiten Obstpflanzungen oder zwischen üppigen Getreidefeldern und in den Tälern umgeben von fetten Wiesen, kurz, überall, wo's gut sein ist, haben die Pfäfflein gesagt: hier laßt uns Hütten bauen, und die weißen stattlichen Mauern und roten Dächer leuchten gar lustig aus dem Grün hervor und gewähren einen heiteren, angenehmen Anblick, wenn man nichts dabei denkt.

Zur Zeit, als ich Tirol durchstreifte, bildete ein bedeutender Bergsturz, der vor drei Wochen stattgefunden und die Straße einige Stunden vor Bozen verschüttet hatte, das allgemeine Tagesgespräch. Nachmittags fünf Uhr war er erreicht und bot einen Anblick, der einem wohl das Herz beben machen konnte. Dicht am Wege erhob sich die hohe, wildzerrissene Felswand, aus rotem, härtestem Porphyr bestehend, von der sich die ungeheure Masse abgelöst hatte und mit dumpfem Donnern herabgesunken war. Die Straße war ganz verschüttet, und viele große Felsstücke waren noch in die Eisack gerollt, die nun darob zürnend sich erst aufstemmende und dann in wilden, schäumigen Kaskaden darüberhin donnerte. Mit unsäglicher Mühe hatte man eben die Straße gereinigt, und wir fuhren nun einen artigen Raum durch ein wahres Chaos der schönsten Porphyrblöcke, die in den seltsamsten Formen zu beiden Seiten der Straße hoch und wild übereinander lagen. Noch war nicht alle Gefahr vorüber, weil der Berg fast täglich ansehnliche Felsmassen heruntersandte, und unser Kutscher fuhr in langsamem Schritt, um jede Erschütterung zu vermeiden. Ich war zu sehr von dem ganzen interessanten und großartigen Anblick eingenommen, um der geringsten Angst Raum zu geben, während meine Begleiter schweigend ihre besorgten Blicke auf die drohende Felswand richteten und ein alter, bärtiger Kapuziner mechanisch nach seinem Rosenkranze griff, um schnell ein paar Ave Marias herzumurmeln.

Bozen erreichten wir mit einbrechender Dämmerung. Der nächste Tag war ein Sonntag. Er war unendlich schön und sonnig. Ein vielstimmiges Glockengeläute weckte mich, und als ich aus meinem Gasthofe trat, um mir die Stadt anzusehen, herrschte auf allen Straßen ein lebendiges, buntes Getreibe, ich sah herrliche Volkstrachten, und die wimmelnde, geputzte Menge verlor sich endlich in die verschiedenen Kirchen. Ein um so düsteres Aussehen dagegen bot die Stadt Bozen selber. Vor fast allen Häusern sind nach italienischer Sitte niedere Arkaden, hier Lauben genannt, mit kurzen, schwerfälligen Säulen, so daß man die ganze Straße bedeckt vor Sonne und Regen hinabwandeln kann. Ebenso häufig sieht man flache Dächer und Altane (Söller) an den Häusern, deren Fenster meistens auf den kleinen, inneren Hof gehen, welcher äußerst sauber gehalten und durch ein leichtes, zeltartiges Dach gegen das Wetter geschützt wird. Unzählige Läden und Magazine, Gasthäuser und Wagenschuppen bekunden die für Süddeutschland so wichtige Handelsstadt. Sie ist der Stapelplatz des ganzen Handels, der zwischen Deutschland und Italien über Tirol getrieben wird, und ihre vier Messen vereinigen jedesmal eine Menge von Deutschen, Italienern und Schweizern in ihren Mauern. Um so mehr muß es bei so lebhaftem Verkehr auffallen, daß gerade hier Ultramontanismus, Bigotterie und Geistesdumpfheit wie in keiner andern Stadt Tirols ihren Sitz aufgeschlagen haben. Kirche reiht sich an Kirche, Kapelle an Kapelle, Kloster an Kloster, und an allen Straßenecken, Marktbrunnen und öffentlichen Plätzen stehen Kruzifixe und Heiligenfiguren, und sonntags ist die Bevölkerung den ganzen lieben Tag in den Kirchen, während öffentliche Vergnügungen, Konzerte, Theater, Klubs und Kasinos fast gänzlich unbekannt sind. Einer von den Innsbrucker Reisegefährten, dem ich zufällig auf dem Marktplatze begegnete, wollte mir eben ein lustiges Histörchen von der Übergläubigkeit der guten Bozener erzählen, als er plötzlich zu meiner Überraschung niederkniete. Erstaunt und besorgt fragte ich ihn, was ihm fehle. Schnell deutete er voll heiliger Scheu zur Seite, und nun gingen mir die Augen auf. Nämlich ein Priester, das hochwürdige Gut (die Monstranz) tragend, ging in einiger Entfernung über den Platz, welcher mit einer knieenden Menge bedeckt war, bis der Priester verschwand, worauf sich denn auch mein Innsbrucker erhob und seine Geschichte zuende erzählte.

Mir, dem Nordländer, aber war das alles neu und recht charakteristisch. Hernach besuchte ich eine musikalische Messe in der alten gotischen Franziskanerkirche, die gedrängt voll Menschen stand. Das danebenliegende Kloster besorgt den Gottesdienst, und man hörte soeben einem Mönch mit großer Aufmerksamkeit zu, der, nur mit seinem Ordenshabit angetan, voll Kraft und Feuer und in oft hochpoetischer Sprache über Selbstbeherrschung und die Seligkeit eines Sieges über jegliche Sinnenlust predigte. Dann begann das eigentliche Hochamt. Auffallend war mir, daß das Orchester Sätze aus Bellinis »Norma« spielte, während die Menge andächtig ihre Rosenkränze abbetete.

Ein Chor barmherziger Schwestern in der altdeutschen schwarz und weißen Tracht, die man so häufig auf den Bildern Hans Holbeins sieht, nahm die Plätze im Schiff der Kirche ein. Alles ernste, bleiche Gesichter mit gramvollen oder todeskalten Zügen. Die meisten der Nonnen waren über dreißig Jahre, doch sah man auch einige junge, schöne, unschuldsvolle Mädchen darunter, bei deren Anblick einem das Herz bluten wollte. Alle saßen still mit geschlossenen Augen da, und nur der Rosenkranz, der wie mechanisch durch die bleichen Flieger glitt, und die Lippen, die sich leise regten, zeugten, daß es lebende Wesen waren.

Das unmittelbar an die Kirche stoßende Kloster ist uralt und hat einen echt byzantinischen Kreuzgang mit halb eingesunkenen Mönchsgrüften, Epitaphien und Gemälden aus dem Leben des heiligen Franz von Assisi. Alles ist braun und dunkel geworden und macht wie das ganze alte, weitläufige Kloster mit seinen langen Korridoren und kleinen Zellen einen ungemein düstern Eindruck. Das einzig Versöhnende aber in diesem unheimlichen Gange und ganz unendlich Liebliche ist der kleine Klosterhof, welchen jener Kreuzgang einschließt. Man kann kaum etwas Reizenderes und Freundlicheres sehen als dieses kleine Höfchen. Das Ganze ist in ein wahres Blumenmeer umgewandelt, dazwischen schlanke Zypressen, und in der Mitte plätschert, von Orangen, Lorbeeren, Oleander und Granatbäumen umgeben, ein munteres Springbrünnlein, während dunkler Efeu, die blaue Clematis, duftendes Geißblatt, die prächtige scharlachene Bignonie und andere hochrankende Schlingpflanzen rings die braunen, ernsten Klostermauern mit ihrem freundlichen Grün zu verhüllen streben. Die Mönche pflegen all diese Blumen mit einer unendlichen Liebe und Sorgfalt, und das ist auch natürlich in ihrem blütenarmen Leben.

In Bozen merkt man recht, wie nahe man dem Süden Europas gerückt ist. Die herrlichen Trauben, frische Feigen, Kastanien und scharlachrote Paradiesäpfel (Solanum lycopersicum) prangen in den Körben der Obsthändlerinnen, hohe, dunkle Zypressen beschatten den schönen Friedhof, und Feigengebüsch blickt über jede Gartenmauer.

Einige Stunden von Bozen liegt in einer entzückenden Landschaft das alte Meran, berühmt in ganz Süddeutschland durch Wein und Obst. Der Weg dahin zieht sich durchs weite, fruchtbare Etschtal und ist ungemein anmutig. Malerische Burgtrümmer auf den Seitenbergen, eine ununterbrochene Reihe reicher Obst- und Weingärten, am Fuß der letzteren üppige Wiesen am Flusse und hohe Kastanien und weiße Maulbeerbäume zu beiden Seiten der Straße, das ist der Charakter der Gegend. Die Reben werden hier nicht wie am Rhein und in andern deutschen Weinländern an niederen Stöcken, sondern an langen, meistens flachen, vier bis sechs Fuß hohen Laubengängen gezogen. Von außen sieht man keine Traube, alle hängen nach innen und haben, trotzdem kein Sonnenstrahl sie berührt, eine ansehnliche Größe und das köstlichste Aroma. Kleine steinerne Kellerhäuschen leuchten weiß und freundlich aus dem Rebengrün und sind fast immer von Feigengebüsch umgeben.

Meran selbst hat ein düsteres Ansehen, enge Straßen und niedere Arkaden, aber im ganzen auch nicht soviel italienisches wie Bozen und liegt warm und sonnig am Fuße der höchsten Alpen Tirols, deren riesige Schneegipfel und Eishörner einen großartigen Hintergrund der lieblichen Landschaft bilden. In Meran, einst die Hauptstadt des Landes und im Mittelalter Sitz der bekannten Herzöge von Meran, zeugt noch manches alte Gebäude von der ehemaligen Bedeutung, und auch jetzt noch herrscht durch blühenden Acker-, Obst- und Weinbau, durch Vieh-, Bienen- und Seidenzucht große Wohlhabenheit unter den Einwohnern, noch erhöht durch den lebhaften Verkehr mit der Schweiz, indem der Weg aus dem südlichen Tirol dahin über Meran führt.

Der in Meran gebaute Wein, der selten weiter als bis ins südliche Bayern und einen Teil Österreichs ausgeführt wird, ist nur leicht, von schöner, hellroter Farbe, mit angenehmem Geschmack und dabei so ungemein wohlfeil, daß man eine Flasche guten Tischwein für zwei Gutegroschen haben kann. Er hält sich dagegen nur wenige Jahre, was gewiß hauptsächlich von seiner unendlich nachlässigen Behandlung kommen wird.

Im Herbst wimmelt die Stadt von Fremden, die sich in der paradiesischen Gegend ergehen und den ganzen Tag süße Trauben essen. Die Schwindsüchtigen und Brustleidenden, die namentlich die Traubenkur gebrauchen, fangen gewöhnlich mit zwei Pfund täglich an und steigern bis zu 5 und 6 Pfund. Ein dicker Herr aus München, der sich fest einbildete die Schwindsucht zu haben, versicherte mir, er hätte es mit dem Traubenessen jetzt auf 10 Pfund gebracht.

Eine halbe Stunde hinter Meran erhebt sich malerisch auf mäßigem Hügel das halbzerfallene Schloß Tirol. Man wandelt fast ganz unter Rebengewölben dahin und hat dann eine der herrlichsten Aussichten in das Etschtal und auf die Alpenkette, aus der die Ortlerspitze gewaltig emporragt. Als ich eben beschäftigt war, die Landschaft in flüchtigen Umrissen in mein Skizzenbuch zu zeichnen, sah ich mich plötzlich von drei jungen Wanderern in Reisekitteln freundlich begrüßt. Nur wer es jemals empfunden hat, wie schnell sich in der Fremde und bei gleichem Genusse jugendliche Seelen zueinander neigen, die sich vielleicht daheim ewig fremd bleiben, wird es begreifen können, daß ich in den nächsten Minuten mit ihnen schon im lebhaftesten und gemütlichsten Gespräch begriffen war. Erlanger Studenten waren's, langhaarige Jünglinge mit bloßer Brust, übergeschlagenen Hemdkragen und einem fromm-frei-frisch-fröhlichen Wesen, wie es noch ganz nach der Weise von Anno 19 in Erlangen zuhause ist, mit einem Wort, es waren Burschenschafter, die eine Fußreise durchs südliche Deutschland machten. Mit ihnen besah ich das Schloß, das ein alter, tauber Kastellan uns zeigte und das von außen soviel versprach, im Innern aber außer einer Türöffnung mit uralten Bildwerken nichts Interessantes enthielt. Aus dem Ahnensaale hat man leider die alten Ahnenbilder entfernt, und statt ihrer schaut nun Kaiser Ferdinands des Vierten Gesicht mit seinen gutmütig-geistreichen Zügen auf die Öde. Aus einem Fenster ist die Aussicht hinreißend. Wir alle brachen in einen Ausruf des Entzückens aus, als wir hinausblickten.

»O wie schön, wie herrlich bist du, mein Vaterland!« rief der jüngste der Burschen, indes sein blaues Auge in hoher Begeisterung strahlte. »Ach ja, der Süden ist schön«, sagte ich, »wie mag's nun erst am Gardasee werden. Sie werden doch Ihre Reise, da wir ihm so nahe sind, bis dahin ausdehnen?«

»Nimmermehr«, versetzte ein anderer heftig, »Wir verlangen kein anderes Land zu sehen als unser teures Deutschland und würden uns außer ihm nur unbehaglich fühlen, und der Gardasee mag noch so schön sein, er würde keinen Eindruck auf uns machen. Nur soweit die deutsche Zunge klingt und Gott im Himmel Lieder singt, wollen wir wandern.«

So lieb ich auch die Jünglinge ob ihres offenen Bekenntnisses gewann, mußte ich doch bei diesen Worten unwillkürlich lächeln. Ich bin gewiß kein Kosmopolit und nenne mit freudigem Stolze Deutschland mein liebes, herrliches Vaterland, aber vor solchem Patriotismus blind sein gegen alles Schöne auf Gottes weiter Erde, wenn es gerade nicht in Deutschland liegt, ist doch wahrlich für unser Zeitalter ein bißchen gar zu kraß. Den ganzen Tag verlebte ich im schönsten Naturgenusse mit den lieben, trefflichen Jünglingen. Am nächsten Morgen reisten sie ab, und ich begab mich wieder nach Bozen und bestieg den Stellwagen, der mich nach Trient bringen sollte.

Die Luft war warm und duftig, die Berge, anfangs in schönen Wellenlinien, wurden später steil, wild und zerrissen. Porphyr, wohin man blickt. Zur Rechten hatten wir die Etsch, welche breiter und ruhiger fließt als die Eisack und dem Tal eine Fruchtbarkeit verleiht, die seltsam mit der felsigen, wilden Umgebung kontrastiert. Es ist, als führe man in einem weiten Frucht- und Weingarten. Weiße Maulbeerbäume und hohe Trauerweiden, die, wie mich dünkte, längere Zweige hatten als bei uns, beschatteten die Straße, auf der das bunteste Treiben war. Italienische Wagen flogen vorbei, braune Maultiertreiber mit ihren bunt geschmückten Tieren zogen vorüber und jene malerischen Fuhrwerke, gezogen von zwei mächtigen, grauen Büffeln mit gewaltigem Gehörn, die unter dem schweren Joche voll Würde daherschreiten, während ein munterer Krauskopf sie schreiend, pfeifend und singend unaufhörlich antreibt.

Sowie man Salurn erreicht hat, den letzten Ort, wo noch ein, wenngleich kaum verständliches, Deutsch gesprochen wird, treten überall die italienischen Physiognomien hervor, die zierlichen Gestalten, die kecken Schwarzköpfe, die dunklen Augen voll südlicher Glut.

Meine Reisegesellschaft bestand aus lauter Italienern, darunter ein musikalisches Brüderpaar Ansoletti, das in Triest ein Konzert zu geben gedachte. Die beiden jungen Leute hielten ihre Kästen mit Amatigeigen mit pedantischer Sorgfalt immer auf dem Schoße und bestürmten mich mit Fragen, ob im Norden Deutschlands auch viel Musik getrieben würde, wie man bei uns die italienische Musik schätze und ob schon die herrlichen Opern von Verdi und Fioravanti zu uns gedrungen seien, und dann klagten sie wieder, daß die deutsche Musik doch im allgemeinen gar zu schwerfällig und schmucklos sei.

Trient fesselte mich nur eine Nacht und den andern Vormittag, ich sehnte mich bald wieder fort. Enge, krumme Straßen, baufällige Häuser, wüste, grasbewachsene, gepflasterte Plätze, plumpe Türme, die hohe, uralte Stadtmauer und das halbzerfallene Kastell: all dies macht die Stadt zu einem so düstern, unheimlichen Orte, als man nur sehen kann. Die byzantinische Domkirche ist nicht ganz vollendet, aber im Innern voll ernster Pracht, ein schwerer, seidener Vorhang schützt den Eingang vor Staub und Störung des Straßengetriebes und trägt zur mystischen Dämmerung des Innern bei. Das Konzil ist in der Kirche Santa Maria Maggiore gehalten. Sie hatte nichts Ausgezeichnetes und glich von außen fast einem großen, wüsten Hause. Das große Bild mit der Sitzung des Konzils, das Goethe erwähnt, suchte ich in ihr vergebens.

Die Stadt hat noch immer in der katholischen Christenheit große Bedeutung, und jeder dritte, der einem begegnet, ist ein Geistlicher. In der allgemeinen Gaststube meines Logis fand ich ein Gebet mit Holzschnitten geziert an die Wand geklebt, das sehr ergötzlich war. Es bestand nämlich aus einem großen Papierbogen, der in zwei Hälften geteilt auf der oberen die heilige Jungfrau mit dem Kinde zeigte, eine große Schar Heiliger, die alle die Hände bittend zum Himmel hoben, und in der Mitte die heilige Dreieinigkeit, possierlich dargestellt durch drei unten zusammengewachsene Figurn, die ebenfalls betend nach oben blickten. Darunter stand nun eine lateinische Litanei, das heißt, das lange Namensregister obiger Heiligen, und dazwischen in gewissen Entfernungen ein Ora pro nobis und endlich, in der Mitte des Blattes, mit großer Schrift: Sancta trinitas, ora pro nobis. Das nenne ich doch einen recht kindlichen Glauben, nur schade, daß man in der heiligen Einfalt vergessen hat hinzuzusetzen, wo denn eigentlich die heilige Dreieinigkeit ihre Bitten für uns anzubringen habe.

Um nach Riva zu kommen, mietete ich hier einen Vetturino und flog bald in seinem leichten Curriculo dahin. Man kann schwerlich ein behenderes und zugleich einfacheres Fuhrwerk sehen als ein solches Curriculo. Zwischen ganz leichten, hohen Rädern schwebt auf der dünnen Achse das zierliche Stühlchen für den Passagier, während der Lenker nachlässig seitwärts auf der Deichsel sitzt und das Roß antreibt. Mein Vetturino Giacomo Migelli war ein schöner, munterer und gefälliger Knabe mit schalkhaften Augen und ließ sein nach Landessitte mit bunten Quasten und Messingplatten geschmücktes Rößlein tapfer traben. Er sprach gebrochen deutsch, aber geläufig französisch und hatte prächtigen Mutterwitz, um so mehr mußte ich staunen, daß er auch nicht die geringsten Schulkenntnisse besaß und weder schreiben noch lesen konnte. Anfangs hatte ich geschwankt, ob ich die allgemeine Straße von Rovereto oder die abgelegene durchs wilde Sarcatal wählen solle, freute mich aber doch, daß ich die letztere eingeschlagen hatte; denn sie übertraf in ihrer Art wahrscheinlich alles, was ich jemals gesehen hatte. Kurz hinter Trient schon treten die hohen Felsen zu beiden Seiten dicht an den Weg, ja ragen sogar oft weit über ihn hin und bilden den schauerlichsten Engpaß. Wildes Feigengebüsch, Efeu und immergrüne Eichen, die ganz etwas Lorbeerartiges haben, wachsen überall aus den Steinritzen, malerisch die nackten Wände bekleidend. Die wilde Einsamkeit, die schauerliche Stille dieses abgelegenen Ortes machten einen eigentümlichen Eindruck auf mich. Als ich meinen Knaben fragte, ob denn die Straße auch sicher sei, antwortete er gar leicht und munter: »Si Signore, molto sicuro, molto sicuro!«, erzählte mir aber gleich als Appendix von zwei Raubüberfällen, davon der eine im Frühling, der andere vor zwei Jahren stattgefunden hatten und die nicht eben sehr geeignet waren, aufs Gemüt beruhigend zu wirken. Ohne nun gerade Besorgnis zu haben, legte ich dennoch meine geladenen Pistolen zu meiner Seite, doch die Fahrt ging ruhig und ohne jegliches Abenteuer vonstatten. Bald wurde das Tal auch wieder weiter, blieb aber doch immer einsam und wild und die Felsen zerrissen und zerklüftet. Porphyr und andere Urgebirgsarten waren jetzt verschwunden, Kalk und vorzüglich bunter Marmor an ihre Stelle getreten.

In Vezzano wurde Mittag gehalten. Es war ein Dorf wie alle italienischen, massive, aus Kalkstein erbaute Häuser, deren Wände mit gelbem Lehm beschmiert und von elendem Aussehen sind, Gartenmauern von Rebengerank begrünt und hie und dort von einer hohen, dunklen Zypresse überragt, endlich Unrat und Bettler an allen Ecken, so ist der Charakter eines italienischen Dorfes. Meine Wirtin trug mir ein stark mit spanischem Pfeffer gewürztes Hammelfleisch, Brot und Früchte und eine Flasche Landwein auf, während ihre siebzehnjährige Tochter, ein großes, holdes, faules Geschöpf in süßem Nichtstun auf dem Hausflur saß und dann und wann mit einem Schweinchen spielte, das die umherliegenden Kürbiskerne gierig verzehrte. Von einer Kellnerin in Trient hatte ich morgens einen schönen Rosenstrauß erhalten, der neben mir auf dem Tisch lag. Plötzlich fühlte ich mich von jemandem umarmt. Es war die süße, faule Tochter, die ihre eben nicht sehr sauberen Hände von hinten auf meine Schultern legte und mit schmeichelndem, freundlichem Tone zu mir sagte: »Signore, date mi una rosa, una rosa, mio caro!« und dabei sah sie mich mit ihren herrlichen, großen Augen so bittend, so innig, so dringend an, daß ich nicht widerstehen konnte, meinen Strauß auseinandernahm und ihr die Rosen ins schwarze, glänzende Haar steckte. Nun hätte man einmal die wilde, kindische Lustigkeit sehen sollen, mit der sie lachend und jubelnd umhersprang, bald vor einen alten, erblindeten Spiegel lief, dann zu ihrer Mutter, ihr zu zeigen, wie schön sie geschmückt sei, und nun wieder auf mich zukam und mir dankend die Hand küßte. Es war eine Szene, die ich von Goethe geschildert wohl lesen möchte.

Indes ging's bald weiter. Mit jedem Augenblick war das Tal schöner und fruchtbarer. Köstliche Berggestalten, malerische Kastelltrümmer, kleine Seen hin und wieder, Felder mit Mais und Kolbenhirse und überall eine ungeahnte Üppigkeit der Vegetation. Der Weinstock wird nicht in Laubengängen gezogen, sondern steht frei auf zehn Fuß hohen Pfählen oder schmiegt sich noch häufiger in die Maulbeerbäume, und die langen Ranken hängen von allen Seiten aus den Baumkronen und bilden oft von Baum zu Baum sich schlingend die herrlichsten natürlichen Festons. Ich konnte mich nicht sattsehen an den köstlichen Bildern. Das einzige, was einem diesen Anblick verleidet, ist nur, daß alle schönen Trauben, die man vom Wege aus fast erreichen könnte, aufs ekelhafteste mit weißem Kalkwasser bespritzt sind, um sie dem lüsternen Wanderer ungenießbar zu machen. Dem Wein schadet es indes nicht, da sich beim Keltern alle Kalkteile absondern.

Am Tubliner See wird die Landschaft wieder ernster, doch nur auf eine kurze Strekke. Der kleine See, um den sich die Straße herumwindet, hat eine dunkle, blaugrüne Farbe und ist rings von hohen Marmorfelsen eingeschlossen. Auf einer Erdzunge im See liegt das alte Schloß Tublina, dürftiges, immergrünes Eichengebüsch und hohe, dunkle Zypressen vollenden den melancholischen Charakter der Gegend. Doch gleich dahinter wird's um so heitrer und üppiger. Die ersten Ölbäume werden freudig begrüßt und stehen bald immer häufiger am Wege. Sie haben die größte Ähnlichkeit mit unsern Weiden, ein trauriges, mattes Blaugrün, gar keine Blätterpartien und machen wenig Wirkung. In kurzer Zeit passiert man den Marktflecken Arco mit den Trümmern des Stammschlosses der Grafen von Arco auf steilem Felsen, nun noch ein Stündchen, und Riva und der Gardasee liegen unaussprechlich herrlich vor unsern Blicken.

Ein weiter Halbmond, begrenzt die Stadt den See, so daß eine ganze Reihe Häuser auf echt venezianische Art unmittelbar aus der blauen Flut steigen. Unter diesen war auch mein Gasthof Sole d'Oro (Goldene Sonne). So elegant und behaglich das ganze Hotel in jeder Hinsicht eingerichtet war, hätten sich gewiß meine lieben, patriotischen Erlanger sehr unbehaglich darin gefühlt, da man, weil Diener und Gäste nur aus Franzosen und Italienern bestanden, kein Sterbenswörtchen deutsch hörte.

Ein Gang durch die Stadt und namentlich nach dem Hafenplatze, auf dem sich das bunteste Treiben bewegte, war höchst interessant und entfaltete vor mir ganz das Bild eines echt südlichen Volkslebens. Hier Obstverkäuferinnen zwischen hohen Haufen köstlicher Südfrüchte, dort am Kai niederkauernd waschende Mädchen in bunter Tracht, ihre langen, prächtigen Haarflechten auf den Rücken herabfallend, hin und wieder ein brauner schlafender Kerl, welcher rücklings lang ausgestreckt auf den Steinplatten liegt und sich von der Sonne durchglühen läßt, das personifizierte Dolce far niente, und am Hafen in lebhafter Unterhaltung eine Gruppe Fischer und Schiffer. Darunter herrliche Gestalten, edle, bärtige Gesellen, echte Masaniellos. Eine scharlachne Wollmütze bedeckt das schwarze, üppige Haupthaar, das blaugestreifte Hemd ist an der Brust weit offen, und ein leinenes Beinkleid, das nur bis an die Knie reicht und von da an das Muskelspiel der nackten braunen Beine zeigt, ist ihre einfache, aber unendlich malerische Kleidung. Ein Haufen sonnenbrauner Straßenbuben und Bettelknaben, die in einer Ecke des Platzes gelagert scherzten, zog mich ebenfalls an. Zierliche, feine Körper, schöne Lockenköpfe, schwarze, schelmische Augen, es war mir ganz, als hätte ich ein schönes Bild von Murillo vor mir.

Gegen Abend, als die Sonne sinken wollte, stieg ich ein wenig an den Felsen empor, welche Riva und den ganzen See von allen Seiten umschließen, und genoß von da den Anblick der Stadt, des blauen Sees und der jenseitigen, mannigfach geformten Berge – ein unaussprechlich schönes, ganz in Duft und Glut verschwimmendes Bild. Dazu der Klang naher und ferner Kirchenglocken, die zum Ave Maria riefen.

Unten sind die Berge mit Ölpflanzungen bedeckt, und die Ölbäume waren meist alt, riesig, knorrig, die dicken Stämme oft an einer Seite bis aufs Mark auseinanderklaffend und die jüngeren Zweige wunderlich hin und her gebogen, aber dünn mit Blättern besetzt. Nicht das Laub, sondern der Wuchs gibt ihm etwas Malerisches. Höher wuchernde Feigengebüsche, immergrüne Eichen, Lorbeeren und kleines Myrtengesträuch, während der Zwergbuchsbaum ganze Flächen überzog. Es hat einen eigenen Reiz, Pflanzen, die wir mühsam in Töpfen und Gärten hegen müssen, nun so üppig im Freien wuchernd zu finden.

Ein sehr wichtiger Erwerbszweig Rivas ist der Bau von Zitronen und Orangen, die mit ihrem brillanten Grün und mit leuchtenden Früchten über jede Gartenmauer und fast hinter allen Häusern prangen.

Der Abend war unendlich lau und schön, der Mond beschimmerte die Flut, auf den Straßen und am Hafen nach wie vor ein abendliches Treiben, und eine Familie sitzt, Tee trinkend, am Strande. Engländer sind's, ein stämmiger Vater mit langem Oberrock und breitkrempigem Hut erzählt einem jüngeren Mann mit soviel Lebendigkeit, als nur ein Engländer besitzen kann, gewiß eine Jagdgeschichte, die Lady, korpulent aber stattlich, füttert ihren kleinen Bologneser mit Zuckerbrot und nimmt oft am Gespräch der Männer teil, indes eine zarte Blondine mit fast noch kindlichen Zügen schweigend den mondbeglänzten See anblickt. Eben schlenderte ich daran vorüber. Gerade sagte der alte Lord: »Yes, William, I can assure you, my Jemmy, after two years it was the best horse in my stable.«

Der Morgen, an dem ich Riva verlassen und mit dem Dampfboot über den Gardasee schiffen wollte, war so schön, wie ihn nur Italiens Himmel erblühen lassen kann. Am Quai herrschte das regeste Leben und Treiben, alles erwartete die Abfahrt des Dampfschiffes, aus dessen Schornstein die dicke, schwarze Rauchwolke zum schönen, tiefblauen Himmel emporstieg. Auf dem Spiegel des Schiffes las man in goldener Schrift das Wort »Benaco«. »Wissen Sie, was dies bedeuten soll?« fragte ich einen Innsbrucker Studenten, mit dem ich in Riva zusammengetroffen war und nun am Strande stand, »kennen Sie das Wort?«

»Nun freilich kenn' ich das Wort«, versetzte jener, »das muß halt ja jeder kennen. Wissen's nit, bei den Lateinern heißt der See Lacus Benacus, wissen's nit: Fluctibus et fremitu resonans Benaco marino, wissen's nit, das sagt ja Virgil. Und das ist dieser See. Das wissen's nit mal, heilige Mutter Gottes, das muß ja jeder Mensch wissen.«

»Ich weiß es aber nicht«, antwortete ich trocken, und schämte mich auch eben nicht stark, es gestehen zu müssen. Ich wunderte mich indes im stillen über den gelehrten Jüngling. »Ei, was haben Sie da für einen prächtigen Pfeifenkopf«, sagte ich, um das

Gespräch auf einen andern Gegenstand zu bringen, »zeigen Sie einmal. Ei, was seh' ich, Hoffmann von Fallersleben, nun solche Porträts sieht man in Österreich selten. Da sind Sie gewiß ein recht warmherziger Verehrer des freiheitliebenden Mannes?« fragte ich, den Studenten mit wirklicher Hinneigung betrachtend; denn ich weiß, wie sehr man so etwas im alten Kaiserstaate zu schätzen hat.

»Ja«, sagte er, »Hoffmann von Fallersleben steht darunter. Wer ist denn der Hoffmann? Muß halt wohl ein berühmter Mann sein. 's ist in Innsbruck eine ganze Kiste voll Pfeifenköpfen angekommen, und auf allen steht Hoffmann von Fallersleben. Wissen Sie, wer der Hoffmann ist?«

»Heilige Mutter Gottes! Das sollte doch jeder Deutsche wissen«, konnte ich da zu meiner Freude persiflierend antworten. Und nun setzt' ich's ihm auseinander. Indes hatte ich in diesem kurzen Gespräche den ganzen Charakter der Universitätsgelehrsamkeit am Inn, die wie ein alter Antiquarius sich noch einwühlt in staubige, wurmzerfressene Scharteken, während der Geist aller übrigen deutschen Hochschulen mächtig ringt nach Licht, Freiheit und Wahrheit.

In diesem Augenblick begann die Schiffsglocke zu läuten, und der Strand ward doppelt lebendig. Neugierige strömten herzu, Passagiere, Lastträger und Karrenschieber. Auch ich nahm schnell Abschied von meinem Studenten und begab mich an Bord. Bald stießen wir ab und eilten mit kräftigem Räderschwung vorwärts. Der See hatte eine köstlich aquamarinblaue Farbe, zahllose Fischerboote, alle seltsam an beiden Enden eingebogen, belebten seine Fluten, während die Ufer ein ebenso schönes als großartiges Bild lieferten. Hinter uns das weißschimmernde Riva, sich amphitheatralisch aus den Fluten hebend, weiter zurück das blauduftige Tal der Sarca, zur Linken der sechstausend Fuß hohe Monte Baldo, voll Ruhe und Majestät in herrlichen Linien aus dem See steigend, und zur Rechten begleitet uns eine Kette rötlicher Marmorfelsen mit tiefen Schluchten und schäumenden Wasserfällen, die oft unmittelbar aus den Felsritzen in den See brausen. Das Vorgebirge San Vigilio, welches ungefähr aus der Mitte des rechten Ufers ragt, ist noch eine großartige Partie, mit ihm aber verlassen wir die letzten Ausläufer der Alpen, die lombardische Ebene ist erreicht, und die Ufer werden nun flach, fruchtbar und lieblich, während sie früher schroff, unwirtbar und wild waren. Ansehnliche Olivenwälder wurden immer häufiger, und davor standen Zitronen- und Orangenpflanzungen und machten mit ihrem hellen Grün und den goldenen Früchten gegen die dunkle Farbe der ersteren einen köstlichen Abstich, und aus all diesem Gebüsch glänzten unbeschreiblich reizend die kleinen Ortschaften Gagnano, Bogliaco, Fasano und Salo mit ihren flachen, leuchtend weißen Häusern und hier und dort zerstreuten Villen.

Die Gesellschaft auf dem Dampfboote bestand fast nur aus Italienern. Weltgeistliche in schwarzer Seide standen im eifrigen, ernsten Gespräch; ein junger Abbate unterhielt scherzend die Damen, von denen einige unter lautem und ungeniertem Gelächter auf seine Witze eingingen, während andere, mit steifer Grandezza ihren Fächer bewegend, stumm dasaßen und auf dem Vordeck ein Haufen zerlumpten Gesindels von banditenartigem Aussehen stand.

Es ist ein neugieriges Volk, diese Italiener. Kaum fing ich an, eine Uferpartie in mein Skizzenbuch zu zeichnen, so stand man von allen Seiten um mich her und gaffte mir ins Buch. Ungeniert legten sich dabei, der Bequemlichkeit halber, sogar einige jüngere Bürschchen auf meine Schultern. Ich wußte wirklich nicht, ob ich unwillig werden oder mich ergötzen sollte über das harmlose Völkchen, das sich so ganz wie Kinder gebärdete. Ein ältlicher Mann mit ernsten Zügen und einem imponierenden Wesen trat jetzt hinzu und befreite mich mit ein paar mißbilligenden Worten von den Zudringlichen, die nun zwar in weiterem Kreise, aber neugierig wie zuvor auf meine Arbeit blickten.

Der ernste Mann war der Doktor T., ein Wiener. Die einzigen Deutschen auf dem Schiffe, schlossen wir uns schnell einander an. Er wollte nach Venedig, um dort mit einigen Freunden zusammenzutreffen.

Ehe wir das Ende des Sees erreichten, hatten wir eine prächtige Ansicht. Ein weitläufiges Kloster lag auf einer Art Halbinsel, die ganz von einem Garten umschlossen war, sodaß seine weißen Mauern und Türme nur aus Lorbeeren, hohen Zypressen und Zitronengebüsch hervorragten und, wie das alles sich so in der klaren, blauen Flut spiegelte, ein zauberisches Bild gewährten. Gegenüber ragten auf einer schmalen Erdzunge die Überreste eines römischen Landhauses. Eine klassische Stelle ist es. Dort dichtete einst Catull, welcher gern am See weilte, seine Lieder, und noch nennt das Landvolk jene Trümmer und die Grotte, vor der sie stehen, Grotta di Catullo. Indes hatten wir das Städtchen Desenzano und mit ihm das Ende des Gardasees erreicht. Ein malerischer, bunter Haufen Fischer, Schiffer und Müßiggänger stand am Ufer und überflutete, sobald nur die Schiffsbrücke gefallen war, das Verdeck, um gierig über das Gepäck der Reisenden herzufallen.

Hier war ich Zeuge eines seltsamen, ergötzlichen Zweikampfes. Der Doktor war nämlich gleich nach unserer Ankunft an Land gestiegen, um einen Vetturino zu suchen, der uns nach Verona brächte, indes ich bei unseren Sachen an Bord blieb. Zwei schlanke, junge Burschen sprangen gleichzeitig herbei und packten hastig die beiden Griffe von des Doktors Reisekoffer. Zuerst ersuchte jeder von ihnen den andern aufs höflichste, doch gefälligst loslassen zu wollen, jeder versicherte bei allen Heiligen, der erste gewesen zu sein, der den Koffer gepackt habe. Da aber das nichts half und beide den Koffer nicht fahren ließen, ging's an ein Reißen und Zerren hin und her über das ganze Verdeck. Doch auch diese Anstrengungen waren fruchtlos, und jetzt begannen sie, während die linke Hand fest den Griff des Koffers hielt, mit der rechten einander die kräftigsten Püffe und Ohrfeigen zu verabreichen. Es war eine seltsame Szene, Zorn malte sich auf ihren Zügen, das Blut schoß hochrot in die Wangen, glühend funkelten die schwarzen Augen, Flüche und Verwünschungen: Corpo di Bacco! Maledetto! Diavolo!, und dazwischen klatschten immer lauter und schneller, rechts und links, herüber und hinüber Maulschellen und Ohrfeigen, ohne daß auch nur der geringste Vorteil von einer Seite gewonnen wäre. So fochten sie mit einer Hartnäckigkeit, die Veteranen alle Ehre gemacht haben würde, und wer weiß, wie lange sie noch gekämpft hätten, da sprach endlich der Kapitän des Schiffes das Zauberwort, das dem Streit ein urplötzliches Ende machte: »Pietro«, rief er einem der Kämpfenden zu, »laß die Balgerei, komm, trage mir dies Paket in meine Wohnung«, und Pietro ließ augenblicklich seine Beute stehen, nahm dafür das Paket, und beide Streiter begaben sich zwar erhitzt, aber gar nicht mehr einander zürnend, ans Land, indes jeder seine Tapferkeit rühmte. Mir war das Ganze ebenso ergötzlich wie charakteristisch.

Wir begaben uns jetzt ans Land und gingen in den dicht am Strande gelegenen Gasthof, dessen Inschrift »Albergo imperiale del Pietro Giacomo Meyer« mit goldenen Buchstaben weit über den See schimmerte. Das hieß also Kaiserlicher Gasthof des Peter Jakob Meyer. Wie freute ich mich über den Namen Meyer, der mir hier auf Italiens Marmormauern entgegenglänzte; denn was knüpfte meine Erinnerung nicht alles an diesen guten spießbürgerlichen Namen. Alle guten Meyer in der fernen Heimat traten plötzlich wieder mit ihren gutmütigen Philistergesichtern, mit ihren Biergläsern in der Hand und Tabakspfeifen im Munde deutlich, wie sie leibten und lebten, vor meine Seele und nickten mir zu und schmunzelten auf alte Weise, daß mir wunderbar heimisch zu Sinn ward und daß ich für den Augenblick den klassischen Boden und alles, was mich umgab, vergaß und nur der Heimat gedachte. Wir traten jetzt ins Haus, und Herrn Meyers wohlgenährte Gestalt stand mit lederfarbenem Hausrock, mit Schlafmütze und langer Pfeife auf dem Hausflur. Er machte ein vergnügtes Gesicht, als er meinen deutschen »Guten Morgen« vernahm, und führte uns ins Gastzimmer. Ich konnte ihn nicht genug ansehen, diesen Herrn Peter Jakob Meyer, ein so prächtiges, ein so vollkommenes Bild eines echten deutschen Kleinstädters war die Figur des Pietro Giacomo, auch jeder Zoll ein Philister. Diese Neugier, diese ewigen Fragen, dies Wer? Woher? Wohin? Weshalb?, oh, es war köstlich, just wie ein alter hannoverscher Posthalter und dann das langgezogene

»So?«, »Ih« oder »Ach« auf jede Antwort. Der Doktor sprach wenig mit ihm und nur italienisch. »Na, und was wollen denn die Herren speisen?« sagte jetzt Herr Meyer. »Datemi una minestra, del pane, carne, e crauti« (Geben Sie mir eine Suppe, Brot, Rindfleisch und Gemüse – ein Essen, welches fast zu jeder Zeit in den italienischen Gasthäusern vorrätig ist), antwortete der Doktor.

»Si, Signore«, und schnell stand das Gewünschte da.

»So geben Sie mir auch so etwas«, sagte ich.

Suppe und Kohl, es war Broccoli, waren delikat, das Fleisch hatte wahrscheinlich einst einem alten Büffel, wie man sie in Italien zum Ziehen benutzt, angehört. Alles mit Parmesankäse gewürzt. Ich aß schnell, bezahlte (Herr Meyer hatte sich nicht versehen) und rollte in kurzer Zeit mit dem Doktor auf der großen Landstraße, welche Mailand mit Venedig verbindet, rasch dahin.

»Was haben Sie bezahlen müssen?«

»Einen Zwanziger«, erwiderte der Doktor.

»Wie ist das möglich?« versetzte ich verwundert, »ich mußte das doppelte bezahlen.«

»Wirklich?« schmunzelte er. »Nun, ich kann es mir schon denken. Hören Sie, ich will es Ihnen erklären. Nicht wahr, Sie bestellten Fleisch und Gemüse, und ich del carne e crauti. Herr Meyer versteht das eine eben so gut wie das andere, aber er macht's wie alle deutschsprechenden Wirte in Italien, er läßt sich sein Deutschtum, namentlich von seinen geliebten Landsleuten und vorzüglich von denen, die nicht fertig Italienisch können und ihm wohl kommen müssen, ein bißchen teuer bezahlen. Sehen Sie, so hängt die ganze Sache zusammen.«

Bei der kleinen Festung Peschiera hatten wir noch den letzten, aber herrlichen Anblick des Gardasees und der Tiroler Alpen, dann hören fürs erste alle großartigen Eindrücke auf, und die Lombardische Ebene dehnte sich endlos vor unsern Blicken. Einförmig zieht sich nur die Straße zwischen Mais-, Weizen- und Hirsefeldern dahin, und an beiden Seiten stehen Ulmen und Maulbeerbäume, alle von Reben umrankt und mit Reben zu einer einzigen langen Kette verbunden. Anfangs hat der klassische Anblick dieser »rebenvermählten Ulmen« für den Neuling etwas unendlich Anziehendes. So besangen es vor anderthalbtausend Jahren Horaz und Virgil und Theokrit, und so ist's noch heutigen Tages, und wohl nichts kann einen lebendiger erinnern, daß man sich auf klassischem Boden befindet, als diese Rebengehänge. War mir's doch immer, als ob noch die alte heilige Götterwelt herrschte, als ob die freudenreiche Zeit der Bacchanalien gekommen sei und der fröhliche Weingott seinen festlichen Triumphzug halten wolle ins Land, und darum hatte man alle Bäume umwunden mit Weinlaub und schönen, traubenbelasteten Rebengehängen, festlich von Stamm zu Stamm geschlungen, oder auch als ob die kleinen rund- und krausköpfigen Bäumchen sich wie lustige Kinder die Hände reichten und sich aufgestellt hätten zum fröhlichen Reigen und mir zunickten, als wollten sie sagen: Sieh doch, wie glücklich wir sind, daß wir unter einem so herrlichen, blauen Himmel grünen und blühen können. Ich war bezaubert von dem lieblichen Anblick.

Indes muß man ihn nicht zu lange genießen, um sich daran zu freuen. Eine Stunde mag's hingehen, aber wenn man nun so den ganzen lieben langen Tag oder wohl gar mehrere Tage nichts sieht als diese ewigen, einförmigen Baumketten, o da wird's langweilig, unbeschreiblich langweilig. An einigen Strecken der Landstraße stehen nur Pappeln, und da sollte man oft meinen, man wäre auf der ersten besten hannoverschen Chaussee, wenn nicht zuweilen eine einsame hohe Zypresse, ein paar Ölbäume und vor allem das charakteristische bunte Getriebe, diese leichtfliegenden Curriculi, die schwerfälligen Ochsenfuhrwerke, die Maultierkarren und beladenen Tiere, die reitenden Häscher und die herumschlendernden oder am Wege liegenden Müßiggänger an Italien erinnert hätten. Man glaube ja nicht, daß Italien ein einziger hesperischer Garten ist. Wie sehr die Italiener das Heitere und Bunte lieben, zeigt sich wohl nirgends mehr als auf belebter Landstraße. Der Vetturino und Maultiertreiber schmückt seine Tiere mit Federbüschen, Bändern, Schellenriemen, Messingplatten und dicken, roten Quasten, daß es aussieht, als ging's auf eine phantastische Schlittenfahrt. Ein Fuhrmann hatte sogar seinen Pferden hohe, bunte Fähnlein an den Kopf gesteckt, die lustig hin und her flatterten. Die Straße hallt vom Morgen bis zum Abend von dem ewigen Klingeln, Klappern, Rasseln, Geschrei und Gepfeife und anderem Lärm.

Castelnuovo ist die einzige Station vom Gardasee nach Verona. Wer einmal einen echt italienischen Schmutzort, wie nur ein flohgeplagter Nicolai ihn bejammern und verfluchen kann, sehen will, der lasse sich nicht die kleine Mühe verdrießen und reise nach Castelnuovo. Die Häuser sind so baufällig und zerfallen, die Bettler so zahlreich und zerlumpt, der Unrat so häufig und die mephitischen Düfte so durchdringend, daß man lieber schweigt als schildert. »Nicht zu glauben, ohne zu sehen« und für Ungläubige wohl eine Reise wert.-

Mein Doktor war ein ewig wechselndes Chamäleon. Bald ernst, bald heiter, bald anschließend, bald zurückgezogen, jetzt offen, jetzt geheimnisvoll, dann hausbacken-prosaisch, dann hochpoetisch, nun klar und verständig, nun schwärmerisch, in einer Stunde ganz Wärme und Herzlichkeit und in der nächsten wieder ganz Schroffheit und Kälte. Man konnte nicht klug aus ihm werden. Aber er besaß tüchtige historische Kenntnisse und hatte sich viel mit der Geschichte Italiens und vor allem des Papsttums beschäftigt, welche dann bald der Gegenstand unserer eifrigen Unterhaltung wurde. Vorzüglich interessant war es mir, in ihm zum erstenmal den strengen Katholiken über unsere protestantischen Geschichtsschreiber urteilen zu hören. Herrn Wolfgang Menzel (der sich doch so hegelfeindlich und so orthodox-wütig oder wütig-orthodox gebärdet) traf zuerst die Reihe, er kam am schlechtesten beim Doktor weg. Der nannte ihn unter heftigen Verwünschungen und Ausrufen des Ärgers verstockt und blind vor lauter Protestantismus und daher voller Parteisucht, sobald es die heilige Kirche beträfe. Ebenso fertigte er Rotteck ab, dessen großen Scharfsinn er indes anerkannte. Ranke mit seiner Geschichte der Päpste ließ er schon eher gelten; er habe wenigstens eine, wenn auch nur dämmernde Ahnung, sagte er, von der Herrlichkeit der Heiligen Römischen Kirche. Den querköpfigen historischen Akrobaten Leo in Halle wollte er dagegen fast in den Himmel erheben. »Oh, welch ein Mann ist dieser Heinrich Leo«, rief er mit freudiger Begeisterung, »wie tief hat er alle herrlichen Lehren und alles Schöne und Süße und Tröstliche erfaßt, was die beseligende Mutterkirche spendet in reicher Fülle, wie hat er alle goldenen Himmelsstrahlen aufgenommen mit warmer, offener Brust und wieder ausgestrahlt in schöner Verklärung, oh, welch ein seliges Versinken ist das in jene herrliche, blütenreiche Zeit, als noch die halbe Menschheit kindlich-gläubig am Herzen der Kirche lag, die alle umfaßte wie eine treue Mutter mit gleicher Liebe, als Millionen sich aufmachten in gleicher heiliger Begeisterung und hinzogen nach Jerusalems geweihtem Boden, um ihr Blut hinzugeben fürs teure Grab, als man tausend Meilen wallte, um nur einmal zu beten, wo der große göttliche Dulder gewandelt und geblutet und gebetet hatte. Oh, wie tief hat er das ganze herrliche, blühende Mittelalter verstanden und geschildert. Ich muß ihn einmal sehen, den trefflichen Mann, auf welchen Deutschland stolz sein kann.«

Das Gespräch kam auf die Reformation. Ich fragte begierig, was er über Luther sagen möchte. Er sah mich scharf an: »Sie sind Protestant und vielleicht selber Lutheraner; nun, da werde ich Ihre Pietät berücksichtigen und mich wohl hüten, alles zu sagen, was ich denke. Aber glauben Sie mir« – hier faßte er warm und innig meine Hand – »o glauben Sie mir, Luther mag immerhin sein Verdienst haben, aber unsägliches Unheil, die ganze Zersplitterung des Vaterlandes und jegliche Schwäche desselben verdanken wir keinem als ihm.«

»Nicht ihm. Warum war die Kirche so verderbt an Haupt und Gliedern? Warum wollten die Päpste keine Reform von Luther, warum verstockten sie sich in den von so vielen

Kirchenversammlungen bezeichneten Mißbräuchen? Hatte sich doch alles schon von selbst hingearbeitet in jener überreifen Zeit zu dem großen Reformationswerke, mußte doch über kurz oder lang die faule, wurmstichige Frucht vom alten Stamme herabfallen, wenn eine kräftige Faust ihn schüttelte. Aber selbst Luther dachte, als er erst gegen den Ablaß predigte, gewiß an nichts weniger als an die ungeheuren Folgen, er sah sich aber durch die allmähliche Gestaltung der Dinge von selbst in die Notwendigkeit versetzt, die Reformation zu beginnen und zu vollenden.«

Aber alles das ließ der Doktor nicht gelten und fuhr fort, auf Luthers unverzeihliche Heftigkeit, Rücksichtslosigkeit und auf seinen Jähzorn zu schmähen, indem er zuletzt voll inneren Schmerzes ausrief: »Nein, nein, die Entfernung einiger im Laufe der Zeit eingeschlichener Mißbräuche konnte er ja immerhin vornehmen, aber er hat auch alles Süße, Erquickende und Tröstliche entfernt und hat Tausende von warmen Herzen von der Mutter Kirche gerissen in ein trauriges, frostiges Dasein. Lassen wir indes das Gespräch über Luther.«

»Mißbräuche und Satzungen wären noch immer aus der römischen Kirche zu entfernen«, sagte ich, »diese Reliquien- und Heiligen-Verehrung, die Ohrenbeichte, das Fasten.«

»Das sagen Sie nicht«, versetzte er eifrig. »Die Verehrung der Heiligen, frommer Märtyrer ist ein Bedürfnis für gläubige Seelen. Und würden wir wohl so zum Nachdenken über unsere Sünden und Fehler gelangen, wenn wir sie nicht in Worte fassen und dem Priester sagen müßten? Und Fasten, das ist ja nur eine kleine Erinnerung an unsere Pflichten gegen die Heilige Kirche, mancher würde ihr entfernt werden ohne solche Gesetze. Und es ist auch ja leicht zu halten. Ich wüßte nie, daß ich die kleine Regel irgend jemals übertreten hätte.«

»Aber heut aßen Sie doch noch mit einem Appetit, der mich erfreute, Ihr Stück Büffelfleisch zum Kohl, während ich als Protestant es liegen ließ; es war mir wirklich zu zähe. Und wie Sie wissen, ist doch heute Freitag.«

»Wirklich?« rief er betroffen. »Tat ich das? ja, wahrhaftig, ich hab's gegessen. Nun, ich versichere Sie, daß ich wirklich nicht an den heutigen Freitag dachte, der Himmel wird's mir wohl vergeben, was ich arglos beging. Weiß Gott, ich dachte nicht daran.« Er konnte sich noch immer nicht beruhigen.

Indes hatte sich bereits die Nacht über die Gegend gesenkt, und der Mond war aufgegangen, als wir die dunklen Mauern, die Kastelle und Türme des alten Verona von ihm angestrahlt vor uns liegen sahen.

Leser, bist du ein Deutscher und willst dich in Verona behaglich fühlen, so kehre in den Gasthof Colomba ein, das soll dich nicht gereuen. Ich bin lange nicht so angenehm überrascht worden, als wie ich am Abend des 26. September mit dem Doktor durch die öden, dunklen Straßen des alten Verona wandelte, dann durch das düstere Vordergebäude des Gasthofs ging und nun plötzlich in den hellerleuchteten, reizenden inneren Hof desselben trat. Uns beiden entfuhr zu gleicher Zeit ein staunendes Ah! ob des köstlichen Anblicks. Ein Marmorpflaster bedeckte den Boden, Marmorsäulen trugen an den Seiten des Hofs erhöhte Arkaden, auf ihren Stufen blühende Orangen, Oleander- und Myrthengebüsch, und ein heller Kerzenschimmer hinter den Säulen stach wunderbar ab gegen das bleiche Mondlicht, das den Hof beleuchtete. Unter den Arkaden aber war Lust und Leben. Ein Guitarrenspieler sang eben eine süß-schmerzliche Romanze. Kellner liefen hin und her, und an langer, wohlbesetzter Tafel zechten österreichische Offiziere und Unteroffiziere in traulicher Gemeinschaft. Es waren alles Artilleristen und ganz prächtige Leute, mit denen ich schnell bekannt wurde. Der vierschrötige Wirt, ein gemütlicher Schwabe, ging ab und zu und rieb sich vergnügt die Hände. Und nun die wohlschmeckende Polenta (eine Speise aus Maismehl), die wohlschmeckenden Salami, zart und rosig wie eine Göttinger Mettwurst, und vor allem der köstliche vino santo, süß und berauschend wie Nektar. Ich habe einen Abend verlebt, wie nur deutsche Gemütlichkeit und italienischer Sinnengenuß ihn zu würzen vermögen.

Am nächsten Morgen, als ich gerade beschäftigt war, den kleinen freundlichen Hof in mein Skizzenbuch zu zeichnen, trat der Wirt mit einer andern Gestalt, die zu merkwürdig war, als daß ich sie übergehen könnte, auf mich zu. Fern oder bei Nebel betrachtet hätte man die Gestalt für eine gewaltige, vollgewickelte Spindel angesehen, so schwoll in einer Wellenlinie, die einen Hogarth entzückt hätte, in der Mitte das stattliche Bäuchlein, so war nach oben und nach unten der possierliche Kerl lang ausgezogen, dessen unteres Ende die spitzen Saffianpantoffeln und dessen oberes Ende ein spitzer Mailänder Strohhut bildeten. Auch den Kopf kann ich nicht übergehen, diese zarten, schwarzen Hängelöckchen, die kleinen, blinzelnden Mäuseaugen und das winzige Näschen, welches erst so schüchtern und bescheiden hervortrat, dann aber plötzlich scheu zurückstutzte vor den beiden riesigen Vatermördern, die sich drohend in einem Winkel von fünfundvierzig Grad aus dem Dunkel der Binde erhoben, während der Mund, dessen Lippen einander unaufhörlich liebkosten, ein halbahnendes Lächeln umspielte. Nehme man dazu noch den hellblauen Frack, spitz wie ein Schwalbenschwanz und mit großen, blanken Knöpfen besetzt, und endlich die gelbe Weste, so hat man den Kerl, wie er leibt und lebt.

»Wollen Sie heute die Merkwürdigkeiten der Stadt sehen?« sagte jetzt der Wirt zu mir. »Ja, das wollte ich«, versetzte ich, in der festen Meinung, er führe mir eine derselben entgegen. »Nun, dann haben Sie hier in dem Herrn Antonio Grandis einen kenntnisreichen Cicerone.«

»Ja, Signor«, nahm jetzt derselbe das Wort, »wollen Sie unser hochberühmtes Verona sehen, ich meine, wollen Sie es genießen, verstehen, anschauen in all seinen Eigentümlichkeiten, so müssen Sie nur mich zum Führer nehmen. Glauben Sie nicht, daß ich oberflächlich und seicht bin wie jene zudringlichen Kerle, welche die Reisenden scharenweise belagern und plagen, nein, sehen Sie, ich habe förmlich studiert, ehe ich Cicerone wurde, sehen Sie, ich kenne die Geschichte der Stadt, ihrer Kirchen, ihrer Familien aufs genaueste bis in die geheimsten Verzweigungen. Aber ich will nicht prahlen, will mich nicht aufdrängen, ich bin bescheiden.«

»Nun, dann kann ich ja nicht besser wählen«, sagte ich lächelnd und fing an, mit ihm zu unterhandeln. Der Doktor hatte freilich einen Widerwillen gegen alle handwerksmäßigen Führer, ließ ihn sich indes gefallen, um ihn wenigstens als Wegweiser zu gebrauchen, und so traten wir denn mit Antonio Grandis unsere Wanderung an. Unwillkürlich mußte ich an die Worte des greisen Servitenpaters Johannes im Kloster zu Innsbruck denken, als ich die düsteren, stillen Straßen der Stadt durchwanderte. »Alt und schön und ernst ist Verona«, sagte er zu mir beim Abschied, und in diesen wenigen Worten hatte er den ganzen Charakter der Stadt geschildert. Selten gibt es wohl eine Stadt, welche in ihrem Gesamteindruck wie zugleich in allen ihren Einzelheiten so durchaus malerisch und so voll Einheit wäre, ohne eben einförmig zu sein, wie Verona. Da ist kein modernes, naseweises Gebäude, kein neues Tor, nichts ist, was die Harmonie stören könnte. Alles ist altbraun, ehrwürdig und echt italienisch, alles gehört einer großen Vergangenheit an und ragt nun ernst und mahnend an schönere Zeiten in die Gegenwart. Verona besitzt ebensowohl Denkmale des klassischen Altertums wie der Völkerwanderung und des Mittelalters, und es knüpfen sich an seine Mauern Namen, die in ewige Zeiten hineinstrahlen werden. Hier stand die Wiege der beiden Plinius, des Catull, des Cornelius Nepos und Vitruv, hier wurden Paul Caliari (Paolo Veronese), Maffei und Julius Scaliger geboren.

An das alte, berühmte Geschlecht der Scaliger, welches einst wie in Mantua die Gonzaga, in Florenz die Medici, in Mailand die Visconti und Sforza, in Verona waltete und die halbe Lombardei beherrschte, wird man fast bei jedem Schritte erinnert. Von der alten Stadtmauer, vom Castel vecchio, von den Etschbrücken, überall blickt die Scala, die Leiter, das Wappen des gewaltigen Geschlechtes, das alle diese Bauwerke schuf, auf den staunenden Beschauer nieder. Tief im Herzen der Stadt liegt der Palast der Scaliger, ein großes, düsteres Gebäude und zu vielen Zeiten erbaut, ein seltsames Gemisch gotischer und italienischer Bauart. Drohte aber ein feindliches Heer der Stadt, so hatten die Scaliger ihren festen Platz im Castel vecchio, das, geschmückt mit drei hohen Türmen, mit Zinnenkronen hart an die Etsch stößt, welche die Feste unmittelbar von der Rückseite bespült. Eine 448 Fuß lange Brücke schwingt sich in drei gewaltigen ungleichen Bögen über den rauschenden Strom Sie diente, wenn schon das Kastell erobert wurde, zu sicherem Rückzug; kein Fuß betritt sie jetzt, daher sie überall mit Moos und Gras bewachsen ist. »Sehen Sie, Signor«, sagte unser Cicerone, sich stolz in die Brust werfend, »zögen wir Veroneser es nicht vor, bescheiden zu sein, statt Prahler und Scharlatane wie die Venezianer, so wäre diese Brücke weltberühmt. Ist doch ihr größter Bogen noch vierundzwanzig Fuß weiter als der des Rialto, von dem man soviel Geschrei macht. Aber, wie gesagt, wir sind würdig und bescheiden.« In der Tat ist aber auch bei der geringen Höhe die ungeheure Weite des Bogens, der sich leicht und kühn über den Fluß streckt, staunenerregend. Nicht weit davon war eine andere Brücke. Sie ist eingestürzt durch eine gewaltige Sturmflut, und nur noch die Trümmer von zwei gewaltigen Pfeilern, kaum aus den Fluten ragend, zeigen den Ort, wo sie stand. Wem sollte es wohl einfallen, beim Anblick dieser Trümmer an einen gefeierten deutschen Dichter zu denken. Wieviele Deutsche mögen gedankenlos daran vorübergegangen sein, und doch kennt fast jeder die Geschichte vom Einsturz dieser Brücke in Bürgers »Lied vom braven Mann.«

Und nun ein Gang zu den letzten, prunkvollen Überresten des großen Geschlechtes der Scaliger, zu ihren Gräbern, die alle den kleinen, vergitterten Hof vor der Kapelle von Santa Maria antica einnehmen. Da erheben sie sich mehr oder minder prächtig, einst aus weißem Marmor aufgeführt, aber nun moosig und grau wie Sandstein, und tragen alle stolze, prunkende, oft hochpoetische, oft ans Lächerliche streifende Inschriften. Fast alle Gebeine ruhen über der Erde, teils in einfachen, unmittelbar auf dem Boden stehenden, teils in hohen, säulengetragenen Sarkophagen, die oft zehn bis zwanzig Fuß von der Erde entfernt sind. Gotisch ist der allgemeine Stil derselben, doch sind einige, namentlich das prächtigste von allen, das Grab des Cansignorio, gestorben 1375, welches er sich noch bei seinen Lebzeiten von Bonini errichten ließ, so mit einem Wust von Zieraten byzantinischer, gotischer, italienischer und antiker Art überladen, daß es bei aller Pracht und Verschwendung einen unangenehmen Eindruck gewährt.

Die zahlreichen Kirchen Veronas stimmen ganz mit dem düstern Charakter der Stadt überein. Fast alle sind uralt und zeigen noch ganz in ihrer Anlage die altchristliche Basilika. Ihre Fenster sind durchgehends sehr klein und lassen nur ein schwaches Licht ins Innere fallen, ein schwerer, seidener Damastvorhang wallt vor dem Eingang, und so herrscht drinnen beständig ein brütendes, mystisches Halbdunkel, in dem geisterhaft und unheimlich die Altarkerzen schimmern.

St. Zeno mit seinem gewaltigen Erzturm voll uralter, höchst unvollkommener Basreliefs und St. Bernardino sind die ältesten und finstersten von allen. Neu aber und ganz prächtig ist in letzterer die bekuppelte Kapelle Pellegrini, welche ganz mit herrlichen Skulpturen aus blendend weißem Carraramarmor bekleidet ist. St. Anastasia ist die reichste und prachtvollste aller Veroneser Kirchen. Sie bildet den Schluß des Corso, jener großen, marmorgepflasterten Straße, welche die halbe Stadt der Länge nach durchschneidet, und ist ein seltsames Gemisch byzantinischer, gotischer, italienischer und antiker Bauart, doch herrscht das Byzantinische vor. Von allem Schönen und Prächtigen, das dieser Tempel hegt, ist mir nichts mehr aufgefallen als ein Fries, der die Nische eines der beiden östlichen Nebenaltäre umgibt und mit herrlichen Basreliefs von weißem Marmor geschmückt ist. Tragische und komische Masken, Satyrköpfe, Zentauren, Bacchanten, Herkules im Kampf mit dem Eber und dem Löwen, Widderköpfe, Thyrsusstäbe, Efeu und Weinlaub, alles das schlingt sich in köstlicher Unordnung um den ganzen Altar, dessen leidender Christus seltsam genug mit diesen heiteren Gegenständen einer blühenden Mythenzeit kontrastiert.

Die Kanzel ist fast überall in Italien nicht wie bei uns ein bloßer Rednerstuhl, sondern ganz nach Art der altchristlichen Ambonen eine lange, mit einer Brustwehr versehene Rednerbühne, auf der die Priester mit einem Feuer, einer Lebendigkeit und einem Pathos, das oft zur völligen Karikatur übergeht und dessen Nachahmung ich keinem unserer Redner anraten möchte, predigend hin- und herlaufen, bald hierhin, bald dorthin springen, jetzt langsam auf- und niederwandeln, jetzt wütend auf die Brüstung trommeln und nun von diesem, nun von jenem Ende herunter dem Volke seine Sündhaftigkeit vorhalten oder ihm gräßlich schreiend die Qualen des Fegefeuers und der Hölle begreiflich machen. Es gehört für den Nordländer wirklich etwas dazu, dabei ernst zu bleiben.

Unter den Zuhörern geht es während der Zeit auf das ungenierteste zu. Betsitze gibt es in allen italienischen Kirchen nicht. Man holt sich vom Eingange einen der hölzernen, strohgeflochtenen Stühle, die dort zu hohen Haufen getürmt sind, rückt dann dem Prediger so nahe man kann und hört zu, solange es einem gefällt. Meistens saß man fünf bis sechs Minuten und brachte dann den Stuhl wieder an seinen Platz. Die zahlreichen Fremden besehen während des Gottesdienstes unbehindert die Kunstwerke, und wenn auch zehn Messen gelesen werden. Es ist daher bis drei Uhr nachmittags, wo sie geschlossen werden, in den Kirchen eine ständige Bewegung. Am nächsten Tage wollte man das Weihfest der Kirche Anastasia begehen und war eifrig beschäftigt, sie festlich zu schmücken und herauszuputzen. Die Seitenkapellen bekamen Umhänge von roten, weißen und blauen Seidenstoffen, die schön durcheinander geschlungen waren, alle Säulen des Schiffes kostbare Überzüge von schwerem, purpurnem Seidendamast, die Kapitäle wurden mit Goldbrokat umwickelt, und vor den Hochaltar setzte man köstliche Antependien von vergoldetem Silber, in dem Edelsteine blitzten. Hohe Blumensträuße dufteten und prangten vor jedem Heiligenbilde und eine Unzahl Kerzen auf den Altären. An einen ernsten Eindruck war nicht zu denken, die Kirche sah ganz aus wie ein Konzertsaal, den man zu einem Zweckessen hergerichtet hat.

Von den Gemälden aller dieser Kirchen habe ich wenig genossen. Nicht nur die Dämmerung, die überall herrscht, erschwert es, sondern die Bilder selbst sind meistens so gedunkelt, daß man Mühe hat, sie zu verstehen. Selbst dem berühmtesten aller Veroneser Bilder, der Himmelfahrt Maria in der Kathedrale, geht es so. Doch strengte ich mich an, es aufzufassen. Die Heilige schwebt langsam empor und blickt fast schmerzlich lächelnd hernieder auf die Erde und auf die Jünger, die teils staunend, teils anbetend die verlassene Gruft umgeben. Der Gedanke, daß Maria zur Erde und nicht wie bei allen andern sehnsuchtsvoll und begeistert zum Himmel blickt, ist vielleicht einzig in seiner Art. Tizian selbst faßt sie in dem berühmten venetianischen Bilde, das Platen in seinem Sonett besingt, gen Himmel schauend auf. Die Färbung ist mild und weich, hat aber durchaus nicht das Frische, Leuchtende und Glühende der venetianischen Schule. Ich zweifle sehr, daß es echt ist. Die größten Kunstschätze sind nach Venedig gewandert, als es noch Macht und Reichtum besaß, während Verona längst gesunken war, und so mag nicht viel Bedeutendes zurückgeblieben sein, wie sehr auch die Veronesen das, was sie noch besitzen, zu erheben suchen. Sogar äußerst selten stößt man auf ihren eigenen Paul Veronese.

Mit tiefer Ehrfurcht betrat der Doktor alle Kirchen, aus jedem Weihbecken sich netzend, vor jedem Madonnenbilde sein Haupt neigend und bei jedem Kruzifix sich bekreuzigend, indes der Cicerone immerfort ins Blaue hineinschwatzte, unbekümmert darum, ob man auf ihn hörte oder nicht, ungefähr in folgender Weise:

»Sehen Sie, meine Herrn, dies ist nun die Kirche St. Bernardino, eine der reichsten in Verona, sie ward erbaut in den Jahren – – ich weiß gerade nicht mal wann, von – von – – von dem berühmten – – will mir just nicht beifallen, von wem.«

Am redseligsten wurde er vor den Gemälden. »Dieses herrliche Bild hier, Signor, stellt die Kreuzigung Christi vor. Der da in der Mitte am Kreuz ist unser Herr Christus selbst, ihm zu beiden Seiten die Schächer, da unten die weinende Gestalt, das ist die

Mutter Gottes, hinter ihr die Jünger, ausgenommen Judas, der sich bekanntlich erhängt hatte, und im Hintergrund die bewaffneten Männer sind die Kriegsknechte.« Es fehlte bloß noch, daß er nicht auch noch ein: »Hinten scheint die Sonne« hinzufügte, um eine echt Glasbrennersche Guckkastenerklärung abzugeben.

»Aber von wem ist das Bild gemalt?«

»Das ist von – von – Diavolo! das will mir wieder nicht einfallen.«

An einem Ende der Piazza Lera liegt Veronas bedeutendste Merkwürdigkeit und das Ziel aller Touristen, die Verona besuchen, das römische Amphitheater, hier nur schlechtweg die Arena genannt. Es ist das erste römische Bauwerk von Bedeutung, das den von Norden Kommenden in Italien begrüßt. Würdevoll, malerisch, massenhaft und imponierend durch Ernst und Größe, erhebt es sich mit seiner doppelten Bogenreihe. Der rote Marmor, aus dem es erbaut ist, hat durch die Zeit eine schöne violett-graue Färbung erhalten, hoch ragt ein Teil der Mauer, die einst mit drei Bogenreihen das Ganze umgab, an einem Ende, und aus den Marmorritzen wuchern Kräuter und Gras und kleines Gesträuch und erhöhen den malerischen Anblick. So steht nun das riesige Werk in seiner tausendjährigen Ruhe da und würde, wenn es nicht mitten in der lebendigen Stadt läge, gewiß einen noch viel großartigeren Eindruck hervorbringen. Eine einsame, waldige Gegend, eine öde, grabesstille Campagna, das wäre der rechte Ort dafür. Der ernste Eindruck wird aber noch mehr beeinträchtigt durch die vielen Handwerker, die sich parasitisch in die unteren Höhlungen eingenistet haben und dort lustig ihr Gewerbe treiben. Hier leuchten die sausenden Flammen der Schmiede, dort fliegen die Späne des Tischlers, in dieser Zelle wird mit Macht geschustert, in jener bieten Petrefakten- und Galanteriehändler ihre Waren feil. Es ist lustig anzusehen, wie dieses ganze alte Gebäude lebt und webt. Die Stadt vermietet jene alten Höhlungen, um den Ertrag zur Erhaltung des Ganzen zu verwenden. Endlich hat sich durch den Schutt und Staub eines Jahrtausends der Platz rings umher so erhöht, daß nun das Amphitheater bedeutend niedriger liegt, wodurch wiederum der Eindruck seiner Größe sehr geschwächt wird.

Das ist der Anblick von außen. Sowie man aber nur das Innere betritt und vorzüglich wenn man sich auf die oberste der 45 Sitzreihen stellt, bietet sich ein Anblick, der staunenerregend und mit nichts zu vergleichen ist, wenn man nicht mit dem originellen Dickens an einen riesigen, flachen umgekehrten Strohhut denken will. Nichts ist jetzt mehr Ruine, nichts moosig und zerfallen. In schlankem Oval laufen alle Terrassen von Marmorplatten um die eigentliche Arena (den Kampfplatz), welche zu dem ungeheuren Ganzen gar klein und unbedeutend aussieht, obgleich sie eine ansehnliche Größe hat. Von allen antiken Amphitheatern, die auf unsere Zeit gekommen sind, ist dies das wohlerhaltenste. Trotz seines tausendjährigen Alters kann alle Tage wieder nach alter Weise ein Schauspiel darin gehalten werden. Achtzigtausend Menschen faßt es und muß gefüllt mit der wogenden Menge einen gewaltigen Eindruck machen. Jetzt aber war's ganz leer, öde und totenstill, ich wandelte einsam auf den marmornen Sitzen einher, die einst erdröhnten von Getöse und wildem Beifallsjauchzen; in der Arena wuchs Gras, und ein paar friedliche Ziegen weideten, wo einst arme, verzweifelt kämpfende Sklaven, wutgestachelte Bestien und zuckende, halbzerrissene Menschen- und Tierleiber auf blutgerötetem Boden ein würdiges Schauspiel für die entmenschte, tigerherzige Menge bildeten.

In neueren Zeiten sah man das Theater bei Anwesenheit Josephs II., beim Besuche des Papstes Clemens XIV. und im Jahre 1822 bei Gelegenheit des Kongresses gefüllt, aber zu friedlicheren, unschuldigeren Spielen, und namentlich gewährte es zu Ehren des Papstes einen Anblick, der wohl schwerlich an Glanz und Eigentümlichkeit seinesgleichen gehabt hat. Man gab nämlich an einem schönen Sommerabend Fechterspiele, Wettfahrten und Aufzüge nach altrömischer Weise. Es hatte jeder freien Zutritt, der eine brennende Wachskerze von bestimmter Länge trug. Der weite Raum füllte sich mit seinen Tausenden und gab den Anblick eines einzigen weiten, wallenden Lichtmeeres, dessen Glanz noch in den Nachthimmel hinstrahlte, und, wie Berichte sagen, gleich einer Feuersbrunst stundenweit zu sehen war.

Das zweite, ebenfalls gut erhaltene römische Bauwerk von einiger Bedeutung ist der Triumphbogen des Kaisers Gallienus, jetzt die Porta Borsari genannt. Um mich in der rechten Stimmung zu erhalten, besuchte ich es gleich vom Amphitheater kommend. Ohne bedeutende Größe, indes zierlich und geschmackvoll im einzelnen, spannt es sich in drei Stockwerken aufsteigend quer über die Straße. Der untere Absatz hat zwei weitere Torbögen, jeden unter einem säulengetragenen Frontispiz; die oberen Stockwerke dagegen sind ganz durchbrochen von lauter kleinen Bögen, in denen vielleicht einst Statuen standen, dazwischen ziehen sich noch zierliche Säulchen und Pilaster empor, und so bekommt das Ganze eine flüchtige Ähnlichkeit mit einem Aquaeduktfragment.

Belegt mit großen Marmorquadern zieht sich der Corso, die ansehnlichste und längste Straße Veronas, mitten durch die Stadt. An ihr oder doch in ihrer Nähe liegen die schönsten Paläste, der Canossa, Bevilacqua, Maffei und andere. Obgleich sie fast alle leer und öde stehen, hielt es doch einigermaßen schwer, ins Innere zu gelangen, und ich mußte mich daher mit dem äußeren Anblick begnügen. Aber auch das war schon ein echter Kunstgenuß, und ich habe nun ihren Schöpfer, den trefflichen San Michele oder, wie der gemeine Veroneser ihn nennt, Samigelli, hoch schätzen gelernt. Die meisten dieser Paläste umgeben einen kleinen inneren, viereckigen Hof, in dessen Mitte entweder eine Statue steht, ein Springbrunnen rauscht oder einige Blumenbeete angelegt sind und zu denen fast immer ein offener römischer Torweg hineinführt. Voll reicher Skulpturen, zierlicher Säulen und schlank geschwungener Rundbögen erhebt sich die Front und zeigt, mit welcher Meisterschaft und welchem Geschmack der Architekt so viel antikes Einzelne zu einem harmonischen modernen Ganzen zu verschmelzen vermochte. Endlich erhöhen noch das hellgrüne Moos, das auf jedem Vorsprung wächst, und der sanfte grünlich-graue Ton, den der weiße Marmor mit der Zeit angenommen hat, ungemein die malerische Wirkung. Die meisten sind immer verschlossen. Grabesstille herrscht im Inneren.

Was Palladio für Vicenza und Venedig, Michelangelo für Florenz und in neuester Zeit Schinkel für Berlin und Gärtner und Henze für München waren, ist einst für Verona San Michele gewesen, dessen Stolz und Freude es war, seine Vaterstadt mit köstlichen Bauwerken zu schmücken, und so ist's auch natürlich, daß wiederum die Veroneser stolz auf ihn sind. Alle Augenblicke blieb mein Cicerone stehen und sprach, sich mächtig in die Brust werfend: »Signor, blickt her, auch dieses ist von unserem San Michele.«

So ernst und düster und schweigsam das steinerne Verona erscheint, so heiter und bunt stellt sich das lebendige dar und bildet daher mit jenem einen seltsamen, aber anziehenden Kontrast. Das Volk treibt sich von früh bis spät auf den Straßen herum. Überall ertönt Geschrei, Gelächter, Pfeifen und Singen, das weit in die Nacht hinein dauert. Viele Handwerker, namentlich Schuster und Schneider, arbeiten im Freien, und Läden und Werkstätten sind alle ihrer ganzen Breite nach offen, daß man von der Straße aus alles sehen kann, was darin vorgeht, und die Werkstätten machen sich namentlich abends, wenn das Innere erleuchtet ist, ungemein freundlich. Sie sehen dann und vorzüglich wenn der Vorhang, der sie vor Nässe und kalter Witterung schützt, zu beiden Seiten halb zurückgeschlagen ist, ganz aus wie kleine Schaubühnen, auf deren Brettern eben ein Stück aus dem Volksleben gespielt wird. Reizend sind auch die kleinsten und ärmlichsten Kaufläden. Dem Italiener wohnt eben ein angeborener Schönheitssinn inne, der ihn lehrt und treibt, auch den allerunansehnlichsten Sachen einen Anstrich von Nettigkeit zu geben. Selbst die Läden, in welchen Eier, Käse und Fettwaren verkauft werden, überraschen den Norddeutschen, der nur unsere unsauberen und unappetitlichen Käseläden kennt, durch ihre Symmetrie und Sauberkeit. Ihre Eierpyramiden türmen sich, mit grünem Moos durchlegt, zu beiden Seiten des Ladentisches, die Butter ist zierlich mit Blättern und Blüten besteckt, das Schmalz in hohen, vasenförmigen Gefäßen und endlich die ganze Bude mit kleinen, weißen Ziegenkäschen, perlartig auf eine lange Schnur gereiht, allerliebst umhängt. Indes das heiterste, malerischste und lebenvollste Bild der Stadt bieten die Marktplätze mit ihrer unendlichen Fülle von allen möglichen Erzeugnissen des Landes, alles in einer Schönheit, Frische und Vollkommenheit, die das Auge entzücken können.

Da liegen auf dem Boden die herrlichsten Melonen und riesige Kürbisse hochaufgeschichtet wie Kanonenkugeln, dort tellergroße Zwiebeln, überall Knoblauch, das unentbehrliche Gewürz der Südländer, und auf den Tischen hohe Haufen scharlachner Paradiesäpfel, die weithin prächtig aus der Menge von Trauben, Feigen, Granatäpfeln und Mandeln herausleuchten, während fast an allen Straßenecken die Feuer der Kastanienbrater knattern. Dazwischen schwatzend, feilschend, lärmend und schmausend die bunte, wimmelnde Menge.

Seine wenigen Bedürfnisse kann das Volk leicht befriedigen und schlendert dann sorglos in heiterem Müßiggange, im echten dolce far niente umher. Viele essen gar nicht zu Mittag und halten überhaupt keine bestimmte Mahlzeit. Ist ihnen der Tisch doch überall gedeckt. Eine Tasche voll gerösteter Kastanien kostet kaum einen Kreuzer, eine halbe Wassermelone, ein Weizenbrot vom feinsten Mehle, zwar hart, aber blendend weiß und wohlschmeckend und von der Größe einer Faust, nicht viel mehr. Kurz, fast alle Lebensmittel sind so fabelhaft wohlfeil, daß man für sechs Kreuzen eine gute, nahrhafte Mahlzeit erhält und zum Nachtisch obendrein noch eine Traube oder ein Glas Wein dazu haben kann. Hervorstechende Volkstrachten sieht man wenige. Die Männer gehen meistens in Hemdsärmeln und spitzem grauem Filzhut mit breiter Krempe, die Frauen aber tragen alle einen langen Schleier, der, von einer Nadel im Haare gehalten, bis auf die Knie niederwallt und die Gestalt einhüllt. Bei den Niederen ist er weiß, oft nicht viel feiner als Leinwand, bei Vornehmeren nie anders als von schwarzer Farbe und geheftet mit langer, kostbarer Goldnadel, an der oft Edelsteine blitzen. Und beiden steht diese einfach schöne Tracht vortrefflich. Denn erhöht der weiße Schleier das sonnengebräunte Gesicht und die glänzend schwarzen Locken und Augen der Contadina, so erscheint dagegen der zarte Teint der Weiber höherer Stände durch den schwarzen Flor noch feiner und frischer. Dann habe ich noch bemerkt, daß man fast durchgängig Stoffe von nur einer und meistens lebhafter Farbe trug. Geblümte, gestreifte oder gewürfelte Zeuge kommen selten vor, dagegen leuchten gar häufig Kleider von granatroter, gelber und cyanblauer Seide aus der Menge.

Man begegnet vielen schön gebauten, schlanken und unter Vornehmen oft wahrhaft herrlichen, schwungvollen Gestalten, mit einem Antlitz, in welchem Adel mit Leben gepaart sind. Doch muß man keine üppige, glutenbelebte Römerin und Neapolitanerin erwarten. Auch blonde Lockenköpfchen treten einem entgegen, und tiefblaue Augen winken einem so freundlich zu, daß man sich im lieben Vaterlande glauben sollte. Wenn der Abend niedersinkt, wenn die Luft kühler wird und die Ave-Maria-Glocken geläutet haben, sieht man häufig Spinnerinnen mit Röcken und Spindeln zu fünf oder sechs in Gruppen vor den Häusern stehen, unter den Arkaden schlendern oder auf den Treppen sitzen. Ich konnte den Blick nicht von ihnen wenden, ich habe mich wahrhaft ergötzt an den zierlichen graziösen Bewegungen, mit denen man das einfache mittelalterliche Werkzeug handhabte. Wie vollkommen und zweckmäßig immerhin unser Spinnrad sein mag, angemessener, ungemein malerischer und poetischer ist die Spindel, bei der das Weib die ganze Anmut, Gewandtheit und Leichtigkeit seiner Bewegungen entfalten kann. Die Linke hält hoch den buschigen Rocken, indes die Rechte die Spindel schnellt, welche nun kreisend und den Faden nachziehend langsam niedersinkt. Kaum hat sie den Boden erreicht, ist sie auch schon wieder oben durch den Schwung der Hand der Spinnerin, die rasch den Faden aufwickelt, ihn festhakt und die Spindel wieder zum schnurrenden Laufe fortschnellt. Wie unser Spinnrad, bei dem man still und sittsam den ganzen Tag verharren muß, für die ehrsame Nordländerin geschaffen ist, scheint die Spindel durchaus der lebendigen, feurigen Tochter des Südens anzugehören, deren Temperament sie selten lange an einem Orte läßt.

Der letzte Tag, den ich in Verona verlebte, ein Sonntag, zeigte mir noch einmal die alte, schöne Stadt in allen ihren Eigentümlichkeiten und bot mir eine Fülle reicher Genüsse. Der Morgen, klar, warm und sonnig, weckte mich durch ein heiteres, vielstimmiges Gebimmel, das von allen Türmen in die blaue Luft hineintönte und die Gläubigen zur Frühmesse rief. Ich sage: ein heiteres Gebimmel; denn alle Glocken sind nur klein und haben eine helle, hohe Stimme, daß das Geläute nicht wie von unseren Domen ernst, feierlich und beruhigend, sondern ganz dem italienischen Elemente gemäß mehr heiter, ja fast lustig klingt. Aber der ganze katholische Kultus mit seinen goldenen Meßkleidern und blumigen Altären, mit Weihrauchduft und Kerzenschimmer, mit seinen herrlichen Madonnenbildern und süßen Christkindern, mit seinen brausenden Jubelhymnen und kindlichen Ave Marias, und namentlich in Italien, ist ja bunt und heiter und warm wie der schöne Himmel, der ihn umstrahlt.

Das mannigfachste, lebendigste Treiben herrschte auf allen Straßen und Plätzen. Tausend weiße und schwarze Schleier wallten im Morgenwinde, tausend Scharlachröcke und Schnürmieder mischten sich unter die schwarzen Seiden- und Samtkleider der Nobili, und ganze Scharen geputzter Landleute strömten zu den Toren herein, erst ihre Blumen und Früchte zu verkaufen und dann die heilige Messe zu hören.

Bis zehn Uhr war noch Frucht- und Gemüsemarkt, die Feuer der Kastanienröster flammten, die Fruchthaufen lockten, die Sträußemädchen boten ihre duftenden Blumenbüschel an, alle an ein spannenlanges Stäbchen gebunden, dann wurden die Körbe beiseite gestellt, der Platz gereinigt, und alles strömte zum Hochamte, dessen hehre Orgelklänge und Sängerchöre aus jeder Kirche drangen.

Es hat doch etwas unaussprechlich Seliges, in einer katholischen Kirche zu träumen und nachzuhängen seinen Phantasien und Gefühlen. Das genoß auch ich an diesem Morgen in den reichen, dämmernden Räumen der Anastasia-Kirche. Die Kerzen schimmerten, blaue Weihrauchwolken zogen leise durch das hohe Gewölbe, hier und dort ein hehres Marienantlitz traumhaft verhüllend oder wie eine Glorie umgebend; und ich, gelehnt an eine Marmorsäule, einsam unter der stillmurmelnden, knieenden Betermenge. Das Hochamt hatte begonnen. In hehren Klängen wogte die Orgel ein schönes Präludium, schwieg, und das Orchester fiel ein. Schmeichelnde Geigen, schüchterne Flöten wechselten mit mächtigen Posaunentönen und langen, dumpfen Paukenwirbeln. Gewaltiger und gewaltiger wurden die Tonmassen, himmelanschwellend, markerschütternd durchdonnerten sie die weiten Gewölbe, daß einem das Herz erbebte. Auch sie verhallten, und die Sänger begannen. Erst der Chor der Frauen, schöne Sopran- und Altstimmen, kindlich flehend und selig schwelgend. Ernst und feierlich mischte sich der Männerchor darein, und immer schöner, immer sehnender, immer beseelter ward der heilige Hymmnus und brach ab auf seinem höchsten Gipfel des Entzückens, ein überseliges Ach aus tiefster Seele gerufen, ein Hinsinken vor dem himmlischen Strahl. Ganz still war's dann wieder. Vom Hochaltar tönten die Worte des Priesters, langgezogen, monoton und ernst. Dreimal ertönten sie, und dreimal antworteten die Sänger mit einem freudigen Amen, bis wieder Orgel und Instrumente einfielen und nun vereint Sänger und Musik ein lautes, jubelndes, stürmendes Gloria Deo in excelsis erschallen ließen. Da verschwand alles um mich her, da war's, als ob das Kirchengewölbe zerbarst und sich auftat vor dem großen Gotteslichte und die Seele auf den Schwingen der Töne und den Wolken des Weihrauchs überselig hinaufschwebte zum blauen, strahlenden Himmel, da war's eine Seligkeit niederzustürzen und die Tränen einer nie geahnten, zernichtenden Wonne zu weinen.

»Ei, wie so ernst und gedankenvoll, mein junger Freund«, sagte mit eigentümlichem Lächeln auf mich zutretend der Doktor, als das Hochamt vorüber war und ich noch immer tief ergriffen an der Säule lehnte. »Sind Sie wirklich so bewegt, oder ist Ihr Herz leer ausgegangen und sehnen Sie sich vielleicht nach den Kirchen der Heimat?«

»Kommen Sie«, sagte er dann, als ich seine Frage unbeantwortet ließ, »sehen Sie wohl jenen Altar dort mit dem marmornen Christus am Ölberge? Denken Sie, an diesem Altar ließ der Kaiser Franz bei seiner Anwesenheit am hiesigen Kongreß seine Messe lesen und verrichtete seine Gebete. Und welche Kälte weht aus diesem weißen Steine! Gar kein Leben, keine Seele und Wärme.«

Ich betrachtete die Statue näher. Es war eine im bekannten, schwülstigen Stile Berninis und in der Tat weder korrekt noch ausdrucksvoll.

»Nein, da würde ich hier gebetet haben«, rief plötzlich der Doktor und eilte zu einem andern Altare, auf dessen Bilde im blühenden venetianischen Kolorit eine herrliche Madonna in stiller Seligkeit ihr schönes, schlummerndes Kind an die Mutterbrust drückte. »Nicht wahr, hier muß es süß zu beten sein!« sagte er, verloren im Anschauen des schönen Bildes.

Indes war die Kirche leer geworden bis auf wenige Betende, die hier und dort in den Nebenkapellen knieten. Auch wir verließen sie, um nun den alten Garten Giusti zu sehen.

Warum Goethe dieses herrliche Denkmal der Gartenkunst, das noch aus Veronas Blütezeit stammt, so kurz abfertigt, begreife ich nicht. Wie schön ist seine Lage, wie eigentümlich seine Einrichtung und wie vollkommen sind seine Gewächse. Ein Gang in Form eines rechtwinkligen Kreuzes teilt den ganzen Garten in vier Quadrate, deren jedes wiederum durch einen schmaleren Kreuzgang in vier Dreiecke zerfällt. Alle diese Abteilungen bestehen aus Rasen und enthalten in ihrer Mitte ein Blumenbeet oder eine Statue, während an jeder Ecke sich eine mächtige, dunkle Zypresse erhebt. Man sieht auf den ersten Blick, daß die französische Gartenkunst offenbar aus der altitalienischen hervorgegangen ist, und Goethe mag nicht unrecht haben, wenn er glaubt, daß auch die spitzigen Taxuspyramiden der ersteren nichts weiter als eine entfernte Nachahmung der Zypressen Italiens sind.

Hier und dort war auch ein marmornes Becken, in welchem einst Tritonen mit gewundenen Muschelhörnern und breitmäulige Delphine kühle Wasserstrahlen spritzten, aber nun war alles zerfallen und zerstört, die Statuen lagen umgestürzt, zertrümmert, mit grünem Moose bewachsen, die Blumenbeete verwildert, Gras in allen Wegen und in der trüben Flut der Becken Wasserpflanzen und still flüsterndes Schilf. Tiefe Stille herrschte ringsum, nur der leichte Morgenhauch säuselte in den hohen, vielhundertjährigen Zypressen, daß es klang wie leise Seufzer, daß es war, als wollten sie mir traurig zulispeln und erzählen, wie einst diese wüste, stille Stätte so herrlich blühte und duftete und prangte mit tausend Blumen und abends mit bunten Lampen, mit Lautenklang und Brunnengeplätscher und wie die edlen Veronesen in schwarzen Sammettmänteln mit Degen und Federbarett sich ergingen in ernsten Gesprächen und hohe, schönäugige Frauengestalten in den schattigen Gängen lustwandelten.

Der hintere Teil des Gartens erhebt sich terrassenartig zu einem felsigen Hügel und ist ganz verschieden von dem vorderen; alte, knorrige Lorbeeren, Orangen- und Zitronengebüsch, Kaperngesträuch und blühende Myrthen, graue Oliven und hellgrüne Granatbäume, alles wuchert auf jedem Fleckchen Erde, drängt sich aus den Felsritzen und schlingt sich in wilder, köstlicher Unordnung in- und durcheinander, herrliche Partien schaffend, die das Auge entzücken können, wenn's nicht gefesselt wurde durch die unsäglich schöne Aussicht, die sich auf der obersten Terrasse darbietet. Zu Füßen zuerst der dunkle Zypressengarten und darüber hinaus das reiche Bild der Stadt mit ihren Türmen und Klöstern, das Ampitheater und das Castel Vecchio, grau und düster daraus hervorragend. Rechts beim Castel San Pietro die niedern, buschbewachsenen Mauerreste des Palastes Theoderichs, nördlich Tirols Alpen, ein majestätisches Gewirr von Zacken und Graten und Gletschern und Schnee, und dann gegen Süden endlos sich dehnend mit unzähligen Dörfern, mit den Türmen Mantuas die lombardische Ebene.

Wohl eine Stunde schwelgte ich im Genusse des Anblicks und konnte mich nicht losreißen. Es wäre eine Verhöhnung der Poesie, es wäre eine Impietät ohnegleichen, wenn man Verona verlassen hätte, ohne die Denkmale jener traurigen Geschichte besucht zu haben, jener schönen, traurigen Geschichte, welche freilich kaum zu den Ohren der Nachwelt gekommen wäre, wenn nicht der Genius eines Shakespeare auf seinen Schwingen sie in die Unsterblichkeit getragen hätte.

Wer kennt nicht die beiden Treuliebenden, die man im Leben wohl grausam trennte, bis sie der Tod vereinte? Wer kennt nicht die unglücklichen Opfer jenes unseligen Parteienhasses, der Verona so lange zum Schauplatz blutiger Kämpfe machte, wer hätte nicht von Romeo und Julia gehört? Wohl wenige Touristen verlassen die Stadt, ehe sie nicht das elterliche Haus mit dem Sarkophag der armen Julia gesehen haben. Das und ein einfacher Grabstein in St. Zeno, der den Namen Odoardo Montecchi trägt, ist alles, was an jene Begebenheit erinnert.

Unfern der Etsch in einem düsteren, zusammengedrängten Stadtteil liegt an einer Straßenecke das alte, aber charaktervolle Haus, wo Juliens Eltern wohnten. Graurötlicher Marmor sind seine Mauern. Fenster mit einer Art gotischer, geschweifter Kleeblattbögen, einige Fresken, halbverwischt und verblichen, sechs Eingänge und an dem höheren Eckflügel ein kleiner Altan, vielleicht derselbe, zu dem sich Romeo in später, stiller Nacht sehnend hinaufschwang, bezeichnen das Äußere. Im Innern über dem Torweg sieht man noch das Familienwappen, den Hut der Capuletti. Sonst ist alles wüst und zerfallen und langsam vermodernd, halb eine Fuhrmannskneipe, halb ein Stall für Esel und Pferde. Das ist das Los des Schönen auf der Erde.

Nachmittags wallfahrtete ich zu Juliens Grabe. Ein Knabe führte mich; denn jedem Kinde dort ist die Stelle bekannt. Es ging über die Piazza Bra, durch ein altes Tor in lange, öde schweigende Straßen der Vorstadt. Endlich bogen wir in einen engen Gang und standen vor einer verschlossenen Pforte, die ihn absperrte. Der Knabe verließ uns hier. Ich läutete, und ein kleines, graues Mütterlein erschien und winkte mir schweigend, ihr durch einen langen, von düsteren, hohen Mauern eingeschlossenen Weingarten zu folgen, der voll köstlicher Trauben hing. Die Alte mußte offenbar sogleich mein Begehr merken, da wohl keine Reisenden diese Einsamkeit besuchen werden außer denen, die das Grab sehen wollen. Das Ende des Gartens bildete ein kleines Gebäude, einst, als noch das Augustinerkloster stand, zu dem dieser Garten gehörte, seine Kapelle, nun aber zum Schuppen für Gartengeräte, Weinfässer und Traubenkörbe umgewandelt.

Ein junger, brauner Winzer saß da traubenstreifend am Eingang, neben ihm sein Weib, eine lebhafte, schwarzäugige Italienerin mit ihrem schlafenden Säugling, indes ein paar runde, wählige Kinder, die mit einem zarten, weißen Kaninchen zu ihren Füßen spielten und sich im Sande wälzten, das schöne Bild eines südlichen Familienlebens vollendeten. Die Alte trat nun in die Kapelle, die halb ohne Dach war und ein seltsames Gemisch von zertrümmerten Säulenschäften, leeren Tonnen, Rebenpfählen, Leitern, Heu- und Reisigbündeln und alten Traubenkörben darbot.

»Vede, Signore, la tomba della povera Giulietta«, sagte das Mütterchen und deutete auf einen niedrigen, plump ausgehöhlten Block von gelblich grauem Marmor. Er stand an einer Seite unter einem verblichenen, halb zerstörten Freskobilde, das eine schöne, ernste Maria mit ihrem Kinde zeigte.

Ach du mein Himmel, also das ist das Grab der armen Julia? Sah der Block doch wahrlich einem Schweinetrog so ähnlich wie ein Ei dem andern. Eine seltsame, zugleich unangenehme und schmerzhafte Stimmung überkam mich ob solcher Täuschung. Indes alles umher war so anziehend, so charaktervoll und malerisch, daß ich beschloß, die kleine Kapelle mit ihrem ganzen verschiedenartigen Inhalt in mein Skizzenbuch zu zeichnen. Kaum daß ich den Wunsch hatte blicken lassen, als die freundlichen Winzerleute sogleich bereitwillig einen Sessel und ein Tischlein herbeiholten und neugierig wie alle Italiener mich umringten und mir zusahen.

Die Kinder brachten mir süße Trauben und Feigen, hingen und kletterten an meinem Stuhl, legten dreist ihre kleinen, runden Patschhändchen auf den Tisch und schauten mit klugen, neugierigen Augen aufmerksam auf die Zeichnung. Das alte Mütterchen aber erzählte mit geläufiger Zunge viel von der armen Giulietta und ihrem armen Romeo, just als ob die Begebenheit erst vor ein paar Wochen sich zutrug, zeigte mir auch ein an der Seite in den Block gebohrtes Loch und meinte, das müsse doch wohl ein Luftloch für die arme Julie gewesen sein. Ich hatte so zeichnend, schwatzend und schmausend eine interessante Stunde bei den guten, harmlosen Leuten zugebracht.

Gegen Abend strömte das Volk in großen Schwärmen in die Arena. Eine Kunstreitertruppe zeigte dort ihre Künste und gab hernach ein Wagenrennen antiker Art. Mochten auch die Vorstellungen nicht viel zu bedeuten haben, so kam es mir doch erwünscht, nun einmal das Gebäude einigermaßen belebt zu sehen. Das Schauspiel konnte ungefähr vier- bis fünftausend Menschen herbeigelockt haben, welche die unteren Sitzreihen einnahmen. Aber wie klein, wie winzig nahm das Häuflein sich jetzt aus in dem ungeheuren Raum, der achtzigtausend zu fassen vermochte. Nun erst war es möglich, einen richtigen Maßstab anzulegen, und das Ganze erschien mir jetzt doppelt so groß und bewundernswert. Auch der bretterne Reiterzirkus, welcher an einem Ende der inneren Arena gezimmert war, verschwand beinahe und sah aus – ich weiß wirklich kein besseres Gleichnis – wie ein Fingerring in einer Bratenschüssel, wenn man von der obersten Terrasse auf ihn herabsah.

Die Reiterkünste hatten bald ein Ende. Während man den Bretterzirkus abbrach, die Bahn ebnete und Vorbereitungen zum Wagenrennen traf, schwang sich ein Dutzend Straßen- und Bettelbuben auf den Schauplatz und erregte durch die drolligsten Kapriolen und Purzelbäume eine allgemeine Lustigkeit. Das tiefeingewurzelte dramatische Leben des Italieners trat sogleich hervor. Ohne weiteres gestaltete sich das Spiel der Knaben zu einer improvisierten Pantomime, in der jeder von ihnen eine eigene Rolle übernahm. Ein langaufgeschossener junge persiflierte einen steifen, spleenbehafteten Engländer, den Hut eines Erwachsenen stark nach hinten, die Hände in den Taschen tragend; ein kleiner, munterer Knabe mit rundem pausbäckigem Gesicht spielte den durchtriebenen Bajazzo, der seine etwas unbeholfenen Kameraden auf alle mögliche Weise anführte, indem er, ehe sie sich dessen versahen, bald Ohrfeigen austeilte, bald ihnen ein Bein stellte, daß sie purzelten, und so übte er hundert Schwänke aus, die jedesmal vom Publikum mit unauslöschlichem Gelächter und mit Bravorufen belohnt wurden. Ein Kunstreiter wollte die Buben stören und fortjagen. Sogleich aber nahm das ganze Volk ihre Partei. Scheltworte überschütteten von allen Seiten den Vorwitzigen, hie und da flogen sogar Steinchen und Kalkstücke auf ihn zu, daß er sich schnell zurückziehen mußte. Da erst war man ruhig.

Indessen wurde jetzt die Aufmerksamkeit des Volkes auf eine andere Szene gelenkt. Das Wagenrennen nahm seinen Anfang. Herolde, Trompetengeschmetter, bärtige Männer in fleischfarbenen Trikots, auf antiken, hinten offenen Wagen stehend, glänzende Helme, wehende Scharlachmäntel, schnaufende Rosse und das jubelnde Volk. Dreimal ward die Bahn durchrannt. Dem Sieger warf man von allen Seiten Geld zu und führte ihn mit einem Triumphmarsche, lorbeerumkränzt, in reicher, vierspänniger Quadriga und unter fortwährendem Volksgejauchze in der Arena herum. Tief im Innersten berührt durch all diese lebendigen Anklänge an ein längst vergangenes klassisches Altertum wandelte ich, während sich die Menge verlief, einsam und sinnend auf dem obersten Rande des Theaters. Die Sonne wollte eben scheiden, und an den Türmen hingen ihre roten Strahlen, auf die Ebene hatte sich bläulicher Abendduft gesenkt, indes die fernen Alpen in unbeschreiblicher Majestät und Ruhe purpurfarbig glühten. Dann ward's dunkler, und der klare Vollmond bestrahlte das tausendjährige Gemäuer.

Nach einer guten Stunde, als ich auf der Piazza Bra herumschlenderte, hatte ich wieder etwas Neues. Ein seltsam geschäftiges Leben war ringsum. Eine lange Reihe hoher Pechpfannen entzündete sich, eine Musikkapelle stellte ihre Notenpulte zurecht, vor den Kaffeehäusern fing's an lebendig zu werden, Tische und Stühle wurden hingesetzt, Obsthändler, Blumenmädchen, Wasserverkäufer und Knaben, die Konfekt und überzuckerte frische Früchte feil hatten, ließen sich sehen, und immer bunter wurde das Gewühl.

Verwundert fragte ich, was dies alles zu bedeuten habe. »Corso, Corso, mio caro, è questa sera«, antwortete ein munteres Blumenmädchen. Und nun gingen mir die Augen auf. Also sollte dieser Tag noch mit echt italienischer Volkstümlichkeit beschlossen werden. Aber auch ohne die Antwort dieses Mädchens zeigten mir die ersten Wagen mit edlen Veroneserinnen und die Reiter, die sich bald darauf unter die sich immer vergrößernde Menge mischten, daß das eigentümliche Schauspiel eines Corso sich meinen Blikken darbot.

Die ersten Akkorde einer Ouvertüre erklangen, und alles nahm jetzt eine geregelte Gestalt und Ordnung an. Die Wagen fuhren, eine lange Reihe bildend, im langsamsten Schritte vom Amphitheater bis zur Porta nuova, wo das Orchester sich aufgestellt hatte, und bogen dann wieder links um, während die Reiter ohne Ordnung bald diesen, bald jenen Wagen eine Zeit lang begleiteten, nun voraustrabten, dann wieder vor ein Kaffeehaus ritten, sich zu erfrischen, oder mit einigen Erfrischungen zu den fahrenden Damen zurückkehrten. Die übrige Menge endlich erging sich auf dem breiten, quaderbelegten Trottoir, stand in der Nähe des Musikkorps oder nahm die Stühle vor den Kaffeehäusern ein.

Überall munteres Schwatzen, Scherzen und Lachen, hier wurde um duftige Blumensträuße gehandelt, dort trank man köstlich süßen vino santo aus kleinen, spitzen Gläsern oder schlürfte kühlen Sorbet und Eis. Die Luft lau und wonnig, tiefklarer Himmel, zauberische Lichteffekte von Mond- und Flammenbeleuchtung und eine weite, wollustschwelgende Melodie, alles Eindrücke, die vereint wohl geschaffen waren, den höchsten und reichsten Sinnengenuß zu bieten und die Seele in tausend Zauberträume und Wonnephantasien zu wiegen.

Vom Campanile der Anastasia-Kirche schlug's Mitternacht. Da erst verstummten die Klänge der Musik. Mählich verlor sich die Menge, Wagen und Reiter waren schon früher verschwunden, und nur hier und dort wandelte oder saß noch eine einsame Gruppe. Trüber und immer trüber flackerten die Pechflammen, dann wurde ausgelöscht. Lautlos und öde lag der Platz im bleichen Mondlicht.

So das alte Verona, wenig besucht und unberührt vom großen Touristenzuge. Aber schon in wenigen Jahren fliegt dampfbeflügelt die Lokomotive von der herrlichen Meereskönigin Venetia nach dem prächtigen Mailand, der alten Langobardenstadt, und berührt auch Verona, es mit gellem Pfeifen aus seiner vielhundertjährigen Ruhe aufschrekkend zu einem neuen, frischen Leben. Schon wird eine alte Mauer, ein starkes Werk der Scaliger, eingerissen, um dem Bahnhof Platz zu machen, schon erheben sich weiß und schimmernd stattliche Bauten in der Nähe dieses Platzes, und Veronas Bewohner schauen staunend und erwartungsvoll einer neuen Epoche entgegen.

Römische Schlendertage
1858/59

Einfahrt

Italien könnte man das Land der stillen Städte nennen; doch wenn ich das wundersame, einzige Venedig und allenfalls noch ein paar halbverödete und schweigende Städte wie etwa das träumerische Pisa, das altertümliche Siena oder das weltabgeschiedene Ravenna ausnehme, so wüßte ich kaum eine größere Stadt in der Welt und vor allem in Italien, die mehr geschaffen wäre zu stillbeschaulichem Leben, zu friedevollem und herzerquickendem Genießen und zu ungestörtem Herumschlendern als Rom. Eine großartige, ernste und klassische Ruhe umfängt noch immer mit ihrem Zauber die ewige Stadt, und wir werden davon ergriffen und erfüllt bis in das tiefste Herz hinein, ehe wir's selber ahnen. Aber diese Ruhe ist erfüllt von ganz eigener Stimmung. In ihr liegt nicht das wehmütige Träumen der Romantik oder das Trauern um verlorenes Glück, wie in Venetias still hinbröckelnder Herrlichkeit, und noch weniger ist sie ein dumpfes, ausdrucksloses Hinbrüten oder jene bleierne Schwere der Langeweile, wie sie uns in Städten und Residenzen ergreift, die sich weder einer großen Vergangenheit noch einer frischen, lebenskräftigen Gegenwart zu erfreuen haben.

Die alte Roma ruht da voll ernster Majestät in dem Selbstgenügen des stolzen Bewußtseins, zweimal die Welt beherrscht zu haben, im Hochgefühl, daß vor ihrer Bedeutsamkeit sich die Gebildetsten aller Nationen verehrend neigen; und daß zu ihr fort und fort die Scharen von Tausenden wollen, zu beten an geweihter Stätte, zu trinken ewige Herrlichkeit und darzubringen den Zoll staunender Bewunderung. Sei's der stolze Lord, der schönheitsselige Künstler, der ernste Erforscher der Vorzeit, der einfältige Pilger, für sie alle ist und bleibt die heilige Roma die Kaiserin, die Hohepriesterin unter den Städten.

Ich kann es nicht beschreiben, wie sie meinem Herzen wohltat, diese alles umfangende Ruhe. Und gewiß jedem Reisenden wird sie das, gleichviel ob er von den lebensvollen Seeplätzen Marseille und Genua oder zu Lande vom rührigen Florenz komme, vor allem aber beim Gegensatz zum ewig brausenden großen Neapel.

Es sind keinesfalls bloß die einsamen und verlassenen, ruinenvollen Orte der alten Roma, wo sie herrscht; nein, sie breitet sich aus über das ganze moderne Rom. Nirgends erblickt man wildes Rennen, nirgends die fieberhafte Hast des Geschäftstreibens. Man wandelt, schaut und genießt, redet miteinander, so ganz, wie's immer gefällt, in echter Gemütlichkeit und Gemächlichkeit. Der Yankee Amerikas hat das »Time is money« erfunden. »Zeit ist Geld«, ruft er und rennt, lieber ein halb Dutzend seiner Zeitkonkurrenten über den Haufen, als daß er eine Viertelstunde einbüßt. In Rom müßte man sagen: »Zeit ist Genuß und Wohlgefühl«, indes wer sie erjagen will, betrügt sich selbst darum.

In Rom muß man nur schlendern in stiller Freude, betrachten, empfangen und genießen, und vergessen das ferne Weltgetümmel draußen, das Gezänke der Parteien und alle kleinlichen Sorgen des Alltagslebens, die Seele nur geöffnet großer Vergangenheit und ewiger Schönheit, das ist die wahre Weise, in der Ewigen Stadt zu leben. In Rom schlendert alles, der Mensch und der Esel, der Heimische und der Ausländer, Hoch und Niedrig, Weltlich und Geistlich, Handel und Wandel, ja die Weltgeschichte selber schlendert hier seit Jahren ihren Gang weiter, und nur dann und wann wird ihr von außen her ein Ruck oder Stoß versetzt, wenn sie gar zu sehr in ihrem Schlendrian hintenan geblieben ist.

Und auch ich habe Rom ehrlich durchschlendert zu allen Stunden, in der Sonnenpracht und Lichtfülle des heiteren Tages wie im Mondenglanze der brunnendurchrauschten Nacht, einsam versunken in ruhigem Träumen und Schauen oder fröhlich vereint mit lieben Menschen. Jetzt durchwandle ich sie wieder im Geiste, die alten, wohlbekannten Gassen und Plätze und du, lieber Leser, sollst mit mir wandeln hierhin und dorthin und mit mir genießen: Römische Schlendertage.

»Eccola Roma!« rufen Vetturin und Reisende, wenn der Wagen die letzte Höhe von Ponte Molle erreicht hat; denn auf einmal liegt die Ewige Stadt vor ihren Blicken aus-

Rundschau vom Capitol auf Rom nach Osten. Die Bleistiftzeichnung auf zwei Bögen gibt den Blick wieder, der sich Allmers vom Fenster seines Zimmers aus bot. Während des römischen Aufenthaltes 1858/59 wohnte er in unmittelbarer Nähe des Capitols im Gästehaus

des Königlich Preußischen Archäologischen Instituts auf dem Tarpeischen Felsen. Der Blick weist links Richtung Osten auf das Forum, rechts südostwärts auf den Palatin und zur Campagna. Der rechte Bogen ist teilweise aquarelliert (ALC, NHA, 3.1.1.1 Nr. 123 a/b) gebreitet, ein Meer von Dächern und Ziegeln, Mauern und Bogen, Türmen und Kuppeln, und in demselben Augenblick tritt auch hinter dem Monte Mario hervor St. Peter in seiner alles beherrschenden Majestät.

Am Mittag des 13. November 1858 brachen auch wir dort in einen Jubelruf aus, der Doktor Detlefsen, mein junger archäologischer Freund aus Glückstadt, und ich, die wir das Vordercoupé des Wagens einnahmen. »Eccola Roma!« – das ist Rom! riefen wir freudig aufjauchzend, wie wenn der Schiffer nach langer Meerfahrt endlich sein »Land, Land!« jubelt, und reichten und drückten einander vor Freude die Hände, als wir das herrliche Ziel unserer Sehnsucht so plötzlich vor uns liegen sahen.

Und doch konnte man das Bild, das sich darbot, keineswegs ein glänzendes nennen. Einteilig und grau bedeckte der Regenhimmel die Landschaft, soweit er dem Auge erlaubte, ringsumher sie zu schauen, und zu öfteren rieselte der Regen selbst in feinen Schauern herab, auch das, was seine Wolken noch übrig ließen, in graue Schleier hüllend, Farben wie Formen vernichtend.

So rollten wir über den Ponte Molle, die schnurgerade Straße der Vorstadt entlang, dann durch die Porta del Popolo und hielten jetzt bei fortwährendem Regen auf dem Platze gerade vor jenem Obelisken, der mit seinen vier wasserspeienden Löwen zu Füßen die Mitte desselben schmückt.

Die Porta del Popolo ist jenes Tor, durch das schon Tausende und Tausende der nordischen Fremdlinge eingezogen sind in das Reich der Herrlichkeit, in das ewige Rom, von Winkelmann und Goethe bis auf die heutigen Tage.

Wieder einige Minuten, und wir durchschritten zur Seite des Fachino Roms Gassen und Gäßchen, Plätze und einen Teil des Corso, stets unter rieselndem Regen. Kein Palast, kein Straßenprospekt, kein Kunstdenkmal, nichts machte jetzt Eindruck auf uns, alles kam uns noch unglaublich nüchtern vor. Bei solchem grauem Wetter wäre selbst ein Blick ins Paradies langweilig erschienen. Daß auch unsere anfängliche Begeisterung bedeutend abgekühlt wurde, war nur natürlich.

Aber der Himmel meinte es gut mit mir. Es sollte mir das Glück zuteil werden, an der Seite meines Freundes eine Wohnung zu finden, deren herrliche Lage ich nicht im Traume geahnt hatte. Nichts geringeres war es als der uralt heilige Boden des Capitolinischen Hügels selber, wo sich das Haus erhob, unter dessen Dache ich nun ein schönes Stück Leben genießen sollte. Das hohe Haus, dessen weißes Gemäuer aus dem Grün seines Gartens so hell und freundlich über die spelunkenhaften Nachbarbauten weit hinausleuchtet, jene Stätte deutscher Forschung und Wissenschaft, das schöne Denkmal ist, vom edelsten Sinn eines deutschen Fürsten gegründet auf dem klassischen Boden des tarpejischen Felsens, ein Stück Vaterland mitten in Rom. Dort in der »Casa Tarpea« durfte ich rasten und war glückselig darüber. Aber erst am nächsten Morgen sollte ich zu meiner hohen Freude gewahr werden, welch ein Bild mir gestern die grauen Regenwolken verhüllt hatten. In stummes Staunen versank ich, als ich an mein hochgelegenes Fenster trat und über das Gärtchen voll südlicher Gewächse hinausschaute, das mir zu Füßen lag. Zur Rechten breitete sich die ganze Häusermasse des heutigen Roms aus, zur Linken die weite Trümmerstätte des antiken. Ich sah vor mir eine malerische Tiberwindung, den Aventin mit seinen braunen Mauerresten, seinen Kirchen und Klöstern, sah die rote Steinmasse der Caracalla-Thermen, den busch- und zypressenbegrünten Trümmerberg der Kaiserpaläste, sah einen Teil des Forums mit ragenden Säulen, Bogen und Mauerresten. Im Grunde desselben erhob sich die Arkadenmasse des Colosseums, und über alles das und weiter noch über die mächtige, trümmerbesäte Campagna, die draußen vor den Mauern sich ausbreitete, schweifte der Blick ungehemmt bis zu den blauduftigen, fernen Sabiner- und Albanerbergen, welche in unsäglich reizvoller Linienschönheit das herrliche Bild würdig umrahmten und nur nach Westen hin in der Tiberniederung den Horizont freiließen.

Tagelang hätte man stehen und schauen mögen und wäre nicht satt geworden des großen Anblicks. Wir aber konnten uns nicht begnügen, es zog uns zu mächtig in die neuerschlossene Welt, und so machten wir uns frisch auf und wanderten hinein in den goldenen Tag. Das war eine wonnige Wanderung voll Sonnenglanz und Glockenklang nah und fern; es war Sonntag. Der Morgen galt ganz der Trümmerstätte des alten Forums, der Nachmittag dem menschendurchwogten Corso, dem Spanischen Platze und den Gärten des Monte Pincio, überhaupt dem modernen Rom. Und andern Tages sah ich die Herrlichkeit der Peterskirche und des Vatikans, und auch den dritten Tag ward gewandert und alle übrigen Tage der Woche, hierhin und dorthin, drinnen und draußen vor den Mauern. Nach allen bedeutenden Kirchen ward gepilgert; alle nahe gelegenen Villen wurden besucht, Museen und Galerien; dann endlich, als wir von allem den ersten Eindruck empfangen hatten, als die ersten Ahs und Ohs der Überraschung und des Staunens vorüber waren, als man sich nach und nach nicht nur allein nach Baudenkmalen und Kunstwerken umsah, sondern auch wieder Menschen suchte und sich ruhigem Gespräch hingab, war einem erst so grundherzlich wohl; denn nun begannen die ruhigen und eigentlich erquickenden Tage, nun erst ward Rom uns lieb, traut und bekannt, tiefer das Schauen und Verstehen, leichter das Sondern des Bedeutsamen von dem Geringeren in der ungeheuren Masse des Schönen, und an die Stelle des betäubenden Staunens der ersten Zeit trat nun die schöne Freude ruhigen Besitzens und Genießens.

Ein Tag in Rom

Brief in die Heimat

Daß ich nun am Ziel meiner Sehnsucht, daß ich seit Wochen in der Ewigen Stadt bin, wisset Ihr Lieben aus meinem ersten Schreiben; Ihr wißt auch, daß es mir Beneidenswertem zuteil geworden, an der herrlichsten und bedeutsamsten Stelle Roms eine Wohnung zu finden, auf dem Berge des Kapitols selber, im Gebäude des Deutschen Archäologischen Instituts, welches ein wahres Stück Heimat, ein echter Teil deutschen Lebens und Strebens mitten in der Fremde genannt werden kann. Aber wie glückselig ich bin, das wißt Ihr nicht, das kann ich nimmer mit dürren, geschriebenen Worten ausdrücken. Glücklich, wie ich's nur einmal in meinem Leben war, in den sonnigen Tagen der schönen, sorgenfreien Knabenzeit im liebewarmen Elternhause. So will ich versuchen zu schildern, wie und auf welche Weise ich hier meine Tage zu verbringen pflege, Euch zur Kunde, andern zur Anleitung und Nachahmung; denn ich glaube wirklich, daß ich schon die Kunst innehabe, zu leben und zu genießen, wie man in Rom leben und genießen muß.

Morgens also, nach dem Aufstehen und Ankleiden, zuerst ein Blick zum Fenster hinaus auf das wundervolle, morgenumstrahlte Stück Welt, das sich in seiner entzükkenden Herrlichkeit vor mir ausdehnt: hierhin auf die kuppelreiche Häusermasse der modernen Stadt, die ich überschauen kann bis zum alles beherrschenden St. Petersdom, dorthin über die südlichen Pflanzengruppen meines Hausgartens auf die Trümmerwelt des antiken Roms, auf das weite Hügelmeer der Campagna bis zu der morgenduftigen Kette der Albaner- und Sabinergebirge. Dann eine kurze Unterredung mit meinem lieben archäologischen Freunde und Stubennachbar Detlefsen und nun mit ihm vereint oder allein zum ersten Frühstück in ein Kaffeehaus.

Meistens wird eines jener kleineren aufgesucht von niederem Range, wo man das Volk beobachten kann, namentlich eines, welches ganz in unserer Nähe liegt, unmittelbar am Forum, dicht hinter den Granitsäulen des Saturntempels, zu deren Füßen noch die Trümmer der alten Rednerbühne (rostra) zu schauen sind. Weil es bis dahin ohne Namen war, haben wir es Café Cicero getauft, denn es gelang uns, einem wißbegierigen Sohne Berlins als neuestes Resultat der Archäologie aufzubinden, selbiges habe wirklich schon zur Zeit Ciceros existiert und es sei nachgewiesen, daß dieser nur hier, ehe er seinen catilinarischen Donner losbrechen ließ, seine morgendliche Schale Mokka geschlürft habe.

Oft aber wurde auch das feinere Café Colonna gewählt, gelegen am Corso und auf dem Platze, auf dem die riesenhafte Antoniussäule sich erhebt. Im Café Colonna nun sind meistens Freunde und nähere Bekannte, mit denen wir zusammentreffen, und täglich werden die Stunden traulicher, die Räume anheimelnder und die kleine Zahl von Freunden und Heimatgenossen größer, so daß hier nach und nach ein echt deutscher Sammelpunkt geworden ist, namentlich von solchen, die auf dem Capitol oder in dessen Nähe wohnen; denn das Café Greco, der herkömmliche Versammlungsort der deutschen Künstler an der Via Condotti, liegt zu fern und ist unbehaglich.

Nach einiger Zeit sitze ich dann wieder ein paar Stunden allein auf meinem Zimmer, in Mommsens »Römischer Geschichte« oder im Winckelmann oder Vasari lesend, schreibend oder an der großen Rundschau meines Fensters zeichnend, während Detlefsen meistens im Vatikan oder auf irgend einer andern Bibliothek an seiner Plinius-Ausgabe arbeitet.

Drüben auf den Zinnen der Engelsburg weht jetzt die Tricolore, und jeden Mittag erinnert ein von dort her gerade auf die Stadt gerichteter Kanonenschuß mit dröhnender Mahnung daran, was die Glocke geschlagen und nach wem man sich zu richten hat, worauf sofort von allen Türmen eine Viertelstunde Geläute ertönt. Für mich indes ist jener Schuß das Signal, Bücher, Schreibsachen und Zeichenbrett wegzulegen, mein Plaid umzuschlagen und vom tarpejischen Felsen herabzusteigen. Schnell wird noch in einem passendgelegenen Café ein »Mischio« (eine Tasse halb Schokolade, halb Kaffee) nebst einem Imbiß genommen, und dann geht es in eine der Gemäldegalerien oder Antikensammlungen, die meistens bis drei Uhr nachmittags geöffnet sind, und jeder Tag hat darin seine besonderen Genüsse. So ist Montags der Vatikan offen, dessen Besuch natürlich wie eine heilige Pflicht angesehen wird, Dienstags und Freitags öffnet der glanzvolle Palast Doria seine herrlichen Bilderräume, Mittwochs hat man in den Palästen Barberini und Colonna freien Zutritt, Donnerstags erschließt das Kapitolinische Museum seine Schätze, Sonnabends tut sich die zwar kleine, aber perlenvolle Galerie des Palastes Sciarra auf, während die des liberalen Fürsten Borghese alle Wochentage mit Ausnahme des letzten zum Schauen einladet. Ebenso sind an jedem Tage auch noch die Sammlungen der antiken und altchristlichen Skulpturen des Lateranpalastes zu sehen, dann an gewissen Tagen vor den Toren die verschiedenen Villen mit ihrer Marmorpracht und Gartenherrlichkeit, und endlich noch die 365 größeren und kleineren Kirchen, von denen manche auch wieder wahre Museen von Kunstwerken sind; – genug, Ihr seht, man hat sein Stück Arbeit, wenn man das alles in einem kurzen Winter gewissenhaft bewältigen will, und man muß eine gute Natur haben, um von so vielem Großeil und Herrlichen nicht erdrückt zu werden, sondern seine volle Frische zu behalten.

Doch weiter. Der noch übrige Teil des Nachmittags wird dann mit Besuchen der Bildhauer- und Malerwerkstätten hingebracht oder mit einer kleinen Wanderung außerhalb der Mauern oder mit Zeichnen in freier Natur, wenn die Luft recht mild und lieblich und alle Gegenstände schön in der Nachmittagssonne leuchten und glühen. Diese Tageszeit ist mir vor allem lieb und erquickend. Mit jeder Minute werde dann die Farben prächtiger, die Schatten blauer, violetter, purpurner, die Lichter feuriger und goldner, namentlich an den rötlichen Ruinen. Der Himmel im Zenith ist mild blau, tiefer nach dem Horizont zu aber hat er meistens jenes leuchtende Goldgrün, das auch bei uns zuweilen bei schönen Sonnenuntergängen am Herbsthimmel, wenn auch nur sehr schwach, sich zeigt, und endlich am Horizonte selbst stehen Wolken und Berge in ruhigem Purpur, von denen aber ein unsäglicher Glanz aufgeht. Vor allem schön sind an solchen Abenden, die fernen Schneehäupter der Abruzzen, deren Spitzen wie feuriges Gold über die blauvioletten Sabiner- und Albanerberge herüberschimmern.

Dieser ganze Farben- und Lichtzauber aber hat im Nu sein Ende erreicht, sowie die Sonne unter dem Horizonte ist. Die leise ausklingende Dämmerung des Nordens, die den Tropen gänzlich fehlt, kennt auch der europäische Süden nur noch in unbedeutender Erscheinung. In weniger als zehn Minuten ist es fast völlig Nacht geworden, aber auch jetzt noch ist der Himmel wundervoll azurblau, und die Sterne funkeln so zauberhaft und golden, wie nur bei uns in frostklirrender Januarnacht.

Und nun erst schlägt die Stunde, wo man, wie nach antiker Weise, seine Hauptmahlzeit hält. Gegen sechs Uhr abends findet man mich in einer echt römischen Trattoria, die in einem Nebengäßchen des Corso liegt und den interessanten Namen »Tre Ladroni« (Zu den drei Straßenräubern) führt, und wieder um die Zeit meinen wohlbekannten Kreis lieber Menschen an einem ihrer schlichten Brettertische hinter den dampfenden Makkaronischüsseln versammelt, während die prasselnden Küchenfeuer, die bunt durcheinanderliegenden Eßwaren, Wild und Meerfische, südliche Früchte und Gemüsearten aller Formen und Farben und das ganze charakteristische Volksgetreibe ringsum die fesselndsten und wechselreichsten Bilder bieten.

Mit der italienischen Küche befreundete ich mich immer mehr, denn sie ist eben so kräftig und saftreich als fein und würzig, und ich finde es ganz natürlich, daß Friedrich der Große, so sehr er alles Französische liebte, doch fast nur Italiener zu Köchen hatte. Eine lebendige Unterhaltung würzt uns vollends das Mahl; denn eine bessere Tischgesellschaft kann's kaum geben. Junge Archäologen und Philologen, bauende und bildende Künstler und ein halbes Dutzend anderer herzenswarmer und hochgebildeter Menschen machen den Kern derselben aus, an den sich dann oft noch dieses oder jenes Menschenkind anzuhängen sucht. Und daß in Rom der Stoff der Rede nicht leicht ausgeht, kann man denken. Die Archäologen tischen ihre Vermutungen auf, die Künstler ihre Entwürfe und Skizzenbücher, die Touristen ihre »beispiellosen« Erlebnisse. Da werden Pläne gemacht und Vorschläge getan, wohin morgens gewandert und wo heut abend gekneipt werden soll, und manchen treffenden Witz belohnt schallendes Gelächter. Schon jetzt denke ich mit Wehmut daran, wie dieser frohe Kreis lieber Menschen, der jetzt so voll inneren Glücks und echter Seelenharmonie fest aneinanderhält, einst in alle Winde zerstoben und zerflogen sein wird.

Nach Tisch geht's wieder auf eine Stunde ins Café Colonna, wo sich unser Kreis noch vergrößert. Es wird Kaffee getrunken, in die Zeitungen geschaut und, namentlich von den Neuankömmlingen, so entsetzlich viel politisiert, daß wir diese abendlichen Zusammenkünfte bereits die Konferenz zur Aufrechterhaltung des europäischen Gleichgewichts genannt haben. Von acht bis zehn Uhr endlich sitze ich im Saale einer sogenannten Privatakademie und zeichne nach lebenden Modellen, was mir großen Genuß gewährt. Das Eintreten in eine solche Galerie für einen oder zwei Monate kostet sehr wenig, und man lernt außerordentlich dabei. Ich sehe deutlich, wie fort und fort meine Zeichnungen besser und sicherer werden, und die Sache ist höchst interessant. Allabendlich schafft der Unternehmer Luigi ein neues Kostüm und ein anderes Individuum herbei, bald ein Prachtexemplar von einem langbärtigen Kapuziner, bald einen ruppigen, schafpelzigen Campagnolen, bald einen schönen, dunkeläugigen Hirtenknaben, jetzt eine sibyllenhafte, runzelvolle Alte mit Röcken und Spindel aus Trastevere, jetzt ein stolzes, glutäugiges Prachtweib in der reichen, gold- und scharlachleuchtenden Tracht des Albanergebirges und dann wieder ein Mädchen, das, kaum den Kinderjahren entwachsen, schlank, zart und knospenhaft, einer Mignon gleich, das Tamburin schwingt. Der gedrungene, muskelreiche Luigi selbst wie seine Söhne, der zwanzigjährige Ignazio mit seiner schlanken Hermesgestalt und der kleine Fortunato, schön wie ein antiker Eros, bilden die köstlichsten Akte. So geht es Abend für Abend in stetem, höchst interessantem Wechsel, bis wohl zum Schlusse des Tages in einer echt römischen Osteria uns die binsenbeflochtene Flasche süßen Orvietos oder dunkelroten Grottaferrataweines noch einmal vereint.

Mitternacht ist da, man geht nach Haus und nimmt noch das beglückende Bewußtsein mit sich, daß heute wiederum Genuß und Pflichterfüllung zusammenfielen.

Das ist das Bild eines gewöhnlichen Alltags. So lebt man im Patrimonium Petri, so lebt sich's in Rom.

Weihnachtsbilder

Wer hätte von Rom und römischem Leben gehört und wüßte nicht auch von den Pifferari! In später Jahreszeit hatte ich die ewige Stadt betreten, bald kam die heilige Adventszeit heran, und ehe ich mich dessen versah, drangen mir eines Morgens beim Verlassen meiner Wohnung seltsame Klänge und Melodien entgegen, wie sie nimmer zuvor mein Ohr vernommen hatte.

Da standen sie vor dem Marienbilde an der Ecke des Hauses, gerade so wild und braun und zerzaust, wie ich sie mir gedacht, diese Söhne des Gebirge im zottigen Schafspelz und zerlumptem Mantel, mit dem Spitzhut auf dem Kopf und den Sandalen an den Füßen, ein grauhaariger Alter mit seiner heimischen Sackpfeife – sie nennen sie Zampogna – und ein schöner unschuldiger Knabe, ungefähr fünfzehn Jahre alt, mit einem wahren Wald von langem, schwarzem Kraushaar, der die Piffera, eine Art Schalmei, spielte und mit heller Stimme in Absätzen einen kurzen Vers dazwischen sang. Sie kehrten sich nicht an das Getreibe, das sie umgab, sie kümmerten sich wenig darum, ob die Menschen ihnen zuhörten oder nicht, sie spielten und sangen ihre uralten wunderbaren Weisen in rührender Einfalt und Andacht zur Verkündigung der frommen Gnadenzeit und zur Ehre der heiligen Jungfrau und ihres göttlichen Kindes. Und seitdem habe ich die ganze Adventszeit hindurch, wo ich nur Pifferari getroffen, ihnen gelauscht und mich immer herzlich ihrer gefreut, bis ihre Weisen mit dem Anbruch des Christfestes selbst verstummten.

So fremdartig, so grell und schneidend auch anfangs die Töne erscheinen, es wohnt ein Zauber in diesen alten merkwürdigen Weisen, der das Herz packt, je öfter und länger man ihnen zuhört. Sind die Melodien selbst mit ihrem ganz eigenartigen Tonfall, namentlich mit ihrer wunderbaren, meistens aus Quinten und Sexten bestehenden Harmonie, ihren seltsamen Schlußstrophen und Ausklängen schon an sich äußerst schwer im Gedächtnis zu behalten und wiederzugeben, so ist die hinreißend kindliche Einfalt, mit der sie dieselben spielen und singen, erst vollkommen unnachahmlich, und darin liegt eben auch ihr größter Zauber. Auch der Text zu den Weisen ist so einfach, so rührend naiv, als ob ihn Kinder verfaßt hätten.

Alle Versuche, diese vielleicht ins früheste Mittelalter hineinreichenden Melodien in Noten und auf andere Instrumente zu übertragen, mißlangen denn auch gänzlich. Das Harmonium mag noch das einzige Instrument sein, auf dem der Charakter derselben annähernd wiedergegeben werden kann. Der Brauch aber, daß eben die einfältigen Hirten der Berge, denen einst zuerst die Himmelsbotschaft aus Engelsmunde kund ward, wiederum noch heute die ersten sind, die herabsteigen von ihren Höhen und den Menschen die süße Kunde bringen, ist so rührend und schön, wie kaum ein anderer in der ganzen katholischen Welt.

Meistens kommen sie aus dem Volskergebirg und den neapolitanischen Abruzzen, und fast immer ist der Zampognaspieler ein Alter, der Schalmeibläser aber ein Knabe. Spielend durchziehen sie auch wohl die Straßen, ihren Gesang jedoch heben sie nur vor den Marienbildern an. In die Häuser treten sie nur, wenn sie dazu aufgefordert werden. Nie sah ich sie um eine Gabe ansprechen, wer aber gäbe nicht freiwillig und mit Freuden! Und so fliegt ihnen manches Geschenk aus den Fenstern in den Spitzhut. Wo aber ein Haus sich ihnen besonders freundlich erweist, da schenken sie als kleines Zeichen ihrer Dankbarkeit wohl einen künstlich geschnitzten Holzlöffel, ehe sie scheiden. Und noch einmal ertönt ihr frommer Sang in der Christnacht, dann schauen sie am Weihnachtsmorgen die Herrlichkeit des Heiligen Vaters im strahlenden Riesendom Sankt Peters und kehren darauf wieder heim zu ihren Bergen, ihren Hütten und Herden, die Seele voll von all der Wunderpracht, die ihre Augen sahen im alten, heiligen Rom.

Den schönsten Weihnachtsbrauch aber entbehrt Italien. Schon in vielen Gegenden des südlichen Deutschland, namentlich Tirols, mangelt der Weihnachtsfeier die waldgrüne Romantik des strahlenden Christbaums, aber das Christkindlein bringt doch noch den Kleinen seine bunten Gaben. In Italien kennt man weder Weihnachtsbaum noch Christbescherung. Den Kleinen bleibt nichts als die Krippenausstellungen in verschiedenen Kirchen und allenfalls noch die Kinderpredigten, welche in der Kirche Araceli zwischen Weihnachten und Epiphanias stattfinden. Diese Predigten werden indes weniger für Kinder als vielmehr von Kindern gehalten und gehören sicherlich zu den eigentümlichsten Weihnachtserscheinungen des römischen Lebens.

Die alte Basilika Araceli auf dem Kapitol ist überhaupt vor allem den Kindern gewidmet, weil sich daselbst ein wundertätiger kleiner Bambino (Christkindlein) befindet. ja, ein Bambino wie kein anderer auf Erden; darum schenkte ihm der gute Pio Nono auch eine seiner schönsten vergoldeten Kutschen, in welcher er jetzt, begleitet von zwei Klosterbrüdern, ausgefahren wird, wenn er bei den Wöchnerinnen, die in ihren Nöten nach seiner Hilfe verlangen, seine Besuche macht. Darum ist auch in keiner andern Kirche Roms die Krippenausstellung oder, wie sie im Italienischen heißt, Presepe, so schön und großartig als hier. Mit ihren kerzenumstrahlten, farbenleuchtenden Figuren von Maria und dem guten heiligen Joseph, den zottigen Hirten mit ihren Hunden, den gemütlichen und unvermeidlichen Öchslein und Eselein im Hintergrunde und endlich hoch oben in den Wolken dem behaglich schmunzelnd auf das Kindlein herniederschauenden Gott Vater, umgeben von lauter jubilierenden Engelein mit goldenen Flügeln, war sie imstande, mir selbst wieder bunte Kindheitsträume herauszurufen.

Im unteren Raume vom Mittelschiff dieser Basilika nun und jener Kapelle mit dem Theater der Krippenausstellung, gegenüber finden in besagter Zeit allabendlich gegen die Ave-Maria-Stunde und vor einer Zuhörerschaft, die indes großenteils nur aus Frauen und Kindern besteht, diese Kinderpredigten statt. Selten predigen Knaben, es pflegen meistens Mädchen von zehn bis zwölf Jahren zu sein, welche in den Schulen von ihren Lehrerinnen sicher lange vorher dazu abgerichtet sein mögen.

Wie zu einem Ball geputzt mit Blumen und Schleifen sah ich stets die kleinen, munteren Geschöpfe mit einer Unbefangenheit, einer Sicherheit, ja fast mit herausfordernder Keckheit ihre Rednertribüne betreten, um welche sie sicherlich mancher Candidatus theologiae, der zum erstenmal mit schlotternden Knien und pochenden Herzens in weißer Halsbinde und schwarzem Talar die Kanzelstufen emporsteigt, schmerzlich beneiden würde. Und nun muß man erst die Predigt zum Preise des Jesuskindleins selbst hören und sehen, diese Modulation der Stimme, dieses Pathos, diese Gestikulation, diese entzückten Mienen und zum Himmel gerichteten Augen – nichts zeigt mit einem male so klar, welch eine gründliche Verschiedenheit ist zwischen unserer Jugend und den Kindern italienischen Blutes. Wohl über eine halbe Stunde lang währte fast immer eine solche Predigt und war oft untermischt mit längeren oder kürzeren Versen. Den Schluß aber bildete meistens eine pathetische Aufforderung an alle, der Kleinen, die heute das große Wort hatte, zu folgen und zu schauen dort den lieben kleinen, reizenden Bambino in seinem Stroh und ihm Ehre und Preis darzubringen.

»Venite, venite! tutti, tutti, tutti, tutti, tutti, subito, subito!« schloß dann die kleine Krabbe, und unter allgemeinem »Bravo, bravissimo!« und Händeklatschen war sie mit einer Art Ballettsprung von der Tribüne herunter und auf die Krippenausstellung zugehüpft, die entzückte Menge hinterdrein.

Das ist alles, was es am Weihnachtsfeste für die Kinder in Rom gibt. Erst die heiligen drei Könige bringen hier eine Bescherung, freilich ohne Baum und Lichterglanz. Die Deutschen in Rom aber halten fest an der herzerfreuenden Sitte des Christbaums, und fehlt auch die nordische Tanne den Bergen und Hainen Hesperiens, so nimmt man dafür des Landes dunkelbelaubten Lorbeer.

Auch die hohen Räume des Palastes Poli an der brausenden Fontana di Trevi, in welchem der deutsche Künstlerverein sein Lager aufgeschlagen hat, erhellt alljährlich ein lichtstrahlender und orangengeschmückter Lorbeer von stattlichster Größe. Eine schöne Christfeier war es auch, die der Verein an jenem Weihnachtsfeste beging, welches ich in Rom erlebte.

Als indes die Mitternacht herangekommen war, als das eigentliche Mahl zuende und hier und dort Bekannte und Befreundete zu einzelnen Gruppen dichter um Flaschen und Becher zusammenrückten, verließ ich den Saal und eilte, nur von einem lieben Freunde begleitet, hinaus in die blaue, sternenvolle Christnacht. Wir durchstrichen Gassen und Plätze, hierhin und dorthin uns wendend, wo wir gerade dachten, daß etwas Neues und Schönes zu sehen sein würde. Ein festlich bewegtes Leben war überall, wohin wir kamen, und erst recht festlich und feierlich war mir selber zumute. Nur eines war und blieb mir seltsam fremd. Wir Kinder des Nordens sind es gewohnt, die heilige Christnacht auf eine stille, in ihr weißes Schneekleid gehüllte Erde sich niedersenken zu sehen. Und hier rauschten die Brunnen, hier grünte, hier duftete es über alle Mauern herüber, die Goldfrucht der Orange schimmerte aus saftiger Blätterfülle, Lorbeer und Zypressen stiegen aus den Gärten empor, Rosen blühten in unendlidier Menge, und die edle Morgenlandsgestalt einer einsamen Palme schaute majestätisch von drüben her, und welche linde Frühlingsluft wehte vom tiefklaren Himmel, der voll ruhig glänzender Sterne auf die festliche Stadt niederschaute. Darum war's mir jetzt immer, als ob nicht Weihnachten, sondern Ostern sei und es nicht heißen müsse: »Christ ist geboren«, sondern »Christ ist erstanden.«

Aber es war dennoch Weihnachten überall und überall. Glockenklang durchhallte die Luft, Kerzenglanz und Weihrauch, Gesang und Orgelspiel drangen aus den Kirchen und verkündeten hundertstimmig die alte, schöne Liebesbotschaft des Himmels. Die Hauptströme der Andachtsvollen oder Neugierigen gingen nach der Basilika Araceli auf der Höhe des Kapitolinischen Hügels zur Krippenausstellung und von dort nach der Basilika Santa Maria Maggiore, wo die heilige Krippe selber aufbewahrt und ausgestellt wird. Auch wir folgten anfangs dem Strom der Menge, dann aber streifte ich abwärts weiter und weiter in die Trümmerwelt des alten Forums, die still und menschenleer mit ihren ragenden Denkmalen in mystischen Gedämmer lag.

In lautloser Einsamkeit stand ich lange dort und schaute hinein in die Christnacht, verloren in Sinnen und Träumen. Denn meine Seele war zurückgeflogen in die Weihnachtszeit eines längst vergangenen Jahrhunderts, und mein inneres Auge erschaute wundersame Dinge; Vergangenes tauchte herauf wie Nebelwolken und Gegenwärtiges verging wie Nebelwolken. Drüben die Häuser und Paläste der modernen Zeit fingen an zu zerrinnen die schnörkelreichen Kuppelkirchen vergingen und versanken, selbst der Riesenbau St. Peters zerfloß in Duft, aber mächtiger, massenhafter und säulenreicher erhoben sich rings um mich her die dunklen Ruinen der Vorzeit. Freilich blieben sie Ruinen, und selbst reicher noch als vorhin waren sie mit Gras und wildem Strauchwerk bewachsen, Säulen stiegen auf an Säulen, Bogen schwang sich an Bogen, Giebel ragte an Giebel, und zwischen all den zerfallenen Prachtresten schaute ich hier und dort in ernster Einfachheit mit dem heiligen Kreuze geschmückt die schlichten Mauern einer christlichen Basilika. Drinnen aber war alles voll Glanz und Pracht. Der Boden von edlem, buntem Steinmuster, die Altäre mit ihren metallenen Antependien, ihren hohen Leuchtern, ihren goldenen und mit Edelsteinen besetzten Geräten und Kruzifixen, alles blitzte und schimmerte im verschwenderischen Scheine unzähliger Kerzen und Ampeln, und auf dem goldig funkelnden Mosaikgrunde des Triumphbogens und aus der Apsis Kuppelwölbung schimmerten große, heilige Gestalten.

Doch eine Basilika strahlte drüben herrlicher als alle andern, das war die von Sankt Peter auf demselben Platze, wo Michelangelos Riesenkuppel im Dufte zerronnen war. Und ein heiliger Hymnus drang mit hehrem Klang aus ihrem glanzerfüllten Innern. Dorthin wallte der Menge größter Strom. Und ich sah Scharen von bewaffneten Männern von hohem Wuchse und von mächtiger Gestalt, blond und blauäugig und anders von Gesicht als das Volk Roms. Trotzig und gewaltig waren sie anzuschauen, aber nun lagen sie demütig und fromm auf den Knien und schauten staunend, freudevoll und fast schüchtern wie Kinder auf all die Pracht ringsum und hin zum strahlenden Hochaltar. Dann sah ich Einen nahen, der war größer und majestätischer von Gestalt und Gang als alle andern, angetan mit prächtiger, golddurchwirkter Purpurdalmatika, und alles wich scheu zur Seite und schaute ihn an voll Ehrfurcht. Er aber schritt langsam und feierlich auf den Hochaltar zu und warf sich dort nieder und betete in frommer Demut wie seine Krieger. Und plötzlich, als er noch so dalag, erhob sich ein Bewegen und ein Wogen unter der Menge und am Hochaltare; umgeben von vielen Priestern erschien in weißem goldgesticktem Gewande der Heilige Vater, und hoch in Händen hielt er eine von Edelsteinen blitzende, mächtige Krone.

Dann hielt er sie gen Morgen und gen Abend, gen Mittag und gen Mitternacht, dann schritt er die Stufen hinab und setzte sie feierlich auf das Haupt des hehren knienden Mannes in Purpur. »Schauet her«, rief er laut, »der ist hinfort wieder der Kaiser Roms und wird führen das gewaltige Schwert zum Schutz und Schirm der heiligen Kirche!« Da fielen mächtigen Schalles die Posaunen ein, und die Krieger alle erhoben sich und schwangen rasselnd und hoch ihre langen Schwerter, und alles Volk rief: »Heil, Heil Kaiser Carolus!«

Wer sollte in Rom keine Träume haben und keine Gesichter schauen!

Römisches Straßenleben

So oft ich in römischen Künstlerkreisen meine Freude über charaktervolle Volks- und Straßenbilder aussprach, die mir vor die Augen getreten waren, wurde mir fast jedesmal von alten, lang eingebürgerten Künstlern die Entgegnung, daß das echte, frische und farbenfreudige Volksleben längst aus Rom dahingeschwunden und eigentlich nur noch als stereotype Staffage auf Architektur- und Landschaftsbildern zu finden sei.

»Vor dreißig oder vierzig Jahren«, hieß es, »da hätten Sie unser Rom sehen sollen, als die goldene Zeit noch war, als Cornelius, Overbeck, Schnorr, Veit und die andern jener Tage einzogen in die Porta del Popolo. Die schauten noch Schönheit, Lust und Leben in echter ursprünglicher Frische. Woran Sie sich jetzt ergötzen, sind nur noch ein paar Fetzen davon.«

Diese Worte eines alten Künstlers mögen sicher ihre Wahrheit haben, ich glaube es gern, und welch charaktervolle Schönheit mögen erst Goethe oder gar Winckelmann geschaut haben!

Ist nun zwar das ganze Volksleben hier noch hundertfach eigentümlicher, freier und mannigfaltiger als in Florenz, Mailand und selbst in Neapel, so tritt uns doch sofort entgegen, wie sehr die alles nivellierende Macht modernen Lebens auch hier schon eingewirkt hat und von Jahr zu Jahr sich weitere und tiefere Bahnen bricht, sei es in Sitten, sei es in Trachten, Hausformen und Anschauungen.

Eine Straßenwanderung indes gewährt in allen italienischen Städten einen so wechselnden und nie versiegenden Reiz, daß man in unserem Norden sich nicht im entferntesten eine Vorstellung davon macht. Die Straßen sind in den Städten Italiens nicht wie bei uns nur Verbindungsmittel der verschiedenen Stadtteile, sie sind nicht bloß zum flüchtigen Hin- und Herrennen bestimmt, sondern sie dienen dem Volk vielmehr zum ruhigen Aufenthalt; es arbeitet und ruht, es ißt und trinkt, es spielt und tanzt auf der Straße und entfaltet so ein ganz anderes, reicheres und freieres Leben auf ihr als im Norden, und das nimmt zu, je weiter man in den Süden dringt. Mich fesselte und beschäftigte am stärksten der Blick in die verschiedenen Arbeitsstätten des kleinen Handwerks, die sich alle in ihrer ganzen Breite gegen die Straße öffnen und von früh bis spät vom muntersten und buntesten Treiben erfüllt sind. Und je weiter nach Süden, desto weiter öffnen sich die unteren Wohnungen, daß man zuletzt tief ins Herz derselben hineinblickt und alles Leben und Treiben seiner Bewohner von der Straße aus ruhig betrachten kann.

Man sieht sie morgens sich ankleiden, waschen und kämmen, sieht sie dann arbeiten und wirtschaften, schneidern und schustern, hobeln und meißeln, kochen und ihr Pranzo einnehmen, vor dem Marienbilde mit dem brennenden Lämpchen das gemeinsame Abendgebet verrichten, und in Sizilien kann man von der Straße faßt ins nächtliche Ruhebett hineinschauen, das nur durch einen leichten Schirm oder einen dünnen Vorhang vom vorderen Raume getrennt ist.

Vorzüglich reizend ist es nun, wenn solch eine offene Wohnung abends von ihrer dreiarmigen Lampe erleuchtet ist, und es war mir ganz, als ob ich vor einer kleinen, erhellten Bühne stände, auf der oben ein Stück aus dem Volksleben gespielt wurde. Welch diametraler Gegensatz mit unsern Städten im Norden!

Während hier das kleine Gewerk sich gerade zurückzieht und verkriecht auf himmelhohe Dachkammern, in öde Hinterhäuser oder in schmutzige, enge Höfe und dafür die vornehme Welt mit ihren blumengeschmückten Spiegelfenstern sich der Straße zuwendet, so haust diese in Italien fast immer ein Stockwerk hoch hinter ihren Jalousien oder gar mit ihren Fenstern dem brunnengeschmückten Hofe zugekehrt und überläßt die Straße dem Volke. Aber noch nicht einmal mit solch offener Wohnung zufrieden, rückt der Schneider oder Schuster, wenn er irgend kann, seinen Tisch oder Stuhl völlig ins Freie und so weit hinaus, als nur die vorüberjagenden Reiter und Karossen es erlauben, um nur ja recht die liebe Straße auszunutzen, damit ihm nicht das Mindeste von allen Seiten entgehe. In Palermo und anderen Städten Siziliens fand ich sogar die Lokale der geschlossenen Kasinos oft ohne Wände und Fenster nach der Straße zu, und man stellte die Whist- und L'Hombre-Tische beinahe aufs Trottoir, gleicherweise waren dort fast alle Kaffeehäuser. In Neapel liegen in den belebtesten Straßen oft zu halben Dutzenden schlafende Lazzaroni mitten auf dem Trottoir. Der ganze Strom der Fußgänger geht daran vorbei, denn der Schlaf ist heilig, und auch dafür ist in Italien die Straße bestimmt.

Vom stillbehaglichen Lustwandeln draußen in freier Natur, vom Zauber des schattigen, wilden Waldes oder gar vom freudigen Schweifen und Streifen durch Berg und Tal, von allen diesen uns so lieben Dingen dem Italiener einen Begriff beizubringen, ist und bleibt ewig vergebliche Mühe. Dagegen in offener, eleganter Karosse Corso fahren, langsamen Schrittes zwanzigmal dieselbe Straße auf und ab, rings zu schauen und rings beschaut zu werden, das ist sein Ideal und Leben. Café, Corso und Theater sind das A und O aller und jeder Ergötzung, und Corso ist ja einmal nichts als der echte Genuß der Straße. Der Italiener würde unglücklich sein, wollte man ihm das Straßenleben verbieten. Worte wie Straßenjunge, Straßentreiber, Pflastertreter usw. kennt er nicht in solcher Bedeutung. Nichts aber ist bezeichnender als der Gegensatz zweier Redeweisen.

»Ich bin auch nicht auf der Straße gefunden«, heißt es bei uns. Nie würde sich diese Redensart in Italien gebildet haben. Will dort jemand seine bessere Herkunft andeuten, sagt er stolz: »Meinst du, daß ich aus dem Walde (della macchia) stamme?« Denn den schönen, grünen Wald haßt er und rottet ihn aus, wo er ihn findet; die kahlen Apenninrücken, die dürren, unfruchtbaren Berge Siziliens, der einstigen, vielgepriesenen Kornkammer des Südens, sind traurige Beweise dafür, ein lustiger aber ist die folgende Geschichte, die einem mir befreundeten Bildhauer vor einigen Jahren passierte.

Dieser suchte beim Städtchen Rocca di Papa im Albanergebirge ein Häuschen zu mieten, um dort einen Sommer hindurch mit seiner Familie Villegiatur zu halten. Er fand bald ein solches, das ihm zu seiner großen Freude passend schien wie kein anderes, denn dicht daneben erhob sich von immergrünen Eichen ein kleines, schattiges Gebüsch, in welchem leicht für die heißen Stunden des Tages ein angenehm kühlendes Plätzchen, mit Tisch und Stühlen besetzt, hergerichtet werden konnte. Freilich lag nahe davor leider ein hoher, übelriechender Abfall- und Düngerhaufen, aber der Besitzer beruhigte ihn bald. »Wenn Sie einziehen, Signore«, sprach er, »soll diese Schweinerei (questa porcheria) sicher beiseitegeschafft sein.« Froh ging er wieder nach Rom zurück und freute sich mit den Seinen schon auf die angenehmen Stunden unter dem kühlungsdurchwehten Laubdach.

Als er aber endlich einzog, sah er zu seinem Schrecken, wie sehr er sich in der Anschauungsweise seines Hausherrn geirrt hatte, und merkte nun zu spät, wie verschieden die Begriffe der Völker von Schweinerei sind. Der schöne, kleine Eichenhain war verschwunden, gründlich abrasiert bis zur Wurzel, dafür aber prangte der duftende Haufen in fast verdoppelter Größe und Stattlichkeit.

Woher nun rührt dieser tiefeingewurzelte, eigentümliche Charakterzug der Baumfeindschaft im Volke? Sicher haben wir auch hier, wie in so vielen andern Dingen des Südens, eine echte Überlieferung antiker Anschauung und Gefühlsweise. Auch die Alten wußten nichts vom Zauber der Waldeinsamkeit, von jener Romantik des stillen, unbestimmten Träumens und Schwärmens in derselben, und wenn sie Wald einmal lobten und liebten, geschah es immer nur aus rein praktischen und materiellen Gründen, seines wohltuenden Schattens und seiner erfrischenden Kühle wegen.

Ungleich erquicklichere und originellere Bilder als die Via Condotti, die Via Babuino und der Corso mit ihren spiegelscheibigen Schaufenstern aber gewähren die kleineren und entlegeneren Straßen und Plätze des niederen Volks- und Marktverkehrs, wo vor allen Dingen reizvoll die frischen Waren der Frucht- und Gemüsehändler in köstlicher Formen- und Farbenfülle aus dem Übrigen hervorleuchten. Hier tritt das dem Italiener angeborene Schönheitsgefühl uns entgegen wie nirgends sonst. Es ist unmöglich zu beschreiben, in welch wechselvoller und malerischer Weise der Verkäufer nur mittels eines einfachen Lattenspaliers die Bodenerzeugnisse des Landes zu einem köstlichen Stilleben zu ordnen versteht; freilich steht ihm dabei die ganze glutvolle Farbenpracht der mannigfachen Südfrüchte in verschwenderischer Fülle zu Gebote. Er hat die Scharlachfrucht des Liebesapfels und die verkörperte Sonnenglut der Orange, er hat die reiche Skala der feinen und sanften Farbentöne in den Feigen, Melonen, Pfirsichen, Granatäpfeln und saftdurchschimmerten Trauben bis hinab zum ruhigen Tiefbraun der Kastanie. Ein so zaubervolles, reiches und scheinbar doch zufälliges Durcheinander würden unsere Marktleute auch mit allen jenen doch nicht zustandebringen. Im schönheiterfüllten Süden aber haben selbst noch die Läden mit den unansehnlichsten Sachen, die Käse- und Fettwarenläden, in ihrer zierlichen Anordnung Reiz und malerische Wirkung, der Hauptsache dabei, ihrer malerischen Menschenstaffage, gar nicht einmal zu gedenken. Aus der eleganten Modewelt kommend mich einmal recht unter dieses südlich bunte und echt ursprüngliche Markt- und Volksgewühl zu mischen und in stillem Schauen und Beobachten alle diese kleinen Gassen und Plätze zu durchschlendern, war ein Genuß für mich, dessen Reiz wuchs und wuchs, je tiefer und nachhaltiger ich mich ihm hingab.

Keine Stadt kenne ich, die in ihren verschiedenen Teilen ein so mannigfach ausgeprägtes und so voneinander abweichendes Bild im Charakter seiner Gebäude wie seines Straßenlebens darböte, wie Rom. In Trastevere, besonders in dessen südöstlichem Teile, wohnen die Armen, Zerlumpten und Bettelnden, hier ist das Viertel der Baracken und Spelunken; um den Palatin herum, wo staubige Grasplätze mit Gebüsch, ragenden antiken Trümmern und spärlich stehenden Wohnungen abwechseln, ist das Reich der Karrenführer mit ihren schönen, mächtig gehörnten, silbergrauen Rindern und schwarzen, tückisch blickenden Büffeln; die Piazza Montanara und ihre Nachbarschaft ist der lebensvolle Sammelpunkt der Campagna- und Gebirgsbevölkerung; hier sieht man den braunen, schafbepelzten Hirten, den halbwilden Sohn der Volskerberge, dunkel wie ein Bronzebild, die Schenkel wie ein Pan von zottigem Ziegenfell bedeckt, den ritterlichen Campagnolen mit steifen, ledernen Reitschienen an den Beinen und den fieberbleichen Bewohner der Pontinischen Sümpfe; im unheimlichen Ghetto haust mit seinem Trödelkram das verstoßene Volk Israels; auf der Ripetta, dem Tiber entlang, hat vor allem das kleine Handwerk Posto gefaßt, Gevatter Schneider und Handschuhmacher; dann in der Nähe des Quirinals und die lange Via di Porta Pia hinunter die Welt der stillen Klöster, Stifter und Prälatenwohnungen, hier ist es ruhevoll und ernst und riecht dumpfig nach Weihrauch und Kirchenluft, hier begegnet man blassen, asketischen Gesichtern, Zügen von Schülern der Propaganda, des Jesuitenstifts oder der verschiedenen geistlichen Seminarien, hier wandelt rundlichen Antlitzes in würdiger Behäbigkeit der violett-bestrumpfte Monsignore, und von schwarzen, mächtigen Rappen gezogen fährt langsam in seiner altertümlichen und schweren Karosse der Kardinal die Straße entlang; wiederum auf dem Monte Pincio und beim Palast Barberini herum reiht sich voll rühriger Tätigkeit Werkstatt an Werkstatt der Kunst und des Kunsthandwerks, der Bildhauer, Maler und Bilderrestaurateure, der Steinschleifer, Gipsformer, Mosaizisten und Muschelkameenschneider, hier finden sich in malerischer Volkstracht die Modelle; der Spanische Platz und die Via Babuino und Condotti gehören vor allem der Fremden- und Touristenwelt sowie den reichen Kunst- und Prachtläden an, und endlich in der großen Lebensader des Corso tuten alle und jede Elemente der Stadt in buntester und reichster Fülle durcheinander. Und dies alles, diese ganze, einzige, bunte, malerische, vielgestaltige Welt umgibt die alte, graue, tausendjährige Stadtmauer Aurelians.

Volkscharakter

Ein so reich gegliedertes und vielseitig nuanciertes Volk wie das Italiens in einem kurzen Aufsatze schildern zu wollen wird immer ein gewagtes Unternehmen bleiben, und doch gibt es ein einziges Wort, das den ganzen Grundcharakter der heutigen Italiener mit einemmale auf die schlagendste Weise bezeichnet, ein Wort, aus welchem tausend kleine Züge auf das einfachste sich erklären lassen, und dennoch ist diese so naheliegende Bezeichnung meines Wissens noch in keinem Buche über Italien zu finden.

»Knabenhaft« heißt das Wort, und mit diesem Epitheton ist der Grundzug im guten wie im üblen Sinne so ausgesprochen, daß es im ganzen Sprachschatze kein anderes geben dürfte, welches auch nur im entferntesten geeignet wäre, soviel zu umfassen und zu erklären. Ich will versuchen, es hier näher auszuführen.

Nach der Lichtseite hin verbinden wir mit jenem Begriffe eine Menge liebenswürdiger Eigenschaften; die Frische und leichte Empfänglichkeit, das jugendlich Heitere, schnell Erregbare, das Harmlose, das Genügsame und leicht zu Befriedigende, den Phantasiereichtum, das dramatische Element und noch so manchen anderen Zug. Nach der Schattenseite dagegen denken wir an Unbeständigkeit, Leichtsinn und Haltlosigkeit, an eine oft ans Possenhafte streifende Ausgelassenheit, an Vorwitz und kindliche Neugier, Lust an glänzendem Flitterkram, Mangel an Ernst, Würde und Gediegenheit, lümmelhafte Frechheit und Flegelei und endlich leider oft genug an die Freude am Quälen der armen Tiere. Das alles kennzeichnet das heutige italienische Volk, namentlich da, wo es noch in echter Ursprünglichkeit, unberührt von modernen Einflüssen, sein Wesen zeigen und entfalten kann.

Vor allem liebenswürdig und oft wahrhaft rührend ist die dankbare Empfänglichkeit des Italieners, die er gegen die kleinsten Beweise unseres Wohlwollens an den Tag legt. Eine kleine Überraschung, die wir ihm bereiten, ein unerwartetes Geschenk, und wär's eine wahre Bagatelle, kann ihn mit jubelnder Freude erfüllen, wovon ich unzählige kleine Beispiele anführen könnte. Schon für ein freundliches Wort ist er dankbar, und vor allem empfänglich ist er für einen guten Scherz, den man mit ihm macht. Mit Freuden machte ich mir wohl zuweilen den Spaß, wenn ein Haufen zerlumpter Straßenburschen Miene machte, uns anzubetteln, diesen zuvorzukommen und ihnen mit ebenso kläglichem Gesicht und einem winselnden »Datemi qualche cosa, Signori – ho fame! Ah poverello! – Misericordia per la madre di Dio« (Geben Sie mir etwas, meine Herren, – ich habe Hunger – o ich Armer – Mitleid um der Mutter Gottes willen!) geradeso, wie jene es machten, den Hut hinzuhalten. Nie verfehlte das seine heitere Wirkung, schnell waren die kläglichen Mienen und Gebärden verschwunden, und ein fröhliches Gelächter, ja selbst wohl ein »Ah, bravo, bravissimo, Signore!« erschallte. Mit guter Laune und echtem, wohlwollendem Humor kann man alles beim Italiener ausrichten, mit Grobheit und Anmaßung nichts.

Und auch wahrhaft genügsam und leicht befriedigt ist er, so paradox das bei den vielen Geschichten von italienischer Prellerei der Wirte, Gondelfahrer, Führer usw. auch zuerst klingen mag. Selbst diese schauen wir wenigstens von einer falschen Seite an. Es ist wahr, beim ersten Zusammentreffen sucht der Italiener den Fremden auszubeuten, wie er nur kann, und mit einer Naivität, die meistens so kindisch ist, daß man weit eher darüber lachen als sich ärgern kann, fordert er anfangs womöglich das Zehnfache für eine Sache oder Dienstleistung. Denn warum? Er glaubt steif und fest, alle Fremden sind Krösusse und wissen ihr Geld gar nicht zu lassen, sonst würden sie doch wohl in Ruhe zuhause bleiben. Namentlich die Vorstellung von unserer nordischen Heimat »Sempre neve, case di legno, gran ignoranza, ma danaro assai« (Ewiger Schnee, Häuser von Holz, große Dummheit, aber Geld in Menge) hat sich seit Goethes Zeit im Volke um nichts geändert. Sowie der Italiener aber sieht, daß er es mit einem wohlwollenden und vernünftigen Menschen zu tun hat, der ihn zu nehmen weiß, und namentlich wenn wir ihn selbst von seinem Unrecht überzeugen, ist er auch sogleich mit wenigem zufrieden. Sofort hat er seine gute Laune wieder, und nie sieht man ihn lange murren und maulen, wenn ihm etwas derart mißlungen ist. Ist einmal etwas abgemacht, so hält er auch daran und versucht nachträglich niemals zu drehen und zu deuteln. Nie auch habe ich erlebt, daß ein Italiener mir oder meinen Reisegenossen jemals sein gegebenes Wort gebrochen habe.

Die harmlose Offenheit des Italieners ist nun erst recht zu bewundern. Sobald er nur einsieht, daß man es gut mit ihm meint, öffnet er uns sofort sein ganzes Herz und erzählt uns oft am ersten Tage der Bekanntschaft schon von seinen Religionsansichten, seinen Familienangelegenheiten, seinen Schulden, seinen Streichen, seinen Liebschaften und Gott weiß von welchen Dingen sonst. So habe ich oft genug Verhältnisse erfahren, die man bei uns höchstens nur dem vertrautesten Freunde offenbaren würde. »Che volete, Signore«, sagte bei solcher Gelegenheit ein Italiener zu mir, »siamo tutti peccatori, anche lei.« (Was wollen Sie, mein Herr, wir sind alle Sünder. Sie ja auch.)

Eine völlig haltlose Meinung ist es, der Italiener sei grundfaul und zu ernster Arbeit unlustig. »Sono nel mondo per viver e non per strapazzarmi come una bestia«, (Ich bin auf der Welt, um zu leben, und nicht, um mich wie ein Lasttier abzumühen) sagte zu Adolf Stahr einmal ein armer Italiener.

Wie echt menschlich. Daß aber das Volk auch Fleiß zeigen kann, um das zu sehen, muß man nur von der Stadt Neapel aufs Land gehen, namentlich die Gegend des glücklichen Campaniens um Capua herum durchwandern, und man wird über die Pflege der Felder staunen. Es hört auf, Ackerbau zu sein, es wird die sauberste Gartenkultur, in welcher die ameisenhafte Emsigkeit der Bewohner auch nicht das kleinste Unkraut auf den kunstvoll bewässerten, schnurgeraden Beeten duldet. Und wenn die Mittagsglut nachdrücklich halt gebietet, sieht man dafür auch schon früh wie tief in die Nacht hinein oft alles voll fleißiger Menschen. Ebenso fand ich es in Toscana, Umbrien, den Marken und der Lombardei. Die piemonteischen Straßenpflasterer, Steinarbeiter und Felsensprenger setzten mich durch ihre Ausdauer und Meisterschaft wahrhaft in Erstaunen. Wenn aber an manchen Stellen, wie z. B. in der römischen Campagna, in den pontinischen Sümpfen oder in vielen Gegenden Siziliens das Land in so trauriger Verwahrlosung ist, so liegt das einzig und allein an schlechter Verwaltung von oben herab oder an anderen feindlichen Umständen, nur nicht am Volke selber.

Knabenhaft ist vor allem am Italiener seine äußere Sinnenlust, seine Freude an allem Glänzenden, Rauschenden, Sprühenden, Lärmenden und Festlichen. Dieser Charakterzug hat sich dem ganzen äußeren Leben und Treiben, der Kunst wie dem kirchlichen Kultus des Südens aufgeprägt und tritt dem Nordländer an keiner Stelle so auffallend entgegen als in letzterem. Während der Katholizismus wohl nirgends in so ernster, so würdiger und innerlicher Weise erscheint als in deutschen Gegenden, gewinnt er an heiterem Charakter und an Äußerlichkeit, je weiter man von dort aus nach Süden vordringt, fast von Tagereise zu Tagereise darin sich steigernd, bis er zuletzt im äußersten Süden, in Sizilien, zugleich das Widerwärtigste an äußerlichem und leerem Flitter darbietet.

Kaum hat der nordische Wanderer die Alpen hinter sich gelassen, so merkt er schon am Glockengeläute, daß ihn der christliche Süden umfängt. Hell und heiter wie der schöne Himmel, zu dem es emporklingt, und in fast lustigem Rhythmus tönt es ihm von zahlreichen Campanilen grüßend entgegen. Er wird inne, daß eine andere und rosigere Gottes- und Weltanschauung alles durchleuchtet und belebt. Aber erst vollends zeigt ihm das ein echtes Kirchenfest und feierliches Hochamt, etwa der Namenstag des Schutzheiligen irgendeiner Kirche oder ein Marienfest, zumal auf dem Lande.

Schon der Platz vor der Kirche und die Stufen derselben sind mit frischem duftigem Buchsbaum und Lorbeerzweiglein bestreut und lassen wie die rotseidene Draperie, welche den Eingang schmückt, bereits draußen ahnen, daß im Innern noch etwas ganz Besonderes vorgeht. Wir treten hinein. Mitten am sonnigsten Tage umfängt uns drinnen plötzlich eine eigentümliche Dämmerung; denn alle Fenster sind verhängt. Aber nicht grau und ernst ist diese Dämmerung, sondern es flimmert darin von einem Meer von Kerzen, die das Allerheiligste umstrahlen, es leuchtet, es glüht, es funkelt darin von roten, blauen und gelben Draperien mit goldenen Quasten und Fransen, die überall herabwallen, von blitzenden Kelchen und Monstranzen, Altarleuchtern und riesigen Blumensträußen. Es duftet und wogt darin von bläulich ziehenden Weihrauchwolken, es singt und klingt darin von süßen Frauen- und Kinderstimmen, von weichen Geigen und Flöten, von schmetternden Pauken und Trompeten und von lustig gespielter, helltönender Orgel, und wenn zu diesem allen erst von draußen herein die Böller dazwischen knallen, Frösche und Schlüsselbüchsen knattern, dann leuchtet jedes Auge von seliger Befriedigung; wissen sie doch ganz sicher, daß sich heute Maria oder der gute Heilige, den sie eben feiern, da oben mit ihnen darüber freut. Im Freien aber, draußen vor der Kirche, haben Verkäufer ihre Buden aufgeschlagen, Quacksalber preisen von einem alten Fiaker herab mit geschwätziger Zunge ihre unfehlbaren Heilmittel an, Garköche stehen hinter ihren knatternden Feuern und brodelnden Ölkesseln, leckere Fritturen bereitend; Eis- und Limonadeverkäufer winden sich mit ihren tragbaren Tischen und Gefäßen durch die frohe Menge, und alles schwatzt, scherzt, schäkert, lacht, schmaust und freut sich seines glücklichen Daseins. Das geht so den ganzen Tag hindurch. Abends aber erstrahlt dann die Kirche nach außen von Tausenden flammender Tonlämpchen, bis endlich das unvermeidliche Feuerwerk mit seinen farbigen Leuchtkugeln, zischenden Schwärmertöpfen, sausenden Feuerrädern und knallenden Kanonenschlägen den lärm- und glanzvollen Schluß bildet.

»Una bella festa, una bellissima festa!« hörte ich dann alle Augenblicke von den glückberauschten Heimkehrern sagen, während der Wirtin Töchterlein zu Sorrent, die gute Caramella, mich allen Ernstes nach einem solchen Feste einmal fragte: ob es denn wirklich wahr wäre, daß man in unserem ketzerischen Norden so knauserig sei und nicht einmal zur Ehre Gottes und zur Freude seines lieben Sohnes oder der heiligen Jungfrau einen Schuß Pulver übrig habe.

Wie im Kultus, steht es mit der Kunst im heutigen Italien. Sei es in der Musik, Poesie oder bildenden Kunst, fast überall finden wir nur Äußerlichkeit, nur Streben nach Sinnenreiz, Formenschönheit, brillanter Komposition und eleganter Technik, selten aber Größe, Tiefe, Würde, Innerlichkeit. Keine Kunst aber ist hier so volkstümlich und in tiefster Natur begründet, so lebensvoll und gesund als die des Theaters, die Mimik und die dramatische Darstellung. Man braucht nur eine Stunde sich unter das Volk in ein Marktgewühl zu begeben, um genugsam inne zu werden, welch mimisches Talent jeder Italiener besitzt, welch ein geborener Schauspieler er ist. Und so sieht man denn auch auf Bühnen dritten und vierten Ranges in Italien Dramen und Lustspiele mit einer Anmut, Feinheit, Wahrheit, einem Feuer und Leben vorführen, wie es unsern besten Hoftheatern zur Ehre gereichen würde. Es ist ein Genuß, das anzusehen.

Aber ein nicht geringerer ist es auch zugleich, das Publikum dabei zu beobachten. Da ist eine Anteilnahme, eine Hingabe, ein Aufgehen in den vorgeführten Geschichten und Taten, wie es bei uns allenfalls noch bei einem Kinderpublikum zu finden sein dürfte.

Weit entfernt davon, das gegebene Stück oder die besseren und schwächeren Darstellungen der Darsteller objektiv zu betrachten oder gar kalt zu kritisieren, geht das italienische Volk vielmehr aufs lebendigste und mit vollster Seele ein in den Gang der Dinge, es durchlebt sie mit, es liebt und haßt, es trauert, es gerät in Wut, je nachdem sich die Handlung gestaltet. Die Darsteller hören ihm auf, Schauspieler, das Stück, Dichtung zu sein, die Bretter hören auf, nur die Welt zu bedeuten, sie sind es ihm für den Augenblick.

Das ergötzlichste erlebte ich in dieser Art in einem Theater zu Florenz, wo man irgendein modernes Sensationsdrama nach dem Französischen gab, dessen Namen ich leider vergessen habe. Der arme Mensch, welcher verdammt war, den Intriganten zu spielen, hatte einen schweren, ja gefährlichen Stand. Schon im zweiten Akt durchschaute man die ganze Scheußlichkeit seiner schwarzen Seele und empfing ihn, sobald er nur wagte, sich öffentlich auf der Bühne sehen zu lassen – und er hatte wirklich die Frechheit – mit Zischen und Pfeifen, Schimpfen und Fluchen, was sich bei jedem Male steigerte, wenn eine neue Schandtat von ihm ans Licht kam. Als der Schändliche gar im vierten Akt seine eigene hübsche, junge Frau, deren Vermögen er natürlich schon in den ersten Akten verpraßt hatte, um seine Schulden zu decken, an einen reichen und liederlichen Fürsten verkauft und dann ihrem alten braven Vater, der darüber zukam und das natürlich nicht leiden wollte, ohne weiteres ein Messer durch die Rippen stieß, kannte die gerechte Entrüstung des Volkes keine Grenzen mehr. Ein wahrer Sturm brach los, man trommelte und trampelte, man heulte und schrie, man warf mit Orangenschalen, weil man eben sonst nichts zur Hand hatte, man hätte den Mörder in Stücke gehackt, wenn er sich ins Parterre gewagt hätte. Es war ein Glück für ihn, daß der Alte ein zähes Leben hatte und den Rippenstoß aushielt, während im letzten Akt den Bösewicht endlich der Arm der Gerechtigkeit für seine Schandtaten erreichte. Aber gerade als die Gendarmen ihn in Ketten legen wollten, knallte er sich eine Kugel durch den Kopf. Vielen war das freilich nicht recht, sie hätten ihn gewiß gar zu gern auf der Bühne gehängt oder geköpft gesehen, aber man freute sich doch allgemein, als der alte durchbohrte Vater, der sich inzwischen völlig wieder erholt hatte, seiner Tochter schließlich auf das rührendste einen Kuß gab und sie dann dem Gegenstand ihrer ersten Jugendliebe in die Arme führte.

Und noch öfter habe ich köstliche Züge von solch echt kindlicher Naivität beim Volke gesehen. Damit verbindet sich dann aber zugleich das feinste Verständnis und die gespannteste Aufmerksamkeit. Nichts geht verloren, kein Witz, kein Charakterzug und es kann in dieser Beziehung kaum ein dankbareres Publikum geben.

Nur gewisse Charaktere sind dem Italiener vollkommen unverständlich, ja geradezu lächerlich, unbegreiflich. Zum Beispiel die im deutschen Schauspiel und Roman früher so heimischen tief betrübten und schmachtenden Liebhaber mit ihren Klagen, ihrem Sehnen und Träumen. Ein solcher könnte sicher sein, verhöhnt und ausgelacht zu werden, wo er sich nur sehen ließe. Er findet sich auf dem italienischen Theater auch nur selten. Der Schelm und Schalk aber wie der Listige und Kühne wird mit freudigem Beifall überschüttet.

Überhaupt steht der leichtlebigen Knabennatur des Italieners nichts so fern als anhaltend tiefer Schmerz, stille Wehmut und jegliche Kopfhängerei. Auch bei seinem herbsten Verlust, seinen liebsten Toten, zeigt sich das. Wohl bricht er zuerst in heiße Tränen und laute Klagen aus, aber rasch wird der Gestorbene aus dem Hause geschafft, meistens schon anderen Tages. An vielen Orten ist es nicht einmal üblich, ihm das letzte Geleit zu geben. Brüderschaften tragen ihn in eine Kirche, er wird eingesegnet, meistens bei Nacht, schnell zu Grabe gebracht, einige Tage darauf folgt dann das Totenamt, und damit ist alles vorbei. Kein Zeichen der Trauer, nichts verkündet den andern, daß das Haus vielleicht seinen Herrn, die Familie den treuen Vater, die Kinder die liebende Mutter verloren haben. Man spricht selbst ungern davon. Wohl errichtet der Reiche und Vornehme den Geschiedenen kalte Prachtmonumente von Marmor in den Kirchen; unbekannt und fremd aber ist unsere Poesie des Friedhofes, das stille Besuchen der grünen Gräber, das liebevolle Schmücken, Bekränzen und Bepflanzen derselben mit Laub und Blumen. Mit wenigen Ausnahmen bieten daher die gemeinsamen Grabstätten in Italien ein Bild der widerwärtigsten und abschreckendsten Öde und Kahlheit.

Das knabenhafte Gebaren des Volks tritt sodann wohl nirgends deutlicher hervor als in seiner politischen Bewegung. Mit Evvivas und Abassos erst Demonstrationen machen und, wenn's schief geht, Hals über Kopf davonlaufen – darin besteht leider ein großer Teil des politischen Volkslebens.

Wie dem Italiener alles tiefere Sichversenken und Eingehen in den Geist der Natur verschlossen ist, alle frische Wanderlust und Freude an Wald und Gebirg abgeht, so fehlt ihm auch gänzlich unser Sinn für behagliche Einrichtung und Wohnlichkeit des Hauses, ein Sinn, den er übrigens mit den meisten Südländern teilen mag.

Selbst unter den Bemittelten, ja Wohlhabenden herrscht oft in den Wohnräumen eine Unbehaglichkeit, Kahlheit, Öde und Bestaubung, die vor allem den Norddeutschen auf das widerwärtigste berührt. Bei Anwesenheit König Friedrich Wilhelms IV., dessen Gefolge die preußische Casa Tarpea eingenommen hatte, mußte ich diese liebgewordene Wohnung auf längere Zeit verlassen. Ich zog zur Witwe eines Advokaten, welche viel Geschmack und Gewandtheit besaß und nebst ihrer dunkeläugigen Tochter die eleganteste Toilette zu machen verstand, wenn die liebe Straße genossen werden sollte. Ein größerer Gegensatz, als sie mit ihren Wohnräumen bildete, dürfte aber nicht leicht zu finden sein. Die Fußböden von gewöhnlichen Tonziegeln, die Wände einfach getüncht und vielfach abgeblättert, Türen und Fenster in allen Fugen klaffend, die Scheiben erblindet und oft gesprungen, dazu ein Dutzend schlechter, wackeliger Möbel, Stühle mit zersessenen und verblichenen Überzügen, vergilbte Gardinen, endlich ein paar schlechte Lithographien (Heiligenbilder) an den Wänden und auf dem Konsolentisch, der vor einem alten, fleckigen Spiegel stand, zwei Porzellanvasen mit Blumensträußen von buntem Papier – das war ihre Einrichtung. Auch schien es, als ob ihr alles Gefühl für Ordnung und Symmetrie abgehe. Es kam einmal durch Zufall der große Eßtisch schief zu stehen, daß er gerade von einer Ecke des Zimmers zur entgegengesetzten wies. Ein Ruck hätte ihn wieder gerade gestellt. Aber nein, keinem der Aus- und Eingehenden fiel es ein, diesen Ruck zu tun, denn keiner fühlte das Peinliche des Eindrucks, man setzte sich Tag für Tag ruhig daran zum Essen, und eine volle Woche blieb der Tisch so stehen. Auch die Stühle standen stets völlig regellos und jeder nur so, wie er zuletzt gebraucht war, durcheinander, daß es fast immer aussah, als solle hier eben aus- oder eingezogen werden und man sei noch nicht in Ordnung.

Ich habe in manche Wohnung einen Blick getan, es war im Grunde überall dasselbe. Bei Vornehmen hohles, palastartiges Prunken, bei Niederen Unordnung und Verkommenheit, eine nette anheimelnde Behaglichkeit aber nirgends. Das Haus gilt dem Italiener eben wenig, die Straße alles.

Und noch eines knabenhaften Zuges des Italieners muß ich erwähnen. Das alte Spruchwort heißt: Narren- und Knabenhände beschmieren Tisch und Wände. Kann einer aus dem untern Volke zufällig seinen Namen schreiben, so darf man auch sicher sein, daß er ihn anbringt, wo und wie er nun kann, wenn Zeit und Ort es gestatten. Und hiermit hängt auch seine große Liebhaberei zusammen, bei jeder Gelegenheit eine marmorne Gedenktafel anzubringen, deren Inschrift ja seinen lieben, hochverehrten Namen kommenden Geschlechtern überliefert. Es kann kaum eine Gartenmauer errichtet weden, ohne daß der Nachwelt in Lapidarschrift, oft genug auf lateinisch, verkündigt wird, wer's getan hat. In dieser Hinsicht kommen wahrhaft komische Kindereien vor.

Endlich und zum Schlusse dieser Betrachtung komme ich auf eine der dunkelsten Schattenseiten des Italieners, seine Gefühllosigkeit gegen Tiere. Zwar teilt er diesen Zug auch mit andern romanischen Völkern, mit Franzosen und namentlich mit den Spaniern, indes ist hier bei der sonstigen Liebenswürdigkeit des Italieners der Kontrast dieser Roheit, die oft genug in raffinierte Grausamkeit übergeht, doppelt schneidend und unerträglich, und hier erscheint sein Charakterzug, des Knabenhaften erst recht zum Bübischen herabgezogen. Durch das ganze Volk geht dieser Zug, bei Hoch und

Niedrig, Jung und Alt, Weltlich oder Geistlich, Mann und Weib – überall treffen wir dieselbe Gefühllosigkeit, dieselbe Rücksichtslosigkeit gegen die armen Tiere, nur je nach Individuum mit mehr oder weniger Roheit oder mit mehr oder weniger Raffinement gepaart. Ausnahmen sind immer selten. Nur in Oberitalien ist man milder.

Keinen Reisenden gibt es wohl, der nicht Zeuge von solch empörenden Mißhandlungen und Martern der armen Geschöpfe wäre, bei denen sich unser Herz im Leibe umwendet. Ich selbst würde Bogen füllen, wollte ich von allem erzählen, was meine Augen schauen mußten, von ermatteten Pferden, in deren Wunden man stachelte, um sie anzutreiben, von niedergesunkenen, die man durch unterlegte Feuerkohlen zum Aufstehen zwang, von alten Maultieren, die unter Schlägen ihr Leben aushauchten (denn aus Mitleid wird kein Tier getötet), von kleinen Lämmern, denen man lebend eine Schnur durch die Nackenhaut gezogen, um sie bequem daran aufhängen zu können, von Hunden, denen man die Beine abgehauen, von gefangenen Ratten, die man mit Terpentin übergoß und dann brennend laufen ließ. Es mag genug mit diesem sein.

Wird irgendwo ein Tier gemartert, fällt's keinem der Vorübergehenden ein, auch nur einen Augenblick darauf zu achten, es sei denn aus Freude daran. Ich sah Priester stehen und sich über ein paar Buben ergötzen, die eine arme, gefangene Ratte quälten, sah schöne junge Frauen mit mordlustfunkelnden Blicken kleine Singvögel erwürgen, »per mangiar« (um sie zu essen) natürlich, und ward inne, daß dieses Volk sicher noch mit derselben mordgierigen Schaulust zur Arena eilen würde, mit der es einst zu Neros und Domitians Zeiten solches getan.

»Ma, non è christiano, è una bestia« (Aber es ist kein Christenmensch, es ist ein Tier) bekommt man meistens zur Antwort wenn man's unternimmt, einem Italiener das Unrecht seiner Tierquälerei klarzumachen, denn daß Menschen gegen Tiere irgendwelche Pflichten hätten, sieht keiner ein, und kein Priester lehrt es. Und doch rührte ich einmal in den Tempeltrümmern zu Agrigent einen Knaben, der ein armes Vöglein marterte, bis zu Tränen aufrichtiger Reue, und die Tränen im Auge jenes Knaben waren mir eine Bürgschaft, daß auch in diesem Volksherzen das Samenkorn echter Menschlichkeit nicht fehle, ob es auch noch daliegt, unberührt vom warmen Sonnenstrahl wahrer Bildung, wahrer Religion.

Aus dem Tagebuch

Erste Folge

Rom, den 20. November

Offen und ruhig dürfen wir die Frage aufwerfen, wo gibt es ein Volk, dessen Glieder mit solchem Gefühl der Angehörigkeit den Boden der Ewigen Stadt betreten können, als wir Deutschen es vermögen. Dieser Gedanke drängte sich mir fast mit jedem Tage mit erneuter Kraft in die Seele und trug sicherlich das meiste dazu bei, mir Rom so teuer und lieb, so heimatlich zu machen, und wie mir muß es jedem gehen, sobald er nur mit echt historischem Sinne diesen Boden betritt, zu heiliger und geweihter Erde muß er ihm werden.

Wie oft flog auf dem sausenden Webstuhl der Zeit das Schiff der Begebenheiten herüber und hinüber und lenkte und wob die Fäden deutscher Geschichte und Kulturentwicklung bis in die Mauern Roms; wie oft entspannen sich gerade hier Ideen und Dinge von unermeßlicher Bedeutung für unser Vaterland; wie oft ward hier ahnungsvoll empfangen, was drüben groß und glanzvoll das Licht der Welt erblickte. Den Größten, Edelsten und Besten unserer Nation wurde Rom zu jenem Aufenthalte, der geradezu den Wendepunkt ihres geistigen Lebens bedeutet.

Noch gestern sah ich in Sankt Peter die rote Porphyrplatte, auf welcher Karl der Große am Weihnachtsmorgen des Jahres 800 unter dem Jubelruf der Menge die Krone empfangen haben soll, unternehmend das ungeheure Werk der Wiedergeburt des römischen Weltreiches, das heilig gesprochen ward und in so verhängnisvoller Weise auf Jahrhunderte das Geschick Deutschlands an Rom knüpfen sollte. Und abermals sehen wir von nun an fort und fort deutsche Kriegerscharen die jetzt ruinenvolle, ewige Stadt durchziehen und ihre hohen, gewaltigen Heerführer sich zur verhängnisvollen Porphyrplatte wenden, die Ottonen, die Salier, die Hohenstaufen, um das Werk ihres großen Vorgängers zu festen und zu vollenden, ein Werk zugleich ruhmvoll, sturmvoll, unheilvoll.

Und dann nach Jahren wandelt unbekannt und unbeachtet ein armer niedriger Mönch aus Deutschland durch die üppige Kirchenstadt, mit Entsetzen nimmt er plötzlich wahr, welch einen Pfuhl des Lasters und der Fäulnis all die feierliche und glanzvolle Herrlichkeit in ihrer Tiefe birgt, und in seiner Seele beginnen große, ewige Gedanken leise sich zu regen. Darauf kehrt er wieder still in seine Heimat zurück, unbeachtet, wie er gekommen, aber plötzlich dröhnen von Wittenberg her die welterschütternden Hammerschläge und heften ein Blatt an das Kirchenportal, das mächtiger als alle Bullen und Bannstrahlen vom Heiligen Stuhle den Vatikan bis in seine Grundfesten erbeben macht, und aus dem armen, demütigen, unbekannten deutschen Mönch ersteht plötzlich Roms mächtiger Besieger.

Und wiederum nach Jahrhunderten durchschreitet ein armer, unscheinbarer Sohn aus Deutschlands Nordebene die uralte Roma, auch er schaut still mit forschendem Auge rechts und links, aber nur in ferne, schönheitsvolle Vorzeit ist sein Blick gerichtet; die aus Schutt und Scherben wieder erstehende Marmorherrlichkeit der Antike ist es allein, die alten stillen Götterbilder sind es, die mächtig sein Inneres erfüllen, und bald mit tief glühender Seele in hoher begeisterter Sprache schildert er sie und preist sie, lehrt Tausende sie verstehen, predigt von ihnen und dringt immer tiefer und tiefer in den Geist der Antike, wie keiner je vor ihm, bis plötzlich in sein warmes, schönheitsseliges Herz sich der Mordstahl senkt. Im stillen Hain der Villa Albani, von Lorbeer umschattet, schimmert nun das weiße Marmorbild des großen Schöpfers der Kunstgeschichte aus dem tiefdunklen Grün König Ludwig von Bayern hat es ihm dort errichtet, wo einst so oft sein Fuß wandelte. Kein Ort in Rom wäre passender für das Denkmal Winckelmanns.

Doch auch ein anderer unserer großen Heroen im Reiche der Schönheit und des Geistes wandelte fast um dieselbe Zeit wenigstens im Geiste auf dem klassischen Boden Roms. Wer könnte in den kunstgeweihten Hallen des Vatikans vor das erhabene Schmerzensbild Laokoons treten, ohne Lessings zu gedenken?

Endlich der dritte und größte von ihnen – Goethe. Rom bezeichnet seinen eigentlichen Wendepunkt; in Rom erst läuterte und hob sich sein Genius zu jener strahlenden Verklärung und ruhigen Hoheit, die sein späteres Wesen bietet, in Rom empfing er, mit Herman Grimm zu reden, gleichsam für seine hohe Mission seine letzte Weihe.

Iphigenie und Tasso, seine reinsten und edelsten Werke voll klassischer Schönheit und südlicher Anmut, erblühen auf römischer Erde unter Italiens tiefblauem Himmel, und wir fühlen seinen Hauch darin wehen. Noch wissen wir heute aus den unvergleichlichen Blättern seiner täglichen Aufzeichnungen, wo er wohnte, wie er lebte und genoß, welche Orte, welche Menschen und Dinge ihm dort die liebsten in seinem ruhig schönen Dasein waren; aus seinen Elegien tönt fort und fort der ewig herrliche Klang von seiner olympischen Glückseligkeit in den frohen Tagen von Rom, und an den altersbraunen Trümmern des Marcellus-Theaters liegt noch die kleine Osteria, in der, wie die Sage geht, der göttliche Sänger nach Tages Arbeit und Genuß sich am Becher labte.

Rom und Goethe, wie so aufs innigste und engste sind diese zwei Namen verbunden. Ja, seit er nach Italien ging, sagt Herman Grimm mit Recht, erst seit er von dort aus Winckelmann populär machte und die Werke Raffael und Michelangelos auslegte, wurde Rom von neuem als die hohe Schule erkannt, in der ein männlicher Geist am schönsten seine Bildung vollendet. Unmittelbar sehen wir dann andere sich anreihen, ihm nachstreben, schaffen und leben in seinem Geiste. Platen dichtet in Rom, der Meister der höchsten Formvollendung, und wer gedächte nicht eines Wilhelm von Humboldt, eines Niebuhr und Bunsen, wer nicht Welkers, Thierschs und Gerhardts?

Und nun vollends erst die Reihe unserer großen Künstler, denen Rom zur bedeutsamen Stätte des Empfangens und Schaffens ward; da ist kein Ende abzusehen vom großen Bahnbrecher Carstens bis auf die heutigen Tage, wo sich fast in unausgesetzter Folge ein strahlender Stern an den andern reiht, Schick und Wächter, Koch und Reinhart, Cornelius und Overbeck, Veit und Schnorr, Kaulbach und Rahl, Genelli, Rottmann, Praller, Willers und wie sie alle heißen – sodann die Bildner Dannecker und Rauch, ferner der große Schinkel – welche Namen. Sie alle haben in Rom ihre Weihe empfangen.

Und wie schon früher gesagt, gerade die großen Wendepunkte, sowohl die unserer nationalen und geistigen Entwicklung wie die ihrer Träger, knüpfen sich an Rom. Mit Karl dem Großen wendet sich die Geschichte zum großen Abschnitt des Mittelalters, mit Luther beginnt die Reformation, mit Winckelmann die Kunstwissenschaft, mit Lessing die deutsche Kritik, mit Carstens die Wiedergeburt eines edlen und reinen Stils, und in Goethe endlich haben wir die Sonnenhöhe unserer Poesie. Hat er doch selber ausgesprochen in seinem Tasso: »Die Stätte, die ein edler Mensch betrat, sie ist geweiht für alle Zeiten« – um wieviel mehr nicht jene, über deren Boden eine ganze Schar von Größten und Herrlichsten hinwegschritt.

10. Dezember

Vor vierzehn Tagen war ich zum erstenmal in der kleinen protestantischen Kapelle und bin seitdem noch einmal wieder dort gewesen. Sie ist hier im Palaste Cafarelli, dem Eigentum des Königs von Preußen und dem Sitz der Gesandtschaft. Es ist ein einfacher Saal, dem man nur durch etwas Schmuck und einige unbedeutende Bilder einen kirchlichen Charakter zu geben versucht hat. Ein schwarz behangener Altar mit einem Kruzifix, eine Kanzel zu ebener Erde, eine Tribüne für den Sängerchor und ein paar Dutzend Stühle, das ist alles. Mitglieder der Gesandtschaft, hier lebende Künstler mit ihren Familien, Schweizersoldaten und Fremde bilden die Gemeinde. Den Gottesdienst eröffnet eine eigentümlich ergreifende Liturgie, die Bunsen einst nach altkirchlichem Ritus eigens für die Kapelle bearbeitet hat (denn außer ihr hat sie nur noch die protestantische Kapelle zu Jerusalem), dann folgt ein kurzer Gesang der Gemeinde, darauf die Predigt und zum Schluß wieder ein Gesang.

Aber ich muß gestehen, selten ist mir in einer protestantischen Kirche so feierlich und fromm zumute geworden als in diesen kleinen, schlichten Räumen, es kam mir immer vor, als ob sich hier wieder mitten im Heidentum eine schüchterne, verfolgte Gemeinde heimlich vereint, um zu preisen und zu hören, was ihnen über alles teuer und heilig war, wie in den Zeiten des ersten Christenlebens, wo noch eine kindliche Herzensreinheit, eine innige Liebe und Eintracht mit einer heldenhaften Todesverachtung, wenn es galt, für die eigene Überzeugung einzustehen, Hand in Hand ging.

14. Dezember

Der Dezember ist ein rechter Regenmonat in Italien, und auch diesmal verleugnet er nicht seinen Charakter. Seit Wochen Tag für Tag grauer Himmel und schwüle Scirokkoluft, von Regenschauern begleitet, und vorgestern ergoß sich unter fortwährend starker elektrischer Entladung ein Wolkenbruch, wie ich kaum einen erlebt habe. Im Nu waren alle Straßen zu schäumenden Bächen geworden, von den Hügeln in der Stadt rauschten wahre Wasserfälle, und auch der Tiber, dessen gelbschlammige Flut schon den ganzen Monat hindurch in wildem Gewirbel mit reißender Gewalt von den Bergen zum Meer jagte, trat nun vollends aus seinem Bette, überschwemmte manche Straßen und Plätze und drang sogar ins alte Pantheon. Augenblicklich ist zwar die Stadt wieder frei von Wasser, doch eine dicke Lehmschicht bedeckt dafür ihren Boden. Der hochgeschwollene Fluß aber wühlt und wirbelt noch entsetzlich. Was könnte dieser Strom für mächtige Marschen bilden, wenn überhaupt sein Lauf länger und ruhiger wäre und sein reiches Material, was er mit sich führt, Zeit hätte, sich zu lagern, statt nun sofort weit in eine schroff abfallende Meerestiefe gespült zu werden. Auch manchen Rest der Vorzeit hat der heftige Regen von der Erde befreit und bloßgelegt. In voriger Woche fand man in unserm Garten eine schöne antike Gemme, ein Amor mit einer Fackel der gefesselten Psyche das Herz anzündend, und gar ein kleiner Altar der Diana kam dabei am gleichen Orte zutage, geziert mit verschiedenen Emblemen (Hirsch, Bogen und Köcher, Opferschale usw.). Welch eine Fülle von Pracht und Schönheit würde erst das Auge schauen, wenn der letzte Rest der verhüllenden Erde einmal so fortgespült wäre.

17. Dezember

Es beginnt jetzt die Ernte der Orangen und Zitronen. Über alle Gartenmauern blikken die prächtigen Bäume mit der dunklen, gedrängten Laubfülle und den goldleuchtenden Hesperidenfrüchten darinnen, daß es eine Lust ist zu schauen, und vor allem schön ist die Menge blühender Rosen in allen Gärten. Es ist unsere gewöhnliche Monatsrose, aber zehn Fuß hoch und darüber gehen hier oft die Büsche empor und sind den ganzen Winter bedeckt mit Blüten und Knospen. Der Opuntienkaktus sitzt überall voll Früchte, gestern sah ich ein paar Dattelpalmen mit Blütenkolben, doch bleiben sie hier unfruchtbar, die Yucca dagegen hängt allenthalben voll reifer, brauner Samenkapseln, die walzenförmig und an den Enden zugespitzt sind, so daß sie wie kleine Frankfurter Würstchen aussehen.

28. Dezember

Goethe, dessen Italienische Reise ich hier wieder mit erhöhter Freude lese, ging es beim Anblick des römischen Kirchenpomps ganz wie mir. Er sagt in seiner treffenden Weise davon: »Musik und Pracht, alles floß ab von mir wie Wasser von einem Wachstuchmantel, und kein Strahl und kein Ton erreichte das Herz.« So war's namentlich bei dem Festprunke in der Peterskirche, wie man ihn etwa am ersten Weihnachts- und Ostertage oder zu Lichtmeß oder Palmsonntag sieht, und nur ganz einzelne Momente, die wirklich herrlich und ergreifend sind, nehme ich dabei aus, z. B. den erhabenen Posaunenchor aus der Kuppel bei der heiligen Wandlung. Im übrigen wird einem dieses jeder Innerlichkeit entbehrende Prunkwesen bald ebenso widerwärtig als langweilig, wenn der erste Reiz der Neuheit vorüber ist, und niemand langweilt sich wohl mehr dabei als der arme, gute, einsame Papst selber auf seinem goldenen Stuhle, der verdammt ist, diese Geschichten immer wieder von neuem durchzumachen. Daß er darum beim Hochamte einmal über das andere herzhaft gähnte, verzeihe ich ihm gern, auch das ganze hochwürdige Kardinalkollegium gähnte mit ihm um die Wette und sprach aufs fleißigste den Dosen zu, um sich zu ermutern. Der Schnupftabak ist wie für katholische Geistliche erfunden.

Das freilich ist wahr, man hat in unserm protestantischen Norden kaum eine Ahnung davon, welch ein glanzvoll blendendes Schauspiel z. B. am Weihnachtsmorgen die Peterskirche in ihrem Innern darbietet. Als der Papst, getragen auf seinem Prachtsessel, unter dem goldbrokatnen Baldachin die Kirche verließ, folgten ihm nicht weniger als sechsundzwanzig Kardinäle, vierzig Erzbischöfe und Bischöfe, abgesehen von der ungeheuren Menge der übrigen Prälaten und Würdenträger der Kirche, alle starrend von schwerem Goldbrokat, Silberstoffen, Purpur, Sammet und Seide. Dazu nun noch die reiche Zahl der übrigen hohen Beamten des Kirchenstaates, die Offiziere des Papstes, die römischen Fürsten, die Gesandten fremder Mächte. Man sah Uniformen und Kostüme aller Arten und Zeiten im buntesten Durcheinander wie bei einem Trachtenfest. Schwarzsamtene altspanische Tracht und hellfarbiges Rokoko, Panzer und Harnisch des Mittelalters und gestickte Galauniform der Gegenwart berührten sich hier, während die präditige Schweizergarde, mit blanken Stahlhauben und Brustharnisch, bauschigen Pluderhosen und Hellebarden, samt der Nobelgarde des Papstes, die nur aus jungen Adligen besteht, ein Spalier bildet, um die Tausende neugieriger oder inbrünstiger Dränger zurückzuhalten.

10. Januar

Weil nun einmal seit den Zeiten des seligen Rinaldo Rinaldini Italien als die Heimat und der wahre Boden aller Erdolchungs- und Räubergeschichten angesehen wird, sei's nun mit Recht oder mit Unrecht, so macht man sich auch von den Städten daselbst solche Vorstellungen. In Wahrheit aber ist die öffentliche Sicherheit der Person und des Eigentums dort nicht um ein Haar mehr gefährdet als in London, Paris und in andern großen Städten Europas. Nur in menschenarmen, entlegenen Teilen von Rom, z. B. am Petersplatz, in den Ruinen des Forums und um den Aventin herum mag es nicht ratsam sein, abends allein zu wandeln, wenn auch mir selber, obwohl ich jene Orte oft genug in später Stunde und bei Mondlicht besucht und durchschlendert habe, nie auch nur das mindeste der Art zugestoßen ist. Lägen diese Plätze aber so in London oder in Berlin, sie würden sicherlich auch bald zu den gefährlichsten und verrufensten gehören.

Nur eine einzige Räubergeschichte passierte oder soll passiert sein während meines römischen Aufenthalts. Ein langer Engländer, der, aller Warnungen ungeachtet, seinen romantischen Gelüsten folgend, oft bei Mondenschein das einsame Colosseum durchwandelte, ist eines Abends spät wiederum dort. Er will eben in einen der dunklen Bogengänge eintreten, plötzlich springt ein schwarz vermummter Kerl daraus hervor, auf den Engländer los, packt ihn mit raschem Griff nach der Weste, gerade wo die Uhr sitzt, wirft ihn dann mit kräftigem Stoße zur Seite und läuft davon. Der Engländer entdeckt sofort die Abwesenheit seiner kostbaren goldenen Uhr. Rasch entschlossen saust mit seinen langen Beinen der junge Sohn Albions hinter dem Schwarzen her. Sie jagen beide dicht hintereinander die breite Straße entlang dem Titusbogen zu. Nahe davor hat er ihn erreicht, faßt ihn beim Kragen, reißt ihm die Uhr aus der Tasche, gibt ihm noch ein paar derbe Püffe und Fußtritte und läßt ihn großmütig weiterlaufen. Er erreicht in später Stunde seine Wohnung und zündet Licht an. Was erblickt er? Das erste, worauf sein Blick fällt, ist seine goldene Uhr, die ruhig auf dem Tische liegt. Bestürzt greift er in die Westentasche und zieht eine fremde silberne daraus hervor. Er ist ein Räuber geworden wider Willen! Gottlob ist er bei alledem ein ehrlicher Mann geblieben; sofort am nächsten Morgen geht er mit seinem Raube auf die Polizei, wo er die hübsche Geschichte erzählt. Gleich darauf klärt sich alles auf. Ein schwarzgekleideter Abbate erscheint und zeigt an, daß ihm gestern seine Uhr geraubt sei. Der Engländer überreicht sie ihm, beide entschuldigen sich über den gegenseitig verursachten Schrecken, und alles ist in Ordnung. Nur was der würdige Geistliche in jenem dunklen Gange zu tun hatte, wollte er nicht gestehen, und keiner hat es je erfahren.

18. Januar

Eines merkt man hier bald. Zum Politisieren ist wohl kaum ein Ort in Europa weniger geeignet als Rom. Das Bild einer großen Vorzeit tritt einem hier mit einer solchen Gewalt vor die Seele, daß der Blick für die Verhältnisse der Gegenwart, man mag wollen oder nicht, sofort abgelenkt wird, die Stimmen aus vergangenen Tagen übertönen mächtig das Parteigezänk von heute. Darum hört man auch fast nur jüngere Künstler und Neuangekommene politische Debatten führen. Wer länger dort lebt, dessen Seele wird bald beruhigt und gefangen von der stillen Größe der Ewigen Stadt und ihrer Schönheitswelt; ehe er's gewahr wird, steht er außerhalb des lärmenden Weltgewühls, dessen Gewoge und Getose nur wie fernes Meeresbrausen gedämpft in sein Ohr dringt, er hat, um mit den Worten eines meiner künstlerischen Freunde zu reden, »das neunzehnte Jahrhundert unter den Füßen, während er mit den großen Meistern und Helden der Vergangenheit an der Tafel sitzt.« Das ist das Schöne, ruhevoll Erhebende und Läuternde, was der Aufenthalt in der Ewigen Stadt mit sich bringt, man gewinnt den erhabensten Standpunkt und eine wahrhaft antike Ruhe. Der Umgang aber mit solchen beruhigten, gehobenen und geläuterten Naturen ist gleichfalls schön und herzerquickend.

20. Januar

Außer Rom gibt es wohl kaum eine Stadt in der Welt, wo die Kunst des Barockstils, der Perückenzeit, so viel wirklich bedeutsame Werke geschaffen und zugleich so viel Altes, Ehrwürdiges und Schönes vernichtet und mit ihrem widerwärtigen Bombast und Schnörkelwust überwuchert und verunstaltet hätte. Nirgends lernt man den Barockstil so kennen und schätzen und nirgends verwünscht man ihn so sehr als hier. Und welch ungeheure Summen hat er dabei verschlungen in der Zeit der Bernini und Borromini. Wenn ich bedenke, wieviel wahrhaft Edles, Gutes und Seelenerfreuendes dafür hätte geschaffen werden können, geht mir immer ein Stich durchs Herz.

Die letzten drei Jahrhunderte haben unter den alten Denkmalen der antiken, der altchristlichen Zeit eine Zerstörung und Verunstaltung angerichtet, gegen welche die der Barbaren in der Völkerwanderung fast unbedeutend zu nennen ist. Namentlich hat man in fast allen alten Basiliken die widerwärtigsten Eindrücke, trotz aller Gold- und Marmorpracht. Nur dann und wann schaut aus der dämmernden Nische ein uraltes Mosaikbild mit seinen noch unberührten, ernsten und strengen Zügen fast wie zürnend überall den frivolen, gleißenden Wust, der es umgibt. Das ist denn meistens alles auf die roheste, äußerlichste Effekthascherei berechnet. Bei solch traurigem Anblick freue ich mich schon auf die Zeit, wo mir wieder unter Orgelton und Glockenklang die ernste und wahre Majestät unserer alten deutschen Dome entgegentritt. Dort ist doch Würde und Weihe, Kraft und Herrlichkeit, Einheit und Größe.

30. Januar

Das muß wahr sein, schön ist sie und schwarze Haare hat sie, fast blauschwarz, und Augen wie Kohle, die sie schrecklich schnell herumwerfen kann, und eine Haut hat sie, die ein ganz klein wenig ins Gelbliche spielt, aber doch nur soviel, als gerade bei dunklem Haar nötig ist, um nicht zu kalt davon abzustechen. Auch Klavier kann sie etwas spielen, eine Polka und eine Melodie aus dem Trovatore, und einen großen schwarzen Kater hat sie, den sie den ganzen lieben langen Tag auf dem Arme herumträgt, d. h. wenn sie nicht Klavier spielt oder beim Essen ist oder im Fenster liegt und auf die Straße hinabschaut. Ob sie eine schöne Seele und ein gefühlvolles Herz besitzt, ist mir bis dahin völlig unklar geblieben, nur über ihre geographischen Kenntnisse ist mir einiges Licht aufgegangen. Die Existenz der Stadt Bremen, das Dasein Hannovers war bislang nicht zu ihrer Kenntnis gelangt, aber von Berlin hatte sie doch eine dämmernde Ahnung, weil nämlich einmal ein junger Mensch von dort ihr zum Andenken ein Paar Ohrbommeln geschenkt hatte. Darum kann ich vorläufig nichts weiter von ihr berichten; denn ob sie lesen oder gar schreiben, stricken oder gar nähen kann, habe ich mit dem besten Willen nicht in Erfahrung bringen können.

Übrigens bewegt sie sich gern in Extremen, z. B. zuhause im tiefsten Negligé, auf der Straße aber in großer Toilette, das hebt sich dann ja wieder auf. Daß hier von keiner andern die Rede ist als von der reizenden Tochter meiner freundlichen Hauswirtin, meiner Padrona, versteht sich von selbst.

12. Februar

Einen schönen Tag habe ich gestern verlebt, eine rechte Frühlingswanderung. Die Campagna grünte, Krokus und Narzissen schauten aus dem Grase, duftender Goldlack von allen Ruinen, und die Mandelbäume waren schon über und über mit weißlichen oder rötlichen Blüten bedeckt, genug, der Frühling ist plötzlich da, ohne daß ich's gemerkt, eben weil grüne Bäume und Blumen auch in dem kurzen Winter nicht gefehlt haben. Den ganzen Tag streifte ich einsam in der Campagna umher und ruhte lange auf den Trümmern eines antiken Grabes. Graue, mächtig behörnte Rinder weideten ruhig in meiner Nähe, der Hirt in seiner malerischen Kleidung, den Mantel aus Ziegenfellen um die Schulter, den Spitzhut auf dem Kopfe, stand drüben auf seinen lanzenartigen Stock gelehnt; weiterhin ragte der kleine, schön erhaltene Bacchustempel, rechts schaute dunkel der heilige Hain der Egeria hervor – ringsum dehnte sich mächtig nach jeder Seite und in ewigem, sanftem Auf und Ab die grüne Campagna; Trümmer und Marmorfragmente überall und überall, während links in unsäglicher Linienschönheit das blauduftige Albanergebirge mit seiner Menge weißleuchtender Villen und kleiner Städtchen aufstieg. Es war ganz still und lautlos um mich her, so recht eine Stunde zum stillen Denken und Träumen geschaffen, und nur einzeln kam ein halbverlorener Glockenklang zu mir herüber von Rom, das jener Hügelzug verbarg. Erst im Dunkeln ging ich heim, und meine Bekannten, die mich vergebens zum gemeinsamen Essen in unserer Trattoria erwartet hatten, waren schon in Sorge um mich gewesen.

Was gäbe man im heimatlichen Norden um solch einen Wandertag!

14. Februar

Wer wäre in Italien gewesen und hätte sich nicht von Herzen gefreut an der unvergleichlichen Schönheit der Kinder, der kleinen, rundlichen Puttenfigürchen mit den schalkhaft lächelnden Augen, oder an der Anmut der feingebauten Knaben mit ihren schönen, unschuldigen Gesichtern und dem feuchten, träumerischen Blick des großen dunklen Auges, oder den schlanken Hermesgestalten der Jünglinge, voll des herrlichsten Ebenmaßes der Glieder. Auf den Straßen und Plätzen habe ich oft still gestanden und konnte mich nicht satt sehen an soviel edler Menschenschönheit, wie sie sich hier in der heiteren, beglückenden Natur des Südens, fern von Verkümmerung durch Mühsal und Mängel, entfaltet hatte, und begriff recht dieFreude der Griechen daran, begriff Winckelmann und Platen und andere, die sie begeistert priesen und besangen, diese Schönheit männlicher Jugend.

8. März

Gerade da ich zu schreiben beginne, springt mir ein Floh aufs Papier. Ich morde ihn auf der Stelle.

Er ist einer von den Flöhen des archäologischen Instituts, die unter preußischem Schutze stehen, zwar keins der größten und schönsten Exemplare, mich aber soll er daran mahnen, daß eine Schilderung Roms, die nicht auch diese Tierchen erwähnte, eine wesentliche Lücke hätte. Handelt doch ein volles Drittel der zweibändigen italienischen Reise Nicolais von den Flöhen, sowohl im allgemeinen wie im besonderen. So soll diesen denn auch pflichtschuldigst Rechnung getragen werden. Das ist eine unumstößliche Wahrheit: die Flöhe des schönen Südens sind ungleich frischer, kühner, gewandter und lebendiger als ihre verkümmerten armen Brüder im kalten Norden, und auch üppiger und körperlich ausgebildeter sind sie als diese, und ich möchte diese Vorzüge nicht ganz auf den glücklichen Himmel, unter dem sie sich ihres Daseins freuen können, schieben, sondern namentlich auf ihre soziale Stellung, die sie hier in der Gesellschaft einnehmen. Während bei uns in anständigen Zirkeln ja kaum ihrer erwähnt werden darf, steht ihnen hier im schönen Süden die ärmste Hütte wie der glänzendste Palast gleich offen, daß sie in ganzen Scharen beim Bettler wie beim Principe, beim niederen Franziskanermönch wie beim ersten Kardinal den freiesten Zutritt haben. Ein solch echter Vollgenuß des Lebens und ein solches Bewußtsein ist wohl imstande, tief im Herzen derselben ein stolzes Selbstgefühl aufgehen zu lassen und eine Selbständigkeit und Kühnheit hervorzurufen, von welcher unsere nordischen Flöhe in ihrer niederen Proletariergesinnung kaum eine Ahnung haben. Indes der Wahrheit die Ehre, soll ich aufrichtig sein, so habe ich gar nicht einmal Ursache, die niedlichen braunen Geschöpfe so eifrig mit Mord und Totschlag zu verfolgen, wie es geschieht. Noch kein einziges hat einen rechten Anfall auf mich gewagt, noch nicht eine Minute habe ich weniger darum geschlafen, da ich einer der Auserwählten bin, an deren Blut sie keinen Geschmack finden, während meine Bekannten die halbe Nacht in wütendem Schimpfen, Schlagen und Kratzen sind.

Jammernd wälzt ihr euch im Bette,
keiner weiß, wie er sich rette,
ich allein, ich ruh im Frieden,
wanzenfest und flohgemieden.

Also sang ich den Klagenden und Zerstochenen morgens jubelnd in die Ohren und dankte dem gütigen Himmel, daß ich Italien ungetrübt genießen sollte, darum gab er mir ein so unverwüstlich frisches und fröhliches Herz und ein so ungenießbares, bitteres Blut.

12. März

In letzter Zeit hat mich sehr das Schicksal eines jungen pästlichen Soldaten, Robert Lecke mit Namen, in Anspruch genommen, mit dem ich jüngst bekannt wurde. Gebürtig aus Westfalen, besuchte er in München die Akademie, um sich zum Maler auszubilden. Er sehnte sich dort sehr, das gelobte Land der Künstler, Italien, zu schauen, aber arm, wie er war, hatte er wenig Hoffnung dazu. Da nimmt ihn ein Schwindler, ein gewisser Baron von S., auf seine Kosten mit nach Rom, um sich von ihm hier sein Album füllen zu lassen. Bald aber seiner müde, kündigt er ihm eines Tages an, er werde nach Spanien reisen, wohin er ihn aber nicht mitnehmen könne, habe ihm indes eine Stelle als Fourier bei der päpstlichen Armee ausgewirkt, er solle bald Offizier werden. Der Baron reist ab, und der junge Mann verlebt vier traurige Jahre unter dem päpstlichen Gesindel, und nur als gemeiner Soldat, denn alles übrige war eine Vorspiegelung. Der preußische Gesandte hatte bisher nichts für ihn tun wollen. Als er sich einmal an König Ludwig von Bayern, bei dessen Aufenthalte in Rom, heimlich gewandt hatte, war er fünf Wochen eingesperrt worden, so lange, bis der König Rom verlassen hatte. Geringste Vergehen waren mit schweren Strafen geahndet, dazu die elendeste Kost. Man denke, welch ein Los für einen jungen, freien und fröhlichen Künstler! So hatte sich denn eine tiefe Traurigkeit seiner Seele bemächtigt, und schon war ihm oftmals der Gedanke gekommen, seinem jammervollen Leben ein Ende zu machen, bis die Ankunft des Königs und der Königin von Preußen wieder einen neuen Hoffnungsschimmer gab. Ich riet ihm nun, daß er der Königin, die sehr mild und liebreich ist, sein ganzes trauriges Los in einem Briefe darlegen sollte. Er tat es in einer wahrhaft ergreifenden Weise, und selten ist mir ein so rührendes und tief erschütterndes Schreiben vor Augen gekommen. Ich habe denn die Freude gehabt zu erfahren, daß die Königin sofort Nachforschungen über ihn in seiner Heimat angeordnet hat. Gebe der Himmel, daß sich das Geschick des armen Jungen zum Guten wende.

17. März

Oft und gern zeigte sich in den ersten Jahren seines Pontifikats Papst Pius IX. dem römischen Volke. In gewissen Stadtteilen Roms konnte man ihn fast täglich seine Spazierfahrt machen sehen. Draußen vor den Toren und namentlich auf den hochgelegenen Promenaden des Monte Pincio verließ er dann meistens seinen Wagen und mischte sich, nur von einem Geistlichen begleitet, mitten unter die übrigen Spaziergänger, sich hier mit ihnen weidend am unvergleichlichen Bilde des mächtigen und kuppelreichen Häusermeers der Ewigen Stadt, das von oben, zumal in Abendglut getaucht, einen Anblick bot, dessen strahlende Herrlichkeit jedem, dem es zu schauen vergönnt war, noch lange in Erinnerung nachleuchten wird.

Nach der Wiederkehr des Papstes von seinem Zufluchtsort Gaeta, wohin er vor den Wogen der Revolution sich geflüchtet hatte, fanden diese Besuche der Pincio-Anlagen nur selten statt und erregten natürlich jedesmal um so mehr die Aufmerksamkeit des Publikums, und vor allem die der Fremdenschar, welcher der Anblick des Papstes, und noch dazu in solcher Nähe, ein hervorragendes Ereignis ihrer römischen Tage war.

Auch gestern übergoß solch ein Sonnenuntergang die Ewige Stadt mit seinen Goldfluten und Purpurtinten und lockte mich samt tausend anderen auf den Monte Pincio, dessen Garten kaum die Menge zu fassen vermochte.

Plötzlich entstand nach einer Seite hin eine allgemeine Bewegung. »Der Papst! Der Papst« hieß es ringsum, und in demselben Augenblick sah man schon eine kleine Abteilung pästlicher Nobelgarde und Carabinieri, die der altertümlichen, goldschimmernden Prachtkarosse Platz machten und, als diese bald darauf hielt, ein lockeres Viereck um dieselbe bildeten. Das übliche »Evviva Pio Nono« aus der Menge klang dünn und spärlich genug; man entblößte zwar das Haupt, jedoch nur wenige knieten nieder und fast nur die dem Wagen am allernächsten standen. Selten las man Verehrung, aber desto mehr freche Neugier auf den Gesichtern.
Papa Pios hohe, wohlbeleibte Gestalt verließ nebst einigen violettstrümpfigen Begleitern den mächtigen Kutschkasten. Mild und freundlich lächelnd wie immer, nach beiden Seiten im Gehen mit fast schelmischem Lächeln den Segen spendend, durchschritt er die Menge und wandte sich zum äußersten Rande der Gartenterrasse. Einigemale wandelte er vor der Marmorbrüstung auf und nieder, dann blieb er stehen und schaute still darüber hinaus auf Rom und vor allem auf die Riesenkuppel der Peterskirche, hinter welcher gerade der Sonnenball hinabsank, daß ihre prächtige violette Wölbung wie von einer goldenen Glorie umstrahlt war. Ganz versunken schien er in den unvergleichlichen Anblick. Welch ein Gedanke mochte seine Seele durchziehen, als er so dastand. Sagte er vielleicht zu sich selber bei dem Schauspiel: So versinkt auch die Sonne meiner Macht und Herrlichkeit, dunkler Schatten umhüllt den Felsen Petri, die heilige Kirche – der so viele Jahrhunderte glanzvoll über alle Lande der Erde leuchtete und strahlte –, es umgibt den verdunkelten nur noch die Glorie vergangener Größe.

Noch ein paar Minuten, dann durchschritt er wieder segnend die Menge und bestieg mit seinen Begleitern seine Karosse. Die Carabinieri setzten sich in Trab, und rasch, wie der Zug gekommen, rasselte und rollte er wieder die Zickzackwindungen der Rampe hinunter, um bald im Häuser- und Straßengewirr der Stadt zu verschwinden, indes oben sich gleichfalls die Menge zerstreute; denn vor allem ist es der erhabene Anblick des Sonnenunterganges, der an diesem Punkte die Menge zu sammeln pflegte.
Auch ich begab mich auf den Heimweg. Im Hinabschlendern erblickte ich einen sehr einfach, aber rechtlich und reinlich gekleideten Mann in mittleren Jahren neben mir gehen, in welchem ich mit Sicherheit einen der deutschen Handwerker vermutete, deren so viele in Rom eine zweite Heimat und reichlichen Erwerb gefunden haben. Der Mann sah so vertrauenerweckend aus, daß ich Verlangen bekam zu wissen, ob ich richtig vermutet. Ich redete ihn geradezu deutsch an. Mein Blick für Menschen hatte mich nicht betrogen.

»Nun, ist es Ihnen auch gelungen, Pio Nono in der Nähe zu betrachten?« begann ich mein Gespräch.

»Ja, freilich, ganz nahe bin ich ihm gewesen und bin so froh darüber, daß ich's gar nicht sagen kann; denn sehen Sie, über ein Jahr ist's her, daß ich den Heiligen Vater nicht gesehen habe. Ach wie gut und freundlich sieht er aus, und wie stattlich hat er sich gehalten.«

„Sind Sie also sicher ein warmer Verehrer von Pio Nono?"

»Ja, ob ich's bin, selbst ein Katholik kann ihn nicht lieber haben, als ich's tu. Das weiß Gott.«

»Sie sind also kein Katholik?«

»Nein, protestantisch bin ich wie nur einer, aber gerade weil ich protestantisch bin, habe ich ihn so lieb, den Heiligen Vater. Ja, wenn der nur dürft' und könnt', der wär auch ein guter Protestant, das weiß ich sicher.«

»Dann muß es mit Ihrer Liebe zu ihm ja eine ganz besondere Bewandtnis haben."

»Das hat es auch, lieber Herr, und gern erzähl' ich's Ihnen, warum ich solch ein Verehrer vom Heiligen Vater bin.«

Wir waren jetzt am Fuße des Pincio angelangt. Ich bat meinen Begleiter, mit mir ins nahegelegene Café Greco zu treten, ließ eine Flasche Bier kommen, bat ihn weiterzuerzählen, und er begann:

»Also wissen Sie, ich bin Sattler und ein Schwab, recht aus Stuttgart, wo mein Vater solch Geschäft hatte. Mit drei Kindern waren wir: mein älterer Bruder, der das Geschäft vom seligen Vater geerbt hat, ich und meine Schwester; die verlobte sich dort mit einem italienischen Konditorgehilfen, gebürtig aus Bologna, der viele Verwandte hier in Rom hatte. Unsere Mutter war lange tot. Der Vater war anfangs sehr gegen diese Verbindung, konnt's aber nicht hindern, und auch wir Brüder redeten zu, da ihr Liebster uns schon gefiel. So gab er denn noch auf dem Sterbebett seinen Segen dazu, aber ein gar heilig Versprechen mußt' sie in seine schon kalten Hand' ablegen: nie und nimmer katholisch zu werden, was auch kommen mög'. Er ist darauf gestorben, sie haben sich geheiratet, zogen erst nach Bologna, wo's ihnen aber nicht recht glücken wollte, und dann bald hierher nach Rom, wo sie nun ihr gut Auskommen, ja sogar ein sehr gut Geschäft haben. So ging's anfangs denn alles nach Wunsch, zwischen ihrem Mann wie mit dessen Verwandten, ja selbst mit dem Beichtvater vom Hause. Alles Fried' und Eintracht. Das dauerte so etwa ein Jahrzehnt hindurch. Da aber stirbt der Beichtvater plötzlich, ein neuer kommt in die Familie, und mit einemmale ist's alles anders, aus ist's mit dem Glück und Frieden.

Erst macht der neue Pfaff meiner Schwester Vorstellungen, sie sollte übertreten zur allein seligmachenden Kirch', dann hetzt er die Verwandten gegen sie auf, die ihr Tag und Nacht keine Ruh' lassen, ja selbst die älteren Kinder fangen an, aufsässig zu werden und sprechen von Ketzerin und von Verdammten, und zu allerletzt da fängt auch ihr Mann noch an, damit er nur selber Frieden und Ruh im Haus hat. Es hilft nichts, daß meine arme Schwester ihn bittet und beschwört, doch abzulassen, ihn erinnert an ihr heilig Wort, das sie dem Vater auf dem Sterbelager gegeben, und daß auch er so fest versprochen hat, sie bei ihrem alten Glauben zu lassen. Aber alles ist vergebens, er schilt und tobt und meint, sie könne ja innerlich glauben, was sie wollte, aber purer Eigensinn wär's wenn sie lieber Glück und Frieden des Hauses hintansetzen wolle, als die paar äußerlichen Formen mitmachen und allein um des dummen Versprechens wegen, das ein schon Halbtoter gewollt hätt. Und so ist's fortgegangen fast zwei Jahr hindurch. Ich war damals noch nicht hier, ich hätt' schon anders dreinfahren wollen. Aber so stand meine arme Schwester allein in der Fremde, ohne Rat und Hülf'.

Da auf einmal in der Not und Bedrängnis ihres Herzens kommt ihr ein Gedank' in die Seele. Sie hatt' davon gehört, daß der Heilige Vater so gut und freundlich und so gerecht ist und jeden vorläßt und mit jedem spricht, wer nur ein Christenmensch ist. Sie geht also gradwegs in den Vatikan, reicht eine Bittschrift um Gehör ein, wird nach wenigen Tagen schon vorgelassen und erzählt dem Heiligen Vater alles und alles, was ich Ihnen da eben erzählt hab'.

Der Heilige Vater steht und hört alles ruhig an, dann schaut er ihr ernst ins Angesicht. Endlich sagt er zu ihr: »Ja, liebe Tochter, so glaub ich dir's noch nicht, doch ich werd' alles nachfragen und alles untersuchen lassen. Wenn's aber ist, wie du sagst, dann gehe ruhig nachhaus; denn auf solche Weise soll nimmer der katholischen Kirche gedient werden; hast du dein Wort deinem alten Vater drauf gegeben, mußt du's auch halten.« Dann segnet er sie und so geht sie fort und, denken Sie, lieber Herr, kaum ist eine Woch vergangen, da ist's schon alles im Haus, wie's vorher war, und kein Pfaff und kein Verwandter sagt ihr noch ein Wörtle deswegen. Die werden einen schönen Wischer bekommen haben!

Alles und jedes ist wieder in Ordnung, Glück und Frieden wieder im Haus. Und meine Schwester – ja, hätte sie dem Toten einst nicht ihr Wort gegeben, die wär' imstand', jetzt gar katholisch zu werden, allein dem heiligen Vater zuliebe. Und nicht minder glücklich ist jetzt mein Schwager über seine standhafte Frau und daß alles so gut verlaufen ist.

Sehen Sie, lieber Herr, das allein ist es, warum ich ihn so lieb hab' und mich so gefreut, ihn heut einmal wiederzusehen", schloß er seinen Bericht. »Jetzt muß ich aber wirklich fort«.

Wir drückten einander herzlich die Hand, und mit einem freundlichen »B'hüt's Gott« verließ mich der gemütliche Schwabe. Nach jenem Tage sah ich ihn nicht wieder, aber ich habe oft an ihn zurückdenken müssen, an ihn und seine Geschichte vom Pio Nono als – Protestantenbeschützer.

3. April

Ich bin glückselig, zu sehen, wie sich das Schicksal des jungen Robert Lecke günstiger und günstiger gestaltet. Die vortrefflichsten Zeugnisse und Nachrichten sind für ihn eingelaufen, sowohl von Iserlohn, seiner Heimat, als auch von München. Es ist beschlossen, er soll losgekauft werden. Der Privatsekretär der Königin, Legationsrat Sasse, mit dem ich dann und wann verkehre, teilte es mir zuerst mit, und ein glücklicher Zufall wollte es, daß ich die frohe Botschaft ihm selber verkünden konnte. Dem armen, guten Jungen brachen die heißen Freudenträenn aus den Augen, er fiel mir um den Hals und wußte sich kaum zu fassen. Jetzt aber war weiter für ihn zu sorgen; denn er war völlig mittellos. Vor allen Dingen war die Königin warm für ihn zu halten. Nun besaß ich eine Zeichnung von seiner Hand, die ein nicht unbedeutendes Talent ahnen ließ, »Ruhende Büffel in der Campagna« darstellend. Auf diese baute ich. Nebst einem Brief an den Legationsrat, in welchem ich noch viel Gutes über ihn geschrieben, sandte ich sie diesem zur Ansicht, und in dem Briefe stand auch, daß er für seine Befreierin als kleines Zeichen seines heißen Dankgefühls ein größeres Blatt, eine Erinnerung an Rom und sein Volksleben, begonnen habe. Brief und Zeichnung kam darauf nach Verabredung der Königin zu Händen, und nun geht alles ausgezeichnet. Der schönste Erfolg hat es gekrönt. Die Königin ist entzückt von seinem Talent und tief gerührt gewesen, und mir ist nun gar nicht bange, daß sie nicht ferner sich seiner annimmt, ihm in Rom seinen Studienaufenthalt sichert oder auch in München ihn seine Studien vollenden läßt.

7. Mai

Alles ist in Ordnung. Robert Lecke ist frei und hat gestern das Kleid seiner Sklaverei, seine schäbige päpstliche Uniform, jubelnd abgestreift. Seine große Zeichnung für die Königin hat er bereits entworfen und fängt an, sie auszuführen. Sie stellt einige Hirten mit ihrer Rinderherde dar, die vor der Grotte der Egeria gelagert sind, eine vortreffliche Komposition. Nach ihrer Vollendung wird er abreisen nach Deutschland, wozu ihm nun nicht mehr die Mittel fehlen. Einen glücklicheren Menschen gibt es jetzt in ganz Europa nicht, aber auch keinen dankbareren.

15. März

Ein Tag wie der andere, ganz blau, sonnig und warm, viele Wochen schon. Man merkt doch, daß man in Südeuropa ist. Seit Anfang der Fasten liegt auf dem Tiber eine Anzahl Boote mit einer eigentümlichen Vorrichtung zum Fischen. An den Seiten des Bootes sind nämlich mit Hamen versehene Flügel angebracht, die durch den Strom getrieben, einem Mühlrad gleich, sich drehend und wenn sie oben sind, die gefangenen Fische ins Boot werfen. Es sieht hübsch und malerisch genug aus und vermag sehr zu ergötzen.

10. April

Die Tage der Fastenzeit vergingen mir still und herzerquickend. Von Anfang bis zu Ende herrschte das herrlichste Frühlingswetter, und nur einigemale ward es vom Scirokko auf kurze Zeit unterbrochen. Der Scirokko hat einige Ähnlichkeit mit unserm »Höhenrauch«, nur daß er ohne Geruch ist und die Sonne nicht solch blutroten Schein dadurch bekommt. Aus dem Fenster unserer hochgelegenen Wohnung können wir ihn von Süden und Südwesten her als weiße, mäditige Dunstschicht fast immer schon stundenlang vorher nahen sehen. Bald verschleiern sich dann die Berge und verschwinden gänzlich, der Himmel wird weißlich und endlich blaugrau, die Sonne verliert ihren Glanz und ist bleich wie ein Totengesicht, die Farbenschönheit der Gegend ist erstorben, und eine drückend heiße, dampferfüllte Atmosphäre lastet nun stundenlang oder selbst Tage hindurch auf allem, bis endlich der Scirokko entweder in Regen sich auflöst oder ihn eine frische Tramontana (der Wind von den Bergen) vertreibt und die Luft rein fegt. In Sizilen und Kalabrien soll er sogar meistens schon von feinem Wüstenstaube begleitet sein, der selbst das Atmen erschwert. Bis hierher dringt indes diese Erscheinung nicht, und nur Kopfweh, Abspannung, Müdigkeit oder auch nur nervöse Gereiztheit sind hier seine Folgen. Einige meiner Bekannten können, wenn der Scirokko weht, weder schreiben noch zeichnen noch irgendeine geistige Arbeit vornehmen und zittern vor Aufregung an allen Gliedern, Detlefsen und ich leiden noch sehr wenig daran.

27. April

Der April hat hier ganz den Charakter der zweiten Hälfte unseres Mai oder der ersten unseres Juni. Schon in seinen ersten Wochen standen alle Pflanzen unseres Pfingstschmucks, die Syringen, der Schneeball, der Goldregen usw., in vollster Blüte, und jetzt fängt es gar an, recht energisch heiß zu werden; aber die Wärme ist, außer an den Scirokkotagen, nicht lästig und nie die Sonne so stechend wie bei uns, was sicher von der köstlichen, reinen Luft kommen muß. Die Campagna grünt und blüht in fabel-hafter Üppigkeit, und manche wohlbekannte, sorgsam gehegte Pflanze unserer Gärten, aber auch manche ganz neue Pflanzenerscheinung tritt einem überraschend entgegen. Wie wird es erst in Unteritalien und Sizilien werden, deren Flora schon nach Nordafrika hinweist. Überall, wo ich kann, sammle ich Samen, dessen Keime in Rechtenfleth, auf den Beeten meines Gartens, das Licht der Welt schauen sollen. Ich denke überhaupt noch viele Freude an solchen südeuropäischen Gewächsen zu haben, denn sie werden mir das Bild vergangener Tage lebendig vor die Seele führen.

29. April

Seit Ostern gibt es Kirschen und Erdbeeren, junge Erbsen, große Bohnen und junge Wurzeln auf dem Markte in Hülle und Fülle. Alles das aber schmeckt ungleich fader und viel weniger süß als bei uns. Man merkt den Sachen an, daß sie schon außerhalb ihrer angemessenen Zone gewachsen sind. Echte heimische und für mich ganz neue Gemüse dagegen sind der Finocchio (Knollenfenchel) und die Artischocken. Man muß sich indes erst an ihren Geschmack gewöhnen. Fabelhaft ist jahraus, jahrein das Salatessen in Italien. Der Salat bildet im Sommer sogar neben den Maccaroni die Hauptspeise beim Mittelstande, aber man hat bei uns auch keine Ahnung davon, wie vortrefflich er schmeckt. Vor allem die Latuga romana, jene Art, die schon Goethe so rühmte, mit walzenförmigen Köpfen und dicken, weißen, fleischigen Blattstengeln, die süß wie Mandeln sind, im Munde knuspernd und doch wieder äußerst mürbe dabei. Das niedere Volk vertilgt oft wahre Mengen von Salat, meistens nur mit etwas Salz bestreut. Und auch unsere großen Bohnen werden, solange sie noch jung sind, roh und in Salz getunkt zum Nachtisch gegessen.

30. April

Zu den schönsten Episoden der letzten Zeit gehören ein paar Ausflüge ins Albaner- und ein anderer ins Sabinergebirge. Das erstere ist, mäßig gegangen, in vier bis fünf Stunden bequem zu erreichen. Die Via Appia, die große Gräberstraße des alten Roms und in ihrer Weise gewiß die merkwürdigste der ganzen Erde, führt in schnurgerader Richtung nach der vornehmsten Stadt derselben, Albano, hin, während die zweite Stadt, Frascati, ein paar Stunden von jener entfernt, auf der Eisenbahn von Rom aus in einer halben Stunde erreicht werden kann. Gleich der Campagna ist auch das Albanergebirge durchaus vulkanischen Ursprungs. Seine Bodenverhältnisse gleichen sehr denen unserer Eifel, nur daß der Basalt ihm fehlt und seine Bestandteile hauptsächlich Trachit, Lava, Tuffstein und Tufferde sind. Seine höchste Spitze, der Monte Cavo, ist 3000 Fuß über dem Meerniveau, aber von unten bis zum Gipfel ist sein üppiger Boden bedeckt mit den reichsten Wein- und Ölpflanzungen, mit Weizen- und Maisfeldern oder mit herrlichem Waldwuchs, aus Pinien, Zypressen und den prachtvollsten immergrünen Eichen bestehend, und überall zeigt sich eine sanfte landschaftliche Schönheit, von fern durch seine wundervollen Linien, in der Nähe durch eine solche Fülle des Malerischen, daß man oft nicht weiß, was man zuerst und was man zuletzt anschauen soll. Nun seine zahlreichen Villen, bald reich und prächtig, bald öde, zerfallend und umwuchert von köstlichem Pflanzengrün, oft ganz versteckt in dunklem Zypressenschatten, seine Städte und malerischen kleineren Orte, seine Klöster, Stiftskirchen und Betkapellen, die herrlichen Fernsichten von den Höhen auf die ganze Campagna, auf Rom, auf das blaue Meer, ja bis zu den deutlichen Bergen und Inselgestalten Neapels, die bunte malerische Tracht seiner schönen Bevölkerung, und endlich das schönste von allem, die beiden waldumkränzten Kraterseen, der Albaner- und der kleinere, aber unendlich schönere Nemisee. Und das alles ist jetzt in der ganzen Pracht eines italienischen Frühlings zu schauen.

Genug, man kann wohl denken, wie solches vereint imstande war, alles und jedes Weh der Zeit vergessen zu machen und meine Seele in den seligsten Wonnerausch zu versenken. Zweimal war ich dort, und Sonntag will ich auch mit einigen Freunden den schönen Mai dort begrüßen, ja, wenn alles gut geht, habe ich vor, nach meiner Rückkehr aus dem tieferen Süden wieder noch einige Wochen im Gebirge zu verleben, etwa im September, am liebsten am stillen träumerischen waldgrünen Nemisee.

Ungleich wilder und zerklüfteter als das Albaner- ist das Sabinergebirge, welches teils aus Apenninenkalk, teils aus einer der Gegenwart angehörigen, kalkigen Süßwasserbildung besteht, deren Entstehen und Wachsen man noch täglich wahrnehmen kann. Ich besuchte jüngst Tivoli; denn mehr habe ich bis jetzt noch nicht von den Sabinerbergen gesehen, aber schon dieses war hinreichend, um durch seine malerische, wilde und oft wahrhaft phantastische Schönheit in staunendes Entzücken zu versetzen, und jenen herrlichen Frühlingstag, den ich in den Trümmern antiker Villen, in verwilderten Lorbeer- und Zypressengärten späterer, aber auch wieder zerfallener Landsitze verlebt habe, ruhend an hochstäubenden, sonnenbeglänzten Kaskaden, kletternd und kriechend durch gewundene, kühle Grotten und groteske Felsbildungen, zu einem der unvergeßlichsten meines Aufenthalts im Süden zu machen. Zwischen den korinthischen Säulen des kleinen, hochgelegenen und zur Hälfte wohlerhaltenen Herkulestempels nahmen wir unser Mahl ein und tranken den köstlichen roten Velletriwein auf das Wohl der lieben Heimat. Steil abwärts senkt sich die rotgelbe Felswand, aus jeder Spalte quoll in unsäglicher Üppigkeit das leuchtende Grün wilder Feigen, vermischt mit dem tieferen der immergrünen Eiche und anderer hartblättriger Gebüsche. Drüben an der andern Felswand brausten die schimmernden Prachtkaskaden in die kühle, dämmrige Tiefe hinab und sandten uns dann und wann wonnig erfrischende Wolken ihres Wasserstaubes herüber, wenn ein Lufthauch sich erhob. Noch weiterhin stiegen die Berge auf mit leuchtenden und brennenden Farbtönen ihres rotgelben Gesteins, aber wohltuend gemildert durch das feine Grau der Olivenwälder, die überall in dichteren und lichteren Massen die untere Hälfte der Höhen bedeckten, während tiefblau und glanzvoll der Himmel des Südens über dieses Stück Erdenschönheit sich ausspannte. Und dennoch, trotz alledem und alledem schwangen wir unsere Gläser und riefen: Deutschland über alles!

Schutt und Scherben

Willst du am Ganzen dich erquicken,
mußt du das Ganze im Kleinen erblicken.
Goethe

Wenn sich Auge und Herz erfreut und gesättigt hatten an den Gegenständen der Umgebung und wenn toter, trüber Scirokkodunst Fernsicht und Farbenwirkung rings nicht aufkommen ließen, dann gewährte mir auf den Gängen durch die römische Ruinenwelt nichts einen größeren Reiz und eine fesselndere Unterhaltung, als die Blicke suchend und forschend nah interessanten Resten und Brocken der Vorzeit auf den Schutt des Bodens zu richten.

Zwar das Innere vieler antiker und wieder zutage gelegter Bauwerke ist bis auf die Marmorplatten des Fußbodens und wieder bis in die entlegensten Ecken und Winkel aufs gründlichste gereinigt und ausgekehrt. Dort ist nichts zu finden, aber hinter den Mauern muß man suchen, seitabwärts der betretenen Wege gehen, in die stillen Gärten und Vignen sich stehlen, im gelockerten Boden der Broccoli-, Artischocken- und Finocchifelder umherstöbern, hier ist die rechte klassische Trümmerstätte, hier erst der rechte Schuttboden, geschaffen und hoch aufgehäuft durch Brand und Raub, Zerstörung und Verwitterung vieler Jahrhunderte*), hier sind die geheimnisvollen Grabhügel, unter denen sicherlich noch eine ganze Welt von Kunst und tausendjähriger Schönheit schläft, jener Stunde harrend, da endlich der Spaten an sie herandringt, und sie wieder zur Freude und Erhebung der Menschen aus der langen Nacht an den sonnigen Tag bringt. Hier aber belohnt selbst auf der Oberfläche schon manch interessanter kleiner Fund die geringe Mühe des Suchens.

Die günstigste Zeit dafür ist im Herbst und im Frühling, wenn eben die Beete wieder umgegraben sind, und vor allem, wenn kurz vorher ein Regen alle Scherben und Trümmerstücke von Staub und Erde gereinigt und ihre Farben zu neuer Frische und Sättigung belebt hat. Wie dicht besät erscheint dann oft rings das dunkelbraune Erdreich mit den mannigfachsten Fragmenten, daß häufig kaum ein handbreites Fleckchen zu schauen ist, wo nicht irgendein Stückchen oder Splitterchen wahrzunehmen wäre.

Vor allem übrigen und in größter Menge leuchten die Bruchstücke antiken Marmors darunter hervor. Die Prunksucht und Verschwendung der Römer mit edlem Steinwerk hatte in der Kaiserzeit, wie wir wissen, keine Grenzen. Kannte man doch allein über achtzig edle Marmorarten, mit denen man die Wände der Tempel, Paläste, Villen und Thermen bekleidete. Ihre Überbleibsel schmücken zum Teil jetzt wieder Paläste und Gotteshäuser, ihre Brocken und Splitter sucht sorgfältig jeder fremde Reisende und der Schleifer, um für die Fremden Briefbeschwerer und allerlei antikisierende Nippsachen und andere hübsche Dinge daraus zu fertigen, doch von den meisten ist der Ort oder das Gebirge, wo sie einst gebrochen wurden, längst verloren und vergessen, bis erst in neuester Zeit durch Zufall einige antike Steinbrüche in Griechenland wieder entdeckt wurden.

Wohl selten verläßt ein Fremder Rom, der nicht wenigstens einige dieser schön gefärbten Proben alter Pracht mit in seine Heimat nähme. Wer länger in der Ewigen Stadt weilt, legt sich wohl eine größere Sammlung davon an. Die Mühe ist so gering und die Unterhaltung voll Reiz dabei. Noch heute gedenke ich mit echter Herzensfreude der Stunden, da ich, war's nun allein oder in Gesellschaft meines lieben Reisefreundes und Hausgenossen Detlefsen, zwischen Kraut und Gestrüpp die reichsten Schutt- und Scher-

*) Rätselhaft und oft zum Erstaunen ist an einigen Orten die Höhe der aufgehäuften Schuttmassen. Eine Mächtigkeit derselben von zwanzig bis dreißig Fuß ist gar nicht selten, ja an einigen Hügelabhängen, z. B. am Palatin und Kapitol, lag der Schutt einst über vierzig Fuß, sodaß einige der hohen Säulen nur um ein weniges mit ihren Kapitälen daraus hervorragten. Am Fortschaffen desselben haben beide Napoleon die größten Verdienste.

benhaufen, die Gräber alter Herrlichkeit, durchwühlte und durchsuchte. Zur höchsten Lust, ja zur Leidenschaft kann solch Suchen und Sammeln werden, zumal wenn dann und wann ein wirklich interessanter und schöner Fund die Mühe lohnt. Man wird schier zum Kinde, steckt alle Taschen voll, daß sie reißen wollen, wirft wieder fort, wenn man glaubt, Schöneres gefunden zu haben, um auch dieses wieder fortzuwerfen, wenn abermals anderes von noch größerem Reize sich zeigt. So haben Hunderte es getan von Winckelmann und Goethe an bis auf die heutigen Tage, und werden es Hunderte noch ferner so treiben können, viele Jahre lang; denn schier unerschöpflich sind diese Schutthaufen.

Wo nicht edler Marmor an den Wänden der Alten glänzen sollte, überzog man die Fläche mit jenem feingeschliffenen, spiegelglatten Stuck, der heute in solcher Vollendung wohl kaum mehr herzustellen ist, trotz all unserer hochgepriesenen vervollkommneten Technik. Auch von solchem findet sich mancher Rest an diesen Orten und leuchtet meistens mit seinem bekannten, feinen, gesättigten Rot schon von ferne aus den grünen Krautbüschen hervor, und wem das Glück hold ist, der mag wohl gar ein solches mit einem Rest alter, schöner Malerei bedecktes Stück finden, wie ich es einigemale tat.

Sodann sind es zunächst die Scherben der gebrannten Tongefäße, welche am häufigsten unsere Aufmerksamkeit fesseln. Wenig Übung gehört dazu, um sie auf den ersten Blick von denen modernen Geschirrs zu unterscheiden. Das feine Korn des Materials, der warme, gleichmäßige Farbton, die milde Glätte und endlich die, zwar nur bei größeren Bruchstücken sichtbar werdenden, edlen Formen lassen sie sofort als der Antike angehörend erkennen.

Oft entdeckt das Auge Fragmente kleiner, schön geformter Handlämpchen mit manchem Rest interessanten Bildwerks, das einst sie schmückte. Was indes an diesen und an allen Tongefäßen, welche nicht auf der Scheibe, sondern mit der Hand in Hohlformen gedreht wurden, mich am eigentümlichsten berührt, ist der Umstand, daß man nicht selten klar und deutlich noch den Abdruck der Hand des Formers, seiner Finger und Nägel, wie der feinsten Hautlinien, Runzeln und Warzen darin ausgeprägt sieht – ein fast zweitausendjähriges Menschenpetrefakt. Ich fand selber ein solch interessantes Stückchen.

Rote mit Reliefs gezierte Tongefäße sind überhaupt in und um Rom herum nicht so selten, z. B. von jener Art, die man aretinische Vasen nennt, von Aretium (dem heutigen Arezzo), ihrem alten Hauptfabrikorte.

Von antiker Gefäßbildnerei kommen ferner, wenn auch seltener und fast immer nur in kleinen Bruchstücken, die interessantesten Glasarten im römischen Schutte vor und lehren uns, wieweit man es schon im Altertum in dieser Technik gebracht hat. Daß die Alten bereits hier und dort die Lichtöffnungen ihrer Wohnungen mit Glas verschlossen haben, ist außer allem Zweifel, mag es auch nur bei Reichen geschehen sein. Namentlich findet man in zwei verschütteten antiken Städten, in Pompeji und in dem von einem Bergsturz im vierten Jahrhundert begrabenen Veleja (bei Piacenza) Proben von schönem, hellem Fensterglas. Auch mir glückte es, bei Aufgrabung einer antiken Villa ein Stück zu finden, welches so dick und dabei so rein war, daß noch jetzt keine Fabrik sich dessen zu schämen brauchte. Die Scherben weißen Glases sind freilich längst nicht mehr von ursprünglicher Durchsichtigkeit, sondern durch die tausendjährige oxydierende Einwirkung der Luft meistens mit einer Haut überzogen, die in den allerköstlichsten Regenbogenfarben schimmert. Häufiger dagegen sind die Scherben aus wirklich vielfarbigem Glase, meistens von kleinen Schalen und Bechern herrührend. Ein schönes, tiefes Purpurrot, ein dunkles Blau, ein goldiges Braungelb und ein warmes Grün waren die beliebtesten Farben, und namentlich verstand man es, mehrere Farben derart zusammenzuschmelzen, daß ein solches Glas ein buntes, vielfach durchsprengtes Ansehen hatte. So fand ich ein Stück goldbraunen Glases, durchsetzt mit vielen kleinen unregelmäßigen Stückchen von prächtiger Ultramarinfarbe; ein anderes grünes mit kleinen gelben Ringen geziert, das heißt, es waren diese nicht daraufgemalt, sondern die

ganze Masse durchsetzend. Oft kommen auch ganz mit verschiedenfarbiger Masse durchsetzte Glasstücke vor und solche, deren Grund eine Farbe, z. B. ein dunkles, durchsichtiges Blau zeigt, während sich auf seiner Oberfläche allerlei Ranken und Arabesken aus einer undurchsichtigen weißen Glasmasse durcheinanderwinden nach Art der berühmten Portlandvase des Britischen Museums. Kurz, alles läßt genugsam erkennen, wie hoch auch in diesem Zweige die Technik der Alten stand und daß in späterer Zeit eigentlich nur Venedigs berühmte Glasfabrikation etwas Ähnliches, aber nichts Gleiches aufzuweisen hatte.
Zu den interessantesten Dingen in den Schutthügeln endlich gehören die zahlreichen Reste alter Bildnerei in gebranntem Ton, die Terracotten. Sie finden sich so häufig, daß man sich ohne Kosten und Mühe in einem einzigen Winteraufenthalte zu Rom durch Kauf von Campagnabewohnern, Hirten und Knaben sowie durch eigenes Aufwühlen leicht eine kleine, anziehende Sammlung davon verschaffen kann. Die Vorliebe für plastischen Schmuck war durchs ganze Altertum so groß und bedeutsam, daß wir uns heute kaum eine Vorstellung davon machen können. Der Reiche wie der Arme, der Hohe wie der Niedere, keiner konnte für seine Wohnung des bildnerischen Schmucks entbehren, der Tempelzierden und Weihgaben nicht einmal zu gedenken. Und da doch nur die Vermögenden imstande waren, Bildwerk von Erz und Marmor zu haben, so war das wohlfeile und herrlich sich eignende Material des Tons für die große Menge da. Seine Reste birgt dann auch der antike Schutt in unglaublicher Menge. In ganz Etrurien, in Rom und seiner Campagna, in Großgriechenland, in den Ruinenstädten von Bajae, Herculaneum und Pompeji wie in ganz Sizilien, ganz zu schweigen von Griechenland selber, wo irgend Spuren alter Wohnungen und Tempel sind, finden sich auch Terrakotten. Da nun zu allen Zeiten des Altertums in Ton geformt ward, so können wir auch die ganze Entwicklung der Kunst und jedweden Stil von der kindlich rohen, primitiven Fratzengestalt an bis zur hochedelsten Auffassung und weiter hinab von der raffiniertesten Ausbildung bis zur schwächlichsten und mattesten Nachahmung früherer Formen in diesem Kunstzweige verfolgen. Das kleine Götterbild des Penatenaltars, das Porträt geliebter Freunde, Verwandter und Verstorbener, die genrehafte Nippfigur für Tisch und Wandborte, Spielzeug für die Kinderwelt, Ornamentbildwerk für Architekturglieder, für Konsolen, Friese, Gesimse und Rinnleisten, ferner einzelne Gliedmaßen, namentlich Augen, Ohren, Hände und Füße als Votivgaben in den Tempeln, Amulette für Gläubige – alles das finden wir ganz oder in Stücken, bemalt oder unbemalt, roher oder vollendeter aus Ton gebildet und wirklich oft von einer so reinen Formenschönheit, von solcher Frische des Ausdrucks und von solchem inneren Leben, daß es uns die reinste Freude bereitet.

Seltener als Terrakottenreste finden sich antike Münzen und Gemmen in den Schutthaufen, letztere indes merkwürdigerweise fast nie in irgendeiner Fassung. Antike Münzen und Gemmen bilden jetzt einen Hauptartikel der römischen Antiquitätenhändler, doch ist kein Laie sicher, nicht durch nachgemachte Ware betrogen zu werden. Selbst bei Knaben und Hirten, die noch so fest versichern, die Dinge im Schutt gefunden zu haben, ist man dessen nicht gewiß. Nur wenn sie dieselben so wohlfeil bieten, daß sie nimmer dafür herzustellen wären, kann man die Echtheit annehmen. Und für wenige Paoli habe ich schon reizend geschnittene Steine erhalten. Das beste und bei weitem erfreulichste ist und bleibt freilich, solche Dinge selber zu finden.

Es ist gar nicht mit Worten zu beschreiben, wie schön diese einsamen Morgengänge sind durch die Trümmerwelt Roms, über diese Hügel von Schutt und Scherben. Dichtung, Bilder und Töne müßten sich vereinen, um solches andere nachfühlen zu lassen. Ringsum weit und breit alles so still und friedevoll, nur nahes Bienensummen und ferner Kirchenglockenklang erfüllt die linde, blaue Luft. Die roten Trümmer stehen mit ihrem Efeu- und Blütenschmuck so bedeutsam, so verklärt leuchtend im Frühlingssonnenschein da, und fernher durch ihre Lücken und Bogenweiten dämmert traumhaft das schöne, purpurduftige Gebirge.

Die große Vergangenheit aber weht ihren Zauber fort und fort an die Seele, daß uns fromm und feierlich zumute wird und kein unedler, niedriger Gedanke Raum im Herzen hat; fort und fort erfüllt uns das Bewußtsein, auf geheiligter, geweihter Erde zu wandeln, mit freudiger Rührung heben wir jedes kleine Stückchen alter Kultur vom Boden, während unser geistiges Auge tief hineinschaut in den geheimnisvollen Grund und unter tausendjährigem Schutt und Moder eine Welt von Schönheit schlafen sieht, der Stunde ihrer Auferstehung harrend.

Aus der Pflanzenwelt

Fast jedem Wanderer aus dem Norden, der die Alpen hinter sich hat und zum erstenmal so viele Gewächse, die er bisher nur als verkommene und verkrüppelte Exemplare mühsam in Treibhäusern und hinter Glasfenstern mit künstlich geleiteter Ofenwärme am Leben erhalten sah, plötzlich rings um sich im freien Lande wild, üppig und kräftig zum blauen Himmel aufstreben sieht, wohl jeden nordischen Wanderer überkommt dabei eine nie gekannte Freude. Er selber fühlt sich wie befreit, wie von irgendeinem Banne erlöst, er atmet auf, er bricht in Jubel aus, sein Herz pocht in ahnungsvoller Wonne. Wie lebendig und wahr hat Leopold Schefer das in seinem Liede ausgesprochen:

Italia, Italia,
Ich bin am Ziel, nun bin ich da!
Ich bin ja wach, es ist kein Traum,
Da steht ja im Frei'n der Orangenbaum!

Und wie habe auch ich das Lied nachgefühlt, jedesmal, wenn ich glückselig herabstieg von den steilabwärts sich senkenden Alpenhöhen und die sonnenfreudige Pflanzenwelt des Südens mich umgab.

Aber auch wieder in Rom hat mich trotz seiner ganzen überwältigenden Kunstherrlichkeit kaum irgend etwas mehr überrascht als die unerwarteten südlichen Erscheinungen im Reiche der Pflanzen. Hier erst sehen und fühlen wir nordischen Fremdlinge, was die Sonne des Südens vermag, vereint mit fruchtbarer Erde; hier erst treten uns Baumformen in einer Schönheit und Ausbildung entgegen, von der wir vorher fast immer nur einen unvollkommenen und schwachen Eindruck bekommen konnten.

Wie oben angedeutet, begrüßt uns zwar schon unmittelbar am südlichen Abhange der Alpenwände in strahlenfangender und windgeschützter Lage eine echt südeuropäische Pflanzenregion. Aber nur sehr schmal ist dieser Saum von Zypressen und Oliven, Feigen und immergrünen Eichen. Es ist, als ob die schöne, verlockende Zauberin Italia dem Wanderer beim Eintritt in ihr Reich zuvor nur eine Kostprobe ihrer Herrlichkeiten entgegenbrächte und ihm zuriefe: »Schau her, das kann ich dir bieten, dringe nur tiefer ein in mein Reich, dort sollst du das Köstlichste haben in reicher Fülle.«

Und rasch, wie sie auftrat, verschwindet dann die vielversprechende Erscheinung des Südens wieder, wenn man weiter dringt. Nur wenige Meilen weit reicht der schöne Gürtel. In der Lombardeiebene schon ist's kaum viel anders als in den wärmsten Strichen Süddeutschlands. Die ewigen Maulbeerpflanzungen mit ihren häßlich verschnittenen und verstümmelten Bäumen, die endlosen Mais- und Weizenfelder, welche die vollkommen waagerechte Fläche bedecken, ermüden den Blick hinfort aufs entsetzlichste, und vollends an den schlammigen und öden Ufern des Po sind oft genug ein paar traurig bestäubte und gestutzte Weidenbäume das einzige Gebüsch auf weite Strecken, und man vergißt in dieser langweiligen Einförmigkeit, daß man sich wirklich unter Hesperiens gepriesenem Himmel befindet.

Aber sowie man nun auch den Apennin überstiegen, seine kahlen und langgestreckten Höhenrücken hinter sich hat und hinabsteigt ins blühende Arnotal, dann wird man wieder um so beglückender und herrlicher davon überzeugt; denn nun ist mit einemmale alles wieder da, was wir am Fuß der Alpen verließen, aber diesmal in doppelter Fülle von Schönheit und Mannigfaltigkeit.

Graue, malerisch gewundene und verknorrte Oliven bedecken wieder alle Bergabhänge, und ihr sanfter Silberton bildet zu dem nackten, warm-gelblichen Felsgestein den köstlichsten und wohltuendsten Gegensatz, während das eigentümliche und tiefe Grün der italienischen Eiche prachtvoll dunkel dazu steht. In jeder Vigne dann entfaltet die Feige ihr saftreiches Blatt in größter Üppigkeit, dichter Lorbeer schaut über jede Gartenmauer, und vor allem ist es die Zypresse, die in mächtigen, schwarzgrünen Massen in der Umgebung von Florenz alle Villen und Klöster umschattet.

Und dennoch, erst in Roms Gärten empfängt uns der ganze, volle Süden Europas mit seinen Farben und Formen, seinem Duften und Prangen, herrlich und wonnevoll, wie wir ihn nur je geträumt haben, und bereitet uns auf Schritt und Tritt die freudigsten Überraschungen. In Rom sah ich die ersten wahrhaft ausgebildeten Pinien, deren malerische Schirm-kronen mir auf italienischen Landschaften schon so oft Freude gemacht hatten. Ja, die Pinie ist sozusagen der echte Charakterbaum der ewigen Stadt, gleichwie ich Florenz nicht ohne seine dunklen Zypressengruppen zu denken vermag. Einige römische Villen, z. B. Villa Pamfili und Villa Borghese, haben wahre Wäldchen von hohen breitkronigen Pinien, und ich konnte mich nicht sattsehen an der unendlichen Mannigfaltigkeit ihrer malerischen Astung. Doch erst recht wirkungsvoll ist die Pinie, wenn sie in kleinen Gruppen oder in völliger Einsamkeit ihren Schirm über einer Gartenmauer oder über dem Gemäuer einer halbzerfallenen Tenute in öder, menschenarmer Campagnagegend breitet.

Sodann sind wohl in ganz Italien kaum gewaltigere und schönere immergrüne Eichen als in Frascati, Ariccia und vor allem am Albanersee, nirgends so uralte, seltsam knorrige Oliven und so ungeheure Zypressen, als Tivoli in seiner unvergleichlichen Villa d'Este aufzuweisen hat, oder der Klosterhof degli Angeli zu Rom, während baumartiger Bux und edler Lorbeer überall die hohen Heckenwände und Laubengänge der alten italienischen Gärten bilden, des noch häufigeren, glanzlaubigen Kirschlorbeers nicht zu vergessen.

Andererseits ist es aber auch wieder ratsam, bei manchem auch seine Erwartungen etwas herabzustimmen. Orangenwälder und Myrtenhaine gibt es weder in Rom noch sonst überhaupt in Italien. Die süße und die bittere Orange erblickt man zwar in allen Gärten und Villen, ebenso die Zitrone; massenhaft angepflanzt und für den Handel bestimmt erscheinen sie aber erst im Neapolitanischen, wo sie zuerst bei Molo di Gaeta, dann in noch größerer Herrlichkeit im schönen Sorrent in dichtgedrängten Massen den entzückten nordischen Wanderer mit ihrem Schatten umfangen. Die Myrte kommt fast nur als niederes Gebüsch vor, wild wächst sie am liebsten an den steinigen Abhängen der Gebirge, und zwar nur die breitblättrige. Jene Spielart, die sogenannte Brautmyrte, wird nur in Gärten gezogen, wild habe ich sie nirgends gefunden. Myrtenhaine aber duften und blühen nur in Gedichten, deren Verfasser sicher nie in Italien waren.

Auf sonnigen Felsen und felsenhaften römischen Ruinen lernte ich eine andere Charakterpflanze der Mittelmeerflora kenne den starkriechenden Mastix (Pistacia lentiscus), welcher durch seine fast schwarzgrünen und schmalen Fiederblätter mit der helleren Myrte und dem schönen Erdbeerbaum (Arbutus Unedo), in deren Gesellschaft er oft erscheint, eine reizvolle Wirkung macht. Zwei andere echte Repräsentanten des europäischen Südens, der Granatbaum mit schier wundervollen Blumenglut und der Johannisbrotbaum (Ceratonia siliqua), der schon mit seinen schlangenartig gewundenen Ästen und lederdicken, tiefdunklen Blättern ein ganz tropisches Ansehen hat, treten hier in Rom nur in Gärten auf, bei Terracina beginnt erst ihr eigentliches Reich.

Was mich indes hier vor allem ins freudigste Staunen setzte, war nicht die südeuropäische Pflanzenwelt, sondern es waren die Erscheinungen der tropischen und subtropischen Vegetation, welche frei und pflegelos in so köstlicher Fülle und Ausbildung schon überall uns entgegentreten.

Vor San Pietro in Vincoli, am Fuß des Esquilin, die charakteristische Palme Bleistiftzeichnung vom 28. Dezember 1858 (ALC, NHA, 3.1.1.1. Nr. 111)

Eine herrliche, mit Früchten beladene und reichverzweigte Yukka (Yucca gloriosa), die gleich unter meinem Fenster der Casa Tarpea sich erhob, war die erste Überraschung dieser Art. Ihre braunen Fruchtkapseln gaben ihr ganz das Ansehen, als ob sie mit kleinen Würstchen behängt sei, den Bäumen in Hans Sachsens Schlaraffenlande gleich. Und dicht daneben breitete eine mächtige Agave ihre schenkeldicken, graugrünen und dornenreichen Saftblätter aus in eilger Nachbarschaft eines zehn Fuß hohen Opuntienkaktus, dessen Glieder ebenfalls voll stachlicher Früchte hingen. Auch den peruvinischen Säulenkaktus sah ich bald darauf in Exemplaren von fünfzehn Fuß Höhe im freien Lande eines gewöhnlichen Weinberges wuchern, und in den modernen Anlagen der öffentlichen Promenaden auf dem Monte Pincio war nun gar ein wahres Stück Tropenwildnis zu sehen.

Das herrlichste aber sind und bleiben Roms Palmen (Phoenix dactilifera). Es waren die ersten, die ich so völlig im Freien wachsend erblickte. Bald kurzen, gedrungenen Stammes, bald wieder in der schlanksten und edelsten Linie aufsteigend, ragen sie mit ihren wundervollen Wedelkronen über manche Gartenmauer und über manches Gebüsch empor.

Mochten sie nun über mir still und regungslos ihre Kronen in das tiefe Blau des Himmels tauchen oder leise säuselnd mit sanftem Neigen und Beugen ihr ganzes Lichter- und Linienspiel entfalten, mochten sie angeglüht sein voll den Purpurtinten des Sonnenuntergangs oder sanft umflutet vom Silberlicht der südlichen Mondnacht, immer und immer erschienen sie mir schöner, edler und erhabener, und aus ihren Zweigen wehte mich's ahnungsschauernd an wie ein Hauch vom fernen Morgenlande.

Welche Stätten aber könnten Palmen würdiger beschatten als Roms geheiligten Boden, geweiht seit Jahrhunderten durch das Blut so vieler frommer Märtyrer und Bekenner, deren ganzes Leben und Streben es war, des Friedens und des Sieges Palmen zu erringen.

Festleben in Rom

Mit dem Beginn des Kirchenjahres war ich mit meinem Freunde Detlefsen in Rom angekommen. Die heilige Adventszeit begann. Schon am ersten Sonntag hatte ich Gelegenheit, das ganze mystisch-feierliche, weihrauchumzogene und farbenleuchtende Schauspiel der Sixtinischen Kapelle zu genießen; ich schaute »verschwenderisch aus Wand und Decke quillend« Michelangelos ewige Schöpfung, sah Pio Nonos hohe Gestalt mit dem milden, menschenfreundlichen Antlitz, die violetten Kardinäle, die bunte Landsknechtsschar der Schweizer und hörte die weltberühmten Sänger eine Motette Palestrinas singen. Um dem Gottesdienst in der Sixtinischen Kapelle beiwohnen zu können, ist bekanntlich für Herren, die keine Uniform tragen, schwarze Kleidung und Frack nötig, während alle Damen ebenfalls in schwarzer Seide und mit einem Schleier über dem Haupte erscheinen müssen. Diese dunkle Masse gab eine vortreffliche Folie, gegen welche die goldschimmernde und farbenleuchtende Geistlichkeit und das bunte Landsknechtskostüm der Schweizer aufs wirkungsreichste abstachen. Es war, als ob man ein Historienbild vor sich sähe. Zur Rechten des Altars unter purpurnem Baldachin war der Thron des Papstes. Ein Bischof las die Messe, ein junger Mönch hielt eine kurze lateinische Predigt, auf die kein Mensch hinzuhören schien. Sonnenstrahlen und still dahinziehende Weihrauchwolken gaben dem Ganzen eine wunderbar mystische Stimmung, und plötzlich drangen aus halbverborgener Nische der Seitenwand die vollen, starken Akkorde der Sänger. Aber ich muß gestehen, kaum ein einziger Ton drang mir ins Herz, und weit entfernt war der Eindruck von dem des Berliner Domchors oder der Münchener Hofkapelle. Mochte nun das völlig Neue, Glanzvolle, Ungewöhnliche der ganzen Umgebung daran schuld sein oder die merkwürdig kalte und fast harte Stimmfärbung, die ganz eigentümlichen Akkorde, Übergänge und Harmonien oder die seltsame Art des Vortrages mit ihrer aller und jeder Teilnahme entbehrenden reinen Objektivität – genug, ich blieb von Anfang bis zu Ende völlig kalt dabei, so sehr ich auch die hohe Meisterschaft und Präzision des Gesanges einsah, und wie mir ging es auch meinen Bekannten, die mit mir zum erstenmal die Sixtinische Kapelle hörten. Wir alle vermißten den echten, innerlichen Seelenausdruck in diesen Tönen, die eher Instrumenten als einer warmen Menschenbrust zu entströmen schienen. Wohl klangen sie uns stark und rein wie Metall, aber auch herzlos und kalt wie solches.

Erst ganz allmählich und nach langer Zeit ging mir das Verständnis dafür auf, und nun erst sah ich mit wachsendem Staunen, wie großartig und hoch diese wundervolle Kapelle alles andere überragte, was bis dahin mein Ohr vernommen; nun erst erkannte ich auch, daß gerade diese Objektivität das urinnerste Wesen der alten, herrlichen katholischen Kirchenmusik ausmacht. Und das eben drückt dieser einzige Sängerchor wie kein anderer in der Welt aus.

Der Berliner Domchor und mit ihm manche andere Chöre verfallen, indem sie streben, in die Herzen der Hörer zu dringen, sie zu rühren oder zu entzücken, nur zu oft geradezu in einen weichen, man möchte sagen affektierten Gefühlsausdruck, dem man aber die Absicht nur zu sehr anmerkt; dieser großartige Chor aber, gleichsam von Stimmen ohne Herzen, singt allein zur Ehre Gottes und zur Verherrlichung seiner Kirche, erhaben über menschliche Regung und Leidenschaft, unbekümmert um die Herzen der Hörer, einer Sphärenmusik vergleichbar, seine uralten und herrlichen Weisen in die Welt hinein, und in dieser Auffassung allem müssen wir ihn hören, aufnehmen und unsere Seele willenlos von seinen Strömungen und auf seinen Schwingen himmelan tragen lassen.

Als der Papst die Kapelle verließ, mußte er dicht an mir vorüber, und ich konnte, da er sehr langsam ging, genau sein Antlitz betrachten, ein Antlitz mit feinen Zügen, klar und geistvoll und von einer außerordentlichen Milde, daß es förmlich aus all den stupiden oder verschmitzten oder asketischen Gesichtern seiner Umgebung herausleuchtete. Auch seine Bewegungen waren stets einfach, edel und natürlich, und es war, als ob ich den ganzen inneren Menschen auf seinem Angesichte dargelegt sah, eine Natur von einer allumfassenden Liebe und Güte, aber weit entfernt von jener Herkuleskraft und Ausdauer, die der besitzen muß, der es unternehmen wollte, den großen Augiasstall des alten Kirchenstaates auszumisten und dabei allen Stürmen von außen her, allen Einflüsterungen und Intrigen von innen ruhig zu widerstehen. Sein Haar war längst schneeweiß geworden, obwohl er damals nur ein angehender Sechziger war. Wieviel der Gram des Herzens und die Sorge so vieler Tage und Nächte mit dazu beigetragen, es vor der Zeit zu bleichen, wer kann es wissen? »Gehen die Franzosen heute von Rom fort, so müßte Papa Pio sicher morgen hinterdrein«, so hörte man überall die Römer ganz offen sich äußern. Stumm und gleichgültig gaffte ihn die Menge an, wenn er, was freilich nur selten geschah, durch die Straßen fuhr, dieselben Straßen, die einst erdröhnten und widerhallten vom überschwenglichen Jubel des glückberauschten, in Dankbarkeit und Begeisterung schwelgenden Volkes, wenn Pio Nono, »der Gottgesandte, der Befreier, der Erlöser, der neue Heiland« und wie alle Ausdrücke der Freude hießen, sich dem Volke zeigte. Welch ein Papst hat solche Wandlungen erlebt und erfahren, innere und äußere! Ein herrlicher Stoff für seinen künftigen Historiker.

Aber mein Kapitel heißt ja Festleben und soll von andern Dingen handeln. So kam denn zuerst das heilige Weihnachtsfest heran mit seinen Pifferariweisen, seinen Krippenausstellungen, Kinderpredigten und dem prachtvollen Hochamt in der Peterskirche, wie ich es schon in diesem Buche geschildert habe; darauf am 17. Januar das Fest des heiligen Antonius, vor dessen Kapelle dann mehrere Tage hindurch sämtliche Esel, Maultiere und Pferde Roms feierlich eingesegnet und mit Weihwasser besprengt werden, um sie das Jahr über vor Unheil zu bewahren. Würden ihnen dafür die Schläge und Schindereien erspart, auf den Segen der Kirche würden die armen, mißhandelten Tiere gern verzichten. Und am 21. Januar war abermals eine ähnliche Weihung in der Kirche San Agnese draußen vor der Porta Pia, die Weihung der Lämmer, aus deren Wolle man Pallien für Erzbischöfe webt; dann kam am 2. Februar Lichtmeß, wo bei pomphaftem Hochamte in Sankt Peter der Papst Hunderte von Wachskerzen zu weihen hat, welche hohe Würdenträger der Kirche und katholische Fürsten zum Geschenk erhalten; genug, des Weihens war kein Ende.

Und nun war es nicht fern mehr vom fröhlichen Karneval, dessen lusterfüllte Tage mit dem 26. Februar begannen. Er gestaltete und entfaltete seine heitere Schönheit, wie ich's ahnte. Nicht mehr war's da das tolle, fratzenhafte Lärmen und Maskengewühl, wie es Altmeister Goethe einst sah und beschrieb, wohl aber ein schönheitsvolles Frühlings- und Blumenfest.

Da waren die rot und weißen Draperien, welche sich auf dem Corso um jeden Balkon schlangen; die bunten Teppiche, die aus jedem offenen Fenster herabhingen, die niedrigen, mit Stühlen besetzten Tribünen auf den Trottoiren, dann die geputzte, fröhlich schauende und scherzende Menge, welche all diese geschmückten Balkone und Fenster und Tribünen füllte und auf das heitere Menschengewühl schaute, das die breite, mit Puzzolanerde bestreute Straße selbst durchwogte, auf den Prunkzug des Senators von Rom, der das Fest eröffnete, auf die endlose Reihe der Schritt vor Schritt auf- und abfahrenden Wagen, auf das Konfetti- und Blumenwerfen, das in tausend und tausend schöngeschwungenen Bogenlinien die Luft über den Häuptern der Menge belebte, und auf die rennenden Rosse, mit welchen die Lust jedes Tages beschlossen wurde. Man konnte sich glücklich preisen, das alles einmal so echt aus voller Seele mitgenießen zu dürfen; denn selbst Römer versicherten mir, wohl seit zwanzig jahren habe die Stadt keinen Karneval gesehen, der von Anfang bis zu Ende so glanzvoll, so ungetrübt heiter und harmonisch gewesen sei wie dieser, denn der politische Himmel, an dem die drohenden Wetterwolken erst später emporstiegen, war für Rom damals noch ziemlich rein, und der wirkliche umstrahlte in seiner sonnigen Frühlingsbläue einen Tag so schön und klar wie den andern die südliche Festlust. Da hätte auch der ärgste Hypochonder, der trübste Kopfhänger seines Daseins froh werden müssen.

Der Moccoli-Abend mit seinem tausendfach durcheinanderwirrenden Lichtgeflimmer beschloß endlich am letzten Dienstag die achttägige Festlust, die an ihm zugleich ihren Höhepunkt erreichte.

Bekanntlich erscheint dann alles mit einem brennenden Wachsstümpfchen in der Hand; jeder ist bestrebt, das seinige sorgsam brennend zu erhalten, aber alle andern, die ihm nahekommen, neckisch auszublasen. Abgesehen von dem großartigen, glanzvollen Anblick, den die Tausende voll Lichtern boten, deren Schein den ganzen Corso in vollste Tageshelle versetzte, wollte mir's denn doch nicht recht in den Kopf hinein, wie ein erwachsener, vernünftiger Mensch und noch dazu ein Nordländer solch kindisch harmlosem Spiel Geschmack abgewinnen könnte, und noch stand ich ruhig in Betrachtung des Ganzen versunken vor dem Café Colonna, unserm deutschen Sammelpunkte, als eine junge, blühende Albanerin in der reizenden Tracht ihrer Heimat mit freundlichholdem Bitten zu mir herantrat, auf daß sie ihre verlöschte Kerze an der meinen wieder anzünde. Kaum aber glimmte sie wieder, kaum war das freundliche Dankwort ihren rotschwellenden Lippen entflogen, als auch schon ein kräftiges Blasen hinterherfolgte. Aus war mein Flämmchen, und fort mit dem ihrigen huschte jubelnd und lachend das reizende Mädchen. Voll heiteren Ärgers, so angeführt zu sein, im Nu ich nach in wachsendem Eifer nach Vergeltung und Rache, sie hurtig vor mir her, hierhin und dorthin, ich fort und fort hinter ihr, und so schlüpften und wanden wir uns eine ganze Viertelstunde in lustiger Jagd durch die auf und ab wogende Menge, bis es mir richtig gelang, an einer Straßenecke, wo ein anderer Menschenstrom sich uns entgegendrängte, die kleine Eidechse zu erreichen und mit vollen Backen ihr Gleiches mit Gleichem zu vergelten. Mein ruhig kontemplativer Standpunkt aber war längst verlassen und vergessen. Mitten im tollsten, buntesten Gewühl war ich plötzlich, ehe ich's selbst bemerkte, und neckte und verfolgte und blies mit einem Eifer rund um mich herum, als gälte es, ein Palladium zu verteidigen. So unwiderstehlich, so unentrinnbar und alles mit sich fortreißend in seinen bunten Strudel ist des heiteren Südens schönheitsvolle Festlust. Als dann spät die letzten Kerzen erloschen, die letzten Nachschwärmer durch die Polizei vom Corso vertrieben waren, brach der große Bußtag in der katholischen Welt an, der Aschermittwoch, und Rom zeigte wieder sein altes, ernstes Antlitz.

Morgens war ich in der Sixtinischen Kapelle und sah den Heiligen Vater die Aschenstreuung vornehmen. Es nahten sich ihm die Kardinäle, Prälaten und andere Würdenträger der Kirche sowie verschiedene römische Principi, Nobili, Offiziere und vornehme Fremde und empfingen kniend das Symbol irdischer Hinfälligkeit, das Aschenkreuz auf der Stirne, indes die Sänger mächtige Bußgesänge anstimmten. Das Ganze hatte etwas sehr Ernstes und Feierliches.

Als ich dann später in meine Trattoria eintrat, um das Mittagsmahl einzunehmen, fand ich den Speiseraum durch ein mächtiges Laken, das quer hindurchgezogen war, in zwei Abteilungen geteilt. Ich nahm davor meinen Platz ein und hielt es für einen Vorhang, der wohl noch von einer theatralischen Aufführung des letzten Karnevalabends herrühren mochte, bis endlich der gute Vincenzo, unser diensteifriger Aufwärter, lächelnden Gesichts die Erklärung gab, daß der Vorhang nichts weniger als ein Stück Karneval, wohl aber ein echtes Zeichen des Tages der Buße und des Fastens sei und zugleich doch auch wieder ein naiver Beweis römischer Liberalität gegen Fremde und Ketzer. Das große Laken sonderte nämlich die frommen Schafe der katholischen Herde von den fremden, ketzerischen Böcken. Hinten im abgesonderten Raum gab es Fleisch und wohlgeschmälzte Bissen, vorne dagegen wurden nur magere Fastenspeisen verabreicht. So wurden die Frommen vor dem Ärgernis am entsetzlichen Wesen der Weltkinder bewahrt. Übrigens kann ich bezeugen, daß ich hinter dem Laken soviel schwarzhaarige Italiener schmausen sah als vor demselben.

Eine Menge Wagen von Touristen sah man heute und in den nächsten Tagen aus der Porta San Giovanni rollen und südwärts eilen; denn ein Teil der Fremden pflegt die

Fastenzeit in Neapel zu verbringen und zu den Osterfestlichkeiten zurückzukehren. Doch der bei weitem größte Fremdenschub verläßt nach diesen erst die Ewige Stadt, nach Florenz und dem Norden oder nach Süden sich wendend, wo frische Seeluft des nahenden Sommers Glut allein erträglich machen kann.

Auch ich genoß die ganze stillwonnige Frühlingszeit der Fasten in Rom und verbrachte schöne, herzerquickende Tage in Museen und Kirchen, in der Gartenpracht der Villen oder draußen bei den stillen Trümmern im weiten Blütenmeere der Campagna, ringsum Frühlingspracht, Glockenklang, Himmelsbläue und Erdenpracht, doch in der Brust die ganze unaussprechliche Seligkeit, in Rom zu sein. Und so ward's Ostern.

Ostern in Rom, eine Welt voll Schönheit und Poesie liegt in diesen Worten, bei denen wohl manches Herz wonnig aufzittern mag in Sehnsucht der Erinnerung.

Die ganze Frühlingspracht und aller Himmelsglanz des schönen Südens, tausendfacher Glockenklang und ein Meer von Düften die Luft erfüllend nah und fern; Farbenglut und Goldgefunkel, Kerzenschimmer und Weihrauchwolken, Orgeltöne und Hochamtsmusik in allen Kirchen, dazu fröhliche Menschen auf allen Straßen und Plätzen, bunt und festlich, gaffend und schmausend – das ist Ostern in Rom.

Schon ein ganzes Buch könnte man schreiben über die verschiedenen Eindrücke und Bilder, welche die Karwoche mit sich bringt. Mir ging's im allgemeinen wie in den Weihnachtstagen. Von den Erscheinungen der glanzvollen Kirchenzeremonien bin ich nur selten tiefer berührt und ergriffen worden. Meistens blieb es beim leeren Staunen ob der Entfaltung solchen Glanzes und solcher Pracht. Und dennoch muß ich gestehen, einzelnes gehört wiederum zu dem Gewaltigsten und Ergreifendsten, was je meine Seele durchzogen, vor allem die große, ernste Feier am Vorabend des Karfreitags in der Sixtinischen Kapelle, das weltberühmte Miserere von Allegri.

Hier wie in allen katholischen Kirchen sind bekanntlich in der Karwoche alle Bilder dunkelviolett verhangen, alle Altäre ihres Schmuckes beraubt, die Vorhänge der Fenster tief herabgelassen. Es hat alles ein ödes, trauriges, erstorbenes Ansehen, und nur wenige Kerzen erhellen das tiefe Dämmern des heiligen Raumes. Auch der Papst und die Kardinäle erscheinen in tiefer Trauerkleidung und nehmen still ihre Sitze ein. Nun heben die Sänger die Lamentationen, die Klagelieder Jeremiae an, uralte, eintönige und seltsame Melodien. Bei jeder neuen Lamentation erlöschen zwei Kerzen. Nahe an zwei Stunden dauert das, einem wird zumute wie einem Träumenden. Jetzt ist die letzte vorüber, die letzte Kerze erloschen. Dunkel ringsum. Der Papst, die Kardinäle und alle andern Geistlichen knien nun nieder und liegen still da, das Haupt tief zur Erde geneigt. Noch eine Weile ist es ganz lautlos, aber nun beginnt plötzlich das Miserere, Klänge, wie sie mein Ohr nie im Leben vernommen. Bald ein tiefes Aufstöhnen voll namenlosen Jammers, bald ein angstvoll zitternder Aufschrei zum Himmel, bald wieder leis hinsterbendes, sanftes und wehevolles Klagen – ja, als ob durch Erde und Himmel ein tiefes großes Weinen ginge ob aller Schmach und Missetat im Geschlechts der Menschen seit Jahrtausenden.

Aber mit Glockengeläut und Kanonendonner wird den Römern verkündet, daß die stille Fastenzeit vorüber ist und daß sie ihre Backwerke wieder mit Butter und Schmalz fett machen können, wieder Makkaroni al burro schmausen und sich ohne Gewissensbisse mittags an einem leckeren Stück Schweinebraten ergötzen dürfen. Darum sind denn auch alle Schmalz-, Schinken- und Fleischläden schon tags vorher aufs festlichste geschmückt mit Blumen, Kränzen, Flittergoldschleifen und mit Hunderten von kleinen Wachskerzen illuminiert.

Auch das Straßengetreibe bietet neue Erscheinungen, Gebirgsbewohner aus den Apenninen und Abruzzen, Hirten und Campagnolen, sonnenbraune, zerzauste Gesellen in Mantel und Spitzhut haben sich eingefunden, und zahlreiche Scharen frommer Pilger aus allen katholischen Ländern sind schon während der Karwoche singend und betend eingezogen in die Tore, das Osterfest zu feiern im heiligen Rom, Männer und

Greise, Frauen und Kinder. Mit Kreuzstab und muschelgeschmücktem Mantelkragen sah man sie in kleinen Haufen durch die Straßen ziehen. Abends wurden sie dann im großen Pilgerhause an langen Tafeln gespeist, nach alter Sitte von den reichsten und vornehmsten Römern eigenhändig bedient, und man konnte die elegantesten Herren und Damen sehen, wie sie den schmierigsten alten Kerlen die Füße wuschen, und das nicht bloß pro forma, wie es am Gründonnerstage der Papst den zwölf Geistlichen tut.

Vom wunderherrlichsten Wetter begleitet entfaltete die Kirche ihren vollen Glanz am Ostermorgen. Das Innere des gewaltigen Petersdomes, welcher bekanntlich die ganze Einwohnerschaft der Stadt Bremen zu fassen vermag, prangte und glänzte im überschwenglichsten Festschmuck der prachtvollsten Teppiche, Seidenstoffe, silbernen Kandelaber und goldblitzenden Antependien. Tausende und Tausende wogten durcheinander; Weihrauch, Kerzenglanz, Gewänderpracht und Edelsteingefunkel, wohin man schaute. All so hohem Festtage zelebriert der Heilige Vater das Hochamt in eigener Person, geschmückt mit der goldenen, dreifachen päpstlichen Tiara, während er sonst nur die silberne Bischofsmitra trägt. Wenn dann der große Augenblick der heiligen Wandlung eintritt und all die Tausende ringsum in lautlosester Stille am Boden knien, daß man eine Nadel fallen hören könnte, und nun plötzlich der Papst von den Stufen des Hochaltars nach vollendetem Mysterium die strahlende Monstranz in hocherhobenen Händen allem Volke zeigt, senkt sich in sanfter Majestät ein Chor langgezogener Posaunenklänge aus der Höhe der Kuppel auf die knienden Beter. Das ist ein Augenblick, der auch das kälteste Protestantenherz erzittern und erbeben machen kann.

Der andere große Moment in der katholischen Kirche, wo der Papst draußen von der Loggia herunter mit mächtiger Stimme den apostolischen Segen über die ungeheure, kniende Menschenmasse in die Welt hinein sendet, war in seiner Erscheinung zwar auch imposant und mächtig genug, aber doch nur für gläubige Katholiken berechnet; denn wie hinter dem Segen auch gleich der Fluch und Bannstrahl kam, geschleudert gegen alle Ketzer und Abtrünnigen, woran sich doch bekanntlich seit Jahrhunderten kein Mensch mehr kehrt, – machte das plötzlich in mir erwachende Oppositionsgefühl sofort aller Stimmung und Erhebung ein Ende und verkehrte dieselbe in ein ironisches »tempi passati«.

Ein glänzendes Nachspiel war endlich noch das Nachhausefahren der Kardinäle, Erzbischöfe und anderer Kirchenfürsten. Man macht sich kaum einen Begriff von der Pracht der Wagen, Pferde und Geschirre, die man sah. Das Vorüberrollen dieser Galakarossen, alle altertümlich, schwer, mächtig und prächtig, voll allegorischer Malerei und verschwenderisch vergoldet wie reiche Krönungswagen, wollte kein Ende nehmen. Hohe geistliche Würdenträger fahren alle mit gewaltigen Hengsten und Wallachen, noch ramsnasig und schwerleibig, wie sie im siebzehnten und achtzehnten Jahrhundert Mode waren, aus dem Gestüt des Fürsten Piombini; die Nobili dagegen haben meist schöne, braune Wagenpferde, die lange nicht so groß und schwer sind und gar oft aus Norddeutschland, Oldenburg und Holstein stammen.

Die zwiefache äußere Beleuchtung der Peterskirche, erst mit Tausenden von Lampen, die jede Umrißlinie des Bauwerks köstlich hervorhebt, und hierauf plötzlich durch flammende Pechfackeln, wodurch das Ganze in strahlender Glut erscheint, bildet den Schluß des Ostersonntags, das große Feuerwerk mit der weltbekannten Girandola den des Ostermontags. Um zu begreifen, wie bedeutend letzteres ist, genüge es zu wissen, daß allein an den Gerüsten dafür volle vierzehn Tage gezimmert und gerichtet wurde. Es waren dann auch Schauspiele, so glanzvoll großartig, und oft geradezu überwältigend, wie nimmer sie je mein Auge schaute.

Zwischen den Mauern

Willst du ins Unendliche schreiten,
Gehe nur im Endlichen nach allen Seiten.
Goethe

In Norddeutschland umhegen wir unsere Gärten und Gemüsefelder meistens mit Wassergräben, lebendigen Hecken, hölzernen Lattenzäunen oder Eisengittern, und mancher Einblick pflegt den draußen Gehenden vergönnt zu sein.

Die Verhältnisse des an Steinen reichen, aber an Holz und Wasser armen Italiens bringen es mit sich, daß hier alle Gärten und Vignen fast ohne Ausnahme mit dicken, meistens zehn bis fünfzehn Fuß hohen Mauern eingefaßt sind, bald aus Bruchsteinen, bald aus Ziegeln bestehend.

In den Vorstädten und in der unmittelbaren Umgebung der Flecken und Städte, wo alle Wege zu beiden Seiten mit diesen Steinwänden eingefaßt sind, kann man in solchen Mauerlabyrinthen halbe Stunden lang umherirren, ohne etwas anderes zu sehen als oben den schmalen Himmelsstreifen, zu Füßen den staubigen Weg und rechts und links, vor sich und hinter sich Mauern und wieder Mauern, über welche nur hie und da eine Baumkrone, ein Pinienschirm oder ein paar Zypressenpyramiden emporragen und gerade so weit, um die Tantalusbegierde nach ihrem Schatten und nach den Schönheiten ihrer nächsten Umgebung dem sonnendurchbrannten, nach Kühlung lechzenden Wanderer doppelt peinvoll zu machen. Wie drückend und beklemmend aber namentlich für mich diese Mauerengen sein mußten, kann nur der nachfühlen, der da weiß, an welch unbegrenzte Rundschau mein Blick in meiner Marschenheimat von Jugend an gewöhnt war. Darum eilte ich stets, so schnell ich konnte, ins Freie zu kommen.

Was aber tut nicht die Macht der Gewohnheit! Als ich kaum vier Wochen in Rom gewesen war und der erste Eindruck seine Wirkung verloren hatte, fühlte ich nicht nur von jener Beengung und Beklommenheit keine Spur mehr, sondern an deren Stelle trat nun sogar oft genug auf meinen einsamen Gängen das Gefühl echter Behaglichkeit. Durch nichts anderes abgelenkt und zerstreut, begann mein Auge nach und nach eben an diesen mir anfangs so verhaßten Mauern so viel Reizvolles, Schönes und Interessantes zu entdecken, daß es mich oft stundenlang beschäftigen konnte, worauf ich sonst wohl nimmermehr geachtet haben würde.

Hier sah ich denn auch zuerst, wie die Farbenschönheit des Südens nicht bloß die Landschaft im großen und ganzen, nicht allein Himmel und Meer und Berge mit ihrem Zauber umfängt, sondern auch noch dem einzelnen Stein den köstlichen Reiz verleiht, wenn wir nur darauf achten wollen.

Die Feinheit der Lokaltöne, das Leuchten der besonnten Stellen und die Wärme und Klarheit der Schatten bei aller Kraft und Tiefe gewannen täglich für mich an Reiz. Indes, das sah ich bald, die Ursache davon lag nicht allein in Luft und Sonne, das Material selbst tat auch das Seine dazu in diesem Lande der allwaltenden Schönheit. Unsere frechroten, eintönigen Ziegelmauern mit dem harten, unharmonischen Weiß ihrer Kalkfugen würden sicherlich auch unter italienischem Himmel ein unerfreulicher Anblick sein. Der römische Backstein dagegen, sowohl der antike wie der jetzt gebrannte, hat an und für sich schon einen sanften und warmen, gelbrötlichen Ton, der sich aber in rechter Sonnenwirkung bis zur prächtigsten Glut zu steigern vermag, während der ausgezeichnete Mörtel aus einem Gemenge von Kalk und Puzzolanerde mit seinem rötlich violetten Grau in trefflichster Harmonie dazu steht. Daß mich, den Ziegeleibesitzer, nebenbei auch die ausgezeichnete Güte und die von unsern sehr abweichenden Dimensionen der dünnen, aber breiten und langen antiken Ziegel anzogen und beschäftigten, war ebenfalls natürlich.

Ungleich schöner aber noch sind die Mauern aus Bruchsteinen dort. Der Travertinkalk, die bei weitem häufigste Steinart Roms, zeigt neu gebrochen das zarteste, gelbli-

»Zwischen den Mauern« in der Nähe der *Piazza Barberini.* Die rüde Bildüberschrift *la putana Roma* (Die Hure Rom) lässt vermuten, dass die Zeichnung während Allmers' weniger glücklichem zweiten Rom-Aufenthalt 1889 entstand (ALC, NHA, 3.1.1.1 Nr. 115 a)

che Weiß und geht dann mit Jahrzehnten und Jahrhunderten durch alle verwandten Nuancen, bis endlich ein Jahrtausend ihn mit dem wärmsten, braungoldigen Terrasiena-Tone schmückt. Weniger verändert sich dagegen die zweite Steinart der römischen Mauern, der zartgrünliche, vulkanische Peperin, der im Albanergebirge gebrochen wird, welches fast ganz aus ihm besteht. Er hat die größte Ähnlichkeit und nächste Verwandschaft mit dem Trachyt des rheinischen Siebengebirges und ist oft kaum davon zu unterscheiden.

Von hellster Rostfarbe bis zum tiefsten Kaffeebraun endlich zeigt sich Roms dritte herrschende Steinart, der mürbe, vulkanische Tuff der Campagna, welcher dicht am Boden, namentlich wo es feucht ist, ein so kräftiges Dunkel hat wie kein anderes Material. So sah ich oft genug Tuffmauern, die von ihrem Füße bis zum obersten Rande eine ganze Skala von warmen Tönen durchliefen vom tiefdunkelsten Umbra bis zur lichtesten Terrasiena.

Selten indes bestehen diese Garten- und Weinbergmauern ausschließlich aus einer einzigen Art des Materials. Fast immer finden sich kleinere oder größere Trümmer der verschiedenartigsten Gesteine aus dem reichen Schutts Roms darein gemengt, oft genug in solcher Zahl, daß dieselben davon gefleckt und gesprenkelt erscheinen.

Unter diesen fesselten mich nun vor allem die zart gelblichen Bruchstücke antiken Marmors, namentlich wenn es Stücke von Inschriften waren oder gar Reste alter Plastik, ob nun von figürlichen Darstellungen oder schönem Ornament stammend.

Keineswegs sind derartige Stücke so selten darin enthalten, und auch ich hatte dann und wann die Freude, ein solches zu entdecken, aus welchem es mir immer wehmutsvoll durch die Seele drang wie ein erlöschender Sonnenstrahl hinabgesunkener Herrlichkeit.

Der römische Boden selbst endlich zeigt da, wo ihn auf den Wegen zwischen den Mauern weder Pflaster noch Vegetation bedecken, ein warmes Braun oder ein unsäglich feines Grau. Man muß aber eben ein geübtes Auge und einen geweckten Sinn dafür haben, um solche stilleren Schönheiten wahrzunehmen und zu empfinden. Der große Touristenschwarm schreitet natürlich achtlos daran vorbei und darüber hinweg.
Nach den Farbentönen der Mauern nahmen dann zunächst meine Aufmerksamkeit die Pflanzen in Anspruch, welche an ihrem Füße wuchsen, an ihren Wänden kletterten, aus ihren Fugen drangen oder hoch von ihrem oberen Rande herabnickten und dadurch erst den Anblick des Gesteins lieb und freundlich machten, der ohne ihr holdes Grün trotz all seiner Farbenschönheit doch unbefriedigend und öde gewesen wäre.

Vor allem sind es drei Charakterpflanzen Italiens, die hier sofort durch ihre Schönheit in die Augen fallen und fast überall den Fuß dieser Mauern umsäumen, ihre Winkel beschatten, ihre Schutthalden begrünen; das Arum (Arum italianicum) mit seinen saftigkühlen, breiten, pfeilförmigen Blättern und gelblich weißen, dütenförmigen Blumenscheiden, dann der klassische Akanthus (Acantlius mollis), dessen schöngezacktes Blatt das bcrühmte Motiv des Kapitälschmuckes an der korinthischen und römischen Säulenordnung wurde, und endlich die prächtige Mariendistel (Carduus marianus), deren reichentfaltete Belaubung wie mit einem glänzenden Silbernetz umwoben erscheint. Zugleich ist dieselbe ein echter Repräsentant der Schuttflora, die wohl nirgends reicher und mainngfaltiger erscheinen mag als auf dem welthistorischen Trümmerhaufen der Ewigen Stadt.

Spärlicher dagegen tritt die Vegetation an den Mauern selber auf; denn Trockenheit und Sonnenglut wirken hier energisch entgegen. So vermissen wir die köstliche Moospracht, welche bei uns die Werke der Vorzeit so herrlich bekleidet und verschönt. Das kleine Glaskraut (Parietaria diffusa), das unansehnlich mit seinen dünnen Blättern aus Mauerritzen und Fugen dringt, ist hier fast die einzige Pflanze. Indes wo Schatten und reichliche Feuchtigkeit herrschen, entzückt der reizende Venusfarn (Adiantum capillus Veneris), welcher in Brunnennischen, alten Gewölben und kühlen Grotten, z. B. im Heiligtum der Egeria, alle Wände dicht mit seinen zarten und zierlichen Elfenformen bekleidet.

Der herrlichste Pflanzenschmuck der Ruinenmauern in Italien ist und bleibt aber der prächtige Efeu, der hier in einer Üppigkeit und Schönheit erscheint, von der wir in Deutschland nur selten einen Begriff bekommen.

Mit seiner tiefgrünen Laubfülle gibt er den köstlichsten Abstich zu all den warmen roten und gelben Tönen des Gesteins. Emporstrebend belebt er bald mit plastischer Wirkung die gliederlose Mauerfläche, bald hängt sein reizendes Gelock in malerisch luftigen Gewinden hoch und flatternd von Pfeilern und Bogen herab, bald stürzen seine dichtgedrängten Massen, ein glänzend grüner, gewaltiger Laubkatarakt, siegreich und wild über das uralte, unter ihm still hinbröckelnde Gemäuer. Das entzückte Auge vermag sich oft kaum loszureißen von solch einem Anblick und entdeckt Schönheiten auf Schönheiten.

Hoch vom obersten Rande der Mauern endlich, da wo sich die letzten Steine leuchtend gegen den tiefen Azur des Himmels absetzen, schauen allerlei würzige Lippenblütler, blutrote Nelken und vor allem in Menge duftender Goldlack, der mit seinen Sträußen die ganze Ruinenwelt Roms schmückt, mit seinem Duft weit und breit die Frühlingsluft erfüllt.

Zuletzt nach allem diesen war es dann noch jene reizende Tierstaffage, die mich fort und fort beschäftigte. Keiner sonnigen Mauer oder Felswand Italiens mangelt die reizendste aller Amphibien, die Eidechse, von der namentlich zwei Arten vorherrschen, die kleine, hurtige Lacerta muralis und die große grüne Lacerta viridis. Wer nie im Süden die niedlichen Tierchen beobachtete, hat keinen Begriff von der Schönheit ihrer

Der *Tempel der Minerva Medica*, gezeichnet in Begleitung des Künstlers W. Stock am 8. Februar 1859 (ALC, NHA, 3.1.1.1 Nr. 112)

Färbung, ihrer Gewandtheit im Klettern, der Zierlichkeit ihrer Bewegungen und dem, fast möchte ich sagen, seelenvollen Blick ihres schöngeschnittenen Auges, mit dem sie unsere nahende Hand lang und still anschauen können, bis sie, sowie man kaum noch wenige Zoll von ihnen fern ist und nun rasch zugreifen will, pfeilschnell fortschießen und in die Mauerritzen schlüpfen. Genug, es ist das reizendste, was man sehen kann, und obwohl man die schönen Tierchen durch ihre scheinbare Zahmheit, Neugier und Zutraulichkeit von Tag zu Tag lieber gewinnt, necken und reizen sie uns doch wieder so sehr, daß man bald zu ihrem eifrigsten Verfolger wird, freilich in den allerseltensten Fällen eines davon erhascht.

In solcher Weise suchte ich mich auf meinen einsamen Schlendereien zwischen diesen Mauern zu entschädigen durch das, was sie boten, für das, was sie bargen.

Unter der Erde

Gewaltig ist das Gebiet geschichtlicher Erinnerung, und ernste Schauer durchfluten unsere Seele, wenn wir einsam in stillen Stunden die großen Trümmerstätten der Ewigen Roma durchwandern. Da ist jene sagenhafte und nebelumdämmerte Zeit, deren Erinnerungen sich unmittelbar an Trojas Fall knüpfen, es klingen Namen daraus wie Aeneas, Anchises, Askanius, die uns mit einem Hauche unserer eigenen märchenvollen Kindheit anwehren. Es treten dann altitalienische Völker auf wie Latiner, Osker und

Etrusker, im Norden Ligurer, im Süden Tyrrhenier und Sikuler, und eine Menge blühender Städte schaut von den Hügeln auf das herdenbelebte, saatumwogte Land bis zum waldbeschatteten Gebirge. Wir denken an Veji, Gabii, Fidenae, Ardea und andere alte Kulturstätten, aber der Name Rom war noch nicht unter ihnen, und keiner gedachte dessen noch Jahrhunderte hindurch.

Verschwunden sind sie nun von der Erde, und von manchen wissen wir nicht einmal mehr die Stätte, wo sie standen. Der ewige Strom der Geschichte, der darüber hin ging, bald friedlicher flutend, bald wilder brausend, er hat sie allesamt fortgespült bis auf wenige Reste ihrer Grund- und Umfangsmauern. Seine Wogen aber haben dann und wann kleine, seltsame Dinge zu uns herangeworfen, deren Stoff dem nagenden Zeitenzahn widerstand, kleine, rätselhafte Idole von grün gewordenem Erze, unförmlich, roh, kindisch unbeholfen, vertrackt und fratzenhaft, daß man sie ebenso gut von einem kindhaften Stamme der Südseeinsulaner oder amerikanischen Rothäuten herrührend halten durfte. Nur was der dunkle Schoß der Erde verbarg, ward verschont vom zerstörenden Zeitenstrome. Die Gräber reden hier überall am lautesten, sie enthalten die sichersten Dokumente, die bedeutendsten Denkmale jener dämmervollen Vorzeit, mögen sie nun als jene rohen Anfangswerke menschlicher Kunstbestrebungen erscheinen oder, wie im Laufe späterer Zeit, als Schätze von trefflicher Bronzearbeit, von zierlichem Goldschmucke, von edel geformten, herrlich bemalten Tongefäßen echt hellenischer Kunst. Italien ist so recht das Land der Gräber, aus denen uns der verhallende Sang einstiger Herrlichkeit und Größe am ergreifendsten durch die Seele tönt.

Und endlich taucht die alte Roma selber empor. Dort ragt noch das Denkmal dieser ersten Zeit, der Mons Palatinus, den einst nach sieben Jahrhunderten die goldschimmernden Paläste der Caesaren bedecken sollten. Voll roter, efeuumrankter Trümmer, voll wirren Gestrüpps, dunkler Zypressen und reichen Gebüsches, daneben Weinpflanzungen, Krautgärten, Winzerhäuschen, Villen, Kapellen, hoch oben ein Kloster

Das Kloster *San Bonaventura* auf dem Palatin »mit palmengeschmücktem Garten«
Bleistiftzeichnung vom 9. November 1859 (ALC, NHA, 3.1.1.1 Nr. 119)

mit palmengeschmücktem Garten – so ragt heute das Viereck jenes weltgeschichtlichen Hügels weithin sichtbar. Aber an einer einzigen, stillen, von Gestrüpp umrankten Stelle schaut ein Stück moosigen Quaderwerks hervor, ausgeführt aus mächtigen, rohen Peperinblöcken. Dieses ist sicherlich Roms frühestes Denkmal, ein Teil der allerersten Stadtanlage, der alten Roma quadrata des Romulus.

Und ferner, aus der sagenhaften Königszeit sind noch zwei unzweifelhafte und hochberühmte Reste erhalten. Es umkreist den Palatin, bald hier, bald da zutage gelegt, in unregelmäßiger Linie und geringer Entfernung ein anderer mächtiger Mauerwall, ebenfalls wie jener aus Peperinquadern bestehend. In ihm sehen wir Roms zweite Befestigung, es ist die Serviusmauer. Und endlich in sumpfiger Gegend des alten Velabrums gähnt uns der quaderumfaßte Schlund der berühmten Cloaca maxima entgegen und mit ihm vielleicht der älteste Bogenbau der Erde. Zugleich knüpft sich hieran die Erinnerung an den letzten der römischen Könige, Tarquinius Superbus. Nun folgen die Denkmale der republikanischen Zeit.

Schlicht, ernst und kraftvoll ist der Charakter aller Werke, die jene Zeiten hervorriefen, aber wenige Denkmale sind davon übrig, und diese noch dazu fast nur den späteren Jahrhunderten der Republik angehörend. Der berühmte Kuppelbau des Pantheons, Agrippas herrliches Werk, ist das größte unter ihnen, so wie es das am besten erhaltene aller antiken Bauwerke Roms ist. Dann bezeichnen einige kleinere Gebäude, namentlich Tempelreste, diese Epoche, und endlich wieder Gräber, unter denen zwei von allen übrigen hervorragen: das eine, der mächtige Rundbau des Grabes der Caecilia Metella an der stillen, trümmerreichen Via Appia, ist hinsichtlich seines räumlichen Umfangs das größte voll allen, das andere aber birgt sich unscheinbar mit seinen Gängen im dunklen Schoß der Erde, doch der Glorienschein ewigen Ruhms umstrahlt dasselbe: es ist das Heldengrab der Scipionen.

Indes alles wird weit in den Hintergrund gedrängt von den Denkmalen der Caesarenzeit, deren Erinnerungen uns mit Macht vor die Seele treten, wohin man sich wenden mag. Wo man geht und steht, immer taucht das ungeheure Bild der von den Millionen ihrer Bevölkerung durchtosten Weltherrscherin vor uns auf, uns begleitend weithin über die Campagna bis zu den Bergen. Auf den Bogenlinien von achtzehn meilenlangen Aquädukten rauschte vom Gebirge der klare Quellfluß daher, schäumte und sprühte in den fünftausend kleineren und größeren Brunnen der Stadt und speiste über achthundert Privathäuser, dazu sechzehn große öffentliche Thermen mit ihren Tausenden von Badestellen. In der schweigenden Einsamkeit der Campagna ragen nun ihre hohen, von Gestrüpp umwucherten Bogenreste, und noch innerhalb des alten Mauerrings schauen aus Wein- und Krautgärten die ungeheuren, zum Teil formlos gewordenen Trümmermassen der Thermen des Titus, Caracalla und Diokletian und lassen ihre ehemalige Riesenhaftigkeit und Pracht mit Staunen ahnen.

Dort liegt das Tal des Circus maximus, wo über 400 000 Zuschauer sitzend den Spielen und Wagenrennen beiwohnen konnten, und außer diesem gab es noch acht andere der Art sowie fünf Naumachien für die Darstellung von Seegefechten. Gleich neben dem ersten Circus stehen mit ihrem reichen Vegetationsschmucke die malerischen Trümmer der gewaltigen Kaiserpaläste, und wir wissen, daß es außer ihnen noch achtzehnhundert marmorschimmernde Prachtwohnungen gab.

Da steht mit ihrem dreifachen Bogenstockwerk die gewaltige Ruine des weltbekannten Colosseums. Wohl ist's heute still und friedlich darin, und ein Grünen, Blühen und Duften der Pflanzenwelt umfängt uns jetzt mit seinem Zauber rings um das zerstörte Gemäuer, aber trotzdem, in unser geistiges Ohr dringt uns heute noch das Tiergebrüll, Waffengeklirr, Kampfgeschrei, Todesröcheln und der himmelan hallende Beifallsdonner aus den achtzigtausend Kehlen eines entmenschten, schaugierigen Volkes.

Gleich daneben wölbt sich, mit reichem Bildwerk geschmückt und herrlich erhalten, ein edler Triumphbogen über dem Lavapflaster der Via sacra, weiterhin wieder einer, dann in mäßiger Entfernung noch einer, und ein anderes Bild erscheint bei diesem Anblick. Aus lang gewundenen Tuben dringen mächtig hallende Töne zum festen, dröhnenden Schritt sieggewohnter Legionen, ein ungeheurer, glanzvoller Zug bewegt sich durch die Gasse der dicht gedrängten Volksmassen. Roms glorreicher Caesar kehrt heim von seinen Siegen über die Barbaren. Seht dort die reiche Beute, die er erwarb! Gleich hinter den Liktoren, die das herandrängende Volk zurückhalten, und den Tubenbläsern wird sie dem Triumphator vorangetragen: eroberte Waffen und Heerzeichen, Prachtgerät und schimmernde Gefäße, gefüllt mit Goldmünzen, fremde Götterbilder, Kunstwerke aller Art, seltene Tiere, Modelle eroberter Festungen und Schiffe. Was irgend sich zur Schau eignet, schmückt den Zug, und gleich hinter dieser Beute, unter Vortritt von Sängern und Musikbanden, der Triumphator selber, lorbeerumkränzt auf goldschimmernder Quadriga, von weißen Rossen gezogen; wohin er kommt, vom tausendfachen Ruf »Io triumphe« empfangen, während der hinter ihm stehende Servus publicus die goldene Corona triumphalis über seinem Haupte hält. Doch gleich neben ihm, ein tief ins Herz greifender Anblick, die besiegten Könige, Feldherrn und Großen des unterjochten Landes, schmachvoll gebunden, gefesselt an den Wagen des Siegers, stumm, barfuß und gesenkten Blickes einherschreitend durch die jauchzende und sie höhnende Menge. Nun kommen die geschmückten Opfertiere mit vergoldeten Hörnern, geführt von Priestern und Opferschlächtern, und endlich mit seinen hochragenden Feldzeichen, den Adlern und Schilden, auf denen die Namen gewonnener Schlachten glänzen, das siegreich jubelnde Heer, hier die Leichtbewaffneten, die Schleuderer und Bogenschützen, dort die schweren Truppen und Gepanzerten, dort die Reiter.

So geht es mit Pracht und Klang weiter die Via sacra entlang zum tempelreichen Forum, dessen edle Säulenreste noch heute malerisch in die Lüfte ragen, und dann hinauf zum Kapitol. Den Clivus hinunter schreitet dem Zuge glückwünschend in seinen Purpurtogen der Senat entgegen, Opferduft wallt empor vor den Tempeln, der Triumphator legt seine goldene Ehrenkrone dem kapitolinischen Jupiter zu Füßen, Musik und Festhymnen, Jubel und Siegesfreude überall – indes dicht daneben im dunklen Gewölbe des alten Mamertinischen Kerkers ein schnell endendes Röcheln sich vernehmen läßt. Es sind die gefangenen Könige, die dort zu gleicher Zeit nach hergebrachter Sitte erdrosselt werden.

Das sind Bilder des alten Roms, die vor uns aufsteigen, wenn wir in stillen Stunden seine Trümmerwelt durchwandeln. Roma nannte sich einst mit Recht den Mittelpunkt der Welt. Auch von dieser Anschauung ist uns ein interessantes Denkmal erhalten. Es ist der sogenannte goldene Meilenstein, welcher mitten auf dem Forum stand, von wo aus die Meilenzahl aller ausstrahlenden Straßen gerechnet wurde; darum nannte man ihn in stolzer Römerweise unibilicus terrarum, den Nabel der Erde. Denken wir uns nun einmal das ungeheure Volksgewühl im großen und ganzen, das dieses Weltzentrum Tag für Tag umwogte: alle Sprachen und Dialekte, alle Farben- und Rassenunterschiede begegneten hier einander, dunkle Lybier oder Numidier und hohe, blondhaarige Germanensöhne, wilde Scythen oder Sarmaten aus öden Steppen und edle, schönheiterfüllte Griechenjünglinge blickten hier einander ins Auge; alle bekannten Genüsse der Erde boten sich dar samt allen erdenklichen Lastern und Ausschweifungen und endlich alle Religionen und Kulte. Der Isisdienst Ägyptens, die Mithrasverehrung Persiens und der Astartenkult Phöniziens vermischten sich hier mit der Anbetung des griechischen Olymps und der Gottheiten altitalienischer Völker, bis endlich in diesem übervölkerten Göttergewimmel Tausende selbst nicht mehr wußten, welchen Gottheiten sie noch Tempel bauen sollten. Genug, wir bedürfen der ganzen Anspannung unserer Phantasie, um uns auch nur annähernd eine Vorstellung von all dem zu machen.

So bietet sich, wohin wir uns wenden, aus jener Macht- und Prachtwelt eine Fülle von ästhetischen und dramatischen Stoffen und Gegensätzen dar: höchste eigene Kraftanstrengung und verderbendrohendes Hereinragen wachsender fremder Gewalt, erhabenste Herrschertugend und maßlose Verworfenheit, stolzeste Todesverachtung und erbärmlichste Feigheit, höchste Geistesentwicklung und viehische Sinnlichkeit, verschwenderische Pracht und innere, still gärende Fäulnis, Zerrüttung und Verrottung. Aber mitten in dieser Auflösung alles sittlichen Lebens fesselt uns mehr als alles andere ein ernstes, unscheinbares Element, wie unter überreifer, farbenglühender Herbstfülle leise sich regende Keime eines künftigen Fühlings. Es ist die Erinnerung an die frühen Zeiten des Christentums, an jene kleine, still wachsende Schar, die mitten in solcher Umgebung voll kindlicher Demut und Herzensreinheit im Glauben, voll Innigkeit und Liebe, voll fröhlicher Zuversicht in ihrer Hoffnung und darum so groß im Harren, Dulden und Sterben hier ein ahnungsfreudiges Keimleben führte, so recht ein Leben »in silentio et spe«.

Und wiederum sind Gräber die einzigen Denkmale davon. Aber diesmal sind es nicht die Prachtbauten, vor deren Umfang noch heute staunend der Wanderer steht, wie die hohe, marmorbekleidete Cestius-Pyramide vor dem Tor, das nach Ostia führt, oder das zerstörte Grab des Kaisers Augustus oder gar wie der stolze Riesenbau des Hadriansgrabes, das heute als Engelsburg vor der Tiberbrücke thront. Nein, die Sonne bestrahlt kaum eine Spur davon, aber wenn wir an rechter Stelle hinabsteigen in den dunklen Schoß der Erde, dann dehnt es sich plötzlich vor uns aus, das ungeheure, schauerliche Labyrinth von schmalen Gängen und noch schmaleren Nebengängen, tausendfach sich kreuzend, nach allen Richtungen laufend, unterbrochen von Seitenräumen und Kapellen, und wohin wir schauen, an allen Wänden, rechts und links, vor uns und hinter uns, hoch und tief, überall bescheint das flackernde Licht unserer Fackeln und Kerzen nichts als Gräber und wieder Gräber, bald gähnend offen und ihre zerfallenen Gebeinreste zeigend, bald noch geheimnisvoll verschlossen mit dünnen Steinplatten, auf denen unbeholfene Schriftzüge und roh gezeichnete Embleme zu schauen sind, noch lange nicht alle durchforscht und durchspäht, doch jetzt schon nach Millionen zählend, Jahrhunderte lang unbeachtet, verfallen und vergessen daliegend, nun aber wieder der andächtigen Verehrung und ernsten Wissenschaft geöffnet.

Das sind die ergreifenden Denkmale des frühesten Lebens und Waltens unserer Religion, das sind die Gräber der ersten Christenscharen, die Ruhestätten der Bekenner und Märtyrer – die Katakomben.

Der Boden Roms und seiner Campagna ist außer den Tonablagerungen des Tiber und dem muschelreichen Kalkmergel des Monte Gianicolo und Monte Mario durchaus vulkanischer Natur und besteht vorzugsweise aus drei verschiedenen Tuffarten, nämlich aus dem festen, dunkelbraunen, eigentlichen Tuffstein, der überall zum Bau von Häusern und von Gartenmauern benutzt wird, sodann aus dem roten Tuffsande, der unter dem Namen Puzzolanerde mit Kalk vermischt den ausgezeichneten Mörtel liefert, und endlich aus einer hellbraunen, bröckligen Tufferde, die den größten Teil des Bodens ausmacht. Jene Tiberalluvionen nun enthalten gar keine Gräber, die Kalkbildungen ebenfalls nur wenige Spuren von Katakomben, die letztgenannte Tufferde aber, Tuffo granolare genannt, ist gerade mürbe genug, um sich ohne große Mühe aushöhlen zu lassen, und zugleich wieder fest genug, um stehende senkrechte Wände und stützenlose, ziemlich geräumige Höhlungen bilden zu können. Darum war sie vor allem geeignet für solche Gruftanlagen, die denn auch in dieser Bodenart ihre größte Ausdehnung und Entfaltung haben.

Lange Zeit war man der Ansicht, die Katakomben seien ursprünglich nichts anderes als ausgebaute und verlassene Puzzolangruben, welche dann die verfolgten Christengemeinden zu ihrem heimlichen Versammlungsort erwählt hätten, um sie zugleich als gemeinsame Gräberstätte zu benutzen. Neuere Forschungen haben indes diese Meinung dahin geändert, daß die Katakomben, soweit wir sie bis jetzt kennen, durchaus als dazu bestimmte Anlagen sich herausstellen, da sie sich schon auf den ersten Blick von jenen völlig regellosen Puzzolangruben unterscheiden, daß aber diese allerdings hie und da der erste Anlaß zu Katakombenanlagen gewesen sein können.

Zu der Zeit, da das Christentum in Rom so weit um sich gegriffen hatte, daß es Aufmerksamkeit erregte, oder auch zur Zeit der Christenverfolgungen, deren erste bekanntlich schon unter Nero stattfand, boten solche Gruben eine sehr passende Stelle, teils zum Verbergen der Verfolgten, teils zu Versammlungsorten. Wenn etwa der Eingang im Garten eines christlich gesinnten Römers lag, war hier die geheimste und sicherste Stätte der Zuflucht. Mit leichter Mühe wurden dann einzelne schon vorhandene Höhlungen erweitert und regelmäßig bearbeitet, so daß sie als kirchliche Versammlungsorte dienen konnten, denen die mystische Beleuchtung durch Lampen, die tiefe Stille, die Trennung von der Oberwelt und die Sicherheit einen besonderen Reiz verliehen. Vorzugsweise aber eigneten sich die Höhlungen zu Begräbnisstätten der Gläubigen. Da die heidnische Verbrennung dem gottergebenen Geiste und der biblischen Tradition nicht entsprach, da es gefährlich sein mochte, Gräber mit christlichen Emblemen und Inschriften den Augen der profanen Menge auszusetzen, so war es wohl natürlich, daß man diese Weise einschlug. Hierzu kam noch, daß die Liebesgemeinschaft der Gläubigen, die ja auch über das Erdenleben hinausreichen wollte, ihnen nicht gestattete, ihre Leichen in einzelnen Familiengräbern isoliert, wie es die Römer zu tun pflegten, zu bestatten, die Gemeinde sollte auch im Tode zusammenleben wie eine einzige Familie. Es war ein schöner Gedanke, da zu ruhen, wo man in der Gefahr des Lebens Schutz gesucht, wo man Worte der Zuversicht und der Hoffnung gehört hatte, und für die Überlebenden war es ein milder, freundlicher Gedanke, daß die Vorausgegangen dennoch in ihrer Mitte ihren heiligen Versammlungen und Liebesmahlen nahe blieben. Besonders wichtig wurde diese Verbindung der Gräber und der Versammlungsorte zu Zeiten blutiger Verfolgungen. Nichts war natürlicher, als daß man die, deren Festigkeit im Glauben selbst durch die Schrecken des Todes nicht erschüttert worden war, die mit ihrem Blute für die Wahrheit ihrer Lehre Zeugnis gegeben hatten, besonders ehrte und daß man diese Ehre, welche die Lebenden nicht entgegennehmen konnten, ihren Überresten erwies. Auch schien es vorteilhaft, diese vor Augen zu haben, um sich stets an die Pflicht ähnlicher unerschütterlicher Treue zu erinnern. Man liebte es daher, sich an ihren Gräbern zu versammeln, über ihnen das friedliche Liebesmahl zu halten, und es galt bald für einen Vorzug, in ihrer Nähe der einstigen Auferstehung entgegenzuharren.

Ähnlich wie im heidnischen Rom die Zünfte der Totengräber, bestand auch in der christlichen Gemeinde eine wohlorganisierte Körperschaft, die fossores. Wir sehen sie auf ihren Gräbern mit den Werkzeugen ihres Geschäfts abgebildet. Sie besorgten die Höhlung und Verschließung der Gräber, sie höhlten nach Bedürfnis die körnigen Tuffhügel aus, reihten Gang an Gang, Stockwerk an Stockwerk, indem sie oft nur die Hauptstraßen freiließen und mit der nutzlosen Tufferde die Gänge wieder schlossen. Wohl war den Heiden diese Bestattungsweise nicht unbekannt, ja, sie wendeten sie selber an, und selbst das berühmte Scipionengrab ist eine Art Familienkatakombe. Allein es war auch gar nicht verboten, seine Toten auf beliebige Weise zu bestatten, konnte doch ein christlicher Besitzer in seinem Grund und Boden graben, wo und wann er wollte; nur in Verfolgungszeiten, wenn es galt, die Christen auszurotten, wurden diese Gräberstraßen zur furchtbaren Schlachtbank. Hier zu Hunderten zusammengedrängt, erlag die unglückliche Christengemeinde mit ihren Hirten dem Mangel an Luft und Nahrung oder wurde auch unbarmherzig niedergemetzelt. Die letzte Erwähnung der fossores in den 11 000 bereits gesammelten christlichen Inschriften geschieht im Jahre 454, so daß man annehmen kann, mit dem Erlöschen dieser Körperschaft habe auch die planmäßige, allgemein gebräuchliche Ausgrabung der Katakomben aufgehört.

Bis jetzt haben die Untersuchungen ergeben, daß im Altertum allein in Rom zum wenigsten vierzig große Katakombenanlagen im Gebrauch waren, von denen heute bereits zwanzig wieder aufgefunden sind. Nur die wenigsten sind ganz durchforscht, und man weiß noch immer nicht, wo ihr Ende ist. Dies eben erhöht das Gefühl des Fesselnden, Geheimnisvollen und Schauerlichen, welches beim Besuche der dunklen Tiefe aufs mächtigste das Gemüt umfängt. Aber wie ungeheuer ihre Größe ist, geht schon daraus hervor, daß das Areal der einen Katakombe San Callisto, soweit sie bis jetzt entdeckt ist, schon anderthalb Stunden im Umfange hat und ihre Gänge zusammen die Länge von über 2000 Meter betragen, während die Gesamtlänge aller bekannten Korridore auf etwa 600 italienische Miglien berechnet ist, die Millionen von Gräbern enthalten.

So hatte sich denn im Laufe einiger Jahrhunderte die große christliche Totenstadt gestaltet, wie sie jetzt vor unsern Blicken daliegt. Wir sehen ein vielfach verschlungenes, vielfach sich durchkreuzendes Gewirr von Haupt- und Nebengängen, die sich bald in geringerer, bald in größerer Tiefe im Tuffboden hinziehen, oftmals aber auch als zweifaches, ja dreifaches Stockwerk übereinander laufen. Sie sind durchgehends kaum zwei bis drei Fuß breit und zehn bis zwölf Fuß hoch, oben meistens spitzbogig geschlossen. Hie und da erweitern sich dann diese Gänge zu kleinen, viereckigen Räumen (loculi), die fast immer rundgewölbt sind und zuweilen durch eine nach oben gehende brunnenartige Öffnung (luminarium) einen schwachen Schimmer von Tageslicht erhalten, indes alles übrige in ewiger Nacht ruht. Diese kapellenartigen Räume nun enthalten häufig einige Gräber von namhaften Bischöfen, Diakonen, Heiligen und Märtyrern der früheren Kirche und sind meistens mit Malereien dekoriert. In allen übrigen Wänden dieses Labyrinths aber sehen wir von unten bis oben die waagerechten Grabhöhlungen. Jede derselben ist nicht viel länger, tiefer und höher als eben nötig, um die Leichname aufnehmen zu können, doch zum öfteren kommen auch Nischen für zwei Körper vor, deren Lage dann häufig so ist, daß das Haupt des einen zu Füßen des anderen ruht. Den Rand dieser Gräber bildet ein Falz zur Aufnahme der Verschlußplatten, welche aus Marmor oder gebranntem Ton bestehen. Auf ihnen erblickt man stets eine Inschrift und daneben irgendein christliches Emblem, beides mit rohen, kindisch unbeholfenen Zügen eingegraben oder eingeritzt, daß der Unterschied von den festen und sauberen Buchstaben der meisten heidnischen Inschriften jedem sofort in die Augen fallen muß.

Diese Platteninschriften nun sind nebst den Malereien die wichtigsten Gegenstände christlicher Archäologie. Über 11 000 derselben sind bis jetzt bekannt und untersucht worden, von denen die Galerie lapidaria des Vatikans zweitausend, die Sammlung des Museo christiano des Laterans aber eine noch größere Anzahl besitzt. Sie bestehen außer den Namen der Verstorbenen meistens aus kurzen Gebeten, Äußerungen des Trostes und der Hoffnung und Lobsprüchen, wie gut und fromm der Tote war. Fast alle sind sie kurz und innig, daß uns auf rührende Weise der Geist der Sanftmut, Liebe und Geduld daraus entgegenweht. Häufig bestehen sie auch nur aus den Worten »in pace«, »oder requiescat in pace«, die zum Namen gefügt sind, namentlich in der ersten Zeit. Später werden sie länger und immer inniger, oft aber selbst ans Überschwengliche und Sentimentale streifend. Das häufigste Beiwort des Verstorbenen ist: »dem wohlverdienten« (bene merenti) oder »der süßesten« (dulcissimae) oder auch »süße Seele« (anima dulcis). Es wird bald der Unschuld und Sittenreinheit, bald der Sanftmut, auch wohl der Schönheit und Klugheit gedacht. Märtyrer werden ausdrücklich bezeichnet, bald mit »Martyr«, bald »Martyrio coronatus«. Einfach und rührend ist zuweilen das Verhältnis zwischen Eltern und Kindern ausgesprochen, z. B. des Sohnes, der seiner lieben Mutter, oder der Eltern, die ihrem einzigen Kinde einige Worte weihten, und selbst die Treue des Dieners findet Anerkennung. Einmal heißt es: »Nunc dormit, quae amabat me« (Nun schläft sie, die mich liebte). Zuweilen aber geht das Lob fast ins Komische über, wenn wir z. B. erfahren, daß Marcianus, der von so bewundernswerter Unschuld und Klugheit (mirae innocentiae ac sapientiae) war, leider schon im vierten Monate abberufen wurde. Ein andermal lesen wir »Lämmlein Gottes«, »Taube ohne Falsch«, »ohne die Seinen je betrübt zu haben«, oder »eine Gattin, die, solange sie lebte, nie Anlaß zum Streit gab«. Traditionelle Bibelsprüche finden sich dagegen gar nicht, alle Worte sind echt menschlich, der unmittelbare Ausdruck des Gefühls und darum in ihrer kindlichen Einfachheit und Unvollkommenheit doppelt rührend.

Das vornehmste und häufigste aller christlichen Symbole war und blieb Jahrhunderte hindurch das Christusmonogramm, welches aus einem X und P (Chi und Rho), den griechischen Anfangsbuchstaben des Wortes Christus, zusammengesetzt ist.

Nicht nur die Grabplatten wurden damit als christlich bezeichnet, sondern wir finden es überall in jener Zeit auf Sarkophagen, Glasgefäßen, Lampen usw., selbst noch auf den Mosaiken der Basiliken, während das Zeichen des Kreuzes noch sehr selten angebracht ist und nur in späterer Zeit vorkommt.

Ein zweites, den Erlöser bedeutendes altchristliches Symbol ist der mystische Fisch, weil die fünf Buchstaben seines griechischen Namens Ichthys zugleich die Anfangsbuchstaben der Worte Jesus, Christus, Gott, Sohn, Heiland in griechischer Sprache enthalten. Auf den Gräbern der Märtyrer sieht man oft auch Kränze (Kronen des Lebens) oder Palmzweige (Siegespalme), und sehr häufig kommt die Taube vor, einmal als Symbol der Sanftmut und des stillen Duldens, dann aber auch, einen Ölzweig oder ein Ölblatt tragend, im Hinblick auf die Taube Noahs, als Zeichen der nahenden Erlösung und Befreiung von Not und Verfolgung; auch der Ölzweig allein kommt vor. Andere, aber meistens spätere Symbole sind noch der Pfau (als Sinnbild der Unsterblichkeit, weil er seinen Federschmuck stets erneuert), der Hahn (mit Beziehung auf Petrus als Sinnbild der Buße), der Hirsch (die Sehnsucht nach Gott ausdrückend nach Psalm 42, 2) und endlich das Lamm, das sich als Agnus Dei nie aus der Symbolik der Kirche verloren hat.

Nach den Inschriften und Emblemen sind sodann die Wand- und Deckenmalereien der Katakomben für unsere Erkenntnis christlicher Anschauung, Gefühls- und Ausdrucksweise jener Zeit von größter Wichtigkeit. Auch in kunstgeschichtlicher Beziehung haben sie Bedeutung, wenngleich sie inbetreff ihres eigentlich ästhetischen Wertes auch eine niedrige Stelle einnehmen. In ihnen vereint sich gleichsam das letzte Ausklingen antiker Kunst mit den allerersten Anzeichen einer christlichen. In ihren antiken Formen sind sie von christlichem Geiste erfüllt, und es würde eine große, fühlbare Lücke sein zwischen dem versinkenden Altertum und dem heraufsteigenden Mittelalter, hätten wir nicht diese und die Mosaiken der altchristlichen Basiliken.

Die sämtlichen Katakombenmalereien zerfallen in zwei große Gruppen, in die des antiken, die bis ins vierte, und in die des byzantinischen Stils, welche bis ins achte Jahrhundert reichen. Spätere finden sich nicht mehr. Die ersteren sind bei weitem die zahlreichsten und bedeutsamsten. Hier dringt die heitere, spielende Phantastik und der gesunde Realismus der antiken Welt selbst in dunkle Grabeshöhlen und schmückt sie mit farbenbuntem Leben, und selbst da, wo diese Bilder rein symbolisch gehalten sind, waltet in ihnen noch ein Stück realen Daseins.

Ebenso gehören sie in ihrer Technik, Anordnung, Zeichnung und Färbung völlig der antiken Kunst an, wie sie uns in Resten der Titusthermen, der Kaiserpaläste und vor allem in Herculaneum und Pompeji aufbewahrt ist. Wenn auch gerade nicht unbeholfen, sind sie doch wenigstens sehr inkorrekt, flüchtig, ja selbst roh und zeigen offenbar, daß sie einer sinkenden Kulturepoche angehören und von sehr untergeordneten Künstlern ausgeführt sind. Aber das Kindlich-Naive ihrer Auffassung wie das Freundliche, Milde und Weiche im Ausdruck der Köpfe darf man wohl als aufkeimendes christliches Element begrüßen. Sie bestehen aus einzelnen Bildern in angemessenen Einfassungen, welche durch Arabesken und Linien miteinander zu einem Ganzen verbunden sind.

Da die senkrechten Wände überall von Gräbern durchschnitten sind, so gewährt die Decke der kapellenartigen Gemächer die einzige Stelle für größere Malereien. Die Anordnung ist hier ziemlich gleichbleibend die eines Kreises, in dessen Mitte sich ein Bild wiederum in kreisförmiger oder auch in acht- oder viereckiger Einfassung befindet, während ringsherum vier oder acht kleinere Bilder in halbkreisförmiger oder dem Viereck sich nähernder Einfassung stehen. Die Zwischenräume sind dann durch Linien, Blumen, Fruchtkörbe, Delphine, Genien und ähnliche arabeskenartige Malereien ausgefüllt. Für den Mittelkreis ist überwiegend die Darstellung des guten Hirten gewählt.

Ein mit kurzer Tunika bekleideter junger, unbärtiger Mann mit freundlichen Gesichtszügen trägt das wiedergefundene Schaf auf seinen Schultern, während zuweilen ein Bock, das Sinnbild des verstockten Sünders, neben ihm steht. Es ist leicht einzusehen, wie die Auffassung Christi als friedlich schützender Hirt seiner bedrängten Herde in jenen Zeiten der Verfolgung sich am liebsten im Gemüte entfalten mußte.

Der nächste Gedanke der Christen war dann der an Befreiung aus zeitlicher Not und an die Auferstehung vom Tode. Auf ersteres beziehen sich oft einige alttestamentarische Darstellungen. Wir sehen Daniel in der Löwengrube, Noah aus seiner kistenartigen Arche schauend, die drei Männer singend im feurigen Ofen. Auf das einstige Hervorgehen aus Gräbern deutet hinweisend die Geschichte des Jonas, den nach drei Tagen der Walfisch ausspie, vor allem die Auferweckung des Lazarus. Die Taufe ist symbolisch durch einen Fisch mit der Angel angedeutet, das Abendmahl oft nur durch einen Fisch (Christus), der einen Korb mit Brot und Wein im Munde trägt. Auch die Liebesmahle, die Agapen, der ersten Christen werden bildlich vorgeführt. Man erblickt mehrere Männer an einem Tische sitzend, auf dem Brote und ein Fisch liegen, oder ein Mann und eine Frau halten segnend die Hände darüber. Andere Gegenstände sind der Sündenfall, Moses mit dem Stabe Wasser aus dem Felsen schlagend, die Heilung des Gichtbrüchigen oder Blinden.

In bezug auf die Mutter Jesu haben die neuesten Untersuchungen das interessanteste Resultat ergeben, daß Maria mit dem Kinde entweder allein oder von den Heiligen Drei Königen verehrt (die dann als kurzgeschürzte Männer mit Beinkleidern und phrygischen Mützen erscheinen) bis ins zweite Jahrhundert öfters vorkommt, dann plötzlich verschwindet, um erst in der Zeit byzantinischer Erstarrung vom sechsten bis zum achten Jahrhundert wieder bildlich aufzutreten, nun aber oft allein, ohne Kind, reich geschmückt und in steifer Haltung selbständig thronend.

Auch Christus erscheint bärtig und thronend; erst in der allerspätesten Zeit der Katakombenmalerei und in der ganzen, altchristlichen Kunst wird von seinen Leiden nur seine Gefangennehmung und allenfalls die Vorführung vor Pilatus dargestellt, nie aber die Geißelung, Kreuzigung, Grablegung und Auferstehung, was völlig unerklärlich ist. Fern von allen düstern und wehevollen Bildern liebt es die heitere symbolisierende Katakombenkunst, den Erlöser fort und fort lieber als freundliche, tunikabekleidete Jünglingsgestalt des guten Hirten oder selbst gar als Orpheus zu bilden, der durch die Macht der Töne die Tiere des Waldes bezähmt und die Steine der Wildnis sich harmonisch aneinanderfügen heißt. Erst nach Jahrhunderten, als rings die goldschimmernden Basiliken, geschmückt mit den Marmorsäulen zerstörter Göttertempel, weit und breit verkündeten, daß aus der ecclesia presse eine ecclesia victrix geworden sei, da erst wuchs die friedliche, milde Hirtengestalt zum riesenhaft und finster thronenden Weltenrichter empor.

Alles was aus diesen letzten Jahrhunderten (dem sechsten bis achten) die Katakomben an Malereien enthalten, hat ungleich geringeres Interesse. Es sind fast nur einzelne, für sich stehende Gestalten von steifer, schnurgerader Haltung und starren, seelenlosen, schematischen Zügen, einzeln den segnenden Erlöser, meistens Paulus und Petrus, Calixtus, Cornelius und andere frühe Heilige darstellend. Wir brauchen hier nicht näher darauf einzugehen.

Gänzlich ohne Schmuck ist stets das Innere der einzelnen Gräber. Ohne Sarg liegen die zerfallenen Gebeinreste in ihren Höhlungen, und einige fast vermoderte Stücke Leinwand und weiße Kalkspuren lassen vermuten, daß man sie mit Kalk bestreute und dann umwickelte, um ein rasches Vergehen herbeizuführen. Daß man bei vielen noch Zeichen ihres gewaltsamen Märtyrertodes entdeckt habe, ist wohl kaum anzunehmen. Alle Gebeine, die ich sah, waren bis auf wenige Stückchen fast zu Pulver zerfallen. Aber manche Dinge von eigentümlich rätselvollem Interesse findet man in diesen Gräbern. Da sind zuerst die kleinen, röhrenartigen Fläschchen, auf deren Boden man eine dunkelbraune, vertrocknete Substanz erblickt. Lange Zeit hielt man diese für Blut und glaubte nun sicher, alle Nischen, in denen man solch kleines Fläschchen fand, als Märtyrergräber bezeichnen zu dürfen, bis genauere Untersuchungen den Bodensatz vom Wein herrührend erklärten. Und nun glaubt man, daß es vielleicht frommer Brauch gewesen sei, geliebten Toten Wein vom letzten Abend- oder Liebesmahle mit ins Grab zu geben. Dann finden sich jedoch viel seltener und fast immer zerbrochen, gläserne, flache Trinkgefäße mit gravierten oder goldgemalten Heiligenfiguren und kurzen Inschriften, teils mit dem Namen jener Heiligen, teils mit einem »Bibe in pace« usw. Ihre ganze Bedeutung ist noch dunkel. An einen Nachklang jener antiken Sitte, die dem Toten das mit ins Grab gab, was ihm im Leben lieb und wert gewesen (Andenken, Ehrengaben usw.), ist hier wohl kaum zu denken. Die gefundenen Ringe mit christlichen Emblemen auf ihren Gemmen trug der Verstorbene vielleicht am Finger. In den Gängen und Kapellen der Katakomben finden sich ferner dann und wann eigentümliche krallenartige Werkzeuge von Metall, mit einem Stiel versehen, die man gerne zu Marterinstrumenten machen wollte, um ihnen tieferes Interesse zu verleihen, doch sind sie wohl schwerlich etwas anderes als Werkzeuge, um brennende Pechkränze damit zu halten. Vor allem aber kommen in größerer Menge bald in, bald vor den Gräbern, ganz wie bei denen aus heidnischer Zeit, die bekannten, kleinen, niedrigen Lampen vor, meistens aus gebranntem Ton, seltener aus Bronze bestehend. Sie haben ganz die Form der heidnischen Grablampen, von denen sie sich nur durch ihre christlichen Embleme, insbesondere durch das Christusmonogramm, das am häufigsten auf ihnen angebracht ist, unterscheiden. Ob ihr Gebrauch hier ein symbolischer oder nur ein praktischer war, gehört noch zu den ungelösten Fragen christlicher Archäologie.

Campagnawanderungen

Steht Rom an sich schon einzig in der Welt da, so ist es erst recht ohne gleichen durch seine unmittelbare Umgebung, das schweigende Trümmer- und Gräberfeld seiner Campagna, jenen großen, welthistorischen Friedhof, in welchem Rom selbst wieder das größte Grabdenkmal ist.

Ohne die Campagna wäre Rom ein anderes, sein ganzer Eindruck, seine tiefeigenste Stimmung wäre ohne diesen Rahmen vollkommen verändert, ja, die Ewige Stadt in einer Umgebung von modernen Vorstädten, eleganten Landhäusern, Gärten und Gemüseländereien gleich, wie wir das bei andern Städten gewohnt sind. Solches vermag man kaum auch nur zu denken; denn es widerstrebt dem innersten Gefühle.

Wenn ich mich wieder versenke in die schöne Zeit meiner römischen Tage, so tritt daraus nichts mächtiger vor die Seele als das wunderbarste Bild der stillen Campagna, an nichts denke ich lieber zurück, und nichts war imstande, mich tiefer zu berühren, mich gewaltiger zu ergreifen und nachhaltiger mein ganzes Gemüt einzunehmen. Meine Wanderungen in der Campagna waren und blieben mir in Rom der höchste Herzensgenuß von Anfang bis zum Ende; mochte ich sie nun vereint mit lieben, fröhlichen Genossen durchstreifen oder, wie ich es vor allem liebte, ganz einsam mit der Skizzenmappe unterm Arm, ernst, sinnend, träumend, betrachtend, planlos und ziellos hierhin und dorthin, wie es mich gerade zog und trieb, ihr Hügelgefilde durchschlendernd, bald ihre Trümmer untersuchend, bald mit einsam weidenden Hirten redend, bald still und emsig einen malerischen Punkt zeichnend, bald mein Herz erfreuend im Genießen all der unsäglichen Formen- und Farbenschönheit, die mich rings umgab, und endlich bald auf einer Höhe im Grase ruhend, verloren und aufgegangen in der Stimmung des Alls.

So bin ich oft schon frühmorgens allein fortgewandert und erst wieder heimgekehrt, wenn die Sonne untergegangen und längst die letzten Strahlen und Farben des Himmels und der Erde im schnell einbrechenden Dunkel der Nacht erlgen waren. Für etwaigen Hunger und Durst war die Wandertasche mit etwas Brot, Früchten und Wein versehen, und mit jeder neuen Wanderung erschien mir alles schöner, bedeutsamer, ergreifender. Darin eben ist diese wunderbare Gegend so ganz einzig in ihrer Art, daß sie ihre eigentliche wahre Schönheit nur ganz allmählich, erst nach längerer Zeit und wiederholtem Besuche dem Gemüte erschließt, wenn aber erst einmal unser Auge dafür geöffnet ist, sie immer tiefer, mächtiger und ergreifender ins Herz dringen läßt. Aber nur mit echter Liebe, mit echt historischem Sinne und mit stillem, empfänglichem Gemüte will sie angeschaut werden; man muß sich ganz in sie hineinleben und versanken, dann erst bietet sie uns, was kein anderes Gefilde vermag. Nur die stillen Trümmerstätten von Babylon, Ninive, Persepolis oder die von Ägypten und Griechenland sind ihr vergleichbar. Dem großen flüchtigen Touristenschwarm aber wird die Campagna streng ihr wahres Antlitz verbergen.

Es ist mir unerklärlich, daß Goethe sie nicht tiefer aufgefaßt hat. Was nun dieser Gegend ihre einzig dastehende Schönheit verleiht, ist vor allem ihre wundervolle Bodenplastik, dieses herrlich wogende, sanfte Auf und Ab von Höhen und Tiefen, dieser Reichtum von köstlichen Linien, die bald sich kreuzen und durchschneiden, bald kräftig herrschend hervortreten, bald wieder sanft ausklingen und sich im All verlieren, daß es eine wahre Lust ist, mit dem Auge diese Linienmusik zu genießen. Nun aber kommen noch die tausend reizenden kleinen Einzelheiten, für die man jedoch ein Auge haben muß, um sich ihrer zu freuen, die malerischen Abstürze und Hohlwege, die Windungen der ausgewaschenen Bachrinnen, die sanften Talsenkungen, die tiefen Gruben, Erdfälle, Höhlungen und dunkelschattigen Nischen des mürben Tuffbodens und noch hundert andere Gestalten.

An schönen Baumgruppen kann man sich zwar nirgends erfreuen, nur dürftiges Gebüsch und Gestrüpp trägt hier die Campagna, und ganz vereinzelt erhebt sich wohl eine einsame Pinie, ein alter, knorriger Ölbaum oder eine verstäubte Ulme aus dem weiten Grasmeere. Aber etwas anderes gibt es dafür. Nah und fern, soweit der Blick reicht, zahllose Trümmer und alternde Gemäuer, welche, überall aus dem Boden ragend, das Gefild beleben, einsam zerfallene Tenuten (Gehöfte), runde, rohrbedeckte Hirtenhütten der Gegenwart neben den efeuberankten Turm- und Castellruinen des Mittelalters, Gräber, Villen- und Tempelreste des Altertums und vor allem die ungeheuren Bogenzüge der antiken Aquaedukte, diese echten Wahrzeichen der Campagna, die den schwermütigen Charakter derselben vollenden.

Eine etwas verwandte Stimmung damit hat, in einigen Gegenden, unsere norddeutsche Heide, mit ihren Gestrüppklumpen, ihren Hügeln, ihren Hünengräbern, nur daß hier alles noch tiefer und düsterer gestimmt ist. Die braune Heide ist die Campagnaelegie ins reckenhaft Nordische übersetzt.

Um jedoch das wunderbare Bild jener ganz zu vollenden, kommt zur Formenschönheit noch die Farbenherrlichkeit, die man aber gesehen haben muß mit eigenen Augen, um sie sich vorstellen zu können. Freilich nicht immer ist sie da. Erst mit dem eigentlichen Sommer beginnt sie, wenn das hohe Gras anfängt von der steigenden Sonnenglut versengt und fahl zu werden, aber sie bleibt den ganzen Herbst hindurch bis in den Winter hinein.

Namentlich prachtvoll ist die Campagna, wenn ein klarer Oktober-Himmel sie umfängt. Dann leuchtet und strahlt sie in allen Abstufungen, hier im zartesten und feinsten Goldtone, dort im warmen Terrasienabraun, dort im köstlichen satten Violett, dort wieder im tiefen Purpur, und das rote Gestein ihrer alten Gemäuer erglüht von der Abendsonne dann oft in einer Kraft und Herrlichkeit, die keine Feder zu schildern, kein Pinsel wiederzugeben vermag. Das geht bis in den Januar hinein.

Wenn aber der Frühling kommt mit lindem Hauche, wenn drinnen in Rom der fröhliche Karneval seine schimmernde Festlust entfaltet, wenn darauf die heilige Fastenzeit mit ihrer Stille die Christenheit umfängt und endlich nun in Glanz und Herrlichkeit das Osterfest erscheint, dann ist die ganze Campagna ein wahres Meer von Knospen, Blu-

Impression aus der Römischen Campagna, Bleistiftzeichnung vom 28. Dezember 1858 (ALC, NHA, 3.1.1.1 Nr. 109)

men und prächtigen Stauden, welche millionenweise aus dem saftig grünen Grasteppich sprießen, von Veilchen und Krokus, Narzissen, Anemonen und Asphodelus bis zu der Schar würzig duftender Compositen, bunter Labiaten und stattlicher Distelarten. Aber die feine und reiche Abstufung der Töne ist verschwunden; denn im großen und ganzen erscheint sie im eintönigen unmalerischen Grün oder, nahe betrachtet, im unruhigsten Bunt. Der Botaniker mag jubeln und schwelgen, der Künstler wird klagen, und erst wenn die höher und machtvoller brennende Sonne für jenen das Feld seiner Forschungen ärmer werden läßt, macht sie es diesem wieder von Tag zu Tag schöner.

Indes, die ganze Campagna würde nicht die Hälfte ihres Zaubers besitzen, wenn ihr jener unvergleichliche Rahmen und Hintergrund einerseits des schimmernden Meeres, andererseits der Gebirge fehlte, denn erst dadurch bekommt das große Bild Haltung und Abschluß.

Das Sabinergebirge, gegen Nordosten von Rom liegend, hat in seinen äußeren Umrissen von der Stadt aus gesehen auf den ersten Blick etwas Alpenhaftes. So großartig ernst es im Innern ist, von außen erscheint es durch zu viele Spitzen und Häupter etwas unruhig, wirr und gehäuft, was sich jedoch verliert, wenn man sich ihm nähert. Die Linie des vulkanischen Albanergebirges dagegen ist von einer Feinheit, Lieblichkeit und Schönheit, wie ich's bei keinem anderen auf Erden kenne. Wie sanfte, langhinziehende Meereswogen im edelsten, schwungvollen Umriß heben und senken sich seine Höhen von der Nordseite an, bis sie im Monte Cavo, dem Mittelpunkt des Gebirges, gipfeln und wieder nach Süden hin lang und fein ausgezogen in die duftige Ebene der pontinischen Sümpfe verklingen. Diese wunderbare Linienfeinheit ist aber ebenso unbeschreiblich wie unnachahmlich und daher immer zugleich das Entzücken wie die Verzweiflung der Landschaftsmaler.

Diese sämtlichen Ketten der Albaner-, Sabiner- und Volskerberge in ihrer duftigen Klarheit, bald lichtblau, bald tief violett, bald gesättigt purpurn und goldbesäumt, mit ihren helleuchtenden zahlreichen Häusern, ihren Städtchen auf den Gipfeln, ihren Villen an den sanften Hängen, die goldig-braune Campagna rings umragen zu sehen, ist ein Anblick, der einem das Herz aufgehen läßt in unnennbarem Wohlgefühl.

Nur vor einigen Toren Roms zieht sich die Kultur mit ihren spärlichen Wohnungen, Villen und Gärten noch eine kleine Strecke hinaus; überall sonst, sowie wir nur die braunen Zinnentürme der alten Aureliansmauer hinter uns haben, umfängt uns sofort das mächtige Campagnagefild mit seinen Höhenzügen und leise rieselnden Bachrinnen, seinen Aquaedukten und Tenuten, seinen rätselhaften Trümmern und Gräbern, seiner Öde und seinem wunderbar ergreifenden Schweigen, daß uns plötzlich zumute wird, als wären wir nicht wenige Minuten nur von einer Stadt mit 180 000 Einwohnern entfernt, sondern eher viele Meilen weit von den letzten Wohnungen der Menschen plötzlich versetzt worden; denn gerade weil wir soeben das Treiben der großen Stadt verlassen haben, wirkt der Kontrast dieser Stille und öde um so gewaltiger.

Mein Lieblingsgang war und blieb der durch die Porta San Sebastiano, welche zur Via Appia führt und in die Gegend vor Porta Latina, nicht nur, weil ich die eigentliche öde hier am nächsten hatte, sondern weil ich die Campagna hier am schönsten, reichsten und malerischsten fand und kein anderer Weg mir auf so kurzer Strecke solch bedeutendes Stück antiker Vergangenheit vor das Auge führte.

Schon innerhalb der Mauern, lange bevor man das Tor des heiligen Sebastian erreicht, beginnt hier die Stille der Einsamkeit, ja oft schon empfing sie mich, sowie ich kaum meine Wohnung, die Casa Tarpea, auf dem kapitolinischen Hügel verlassen und die Ruinenwelt des Forums betreten hatte. Kann man doch den Campo Vaccino mit allem Recht schon als ein Stück Campagna mitten in Rom ansehen. So begleite denn der Leser mich auch von hier aus auf meiner Wanderung.

Nachdem man die hochragenden Säulenreste vom Tempel des Saturn und des Vespasian sowie den wohlerhaltenen Bogen des Septimius Severus hinter sich gelassen, folgt man zuerst der Richtung der alten Via sacra. Zur Rechten erscheinen die drei schönen Säulen vom Dioskurentempel am palatinischen Trümmerberge, den hier die verwilderten farnesischen Gärten bedecken, zur Linken aber geht es vorbei am Tempel des Antonin und der Faustina, dann an den drei riesenhaft gähnenden Nischen der Konstantinsbasilika vorüber, dann durch den Triumphbogen des Titus, neben den Ruinen von Hadrians gewaltigem Doppeltempel, geweiht der Venus und Roma, bis man das weltberühmte Colosseum erreicht.

Hier erblickt man auf dem freien Platze einen kleinen halbzerstörten Kegel aus Backsteinmauerwerk aus einer kreisförmigen Vertiefung ragen. Es ist die Meta sudens, jener einzige Rest der prächtigen Springbrunnen, die einst das alte Rom zu Tausenden mit dem Stauben und Funkeln ihrer Silberflut belebten. Dieser Brunnen steht gerade vor dem herrlichsten aller römischen Triumphbogen, dem des Konstantin, unter dessen Wölbung wir nun, rechts ablenkend, hindurchschreiten. Wir befinden uns jetzt längere Zeit zu beiden Seiten zwischen Mauern. Hüben zur Linken begrenzen sie die öffentlichen Spaziergänge der Gregorianischen Gärten, über deren dunkle Laubmassen der Glockenturm und die zierliche Apsispartie der Basilika San Giovanni e Paolo hervorragen. Drüben zur Rechten schaut hoch und hell von den Trümmern des Palatins das Kloster San Bonaventura mit seinen zwei schönen Palmen im Garten herunter, während diesem zu Füßen am Abhange zwischen reichem Gebüsch, Weinlaub und Krautgärten allerlei Bogentrümmer von Aquaedukten und Subtraktionen hervorblicken, bis wir den Ort des ehemaligen Circus maximus erreichen, wo die Wege jetzt sich kreuzen.

Wieder wenden wir uns links und befinden uns nun auf der langen Via di San Sebastiano, die in gerader Richtung zum Tore gleichen Namens führt und einst schon zur Via Appia gehörte, welche hier mit der Porta Capena begann. Von diesem altberühmten Tore aber ist jegliche Spur verschwunden, und man weiß nicht einmal seine Stätte zu finden.

Fort und fort geht es immer zwischen hohen Gartenmauern, die zu beiden Seiten die stille Straße begrenzen. Dann und wann schauen dunkle Zypressen, Lorbeergebüsch und schlanke Rohrhalme darüber hervor; selten unterbricht eine rundgewölbte Pforte die einförmige Fläche; auch ein paar stille, fast immer geschlossene Kirchen stehen am Wege, San Nereo und Achilleo, San Sisto und San Caesareo, aber weiter zurück hinter den Mauern birgt sich manch Schönes, Malerisches und Merkwürdiges. Zur Rechten auf der Höhe die uralten braunen Kirchen- und Klostergebäude von Santa Balbina, und vor allem drunten das rote, ungeheure Trümmerchaos der Caracalla-Thermen, zur Rechten aber schaut fern vom Monte Celio der hohe Obelisk zwischen den schönen Baumgruppen der Villa Mattei hervor, und nun kommt hier eine kleine Pforte in der Mauer, die zum berühmtesten aller Gräber der ganzen Via Appia führt, zum gemeinsamen Grabe des Scipionengeschlechtes. Nach diesem folgen in den Weinbergen andere Grabbauten, verschiedene schöne Columbarien, deren Nischen noch sämtliche Urnen bewahren, endlich erreicht man den trümmerhaften Rest des Drususbogens und gleich dahinter das Tor San Sebastiano mit seinen zwei braunen, zinnenbekrönten Türmen, wo die Wanderung innerhalb des Stadtgebietes ihr Ende erreicht hat. Wer es aber nicht wußte, der hätte glauben müssen, schon lange aus Rom heraus zu sein; denn die Stille, die Verödung und Menschenlosigkeit, die uns auf dieser ganzen Strecke umgibt, ist schon ergreifend genug. Wie aber ist's nun erst draußen, wenn wir die düsteren Stadtmauern und selbst die wenigen Häuser, Vignen und vereinzelten Kirchen, die noch vor dem Tore stehen, erst im Rücken haben, in jener Gegend, wo die efeuberankten Eingänge zu den dunklen Totenstätten der Katakomben sind und wo daneben, am Scheidewege, sich einsam das kleine Kirchlein Domine quo vadis erhebt.

Wenn es heiß und drückend war, pflegte ich hier wohl die erste Wegrast zu halten und einzutreten in die schattige Kühle des stillen Kirchleins, obwohl dasselbe keine Kunstwerke enthält.

Es ist eine rührende und tief bedeutsame Legende, welcher diese Kirche ihr Dasein verdankt. Als Petrus, heißt es, zu Rom durch den Engel des Herrn von seinen Ketten befreit und hinausgeführt war aus dem Mamertinischen Kerker, darin er geschmachtet hatte, floh er bei Nacht die Appische Straße entlang um sein Leben zu retten. Da sah er plötzlich eine hohe Gestalt auf sich zukommen, die trug ein schweres Kreuz auf der Schulter. Und als sie nahekam, erkannte er, daß es sein göttlicher Herr und Meister selber war, und staunend fragte er: »Domine, quo vadis?« (Herr, wohin gehst du?) Christus aber schaute ihn an mit traurigem Blick und antwortete: »Venio Romam iterum crucifigi!« (Ich komme nach Rom, um abermals gekreuzigt zu werden); dann verschwand er vor seinen Blicken. Petrus aber schämte sich tief, daß er feig geflohen war, und kehrte um voll Reue, predigte und verkündigte den Herrn aufs neue, bis er mutig seinen eigenen Kreuzestod erduldete. Das ist die alte Legende, zu deren Gedächtnis sich jetzt,das Kirchlein an der Stelle erhobt, wo einst solches sich zugetragen haben soll.

Hier zweigt sich links ein schmaler Weg ab, der ins Tal der Egeria führt, während die Via Appia in schnurgerader Richtung weitergeht. Schon nach kurzer Strecke stellt sich ihr großartigstes Grabdenkmal dar. Es ist der gewaltige Rundturm, der einst den Sarkophag der Caecilia Metella barg, der Gattin eines gewissen Crassus, doch nicht des reichen Triumvirs. Die Gestalt dieses Grabdenkmals ist so oft beschrieben worden, daß es fast jedem, der sich irgend nur mit antiker Kunst beschäftigt hat, hinreichend bekannt ist.

Der Rundbau selbst mit seiner stattlichen Bekleidung von Travertinquadern ist so köstlich erhalten, als ob kaum ein Jahrhundert, und nicht ein paar Jahrtausende daran vorübergezogen wären; auch der riesige Peperinwürfel des Unterbaus ist noch vollständig und nur seiner Bekleidung beraubt, während dagegen der obere Abschluß fehlt, welcher sicherlich aus einem niederen Kegelbau bestand. An dessen Stelle sieht man nun die Trümmer eines mittelalterlichen Zinnenkranzes und anderes Gemäuer, dessen Gefüge roh und elend genug gegen die stolze Herrlichkeit des antiken Mauerwerks absticht, denn im Mittelalter war das Grabmal, wie so manches alte Mauerwerk, von den Gaetani zu einer Festung umgeschaffen. Von dieser Familie rührt auch die kleine Kirche, deren Trümmer dem Grabe gegenüber jenseits der Straße liegen.

Das Innere des Grabes besteht nur aus einer einzigen, kegelförmigen Höhlung. Den Sarkophag versetzte man im 16. Jahrhundert nach Rom in den Hof des Palastes Farnese. Und hinfort gehört man auf seiner Wanderung nur der Vergangenheit an. Man wandelt auf dunklen, polygonen Lavaplatten, die anfangs holprig ausgefahren daliegen, bald aber so schön, eben und genau aneinandergefügt sind, daß man sie für neu gelegt halten möchte. Zu beiden Seiten aber immer Gräber und Gräber, meilenweit sich hinziehend, endlich darüber hinaus nichts als die schweigende öde und die Hügellinien, die Trümmer und Denkmale des Campagnagefildes.

Die ganze Strecke dieser Gräberstraße, vom Grab der Caecilia Metella bis zur elften Miglie, hat Pio Nono mit einem Kostenaufwande von 14 000 Scudi bloßlegen und von ihrem tausendjährigen Schutt befreien lassen, so daß jetzt Hunderte alter Römergräber offen zutage liegen. Eine reiche Mannigfaltigkeit der Form herrschte einst unter ihnen. Bald stellten sie Häuser (Aediculi) und Tempelchen vor, bald waren es hohe Rundbauten, bald Terrassen- und Stufenwerke, bald halbrunde Ruhesitze, bald über-, bald unterirdische Gewölbe, bald Columbarien mit einer Menge von Nischen für die Aschengefäße und bald wieder einfache Kammern für Sarkophage, denn stets war das Verbrennen wie das Beisetzen der Toten gleich üblich. Oft waren sie reich geschmückt mit Skulpturen und köstlichen Steinarten, und oft waren es auch nur wieder einfache, bekrönte Denkmale (Cippen) mit dem Namen des Verstorbenen.

Einst mag daher die ganze Straße einen prächtigen Eindruck auf den gemacht haben, der sich auf ihr, von Süden kommend, der Weltstadt näherte. Jetzt aber sind es doch nur armselige Brocken, die von soviel Herrlichkeit übrig sind, und bei den allerwenigsten können wir die ehemalige Gestalt erkennen. Viele sind allen äußeren Marmorschmuckes beraubt und zeigen nichts als den einförmigen, rohen Mauerkern von Backstein. Andere hat man aufs Geratewohl aus den umherliegenden Trümmern wieder zusammengeflickt, noch andere mit allen möglichen verschiedenartigen Skulpturfragmenten beklebt, daß natürlich etwas ganz anderes und Seltsames daraus entstehen mußte, während man alle Gegenstände von Kunstwert sowie die meisten Inschriften entfernte und in die Sammlungen brachte.

Wie ganz anders aber wirkt so ein uraltes Römermal in schweigender Wildnis, umwuchert und umblüht von Gestrüpp und Gerank, halb aus dem Boden schauend, halb davon geheimnisvoll verhüllt.

Beim fünften Meilensteine findet sich ein freier, mit Steinplatten belegter Platz. Hier war ein sogenanntes Ustrinium, ein alter Verbrennungsplatz für die Toten, und seitwärts zur Linken der Straße erhebt sich rot und riesig, durchbrochen von hochgewölbten Toren und Fensteröffnungen, wieder eine Trümmergruppe eines alten, rätselhaften Römerbaus. Keiner weiß, was hier geschehen ist. Bald hält man sie für Magazine, bald für Thermen, bald für Villenanlagen. Die Hirten der Campagna aber sagen, bis hierher habe einst die Stadt Rom gereicht, und sie nennen jene Ruinenmassen Roma vecchia.

In dieser Gegend tut man wohl, die Appische Straße zu verlassen; denn ihr größter Reiz ist hier zu Ende. Die Campagna aber entfaltet sich hier und noch weiter links nach dem Tale der Egeria und der Via latina zu einer großartigen Schönheit, wie weit und breit nicht umher. Vor allem aber entzückend ist hier der Anblick des Albanergebirges, das in seinem duftigen Violettblau und im leuchtenden Weiß seiner reizenden Ortschaften und Villen, mit denen es besät ist, in einer Linienherrlichkeit erscheint, daß der entzückt schwelgende Blick sich kaum davon loszureißen vermag.

Das Grabmal der Cecilia Metella an der Via Appia, gezeichnet am 17. März 1859 während eines einsamen Streifzuges durch die Campagna (ALC, NHA, 3.1.1.1 Nr. 117)

Auch an der Via Latina sind antike Gräber, wenn auch nicht in so reicher Zahl wie an der Appia, aber mehrere davon sind so schön und wohlerhalten wie nichts anderes. Einige sind kleine, zierliche und trefflich gemauerte Häuschen aus gelbroten und gelben Backsteinen, an denen auch die Friese und Pilasterkapitäle aus gebranntem Ton bestehen. Meistens sind sie zweistöckig, unten die gewölbte Grabkammer enthaltend und darüber einen höheren Raum, der wohl für den Totenkultus bestimmt war. Jetzt stehen sie sämtlich offen und leer, ein willkommener Zufluchtsort der Hirten und Herden bei Nacht, Sturm und Regen.

Zu öfteren habe ich diese interessanten Gräber besucht, bald allein, bald in Gesellschaft von Künstlern und Archäologen. Mit den üblichen kleinen, hellbrennenden Wachskerzen, die man Cerini nennt, steigt man hinein. Die weiße Stuckbekleidung am Tonnengewölbe des einen ist aufs zierlichste in viele kleine Felder geteilt, deren jedes fast immer eine Gruppe von je zwei schwebenden phantastischen Gestalten einnimmt, von Zentauren, Nereiden, Tritonen, geflügelten Genien usw., alles leicht, keck, zart und genial, aus freier Hand in den weißen Stuck hineinskizziert, von der heitersten, reizvollsten Anmut, dem frischesten Leben erfüllt und endlich aufs köstlichste erhalten.

Noch reicher ist die Wölbung des andern, zweikammrigen Grabes, die neben ähnlichen Stuckreliefs auch noch Felder mit gemalten Landschaften, bunten Blumen, Früchten, Vögeln und Schmetterlingen hat. In diesem sind auch noch die Sarkophage vorhanden, die in ersteren schon bei der Entdeckung derselben fehlten. Es ist, als ob man das Gemach eines heitern Lust- oder Gartenhauses sähe und nicht einen Ort des Todes, solch eine sonnige und lebensfreudige Heiterkeit strahlte im Altertum noch bis ins dunkle Grab hinein. Welch ein Gegensatz zum düstern Gräberkultus der Christen!

Aber in der ganzen Campagna war mir kein Ort ein so lieber Aufenthalt als jene sanfte Einsenkung, die der Almobach durchrieselt, das sogenannte Tal der Egeria. Kein

Ort schien mir so lieblich, so schön und heimlich, so malerisch, so reich an Interesse und so poesievoll als dies kleine, herrliche Stückchen Erde. Zu allen Tageszeiten habe ich dort geweilt, in lichter, taublitzender Morgenstunde, in schwüler hochsonniger Mittagszeit, in der warmtönigen Farbenschönheit des Spätnachmittags, in der Strahlenglut des Sonnenuntergangs, und selbst wenn schon der Mond seine sanfte Lichtflut über das weite, stille Gefilde zittern ließ, und immer hatte das kleine Tal neuen Reiz für mich. Der Zauber des Egerientals zog mich hin, er umfing mich dort und ließ mich nicht wieder los, fort und fort bis auf den heutigen Tag, da Hunderte von Meilen dazwischen liegen.

In sanften und feinen Linien senkten sich zu beiden Seiten die Hügelzüge in die Niederung, lieblich durchrieselte noch der Almo den üppigen Wiesengrund, aus dessen Mitte im Sumpf und Moor ein antikes Grab ragte; unversehrt stand noch drüben am Abhange der Heilige Eichenhain, und nicht fern von diesem erhob sich der kleine sogenannte Bacchustempel, der, wohl nichts anderes als ein antiker Grabbau, in frühchristlicher Zeit aber zur Kirche St. Urbano umgeschaffen wurde. Oft besuchte ich das Innere und schaute die uralten merkwürdigen Wandmalereien aus längst verschollener Zeit darin an, die in ihrer unbeholfenen, rohen, aber kindlichen Naivität stets einen neuen fesselnden Reiz übten. Indes noch lieber war es mir, in der Grotte selbst zu weilen, die sicher nichts anderes war als ein antikes Nymphaeum, ein Brunnengewölbe, wie es deren einst so viele in und um Rom gegeben hat. Die Stille und Kühle, das wohltuende Dämmerlicht in dieser Wölbung, der schöne dunkle Ton des feuchten Gemäuers, die köstliche Bekleidung mit dem reizenden Venusfarn (Adiantum capillus Veneris), das leise Tropfen und Rieseln des sickernden Wassers und die ganze unbeschreibliche Heimlichkeit des Orts – alles und jedes vereinigt sich, um das Gemüt in ein friedenvolles Traumleben, in eine stillselige Weltvergessenheit zu versenken. Kein Ort weit und breit ringsum dürfte würdiger sein der schönen Sage vom alten Numa, der hierher eilte, entfliehend den Sorgen des Herrscherthrones, um in dieser trauten Weltabgeschiedenheit bei einem geliebten, herrlichen Wesen den Frieden, die Liebe, die Herrschermilde und die Hoffnung wiederzufinden, wenn draußen die Welt ihn ärmer daran gemacht hatte. Endlich als köstlicher Hintergrund zu allem diesem blaute von fern in ewiger, unzerstörbarer Lieblichkeit und Schönheit das duftige Albanergebirge herüber.

Zu den geschilderten Landschaftsbildern fehlt nun nichts mehr als die Staffage, und diese bietet uns die Campagna so echt und naturwüchsig, so charaktervoll und malerisch, wie wir es nur wünschen können.

In der Nähe der Stadt freilich stört noch so manche moderne Gestalt die ernste Stimmung des Ganzen auf die unangenehmste Weise, doch alles verschwindet, sowie wir ferner und ferner den Toren Roms kommen, soweit, bis wir nicht einmal mehr den Klang der Glocken vernehmen können und vielleicht nur noch an der einsam ragenden Peterskuppel wissen, wo Rom liegt. Hier nun gehört, was wir schauen, nur der Campagna an, alles ist so, daß wir dasselbe an keinem andern Ort wünschen möchten, während es uns hier fast als notwendige Ergänzung erscheint. Aber manche Stunde weit können wir oft streifen, ehe wir ein einziges menschliches Wesen wahrnehmen, ja zuweilen wirkt diese Menschenlosigkeit fast schauerlich aufs Gemüt. Endlich sehen wir dann aus einer einsamen Tenute (Gehöft) einen dünnen Rauchfaden aufsteigen, und ein paar fieberkranke, elende Gestalten mit erdfahlen Gesichtern schauen uns entgegen. Dann, nachdem wir weiter gewandert und wiederum uns längere Zeit die stille, baum- und menschenleere Öde umfangen hat, trabt wohl im hohen Holzsattel und auf klapperdürrem Gaule mit Spitzhut, Sammetjacke und ledernen Beinschienen die stattliche Gestalt eines schwarzbärtigen Campagnolen uns vorüber, der nach seinen zertreuten Pachtungen, den einzelnen Tenuten und weidenden Rinderherden sehen will, und endlich, noch weiter in der Einsamkeit, sehen wir eine kleine Rohrhütte, kreisrund und mit einem spitzen Dache versehen, aus dessen Gipfel meistens drei kleine Holzkreuze schauen.

Ausläufer der Campagna hinter Santa Croce in Gerusalemme
Bleistiftzeichnung vom 28. Dezember 1858 (ALC, NHA, 3.1.1.1 Nr. 109)

Ringsum aber weiden die Herden grauer, mächtig gehörnter Rinder oder kurzpelziger Schafe, umkreist und bewacht von großen, zottigen und halbwilden Wolfshunden, die mit wütendem Gebell sich auf jeden Fremden stürzen, der sich naht. Es ist daher gefährlich, unbewaffnet und allein heranzutreten, und schon mancher wurde von ihnen auf das gräßlichste zerfleischt. Zum Glück aber pflegt ihr Herr, der Hirte, dem sie aufs Wort gehorchen, nicht fern zu sein. Da steht er, auf den langen, stelzenartigen Stab gelehnt, zottig und wirr wie seine Hunde, und blickt träumend in die stille Öde hinaus. Auf dem reichen, dunklen Haupthaar sitzt der verwitterte Spitzhut und beschattet das sonnenbraune Antlitz, dessen Züge uns oft genug durch ihre wahrhaft edle antike Schönheit überraschen. Einen Schafpelz um die Schulter, ein grobes Leinenhemd und ein kurzes Beinkleid sind seine ganze Tracht, nackt sind die braunen Beine vom Knie abwärts, lederne Sandalen schützen den Fuß. So steht er da oder liegt ruhend im Schatten der alten Trümmer, ein echter, stiller Sohn der stillen Campagna. Seine Bedürfnisse sind unendlich gering. Grobes Maisbrot ist fast seine einzige Speise, dazu löscht die Milch der Herden oder ein Trunk herben, dunklen Weins seinen Durst. Oft genug hat er nicht einmal eine Hütte. Eine Puzzolangrube oder eine andere Höhlung im Tuffstein oder ein leerer antiker Grabbau ist dann seine Wohnung und Zuflucht.

Ein paar fromme Gebete an Gott, Christus, die Madonna oder ihren Schutzheiligen sind alles, was diese Hirten gelernt haben. Aber nach Rom sind sie alle gekommen, auch die fernsten des Gebirges doch wenigstens einmal. Roms heilige Pracht haben sie alle geschaut, und das erhabene Bild mag glanzvoll ihre Seele, durchstrahlen, ein Vorgefühl einstiger Himmelsherrlichkeit.

Oft und gern habe ich mit ihnen geredet und mich gefreut und erquickt an ihrer kindlichen Einfalt, Herzensgüte und Zutraulichkeit. Keiner von ihnen aber hat mich mit größerer Teilnahme erfüllt als ein alter, weißhaariger Hirte mit langem Barte, den ich, als mich einst ein Wandergenosse begleitete, ruhend und zu meinem Erstaunen in einem Buche vertieft fand. Es war an einem schönen Frühlingstage im Karneval. Er schaute auf, als wir herankamen, grüßte freundlich nickend und blickte dann ruhig wieder in sein Buch.

Aber wir unterbrachen ihn und redeten mit ihm. »Ihr könnt lesen?« fragten wir verwundert. »Was lest Ihr denn da?«
Schweigend reichte er uns das vielfach zerrissene und gebräunte Büchlein. Es war das Alte Testament, und gerade las er die alten rührenden Hirtengeschichten der Patriarchenzeit, las von Isaak und seiner Werbung um Rebekka, von Jakob und seinem Vertrag mit Laban, von der Herdenteilung und von allem, was sich zugetragen hat auf Mesopotamiens und Kanaans weiten Grasebenen. Wie mußte des Alten Seele sich darein versenken können, es war ja fast alles rings um ihn her wie in jener vieltausendjährigen Vergangenheit.

»Ja, ich kann lesen und freue mich, daß ich's kann«, sprach er. »Der gute Pater« (hier nannte er einen Namen, der mir entfallen ist) – »der hat's mich gelehrt. Das ist ein schönes, heiliges Buch, das. – Und Ihr«, setzte er hinzu, »Ihr seid heute in die Campagna gekommen, seid nicht in Rom beim Karneval?«

»Nein, aber möchtet Ihr denn nicht einmal hineingehen und die Lust mitanschauen?«

»Nein, nein«, sprach er kopfschüttelnd, »das ist nichts als ein großer Wirrwarr (gran confusione). Hier ist's besser, hier ist's ruhig und schön, ich bleibe bei meiner Herde, aber Ostern gehe ich hinein.« Es war uns, als ob wir eine jener alten Patriarchengestalten vor uns schauten.

Die Hirten und die Tenutenbewohner machen eigentlich die ganze Bevölkerung der Campagna aus. Dagegen ist an Gefahr von Räubern und Wegelagerern nicht zu denken, denn für solche wäre die selten besuchte Einöde sicher ein unergiebiges Feld.

Eine Gefahr von viel grausigerer Art, in die ich selber einigemal um ein Haar geraten wäre, ist für den einsamen Wanderer vorhanden, wenn er in der Dämmerung vom Weg abstreift. Urplötzlich und ohne das geringste Merkzeichen kann nämlich, dicht vor den Füßen im Boden, eine schwarze Öffnung ihn angähnen, zu einer alten Katakombe, einem dunklen Keller oder zu einem tiefen Zisternengewölbe alter Zeit führend, wie der rätselvolle Boden so viele derartige Werke hegt. Und wehe dem, der achtlos und rasch dann vorwärts ginge. Ein Schritt – und verschwunden wäre er im Nu, hinabgesaust in eine dunkle Tiefe, mit zerschmetterten Gliedern läge er hilflos da, abgeschieden mit einemmale aus der Mitte der Lebendigen, sicher dem qualvollen Tode einsamen Verhungerns in der grausigen Dunkelheit verfallen; denn sehr schwach wäre die Hoffnung auf zufällige Erlösung in dieser Verlassenheit, wo weit und breit oft wochenlang keine Menschenseele zu finden ist.

Einmal untersuchte ich näher die kleine, runde Öffnung, an deren Rand ich mich plötzlich befand. Ich warf brennende Reibhölzchen hinein und entdeckte einen kegelförmig nach unten sich erweiternden Raum von etwa zwanzig Fuß Tiefe angefüllt mit Schutt und Schlamm, wohl ein antiker Wasserbehälter. Sich an diesen glatten, überhängenden Wänden wieder emporzuarbeiten, wäre unmöglich gewesen, und ich muß gestehen, daß schon der bloße Gedanke an einen solchen Fall mich mit dem tiefsten Grausen erfüllte.

Man müßte glauben, in der Ungestörtheit einer solchen menschenleeren Wildnis müßte sich ein reiches Tierleben entwickelt haben. In dieser Beziehung aber ist eine Armut dort, die man sich durchaus nicht erklären kann. Es ist, als ob die Tiere sich zurückzögen, um das große Schweigen des riesigen Gräberfeldes nicht zu stören. Selten nur sieht man einen Fuchs schleichen oder einen Hasen vor sich hinfliehen, während Dohlen und Falken um die efeuberankten Trümmer der Wasserleitungen, Grabmäler und Kastelle flattern, und wann im Frühlinge lieblich schwirrend eine Lerche aufsteigt und anderes piependes und zwitscherndes Gevögel von Gestein zu Gestein fliegt und endlich wohl ein Volk Rebhühner und Wachteln emporrauscht. Das ist fast alles, was man von höheren Tiergattungen zu sehen bekommt.

Das ist die Campagna, wie sie daliegt. Reich und einst blühend mit Städten, Fruchtgärten und Kornfeldern schon vor Jahrtausenden, noch ehe nur an Rom gedacht war; darauf, die ungeheure Weltstadt in der Mitte, ein glänzendes Bild von Villen, Fruchtgärten und marmorglänzenden Römergräbern; dann das große Kampfgefild von wild daherflutenden fremden Völkerscharen, von Goten und Langobarden, Vandalen und Hunnen; dann lange Zeit der verwüstete Tummelplatz der übermütigen rauf- und beutelustigen Barone des Mittelalters und endlich der stille Weideplatz der Herden, der große, ernste, welthistorische Friedhof. Das ist die Campagna.

Wird sie immer bleiben, wie sie jetzt ist? Oder ist mit dem neuen Italien auch für sie eine neue und bessere Zeit angebrochen – wer weiß es?

Und aber nach fünfhundert Jahren
will ich desselben Weges fahren –

heißt es in der Rückertschen Dichtung. Welch ein Bild wird sie dann bieten?

Eine vergessene Stadt

Ankommend in diesem einzigartigen Lande oder davon scheidend, jeder, der nur irgendwie Blick und Herz dafür hat, muß es mit mir gestehen: Dieses Italien ist und bleibt ein wundersam Stück Welt, nicht zu erschöpfen seine Erkenntnis. Ob Tausende und Tausende alljährlich dahin pilgerten und es durchzogen von Norden bis Süden, ob Hunderte hernach die Feder ergriffen, vom Altmeister Goethe bis auf die heutigen Tage um ihrem vollen Herzen Luft zu machen im Erzählen und Schildern, was wiederum Hunderte vor ihnen bereits erzählt und geschildert hatten, daß man meinen sollte, auch kein Fleckchen oder Stückchen sei darin noch unbekannt – immer doch birgt es noch eine wahre Fülle des Herrlichen und Bedeutsamen in sich, davon im übrigen Europa kaum eine Seele eine Ahnung hat.

Wer es aber liebt, einsam seitab der großen Wanderzüge zu schweifen, der kann überall noch die herrlichsten und merkwürdigsten Dinge finden, weltabgeschieden und rätselvoll daliegend, kaum erwähnt in den Reisehandbüchern, ja zum Teil unbekannt bis auf den Namen selbst.

Zu solchen Dingen gehörte noch vor kurzem auch jene grabesstille, vergessene Stadt in den Pontinischen Sümpfen, gelegen am Fuße der Volskerberge, Ninfa mit Namen, ein Pompeji des Mittelalters.

Obgleich dieser wunderbare Ort in einem einzigen Tage von Rom aus zu erreichen ist, fällt es äußerst selten jemandem ein, ihn aufzusuchen. Das nahe Albanergebirge versäumt wohl kein einziger der Fremden kennenzulernen; auch zu dem der Sabiner zieht der größte Teil der Menge, und sei's auch nur, um einen schönen Tag bei den kaskadenumstäubten Tempeln des schattenvollen Tivoli zu genießen. Das Gebirge der Volsker liegt in seiner ernsten Großartigkeit so gut wie unbekannt da. Höchstens daß in schönen Sommertagen ein jugendfrischer Fußwanderer oder ein paar schönheitsdurstige Künstler hineinstreifen. Aber manches Jahr vergeht auch, in welchem keines Fremden Auge seine Schönheit schaut.

Schon vor meiner italienischen Reise hatte mir daheim ein Freund von diesem Ninfa erzählt und meine Sehnsucht, das wundersame Ding zu sehen, mächtig in mir angefacht. Ich wollte Rom und den Süden nicht verlassen, ohne es besucht zu haben. Es gelang mir leider nicht, einen Wandergenossen dafür zu finden; so zog ich denn an einem klaren Morgen des Oktobermonds allem fort, den blauen Bergen zu.

Die Eisenbahn, welche Rom mit Neapel verbindet, war im selben Sommer bis Albano bereits dem Verkehr übergeben. Ich benutzte dieselbe. Sie führt in südöstlicher Richtung durch den malerischsten Teil der stillen römischen Campagna, fast immer in gerader Linie zwischen der Via Latina und der gräbervollen Via Appia sich haltend. Bald ist

Rom aus den Augen bis auf die rotbraunen, turmreichen Stadtmauern, das statuenverzierte Dach der Laterankirche und die Riesenkuppel St. Peters, die in ruhiger Majestät weiter zurück einsam emporragt. Rings aber, wohin man nur schaut, dehnt sich in ewig sanftem Auf und Ab die weite, grüne Weidefläche mit Hügeln und Trümmern. Vorbei saust man all den langen Bogenreihen antiker Aquaedukte, an formlosen Mauerklumpen, die wie rote Felsen aus dem Boden schauen, und an manchem zerstörten Marmorgrabe, während immer das blauduftige Albanergebirge mit seinen hellschimmernden, zahlreichen kleinen Ortschaften in reizvoller Linienschönheit vor uns bleibt.

Mitten in der Campagna ist auf der Hälfte des Weges eine einsame Haltestelle. Hier teilt sich die Bahn. Ein schon älterer Zweig führt östlicher nach Frascati, indes der andere sich noch südlicher wendet und bald den Fuß der Berge erreicht.

Fast immer geht es über den hellbraunen, mürben Tuffboden, auf welchem der größte Teil von Rom erbaut ist. In der Nähe des Gebirges ist dann die Bahn mitten durch einen jener Ströme eisenharter, grauer Lava gebrochen, die vom alten, längst erloschenen Vulkan Monte Cavo fast bis vor die Tore Roms reichen; zuletzt kommen wir auf das feste Berggestein selber, auf den grünlich-grauen Peperill.

Sowie der Boden aufsteigt, ändert sich auch die Kultur desselben. Die grüne Weidefläche hat ein Ende, Weizenäcker, Gemüsefelder, Weinberge und die graugrünen Massen der Olivenpflanzungen treten dafür auf, letztere dichter und dichter, je mehr wir uns der Mitte des Gebirges nähern.

Nach einer Stunde hält der Zug eine ziemliche Strecke vor Albano, von wo dann ein Omnibus die Reisenden, welche nach Velletri wollen, durch ein liebliches und reich bebautes Berggelände, durch das Städtchen Genzano und nahe am schönen, buschumgrünten Kratersee von Nemi vorüber weiterbringt.

Velletri, das mir längst durch seinen tiefdunklen, unvergleichlichen Wein teuer und wert geworden war, liegt am südlichen Abhang des Gebirges, da, wo es beginnt, sich in sanfter Neigung in die pontinischen Sümpfe zu senken.

Ninfa ist von hier auf zwei verschiedenen Wegen zu erreichen. Der eine führt in gerader Richtung durch die Sümpfe selbst, der andere hält sich stets oben auf dem Rande des steilen Volskergebirges und berührt die alten Städte Cori und Norma. Ich wählte diesen, weil er der schönere war, und behielt jenen mir für die Rückkehr vor.

In anmutvollem Wechsel von Höhe und Tiefe, von Hecken und Gebüsch, von Äckern und Vignen, von grauen Oliven und dunklen Korkeichen ging es fort und fort, und solange ich unter mir den vulkanischen Boden sah, hatte ich um mich auch die ganze Lieblichkeit einer reichen und üppigen Pflanzenwelt. Sowie ich aber das Gebiet des steilen Volskergebirges betrat, welches aus einem gelblichen Kalkstein der Juraformation besteht, derselben, die einen so bedeutenden Teil der Apenninen bildet, ändert sich sofort die Umgebung und nimmt einen öderen und sterileren Charakter an, aber auch einen ernsteren und großartigeren.

Solch ein südeuropäisches Gebirge ist schon auf den ersten Blick von einem deutschen unterschieden durch die Art, wie es der Mensch bewohnt. In deutschen und überhaupt in allen nördlicheren Gebirgsländern sind stets, mit seltenen Ausnahmen, die Städte in den Tälern entstanden. Man suchte Schutz vor Sturm und Kälte, suchte bequemen Verkehr, suchte ebenen, fruchtbaren und bewässerten Boden. In Südeuropa und vor allem in Italien findet der umgekehrte Fall statt. Hier mied man gerade die Täler und die feuchten Ebenen als dunsthauchende, schwüle und verderbenbringende Fieberstätten und baute sich auf den Häuptern der Berge an, weil dort reinere und gesundere Luft wehte; und wo es nicht geschah, mußte man es oft bitter büßen im Laufe der Jahre.

So verschiedene Weise mußte denn auch wohl der Landschalt ein eigentümliches Gepräge verleihen. Unsere deutschen Bergstädtchen am Fuß der Halden, im Wiesengrün und Saatengefild, bewässert durch ein munter rauschendes Flüßchen und umschattet von wohlgehegten Baumpflanzungen, geben uns den Eindruck von Behaglichkeit, Lieblichkeit und eines Friedens, den sicherlich schon jeder Leser empfunden haben wird. Von solchen deutsch-gemütlichen Stimmungen haben die italienischen Bergstädte nicht das mindeste; aber etwas Kühneres, Ernsteres und Stolzeres kann man kaum sehen als diese meist uralten, wettergrauen und malerischen Nester, wie sie, antiken Mauerkronen gleich, überall hoch von den steilen Bergeshäuptern herabschauen, meistens ganz kahl nach allen Seiten hin und höchstens von grauer Olivenwaldung dürftig umgeben.

Herrlich und wenigem vergleichbar ist daher der Anblick des schwungvollen Sabinergebirges. Man hat Punkte dort, wo man wohl ein Dutzend solcher Mauerkronen von den Felsenstirnen herableuchten sieht. Und auch Coris Lage war so. Hoch und prächtig krönte es einen vorspringenden gelben Kalksteinberg, der steil nach Südwesten hin in die Sumpfebene abfiel.

Der Blick nach dieser Seite hinaus war unermeßlich. Noch weit über die grüne Fläche schweifte er ins glanzvolle Meer, aus dessen Spiegel in bläulichem Duft die schöngeformten Ponzainseln auftauchten. Nördlich waren die Höhen um Velletri, südlich das inselartig aus der Sumpfebene ragende Cap Circeo die Grenze des Bildes, jene Marke von Unteritalien, wo die Natur des tieferen Südens beginnt, während gegen Osten das Volskergebirge seine ernsten, stilvollen Formen erhob.

Bis weit in die italienische Urzeit hinein reicht die Geschichte Coris, das im Altertum Cora hieß. Ein paar Reste efeuumhüllter Zyklopenmauern sind die ältesten Zeugen davon. Aus späterer Römerzeit stammen dann die Trümmer zweier Tempel, eines korinthischen und eines von sehr entartetem dorischem Stile, dessen Vorhalle aber noch wohlerhalten ist.

Ich zeichnete den letzteren, blieb, da es zu spät wurde, um noch das Ziel zu erreichen, in der elenden Locanda und wanderte dann am andern Morgen weiter, immer auf dem Saume der Höhen, zur Linken stets die höheren kahlen Berge, zur Rechten tief unten fortwährend das große Bild der Sümpfe und des Meeres mit seinen Inseln. Der Weg selbst war indes einförmig, kahl und steinig, keine menschliche Wohnung weit und breit zu entdecken. Ein paar steingefaßte Brunnen zum Tränken der Herden sowie ein Dutzend dürrer Acker waren die einzigsten Spuren menschlicher Kultur. Cori war bald aus den Augen, keine Menschenseele begegnete mir, kein Wölkchen war am weiten, blauen Himmel und ein Schweigen rings, wie es so ganz zur eigentümlichen Umgebung paßte.

Endlich nach einigen Stunden zeigte sich vor mir, aus Eichengrün ragend, eine umfangreiche, gewaltige Mauermasse, die halb zerstört und aus mächtigen, ungleichen Blöcken zyklopisch aufeinandergetürmt die Substruktionen und Außenwände eines Hügels bildete. Es war der Rest der uralten Volskerstadt Norba, dicht bei der späteren Nachfolgerin, dem jetzigen Norma, gelegen, ebenfalls auf jähem Bergabhange.

Und nun erst erblickte ich mein Wanderziel, das menschenverlassene Ninfa. Da lag es, wohl tausend Fuß tief unter mir, so daß ich senkrecht darauf niederblickte wie auf einen gezeichneten Stadtplan. Ich sah von oben, wie es von einer wohlerhaltenen Verteidigungsmauer, mit Türmen besetzt, umzogen war, wie ein Bach mitten hindurch floß, eine Art Kasten gleich vorne am Rande eines sumpfigen Teiches sich erhob und eine Menge aus dieser Entfernung unerkennbarer brauner, dachloser Mauerquadrate aus einer Masse dunklen Gebüsches und Gestrüpps emporragte. Das war alles, was ich von oben wahrnehmen konnte. Acker- und Weideland umgab das Ganze.

Nachdem ich zu Norma in der guten Locanda mich etwas gestärkt und für die Nacht Quartier bestellt hatte, schickte ich mich an, zur Sumpfstadt hinabzusteigen. Zwar führte ein vortrefflicher Fahrweg in die Ebene, er nimmt indes durch seine ewigen Zickzacklinien eine ganze Stunde hin. Ich kletterte daher, so gut es ging, die Bergwand hinunter, welche reich mit allerlei niedrigem Gesträuch begrünt war. In großer Menge wuchsen immergrüne Eichen, der schöne Erdbeerbaum, der dunkelblättrige Mastix, der binsenartige Besenstrauch und die duftende Myrte. Dazwischen spannen rötlich blühende

Brombeerarten und der stachelvolle Smilax ihre dichten Netze, daß ich oft Mühe hatte weiterzudringen und fast eine Stunde verfloß, ehe ich unten anlangte.

Und nun stand ich vor dem alten Tore und schritt klopfenden Herzens hinein in die stummen Gassen. Es war ein wunderbarer, ergreifender Eindruck, den ich nie vergessen werde. Ein einziges, großes Trümmerfeld lag vor mir. Ruine an Ruine stieg auf aus gras- und gestrüppbedecktem Boden, bald formloser, bald erkennbarer und dann wieder kaum von einem natürlichen, moosbedeckten Felsstück zu unterscheiden; aber alles und jedes umschlungen, berankt und bewurzelt von der überschwenglichen Pflanzenfülle; es war ein so wildes, wundersames und reizvolles Chaos, wie es nie zuvor mein Auge erschaut hatte und in welchem es wenigstens Stunden bedurfte, bis sich das verwirrte Auge nur einigermaßen darin zurechtfinden konnte.

Ehe ich fortfahre in meiner Schilderung, wird es gut sein, daß der Leser einige geschichtliche Nachrichten erhalte; mag auch, was die alten Historienbücher und die Sagen uns davon überliefert haben, fast noch spärlicher, noch trümmerhafter und unzureichender sein, als was Wind und Wetter von ihren Mauern übrig ließen.

Daß Ninfa schon im Altertum da war, ist wohl sicher, da schon ein römischer Schriftsteller, wenn ich nicht irre, Varro, dessen kurz erwähnt. Dann sagt eine Tradition, Norma sei einst von Sarazenen überfallen und zerstört worden, und als die Einwohner nun einsahen, daß ihnen ihre Lage auf der steilen Berghöhe vor solch einem Überfall doch einmal keinen Schutz zu bieten hatte, hätten sie es lieber vorgezogen, sich unten zwischen ihren Äckern und Weiden anzubauen.

Im Laufe der Jahre wurde dann die Gegend ungesund. Ob durch das Austreten von Bächen, ob gehemmter Wasserabfluß und dadurch entstehende Bodenversumpfung oder irgendwie andere Naturereignisse die Ursache davon waren, man weiß es nicht. Genug, wie so vielen Orten des schönen Italiens war auch Ninfa das furchtbare Schicksal beschieden, plötzlich ein Herd des bleichen Fiebers, eine Stätte des Siechtums, ein Feld des Todes zu werden. Da floh alles, was nicht gestorben war, fort von der verderbenschwangeren Heimat und zog wieder den jähen Berg hinauf nach Norma, in dessen Höhe doch reinere und menschenfreundlichere Lüfte wehten. Solches geschah um die Mitte des dreizehnten Jahrhunderts. Das ist alles, was man weiß und einander erzählt. Und seitdem war es still und menschenlos auf allen Gassen und Plätzen für Jahrhunderte, fast vergessen war die Stadt, ausgelöscht aus dem Gedächtnis der Menschen wie aus den Blättern der Geschichte.

Die Tore blieben nun offen, die Dächer, als ihr Sparrenwerk verrottet war, sanken nieder, die Vögel des Himmels und des Feldes Wild zogen ein und nahmen Besitz von den leeren Häusern und Kirchen, stachliger Smilax, duftende Waldreben und der dunkle Efeu begannen, die nackten Gebeine der Stadt mit ihrem Grün zu bekleiden, und überall ging aus dem Sumpfboden in fabelhafter Üppigkeit eine herrliche Pflanzenwelt auf, daß oft kaum die Reste herausragten.

Aber Menschen sah man hinfort nicht mehr darin. Höchstens mochte ein stiller, dunkeläugiger Hirtenknabe seine Herde auf dem einstigen Marktplatz hüten, oder ein nordischer, blondhaariger Wanderer den traumhaft stummen Ort einsam durchspähen, verloren in tiefem Sinnen, mitangesteckt vom wundersamen Schweigen ringsum, vielleicht gedenken eines halbvergessenen Märchens, das er vernahm in ferner Jugendzeit, des holden Märleins vom Dornröschen.

Und so schritt auch ich tiefergriffen langsam und planlos hierhin und dorthin, zuerst nur das Gesamtbild auf mich wirken lassend. Später erst begann ich, dem Einzelnen mein Schauen und Forschen zuzuwenden. Wie viele Bewohner Ninfa einst hatte, weiß man nicht mehr. Nach meiner ungefähren Schätzung des Umfangs mochte es, wenn alles einst bebaut war, ein Stadt von acht- bis zehntausend Einwohnern gewesen sein. Der versumpfte Bach voll Wasserpflanzen floß träge hindurch, sie in zwei ungleiche Hälften teilend. Eine einzige Kalksteinbrücke wölbte noch ihren Bogenrest darüber hin, der, obgleich eine Seite eingestürzt, so daß er kaum einen Fuß Breite mehr besaß, mich doch noch zu tragen vermochte.

War mein Auge in Rom lange an die Schönheit und saubere Regelmäßigkeit antiken Mauerwerks gewöhnt, so sah ich jetzt um so deutlicher, daß ich es hier ausschließlich mit dem Mittelalter zu tun hatte. Überall an den Bauwerken waren die Fugen groß, die Schichten oft nicht einmal horizontal und gerade, die einzelnen Backsteine oft von unschöner und plumper Dicke. Es gab indes auch Bruchsteinbauten.

Am besten erhalten war die Ringmauer mit zahlreichen nicht sehr hohen Verteidigungstürmen, an denen man die nach der inneren Stadt gewendete Seite offen gelassen hatte, eine Weise, die sehr häufig im Mittelalter auch in Deutschland gebräuchlich war. Nach der Gebirgsseite hin verband sich diese Mauer dann mit einem Kastell, dessen Turm indes rings geschlossen war und das höchste Bauwerk der Stadt bildete.
Ich fand die Trümmer von sechs Kirchen. Sie waren alle an Umfang nicht bedeutend, sämtlich wohl dreischiffige Pfeilerbasiliken gewesen und, wie mir schien, dem elften und zwölften Jahrhundert angehörend bis auf eine, die wohl dem Übergangsstile des dreizehnten zuzuschreiben war. Fast von allen waren Dach und Seitenmauern zusammengestürzt, und nur das stärkere Gemäuer des Portals und das der halbrunden Apsis, das schon durch seine Rundung mehr Halt hatte, stand noch aufrecht. Nach Resten alten Mosaikenschmucks suchte ich vergebens. Solche kostbare Kunstweise war auch wohl nie hierher gedrungen; doch fast überall, wo sich nur irgendein Stück des Anwurfs auf den inneren Kirchenwänden erhalten hatte, schauten mir geisterhaft und bleich alte Fresken entgegen, mit denen auch wohl das kleinste dieser Gotteshäuser aufs reichste geschmückt gewesen sein mußte. Am besten waren diese Bilder in den Apsiden erhalten, weil deren Wölbung ihnen Schutz gegen Tau, Sonnenschein und Regen gewährt hatte.

Allenthalben aber, wo sich Details zeigten, mochten es nun Säulenkapitelle, Friese, Portalarchivolten oder Fenstereinfassungen sein, waren sie ihrem Stile nach nie später als bis zur Mitte des dreizehnten Jahrhunderts. Eine Spur echter Gotik konnte ich nirgends entdecken; wohl aber fand ich zum öfteren die reizende Kleeblattform des spätromanischen Bogens.

Die gewöhnlichen Häuser, von welchen selten etwas mehr als das bloße Mauerviereck stand, waren sämtlich klein und ohne architektonischen Schmuck. Das herrlichste war und blieb an ihnen der ewig wechselnde Reiz jener entzückenden Bilder, welche die Pflanzenfülle in Verbindung mit den Mauertrümmern bot. Eine Schönheit an Farben und Lichtwirkung entfaltete sich hier, daß man sich nicht satt daran sehen konnte. An einigen Häusern quollen oben in gedrängten Laubmassen die Wipfel dunkelblättriger Eichen und breiteten sich darüber, als sorgten sie, dem armen, verlassenen Hause das schützende Dach wiederzugeben; andere glichen ganz einer dichten Laube, der prächtige Efeu hatte sie über und über so umsponnen, daß man auch nicht ein handgroßes Wandfleckchen entdecken konnte; noch andere waren sogar im Innern ausgefüllt von Gerank und Gebüsch, und nur mit dem Beile wäre es möglich gewesen hineinzudringen; selbst hoch oben auf den Mauerkanten wuchs hoch üppiges Gesträuch und hing voll dort mit seinen Zweigen und Ranken dann oft wieder hinab bis auf den Boden.

Ich sah eine gewölbte Fensteröffnung, auf deren Sims allerlei Blumen erblüht waren, die schöne, rote Valeriana bemerkte ich, und wilde Nelken nickten herab. Man hätte fast glauben sollen, es müßte im Fenster jeden Augenblick auch eine zarte, pflegende Hand sichtbar werden. Aber sie erschien nicht, nur flatterte bald scheuen Flugs ein Paar wilde Tauben heraus.

Fast rührend war der Anblick eines kleinen steinernen Marienbildes, das ich an der Außenwand einer Kapelle entdeckte. Es war ganz verhüllt von der weißen, duftenden Clematis, und, just als ob man diese so zurechtgebogen hätte, nur das holdselige Madonnenbild und das kleine Jesuskindlein schauten aus der Tiefe des blütenvollen Grüns.

Die alten Kirchen waren immer am schönsten bekränzt und behängt, und die halbverloschenen frommen Gestalten ihrer Heiligen und Märtyrer hatten Rahmen von den reichsten Blumengewinden bekommen; ein uralter Efeustamm reckte sich an einem Turme so mächtig aus, als ob er alles daran setzen wolle, die höchste Steinschicht desselben zu erreichen. Genug, das Grün rankte und wucherte, hing und breitete sich, wohin man nur sein Auge wandte.

Nichts von allem indes war imstande, mich so lange und innerlich zu beschäftigen als eine alte Basilika, die mit ihren noch zum Teil erhaltenen Seitenschiffen abgesondert und einsam eine Strecke vor der Stadtmauer lag. Bot sie schon durch ihren unvergleichlichen Efeuschmuck und ihre Apsis, die in der äußeren, reichen Dekoration fast etwas Sizilianisch-Normannisches an sich hatte, den malerischsten Anblick dar, so waren doch weitaus das bedeutendste darin ihre Fresken, deren Reste mich mit wahrer Bewunderung erfüllten.

Mit Ausnahme der Apsis war die ganze innere Basilika mit einem Bilderzyklus aus dem Leben Johannis des Täufers geschmückt gewesen, von dem sich noch einiges sehr interessante erhalten hatte. Auf den ersten Blick sah ich, daß in diesen Kunstwerken etwas höchst Eigentümliches war und ihr Stil und ihre Darstellungsweise ebenso verschieden waren vom steifen, kaltfeierlichen und symbolisierenden Byzantinismus der Mosaiken als von der demutvollen, weichen und stillen Frömmigkeit der echten mittelalterlichen Kunst. In ihnen herrschte vielmehr, soweit es zu erkennen war, eine energische Leidenschaftlichkeit, ein dramatisch reichbewegtes Leben und ein Realismus, der in einigen Teilen fast Naturalismus genannt werden durfte.

Mit wahrem Schmerz sah ich ein, daß meine Zeit viel zu kurz bemessen war, um diesen eigentümlichen Bildern ein tieferes Forschen zu widmen und dieselben genau zu zeichnen. Dennoch habe ich ein hochwertes Erinnerungsblatt davon heimgebracht.

An der Wand des linken Seitenschiffes, vom Eingange an gerechnet, stellte nämlich das letzte Bild die Enthauptung des Täufers dar. Der Todesstreich war gefallen. Man sah den Henker, verschiedene Männer, die Tochter der Herodias und einige Begleiterinnen, welche alle, teils wie von schauerlichem Grauen erfaßt, teils auch nur mit dem Ausdruck größerer oder geringerer Aufmerksamkeit, in den Vordergrund schauten. Dieser Teil war indes von dichtem Brombeergestrüpp gänzlich verhüllt. Ich bog die Ranken zurück und muß gestehen, daß ich kaum eine so grauenhaft lebendige Darstellung dieser Art gesehen habe, als sich hier plötzlich meinen Blicken darbot. Da lag zu meiner Rechten der blutige Körper auf den Knien, den Oberleib vorgebeugt, die Arme weit ausgestreckt, just als ob die Hände mit den krampfhaft und weit auseinandergespreizten Fingern nach dem entrollten Kopf greifen wollten, der aufrecht zur Linken am Boden lag. Nicht leicht konnte man indes etwas Edleres sehen, aber zugleich nicht leicht Entsetzlicheres, als in diesem bleichen, abgeschlagenen Haupte sich vereinigte. Die ganze Bildung war unsäglich schön, die langen Locken umflossen es in herrlichem Linienschwung, wahrhaft furchtbar und ergreifend dagegen war der Ausdruck des jähen Todes in ihm dargestellt. Das eine Auge dicht geschlossen, das andere zur Hälfte offenstehend und die beiden Mundwinkel seltsam herabgezogen, so starrte mir das bleiche, grausige Antlitz entgegen, als ich das verhüllende Grün auseinandergebogen hatte.

Da ich zu meiner Freude mit durchsichtigem Papier versehen war, so ist es mir gelungen, von diesem merkwürdigen Kopfe eine genaue Pause zu machen, und ich bewahre diese seitdem als eines der interessantesten Stücke meiner kleinen Sammlung dieser Art, namentlich aber als teures Andenken an jene so reich belohnte Wanderung.

Der Abend kam. Der Sonnenball stand schon dicht über dem Meeresspiegel. Flut und Insel verschwanden in Gold und Purpurduft, und prächtig angeglüht stachen die Mauern des hochragenden Norma gegen den Osthimmel, der mit kalten, aber unsäglich feinen und weichen Tönen, wie sie nur dem Süden eigen sind, dahinter stand. Und noch immer weilte ich in der wundersamen Stadt, diesem Pompeji des Mittelalters, der Zauber hielt mich wie mit tausend unsichtbaren Armen.

Und wieder ein paar Minuten später, die Sonne war unter. Ausgelöscht mit einemmale all die flammende und glühende Herrlichkeit. Schnell dunkelte es im Süden. Kühl begann der Nachthauch aber die Ebene zu streichen, und aus Gräben und Sümpfen erhoben sich wie unheimliche Geistergestalten die bleichen Fiebernebel. Nun erst verließ ich Ninfa und wählte abermals den Kletterweg an der steilen Bergwand, um die gastliche Locanda zu erreichen. Am Abend des andern Tages war ich wieder in Rom.

Aus fernen Augenblicken

Bekanntlich bilden die altrömischen Inschriften einen hervorragenden Teil der großen Hinterlassenschaft jenes längstvergangenen, tatenreichen Jahrtausends. Aus ihnen entnehmen wir jedenfalls die sicherste Kunde vom Leben und Treiben, von den Werken und Schicksalen jener Weltbeherrscher am Tiberstrande; sie bestätigen, was ihre Geschichtsschreiber erzählen; sie sind die stehengebliebenen Marksteine und Wahrzeichen im dahingerauschten Zeitenstrome. Kein Wunder also, daß sich unsere bedeutendsten Archäologen das Studium derselben zu ihrer Lebensaufgabe machten.

Und auch sonst hält man die Reste derselben hoch in Ehren. Wo man nicht vorzog, die Inschriften an ihren ursprünglichen Denkmalen, an den Bauwerken und Gräbern, denen sie angehörten, zu lassen, sieht man ihre Tafeln jetzt in Menge die inneren Wände der Museen füllen. Aber den Blick des Laien vermögen sie nicht lange zu fesseln. Er gleitet schnell darüber hinweg und sucht lieber herzerfreuende Kunstwerke auf, die in schönerer und eindringlicherer Sprache zu ihm reden.

Ungleich anziehender wirken diese Schrifttafeln natürlich an ihrem alten Orte, von den Giebelfeldern und Friesen der antiken Tempel und Triumphbogen herab, wo ihre einfach stolzen Worte uns oft mit einem Gefühl wahrer Ehrfurcht zu erfüllen vermögen.

Eine andere Art von Inschriften indes gibt es, die geeignet ist, noch ungleich eigentümlicher und lebendiger uns anzusprechen. Es sind die nichtmonumentalen, jene, die im entferntesten nicht darauf berechnet waren, auf die späte Nachwelt zu gelangen, die flüchtigen Ergüsse und Wirkungen des Augenblicks, die aber denn ein sorgsames Geschick wunderbar in ihrer ganzen ursprünglichen Gestalt und durch viele Jahrhunderte auf unsere Tage und vor unsere Blicke brachte.

In erster Reihe nun stehen darunter die sogenannten Graffiti, die Einritzungen, welche vermittels eines Nagels oder sonstigen spitzen Werkzeuges in den Stuckbewurf antiker Mauerwände gemacht, hier in großer Menge auf uns gekommen und namentlich in den letzten Jahrzehnten ein bevorzugter Gegenstand ernster Studien geworden sind.

Die zweite Art dieser Inschriften sind die mit einem Pinsel auf glatte Wand gemalten. Rom und Pompeji sind die Hauptfundstätten beider, namentlich letzteres, während die römischen sich fast nur auf wenige Gebäude beschränken, darunter die Wände der Kaiserpaläste die meisten bieten. Was diesen Mauernischriften nun solch besonderen Reiz verleiht, liegt teils darin, daß sie uns recht mitten in die Verhältnisse des kleineren Lebens, sei's einer Provinzstadt, sei's der Bedientenbevölkerung des palatinischen Palastes schauen lassen, teils aber in ihrer größeren Bedeutsamkeit, wenn man Folgendes erwägt.

Das Altertum kannte noch nicht das Institut der Zeitungen mit ihren offiziellen und privaten Anzeigen. Gleichwohl war das Bedürfnis da, Bekanntmachungen möglichst weiten Kreisen mitzuteilen. Dies erreichte man in Pompeji dadurch, daß man an viel besuchten Straßenecken die Mauern mit solchen Anzeigen bemalte. Da liest man Empfehlungen von Wahlkandidaten zu städtischen Ämtern, Programme von Gladiatorenspielen, die an diesem oder jenem Feste gegeben werden sollen, Ausbietungen von wohleingerichteten Häusern, die zu vermieten sind, und noch manches der Art. Solche Wandinschriften sind freilich in Rom seltener gefunden worden. Am wichtigsten ist noch darunter das Bruchstück eines Kalenders, gemalt an die Wand eines Gebäudes von unbekannter Bestimmung. Hier aber treten dagegen die oben genannten Mauerkritzeleien ungleich zahlreicher hervor.

Sicherlich rühren die Graffiti in den wenigsten Fällen von Gebildeten her, die schon damals es nicht für schicklich hielten, Mauern und Wände zu bekritzeln und zu beschmieren; nur Hände des niederen Volkes und der Straßenjugend führten wohl meistens den Stift dabei, doch auch eben darin liegt ein eigentümliches Interesse.

Bei weitem die meisten bestehen freilich nur aus bloßen Namen, deren Inhaber es sich schwerlich träumen ließen, daß sie von den ersten Gelehrten später Nachwelt noch einmal gelesen und abgeschrieben würden. Gemeine witzlose Zoten und unanständige Worte haben pompejanische Straßenlümmel stümperhaft auf die Wände gekritzelt, die tausendjährigen Vorbilder der unsrigen, welche die christliche Kultur um nichts anständiger gemacht hat. Anderwärts hat ein schwärmender Jüngling seinen Mitbürgern die Stelle bezeichnet, wo er das Glück der Liebe genossen. »Hier hab' ich meine Chloris umarmt«, schreibt er. Noch ein anderer läßt seine Geliebte Clythia leben, wieder ein anderer preist die Schönheit seiner Auserwählten. Eine große Zahl Graffiti wurde entdeckt, als man in den fünfziger Jahren am südöstlichen Teil der palatinischen Kaiserpaläste, der nach dem Circus maximus zu liegt, eine Reihe kleiner Gemächer von ihrem Schutte befreite. Ihre Wandfelder sind keinesfalls kaiserlich geschmückt, sondern sogar in sehr ordinärer Weise in ihren Mittelfeldern mit verschiedenen kleinen Emblemen bemalt, zum Teil mit kriegerischen, z. B. Waffentrophäen, woraus man anfangs den Schluß ziehen wollte, die Gemächer seien Wachstuben für Practorianer gewesen. Doch spätere Untersuchungen ergaben, daß man sich geirrt hatte. Die Inschriften dieser Gemächer rühren sicher von kaiserlichen Dienern und Sklaven her, wie aus einer derselben hervorgeht, und gehören meist dem Ende des zweiten Jahrhunderts an. In diesen Kritzeleien nun ist hauptsächlich von Circus und Gladiatorenspielen die Rede. Vom Dache dieser Häuser aus hatte man sicher die prächtigste Aussicht auf den großen Circus, und es war daher kein Wunder, wenn die Zuschauer die Ereignisse, welche sich da vor ihren Augen so oft wiederholten, in karikaturartigen Bildern mit dazu gehörigem Text oder den nötigen Unterschriften an die Wand schrieben. Aber auch allerlei Scherze finden sich daneben. So sieht man das Bild eines Esels, der eine Mühle treibt, mit der Beischrift: »Labora, aselle, sicut ego laboravi, et proderit tibi.« (Arbeite, Eselchen, wie ich gearbeitet habe, und es wird dir gut tun.)

Das interessanteste aller Graffiti dieser Räume ist indes die in der ganzen archäologischen Welt berühmt gewordene Darstellung einer höchst merkwürdigen Christenverhöhnung. Wiederum in kindisch unbeholfener Zeichnung sehen wir einen Mann wie im Gebet die Hand erhebend vor einem Kreuze stehen, an dieses geheftet sodann einen andern, dessen Haupt aber ein Eselskopf bildet, und in griechischer Sprache stehen darunter die Worte:

ΑΛΕΞΑΜΕΝΟΣ ΣΕΒΕΤΑΙ ΘΕΟΝ
(Alexamenos betet Gott an)

Die Entstehung dieses Bildes liegt auf der Hand. Der fromme Sklave Alexamenos (gewiß ein Grieche) ward von seinen heidnischen Kameraden sicher arg gehänselt und verspottet, und einer derselben, jedenfalls ein raffinierter Landsmann, konnte es nicht lassen, den guten Jungen auch bildlich dem Spott seiner Stubengenossen preiszugeben. Zu solcher Annahme haben wir um so größeres Recht, da bereits alte Apologeten und Kirchenväter, z. B. Tertullian, darüber klagend reden, daß unter den Heiden der Glaube verbreitet sei, die Christen verehrten einen gekreuzigten Esel, wenigstens einen eselsköpfigen Gekreuzigten.

Nicht aber bloß das Bild des gekreuzigten Esels weist auf Christen hin, vielmehr lehren uns manche Inschriften mit dem Ausrufe: »Vivas Christe!« und ähnliche, daß unter der kaiserlichen Dienerschaft zu jener Zeit manche christliche Elemente waren. Anderer Art sind die Graffiti an den Wänden der Titusthermen, unter denen am bekanntesten folgende abschreckende Warnung ist: »Duodecim deos et Dianam et Jovem optimum maximum habeat iratos, quisquis hic mixerit aut cacavit«. (Die zwölf Götter und Diana und der höchste Jupiter mögen den mit ihrem Zorn treffen, der hier ...)

»Narren- und Kinderhände beschmieren Tisch und Wände«, heißt unser Sprichwort, und seine Wahrheit, wenn auch mit andern Worten ausgedrückt, wußten schon die alten Römer; denn einer derselben schrieb an dieser viel bekritzelten Wand in ähnlichem Sinne:

Admiror, paries, te noll cecidisse ruinis,
qui tot scriptorum taedia sustineas.
(Wand, mich wundert's, daß du nicht längst in Trümmer zerfallen,
Sondern all das Geschmier so geduldig erträgst.)

Auch auf den alten Quadern im Pflaster des Forums und im Fußboden antiker Basiliken, z. B. der Basilika Julia, sieht man Einritzungen, aber in anderer Weise. Es sind ziemlich tief eingegrabene regelmäßige Figuren, kreisrund oder viereckig mit inneren Abteilungen und Löchern, die sich stets in gleicher Weise wiederholen. Was sie bedeuten, ist noch nicht ganz aufgeklärt. Waren es Spiele altrömischer Knaben, warfen und zielten sie vielleicht nach den Fächern und Löchern mit Marmorkügelchen oder Knöcheln? Erzählt hat uns niemand davon.

Auch in antiken Grabgewölben strömt uns oft der Gefühlserguß eines Herzens, welches vor zweitausend Jahren lebte, liebte und trauerte, ergreifend an das unsrige. Die Gräber der Alten waren keine so schaurigen, moderduftenden Orte wie unsere christlichen. Freundlich, einladend, ja lieblich und heiter waren sie vielmehr und ihre Wände oft genug geschmückt mit dem Spiel reizender Ornamente, mit Emblemen und anderen Malereien. Oft wurden sie besucht von denen, welche drinnen die Asche teurer Toten hatten, und diese Besuchenden schrieben zuweilen ein freundliches Wort, einen Herzensgruß für die Abgeschiedenen oder einen kurzen Ausdruck ihres augenblicklichen Gefühls auf die Sarkophage und Aschenkrüge. Es war das nach und nach zur liebgewordenen Sitte geworden. Meistens schrieb man hier nur mit einer Art Rotstift, daher ist vieles längst verwischt und verschwunden, manches aber noch deutlich erhalten. An der marmornen Aschenurne in einem dieser kleinen, schönen Columbarien fand auch ich einmal solche Schriftzüge. »Salve, filia mea!« – »Sei gegrüßt, meine Tochter«, das war alles; aber ich kann nicht beschreiben, wie mich die einfachen drei Worte rührten. War es mir doch, als ob vielleicht die bitterlich weinende Mutter von ihrem toten, lieben Kinde, dem sie diesen Gruß gesandt hatte, eben hinweggegangen war, nicht aber, als seien schon viele Jahrhunderte seitdem dahingerauscht im Strome der Zeit.

Jene stolzen, in Stein gehauenen Schriften, welche hoch von den alten Bauwerken herab für eine Ewigkeit bestimmt zu uns reden, nehmen wir ruhig hin, als ob es so sein müßte – diese armen Reste dagegen berühren und ergreifen oft tief unser Inneres.

Aus dem Tagebuch

Zweite Folge

Rom, den 20. Oktober

Glücklich bin ich von meinem Ausfluge nach dem tieferen Süden Italiens gestern wieder in Rom angekommen. Glücklich in doppelter Bedeutung des Wortes: in äußerer wie innerer. Ja, ich kann nicht beschreiben, wie beglückt ich mich fühle, wieder in mein altes, hochherrliches, einziges Rom zurückgekehrt zu sein, welches, war es mir früher schon von Tag zu Tag anheimelnder und trauter geworden, mich nun erst recht wie eine zweite, geistige Heimat umfängt. Und wie verstehe ich jetzt, was einst Adolf Stahr bei seiner Rückkehr von Neapel nach Rom in sein Tagebuch schrieb, wie kann ich seine Worte nachfühlen.

»Rom zu sehen ist ein großes Glück, es wiederzusehen ein noch größeres«, schreibt er. »Gleicht das erste dem unruhigen Entzücken des Brautstandes, so ist das zweite dem ungleich höheren, ruhigen Genusse zu vergleichen, den die befriedigte Seligkeit einer glücklichen Ehe gewährt. Die Straßen, die Plätze, die Menschen, das Leben, die Bauwerke, die Ruinen, die Kunstgegenstände, das alles erscheint in einem neuen und doch nicht befremdenden Lichte. Alles Große, Mächtige, Schöne, das ich begierig wieder aufsuchte, erscheint mir noch größer, schöner und erhabener. Es ist, als hätte sich jetzt erst Sinn und Auge geschärft und ausgeweitet, um es in seiner wahren Gestalt ganz und voll aufzunehmen.« Ganz und gar ist das auch mir aus der Seele gesprochen; denn vollkommen derselbe Eindruck wurde mir zuteil.

Neapel und Rom, kaum läßt sich ein größerer Gegensatz denken, als zwischen diesen beiden Städten besteht. Dort rastloses, betäubendes Lärmen und Toben – hier die schönste, wohltuende Ruhe, dort vor allem modernste Gegenwart – hier in erster Linie die große Vergangenheit, die uns, wo wir gehen und stehen, mit ihrem Zauber umweht, dort in Menschen und Dingen alles flach und offen, heil und heiter auf der Hand liegend – hier Ernst, Größe, Tiefe, Geheimnis.

An Sizilien und seine Städte ist vollends nicht zu denken; denn Sizilien ist einmal eine Welt für sich, bald nach Griechenland, bald nach dem Orient, bald nach Afrika hinweisend. Nur eines darf man nicht geschaut haben, wenn man römische Kunst wieder mit ganzem Herzen genießen will, und doch preise sich der glücklich, dem es vergönnt war, solches zu schauen – einen Säulenbau der Griechen. Wer je zu Paestum vor Poseidons Heiligtume stand, wer die Wunder von Selinunt und Segeste betrachten oder gar von den stillen Trümmerstätten Agrigents über Land und Meer schauen durfte, in dem werden Roms mächtig ragende Säulenkolosse nichts anderes als höchstens ein kaltes Staunen erwecken können, seien sie noch so hoch, so wuchtig, so prächtig und gewaltig.

24. Oktober

Fast alle meine näheren Freunde und Bekannten sind noch von Rom abwesend, und doch ist die Luft wieder rein, ja so ätherklar und durchsichtig, daß sie kaum mehr als abtönendes Medium gelten kann und alle Gegenstände der Landschaft sich eigentlich mehr durch die Linear- als Luftperspektive voneinander absondern. Auch die fernsten Dinge, Ruinen, Felsen, Baumgruppen haben eine fast wie in Stahl gravierte Bestimmtheit und Schärfe der Umrisse und zeigen zugleich auf Stunden weit ihre reinen und vollen Lokaltöne, ebenso erscheinen auch die kräftigsten und tiefsten Schatten, z. B. Höhlungen des Erdreichs, noch nicht schwarz und kalt, sondern farbig und warm. Und darin eben, in jener Schärfe der Formen und Feinheit und Kraft der Farben, beruht vor allem das Eigentümliche südlicher Landschaft sowie der große Gegensatz zu den nördlicheren Gegenden, namentlich zu den dunstvollen Küstenstrichen meiner lieben Marschenheimat, die oft kaum in einer halben Stunde Entfernung schon alle Gegenstände in ein kaltes Grau gehüllt erscheinen läßt. Darin zugleich liegt für den Darsteller südlicher Landschaften die große Klippe: formenscharf, farbenkräftig und dennoch nicht hart und bunt zu malen.

Während noch meine Freunde abwesend sind, benutze ich die sonnigen Oktobertage, nach Herzenslust das Hügelmeer der Campagna zu durchstreifen. Ihre Höhen und Ruinen glühen und leuchten jetzt in einer Farbenherrlichkeit, die freilich auch für den größten Maler unerreichbar ist.

Ich besuche noch einmal alle schönen, wohlbekannten und liebgewordenen Orte darin und nehme Abschied von ihnen; denn meine römischen Tage gehen zu Ende. Von allem Herrlichen, das mir Rom in so reicher Fülle geboten hat, wird mir das Andenken an die Streifereien in der Campagna am lebendigsten vor der Seele stehen, ihre wundersame Schönheit werde ich einst, das weiß ich jetzt schon, am schmerzlichsten vermissen, und kein anderes Gefild wird sie mir ersetzen können.

25. Oktober

Unbehaglich und leer ist es in den Häusern, behaglicher auf den Straßen und Plätzen, aber, sollte man's glauben, am allerbehaglichsten in den Kirchen Italiens. Der Kahlheit, Öde und Nüchternheit unserer meisten protestantischen Gotteshäuser gegenüber, vor allem der reformierten nicht einmal zu gedenken, bilden die italienischen Kirchen selbst noch zu den katholischen in Deutschland einen großen Gegensatz. Was indessen den Aufenthalt darin so eigentümlich wohnlich und angenehm macht, ist namentlich die Formenfülle ihres Innern. Die einförmigen parallelen Sitzbänke des Protestantismus oder seine plumpen Emporen erblickt man zwar nicht, denn der Mittelraum ist stets frei geblieben zur freien Bewegung der wandelnden, stehenden oder knienden Menge; ringsum aber unterbrechen die mannigfachsten Gegenstände die Wandfläche bald vor-, bald zurücktretend. Hier sind es zierliche Chorschranken, dort geschmückte Altäre, dort Sarkophage und Epitaphien mit reichem Bildwerk, weiterhin Beichtstühle oder Draperien und dazwischen sich öffnende Kapellen, dann die Kruzifixe, die Taufschalen, Kanzeln, Lesepulte, Orgeln, Weihwasserbecken, endlich auch noch oft die reiche Bilderfülle, »verschwenderisch aus Wand und Decke quellend«, und zu diesem allen kommt nun zuletzt der ganze köstlich warme Ton des edlen Materials voll Marmor, Bronze, Vergoldung, Mosaik, usw.

Wer dies alles aber selbst nicht mit eigenen Augen gesehen hat, der hat keinen Begriff von dem hohen und köstlichen Genusse des stillen Weilens und Beschauens in solchen heiligen und doch so gemütlichen und urbehaglichen Räumen.

26. Oktober

Heute nachmittag weilte ich einige Stunden den Antikensammlungen des Capitolinischen Museums, welches bekanntlich vor allem durch den Reichtum alter Kaiserbüsten berühmt ist. Diesen widmete ich diesmal meine ganze Aufmerksamkeit, wie denn überhaupt in letzter Zeit das Studium der antiken Porträts mich vorzugsweise interessiert und beschäftigt hat. Nicht sowohl ist es die hohe und vollendete Technik, sondern namentlich die lebendige, ja geradezu schlagende Charakteristik, die uns dabei in höchstem Grade zu fesseln vermag, vor allem natürlich, wenn der Charakter des Dargestellten allbekannt ist, und Dank sei Sueton, Tacitus und den übrigen, daß sie bei den Kaiserköpfen uns den hohen Genuß des Kommentars gewährt haben. Und wie überraschend stimmen da stets Schriftsteller und Künstler überein, mag uns der eine mit dem Griffel, der andere mit dem Meißel seinen Bericht geben. Ist es doch oft, als ob man durch solch ein Marmorantlitz schier ins tiefste Herz hineinschaute. Darum sind denn auch die völlig namenlosen Büsten noch fesselnd, denn der ganze geistige und innere Mensch blickt uns daraus entgegen.

Fast alle männlichen Köpfe und selbst schon die der römischen Knaben haben einen so ausgeprägten Zug fester Willenskraft und Herrschernatur im Gesicht, daß man bei ihnen, als den einstigen Weltgebietern, kaum den gänzlichen Mangel tieferen Gemütes, der sich ebenso deutlich ausspricht, unangenehm empfindet.

Um so abstoßender tritt dagegen die gleiche Gefühllosigkeit im Antlitz der Frauen hervor. Zu dem stolzen, vornehm gebieterischen Wesen gesellt sich hier oftmals noch ein sinnliches Schmachten oder gar die völlige Blasiertheit und Erschlaffung einer lustdurchtobten Vergangenheit und wirkt recht widerwärtig.

Wie lange habe ich gesucht, bis ich unter diesem entarteten Weibergeschlecht das erst milde, wohltuende Gesicht fand. Es steht im Vatikan in der Sala dei Busti, ein edles Matronenbild, voll Innigkeit und Herzensgüte, ein echtes Mutterantlitz. Zur Ehre Roms will ich annehmen, daß es noch manche gab, wenn sie auch nicht der Marmor auf die Nachwelt brachte.

30. Oktober

Auch meine liebsten Villen und Gärten Roms habe ich in diesen Tagen noch einmal besucht und von ihnen Abschied genommen. Nach der Campagna, die mir über alles geht, zieht es mich am meisten zu ihnen hin, wenn ins Freie gestreift werden soll; denn diese schöne und innige Vereinigung von Kunst und Natur, die einen hier umfängt, wirkt unsäglich wohltuend und erfreuend. Nie und nimmer hätte ich früher gedacht, daß der alte, streng architektonische Gartenstil mit seinen geraden Linien, geometrisch regelmäßigen Beeten und geschorenen Hecken mich je so anziehen und fesseln könnte; ja, ehe ich Italien betrat, erfüllte mich ein wahrer Haß gegen dies italienisch-französische Gartenwesen. Als eine der größten Verirrungen des Geschmacks erschien es mir stets, und beim Anblick unserer Parks, deren schön geschwungene Wege, sammetne Rasenplätze, malerische Gebüschpartien und Baumgruppen so lange und so oft mein Entzükken gewesen waren, hegte ich stets die allerfesteste Überzeugung, nur dieses allein sei das einzig richtige, und jeder davon abweichende Gartenstil war mir ein Greuel.

In Verona sollte mir dann die erste Ahnung italienischer Gartenschönheit aufgehen. Der alte Garten Giusti, den ich bei prächtigem Sonnenuntergang sah, wird mir unvergeßlich sein. Aber weniger wirkte dabei noch die Anordnung des Gartens als die unvergleichliche Herrlichkeit seiner hohen, zahlreichen Zypressenreihen, deren dichte Massen ihn zu einem wahren Hain machen.

Die großartige Medicäerschöpfung des immergrünen Boboligartens zu Florenz, vor allem aber die Gärten der römischen Villen waren es dann, welche mich völlig bekehrten und zu der klaren Überzeugung kommen ließen, daß die alte italienisch-französische Gartenkunst in ihrer architektonischen Weise nicht nur neben der modernen, malerischen unserer Parks vollkommen gleichberechtigt ist, sondern daß sie vielmehr für die Natur des europäschen Südens und vor allem als Umgebung von Renaissance-Bauwerken weitaus den entschiedensten Vorzug verdient.

Wodurch nun in Italien solche Gärten ähnliche in Deutschland an Schönheit und Wirkung so sehr überragen, liegt sicher zunächst in den edlen Bäumen und Gebüscharten, aus welchen ihre immergrünen Hecken und Laubengänge bestehen. Die südlichen Eichen mit ihrem tiefen Schwarzgrün, der baumartige Bux, der glanzblättrige Kirschlorbeer und endlich der edle Lorbeer selbst, gegen ein solches Material können für diesen Zweck unsere Laubhölzer nicht aufkommen. Allein der Taxus ist ihnen darin ebenbürtig. Sodann erhöht es die Wirkung, daß in den italienischen Gärten fast überall die Wege weniger breit und ihre Laubwände zu beiden Seiten dagegen noch höher zu sein pflegen als bei uns. Oft sind auch letztere nur bis zu gewisser Höhe als eigentliche Wand geformt, oben aber neigt und schließt sich dann von beiden Seiten frei das Gezweig, einem Rippengewölbe vergleichbar, über den Wandelnden. Vor allem jedoch ist und bleibt es die herrliche, tief-durchdachte Anordnung des Großen und Ganzen, bei welcher der

Künstler meistens mit dem feinsten Sinne, mit der sorgfältigsten Benutzung aller und jeder Umstände sowie der ausgesuchtesten Herbeiziehung aller wirksamen Hilfsmittel zu Werke gegangen ist, daß man zur freudigsten Bewunderung hingerissen wird.

Sein Hauptaugenmerk richtete natürlich der Künstler stets darauf, daß der Marmorbau der Villa besonders schön und wirkungsvoll von allen Seiten aus seiner schattig grünen Umgebung hervorschimmere. Davor erhebt sich häufig eine Terrasse mit Reihen von Orangen- und Granatbäumen, und ein freier Platz breitet sich ringsum aus mit Blumenparterren, Vasen, Springbrunnen und Statuen, eine breite, stolze Allee alter immergrüner Eichen führt hinan, und seitwärts von dieser strahlen andere Wege aus, bald lichter und von Nischen unterbrochen, aus welchen manch altes Marmorbild hervorleuchtet, bald wieder eng, hoch, lauschig, dämmervoll, lang, lang sich hinziehend und an ihrem Ende dann vielleicht durch eine kühle Brunnennische voll Geräusch und Geriesel abgeschlossen. Wo aber, sei's näher oder ferner, sich irgendein interessantes und schönes Bild darbietet, etwa eine Kirchenkuppel, eine malerische Häusergruppe oder gar ein Stück duftiges Gebirg, da ist auch an rechter Stelle dafür ein schöner Ausblick geschaffen, zu dessen Genuß auch wohl eine luftige, fresken- oder statuengeschmückte Allee einladet. Und das Ganze erscheint fast immer von einer so edlen, einfachen, ja ernsten Großartigkeit, daß solche Villen uns oft in eine wahrhaft weihevolle Stimmung zu versetzen imstande sind, selbst wenn sie nicht einmal eine solche Kunstherrlichkeit in ihrem Innern bergen wie jene drei, die mir vor allen unvergeßlich bleiben, die großartige Villa Borghese, die Villa Albani, Winckelmanns Gedenkstätte, und endlich die schattige Villa Ludovisi mit ihrem erhabenen Junobilde, deren Garten das Werk Le Nôtres ist.

Einige der römischen Villen enthalten in ihrem Bereiche auch vollkommen freie, naturwüchsige Wäldchen von Pinien und Eichen, wie z. B. die Villa Borghese und Dora-Pamfili, und bewundernswert ist bei deren Gartenanlagen namentlich der allmähliche, fast unmerkliche Übergang von streng architektonischer Kunst zur freien, einschließenden Natur. In seiner nächsten Nähe beherrscht das Hauptgebäude alle Gartenlinien vollkommen. Die geradlinig-geometrischen Figuren und Einteilungen des Ziergartens entsprechen durchaus denen der Stirnseite des Villenbaus, welchen sie mit ihren Blumenbeeten, Hermen, Büsten, Vasen und Springbrunnen unmittelbar licht und sonnig umgeben. In einiger Entfernung wird dann der Grundriß einfacher, und es beginnen nun die schattigen Partien. Zwar ist hier noch alles streng gradlinig und symmetrisch, aber die Beziehung auf den Hauptbau betrifft nur die Haupteinteilungen. Noch weiterhin wird es abermals freier, und es treten zum öfteren sanfte Krümmungen auf, wenn auch selbst noch bei diesen das Gesetz der Symmetrie und des Gleichgewichtes in Geltung bleibt. Und von nun an werden die Linien mit jedem Schritte freier und freier, bis endlich auch der letzte Rest der Regelmäßigkeit verschwunden ist und man sich nunmehr in freiester Natur und zwar in einem Pinienhaine befindet, von so hochmalerischem Reiz wie irgendeiner in Italien.

Also bietet ein solcher Garten einerseits in köstlicher Weise das Prinzip des Übergehens, Auflösens und Ausklingens vom streng Gebundenen und Starren bis zu völliger, fesselloser Freiheit, andererseits wird in umgekehrter Weise dem sich der Villa von außen her Nähernden der nicht mindere Reiz zuteil, daß er ebenso allmählich und unmerklich die freie Natur zur gesetzbeherrschenden Kunst sich veredeln, das malerische Prinzip sich ins architektonische verwandeln und die Spuren ordnender Menschenhand mit jedem Schritt und Tritt sich in schönster Weise vermehren sieht, bis endlich in der vollen und reinen Kunstschöpfung des Villenbaues selber das Ganze seinen Schwer- und Mittelpunkt erhält, von dem es ausgestrahlt ist. Und in diesem eben beruht zugleich die vollendete Höhe dieser alten Gartenkunst.

Unzureichend und lückenhaft ist leider noch immer die Entwicklungsgeschichte, dieses Kunstzweiges; ein spärlich bebautes, aber dankbares Feld für den künftigen Forscher liegt hier vor; denn nur von sehr wenigen altitalienischen Gärten solcher Art kennen wir den Schöpfer und die genaue Entstehungszeit. Eigentlich mittelalterliche gibt es gar nicht mehr. Alle gehören sie der Renaissance an und die meisten und großartigsten erst dem siebzehnten Jahrhundert, namentlich die um Rom liegenden. Was an Gartenkunst noch dem sechzehnten Jahrhundert angehört, ist sehr wenig. Ein Werk aber ist uns aus jener Zeit überkommen, welches jedem, der es in den rechten Stunden geschaut hat, in unvergeßlicher Herrlichkeit vor der Seele stehen wird, solang er lebt: die Villa d' Este in Tivoli, jene unvergleichliche wundervolle Gartenwildnis, ein Stück verkörperter Poesie wie kein anderes auf der Welt. Auch ich habe diesen einzigen Ort in den rechten Stunden geschaut; war es unter leuchtendem Himmelsblau und goldenem Sonnenglanz, war es in mondbeglänzter Zaubernacht, war es mit lieben Freunden, war es in stiller Einsamkeit – aber stets in den rechten Stunden habe ich seine Terrassen erstiegen, im Schatten seiner alten Zypressenriesen geruht, die schöne Wildnis seiner verschlungenen Laubengänge durchwandelt und gelauscht dem träumerischen Rauschen und Rieseln seiner Grotten mit ihrer wonnigen feuchten Kühle; darum wird mir das Bild dieser unvergeßlichen Herrlichkeit vor der Seele stehen für und für, und so oft ich dessen gedenke, tönt mir's ergreifend ans Herz wie Eichendorffsche Lieder, wie:

Sie sangen von Marmorbildern,
Von Gärten, die überm Gestein
In dämmernden Lauben verwildern,
Palästen im Mondenschein,
Wo die Mädchen am Fenster lauschen,
Wann der Lauten Klang erwacht,
Und die Brunnen verschlafen rauschen
In der prächtigen Sommernacht.

Abschied

Und auch mir schlug endlich die Stunde des Scheidens von meinem lieben, hochherrlichen Rom, die lang' gefürchtete. Fast um dieselbe Zeit, da ich vor einem Jahr glückseligen Herzens zum erstenmal darin einzog, sollte ich's jetzt verlassen, und doppelt wehmütig gedachte ich jener ahnungdurchzitterten Zeit, deren Schoß damals noch die ganze Fülle olympischer Seligkeit barg, die nun bald wie ein schöner entschwundener Traum hinter mir liegen sollte. Es mußte freilich ja einmal der Kelch des bitteren Scheidens geleert werden, aber ich kann nicht beschreiben, wie mir dabei zumut war. Und um mich erst recht fühlen zu lassen, was ich in Rom besaß und verlassen mußte, hatten die lieben Menschen in der Colonna mir nach ihrem Brauche ein Scheidesymposion bereitet, so voll heiterer Schönheit, echter Poesie und hochaufschäumender Jugendlust, daß mir noch heute gleich wonnig und weh ums Herz wird, wenn ich jener Stunden gedenke, gedenke ihrer ganzen Fülle von Überraschungen, köstlichen Einfällen und rührenden Beweisen herzlicher Liebe. Wie strahlend steht noch heute das ganze schöne Bild vor meiner Seele, alles und jedes, was es brachte von Anfang bis zum späten Ende.

Als nun auch dieser Scheidetrunk getan, der letzte Kuß und Händedruck der Vergangenheit angehörte, rollte ich des Morgens in aller Frühe gepreßten Herzens aus der Porta del Popolo, und gerade als die Sonne aufging über der Ewigen Stadt und Sankt Peters Kuppel goldig und rosig zu leuchten und zu strahlen anfing, sah ich sie zum letzten Male, aber zugleich begann das erhabene Bild zitternd zu verschwimmen, denn ein Tränenstrom rann mir aus den Augen. Das war auf jenem Hügel, von dem aus ich vor einem Jahre mit meinem Detlefsen das erste »Ecco Roma!« gejubelt hatte. Bald lag er zwischen uns und mit ihm bald viele andere Hügel und Berge, Ströme und Wälder.

Und so zog ich Tag für Tag alpenwärts, Abschied nehmend von einer liebgewordenen Stadt nach der andern, hinter mir lassend ein Stück Schönheitswelt nach dem andern. Winterlich öder, kälter und farbloser ward es von Tag zu Tage, und fort und fort im Herzen saß mir das tiefe, stumme Weh.

Ging es denn nicht dem deutschen Vaterlande entgegen, nicht der trauten Heimat mit all ihren teuren Menschen und Dingen und Erinnerungen – mußte ich mich nicht schämen meines Schmerzes? Ich fühlte das wohl. Und dennoch hielt er mich mit peinvollster Macht umfangen, denn sie hatte mir's angetan, die Zauberin des wonnigen Südens. Kennst du das Lied von ihr, Leser? »Du Zauberin Italia« beginnt es.

Du Zauberin Italia,
Wer dir zu tief ins Auge sah,
Den gibst du nie und nimmer los,
Dein Zauber ist zu fest und groß.
Der ist gefeit,
Der ist geweiht,
Italia, dir für alle Zeit.

Elektra

Drama in einem Akt

Personen

Iphigenia
Elektra
Orestes
Pylades
Rhökos
Priester
Chor der Apollopriester
Tempelknaben
Diener

Der Ort der Handlung ist Delphi
vor dem Apollotempel

Erste Szene

Morgendämmerung. Chor der Apollopriester tritt auf und stellt sich zu beiden Seiten des Altars. Lyraspieler und Knaben mit Doppelflöten schreiten ihm voran. Zugleich öffnet sich der Tempel, und man erblickt in seinem erleuchteten Innern das altertümliche Bild des Gottes.

Chor: Phöbos Apollon, seliger Gott,
Allseher du und Allheilender!
Der du verscheuchest mit leuchtendem Blick
Die Schatten der Nacht, die länderumfangenden,
Der du sie segnest mit Licht und mit Leben,
Die Höhn und die Tiefen, den Wald und die Flur
Und das erdumwallende, mächtige Meer;

Phöbos Apollon, sieh deine Priester,
Siehe, sie nahen nach altem Brauch
In stiller Stund', in dämmerumhüllter,
Deinem erhabenen, lorbeerumschatteten
Heiligtum mit Preisen und Danken
Und heiligem Opfer und heißestem Flehn.
Huldreich und gnädig wollest du neigen
Dein Strahlenhaupt uns Menschenkindern,
Phöbos Apollon, seliger Gott!

Siehe, schon sendest voran du die liebliche
Eos, die Botin, die rosig erglühende,
Daß sie verkünde der schimmernden Erde
Dein segenströmendes, herrliches Nahn,
Phöbos Apollon.

Purpurn und golden flutet das uralt
Heilige Meer und schauert auf
Und rauscht dir entgegen mit tausend Zungen
Den Morgenhymnus, Phöbos Apollon!

Aber die Menschen richten sich auf
Vom nächtigen Lager, freudig von neuem
Des lieblichen Lichtes goldener Flut.
Alle die tausend bang umnachteten
Sorgengequälten Erdenherzen
Schlagen dir wieder wonnig entgegen,
Der du sie füllest mit neuer Kraft
Und mit neuem Mut, Phöbos Apollon!

Wir kommen, wir nahen
Mit Preisen und Danken
Und heiligem Opfer und heißestem Flehn;
Huldreich und gnädig wollest du neigen
Dein Strahlenhaupt uns Menschenkindern,
Allseher du, Allheilender,
Phöbos Apollon, seliger Gott!

(Während des Gesanges ist die Sonne aufgegangen, sobald er verklungen ist, schließt sich wieder der Tempel, und die Handlung beginnt.)

Zweite Szene

Elektra, schwarz gekleidet, geleitet von zwei Tempeldienerinnen, tritt auf. Sie trägt ein Beil, welches von einem Purpurgewande verhüllt ist, im Arm. Einige Diener folgen.

Elektra: Apollos heil'ger Tempel ist erreicht,
Verlaßt mich denn und harret draußen mein.
(Die Diener ab)
(Zu den Priestern)
Ist hier der Ort, wo man die Gaben bringt,
Die man dem heil'gen Tempel weihen will?
Priester: Die Gaben rings umher bezeugen dir's.
Elektra: Es ist die meine hier, wann darf's geschehn?
Priester: Nachdem verkündet deinen Namen du,
Den Stamm, die Heimat, ferner was du bringst,
Sodann warum du's bringst und ob du auch
Der Pythia heil'gen Spruch zu hören kommst.
Elektra: Gern steh ich Red' und Antwort dir, o Greis,
Obwohl nicht freudig ist, was ich enthülle.
Vernahmt ihr je des Tantalos Geschick? –
Ihn nenne meinen großen Ahnherrn ich.
Priester: Kein einziger ist unter uns, der schaudernd
Vernommen nicht das Los der ew'gen Qual,
Das jenen traf, weil er vermessen strebte,
Der armen Menschheit Grenzen zu durchbrechen
Und Göttern gleich zu sein in mühelosem,
Olympisch ungetrübtem Hochgenuß.
Elektra: So ward euch Kunde wohl des Atreus auch,
Tantalos' Enkel und Mykenes König,
Und jenem blutiggrausen Bruderzwist,
Der Taten ausersann, daß jede Zunge
Erstarrt, wenn sie's verkünden soll. Erlaßt
Mir drum zu schildern, was ihr sicher wißt.
Vergönnt von einem andern mir zu reden,
Von jenem, welchen sie, die vor euch steht,
Mit süßem Vaternamen nennen darf.
Ein ganzes Volk erkor sich ihn zum Führer,
Es preisen sich die Greise hochbeglückt,
Daß sie's erlebt, solch Heldenbild zu schaun,
Den Männern pocht vor Freude hoch das Herz,
Den Jünglingen glüht rosiger die Wange,

Den Knaben leuchtet ahnungsvoll der Blick
Bei seinem teuren, glanzumstrahlten Namen,
Obwohl er selbst ins Reich der Schatten ging.
Wer kennte nicht den edelsten der Edlen,
Die sich vor Troja ew'gen Lorbeer wanden,
Wer kennte nicht den hohen Agamemnon!
Elektra, seine Tochter, steht vor euch.

Priester: Wer kennte nicht den hohen Agamemnon!
Elektra, sei willkommen, sei gegrüßt.

Elektra: Und kennt ihr ihn, so kennt ihr sicher auch
Den grausen Untergang des Herrlichen,
Doch nimmer messet ihr mein eignes Leid,
Das mir der Jugend Blüte früh entblättert
Und zehrend Gift in ihren Kelch geträufelt.
In Jammer und in Tränen wuchs ich auf,
Wer sah wohl eine Jugend freudenarm
Und tränenreich und einsam wie die meine!
Ich wundre oftmals mich, daß ich noch lebe
In soviel Schmach und namenlosem Leid.
Nicht einmal eine Pflanze kann gedeihn,
Wenn nie ein goldner Sonnenstrahl sie wärmt.
Wann wurde jemals meinem jungen Herzen
Ein Sonnenstrahl zuteil! Und schien es wirklich,
Als ob dies arme Herz einmal in bess'rer,
In heitrer Stunde frei sich heben dürfte, –
Leicht freut sich wieder leichter Jugend Sinn, –
Ach, umso hoffnungsloser schmetterte
Des Unglücks Wettersturm es wieder hin
In Jammer und in Weh. Entwachsen kaum
Den ersten Kinderjahren, mußt' ich schon
Die teure Schwester Iphigenia,
Die treuste Freundin, mir geheimnisvoll
Und jäh entrissen sehn. – Wo lebt ein Grieche
Und kennte nicht ihr unerhörtes Ende! –
Gedenk ich jenes Tags, da uns die Kunde
Von Aulis kam – –

(sie hält schmerzlich inne)

Priester: Der Schmerz war grenzenlos,
Ganz Griechenland empfand ihn schmerzend mit.
Und doch beklage Iphigenia nicht,
Erlöste doch ihr Opfertod die Flotte
Aus jenem Bann, den Götterzorn verhängt,
Und Ilions Fall war ihres Opfers Lohn.

Kannst du nicht preisen selbst der Schwester Los?
Denn da der Priester schon das Messer hob,
Zog Götterarm das Opfer jäh empor
Und nahm die reine Jungfrau ungetroffen,
Vom Blute unbesudelt auf. Darum
Sei still und beuge vor den Göttern dich.

Elektra: Der Schwester gelten meine Klagen nicht,
Sie gelten meiner hingeweinten Jugend.
O glücklich preis' ich und beneidenswert
Des niedren, ärmsten Weibes ärmstes Kind,
Wenn es in frommer Liebe und Verehrung
Aufblicken darf zu der, die Mutter ihm,
In ihr das Vorbild seines Lebens schaun. –
O was ist heil'ger als das Mutterherz!
O was klingt trauter als der Muttername! –
Mir war ein Schreckbild Klytemnästra nur.
Erlaßt zu schildern mir, was Tag für Tag
Ich schauen mußt' und leiden vom ehrlosen,
Entmenschten Weib und seinem rohen Buhlen
Aegisth, mit dem es ehebrecherisch
Des edlen Vaters Thron und Lager teilte.
Doch nicht genug der Schande, sollte noch
Des Gattenmordes grause Missetat
Den Marmor des Palastes blutig färben.
(sie verhüllt ihr Haupt)
Der Beilschlag, der das Haupt des Vaters traf,
Er trennte auch die letzten schwachen Bande,
Die an die Mutter noch mich fesselten,
Mich und den teuren Bruder, den Orest.
Als einzigem des Tantalidenhauses
Ward ihm, so jung er war, die schwere Pflicht,
Zu sühnen jenen namenlosen Frevel,
Zu rächen unsres Vaters heil'ge Manen.
Ich wehrte nicht, was Götterspruch gebot,
An den mein Geist betäubt sich klammerte,
Obwohl mein Blut erstarrte, krampfhaft zuckend
Mein Herz im Busen sich zusammenzog.
Ich wehrte nicht – die Sühne ward vollbracht.
Dasselbe Beil, das jenen Herrlichen
Zum Hades sandte, traf die schuld'gen Häupter
Des Mörderpaares durch Orestes' Hand,
Dasselbe Beil, das der uralte Fluch,
Der sich am Blut der Tantaliden weidet,

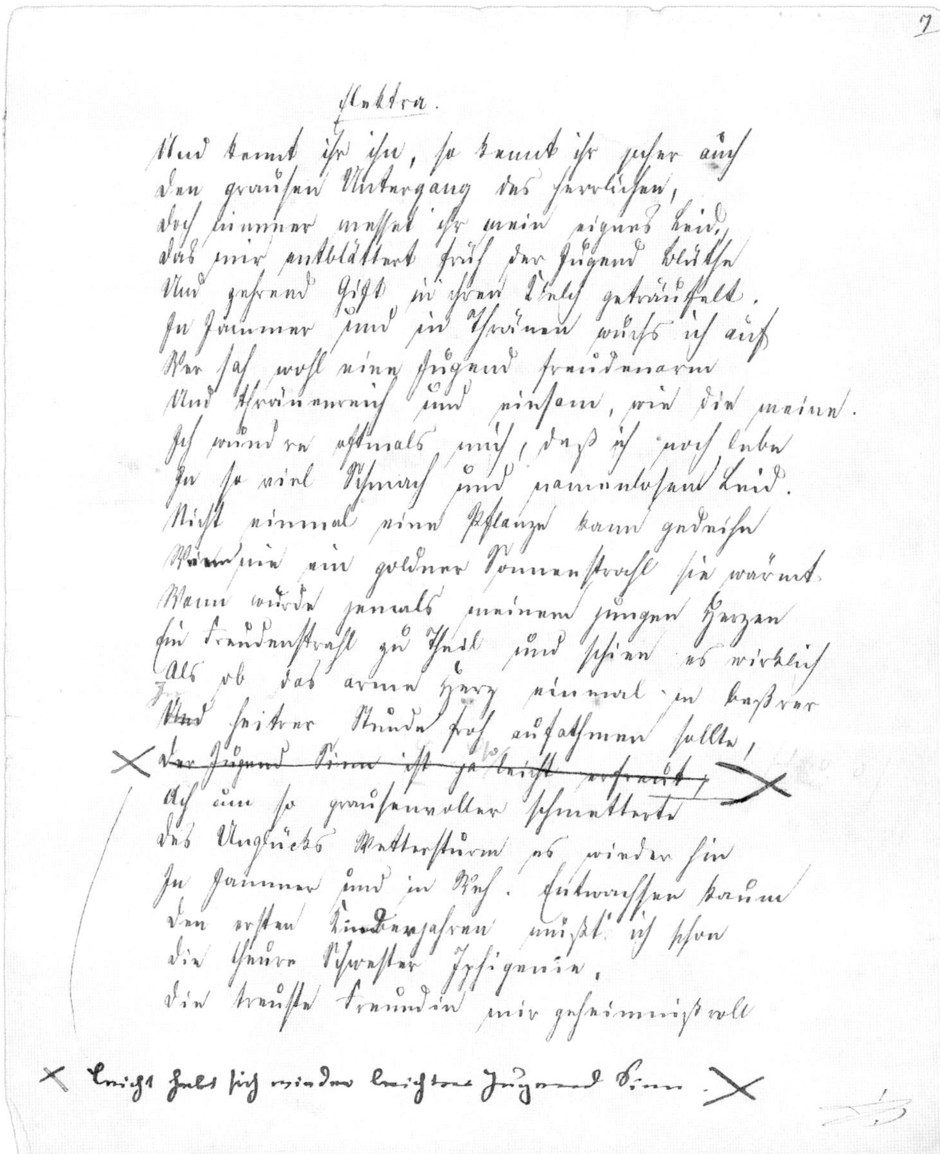

Manuskript der *Elektra,* von Allmers eigenhändig überarbeitete Fassung (ALC, NHA 1.2)

Der Opfer lange Reihe froh beschauend,
Von Mörders Hand zu Mörders Hand gereicht hat,
Dasselbe ist es, das ich aus den Falten
Des Mantels hier enthülle, den die Mutter
Um Vaters Glieder tückisch warf, um ihn
Entwehrt dem Todesstreich zu überliefern,

Dasselbe ist's, das ich Apollon weihn will.
(sie erhebt das enthüllte Beil. Allgemeine Bewegung. Pause)
Priester: Wohl ist, Elektra, furchtbar dein Geschick,
Und meine Seele schaudert, wie du mir
Die alte Kunde sagst. Dem Ungeheuren
Gewöhnt sich schwer der Geist, und schwächer wird
In der Erinnerung das blut'ge Bild,
Doch neu in seiner ganzen Schwärze ruft
Dein Wort das halberblaßte jetzt zurück.
Elektra: Bald soll es ganz erblassen, jede Spur
Des alten Unheils soll begraben werden
Im reichen Frühlingsschmuck erneuten Glücks.
Und wie der grüne Lenz die Gräber deckt
Mit bunter Blumen farbenreicher Fülle,
So ruhe das Gescheh'ne, wenn Orest
Von Tauris heimkehrt nach Apolls Gebot
Und in den Tempel ihm die Schwester führt.
Dann wird der alte, schwere Fluch sich lösen,
Und goldne Hoffnung wie das Morgenrot
Erwärmt mein Herz mit ahnungsfreud'gen Strahlen.
Du weißt, an diese Schwelle floh der Bruder,
Verfolgt von den Unnennbaren, die Schlangen
In ihren Fäusten zischten um sein Haupt
Und fraßen grimmig ihm am tiefsten Herzen,
Und ihm vor Augen schwebt das bleiche Bild,
Das blutbesudelte, der eignen Mutter;
Gepeitscht von jenem fürchterlichen Chor
Brach am Altar Apollons er zusammen;
Doch gnädig sagt der Gott ihm Hilfe zu.
Priester: Vernehmen ließ Apollon also sich:
»Zieh übers Meer nach Tauris, führe mir
Aus Delias Heiligtum die Schwester her,
Und der Erinnyen Schar wird von dir weichen,
Und Frieden dich umfahn.« So sprach der Gott.
Elektra: Du sagst es, Greis, so lautete der Spruch,
Dem folgend er die Heimat dann verließ,
Um einzuschiffen sich nach Tauris' Küste.
Und mit ihm ging sein Freund, sein Pylades,
Das beste, treuste Herz, das je geschlagen
In einer Menschenbrust, und mondenlang
Sind öde nun Mykenes hohe Hallen.
Es wohnt das Grauen drin, es riecht nach Blut,
Und durch die Säle schleichen fürchterlich

Die bleichen Schatten der Gemordeten.
Das Volk ist herrenlos, und wie sein Sinn
Sich nur nach rückwärts wendet, immer wieder
Der Greuel lange Kette zürnend mustert,
Der blut'gen Taten stumme Zeugen stets
Zu neuem Zeugnis alten Frevels heischend,
So möchte wohl geschehen, wenn ein neues,
Ein unbelastetes Geschlecht erstünde
Und goldne Zukunft ihm zu zeigen wüßte,
Daß dann das Volk, des alten Unheils müd',
Den neuen Herrschern leicht entgegenströmte.
Drum floh ich fort, das Mordbeil mit mir nehmend
Auf daß es ruh' in Delphis Heiligtume,
Ein mahnend ernstes Zeugnis blut'ger Sühne.
Hier sei fortan sein Platz. Im Königshaus
Verschwinde so des Mordes letzte Spur,
Und mildrer Zeit bereite sich die Stätte.
Gestatte, Priester, mir's, dann laßt mich hören
Des heiligen Orakels heilig Wort,
Ob ich sie wiedersehe, meine Teuren,
Den Bruder und den Freund, und ob uns einst
Nach soviel namenlosem Leid und Weh
Ein stilles Glück vereine, oder ob
Ich einsam meines Lebens Rest vertraure.

Priester: Wohl ruht die Gabe, die du bringst,
In Delphis Heiligtum, doch trag ich Scheu,
Sie dem Allsehenden zu übergeben.
Denn billig lieg' ich Zweifel, ob Orest,
Der zwar die Tat auf sein Geheiß vollbrachte,
Das Werkzeug auch nach seinem Sinn erkor.
Du selber sagst, daß es uraltem Unheil
Und schrecklich dunkelem Verhängnis diente.
Verhängnis rührt nur von den Parzen her,
Die unerkennbar wirre Fäden spinnen,
Die Alten, die wir ehren, schauernd fürchten
Und nie begreifen. Was Apollo uns,
Der Gott des Lichtes, in das Leben sendet,
Klar ist's und offen und von solcher Art,
Daß unsrer Einsicht es gerecht erscheint
Und der empörte Sinn sich dran beruhigt.
Drum weih das mordgeübte Beil den Parzen.
Schau, dort erhebt sich ihnen der Altar. –
Auch des Orakels Wort sei dir gestattet,

Sobald die Stunde, die's erlaubt, erscheint.
So harre hier und richte dein Gebet
In stiller Einsamkeit des heil'gen Orts
Zum güt'gen Gotte, dem du nahen willst.
Und fromm erflehe seine Huld und Gnade.
(Ab mit den andern Priestern)

Elektra: *(allein)*
Den Parzen, ja! Ihr Unenträtselbaren,
Die ihr die Fäden also wirr uns spannet,
Daß sich Verhängnis auf Verhängnis häufte,
Nehmt dieses Werkzeug eures dunklen Willens.
Ich leg's euch auf die Stufen des Altars,
Und mögen mir fortan die hellen Götter
Geläutert klar der Zukunft Tage senden.
(sie legt Beil und Gewand am Altare nieder)

Dritte Szene

Elektra. Rhökos, suchend umherschleichend

Rhökos: Ob ich sie treffe hier im Heiligtum
Apollons, die Bejammernswürdige,
Die ich vergebens in der Väter Hallen
Gesucht, daß ich der letzten ihres hohen
Geschlechtes kann die Schreckenskunde bringen,
Ihr sagen kann, daß sie die Letzte ist.

Elektra: *(für sich)*
Bejammerswürdig ist sie, die er sucht? –
Ist's eine mehr als ich? Wen mag er suchen? –
Trüb ist sein Angesicht, ich will ihn fragen.
(Laut)
Wer ist's, von dem du redest? Sage mir's.

Rhökos: Die ich gefunden.

Elektra: Ha, was schau ich, Rhökos,
Du bist es! Der Begleiter meiner Lieben,
Des Hauses treuer Diener, der mit ihnen
Nach Tauris zog? O sprich, wo weilen sie?
Vollführten sie das kühn gewagte Werk?
Sind sie in Delphi mit der Göttin Bild?
Sind in Mykene sie und haben dich
Hierher gesendet wohl, mich aufzusuchen?
Ich fleh dich an, gib Antwort, guter Rhökos,
Und stehe nicht so düster schweigend da.

Darf ich mich freuen deiner Kunde, oder
Bringst neuen Jammer du der Jammernden?

Rhökos: *(wendet sich schmerzvoll schweigend ab)*

Elektra: *(nach einer Weile, tonlos und gebrochen)*
Nun weiß ich's, sie sind tot. Dein düstrer Blick,
Der scheu am Boden irrt, und deiner Lippe
Schmerzvolles Zucken, das vergebens ringt
Nach Worten, sagt es nur zu deutlich mir.
Ich bin allein, verwaist an jeder Liebe. –
Doch rede, Rhökos, und verkünde mir,
Wo muß die Lieben meine Seele suchen?
Sprich, Rhökos, fielen ruhmvoll sie im Kampf?
Vernichtete ein Sturm die Schiffe, ruhn
Sie tief nun in Poseidons kalten Armen?
Warf rettend das Geschick ans Ufer dich,
Zu künden mir, daß ich die letzte sei
Von Tantalos' Geschlecht? Du siehst, ich bin
Gefaßt darauf, Entsetzliches zu hören.

Rhökos: Nun denn, es sei, so hör Entsetzliches.
Nicht fielen ruhmvoll sie im schönen Kampf,
Nicht hält Poseidon sie in kalten Armen –
Gefangen wurden sie und auf Befehl
Des Königs Thoas, der auf Tauris herrscht,
Der Artemis geopfert, hingeschlachtet.

Elektra: *(aufschreiend)*
Geopfert! Ew'ge Götter! Wehe, wehe!
So Grauenhaftes hab' ich nicht erwartet.
O mein Orest! O mein Pylades!
Wird solch ein Schicksal euch, ihr Herrlichen,
Weil ihr gehorsam wart dem Götterspruch!
O wehe, wehe! Ich ertrag es nicht.

(Sie bricht ohnmächtig zusammen. Er fängt sie in den Armen auf und führt sie zu einem Ruhesitz)

Rhökos: *(um sie beschäftigt)*
Elektra, Arme, Unglückselige!
Du wolltest hören, was du hast gehört.
Nicht zürne mir ob dieser Schreckenskunde.
Erwache, fasse dich, komm, folge mir,
Mykenes treues Volk verlangt nach dir.
Komm zu dir, fasse dich.

Elektra: *(sich aufrichtend, nach einer Pause)*
Es ist vorüber.
Ich bin gefaßt. Verkünde alles mir.

Rhökos: Sei's denn, vernahmst du doch das Schrecklichste,
Das übrige wirst leichter du empfangen.
So höre mich. Als kaum gelandet wir
Nach langer Fahrt an Tauris' fels'ger Küste,
Die uns, soweit wir spähten, menschenleer
Und öde schien, brach plötzlich rechts und links,
Lautheulend gleich der Wölfe gier'ger Schar,
Ein wilder Skythenschwarm jäh auf uns ein.
Schnell waren wir umringt und abgeschnitten
Von unsern Schiffen, und nach kurzem Kampf
Sahn wir gefesselt uns und fortgeführt
Ins tiefre Land und in des Königs Stadt.
Die teuren Führer trennte man von uns,
Die nun ein düstrer Kerkerraum umfing.
Wie lang wir drin geschmachtet, weiß ich dir
Nicht anzugeben mehr, doch endlich führte
Man wieder uns ans goldne Tageslicht,
Ach, nur um jammervolles anzuschaun.
Zum alten Heiligtum der Artemis,
Das rings umschloß des Waldes Dämmernacht,
Ging unsre Straße, und mit Schaudern sahn wir
Bereit zum Opfer alles; dort die beiden,
In weißen Kleidern und geschmückt mit Kränzen,
Orest und Pylades, wie bleich sie waren!
Der erste, dumpf, verzweiflungsvoll zur Erde
Hinstarrend, wild umher der andre blickend,
War es um Rettung oder war 's um Rache;
Dort der Altar der Flamme harrend noch
Und neben ihm im wallenden Gewande,
Mit Augen unergründlich wie die Nacht,
Ein hohes, ernstes Weib ; der blanke Stahl
Bezeichnete es als die Priesterin
Der Artemis. Des blut'gen Werks gewärtig –
So harrete die Menge rings des Königs,
Der endlich mit des Heeres Häuptern nahte.
Und jetzt im unbewachten Augenblick,
Da man dem Herrscher nur entgegenschaute,
Durchblitzt mich Letzten in der Opfer Schar
Schnell ein Gedanke, seitwärts stürz' ich mich
Rasch ins Gebüsch, wo es am dichtesten,
Und reiße jäh die Hände aus den Banden,
Ob blutig auch die Haut herunterstreifte.
Und wie der Hirsch, den wild die Meute jagt,

So rannt' ich fort in namenloser Angst.
Ob kund ward meine Flucht, man mich verfolgte,
Ich kann's nicht sagen, fort und immer fort
Rannt' ich ohn' Unterlaß. Erst als es Nacht ward
Und drauf das Meer dem Fliehen Halt gebot,
Sank matt ich nieder und verfiel in Schlaf,
Draus nur mich Phöbos' Strahlenpfeil erweckte.
Und was erblick' ich – ein phönizisch Schiff,
Um Wasser einzunehmen, war gelandet.
Mitleidig nahm man auf den Flüchtigen
Und bracht' ihn freundlich zu der Heimat Küste,
Dann eilt ich nach Mykene, dich zu suchen,
Und hörte dort, daß du in Delphi seist;
So bin ich hier, und dies ist meine Kunde.

Elektra: Rhökos, hab Dank, wenn du mir nichts verschwiegst.
Ein Herz, das so gestählt ist von des Schicksals
Wehvollsten Wetterschlägen, wie das meine,
Erträgt auch dies. – Doch habe nimmer Dank,
Daß feig du flohst, als jene bluten mußten,
Voll Angst, zu retten dein elendes Leben.
O, eine Wonne muß es sein,
Mit jenen Edlen in den Tod zu gehn.
Schmach über dich! und jetzt – mir aus den Augen.

Rhökos: Wohl ziemt es dir, Elektra, mir zu zürnen,
Doch mehre nicht des Herzens tiefe Qual,
Das Scham und bittre Reue längst durchwühlen.
O sende nicht in Not und Elend mich.

Elektra: Wer seinen Herrn feig in der Not verläßt,
Ist wert, daß Not ihn treffe und Verachtung.
Hinweg mit dir, ich kenne dich nicht mehr.

Rhökos: *(jammernd)* O wehe, wehe mir!

Elektra: *(streng)* Ja, wehe dir!

Rhökos: Es war Orest mein Stolz und meine Wonne,
Ach, daß ich Feiger nicht geteilt sein Los!
Drum zürne immerhin, ich hab's verdient;
Allein ich fleh' dich an, verstoß mich nicht!
All meine Kräfte, letzten Tage, –
Zwar wen'ge sind es, und sie gehn zu Ende, –
Dir weih ich sie, des teuren Hauses Letzte,
Laß mich dir folgen, wie der treue Hund
Dem Herren folgt, ob er ihn schlägt und tritt,
Tritt mich und schlage mich soviel du willst,
Als Sühne will ich's leiden, Tag für Tag,

Ach, nur verstoß mich nicht! –
(Er stürzt nieder und umfaßt flehend ihre Knie)
Elektra: *(nach langer Pause, in der sie ihn gerührt betrachtet, wie von einem plötzlichen Gedanken erfaßt)* Rhökos, steh auf!
Vergiß der Schnellerregten schnelles Wort.
Die Götter wollten es, daß du entflohst,
Die jammervolle Kunde mir zu bringen,
Du warst der Unsren letzter, der sie sah
Und ihren Blick empfing. Du bleibst bei mir
Und sollst mir dienen noch zu großem Werk.
Rhökos erhebe dich.
Rhökos: *(aufstehend)* O habe Dank,
Elektra! Schwester meines teuren Herrn.
Elektra: *(nach einer Pause)*
Wie sagst du, wild umher sah Pylades
Nach Rettung oder Rache?
Rhökos: O, den Blick,
Ich werd' ihn nie vergessen.
Elektra: Rettung wurde
Dem Armen nicht, doch Rache soll ihm werden; –
Hier schwör' ich es, du teurer Hingeschied'ner!
Was berg' ich's länger in der Seele noch,
Das tiefe, süßbeglückende Geheimnis,
Dir nur, du Herrlicher, gehört ich an.
Der letzte Augenblick des Scheidens war
Der erste uns'rer aufgeblühten Liebe,
Der erste – letzte – einz'ge Glutenkuß
von deinen Lippen unter Tränenfluten,
Was mich noch band an dies elende Leben,
Was mich noch hielt mit Hoffnung überm Abgrund,
Was nun allein mit Rache mich durchglüht.
Ihr finstren Mächte, die ihr in dem Hause
Des Pelops von Geschlechte zu Geschlecht
Den blut'gen Mordstahl schwingend waltetet,
Jetzt nehmt auch meine ganze Seele hin
Und prägt zu Atreus' echter Erbin mich!
Der Rache schweres, ungeheures Amt,
Nun endlich fiel es mir, der Jungfrau, zu.
Hinweggetilget ist mein ganzes Haus;
Ich bin die Letzte. Lehrt mich, Ahnen,
Daß ich nicht unwert eure Reihe schließe.
Und hab' ich euch gerächt, ihr teuren Toten,
Dann will ich eure heil'ge Asche sammeln

Und würdig sie bestatten. Schmücken will
Ich euer Grab mit Rosen und Zypressen,
Den Zeichen heil'ger Lieb' und tiefer Trauer,
Und dann – dann steig' ich selbst, ihr treuen Freunde,
Zu euch hinab ins stille Schattenreich.

Rhökos: Wohl magst du trauern tief und sie beweinen
Mit tausend Tränen, ach, kein Sterblicher
War je der Tränen werter; - doch sie rächen?
Du wolltest rächen sie? Wie redest du?

Elektra: Ich rede, wie mir's ziemt, ich weihe mich
Den Unterirdischen, den Schrecklichen
Und flehe, daß sie Kraft verleihn zum großen,
Hochheil'gen Werke mir. Ganz Griechenland
Will ich entflammen, ziehn von Stamm zu Stamm,
Von einer Stadt zu andern, rufen will ich's
Den Fürsten in die Ohren und dem Volke:
Auf, zieht nach Tauris, rächet eure Schmach,
Die wilden Skythen haben hingeschlachtet
Die Besten unsres Volks, die Edelsten,
Orest, den Sohn des hohen Agamemnon,
Der euch nach Troja führte, ew'gen Ruhm
Um Hellas' Stirn gewunden! Hingemordet
Ist Pylades, der Jugend stolze Zierde!
In Tauris liegt jetzt deine Ehre, Hellas,
Denn größ're Schmach und größ'ren Jammer sah
Die Welt noch nicht, drum Rache! Rache! Rache!

Rhökos: Welch eitles Traumbild malest du dir aus.
Wähnst du denn wirklich, daß dein Racheruf
Die Fürsten Griechenlands entflammen werd'
Zu gleicher Glut?

Elektra: Kleinmüt'ger Zweifler du!
Um eines buhlerischen Weibes willen
Vereinigte das ganze Hellas sich
Zum großen Sühnezug gen Ilion;
Wie werden sie begeistert erst sich scharen,
Ein unabsehbar Heer in tausend Schiffen,
Wenn deine Kunde gräßlich in ihr Ohr dringt
Und mahnend dazu tönt mein Racheschrei.
Und mahnen, rufen will ich Tag und Nacht,
Bis Thoas' Stadt in Rauch und Gluten hinsinkt,
Bis Thoas' Blut und der dreimal verfluchten
Artemispriesterin vereint dahinströmt.
Mein sei die Wonne, jenes grause Weib

Mit meinen eignen Händen hinzuwürgen.
Noch heute fort von hier. Auf, rüste dich!
Und heiße meine Knechte sich bereiten.
(Rhökos ab)

Vierte Szene

Elektra: *(allein)*
Ach, anders dacht' ich, Teurer, dir zu leben,
Mich dir zu weihn in süßer Pflicht und Freude
Als treue Gattin, Hüterin des Hauses
Und Mutter deiner Knaben. Ach, erziehn
Hätt' ich sie wollen dir nach deinem Bilde,
Sie sollten treu und edel sein wie du.
Und jedesmal, wenn du zurückgekehrt
Vom Kampfe, von den Spielen, von der Jagd
Zur lieben Heimat und zum trauten Herde,
Stets sollte sich erneun des Hauses Glück. –
Der goldne Traum, der mir die Nacht verschönte,
Der Traum ist hin, es blieb allein die Nacht,
Und einsam ohne Hoffnung ich in ihr. –
Von allen Pflichten, ach, von allen Wonnen
Blieb übrig nur die Rache und der Tod.

Phöbos Apollon,
Zeus auch und Hera,
Und all ihr andern,
Die ihr in Wonnen
Selig des Himmels
Hallen bewohnet,
Nektar schwelgende,
Lachende Götter,
Nie mehr zu euch
Erheb ich die Hände
Fromm im Gebet,
Nie den Altären
Opfer zu bringen
Und heilige Gaben
Nahe ich wieder.
Nimmer auch blende
Kindischer Wahn mich,
Als ob mein Flehen
Könnte erweichen

Euer hartes
Göttergemüt.

Unbekümmert
Um unsere Hoffnung,
Unserer Wünsche
Glühende Sehnsucht,
Taub selbst dem lauten,
Schreienden Jammer
Gequälter Menschen,
Sitzet ihr droben
In fröhlicher Festlust,
Lächelt hernieder
Wie auf ein Schauspiel,
Wenn mit den ehernen,
Stampfenden Tritten
Uns das schreckliche
Schicksal zermalmt. –
Fluch euch, ihr Götter!
Wenn so die Welt ihr
Und die Geschichte
Der Sterblichen lenkt.
(Sie hält inne)
Aber ich fluche wohl
Nichtigen Wesen, –
Machtlosen Schemen,
Die selber ein Spielball
Andrer Gewalten.

Sandtest, Apollon,
Zum Skythenlande
Den herrlichen Bruder
Tröstlichen Worts,
Aber des grausen,
Entsetzlichen Schicksals
Unfaßbare Hand
Traf ihn, den Treuen.
Und du, Apollon,
Hast ihn verlassen
In Jammer und Not,
Wolltest nicht wenden
Das schreckliche Weh. –
Oder auch warst du
Machtlos wie Menschen.

(Sie tritt zum Altar der Parzen)
Ihr nur, ihr Parzen
Wisset zu walten
Was ihr aussinnet,
Was ihr uns sendet,
Was ihr uns webet,
Keiner entrinnt ihm.
Alles ist Jammer,
Vernichtung alles;
Ihr nur erblickt
In unendlicher Ferne
Die ewige Ordnung.
Ihr nur allein.
(Sie wandelt in düstrem Sinnen dem Hindergrunde zu)

Fünfte Szene

Elektra. Iphigenia, Kränze in den Händen tragend.

Iphigenia: *(zu einigen Tempelknaben, die vorübergehen)*
Zum heil'gen Opfer rüstet. Mit den Gaben,
Die dafür ausersehen, nahen sie,
Der Bruder und der Freund, kund ist's den Priestern,
Und alles zu bereiten bin ich hier.
(Tempelknaben ab)
(betend)
Apollon und ihr andern Himmlischen,
Die ihr der Erdenkinder wechselnd Schicksal
Mit euren Götterhänden weise lenket,
Oft zwar auf Wegen, dunkel und verworren,
Durch Jammer und durch Weh. Ihr wendet es
Auch wunderherrlich oft und wonnereicher,
Als wir kurzsicht'gen armen Irdischen
Zu denken nur vermögen; glücklich jene,
Die treu bewährt erfunden in der Prüfung;
Auf solche senket doppelt wonnereich
Sich eure Gabe, Ihr Olympischen. –
Mir ward sie, daß ich's kaum erfassen kann.
Nicht länger bannt mich unfreiwill'ger Dienst
Der strengen Göttin fern von Griechenland
An jener öden waldesdüstern Küste.
Mich fand der Bruder dort, der heißgeliebte,
Mit seinem treuen Freunde, ach, und bald

Soll ich die teure Schwester wiedersehen
Und wieder wohnen in der Väter Hallen.
O schönes Hellast du, nach dem ich jüngst
In trostlos einsam hingeweinten Stunden
Noch tausend Seufzer sandte, nun umfängst
Du wieder die Beglückte. Heimatsonne,
Nun strahlst du wieder tief ins sel'ge Herz,
verscheuchend alles Weh und alles Weinen,
Daß nur des freud'gen Dankes Tränen rinnen.
Die bring' ich nun als erstes heil'ges Opfer.
Nimm's an, Apollon, nehmt's, ihr Himmlischen,
Für diese Prüfung und für diesen Ausgang.

Elektra: *(die allmählich aufmerksam geworden ist, sich langsam nähernd)*
Auch ein Gebet, wie es der Wahn gebiert,
Der unser kindlich Urteil hold berückt,
Bis gräßliche Erfahrung ihn verscheucht.
Es ist das meine wahrlich anderer Art.

Iphigenia: Verschiednes Schicksal ward den Menschenkindern;
Gleich sei der Dank, den man den Göttern bringt.

Elektra: Auch dann den Göttern danken, wenn sie quälen?

Iphigenia: Nur Menschen quälen, Götter schicken Weh,
Und ihnen werde Dank für jede Schickung.

Elektra: Die Götter haben Lust an uns'rem Jammer.

Iphigenia: Der Götter Wille ist der Menschen Wohl.

Elektra: Die Götter sind uns feindlich oder – schwach.

Iphigenia: Erhaben sind sie über ird'sche Klagen,
wir nennen sie darum die Seligen.

Elektra: Mit meinem Schicksal wirst du anders reden.

Iphigenia: Hast du's ergründet, redest du gleich mir.

Elektra: Nicht doch versteh' ich deiner Worte Sinn.

Iphigenia: Mit frommem Sinn verstehst du meine Worte.

Elektra: Dann sage mir, was frommen Sinn du nennst.

Iphigenia: Die Götter fürchten und der Pflicht gedenken.

Elektra: Die Götter fürcht' ich längst, die schrecklichen,
Und denk' der Pflicht - der Rache Pflicht ist süß.

Iphigenia: Der Rache Pflicht? - Das also sinnt dein Herz.

Elektra: Nichts and'res sinnt's, nicht andres will's fortan.

Iphigenia: O wie beklag' ich dann, du Ärmste, dich,
Wenn nichts als Rachedurst dein Herz erfüllt.

Elektra: Beklage nicht und nenne mich nicht arm,
Denn wüßtest du, wie meine Seele wallt
In heißen Gluten, fühltest du mir nach,
Wie's drinnen zittert, wie's mich trägt und hebt

Hoch über Leid und Weh mit mächt'ger Kraft,
Du nenntest nimmer mich beklagenswert.
Iphigenia: Nicht kenn' ich dein Geschick, noch ahn' ich es,
Was dir begegnete, – was es auch ist,
Du bist ein Weib, und Rache ziemt dir nicht.
Und wärst du selbst von einer Schmach getroffen,
Die unaussprechlich, lieber dulde sie,
Als daß du in des Himmels Rechte greifest.
Den Göttern nur gebührt der Rache Werk.
Elektra: Viel sind der Götter, die im Himmel wohnen
Im ew'gen Lichte, aber unten auch
In Hades' finstren Hallen hausen Mächte,
Furchtbare, ernste, ihnen muß ich mich
Mit ganzer Seele willig weih'n zum Dienste.
Iphigenia: Zuvor erwäge wohl, ob eig'ner Sinn,
Ob Götterwille deine Schritte lenkt.
Elektra: Wer erst den Zweifel in der Seele nährt,
Der fesselt ihre Kraft, nur die Begeist'rung
Ist Mutter ew'ger Taten, ew'gen Ruhms.
Iphigenia: Wer nur der Wallung seiner Seele folgt,
Der gleicht den Tieren. Unbesonnenheit
Ist Mutter ew'gen Unheils, ew'ger Qual.
(Auf die Tempelinschriften deutend)
Schau dort in goldner Schrift die goldnen Worte:
»Erkenne dich« und dort: »Beherrsche dich«.
(Sie wendet sich um und beginnt, den Altar mit Kränzen zu schmücken)
Elektra: Welch eine wunderbare Fremde ist's!
So hoch und hehr und doch so sanft und mild,
Und wie mit Zaubermacht dringt ihre Rede
Ins tiefste Herz, – vertrauend neigt es sich
Bald hin zu ihr, bald wird's zurückgeschreckt
Von solcher nie gekannten Majestät.
Doch will ich forschen erst in ihrer Seele.
(Auf sie zutretend)
Du scheinest mir ein marmorkaltes Bild,
Das wohl ertönt, der Memnonssäule gleich,
Doch dem kein Herz die tiefste Brust beweget.
Mit frommem Sinn verstehe ich dein Wort –
Ich will nicht fromm sein, will es nicht mehr sein.
Mir haben die olympischen Tyrannen
Geraubt, gemordet, was mir teuer war.
Sieh: alles, alles sank mir in den Staub
Wie welke Blätter, die ein nächt'ger Frost
Getötet, kahl und schaurig öde liegt

Um mich die Welt. – Nur eines hab' ich noch
Und schätz' es hoch als meiner Seele Bestes,
Das ist der brennend heiße Durst nach Rache.

Iphigenia: Unselige! Wer bist du, die mir mächtig
Das Herz ergreift und meine tiefste Seele
Mit allen ihren Kräften zu dir neigt? –
O ew'ge Götter, leihet mir das Wort,
Das milde wie ein weiches Balsamöl
Die Wunden dieses Busens kühlen möge! –
Jungfrau, erkenne dich, das wilde Feuer,
Das trüb und qualmig deine Seele aufregt,
Ist deinem eignen innern Wesen fremd.
Im Frieden wurzelt nur des Weibes Leben.

Elektra: Den Frieden find' ich, wenn ich Rache fand.

Iphigenia: Und wenn das Opfer, das du blutig trafest,
Am Boden zuckend liegt, wenn du den Fuß
Wie im Triumph auf seinen Nacken setzest
Und drauf im schwelgenden Genuß der Rache
Das Toben deiner Brust beruhigt wird,
Wie wenn ein Ungewitter grollend abzieht,
Glaubst du, die Sonne bräche wieder durch? –
Das ist der Fluch der Rache, daß sie brennend
Des Rächers eig'ne Seele dörrt und tötet. –
Qual ist der Durst, ein Rausch nur die Vollendung,
Und Qual ist, was zurückbleibt. Jungfrau, Jungfrau!
Veracht'es nicht als klein, wenn wir das Schicksal,
Das uns des Himmels weise Götter senden,
Und sei's ein Los auch ungemess'nen Jammers,
In stiller Fassung zu ertragen lernen. –
Ja, sieh mich an, auch mir hat Götterhand
Der Teuren viel entrissen; wähnt' ich doch,
Daß alles mir entrissen sei, und oft
Hab ich im fernen, fremden Lande still
Für mich geweint und habe oft gefragt:
Warum denn mir solch grenzenloses Elend?
Gefragt hab' ich, doch hab' ich nicht gehadert,
Und wenn mir auch die Welt erstorben schien,
Dann stillt' ich des verwaisten Herzens Klage
Durch segensreiches Wirken, freundlich Dienen,
Hilfreiches Sorgen für das Wohl der Fremden,
Weil für die Meinen ich nicht sorgen konnte.
Und sieh, so zog ein Frieden mir ins Herz,
Wie ihn die Geister des Elysiums
Nicht reiner, seliger empfinden können.

Elektra: Es bebt die Seele mir von deinen Worten.
Iphigenia: So wende doch die bebende mir zu
Und fasse meine Hand, die dich zu retten
So sehnlich ausgestreckt ist. Komm, o komm,
Laß mich den Jammer teilen, der dich drückt.
Elektra: *(überwältigt)*
Ja, hilf mir tragen, gieße deinen Frieden,
Mit dem die ew'gen Götter dich beschenkten,
Auch mir ins arme, tief zerriss'ne Herz.
(Sie erfaßt heftig ihre Hand)

Sechste Szene

Elektra. Iphigenia. Rhökos.

Rhökos: Die Deinen sind bereit, Gebieterin. –
(Iphigenia plötzlich erblickend)
Was seh' ich, Götter! Täuscht ein Trugbild mich? –
Belügen mich die altgewordnen Augen? –
Nein, nein, das ist kein Wahn, denn klar erschau ich's –
Wie kommt das grause Skythenweib nach Delphi?
(Elektra hastig beiseite führend, leise)
Elektra, weißt du denn, mit wem du redest? –
Die Götter helfen schnell zum Rachewerk.
Vor dir steht jene blut'ge Priesterin,
Die deine Lieben in den Tod gesendet.
Elektra: Rhökos, was redest du! Ein Traum umfängt dich.
Rhökos: Kein Traum, Elektra, ach, das Schreckensbild
Hat unauslöschlich sich mir eingepräget.
Frag sie nur selber, ich indessen will
Den Priestern künden, was sich hat begeben. –
(ab)
Elektra: Schwankt denn die Erde unter meinen Füßen? –
Da ich von ihrem süßen Wort berückt
Zum alten Wahne schon zurück mich wende,
Bereitet sich das blutige Verhängnis? –
O wunderbar geschickt wißt ihr zu spinnen,
Ihr weisen Alten; wunderbar die Menschen
Zu lenken auch der ew'gen Ordnung Wegen.
Und eurem Dienste schon wollt' ich enteilen
Und andern Göttern zu.
(Pause. Plötzlich fällt ihr Blick auf das Beil, mit wildem Frohlocken)
Da blitzt das Beil!

Ihr drückt mir's in die Hand, ihr lehret recht
Den Priester reden, daß es euch gebühre.
Noch einmal sei's denn blut'gem Werk geweiht.
(Sie ergreift es)
Der du's zuletzt geschwungen, steh mir bei!
(Bleich und zitternd tritt sie mit dem Beil vor Iphigenia)

Iphigenia: Was ist mit dir geschehn? Wie bleich du bist,
Und stehst so zitternd, und dein Auge rollt,
Und was bedeutet in der Hand das Beil?

Elektra: Du wirst erfahren, was das Beil bedeutet,
Bestätigst du, was ich von dir vernahm.
Antworte mir auf meine Fragen jetzt,
Ich fordre Wahrheit.

Iphigenia: Wahrheit werde dir.

Elektra: Kommst du hierher vom Land der Taurier?

Iphigenia: Von Tauriens Gestade führt mein Weg.

Elektra: Warst du die Priesterin der Artemis?

Iphigenia: Sie war die Göttin, der mein Dienst geweiht.

Elektra: Und ihre Opfer töten war dein Amt?

Iphigenia: Uralte Satzung schrieb's der Priestrin vor.

Elektra: Nun, dann vernimm auch du der Wahrheit Wort:
Die jetzt vor dir das blut'ge Eisen schwingt,
Die Schwester dessen ist's, den du getötet,
Die Braut des Herrlichen, den du gemordet,
Die Rächerin Elektra, und du bist
Ihr erstes Opfer!
(Sie holt zum Streiche aus)

Iphigenia: O halt ein! halt ein!
Du bist Elektra? Schwester, teure Schwester!

Elektra: Was soll dies Wort? So nennt mich auf der Welt
Jetzt niemand mehr und darum mußt du sterben.
(Wieder auf sie eindringend)

Iphigenia: Hast nie von Iphigenia du gehört?

Elektra: Von Iphigenia? – Was nennst du sie?
Entweihe mir nicht ihren heil'gen Namen!

Iphigenia: Und wenn sie plötzlich lebend vor dir stünde?

Elektra: Schweiß, du betörst mich nicht. Ihr ew'gen Götter!
Woran erinnert mich dies Angesicht?
(in Verwirrung geratend)
Und welch ein teures Bild steht vor mir auf.
O Vater, Vater!

Iphigenia: Ha, sie nahn, sie nahn –
(rufend)

Orestes! Ach Orestes! Pylades!
Elektra: Orestes? Pylades? Was nennst du sie?
Schaust du die Schatten der Gemordeten?
Recht, daß du selbst an meine Pflicht mich mahnest.
Nun hab' ich wieder meine ganze Kraft! –
So stirb denn, Blutige!
(Sie dringt zum dritten male auf sie ein)

Siebente Szene

Orest und Pylades stürzen herbei, hinter ihnen ihr Gefolge, später von der andern Seite Rhökos mit Dienern und Tempelknaben. Orest stellt sich schützend vor Iphigenia, indes Pylades der Elektra das Beil entreißt und die ohnmächtig Zusammenbrechende in seinen Armen auffängt.

Iphigenia: O güt'ge Götter!
Orest: Was ist geschehn? Wer ist die Rasende?
Pylades: Ihr Ewigen! was seh' ich? Schauet her!
Elektra ist die Unglückselige,
In meinen Armen halt' ich die Geliebte!
Doch lebt sie? Ist sie tot?
Orest: Die Schwester Ist's!
Umfängt mich Wahnsinn noch mit grausen Bildern?
Schwang nicht ein blitzend Beil sie gegen dich?
Sprich, Iphigenia! Ha, sieh, dort liegt es
Am Boden –
(er hebt es auf und wirft dasselbe, als er es erkannt, schreiend wieder von sich)
Weh mir! ich erkenn's, dasselbe
Fluchwürd'ge Eisen ist's, das einst gerötet
Vom Blut der Eltern und Ägisthens war.
Und in der Schwester Hand treff' ich's auf dich
Gezückt, hier in Apollons Heiligtum?
Und dort das blutgetränkte Fluchgewebe,
Ich faß' es nicht ; o sprecht, wie soll ich's deuten?
Iphigenia: Erschüttert bin ich und beglückt zugleich,
Der Götter wunderbares Walten ahnend,
Zwar nimmer kann ich alles noch verstehn,
Doch jetzt schon seh' ich's wonnevoll sich wenden.
Pylades: Elektra, höre mich! Erwache wieder
Und schlag die lieben Augen auf und sieh,
In wessen Arm du ruhest. O vernimm
Die Stimme deines Pylades und laß
Von seiner Küsse Glut dein Herz erzittern,

Daß es durchflutet wird zu neuem Leben.
Dank euch, ihr guten Götter! Seht, sie lebt!
Sie schlägt die Augen auf. Sie richtet matt
Empor sich schon. Elektra! Vielgeliebte!
Sieh, wo du weilest, in der Deinen Mitte.

Elektra: *(sich langsam aufrichtend und wie träumend umherblickend)*
Was ist mit mir geschehn? Wo bin ich denn?
Träum' ich? Bin ich gestorben? Weil ich schon
In Hades' Schattenreich?

Orest: Bei uns, Elektra!

Elektra: *(in hoher Freude)*
Ja, ja, ich bin bei euch, ihr heil'gen Schatten,
Ich hab'euch wieder, Dank den ew'gen Mächten,
Von nun an droht uns keine Trennung mehr.
Du treuer Pylades! Orest, mein Bruder!
Reicht mir die Hand und laßt uns so vereint
Den teuren Vater aufzusuchen gehn,
Den edlen Agamemnon, denn ich sehe
Ihn nicht bei euch, vielleicht auch treffen wir
In seinem Arm die frühverlorne Schwester
Und bleiben dann in Liebe beieinander.
Und alles bittre Leid ist ausgelöscht,
Gestillt der Tränen Flut, der Klage Laut.
Und Heil vor allen mir Glückseligen,
Daß euch zu rächen noch vergönnt mir war,
Eh' ich hinabstieg in den Tartaros.
(Sie erblickt, sich wendend, Iphigenia)
Weh, wen erblick ich? Ist auch diese hier,
Die euch gemordet und die ich erschlug?
Was will sie bei den Seligen und Reinen?
Fort wende dich, Fluchwürd'ge, Blutige!
Geselle dich zu andern Blutbefleckten,
Flieh zu den Mördern, die das grause Dunkel
Mit ewig wiederholten Klagen füllen.
Verhaßte, fort! Nicht hier ist deine Stelle!

Iphigenia: Du freust dich schon des Wahns, wie glückerfüllt
Wirst du den Göttern danken, wenn die Wahrheit
Mit Sonnenhelle erst dir aufgegangen.

Pylades: Orest, blick her und sieh dein eignes Bild.
So wähntest du dich selbst in Tauris noch
Hinabgesenket tief in Hades' Nacht
Mit deiner nachtumfang'nen düstern Seele.

Orest: Mich faßt ein Schauer, wenn ich des gedenke.

Elektra, Schwesterherz, o höre mich!
Nicht stiegst du nieder in den Tartaros,
Nein, dich umfängt das blühend frische Leben,
Phöbos umstrahlt dich hell mit goldnem Licht.
Du wandelst auf der Erde noch, der schönen,
Und wir mit dir und wollen des uns freuen.
Nun sieh, wie herrlich es die Götter wenden,
Sieh hier die Schwester Iphigenia,
Zum Opfer einst bestimmt der Artemis,
Doch wunderbar gerettet und von ihr
Entführt zu ihrem Heiligtum nach Tauris,
Wo sie als Priesterin uns opfern sollte,
Doch schnell erkannt' das teure Schwesterherz
Den Bruder und den Freund, die Todgeweihten.
Pylades: Und hör', Elektra, ihrem Wort gelang's,
Den strengen König Thoas zu bewegen,
Vom blut'gen Opfer abzustehn, sogar
Die Freiheit uns zu geben und ihr selbst,
Auf daß Orest nach des Orakels Spruch
Zu Delphis Heiligtum die Schwester führe,
Die eigne Schwester, nicht der Göttin Bild,
Durch Kund'ge wurde kund, daß so der Sinn.
Auch uns ward es bald klar zu hoher Freude,
Genommen war der Götter schwerer Fluch
Von seiner Seele, der Erinnyen Schar
Entwich zur ew'gen Nacht der Unterwelt.
Sein Geist ist klar, beruhigt seine Brust,
Er ward der Welt, er ward uns neu gegeben.
Rhökos: *(hervorstürzend)*
Ihr lebtl Ihr lebt! Mein teurer, teurer Herr!
(vor Orest niederfallend und seine Knie umfassend)
Orest: Rhökos, auch du bist hier? Von deiner Flucht
Vernahm ich schon.
Rhökos: Hier suchte ich und fand
Elektra. Sie erfuhr, daß diese euch
Geopfert, denn das mußt' ich glauben doch.
Da schwur sie, euch zu rächen und zu sterben.
Pylades: Elektra, wache auf, erkenne sie,
Die Retterin, die Schwester; freue dich
Mit uns des neuerstand'nen hohen Glücks.

Achte Szene

Opferzug. Knaben mit Doppelflöten, ein Fackelträger, Tempeldiener mit goldenen Opfergefäßen, zuletzt die Priester. Alle sind weiß gekleidet und lorbeerbekränzt.

Chor der Priester: Phöbos Apollon, seliger Gott!
Wir kommen, wir nahen
Mit Preisen und Danken
Und heiligem Opfer und heißestem Flehn.
Gnädig und huldreich wollest du neigen
Dein Strahlenhaupt uns Menschenkindern,
Allseher du und Allheilender,
Phöbos Apollon, seliger Gott.

(Bei den letzten Worten hat sich der Opferzug dem Altare genähert, während der Tempel sich wieder öffnet. Der älteste Priester bereitet das Opfer. Tempelknaben helfen ihm dabei und reichen ihm die Fackel)

Elektra: *(durch den Gesang allmählich erwacht, erblickt plötzlich den geöffneten Tempel und die Priester. In seligster Freude)*
Was hör' ich? Was erblick' ich! Welche Stimmen,
Und welcher Glanz dringt mächtig auf mich ein!
O es ist wahr, ich lebe! Wonne mir!
Nicht hält mich Hades' schauervolles Reich,
Phöbos umstrahlt mich noch mit goldnem Licht.
Du blauer Himmel, freundlich grüne Erde!
lst's möglich, kann ein armes Menschenherz
So große Freude fassen, wie die Götter
Mir heute senden, muß es nicht zerspringen!
Du bist es wirklich, trauter Pylades?
Und du Orest, der vielgeliebte Bruder,
Aus deinem Blick strahlt Morgensonnenglanz!
Und endlich dich, du hohe Fremde, dich
Soll ich begrüßen als die langverlor'ne,
Die teure Schwester Iphigenia?
O ew'ge Götter, die ihr solche Stunde
Mir sandtet, sendet Kraft auch, sie zu tragen.
Orestes! – Iphigenia! – Pylades!
(sie vor Freude weinend nacheinander umarmend)

Iphigenia: *(vortretend)*
Allmächtige Götter, klar erkennen wir's,
Ihr seid versöhnt, ihr nahmt den alten Fluch
Vom schwerbetroß'nen Haus der Tantaliden,
Der in des blut'gen Rachemords Gestalt
Forterbend von Geschlechte zum Geschlecht

Des Unheils Kette weithingreifend schlang.
Und, ihr Geschwister, auch auf unsre Mutter
Werft einen Strahl der Milde und Versöhnung,
Daß minder schwarz ihr Schatten uns erscheine.
Schwer hat gefehlt sie – schwer ist sie gestraft.
Beschwichtigt sei die wild titanische
Gewalt'ge Leidenschaft; dem Menschen ziemt
Besonnenheit, Geduld und Mäßigung.

Priester: *(nachdem er die Opferflamme entfacht, mit lauter Stimme)*
Die Stund' ist da, und alles ist bereit,
Das Opfer zu beginnen. Betet an.
(Alle umringen den Altar)

Chor: Phöbos Apollon, seliger Gott,
Allseher du und Allheilender!
Der du mit goldnem Strahlenpfeil
Der grausen Erinnyen grau'nvolle Scharen,
Die nachtgebor'nen, siegend verscheuchst,
Wendend zur Wonne Jammer und weh,
Welche durchwühlten der Menschen Gemüt;
Wir kommen, wir nahen
Mit Preisen und Danken
Und heiligem Opfer und heißem Gebet;
Huldreich und gnädig wollest du neigen
Dein Strahlenhaupt uns Menschenkindern,
Allseher du und Allheilender,
Phöbos Apollon, seliger Gott.

Nachwort

Nachwort der Ausgabe von 1965

Das literarische Werk von Hermann Allmers hat eine überraschende Ausstrahlungskraft bewahrt. Nicht bloß zu seinen Lebzeiten genoß der »Dichter der Marsch« und der Lyriker eine unangefochtene Berühmtheit weit über seine engere Heimat hinaus, auch jetzt noch, über sechzig Jahre nach seinem Tod, lebt sein Name weiter im Raume Nordwestdeutschlands und der Küstenländer an der Nordsee. Denn von ihm und seinem Werk sind eine Fülle von Impulsen in diese Welt ausgegangen, da er ein Lebenlang bemüht war, die heimatliche Welt mit lebendiger und fortzeugender geistiger und kultureller Kraft zu erfüllen.

Er war gewiß ein Kind des neunzehnten Jahrhunderts, naiv fortschrittsgläubig, leicht begeistert und unkritisch gegenüber eigener und fremder Leistung, als Dichter ein Epigone der klassischen Zeit, der im Kreise der Geibel und Heyse, Victor von Scheffels, Friedrich Bodenstedts und Julius Grosses sich zuhause fühlte. Die großen realistischen Erzähler, Adalbert Stifter und Klaus Groth ausgenommen, scheinen ihm kaum dem Namen nach bekannt gewesen zu sein. Während aber die Werke jener von ihm hochverehrten Poeten sowie der Bremer Mitstrebenden, des Maler-Dichters Arthur Fitger und des Dichter-Bibliothekars Heinrich Bulthaupt, verstaubt sind mit dem neunzehnten Jahrhundert, bleibt sein Werk noch heute lesenswert, nicht nur die Darstellungen aus seinem heimatlichen Raum, ebenso die »Römischen Schlendertage«; denn Allmers ist ein Schilderer der Landschaft und ihrer Menschen, dem nur wenige Zeitgenossen an die Seite zu stellen sind.

Dies sein literarisches Werk aber geht unmittelbar aus seinem Leben hervor, das ebenfalls nicht ohne exemplarische Bedeutung ist. Die Vorfahren, ein niedersächsisch-friesisches Geschlecht, das er selber allerdings gern zu »Friesenhäuptlingen« aufwertete, lebten seit Jahrhunderten auf reichem bäuerlichem Besitz in dem Marschdorfe Rechtenfleth am rechten Weserufer, einem Dorf, das bis heute seinen alten Charakter weithin bewahrt hat und in dem das von ihm geschaffene »Marschenheim« den geistigen Mittelpunkt bildet. Der Vater Wierich Allmers, ein wohlhabender und gebildeter Marschenbauer, hatte nach dem Tode der ersten Gattin und ihrer Kinder die Tochter Sophie Dorothea des Superintendenten Biedenweg aus dem nahen Kirchdorf Sandstedt geheiratet. Sie gebar ihm am 11. Februar 1821 den ersten und einzigen Sohn, der aber so lebensschwach und zudem mit einer so schweren Mißbildung des Gaumens behaftet war, daß man an der Erhaltung seines Lebens zweifelte und er noch am gleichen Tage die Nottaufe und den Namen Hermann erhielt.

Trotzdem gedieh das Kind gut, und da schon früh die Begabung und die rege Aufgeschlossenheit des Jungen spürbar wurden, seine Sprachschwierigkeiten ihm aber den Besuch der ohnehin sehr unzulänglichen Dorfschule nur erschwert hätten, entschlossen sich die Eltern zur Erziehung durch Privatlehrer in Gemeinschaft mit einigen gleichaltrigen Jungen aus dem Dorf. Diese Privatlehrer, stellungslose Lehramtskandidaten, müssen zwar nach Allmers' Erinnerungen (abgedruckt in Theodor Siebs' Allmers-Biographie, S. 17f.) mehr als kuriose Erscheinungen gewesen sein, werden aber doch die Grundlage gelegt haben für eine gediegene Bildung, die der begabte Bauernsohn sich im wesentlichen durch Selbststudium aneignete. Von seinem sechzehnten Lebensjahre an verbrachte er mehrere Jahre hindurch die Wintermonate in Bremen, nahm Unterricht im Englischen und Französischen, in Zeichnen und in Naturwissenschaften und las mit Eifer die Literatur seiner Tage, zumal sein eigenes dichterisches Talent sich früh regte und eine leidenschaftliche Begeisterungsfähigkeit ihm den Zugang zu allen als schön und begeisternd empfundenen Dingen der Kunst leicht machte.

Hermann Allmers war selbstverständlich zum Bauern und Hoferben bestimmt und wurde auch in der Jugend noch immer zur Arbeit auf dem Hofe angehalten; sein schweifender Geist allerdings machte ihn zum Bauern kaum geeignet, und noch lange erzählte man schmunzelnd im Dorf von seinen Extravaganzen bei der Bauernarbeit, etwa, daß er unter einem Regenschirm pflügte oder Pferde und Gespann bedenkenlos stehenließ, um sich nichtstuend poetischen Träumereien zu überlassen. Sein eigentlicher Traum war, Naturforscher und Reiseschilderer zu werden, und er verzichtete nur darauf um der geliebten Eltern willen. Er hat das später oft bedauert, und tatsächlich wäre er, wie das in diese Sammlung aufgenommene Stück Reiseschilderung Oberitaliens des eben erst Fünfundzwanzigjährigen zeigt, wahrscheinlich einer unserer besten Reiseschilderer geworden. Von dieser seiner ersten Reise, für die der Vater ihm eine Rolle mit 300 Goldtalern auf die Geburtstagstorte gelegt hatte, hat Theodor Siebs noch eine ganze Reihe höchst lesenswerter Einzelschilderungen veröffentlicht. Sie führte mit einem neugewonnenen Freunde, Dr. jur. Theodor Menke, dem späteren historischen Geographen, durch den Harz, wo ihm zuerst die Schönheit der Bergwelt aufging, nach Freiburg an der Unstrut, wo dem alten, schon recht schrullig gewordenen Turnvater Jahn Aufwartung gemacht wurde, nach Weimar und Jena, wo im Hause der Arminia ihm die »alte Burschenherrlichkeit« aufging – sie fand später ihren Niederschlag in dem vielgesungenen Studentenlied »Dort Saaleck und hie Rudelsburg« –, schließlich nach Nürnberg und München, die für den späteren Allmers stets aufs neue besuchte Lieblingsstädte wurden, und nach Tirol und Oberitalien. Diese erste Ausfahrt legte den Grund für Allmers' nie aufhörende Reiselust, die er selbst in seinen letzten Lebensjahren kaum bezähmen konnte.

Der Widerhall seiner zuerst in Bremer Zeitungen veröffentlichten Reiseschilderungen und einzelner Gedichte sowie der allwinterliche Verkehr mit den Männern des damaligen geistigen Lebens in der Bremer »Kneipe«, einer Vorläuferin des später für Bremen so bedeutsamen Künstlervereins, befeuerten sein literarisches Streben, wenn auch der junge, wohlsituierte Erbe seines alten Hofes zunächst noch für seine brennende Tatkraft nach einem anderen Betätigungsfelde suchte: in der Politik. Seine immer schon schlummernde politische Leidenschaft – auch der Vater hatte als ein Liberaler heftig gegen den hannoverschen Verfassungsbruch von 1837 opponiert – entzündete sich mächtig an den Ereignissen des Revolutionsjahrs 1848 und an der schleswig-holsteinischen Sache. Jugendlich-revolutionäres Feuer gegen den reaktionären hannoverschen Regierungskurs spielte dabei ebenso eine Rolle wie die Hoffnung, daß aus dem Volksaufstand die erwähnte deutsche Einheit in einem republikanischen Vaterland werden würde. Seine politische Tätigkeit erschöpfte sich aber in dilettantischen Verschwörergesten und in den bald als aussichtslos erkannten Bemühungen, die schwer beweglichen Marschenbauern zu revolutionärem Feuer zu entfachen. Hatte er doch sogar versucht, das in seiner Heimat noch gebräuchliche Osterfeuerabbrennen zu einer politischen Demonstration zu machen, indem er drei Sinnbilder der gehaßten Reaktion im Feuer aufgehen ließ, die hannoversche Adelskammer, den deutschen Bundestag und den preußischen »Kanonenprinzen«.

Eine in seinem Garten gepflanzte Eiche mit dem angehängten Schilde des Jahres 1848 erinnert noch heute an diese revolutionäre Periode des jungen Stürmers und Drängers. Den in Briefen an seine Jugendfreunde mehrfach geäußerten Gedanken, selber als Abgeordneter »dem Wohl des Volkes zu dienen«, gab er aber bald auf mit Rücksicht auf sein mangelhaftes Sprachorgan, aber auch aus der Erkenntnis, daß seine eigentliche Begabung auf geistig-literarischem Gebiet liege. Im übrigen ist Hermann Allmers dann den Weg seiner meisten bürgerlichen Zeitgenossen gegangen: aus dem revolutionären Schwärmer wurde ein begeisterter Verehrer des Fürsten Bismarck und seiner Einigungspolitik, und der einst gehaßte »Kanonenprinz« wurde für ihn zum hochverehrten Heldenkaiser des neuen geeinten Vaterlands.

Nach dem Tode des Vaters im März 1849 drängte sich aber für lange Zeit ein anderer Gedanke beherrschend in seinen Sinn. Das Wohl des Volkes, das Blühen seiner näheren Heimat schien für ihn unabdingbar gebunden an eine bessere Volksbildung. Er hatte sich selber als Bauernsohn den Weg zu einer freien Persönlichkeit im wesentlichen durch Selbststudium gebahnt, die damalige Volksschule schien zu unzulänglich, um anderen dazu helfen zu können. So tauchte der Gedanke in ihm auf, den eigenen Hof und sein damals noch beträchtliches Vermögen dazu zu verwenden, der Dorfjugend seiner Heimat eine Bildungsstätte zu schaffen. Er wurde also ein erster Vorläufer des ländlichen Volkshochschulgedankens, und auch durch Abendvorträge im nahen Sandstedt suchte er diesem Volksbildungsgedanken zu dienen. Noch in der Novelle »Harro Harresen« (1881) läßt er das Leben des gescheiterten Helden nach seinem Tode Erfüllung finden in einer Volkshochschule auf dessen Marschenhof.

Im Frühjahr 1855 starb auch die geliebte Mutter,* und nun hatte Allmers völlig die innere Freiheit gewonnen, die er fortan auslebte in einem Leben nach seinem Geschmack, zwar immer wieder in Rechtenfleth und auf seinem Marschenhof die Mitte suchend, aber doch alljährlich ausschweifend zu Reisen »auf die Höhe der Kultur«, nach Thüringen und nach Berlin, auch einmal nach Ostpreußen und Schlesien, regelmäßg aber nach Nürnberg, München, Stuttgart und an den Rhein, überall »schwelgend« im Genuß von Landschaft, Geschichte und Kultur, überall willkommen geheißen von alten Freunden und stets neue Freunde gewinnend, überall Anregung gebend und Anregung empfangend. Allmers, der, von einer Liebeswerbung enttäuscht und ohnehin für Frauenliebe nicht recht aufgeschlossen, sich schon mit einunddreißig Jahren die Grabstätte hatte mauern lassen als dem »letzten seines Geschlechts«, war ein Genie der Freundschaft, dem die Herzen zuflogen und der sich überallhin verschenkte und verschwendete, bis er zuletzt auch sein großes materielles Vermögen beinahe vertan hatte. Zudem war ihm, seit 1857 sein »Marschenbuch«, 1860 seine »Dichtungen« erschienen waren, ein rascher Ruhm zugefallen. Er durfte sich als ein anerkannter Mann des geistigen Lebens zu Gleichgesinnten und Gleichgestellten an den Tisch setzen.

Die innere Vollendung seines Lebens suchte er dann, in bewußter Goethe-Nachahmung, in seiner italienischen Reise vom 1. Oktober 1858 bis Weihnachten 1859. Sie brachte ihm, was er ersehnt hatte: ein Leben in voller Freiheit und die Begegnung mit der Antike und der großen italienischen Kunst der Renaissance – für das Barock, den »widerwärtigen Zopfstil«, hatte er als Kind seiner Zeit noch kein Auge –; sie führte ihn zu Begegnungen mit Künstlern und Kunstwissenschaftlern Roms, sie bezauberte ihn mit dem natürlichen Volksleben im alten »Patrimonium Petri«, sie ließ ihn, so sehr sich der liberale Protestant dagegen wehrte, etwas von dem Glanz römischer Gottesdienste ahnen; sie schenkte ihm schließlich in Neapel und Ischia seinen nächsten Freund, den großen Naturforscher Ernst Haeckel, der eben dort, im Golf von Neapel, mit seiner Radiolarienforschung gerade den Grund zu seinem Weltruhm legte.

Aus den römischen Briefen und Tagebuchblättern, aus zunächst wieder in bremischen Blättern veröffentlichten Einzelskizzen entstand dann ein Jahrzehnt später sein Buch »Römische Schlendertage«, das sein größter Bucherfolg wurde, der selbstverständliche Begleiter des gebildeten deutschen Romreisenden im neunzehnten Jahrhundert, wie Daniel Hawthornes Roman »Der Marmorfaun« es für die englischsprechenden war.

Mit diesem Werk endet schon eigentlich Allmers' schöpferische Zeit. Im Grunde war er auch auf geistigem Gebiet immer ein Schlenderer, ein Mann des schöpferischen Einfalls, zu mühsamer Arbeit entschloß er sich nicht gern. Es folgten wohl noch, verhältnismäßig rasch entstanden, das einaktige Drama »Elektra« (1872), die Novelle »Harro Harresen« (1882), ein völlig mißglücktes Gebilde, und »Hauptmann Böse« (1882), es entstand noch dieses und jenes Gedicht, aber Allmers wußte selber, daß seine dichterische Schöpferkraft abnahm, und von mancherlei Plänen ist nichts zur Vollendung gediehen, etwa die geplante Selbstbiographie oder eine Sammlung von Zeitgedichten von den Freiheitskriegen bis zur Gründung des Reiches.

Als ein echtes Werk seines Geistes aber sah Allmers noch die Umgestaltung seines Hauses an, die ihn viele Jahre lang beschäftigte. Er hatte schon von Kindertagen an ein

* Ein Portrait von Allmers' Mutter in reifen Jahren ist im Allmershaus überliefert, Abb. hier auf S. 218.

leidenschaflliches Interesse für Geschichte; geschichtliche Bildung erschien ihm als unerläßliche Grundlage rechten politischen Handelns. So wurde er, darin wieder ein echtes Kind seines Jahrhunderts, ein eifriger Denkmalstifter. Er hatte in Bremen für das alte Arbeitshaus an der Weser eine Bronzeplakette zur Erinnerung an Seumes Flucht vor den hessischen Werbern gestiftet, er schrieb die Gedenkverse an Admiral Brommy für das Denkmal des ersten deutschen Flottenadmirals in Brake, er veranlaßte die Ausmalung des Stoteler Grafenhofs mit historischen Bildern aus dem Schicksal des alten Grafengeschlechtes, und noch in seinen letzten Lebensjahren gelang ihm die Durchführung einer jahrzehntelang gehegten Lieblingsidee: eine Gründung eines Denkmals für Karl den Großen unmittelbar hinter seinem Haus am Weserdeich, weil er leidenschaftlich die Meinung vertrat, Karl habe bei seinen Sachsenzügen hier die Weser überschritten.

So wurde es ihm auch zur Lebensaufgabe, für die an Erinnerungen so arme Marsch eine Denkstätte historischer Besinnung zu schaffen in seinem eigenen Hause und damit zugleich dem eigenen Leben das allein gemäße Gehäuse zu geben. Schon bald nach dem Tode der Mutter hatte er begonnen, seinem altniedersächsischen Vaterhaus einen zweistöckigen Querbau anzusetzen, von dessen Obergeschoß sich ein schöner Blick auf die unmittelbar vorüberziehende Weser auftut. Das alte bäuerliche Flett verwandelte er nun in eine kamingeschmückte Wohnhalle, die er auf das anziehendste mit altem Gerät und von ihm gesammelten historischen Bauernmöbeln ausstattete. Er baute Arbeits- und Schlafzimmer für sich daran und einen »Römischen Saal« im pompejanischen Stil, dazu bestimmt, seine mannigfaltigen Erinnerungen an die italienische Reise aufzunehmen; das Hauptprunkstück und zugleich ein historisches Sanktuarium aber sollte der »Marschensaal« des Obergeschosses werden, für dessen Ausgestaltung seine Malerfreunde, manchmal in jahrelanger Arbeit, beschäftigt wurden. Der mit einer farbigen Kassettendecke versehene Saal weist im oberen Teil einen von Freiherr von Dörnberg gemalten Fries auf, der die Geschichte der Marschen abbildet, gewissermaßen als bildliche Illustration seines Marschenbuches: das primitive Fischerleben auf den ersten Wurten, den Bau der Deiche, eine Sturmflut, friesischen Bauernkampf gegen erzbischöfliche Ritter, zuletzt ein Gericht unter der Staleiche in Hagen und das Gegenwartsbild der Marschen: Hermann Allmers selber zeigt seinen Freunden den üppigen Reichtum der Marsch. Die deutenden Verse dazu gab der Dichter selber:

Nur Fischer oder Jäger waren
Der Marschen Volk vor tausend Jahren,
Bis daß es zu den Fluten spricht:
Bis hierher sollt ihr, weiter nicht.
Und tapfrer hat kein Volk gestritten,
Und schwerer hat kein Volk gelitten.
Niemandes Herr, niemandes Knecht,
Hielt's treu am alten Brauch und Recht,
Bis ihm nach Sturm und Kampf und Plage
Zuletzt erschienen goldne Tage.

Darunter dann eine Reihe historischer Wandbilder verschiedener Maler zur deutschen Geschichte und Kultur, von Wotans wilder Jagd bis zu Barbarossas Erwachen im Kyffhäuser, dem Bilde Arthur Fitgers, mit dem dieser zu Beginn des Krieges von 1870/71 seinen Ruhm begründet hatte. Auch die weiteren Räume des Obergeschosses, als Gastzimmer für Freunde bestimmt, bekamen reichen Schmuck von Bildern und musealem Sammelgut, das Allmers mit sicherem Blick für verlorengehende Werte aus alten Bauernhäusern und von den Dachböden der Kirchen zusammengetragen hatte.* Mit

* Zum Inneren des Allmers-Hauses vgl. hier die Abb. der Halle (S. 219) und des Römischen Saales (S. 220).

gleicher Sorgfalt wurde der Garten angelegt. Zwar wollte es Allmers nicht gelingen, die geliebten Blüten des Südens in seiner windumrauschten Heimat anzusiedeln, der Garten aber bekam italienische Prägung mit Pergola und farbigen Blumenbosketts vor schwarzen Taxuspyramiden und mit Bildwerken und Hermen, deren Widmungsverse wieder Werk des Dichters sind.

Glücklicherweise ist es gelungen, Heim und Garten in der Form zu erhalten, wie der Dichter sie hinterließ. Die Hermann-Allmers-Gesellschaft betreut diese äußere Hinterlassenschaft, und alljährlich wird das Marschenheim von vielen Hunderten dankbarer Heimatfreunde besucht, ein Dichterheim mit reichen Sammlungen, wie es in so geschlossener Form als ein echtes Denkmal seiner Zeit kaum anderswo zu finden ist und in dem der »Alte vom Deich« noch immer zu leben scheint.

Die letzten Jahrzehnte seines Lebens verbrachte Hermann Allmers im Wechsel zwischen behaglicher Muße daheim und regelmäßigen Reisen in die von ihm am meisten geliebten Städte. Immer wieder suchte er dabei auch noch Neues zu entdecken, reiste auch in seinen alten Tagen noch einmal nach Rom, ein wenig enttäuscht zwar, daß er die alte Welt enthusiastischen Jugendschwelgens nicht mehr wiederfand, aber doch mit offenem Blick für die positiven Neuerungen, die das neue Königreich Italien seiner Hauptstadt gab. Alte Freunde hatte er in allen Städten, die er je berührt hatte, in Bremen, seiner »städtischen Heimat«, in Rom, in München und Nürnberg, in Straßburg, in Wien, in der Schweiz. Mit ihnen hielt er lebendigen Kontakt durch einen reichen Briefwechsel, mit dem er zuletzt alle Tage füllte. Doch fühlte er auch lebendige Verantwortung für die heranwachsende neue Generation. Der Kinderlose zog sich zuletzt immer mehr »Wahlneffen« verschiedener Ordnung heran, junge Wissenschaftler und Künstler, an deren Arbeit er ratend und kritisierend lebhaften Anteil nahm, immer auf der Suche nach kommenden Talenten, nie enttäuscht, wenn seine immer noch enthusiastischen Hoffnungen trogen. Seine Menschenliebe schien unerschöpflich zu sein, ebenso seine Bereitschaft, mit Rat und Tat und – Geld zu helfen. Daß er dabei oft gröblich ausgenutzt wurde, daß unter den Wahlneffen richtige Schmarotzer sich breit machten, haben seine älteren Freunde oft beklagt. Er hatte aber noch als Greis die innere Kraft, sich mit den damals bestürzend revolutionären Malern der jungen Worpsweder Schule zu befreunden, und gegenüber seinem alten Freunde Arthur Fitger verteidigt er solche Gesinnung in großer Freiheit: »Offen und gern gestehe ich dies Interesse am heutigen Realismus, sei's in der bildenden wie in der dramatischen Kunst, warum ich aber deshalb zu tadeln bin, sehe ich durchaus nicht ein, sondern freue mich aufrichtig, noch solche Frische bewahrt zu haben, dieselbe Frische und Freudigkeit, mit der ich jeden mir neuen Menschen begrüße, wenn er mir von Herzen gefällt oder gar ein rechtes Herz im Leibe hat, wie ich's liebe, so daß das meine in Liebe darüber aufgeht. Hast du je gehört oder gesehen, daß ich meinen alten lieben Freunden darüber untreu oder gar abhold geworden, d.h., wenn sie die alten blieben?«

Aber auch die letzten Jahre seines Lebens blieben nicht ohne Frucht. Aufgeschlossen für die Geschichte und Kulturgeschichte, für Literatur und Kunst, für Heimatforschung und jede geistige Bewegung der Zeit, ganz besonders dem Leben seiner Marschenheimat verbunden, strahlte er Kraft und Anregung nach allen Richtungen aus. Der Volksgesang lag ihm ebenso am Herzen wie etwa eine Industrieausstellung in Bremen, die Erhaltung alter Kirchen und Denkmäler, die Vorgeschichte und die Wurtenforschung, die kulturellen Fragen der aufstrebenden Nachbarstadt Bremerhaven. Ein bleibendes Zeugnis solcher Anregungskraft sind die »Männer vom Morgenstern«, der 1882 von ihm gegründete Heimatbund an Elb- und Wesermündung, der in mehr als achtzig Jahren eine hervorragende wissenschaflliche Arbeit im Sinne seines Stifters geleistet hat. Auch bei der Gründung des »Rüstringer Heimatbundes«, der entsprechenden Vereinigung am linken Weserufer, stand er Pate, und in gleicher Weise brachte er seine Teilnahme den benachbarten Städten Bremen oder Stade dar.

In seinen letzten Jahren durfte er sich liebevoll betreut sehen von seinen beiden Nichten Johanne und Almuth Achgelis und deren Bruder Melchior aus der Bremerhavener Industriellenfamilie, denen er als seinen nächsten Verwandten seinen Hof zugewandt hatte. Sein siebzigster Geburtstag wurde von der ganzen Landschaft, von Osterstade, von Bremen und Oldenburg, als ein großes Fest begangen, auch den achtzigsten Geburtstag durfte er noch in ziemlicher Rüstigkeit, wenn auch inzwischen beinahe ertaubt, erleben. Die Philosophische Fakultät der Universität Heidelberg verlieh ihm dazu die Ehrendoktorwürde, und die Glückwünsche aus ganz Deutschland waren kaum zu zählen. Ein Jahr später, am 9. März 1902, starb er schmerzlos nach kurzer Krankheit. Seine Beerdigung wurde mit einem riesigen Trauerzug noch einmal ein Bekenntnis des ganzen Landes zu dem Dichter. In dem schon 1852 geschaffenen Gruftgewölbe des Rechtenflether Friedhofes unter einem aufgeschütteten baumumstandenen Hügel ruht sein Sterbliches, umgeben von den Gräbern der Eltern, seiner früh verstorbenen Geschwister und der Verwandten, die seine letzten Lebensjahre umsorgten.

Die Neuausgabe der Werke von Hermann Allmers soll, nachdem die letzte Gesamtausgabe vor über sechzig Jahren erschien, das Bleibende und Gültige einer späteren Generation erhalten.

Voran steht dabei selbstverständich das »Marschenbuch« (1857), nach dem immer noch eine lebhafte Nachfrage besteht. Angeregt durch Wilhelm Heinrich Riehls »Naturgeschichte des Volkes«, hatte Allmers Riehls Wunsch verwirklicht, eine deutsche Teillandschaft in ihrer geographischen, volkskundlichen und geschichtlichen Ausprägung darzustellen. Sie brachte ihm den verdienten Erfolg. Das Bild der Marschen an der Weser und links der Elbe wird aus der Sicht der fünfziger Jahre des neunzehnten Jahrhunderts gegeben und ist heute in mancher Hinsicht überholt. Schon beim Erscheinen der dritten Auflage (1891) hatte Allmers das selber gesehen: »Ich sah ein, wollte ich in diesen Blättern allen und jedem davon gerecht werden, wäre nicht bloß eine neue Auflage, sondern eine richtige Umarbeitung, richtiger gesagt, ein fast neues Marschenbuch nötig, und schon trug ich mich mit dem Gedanken umher, diese Arbeit zu unternehmen, so sehr sie auch meiner inneren Neigung widerstrebte. Aber jeder Einsichtsvolle, dem ich solches mitteilte, trat mir mit ernster Vorstellung, ja selbst in eindringlicher Weise entgegen, mein ihnen gerade in gegenwärtiger Form und Sprache liebgewordenes Geisteskind doch zu lassen, wie es sei, und höchstens nur, wo es dringend nötig, nämlich wo jene Wandlungen wirklich vollendet und in die Augen springend seien, aufs schonendste berichtigende Hand anzulegen.« So bekam also die dritte Auflage nur kleine Berichtigungen und Zusätze. Dieser Ausgabe wurde der Text der vierten Auflage aus den »Sämtlichen Werken« zugrundegelegt, jetzt allerdings befreit von allen allzu zeitgebundenen Kapiteln (»Heimatliche Kulturbetrachtungen«, »Das Volkslied und Volkshumor in den Marschen«, »Politische Zustände«, »Auswanderung«), auch innerhalb der Kapitel wurden langatmige und überholte Teile fortgelassen und der Text soweit gestrafft, daß die eigentliche Schilderung des Marschlebens und seiner Geschichte klarer hervortrat. Von kleinen Übergangsformulierungen und Druckfehlerberichtigungen abgesehen, blieb aber die Originalfassung des Allmers-Textes bestehen. Als Darstellung einer vergangenen Zeit dürfte das Marschenbuch seinen Wert behalten gerade in unsern Tagen der immer schnelleren Verwandlung unseres gesamten Lebens.

An das Marschenbuch schließt sich das spätere Werk »Hauptmann Böse« an, das 1882 zuerst erschien und dann in die Gesammelten Werke aufgenommen wurde. Die Darstellung des bremischen Freiheitskämpfers und Ehrenbürgers dürfte insoweit ihren Reiz behalten haben, als es Allmers gelungen ist, das alte Bremen vor und in der Franzosenzeit unter Benutzung der Böseschen Erinnerungen selber lebendig zu machen. Böses späteres Wirken in Bederkesa in den politischen Kämpfen Hannovers, das allerdings mehr den Charakter eines eigenbrötlerischen Frondeurs enthüllt, ist nur für den Lokalhistoriker von Interesse. Diese Kapitel also wurden stark eingekürzt, nur um das Lebensbild abzurunden.

Von den etwa 150 Gedichten der letzten Sammlung in den »Sämtlichen Werken« durfte getrost der größte Teil fortbleiben, so die mancherlei Italiengedichte, auf die sich Allmers viel zugute tat, die 1889 zuerst als eigene Sammlung erschienenen freireligiösen Gedichte »Fromm und frei«, mancherlei Gelegenheits- und Zeitgedichte, die heute ohne Wert sind. So blieben im wesentlichen die Verse übrig, in denen Allmers die heimatliche Welt besang. Wenigstens in einigen von ihnen wird man die lyrische Begabung eines Dichters spüren, der früher in keiner Anthologie fehlte und der auch heute nicht ganz vergessen werden sollte.

Wenn damit das Schwergewicht dieser Ausgabe auf dem Darsteller seiner Heimat ruht, so durfte die andere Seite von Hermann Allmers doch nicht unterschlagen werden: der Wanderer in die Gefilde Italiens und in die klassische Welt.

Vorangestellt wurde ein Kapitel seiner frühen Schilderung einer Reise von Innsbruck nach Venedig, das zuerst 1846 in der »Bremer Zeitung« erschien und seither nie wieder gedruckt wurde. Es enthüllt schon, mag man heute auch über manche naseweise Äußerung des jungen Protestanten über den Katholizismus lächeln, den glänzenden Schilderer einer fremden Welt mit ihrem Kultur- und Volksleben, auch nach hundertzwanzig Jahren noch so lebendig, daß man auf Allmers' Spuren noch manches Ähnliche zu erleben vermag.

Und das gilt in ähnlicher Weise von dem Auszug aus den »Römischen Schlendertagen«. Nicht weniger als zwölf Auflagen hat dies Buch seit seinem Erscheinen 1869 erreicht, zehn davon noch zu Lebzeiten des Verfassers. Um es heute wieder lesbar zu machen, war eine rücksichtslose Beschränkung geboten auf seine wirklichen Schlendereien durch die Campagna, zwischen den Mauern Roms, in die Katakomben und in die Sabiner- und Volskerberge sowie auf die Kapitel aus seinen Tagebüchern, in denen das unmittelbare Erleben der ewigen Stadt durch einen schönheits- und menschenhungrigen Kunstfreund vor hundert Jahren uns heute noch vor Augen tritt.

Als ein Nachhall dieser Zeit soll hier schließlich das einaktige Drama »Elektra« stehen, eine der dichterisch reinsten Schöpfungen von Allmers. Ist es auch nur die Ausführung eines von Goethe selber in seiner »Italienischen Reise« unter dem 19. Oktober 1786 gegebenen Entwurfs zu einem Nachläufer der »Iphigenie auf Tauris«, so hat Allmers dennoch im Aufbau der Handlung, in der klassisch-edlen Sprache ein Werk geschaffen, das nicht nur eine Epigonenarbeit ist. Uraufgeführt wurde die »Elektra« mit großem Erfolg am Oldenburger Hoftheater am 10. März 1870 und später noch einigemal gespielt in Bremen, Berlin und Hannover. Wird es auch - als Einakter - kaum wieder eine Aufnahme auf der Bühne finden, so ist es als Lesedrama doch ein schönes Zeugnis nachklassischer Kunst.

Verzichtet wurde in dieser Ausgabe auf die völlig im Gartenlaubenstil von einst gehaltene Novelle »Harro Harresen. Marschen- und Alpengeschichte in sieben Bildern«, die zuerst 1881 in der Zeitschrift »Vom Fels zum Meer« erschien, und auf das dramatische Zeitidyll »Herz und Politik«, das schon der junge Allmers als Gelegenheitsarbeit für ein Wohltätigkeitsfest geschrieben hatte und das er merkwürdigerweise noch 1895 veröffentlichte, obwohl das Stück thematisch im vorrevolutionären Biedermeier zuhause ist und weder sprachlich noch dramaturgisch den geringsten Wert hat.

Viele reizvolle Bruchstücke aus Allmers' Reiseschilderungen und aus der nicht zustandegekommenen Selbstbiographie hat Theodor Siebs in der Biographie des von ihm hochverehrten »Wahlohms« veröffentlicht. Eine Sammlung von Briefen des Dichters aus der Zeit von 1846 bis an sein Lebensende, fesselnde Zeugnisse seiner inneren Entwicklung und seiner weitgespannten Interessen, jeder einzelne ein kleines Kunstwerk lebendiger Selbstdarstellung, wurden mit Rücksicht auf den Umfang dieses Bandes zurückgestellt und einer etwaigen späteren Veröffentlichung vorbehalten.

Kirchhorst-Stelle, im August 1965 Dr. Kurd Schulz